ANCIENS

VÊTEMENTS SACERDOTAUX

ET ANCIENS TISSUS

AMIENS, TYP. DE CARON ET LAMBERT.

ANCIENS VÊTEMENTS SACERDOTAUX ET ANCIENS TISSUS

CONSERVÉS EN FRANCE

PAR

CHARLES DE LINAS

MEMBRE TITULAIRE NON RÉSIDANT
DU COMITÉ IMPÉRIAL DES TRAVAUX HISTORIQUES ET DES SOCIÉTÉS SAVANTES

(Tiré à cent exemplaires)

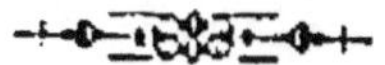

PARIS

LIBRAIRIE ARCHÉOLOGIQUE DE DIDRON

23, RUE SAINT-DOMINIQUE-SAINT-GERMAIN

MDCCCLX.

ANCIENS

VÊTEMENTS SACERDOTAUX

ET ANCIENS TISSUS

CONSERVÉS EN FRANCE

PRÉLIMINAIRES

Le bienveillant accueil fait par le monde savant à mes premiers essais sur les *Anciens vêtements sacerdotaux et les anciens tissus*(1), en m'encourageant à continuer ces études, m'a également imposé la tâche de compléter la série d'ébauches imparfaites que j'ai déjà placées sous les yeux du public. Divers voyages en France, en Belgique, en Prusse et en Italie, m'ont fourni de nombreux matériaux et révélé certains faits neufs et curieux qui avaient échappé à mes devanciers; cependant, je l'avoue en toute humilité, j'hésite à formuler en corps de doctrine le résultat de mes investigations. Au prix de rudes fatigues, de grands sacrifices pécuniaires, j'ai pu voir, comparer et dessiner autant que personne; mais à mon avis, une science nouvelle ne se crée pas d'un seul jet; il faut des années jointes à des milliers de découvertes pour la fonder sur des bases solides, témoin l'archéologie du moyen-âge,

(1) *Rapports adressés à S. E. M. le Ministre de l'instruction publique*; Paris, 1855 et 1857, librairie V. Didron.

qui implantée chez nous il y a un siècle et demi par l'illustre Montfaucon, n'a pas encore dit son dernier mot. Pourquoi d'ailleurs, ferais-je mieux ou autrement qu'un érudit tel que M. Francisque Michel [1], qu'un artiste incomparable tel que le R. P. Arthur Martin [2], lorsqu'à l'heure présente l'Allemagne suscite un de ces hommes dévoués, véritables héros de l'étude, que l'on s'honore de prendre pour guides, sans oser prétendre à devenir leur émule, j'ai nommé M. l'abbé Bock [3]. A lui donc la gloire du livre religieusement lu et conservé ; pour moi, fidèle à des habitudes modestes dont sans doute je ne me départirai jamais, je vais mettre sous les yeux du lecteur, un troisième cahier d'observations isolées, faisant suite à mes précédentes publications.

Cette fois plus qu'une autre, j'aurai à solliciter l'indulgence ; depuis 1853, des athlètes nouveaux [4] ont paru dans la lice et peut-être ici trouverai-je l'occasion de les combattre : qu'ils daignent excuser mon audace, car nulles erreurs ne seront poursuivies avec autant de sévérité que celles dont je me suis rendu coupable jadis.

Une courte digression avant d'entrer en matière.

L'étude immédiate des monuments conduit souvent à déclarer la guerre aux traditions, qui çà et là sortent victorieuses de la lutte, quand une discussion trop approfondie ne les réduit pas à néant; est-ce un bien, est-ce un mal? Je pense que ce n'est ni l'un ni l'autre. En effet, s'il importe peu au savant de voir attaquer sa croyance religieuse, puisqu'il est en mesure de la défendre s'il le juge convenable, il importe encore moins au chrétien illettré, bien convaincu d'un fait en dehors des articles de foi,

(1) *Recherches sur les étoffes, etc. pendant le moyen-âge.*

(2) *Mélanges d'archéologie.*

(3) *Geschichte der liturgischen gewander.* Bonn 1856. — *Die kleinodien des heiligen Römisch-Deutschen reiches*, sous presse.

(4) Je citerai en première ligne le *Portefeuille archéologique* de M. Gaussen et le *Dictionnaire du mobilier* de M. Viollet-Le-Duc ; malheureusement, le texte qui doit accompagner les belles planches de ces ouvrages n'est pas encore publié.

que ce fait soit combattu dans un ouvrage qu'il ne lira pas et dont probablement il ignorera toujours l'existence. Je choisis un exemple entre cent. J'allais voir dans la sacristie de *San Martino nei monti* à Rome, une mitre attribuée au Pape saint Sylvestre Ier; sans m'attendre à rencontrer une coiffure contemporaine du grand Constantin, j'avais quelque espoir de trouver un souvenir du célèbre Gerbert, sinon de Sylvestre III; par malheur, une inscription brodée sur le turban n'appartenait ni au IVe, ni au Xe, ni même au XIe siècle, mais bien au XIIIe; il suffisait, pour s'en convaincre, de la comparer aux nombreuses dalles tumulaires émaillant le pavé de l'église. J'en fis l'observation aux bons religieux qui m'environnaient; si tous m'écoutèrent avec cette inaltérable patience dont les Italiens ont le secret, un seul parut me comprendre, c'était le R. P. Sacristain. Or, quel fut le résultat de mon beau discours assaisonné de barbarismes et solécismes, le voici : les Carmes de San Martino montrèrent le lendemain et montreront jusqu'à la consommation des siècles, la mitre de saint Sylvestre à tout étranger visitant Rome, quittes à subir de temps en temps une torture grammaticale analogue à celle que je leur avais infligée. J'en appelle au plus simple bon sens, la religion et la morale peuvent-elles souffrir d'un pareil état de choses? Evidemment non.

CHASUBLE DITE DE SAINTE ALDEGONDE

A MAUBEUGE, DÉPARTEMENT DU NORD

L'église paroissiale de Maubeuge possède encore aujourd'hui une ancienne chasuble conservée de temps immémorial dans la sacristie du chapitre noble de Sainte-Aldegonde en la même ville (1). Arnould de Raisse (2), désigne ainsi ce vêtement : *Planeta cum manipulo et stolâ sancti Autberti episcopi Cameracensis, ex telâ auro contexta.* M. l'abbé Bulteau (3), s'appuyant sur une vieille tradition locale, l'attribue à saint Ablebert ou Emebert, évêque de Cambrai (4), pour qui sainte Aldegonde l'aurait confectionnée de ses propres mains. Quant au dernier historien de la sainte, le R. P. André Triquet (5) et à son docte annotateur M. Estienne (6), ils gardent le silence à ce sujet, quoique le premier ait

(1) J'ai dû l'avantage de dessiner cette chasuble, et bien d'autres faveurs encore, à l'inépuisable complaisance de M. l'archiprêtre Babeur, curé-doyen de Maubeuge.

(2) *Hierogazophylacium Belgicum*, p. 13, Douai, 1628.

(3) *Bulletins de la Société historique et littéraire de Tournai*, t. III, p. 233, 1853.

(4) Il règne une grande confusion entre Ablebert et Hildebert, tous deux nommés aussi Emebert, sixième et neuvième évêques de Cambrai. Baldéric dit que le premier fut enterré à Maubeuge et qu'il était frère de sainte Gudule, c'est-à-dire cousin de sainte Aldegonde; mais cette parenté ne peut se rapporter qu'au second. Dans tous les cas, sainte Aldegonde, née en 630 et morte, on le croit, en 685, peut difficilement avoir fait un présent à Hildebert qui occupa le siége épiscopal de 705 à 716 et encore moins à Ablebert qui mourut vers 633. *Cameracum christianum*, p. 7, 10 et 246.

(5) La première édition de son livre date de 1625.

(6) *Vie admirable de sainte Aldegonde*, Maubeuge, 1837.

parlé d'un voile miraculeux apporté par le Saint-Esprit (1). L'exemple de cette réserve avait été précédemment donné par un autre écrivain, le R. P. Basilidès, religieux capucin (2), qui cependant avait une belle occasion de mentionner la chasuble, au milieu des détails qu'il fournit sur les deux translations du corps de la patronne de Maubeuge, en 1161 et 1439. Je me tais à dessein sur une courte notice qu'a signée M. le président Le Beau (3), notice bien légèrement écrite pour un personnage aussi grave; la tradition en elle-même est toujours vénérable, il faut donc l'attaquer avec des arguments plus solides qu'un simple démenti. Les planches insérées dans le recueil français et le recueil belge, laissent également beaucoup à désirer; la gravure sur bois du *Bulletin monumental* ne rend en aucune façon le dessin de l'étoffe, et, si la lithographie publiée par la Société de Tournai est moins inexacte, son ensemble est établi sur une échelle tellement exiguë et avec un contre-sens de teintes si fâcheux, qu'il est impossible à celui qui n'a pas étudié l'original, de se reconnaître au milieu de cet inextricable réseau de lignes blanches se détachant à peine sur un fond gris clair.

Il n'entre pas dans mon plan de discuter ici l'opinion d'Arnould de Raisse, ni la valeur de la tradition, puisque je dois conclure défavorablement à l'une comme à l'autre; d'ailleurs, je compte plus loin expliquer leur origine : en conséquence, à la suite d'une description sommaire du vêtement, je me bornerai à traiter les questions capitales d'industrie et d'antiquité.

La chasuble de Maubeuge qui mesure 1 mètre 53 centimètres de

(1) « Le Saint-Esprit sous la forme d'une colombe, prit avec le bec le voile consacré par les saints évêques Amand et Aubert, l'éleva quelque peu en l'air, puis le laissant descendre doucement au-dessus de la Vierge, le lui mit sur la tête. » *Vie admirable de sainte Aldegonde*, p. 36. J'ai vu ce voile à Maubeuge où il est enfermé dans une fort belle châsse du xve siècle.

(2) *Vie de sainte Aldegonde*, Arras, 1623.

(3) *Bulletin monumental*, 2e série, t. IV, p. 418, 1848.

hauteur et 4 mètres 62 centim. de circonférence, porte des traces trop évidentes de mutilation pour laisser douter un seul instant qu'elle n'ait été retaillée au XIVe siècle, tant pour l'accommoder à la mode nouvelle, que pour en extraire une étole, un manipule, une parure d'amict et un voile de calice (1). Sa forme se rapproche beaucoup de la chasuble de Brienon dont l'origine est connue (2), de plus, l'étroit galon sicilien qui lui sert d'orfroi (3) et l'état de sa doublure en cendal rouge concourent à prouver la certitude d'une restauration. La chasuble de Maubeuge à donc pu avoir, et, suivant mon avis, elle affectait d'abord, cette coupe demi-circulaire usitée en Occident dès le IXe siècle (4). L'étoffe d'un travail et d'un dessin particulièrement remarquables, ne présente aucun rapport direct avec les tissus inédits ou publiés que j'ai rencontrés, il est en conséquence nécessaire de déterminer avec soin ses caractères saillants, avant de formuler une opinion à son égard. (*V. la pl. ci-jointe.*)

Cette étoffe, large de 0 m. 70 centim., appartient à la classe des tissus lancés (5) ; la chaîne très-fine, est en soie rose pâle mélangé de jaune; la trame, en soie et en or. Sur le fond pourpre clair, se détachent par couples des perroquets contournés, perchés sur des pivoines et dont les têtes affrontées supportent une fleur de lys du plus beau galbe, le tout en or : seulement, le métal au lieu d'avoir une âme de lin ou de soie, est employé en lames très-minces que protége une enveloppe de bau-

(1) Ce voile, fait de petits morceaux, est bien moins ancien que les autres accessoires.

(2) Cette chasuble donnée à l'église de Brienon par la reine Blanche d'Evreux, seconde femme de Philippe de Valois (1349-1398), est reproduite dans le *Portefeuille* de M. Gaussen.

(3) Ce galon à losanges et bâtons rompus, mesure 0 m. 03 centim. de largeur ; il est de même travail et presque de même dessin que le tour de col de la chasuble de Brienon; je fournirai plus tard les raisons qui me le font attribuer aux fabriques de Palerme.

(4) La chasuble demi-circulaire apparaît incontestablement sur diverses miniatures de la Bible de Charles-le-Chauve et de son livre de prières (Musée des souverains) ; mais il n'est pas interdit d'en rechercher plus loin l'origine.

(5) C'est-à-dire où le dessin est fait par une trame indépendante du corps d'étoffe.

druche (1). Un fait non moins curieux à noter, c'est que l'artisan au lieu de dégager l'ornementation en la plaçant dans un champ proportionné à sa dimension (2), a au contraire réduit ce champ à l'état de simple ligne, en sorte que l'aspect général est celui d'un fond d'or sur lequel on aurait esquissé des figures au trait rouge : ce genre de travail avait évidemment pour but de mettre en vue la plus grande surface métallique possible, tout en conservant au tissu une solidité réelle (3).

Que déduire de semblables prémisses?

Les étoffes d'or accusant une haute antiquité sont très-rares; leur richesse même a causé leur perte : aussi les deux plus anciennes connues ne remontent-elles pas au delà du XIIe siècle (4). J'en ai découvert une troisième à Milan, sur une dalmatique qui pourrait bien avoir servi au couronnement de l'empereur Conrad le Salique par l'archevêque Héribert ou Arriberto, en 1026 : c'est un large galon or et rouge, figurant un treillis à mailles hexagonales, chargées en abyme d'un petit rectangle; sauf le dessin, comme matières premières et distribu-

(1) On sait que les batteurs d'or emploient ordinairement la baudruche, pour ne rien perdre du métal qu'ils réduisent en feuilles excessivement tenues. J'ai toujours remarqué cette baudruche adhérente à l'or, sur les tissus anciens et même sur les hautes lisses du XVIe siècle.

(2) L'ensemble de chaque groupe mesure 0[m]. 35 cent. de hauteur sur 0[m]. 25 cent. de largeur ; la plus forte épaisseur du trait rouge atteint à peine 0[m]. 002 [m].

(3) M. Francisque Michel, *Recherches etc.* t. II, p. 339, note 4, en parlant des étoffes ou broderies *battues à or*, pense que ces tissus étaient écrasés au moyen du battage ; « L'aplatissement, dit-il, en augmentant la surface des fils, les rapprochait, et donnait plus d'éclat au fond d'or. » Sans nier le battage à la main, je suis d'un avis contraire à celui de l'auteur précité quant au sens des mots *or battu;* je crois qu'ils s'appliquaient aux ouvrages fabriqués avec de l'or laminé revêtu de sa baudruche, nommé aussi or de Chypre, et que les étoffes de Maubeuge et de Milan sont de véritables tissus *battus à or*.

(4) La première est un tissu byzantin à fond pourpre, orné d'animaux de tout genre, et publié par M. l'abbé Bock, *Geschichte etc.*, I lief., taf. III; la seconde trouvée à Palerme dans le tombeau de l'impératrice Constance, morte en 1198, est gravée sur bois dans la *Revue de l'Art Chrétien*, 1858, 1re livraison.

tion des couleurs, il est identique au vêtement sacerdotal de Maubeuge. Il est vrai que la disposition géométrique de ce galon ne permet pas de l'attribuer à d'autres ateliers qu'à ceux de Constantinople, mais l'industrie tissutière byzantine ayant emprunté ses procédés aux *tiraz* orientaux, je demanderai à ces derniers l'origine de l'objet de mes recherches. J'y suis d'autant mieux autorisé, que l'étude de ses ornements ne peut guères conduire ailleurs.

Le dessin des perroquets n'offre rien d'assez saillant pour en obtenir une solution décisive; j'ai vainement compulsé l'ornithologie textrine, sans y rencontrer un seul type qui se rapportât, même de loin, à celui qui m'occupe ici : restent donc les rosaces ou pivoines de la Chine et les fleurs de lys. A la présence simultanée de deux végétaux en apparence si étrangers l'un à l'autre, se réduit toute la question.

Un voyageur artiste, M. Adalbert de Beaumont, amené par une série d'observations ingénieuses à ouvrir une enquête sur l'antique symbole de la monarchie française (1), l'a remarqué sur une foule de monuments orientaux; les édifices, manuscrits et monnaies de la Perse, de l'Arménie et de la Mésopotamie lui en ont fourni de nombreux exemples, mais c'est particulièrement l'Egypte qui lui a montré les plus anciens : une cuiller Pharaonique du musée du Louvre en fait foi (2). Or, parmi les mille spécimens gravés dans les *Recherches sur l'origine du blason*, les figures qui par leur galbe et leur solidité, se rapprochent le plus de ma fleur de lys, appartiennent tant à la grille en pierre d'un tombeau du

(1) *Recherches sur l'origine du blason et en particulier sur la fleur de lys*, Paris, 1853. Les opinions émises dans cet ouvrage ont été attaquées à ce qu'il paraît ; mais ignorant les arguments dont on s'est servi pour les combattre, je dois rester étranger au débat. Toutefois, parmi les tissus qui seront décrits dans ce travail, il en est qui, s'il ne donnent pas complétement raison à M. de Beaumont, apporteront néanmoins un vigoureux appui à son système.

(2) *Recherches sur l'origine du blason*, pl. III, fig. 2.

xe siècle au Kaire (1), qu'à diverses monnaies arabes (2), dont l'une émane du fameux Salah-Eddyn ou Saladin, premier sultan Ayoubite d'Egypte (1171-1193); c'est donc aux environs de cette contrée, et si l'on n'a pas oublié le galon de Milan, entre le xe et le xie siècle, qu'il faut placer le berceau et la date de la chasuble de Maubeuge.

La pivoine précisera davantage le lieu de fabrication; on sait en effet que jadis, les marchandises chinoises arrivaient en Europe par la Mer-Noire qu'elles pouvaient atteindre à travers la Tartarie et la Perse, aussi bien qu'en employant la voie de Russie : de la Perse, elles gagnaient certainement l'Al-Djézireh et l'Irac-Araby, où leur aspect influençant l'industrie locale déjà familiarisée avec l'art égyptien aura produit l'heureuse combinaison de types opérée sur mon tissu.

On m'objectera, je le sais, que la fleur de lys était usitée sur les tissus siciliens du xiiie siècle et que les pivoines apparaissent sur les étoffes de Florence, de Milan et de Venise; mais dans l'Occident, le premier symbole est toujours exempt du cachet de la fantaisie orientale (3), et la fleur chinoise est inconnue antérieurement au xvie siècle (4) : d'ailleurs, la tradition, le récent témoignage d'un prélat syrien (5) et surtout la manière dont l'or est employé, repoussent toute attribution européenne ou moderne.

Un dernier argument en faveur de mon système; divers écrivains des xiiie et xive siècles, mentionnent fréquemment une étoffe d'or et de soie presque toujours rouge, qu'ils nomment *siglaton*, en Arabe *siklatoun*.

(1) *Recherches sur l'origine etc.*, pl. II, fig. 2.

(2) *Recherches sur l'origine etc.*, pl. XVI, fig. 20, 21, 22 et 23.

(3) On pourra s'en convaincre en feuilletant les diverses publications que j'ai mentionnées.

(4) Les *quadri antichi* de Sienne et de Florence où les vieilles étoffes figurent par centaines, ne m'en ont offert aucun exemple.

(5) Mgr. l'archevêque de Homs et Hama, suffragant de Damas, qui a séjourné à Maubeuge, a reconnu l'origine orientale de la chasuble.

Dans ce genre de tissu, qualifié de *drap d'or* sur un inventaire anglais de 1295 (1), le métal occupait à la face externe un espace beaucoup plus large que la soie ; des oiseaux y étaient parfois figurés, de plus les *siglatons* de Bagdad jouissaient d'une grande réputation à partir d'une époque très-reculée (2). Irais-je trop loin, en affirmant que la chasuble de Maubeuge est faite de véritable *siglaton* oriental? Je me résume ; antiquité remontant incontestablement jusqu'au XIVe siècle et pouvant être reportée beaucoup plus haut, fleur de lys égyptienne du Xe siècle se mariant aux pivoines de la Chine, ce qui donne au tissu une origine intermédiaire entre ces deux pays, enfin analogie complète avec le *siglaton :* tels sont les caractères principaux qui distinguent le précieux monument, avec lequel je crains d'avoir fatigué un peu trop l'attention de mes lecteurs.

Des critiques méticuleux pourraient faire observer qu'en adoptant le Xe siècle pour ma limite extrême de fabrication, je n'ai pas exclu la probabilité d'une date antérieure ; cela est vrai : aussi dès que l'on m'aura montré une fleur de lys égyptienne ou Sassanide, pareille à celle de Maubeuge et dont l'ancienneté bien constatée l'emportera sur les exemples cités ici, je suis prêt à frapper le premier coup sur mon échafaudage d'assertions.

Que faire maintenant de la tradition? Elle peut s'expliquer très-naturellement. Un riche vêtement sacerdotal employé depuis le Xe ou le XIe siècle, à célébrer la messe le 30 janvier, fête anniversaire de sainte Aldegonde, était désigné, circonstance assez commune, sous le nom de l'illustre Vierge ; plus tard, au XIVe siècle sans doute, on conclut de cette dénomination que la chasuble avait été confectionnée par la sainte, mais

(1) « Item, capa Johannis Maunsel, de *panno aureo* qui vocatur *ciclatoun*. » Cette citation est empruntée aux *Recherches, etc.*, de F. Michel, t. I, p. 232, note 1.

(2) Les siglatons orientaux venaient d'Alexandrie aussi bien que de Bagdad, mais la première ville n'était qu'un vaste entrepôt, où les marchandises de l'Asie attendaient le négociant étranger.

pour qui ? Saint Ablebert inhumé à Maubeuge, s'offrait avec raison à l'esprit investigateur du clergé, il fut adopté (1). Arnould de Raisse qui avait lu la chronique de Baldéric, ne pouvant se reconnaitre au milieu de la confusion qui règne entre les deux Emebert, Bienheureux dont la canonisation est fort apocryphe (2), pencha pour saint Aubert, attribution d'autant plus acceptable, que les rapports de cet évêque de Cambrai avec sainte Aldegonde appartiennent à l'histoire ; aussi dans la circonstance actuelle, l'espèce de démenti donné par le chanoine Douaisien à une croyance reçue à distance si courte du lieu où il publia son livre (3), me semble-t-il un nouvel argument qui vient se joindre à ceux présentés déjà contre l'authenticité de la tradition.

APPENDICE

En disant à la page 11 de la précédente notice, que les deux plus anciennes étoffes d'or connues ne remontaient pas au delà du XIIe siècle et que j'en avais découvert une troisième à Milan, j'ai seulement voulu parler de celles qui m'avaient été soumises, soit en original, soit en dessin colorié. M. Francisque Michel (4) mentionne encore les débris

(1) Le lecteur peut recourir plus haut à la note relative aux deux Emebert.

(2) Ablebert et Hildebert n'ont pas le titre de saints dans le *Gallia christiana* ni dans le *Cameracum christianum*. Baldéric canonise Ablebert, mais lui attribue une généalogie qui ne peut convenir qu'à Hildebert ; enfin Molanus, qui au 15 janvier de ses *Natales sanctorum Belgii*, range Ablebert parmi les bienheureux, se borne à dire que cet évêque de Cambrai vivait au temps du roi Dagobert, qu'il était frère de sainte Gudule et que l'on vénérait sa mémoire tant à Maubeuge qu'à Merchten : ces faits sont tous rapportés dans le *Chronicon cameracense* que Molanus a pris pour guide.

(3) On compte environ 12 ou 15 lieues de Douai à Maubeuge.

(4) *Recherches*, t. I, p. 154.

d'ornements sacerdotaux tissus d'or et de soie trouvés dans le tombeau de saint Cuthbert, mort en 687, tombeau renfermé dans l'église cathédrale de Durham (Angleterre), où il fut ouvert en 1827. Ces débris, conservés sous verre à la bibliothèque du chapitre, ont été minutieusement décrits par le bibliothécaire (1). Je n'ai pu consulter le volume consacré par le révérend M. James Raine à l'étude d'aussi vénérables monuments de l'industrie textrine, cependant d'après l'extrait qu'en donne M. F. Michel (2), je crois qu'il s'agit, non d'un tissu, mais simplemement d'une broderie orientale analogue, du moins pour le dessin, au suaire de saint Lazare d'Autun (3). J'ai également omis avec intention l'étoffe byzantine de sainte Walburge d'Eischtadt (x^e ou xie siècle) (4), parce qu'elle est en soie et argent. Un autre précieux fragment soie et or que j'ai exhumé du trésor de Notre-Dame au Puy m'a paru beaucoup trop intéressant, pour le faire connaître avant de l'avoir soumis à une critique sérieuse.

(1) *Saint Cuthbert, with an Account of the State in which his Remains were found upon the opening of his Tomb in Durham cathedral, in the Year* 1827, *by James Raine*. Durham, 1828, in-4° avec gravures sur bois et sur métal.

(2) *Recherches, etc.*, t. I, p. 30.

(3) C. de Linas, *Rapport, etc.*, 1857, p. 38.

(4) *Mélanges d'archéologie*, par les RR. PP. Martin et Cahier, S. J., t. II, pl. 18.

ÉTOFFE TIRÉE DE LA COLLECTION DE M. COMPAGNON

ARCHITECTE A CLERMONT-FERRAND.

J'ai rencontré dans la précieuse collection formée par M. Compagnon, architecte à Clermont-Ferrand (1), une chasuble de coupe moderne, confectionnée au moyen de véritables débris empruntés à un vêtement beaucoup plus ancien, et reliés entre eux avec un soin légèrement problématique. Malgré l'exiguïté des morceaux de tissu mutilés par les ciseaux de l'ouvrier, on y retrouve cependant la trace d'une ornementation très-suffisante pour reconstituer sans peine l'ensemble du dessin, qui, par sa richesse et le grandiose de son aspect, m'a paru mériter d'autant mieux l'honneur d'une étude spéciale, qu'il est totalement inédit. En publiant ici ce dessin réduit et la notice qui l'accompagne, je mets le lecteur à même de juger si j'ai perdu mon temps et ma peine.

L'étoffe conservée chez M. Compagnon (*V. la pl. ci-jointe*), est un

(1) Quoique fixé en Auvergne depuis un petit nombre d'années, M. Compagnon s'est déjà fait apprécier dans ce pays par d'importants travaux ; la restauration de plusieurs églises et châteaux du moyen-âge, la construction d'une charmante chapelle en style ogival à la Maison de refuge de Clermont-Ferrand, sont une sûre garantie de réussite pour la fontaine monumentale dont il vient d'être chargé par le Conseil municipal du Puy-en-Vélay. M. Compagnon a en outre exposé plusieurs fois, et ses dessins archéologiques lui ont enfin valu la médaille d'or; j'ajouterai enfin qu'il est élève de Labrouste, c'est dire qu'il sort de la bonne école.

tissu lancé, soie et or, qui devait mesurer approximativement 0 m. 64 cent. de largeur et offre comme métier une grande analogie avec la chasuble de sainte Aldegonde. La chaîne rose pâle apparaissant à intervalles réguliers par-dessus la trame pourpre clair, donne au champ cette physionomie châtoyante, particulière aux soieries orientales : l'or, seul élément constitutif de la décoration, n'est pas employé à l'état métallique pur; découpé en minces rubans, ses spirales enveloppent une âme de soie jaune et forment un fil assez tenu pour s'incorporer avec le fond sans y déterminer la moindre saillie. Le dessin consiste en une série de médaillons circulaires (*pallium scutulatum* ou mieux *pallium circumrotatum* (1)), disposés symétriquement quatre par quatre et se composant de deux cercles concentriques, l'extérieur de 0 m. 312 mil., l'intérieur de 0 m. 272 mil. de diamètre : l'intervalle ménagé entre les circonférences est rempli par trente roses à six lobes. Sur l'aire, s'étalent deux lions léopardés, rampants, adossés, privés de queue et soudés par la cuisse et la jambe; leurs têtes sont affrontées et leurs gueules béantes laissent échapper d'élégants rinceaux que l'on aperçoit aussi sous les membres postérieurs de ces animaux. La surface curviligne, résultat de la tangence des cercles, est ornée au centre d'une rose de 0 m. 045 mil., autour de laquelle serpentent régulièrement des tiges échappées de ces mêmes cercles et venant aboutir par couples à la base de larges feuilles lancéolées à doubles crochets, feuilles dont

(1) On lit dans le code Théodosien, *Vestes scutulatæ* ou *scutlatæ*. — *Tertium quoque leonibus auricoloribus circumrotatis aspicientibus arridet*. Hist. episc. Autissiodorensium, cap. LIII; voir F. MICHEL, *Recherches sur les étoffes etc.*, t. I, p. 54. Je pense qu'il faut appliquer l'expression *scutulatus* (en forme de bouclier) aux étoffes ornées d'écussons ovales, et le terme *circumrotatus* aux écussons circulaires. Le tissu dont il est ici question, est donc comme celui d'Auxerre un *pallium cum leonibus circumrotatis*; mais là se borne leur analogie, car je ne sais s'il faut traduire *aspicientibus* par *affrontés* ou bien par *têtes posées de face*.

la pointe aiguë s'engage dans chacun des angles du quadrilatère (1). Ce système d'ornementation végétale assez fréquemment usité sur les œuvres d'art originaires de l'Orient, ne s'est jamais montré à mes yeux empreint d'une telle simplicité et par contre d'une telle majesté. Je ferai observer en passant, que les lions, au lieu d'être comme ceux de l'étoffe Sassanide du Mans (2) marqués d'une étoile sur la cuisse, portent au défaut de l'épaule et sur l'épaule elle-même, le type du cœur ou feuille cardiomorphe si commun sur les tissus byzantins. La lisière inférieure de chaque lai (3) est chargée d'une inscription arabe en beaux caractères neskis dont malheureusement il manque une notable partie; grâce à l'inépuisable complaisance du savant orientaliste M. Adrien de Longpérier (4), non-seulement le fragment a été traduit, mais encore l'inscription rétablie dans son intégrité primitive (5). On lit sur ce qui reste... — OU-ED-DINE ABOU'LFATAH KÉI

(1) M. de Beaumont rangerait peut-être cet ornement dans la classe des fleurs de lys; pour moi, je n'y vois qu'une feuille de vigne ou de figuier.

(2) *Mélanges d'archéologie*, t. II, pl. 39. En revanche les lions d'un vase Sassanide du cabinet des antiques à la Bibliothèque Impériale, sont marqués d'une étoile sur l'épaule. *Ib.* t. III, p. 117.

(3) Il n'est pas probable que l'inscription ait été répétée sur le chef supérieur, vu l'inutilité de cette répétition au point de vue de l'emploi du tissu.

(4) M. de Longpérier et son vénérable collègue à l'Institut, M. Reinaud, sont deux savants à la porte desquels l'humble travailleur de province peut toujours frapper sans crainte; il est certain de rencontrer chez eux un cordial accueil.

(5) Je ne trouve rien de mieux à faire ici, que de reproduire la note qu'a bien voulu m'adresser M. de Longpérier, en regrettant que l'absence de caractères arabes chez mon imprimeur, m'ait obligé de supprimer la portion de texte écrite dans cette langue. « Le fragment d'étoffe, dont M. de Linas a bien voulu me communiquer un dessin, me paraît extrêmement curieux, très-utile pour l'étude des tissus, parce que l'inscription qu'il porte permet de lui assigner une date et une patrie. Cette inscription, tracée en beaux caractères neskis est fort incomplète; la moitié au moins des titres et des noms qu'elle contenait a été perdue, mais très-heureusement, la partie qui manque peut être

COBAD, FILS DE KÉI KHOSROU, FILS... (*V. la transcription en cursive arabe imprimée au haut de la planche*), noms qui ne permettent pas de douter qu'il ne s'agisse ici d'Ala-ed-dunia ou ed-dine Abou'lfatah Kéi Cobad, huitième sultan Seldjoukide (1) d'Iconium, fils de Kéi Khosrou Ier, lequel Kéi Cobad succéda en 1210 à son frère aîné Kéi Kaous Ier et mourut en 1236, laissant la réputation d'avoir été le plus grand prince de sa dynastie (2).

facilement suppléée et la partie qui nous est conservée est la seule essentielle. Le tissage altère toujours un peu les inscriptions comme les figures : ici l'on remarque des lettres interrompues, mais toutefois je puis facilement rétablir le texte ainsi qu'il suit :

...... — OU-ED-DINE ABOU'LFATAH KÉI COBAD FILS DE KÉI KHOSROU, FILS....

On voit tout de suite qu'il s'agit de Kéi Cobad fils de Kéi Khosrou, sulthan Seldjoukide d'Anatolie. Dès lors, on est certain de pouvoir restituer tout le commencement à l'aide des monnaies frappées par ce prince :

(*Le sulthan magnifique Ala-ed-dunia*) ou-ed-dine Abou'lfatah Kéi Cobad, fils de Kéi Khosrou, fils. .

Je n'essaie pas de transcrire le dernier groupe de caractères que M. de Linas m'a dit être confus et incertain ; il semblerait qu'on y voit le nom d'*Ortok*, mais cela me paraît difficile à admettre ; il devrait y avoir *Kilidj Arslan*, nom du père de Kéi Khosrou.

» Ala-ed-dine Kéi Cobad, le plus grand prince de la dynastie Seldjoukide, a régné de 616 à 634 de l'hégire (1219-1236 de J.-C.). L'étoffe a été probablement fabriquée à Konieh (*Iconium*) ou à Siwas (*Sébastia*), villes principales de son empire. »

(1) La célèbre dynastie turque des Seldjoukides eut pour chef le petit-fils de Seldjouck, Thoghrol-Beyg qui, sorti du Turkestan à l'aube du XIe siècle, conquit tout le territoire compris entre la mer Caspienne et Bagdad. Alp-Arslan, son fils ou son neveu (1028-1072) qui lui succéda, enleva la Cappadoce et l'Arménie à l'empereur d'Orient Romain Diogène. Malek-Chah, fils d'Alph-Arslan, maître de l'Oxus à l'Euphrate, vainquit les Grecs de l'Asie-Mineure et les Fathimites de la Syrie, tandis que Soliman son parent (1074) fondait à Iconium un empire qui s'écroula à la mort de Masoud (1294), après 120 ans de durée.

(*Extrait de diverses biographies.*)

(2) Ala-ed-dine Kéi Cobad, petit-fils de l'infirme mais actif Kilidj Arslan II, sultan d'Iconium, gémissait au fond d'une prison, lorsque les soldats vinrent l'en tirer [illegible] la mort de son frère Kéi Kaous Ier qui laissait des enfants trop jeunes pour lui succéder, et lui mirent la couronne sur la tête. Kéi Cobad fit la guerre avec succès aux princes

Aucun doute n'est donc permis sur le temps où fut fabriquée l'étoffe de Clermont; ses limites extrêmes sont comprises dans un laps de dix-neuf années au commencement du XIIIe siècle; toutefois on peut encore préciser davantage et fixer la date à 1230 ou environ, point culminant du règne glorieux de Kéi Cobad. Il ne me reste plus maintenant qu'à déterminer, non pas une origine incontestablement orientale, mais bien le lieu où était situé l'atelier de tissage; c'est ce que je vais essayer de faire à l'aide des monuments analogues et de quelques notes empruntées à un voyage récent.

Trois centres de fabrication se présentent au premier abord, Tauris et Nakhchivan, villes célèbres au moyen-âge par leurs manufactures de siglaton (1), et Siwas (*Sebastia*) où les métiers sont

Ortokides et leur enleva plusieurs places importantes; malheureusement, il refusa de se réunir à Djélal-ed-dine, sultan de Kharizme, pour s'opposer à l'invasion de Genghiz-Khan (1230), ce qui permit aux Tartares de se répandre dans l'Asie-Occidentale. Deux années plus tard, Oktaï, successeur de Genghiz-Khan, ayant sommé Kéi-Cobad de lui rendre hommage et se voyant refusé, pénétra dans les états de ce dernier qu'il força à demander la paix; mais l'ambassadeur d'Iconium ayant été mal reçu à Caracorum, son maître irrité se jeta sur l'Arménie et prit différentes villes au prince de Damas, Aschraf, frère du sultan d'Égypte, qui momentanément ne put s'opposer à ces conquêtes. Rentré dans ses états, Kéi Cobad mourut d'un flux de sang au milieu des fêtes qu'il avait ordonnées pour célébrer ses victoires (1236). Ce prince fit d'Iconium le centre des lettres et des arts, il promulgua des lois sages et agrandit son empire; aimé de ses sujets, craint de ses ennemis, respecté de ses voisins, il fut le plus grand homme de son illustre famille; le reproche le plus grave qu'on lui ait adressé, est une rigide observation des lois poussée souvent jusqu'à la cruauté. Kaiath-ed-dine Kéi Khosrou II son fils lui succéda. Un autre Kéi Cobad, roi de Perse et chef de la dynastie Kalanienne (630 av. J.-C), ne peut être confondu avec le sultan d'Iconium.

(*Extrait de diverses biographies.*)

(1) *Recherches sur les étoffes, etc.*, t. 1, p. 234. — Tauris est la capitale de l'Adzerbaïdjan, (Perse) et Nakhchivan, une ville secondaire de l'Arménie bâtie sur la rive gauche de l'Aras à mi-chemin de Tauris à Érivan. Siwas (jadis Cabira ou Sébaste) est le chef lieu de la province de ce nom, formée d'une partie de la Cappadoce et du Pont.

encore en activité (1). Je laisse de côté Konieh (*Iconium*) désigné avec Siwas par M. de Longpérier, non pas que je veuille nier la possibilité d'une industrie textrine dans la capitale de la Caramanie, mais parce que je ne possède pas sur cette localité de renseignements assez étendus. Or, l'Anatolie et l'Arménie étant le terrain naturel sur lequel l'art byzantin et l'art persan ou hindou ont dû se rencontrer et se fondre, la prépondérance de l'un de ces deux éléments sur l'autre dans un objet où ils se trouvent simultanément réunis, peut faire pencher la balance en faveur du point le moins éloigné des pays qui ont fourni la plus grande quantité de types : un examen attentif des caractères saillants de mon étoffe va en conséquence élucider la question, si toutefois il ne la résout pas complètement.

Ces caractères sont au nombre de quatre : les *cercles*, les *roses*, les *feuillages* et les *lions*.

Les *Cercles*. Les *pallia circumrotata* et *scutulata* sont communs aux Byzantins et aux peuples orientaux; cependant si l'on veut bien accepter l'interprétation des termes *circumrotatus* et *scutulatus* ainsi que je l'ai donnée plus haut, je dirai que les médaillons circulaires appartiennent autant à l'Asie qu'à la Grèce, tandis que l'écusson ovale est particulier à cette dernière contrée : je puis en citer maints exemples (2). Le premier caractère ne conduit donc qu'au doute absolu.

(1) Un voyageur qui s'est approché de Siwas en allant de Diarbékir à Erzeroum, m'a affirmé l'existence de cette fabrication aujourd'hui bien réduite, puisque tout le commerce des soieries en Orient s'est concentré dans Alep. Ce voyageur est mon ami M. de Campigneulles qui, pendant ses longues courses à travers l'Egypte, la Syrie et l'Asie-Mineure, n'a jamais oublié le but de mes recherches et a recueilli fidèlement à mon intention tous les documents qu'il a rencontrés sur l'industrie textrine.

(2) Tels que les dyptiques consulaires du cabinet des médailles à la Bibliothèque Impériale et ceux publiés par Gori, *Thesaurus vet. dypt.*, t. I; les illustrations de l'*Histoire des Turcs* par Laonice Chalcondyle, t. II, p. 150; les tissus figurés dans les *Mélanges*

Les *Roses*. Ce type emprunté à l'architecture romaine, existe sur beaucoup de monuments du Bas-Empire; les dyptiques consulaires publiés par Gori, les tissus byzantins du suaire de saint Victor, du Ménologe de Basile II, de la châsse de Charlemagne, du tombeau de l'évêque Gunther à Bamberg (VIe au XIe siècle), des spécimens multiples pris sur des édifices ou des statues à Ravenne, Cividale du Friul, Palerme, Athènes, Constantinople, la couronne de fer de Monza (1), enfin, de nombreux passages d'Anastase en fournissent la preuve. Par contre, la rose est rare sur les étoffes orientales : Anastase ne la mentionne qu'une seule fois (2) et moi-même je ne l'ai vue que deux ou trois. C'est ici l'élément byzantin qui l'emporte.

d'archéologie et le *Portefeuille* de M. Gaussen; le manteau du Christ, sur le rétable de saint Germer au musée de Cluny, dessin imité par M. Viollet-Leduc pour la maison Le Mire, de Lyon; le voile de sainte Anne à Apt, etc. etc. M. F. Michel ayant vu sur les vêtements d'un personnage de la suite de Jung Bahadour, ambassadeur du Népaul, quelques écussons circulaires chargés de dessins et de légendes, croit pouvoir en conclure que les *vestes circumrotatae* sont originaires de l'Inde. *Recherches, etc.*, t. I, pages 54 et 55. On peut, sans trop craindre de se tromper, attribuer à l'Inde tous les types asiatiques, pourtant si les cercles appartenaient en propre à l'ornementation hindoue, on les trouverait au moins quelquefois sur les schalls de Kachmyr; je n'ai jamais ouï dire qu'on les y eût remarqués.

(1) *Portefeuille archéol.* — *Mélanges d'arch.* — *Thesaurus vet. dypt.* — *Monuments anciens et modernes*, par M. J. Gailhabaud. — Frisi, *Memorie di Monza*, etc. etc. On peut voir un très-beau type de rose à sept lobes, sur un ancien bas relief chrétien de la cathédrale de San-Severino (Marche d'Ancône); ce marbre, figuré dans le *Roma subterranea novissima* d'Aringhi, t. II, p. 359, représente l'Agneau divin accosté des symboles de saint Matthieu et de saint Luc : la rose y sert de trait d'union entre l'Agneau et le Bœuf ailé.

(2) ... Vela alia Alexandrina, ex quibus unum habens rotas et *rosas* in medio... *Anastasius bibl.*, Gregor. IV. Les roses inscrites dans les cercles, apparaissent aussi sur les émaux cloisonnés de l'aiguière donnée par Charlemagne à l'église de Saint-Maurice en Valais; quoique la monture de ce vase soit occidentale, les types figurés sur l'émail ont un caractère trop prononcé pour laisser méconnaître leur origine asiatique. *Hist. de l'arch. sacrée du IVe au Xe siècle*, par J. D. Blavignac, Atlas, pl. 26.

Les *Feuillages*. Depuis le vase Sassanide du cabinet des médailles (1) (IVe siècle), les édifices musulmans ou chrétiens de l'Egypte, de l'Espagne, de la Sicile et même de Venise (2) (X^e au XIIe siècle), jusqu'aux admirables manuscrits arabes et persans de la bibliothèque particulière de S. M. le Roi de Sardaigne, que M. le chevalier Promis m'a laissé copier avec une complaisance inappréciable (3) (XVe siècle), cet ornement se rencontre sur une foule de monuments orientaux appartenant à diverses époques. Lourd et trapu à l'origine, lorsqu'il apparaît sous la forme du *hom*, arbre sacré des Perses, il acquiert rapidement, surtout en Egypte, un aspect grêle, encore plus marqué sur les œuvres calligraphiques citées en dernier lieu. On doit penser que cet amaigrissement successif des types dont notre architecture nationale fut aussi la victime, se développa moins promptement dans l'Asie occidentale que dans le Nord de l'Afrique, car les feuilles lancéolées atteignent sur le tissu de Kéi Cobad un degré d'élégance et d'ampleur que je ne leur connaissais pas ailleurs : le XIIIe siècle, apogée de l'art français, serait-il également celui de l'art musulman oriental? Je le crois et l'examen du caractère qui suit n'affaiblira pas ma croyance.

Les *Lions*. La représentation du lion sur les étoffes est fort ancienne, Anastase en fournit plus d'un exemple (4), mais elle est si répandue sur

(1) Voir la gravure sur bois intercalée dans la dissertation de M. Ch. Lenormant sur la chape de saint Mexme : *Mélanges d'arch.*, t. III, p. 124.

(2) *Monuments anc. et mod.* et *l'Architecture du Ve au XVIe siècle* par Jules Gailhabaud. — Photographies exécutées en Orient par M. Edouard de Campigneulles. — Le tympan de la porte septentrionale de Saint-Marc à Venise, affecte surtout cette forme que l'on retrouverait à la rigueur dans les arcs trilobés de la galerie supérieure du palais ducal.

(3) M. le chevalier Promis, conservateur de la Bibliothèque du roi à Turin, a mille droits à ma reconnaissance; qu'il veuille bien en recevoir ici le faible témoignage.

(4) J'ai scrupuleusement relevé tous les passages d'Anastase qui ont rapport aux tissus, mais je trouve inutile de multiplier indéfiniment les notes dans un travail qui en est déjà trop chargé.

les monuments originaux encore existants, qu'il est inutile à son occasion d'avoir recours aux documents écrits. Si Byzance a tissé des lions en grand nombre, l'Orient partageait son goût pour ces animaux. Les lions qui rampent sur la panse du vase Sassanide de la Bibliothèque Impériale, sont à peu près du même type et affecteraient exactement la même posture que ceux du *paile* (1) de Clermont, si le champ trop étroit laissé au ciseleur ne l'avait obligé à les croiser, à moins que les difficultés du tissage ne vinssent militer en faveur de la raison inverse. Il en est ainsi, je pense, pour les cylindres Assyriens ornés d'images de lions croisés (2). Mais les lions Byzantins que combattent des gladiateurs sur un tissu du VIe siècle (3) et les animaux demi-accroupis, demi-rampants, or en champ vermeil, que M. l'abbé Bock estime avoir été rapportés de Grèce en 1208 par Conrad, évêque de Halberstadt (4), peuvent aussi donner lieu à des rapprochements; je suis donc persuadé pour mon compte, que les figures, dont je m'occupe en ce moment, offrent un type intermédiaire participant à la fois du Persan et du Byzantin, type qui, par la pureté du dessin et l'élégance des contours, l'emporte de beaucoup sur les rudes images qui lui ont servi de point de départ (5).

La feuille cardiomorphe gravée sur l'épaule de mes lions, aux lieu et place d'une étoile que les ouvriers Guèbres se fussent bien gardés d'omettre, vient corroborer avec succès mon opinion relative à la fusion de l'art oriental et de l'art occidental. Cette feuille ou cœur est un symbole emprunté à Rome païenne par les chrétiens qui le

(1) Contraction du mot latin *pallium* (étoffe), très-usitée pendant le moyen-âge.

(2) *Mél. d'arch.*, t. III, p. 125; grav. sur bois.

(3) F. Bock, *Geschichte, etc.*, lief. I, taf. IV. Ce précieux tissu vient d'être acquis par le Musée de Cluny.

(4) *Geschichte, etc.*, lief. I, auf seite 16, taf. II.

(5) Les lions du suaire de saint Victor et des gladiateurs sont de la bonne époque; mais je dois avouer que ceux de l'étoffe de Conrad sont fort mal dessinés.

donnèrent à l'ornementation byzantine ; en dehors des inscriptions des Catacombes où il est très-multiplié (1), on ne le rencontre guères que sur des objets de fabrication grecque, témoin le quadrige et les bestiaires du Louvre, le suaire de l'évêque Gunther (2) et le fragment inédit d'un autre tissu analogue aux précédents (3) et les riches émaux cloisonnés qui décorent le *Pala d'Oro*, à Venise, aussi bien que la reliure de l'évangéliaire de Sienne.

De cet exposé il ressort que, si le premier caractère reste douteux, le second est purement Byzantin, le troisième Persan, et que le quatrième procède en même temps des deux intermédiaires. Ce n'est donc ni à Tauris, ni à Nakhchivan, lieux trop éloignés des provinces soumises à l'influence hellénique, qu'il faut attribuer la provenance du *paile* de Clermont, mais plutôt à Siwas, ville centrale de l'Asie-Mineure située à mi-route des voies de communication ouvertes entre la Perse et Constantinople, et qui de plus était l'une des capitales de l'état Seldjoukide d'Iconium.

Je sais fort bien que Sébastia n'est pas mentionnée parmi les fabriques citées dans les textes publiés jusqu'à présent ; cette absence ne me parait pas constituer une objection sérieuse, car la lecture des documents écrits sur l'industrie textrine étant loin d'être achevée,

(1) Aringhi, *Roma subt. noviss.* Boldetti *Osservazioni sopra i cimeterii.* Le *cœur* est répété plusieurs fois sur les émaux asiatiques du vase de Saint-Maurice dont j'ai parlé plus haut; mais ici encore, ce type, noyé au milieu de symboles Zoroastriques, me révèle la main d'artistes ou d'ouvriers grecs travaillant pour le compte des orientaux.

(2) *Mélanges, etc.*, t. III, pl. 17, t. IV, pl. 20 et 23.

(3) Ce fragment avec beaucoup d'autres non moins intéressants, est demeuré plusieurs années en ma possession. Tous ces objets dont j'étais devenu légitime propriétaire, m'ont été redemandés par la personne qui m'en avait fait présent, sous prétexte de les envoyer à Lyon. J'ai heureusement eu la précaution de les dessiner avant de les rendre, car ils sont aujourd'hui entre les mains d'un brocanteur, à qui, on le comprendra de reste, j'ai refusé de les racheter.

un nom demeuré inconnu peut du jour au lendemain parvenir à la lumière. D'ailleurs, Tauris et Nakhchivan n'ont été signalées que pour leurs siglatons, genre de tissu qui offre des rapports communs, mais non une identité complète avec la chasuble de Clermont; en conséquence, si je veux appliquer une dénomination à cette dernière, je choisirai le *baudekyn*, étoffe de soie généralement rouge, ornée souvent de médaillons et d'animaux rehaussés d'or [1], ou mieux encore l'*acca*, *nak*, *nachiz* employé dès le XIe siècle [2], et qui ne semble différer du baudekyn que par la présence plus fréquente de l'or. Je ne dissimulerai pas toutefois, qu'à mon avis, *baudekyn* exprimant en général un produit textrin de Baudac (Bagdad), il se pourrait que *nak* ou *nachiz* eut les mêmes rapports avec Nakchivan; mais cette interprétation admise ne ferait pas encore obstacle à l'application d'un nom; l'analogie des procédés de tissage ayant dû mener souvent les occidentaux à confondre les marchandises fabriquées dans des villes assez éloignées l'une de l'autre, quoiqu'appartenant aux régions asiatiques traversées par les routes qui conduisaient en Europe.

Qu'il me soit maintenant permis d'étayer mon attribution avec quelques faits au moins peu connus, s'ils ne sont pas tout-à-fait nouveaux.

Les inscriptions Arabes tissées et brodées sur les chefs et dans le corps des étoffes, appartiennent à deux catégories très-distinctes; les unes comme au Louvre, à Toulouse et à Chinon [3] ne sont que des formules banales destinées à exciter la convoitise du chaland, les autres contiennent des légendes soit royales, soit personnelles à des officiers de la couronne; parmi ces dernières figurent les ins-

(1) *Recherches*, *etc.*, t. I, pages 252 et 253.

(2) *Recherches*, *etc.*, t. I, p. 261.

(3) *Rapport sur la chape de Chinon*, par M. Reinaud, pages 12, 13 et 15.

criptions de Notre-Dame de Paris, du voile d'Apt [1], de l'aube dite de Charlemagne [2], du suaire de saint Lazare à Autun [3], enfin du manteau de Roger II, roi de Sicile [4], conservé jadis à Nuremberg, aujourd'hui à Vienne. Or, des monuments de la seconde catégorie, les seuls dont on connaisse exactement la provenance (l'aube de Charlemagne et le manteau de Roger), étaient à l'usage du monarque et sortaient du *tiraz* ou fabrique royale de Palerme;

(1) La première porte le nom et les titres du Khalife fatimite d'Egypte Hakem bi-amr Allah; la seconde, ceux d'un successeur de ce prince, Al-Mostaly billah. Commencement et fin du XIe siècle.—Willemin, *Monuments français inédits*, pl. 110.—Reinaud, *Rapport, etc.*, p. 10. — L'abbé Gay, *Le pèlerinage de sainte Anne d'Apt*, p. 87. — Ch. de Linas, *Rapport, etc.*, 1857, p. 38.

(2) L'inscription en lettres coufiques brodée sur ce vêtement est presqu'effacée, on y a seulement distingué le nom d'Othon; une inscription latine jointe à la précédente, apprend que l'aube fut exécutée à Palerme la quinzième année du règne de Guillaume II (1181). — Willemin, *Monuments inédits*, pl. 21. — F. Michel, *Recherches, etc.*, t. I, p. 83.

(3) Ch. de Linas, *Rapport, etc.*, 1857, p. 38. On y lit le nom d'Al Mufadar, ministre d'un Khalife Ommiade de Cordoue (commencement du XIe siècle).

(4) Willemin, *Monuments inédits*, pl. 2. — F. Michel, *Recherches, etc.*, t. I, p. 84. Ce dernier auteur donne à la page suivante (notes) une liste détaillée des écrivains qui ont traité du manteau impérial de Nuremberg; mais comme il n'a pas jugé convenable de reproduire l'inscription cufique brodée à l'entour de ce vêtement, je crois devoir réparer ici une omission difficile à expliquer. Voici donc la traduction du texte arabe interprété par Olaüs Gérard Tychsen dans le *Rerum arabicarum amplissima collectio*, publié par le chanoine Grégorio, p. 173. — Confectum est (*hoc pallium*) in gratiam dignitatis regiæ quæ illustratur benignitate, comitate, famâ, perfectione, duratione, beneficentiâ, affabilitate, facilitate, clementiâ, humanitate, magnificentiâ, decore, majestate imperatoriâ, divitiis, faustis diebus et noctibus, sine imminutione nec vicissitudine, virtute, votorum complemento, conservatione, tutelâ, beneficentiâ, salute, victoriâ, rerumque copiâ. In urbe regali Siciliæ anno octavo vigesimo et quingentesimo. (528 de l'Hégire, 1133-34 de J.-C.) *Descrizione di Palermo antico* da Salvadore Morso, 2e édit. Palerme, 1827, p. 23, texte arabe en regard. M. le duc de Serradifalco, *Del duomo di Monreale*, Palerme, 1838, p. 73, a réimprimé ces mêmes documents.

pourquoi une origine analogue serait-elle refusée à leurs semblables et particulièrement à la chasuble de Clermont? Il est certain que la Kaaba de la Mekke est couverte en entier d'une tenture de soie noire ornée de versets du Koran brodés en or, tenture renouvelée chaque année à la fête du Baïram par les plus puissants princes de l'Islam (1). Les Khalifes successeurs de Mahomet, décoraient la principale entrée de leur palais avec une étoffe pareille qui, descendant du faite des bâtiments, cachait le seuil de la porte (2). Les cercueils des Fathimites, souverains de l'Egypte, sont encore revêtus de précieux brocarts; enfin au sommet du Djebel Aroun (mont Hor dans l'Arabie pétrée), existe un Santon où, selon les Musulmans, est renfermé le tombeau d'Aaron. M. de Campigneulles qui visitait vers Mars 1857 cet édifice, en examinant l'intérieur par le trou de la serrure et au péril de sa vie, y a vu un cénotaphe enveloppé d'un poêle fond vert à dessins jaunes, avec inscription tissée dans le chef de l'étoffe (3). Le hardi voyageur ne poussa pas l'imprudence jusqu'à forcer une porte vermoulue, incapable de résister à la moindre pression; mais il put néanmoins constater que le poêle tombait en lambeaux, circonstance qui, pour un objet auquel on ne touche jamais, dénote une antiquité très-reculée. Ces vieilles étoffes destinées

(1) Le Sultan est aujourd'hui chargé seul de fournir cette étoffe, en sa qualité de chef religieux de l'islamisme; l'an dernier ses femmes elles-mêmes avaient exécuté les broderies du voile.

(2) *Hist. générale des cérémonies mœurs et coutumes rel. de tous les peuples*, par l'abbé Banier, t. v, p. 79.

(3) La coutume d'employer des étoffes ornées d'inscriptions aux usages funèbres, passa des Sarrasins de Sicile aux Normands leurs successeurs : une note de M. F. Michel : *Recherches, etc.*, t. I, p. 85, appuyée sur plusieurs autorités respectables, dit que « lorsqu'on ouvrit les sépultures royales de la cathédrale de Palerme, on y trouva des débris d'étoffes de soie dans lesquelles les cadavres avaient été ensevelis et sur elles des inscriptions arabes. »

à des usages religieux (1) et marquées selon toute probabilité de l'estampille du souverain, ne pouvaient être exécutées ailleurs que dans une manufacture spéciale dont les produits merveilleux appartenaient au maître seul, et ce *tiraz*, comme à Palerme, devait s'élever à proximité d'une résidence royale, afin que l'on surveillât plus facilement les ouvriers. Les rapports intimes des tissus que je viens de citer avec celui de Clermont sont trop évidents, la position politique de Siwas au XIIIe siècle est trop connue, pour ne pas tirer de mes allégations une conclusion favorable à cette dernière ville.

La présence des lions sur les médaillons peut aussi faire conjecturer dans le même sens; Arslan signifie lion en langue turque et sur cinq princes Seldjoukides portant ce surnom redoutable, quatre, savoir : Alp-Arslan au XIe siècle et les trois premiers Kilidj au XIIe, avaient précédé Kéi Cobad sur le trône. N'y aurait-il pas ici un symbole de famille, un souvenir accordé à d'illustres aïeux, et une sorte de rébus héraldique ne se joindrait-il pas à l'estampille écrite, pour en augmenter la valeur ou la rendre intelligible aux croyants illettrés? Nos armoiries parlantes, dont un petit nombre remonte aux croisades, seraient-elles, comme tant d'usages occidentaux, empruntées à la civilisation orientale? A ceux qui trouveront l'opinion hasardée, j'indiquerai une monnaie de Léon II, roi d'Arménie (2) (1181), portant au revers deux lions rampants, adossés, têtes affrontées, et si comme l'a fait M. de Beaumont, je ne fonde pas une théorie absolue sur cette pièce, je crois que mise en regard de mon

(1) Les Khalifes successeurs et vicaires de Mahomet étant chefs de l'Islamisme, tout ce qui leur appartenait devenait sacré aux yeux des vrais croyants.

(2) Victor Langlois, *Monnaies arméniennes*, Revue arch., 7e année, p. 271, pl. 144, n°s 3 et 4. — A. de Beaumont, *Recherches sur l'origine du blason*, p. 114, pl. 16, n° 6.

tissu, leur réunion permettra aux savants de s'aventurer très-loin sur le terrain des hypothèses.

Un seul argument de quelque portée infirmerait l'exactitude de mes conjectures relatives aux ateliers de Siwas, en faisant pencher la balance du côté de Tauris; les Turks zélés sectateurs d'Omar repoussent énergiquement toute représentation d'êtres animés, doctrine que n'admettent pas les Persans partisans d'Ali. Ma réponse à cette objection sera très-simple : les ouvriers aux gages des intendants de Kéi Cobad n'étaient certainement pas des Turks, nation encore aujourd'hui rebelle aux arts et à l'industrie, mais bien des Grecs, des Arméniens, voire même des Persans, qui eux aussi avaient subi la domination des fils de Seldjouck.

Peut-être serait-il de quelqu'utilité maintenant, de rechercher l'établissement religieux, possesseur primitif du curieux vêtement sacerdotal de M. Compagnon; la vérité sur ce point est fort difficile à débrouiller. Lorsqu'un objet entre dans une collection par la voie des brocanteurs, ceux-ci dissimulant toujours et pour cause la provenance de leur marchandise, il est impossible à l'acheteur de croire un seul mot des interminables discours qu'il est obligé de subir. Je dirai donc que M. Compagnon ignore l'origine de sa chasuble et que je n'en sais pas plus que lui. On peut supposer toutefois sans craindre de commettre une grave erreur, que l'étoffe musulmane achetée après la chute de l'empire d'Iconium, vers la fin du XIIIe siècle, par des négociants italiens, fut alors rapportée en Europe pour être transformée en ornement d'église, suivant la coutume du moyen-âge (1).

(1) F. Michel, *Recherches, etc.*, t. I, pages 177 et 183.

APPENDICE

M. Anthony Rich (1) applique l'expression *scutulata vestis* qu'il a rencontrée dans Juvénal et Pline, aux étoffes dont la bordure est ornée de dessins en losanges; les raisons sur lesquelles le savant anglais appuie son interprétation ont trop de poids pour n'être pas acceptées : en effet *scutum* signifie le grand bouclier oblong adopté par l'infanterie romaine au lieu du bouclier rond, *clipeus*, et *scutula* est le nom des quadrilatères de marbre servant aux incrustations des planchers ou des plafonds. Ceci toutefois ne me semble pas détruire l'assertion que j'ai émise plus haut (2) sur le sens de *vestis scutulata;* les autres termes latins *parma*, *pelta*, etc. correspondant à notre mot *bouclier*, expriment tous des types particuliers, parmi lesquels ne figure pas spécialement l'*ovale* dont les guerriers romains se servaient aussi et qui est en outre l'unique courbe où s'inscrivent exactement le rectangle et le losange, formes ordinaires du *scutum*. Je crois donc, sauf meilleur avis, que les deux opinions sont très-conciliables et que *scutulatæ vestes* peut se traduire par *étoffes à médaillons elliptiques*, comme par *tissus losangés ou échiquetés*.

(1) *Dictionnaire des antiq. rom. et grecques*, trad. par M. Chéruel, 1859, p. 571.

(2) P. 18, note 1 et p. 22.

CHASUBLE

CONSERVÉE A SAINT-RAMBERT-SUR-LOIRE

DÉPARTEMENT DE LA LOIRE.

Sur les bords de la Loire, fleuve si riche en souvenirs historiques, à quelques kilomètres de Saint-Etienne, s'élève la petite ville de Saint-Rambert (1). L'antique église qui dresse ses murs bâtis en pierres de taille au centre de cette localité, suffirait pour éveiller l'attention des archéologues voyageurs et aurait déjà probablement obtenu les honneurs d'une publicité méritée, si l'édifice lui-même ne renfermait pas un de ces rares et curieux monuments, explorés depuis peu d'années, monuments dont l'étude attrayante absorbe l'homme qui s'y livre, au point de lui faire souvent oublier les choses étrangères au cadre où il a voulu circonscrire son intelligence; je veux parler de la magnifique chasuble qui a fourni précédemment à MM. l'abbé Boué et de Caumont, le sujet d'intéressantes notices (2). Grâce à l'obligeance de M. le curé de Saint-Rambert, il m'a été permis lors

(1) Saint Rambert-sur-Loire, chef-lieu de canton (Loire), à 12 kilomètres S.-E. de Montbrison; 3,012 habitants.

(2) *Notice sur la chasuble de Saint-Rambert-sur-Loire*, par M. l'abbé Boué, curé d'Ainay, in-4°, grav. sur métal, Lyon. — *Bulletin monum.*, t. XII. — *Abc. d'Archéologie*, 1851, p. 212.

de la mission scientifique que j'ai remplie en 1853 [1], de mesurer ce précieux vêtement sacerdotal et d'en calquer les tissus; c'est ce calque exactement réduit à l'aide du pantographe, que je viens placer sous les yeux de mes lecteurs : le détail d'ornementation suffisamment rendu par mon dessin, joint à l'avantage du coloris, feront de ce travail un complément indispensable aux planches d'ensemble, fort bonnes mais conçues sur une trop faible échelle, qu'éditèrent mes savants devanciers.

M. l'abbé Boué, plus à même que tout autre de faire des recherches sur la chasuble de Saint-Rambert, n'a trouvé aucun document historique qui s'y rapportât. « La tradition locale, » m'écrit cet honorable ecclésiastique [2], la vénère comme un vêtement ayant appartenu à Rambert, jeune seigneur lyonnais, mis à mort dans le Bugey par ordre d'Ebroïn, en 608. Le corps du saint demeura dans le lieu où il avait souffert le martyre et qui porte son nom [3], jusqu'en 1076, époque à laquelle Wildin, comte de Forez, le fit transporter où vous avez vu cette relique conservée à côté de l'objet de vos investigations. Il est difficile d'attribuer notre chasuble à saint Rambert, j'ai émis l'opinion qu'elle avait pu être offerte par le comte précité au moment de la translation du corps. »

« Jean de Bourbon, évêque du Puy-en-Vélay, fils de Jean, comte de Forez, habita le prieuré de Saint-Rambert où il mourut en 1485. La chasuble proviendrait-elle de ce haut personnage? je répugne à le croire. »

Les matériaux n'abondent pas, on le voit; une tradition fort vague et deux hypothèses dont la seconde est repoussée à l'avance

(1) *Rapport sur les anc. vêt. sacerd., etc.*, par Ch. de Linas, 1854, p. 10.

(2) Lettre datée de Lyon, 11 décembre 1853.

(3) Saint-Rambert, chef-lieu de canton (Ain), sur l'Albarine, à 22 kil. N.-O. de Belley; 2,012 habitants.

par la sage critique de son auteur : il faut donc se restreindre aux premières opinions, admissibles l'une et l'autre quoique à un degré différent. Toutefois, avant d'aborder leur discussion, il est utile d'éclaircir les difficultés qui la hérissent, en la faisant précéder d'une description minutieuse du monument et de ses éléments constitutifs.

La chasuble de Saint-Rambert, taillée dans une étoffe lancée soie et or (1), mesure 1 m. 47 c. de haut et atteint 1 m. 69 c. dans sa plus grande largeur; elle affectait jadis la coupe demi-circulaire, c'est-à-dire la forme d'une de nos chapes actuelles, dont les bords extérieurs du diamètre rapprochés et cousus de manière à décrire un cône, ne laisseraient à l'extrémité supérieure qu'une étroite ouverture pour passer la tête : des traces manifestes de mutilation prouvent surabondamment ce que j'avance. L'orfroi de même travail que le fond, retombe verticalement des deux côtés sans galons transversaux qui lui fassent dessiner une croix par-devant ou par-derrière, usage, selon le R. P. Martin, encore suivi en Espagne.

Le champ rouge de l'étoffe (*V. la planche ci-jointe*), est partagé dans le sens de sa hauteur par de larges raies équidistantes, auxquelles aboutissent à intervalles moins éloignés, d'autres raies plus étroites qui, disposées obliquement, déterminent une série de chevrons parallèles sur l'espace laissé libre entre les bandes principales. La distance entre ces chevrons est calculée de telle sorte, qu'elle ménage un polygone formé de deux losanges allongés ou *fusées*, soudés par une face. L'intérieur de chaque polygone renferme des couples de lions et d'oiseaux affrontés, alternant les uns avec les autres sur la perpendiculaire, mais se répétant en largeur, si bien que le tissu est strié horizontalement par une ligne de lions placée entre deux lignes d'oiseaux et réciproquement. Les bandes verticales

(1) La chasuble, où le dessin se montre perpendiculaire sur la face antérieure et horizontal sur l'autre, m'a paru confectionnée sans couture (j'excepte la couture centrale), si bien que chaque lai d'étoffe devait avoir au moins deux mètres de largeur.

sont chargées de grands quadrilatères, type dit *œil-de-perdrix*, posés en losange, et les bandes obliques, des mêmes ornements agencés parallèlement pour obtenir une correspondance exacte aux points de jonction. Tout le système est contourné par une bordure ondée, où quoiqu'ayant subi de notables altérations, je crois reconnaître la réminiscence des élégantes volutes qui ornent certaines mosaïques de Pompéi, aussi bien que le manteau d'une déesse sur un très antique vase peint du *Museo Borbonico* à Naples, volutes qu'inspirèrent soit le *lituus* (1) augural, soit les flots de la mer.

L'orfroi aussi curieux que le reste (2), rappelle ces immenses *oraria* que les ministres des églises grecque et arménienne revêtent par-dessus leur costume sacerdotal; il consiste en une bande large de 0 m. 154 m., que prolonge de chaque côté un galon d'or encadré de filets rouges séparés du dessin majeur par un filet blanc : ce dessin sur champ mi-parti rouge et violet, figure une espèce de méandre ou entrelacs rectiligne trop compliqué pour le décrire, et dont les branches alternativement interrompues, tracent une rangée de losanges disposés le long de la perpendiculaire centrale où ils inscrivent des quatrefeuilles.

L'ornementation de l'étoffe comme celle de l'orfroi, est complètement en fils d'or tordus autour d'une âme de soie jaune, et détermine sur le fond une légère saillie.

A qui regarderait superficiellement la chasuble de Saint-Rambert, ou l'étudierait avec des idées préconçues, l'origine orientale de ce vêtement semblerait incontestable; en effet, les matières employées et les procédés de fabrication sont identiques à ceux que j'ai indiqués plus haut dans ma *Notice sur la chasuble de M. Compagnon*. Songerait-

(1) On peut consulter à ce sujet le *Dictionnaire des antiquités romaines et grecques*, par Anthony Rich, p. 370.

(2) Je regrette vivement de ne pouvoir publier ici cet orfroi, et je renvoie le lecteur aux planches de MM. Boué et de Caumont.

ou d'ailleurs à discuter la tournure un peu byzantine des lions et des oiseaux, après avoir rencontré le quadrillé *œil-de-perdrix* sur les soieries d'Alep et de Syrie de toutes les époques, quadrillé que j'ai vu moi-même orner une écharpe exécutée en 1856 par un ouvrier maure de Tétuan (1). Néanmoins, ces impressions dont on n'ose pas se défendre au premier aspect, vont s'évanouir en face d'une critique plus approfondie.

Je commence par poser en principe, que l'art oriental repousse autant que possible les lignes droites (2) et surtout les angles qui résultent de leur intersection; s'il couvre certaines étoffes d'un quadrillage continu, ce sont presque toujours des tissus légers et monochrômes, et si par hasard, comme le magnifique *paile* hispano-mauresque vert et or sur fond chamois, publié par M. l'abbé Bock (3), en fournit un exemple, le *canut* (4) arabe attaque franchement les losanges, il les environne d'inscriptions et de fantaisies alhambresques qui ne permettent pas l'ombre d'un doute sur leur nationalité (5). Or, ce cas est loin d'être celui de l'étoffe de Saint-Rambert, où sauf un simple détail, la ligne droite et ses combinaisons géométriques dominent avec une rigueur absolue.

L'attribution orientale écartée, apparait au second rang la provenance byzantine, dont l'adoption fournirait beau jeu à la tra-

(1) J'ai vu cette écharpe à Cambrai, au Congrès de 1858; elle appartient à M. le comte de Vendegies qui l'a fait tisser devant lui, avec de la soie fournie par lui, soie dont l'excédant lui fut rendu. Le quadrillage oriental ne s'est pas modifié depuis le XIIe siècle, même sous l'influence des métiers à la Jacquard.

(2) Excepté bien entendu les étoffes rayées ou à lignes, *pallia virgata*, *pallia cum listis*, de tous temps communes en Orient.

(3) *Geschichte der liturg. gew.*, lief. I, taf. X. — Cette étoffe a été reproduite avec modifications dans la légende, par la maison Le Mire, de Lyon.

(4) Expression lyonnaise qui signifie ouvrier en soie.

(5) Je renvoie au tapis oriental figuré dans le *Geschichte, etc.*, lief. I, taf. XV.

dition locale ; car d'après le témoignage explicite de Procope (1) et Zonare (2), l'industrie de la soie ayant été introduite au VIe siècle dans les pays baignés par la Méditerranée, et le supplice de saint Rambert datant du VIIe, on pourrait admettre qu'un manteau de ce personnage a servi à confectionner notre chasuble.

L'origine hellénique des ornements échiquetés ou losangés n'est guères contestable : les *pallia scutulata* (3) peints sur quelques vases antiques en sont la preuve. Des Grecs, ce thème décoratif passa aux Romains qui l'appliquèrent, non-seulement à leurs habits, mais encore à leurs constructions (4) ; les Byzantins, successeurs des Romains, ne l'employèrent pas moins que ces derniers, car on le trouve mélangé aux roues (*pallia circumrotata*), sur plusieurs dyptiques consu-

(1) « Sub idem tempus venerunt ex Indiâ quidam monachi, et cum Justinianum Augustum satagere intellexissent, ne sericum à Persis Romani ampliùs mercarentur, convento imperatori promiserunt rei sericariæ ità se provisuros, ut nunquàm Romani à Persis hostibus suis, aliâve quâpiam gente ejusmodi mercimonium peterent : diù se à Serindâ, quam vocant, regione Indorum populis frequenti, moratos esse, et conficiendi in Orbe Romano serici rationem ibi perdidicisse. Crebris autem interrogationibus percontanti imperatori, ità ne se res haberet, dixere monachi, quosdam esse vermes serici opifices, naturâ magistrâ in opus semper incumbere subigente : deferri quidem hùc vivos non posse vermes, sed expeditò et facilè generari : singulorum partuum ova esse innumera : hæc homines multo post tempore quàm sunt edita, integere fimo, et quamdiù satis est, tepefacta sic fovere ut animalia propignant. Quæ cùm illi enunciassent, liberalibus imperatoris promissis inducti, ut re verba firmarent, Indiam repetierunt, undè cùm ova asportassent Byzantium, servata, de quâ dictum est ratione, ea novo ortu mutarunt in vermes, quos mori foliis alunt. Hinc cœpta ars conficiendi posteà serici in Romano imperio. » *De bello gothico*, lib. IV, cap. XVII.

(2) *Annales*, t. I, lib. XIV, cap. IX, p. 69, édition de Du Cange.

(3) Cette expression est prise ici dans le sens adopté par M. Anthony Rich, *Dict. des ant. rom. et grecques*, p. 571.

(4) *Reticulata structura, opus reticulatum.* Voir les figures gravées dans le *Dictionnaire* de Rich, p. 534.

laires (1), tels que l'ivoire représentant Othon II et Théophanie (2), les figures de sainte Hélène (3), de l'empereur Théodose (4) et beaucoup de monuments du Bas-Empire.

D'autre part, les oiseaux et les lions figurés sur la chasuble de Saint-Rambert, présentent certaines analogies avec leurs congénères byzantins des étoffes reproduites par l'abbé Bock, le R. P. Martin et M. Gaussen (5); cependant un peu d'attention fera voir que si le rapprochement est possible quant aux formes et aux poses, ce rapport n'existe plus dès qu'on étudie le style, car il devient alors clairement démontré qu'un élément plus jeune se faisant jour à travers la raideur byzantine, a voulu ranimer en l'allégeant, le dessin lourd quoique souvent grandiose de l'école de Constantinople. Je ne m'arrêterai donc pas encore aux manufactures fondées par Justinien, et suivant la marche progressive de l'industrie séricicole vers l'Occident, j'accompagnerai cette industrie en Sicile où j'espère atteindre enfin la solution poursuivie dans mon travail.

Je n'ai jamais rencontré ailleurs que dans cette île incomparable, un emploi aussi fréquent des carrés et des losanges, à mon avis

(1) Notamment les dyptiques des consuls Areobindus et Flavius Félix, (Gori, *Thes. vet. dyptichorum*, t. I, pl. 2 et 7. — *Arts somptuaires*, t. I, pl. 1), du consul Clementinus, (*Mél. d'arch.*, t. I, pl. 27), du consul Boëce (*Thes. vet. dyp.*, t. I, pl. 4), du consul Magnus (*Arts somp.*, t. I, pl. 2) et un ivoire de la bibliothèque Impériale reproduit par Du Cange, *De nummis inferioris ævi*. J'ajouterai à cette liste le dyptique conservé dans le trésor de la cathédrale de Saint-Etienne, à Halberstadt (États Prussiens) et figuré dans le *Geschichte, etc.*, lief. II, taf. I.

(2) *Arts somptuaires*, Xe siècle.

(3) *Arts somptuaires*, mss. byzantins, IXe siècle.

(4) *Ménologe ms. de Basile II*, t. II, p. 237, fin du IXe siècle; gravure sur bois dans les *Mél. d'arch.*, t. II, p. 256, fig. B.

(5) *Geschichte, etc.*, lief. I, taf. 3 et 4. — *Mél. d'arch.*, t. III, pl. 20. — *Portefeuille archéologique.*

caractères saillants du vêtement de Saint-Rambert et qui sillonnent bien rarement les tissus byzantins mis en lumière jusqu'à présent [1]; les mosaïques de la *chiesa dell' ammiraglio* (*Martorana*) à Palerme, des *Dômes* de Monréale, Messine, Céfalu, œuvres d'artistes siculo-grecs, m'en ont procuré des exemples par centaines, mais la dernière ville m'a fourni quelque chose de mieux. Dans la sacristie de son église cathédrale, est conservé sous un globe de verre avec d'autres souvenirs du roi Roger II, un fragment de la ceinture de ce prince, où la soie et l'or dessinent un véritable *opus reticulatum* [2]; une seconde étoffe antérieure peut-être et du même pays sans doute, puisqu'elle porte un chef couvert de caractères pseudo-arabes [3], peinte sur un manuscrit de la Bibliothèque Impériale [4],

(1) Les *Mél. d'arch.*, t. III, pl. 15, présentent une sorte de taffetas violet à losanges (*œil-de-perdrix*), que le R. P. Martin attribue à l'industrie byzantine et cela sans fondement très-certain, puisque la disposition réticulée appartient à l'Orient aussi bien qu'à l'Europe. Le seul *pallium scutulatum* (échiqueté) dont l'origine grecque ne me semble pas suspecte, est une étoffe jaune à canards ou cygnes bleus, du trésor d'Aix-la-Chapelle. *Mélanges d'arch.*, t. II, pl. 11.

(2) Le R. P. Benso, religieux bénédictin du monastère de San-Martino, au-dessus de Monréale, m'avait indiqué ces précieux débris, que j'eus cependant beaucoup de peine à voir; non que les chanoines de Céfalu y missent de la mauvaise volonté, bien au contraire, mais comme la plupart de leurs confrères en France, ils comprenaient difficilement qu'un homme jouissant d'à peu près toutes ses facultés intellectuelles, risquât sa bourse et sa santé pour suivre à la piste quelques centimètres de vieux chiffons. Ce ne fut donc qu'après avoir inspecté le chapier et les armoires de la sacristie, que je finis par m'entendre avec le respectable trésorier de la cathédrale; aussitôt le digne ecclésiastique mit à ma disposition les objets que je cherchais et que je m'empressai de dessiner. Pour les trouver, j'avais passé quinze heures en mer sur une frêle barque où quatre hommes n'avaient pas toutes leurs aises, et pareille chance m'attendait au retour.

(3) Consulter le Mémoire publié au sujet de l'emploi des caractères arabes dans l'ornementation, etc., par M. A de Longpérier, *Revue arch.* t. II, p. 696, 1846.

(4) *Arts somptuaires*, étoffes, pl. 14 n° 1. Le ms. 6784 où le tissu a été copié date du XIVe siècle, mais une antiquité beaucoup plus grande doit être accordée au modèle.

présente exactement la même disposition : enfin, aux XIIIe et XIVe siècles les ateliers siciliens fabriquèrent des galons spécialement ornés de losanges et de carrés (1), marchandise dont la consommation fut grande et l'usage très-répandu, à en juger par les restes nombreux existants sur tous les points de l'Europe chrétienne.

Il n'est pas jusqu'à la bordure ondée des raies, et le méandre de l'orfroi, qui ne viennent appuyer l'attribution de la chasuble de Saint-Rambert aux manufactures siciliennes; les types décoratifs précités, communs dans l'Italie méridionale, ne pouvaient être rares chez sa voisine, et si l'ouvrier ne les a qu'imparfaitement imités, il faut s'en prendre autant aux difficultés du tissage, qu'à un manque d'habileté chez le dessinateur du carton.

Quant aux lions, je n'en ai pas encore vu, il est vrai, sur des *pailes* incontestablement palermitains (2), mais c'est déjà quelque chose d'avoir établi une distinction, toute légère qu'elle soit, entre l'animal qui m'occupe ici et les lions de Byzance. Quant aux oiseaux,

(1) Je compte revenir plus tard sur cette question d'orfrois, me bornant à dire pour le moment que le Musée de Cluny possède une ancienne étoffe ornée d'un réseau de grandes mailles hexagonales blanches sur fond vert, laquelle étoffe est d'origine incontestablement sicilienne, de plus que j'ai eu en toute propriété et dessiné, deux autres tissus presque semblables.

(2) Une planche du *Portefeuille arch.*, représente un *parement de pupitre* (sic) appartenant à l'église de Lentilles (Aube). Cette étoffe jaune à dessins verts, est ornée d'animaux parmi lesquels figurent des lions analogues à ceux de Saint-Rambert. Aucune description n'étant jointe à la planche, et, n'ayant pas vu l'original, j'ignore s'il est en laine ou en soie et n'ose lui attribuer une patrie. Un autre lion sculpté en marbre blanc sur le tombeau du pape Clément II (mort en 1047), à Bamberg (Bavière), offre des rapports plus grands encore avec les images que je cherche à interpréter; or, ce tombeau qui date du XIIe-XIIIe siècle a été exécuté en Italie, car on y sent déjà l'art qui inspira le monument funèbre de Frédéric à Palerme. *Mélanges d'arch.*, t. IV, pl. 29 et pp. 273, 274.

ils figurent en moindres dimensions sur une étoffe dont je vais parler tout à l'heure (1).

A ces arguments qui roulent sur le système d'ornementation, j'en joindrai un nouveau, emprunté aux procédés de teinture et de métier. La chasuble de Saint-Rambert, cramoisie sur ma planche, est aujourd'hui en réalité d'un rouge brique fort sale; ce ton disgracieux qu'ont pris également les parties claires de l'orfroi, ne me semble pas naturel et résulte de l'action du temps, jointe aux effets de l'humidité sur une couleur plus agréable à l'œil. Or, le tissu exhumé du tombeau de l'impératrice Constance à Palerme (2), tissu identique au nôtre, d'éléments et de travail, et comme lui altéré par une longue réclusion (3), présente exactement la même teinte. D'une telle isochromie, je conclus que de part et d'autre, les soies ayant subi une préparation tinctoriale inusitée chez les ouvriers de l'Orient et de Constantinople, dont les couleurs ne passent jamais, ces soies doivent sortir d'un lieu étranger à ces contrées et avoir été façonnées sur un point commun, assertion que vient corroborer la similitude des tissages. Si l'étoffe de Constance est sicilienne, ce qui n'est pas douteux, la chasuble revendique pareille nationalité.

(1) Cette étoffe est celle du tombeau de Constance (1198). Les oiseaux, aigles ou perroquets sont si petits qu'une comparaison est difficile à établir, mais ces mêmes animaux tissés en or et en soie violette, sur une chasuble attribuée à saint Bernard, (*Portefeuille arch.*), ont à peu près le galbe des aigles de Saint-Rambert.

(2) Les objets précieux que renferme l'admirable cathédrale de Palerme, m'ont été communiqués avec toutes facilités pour dessiner, par M. le chanoine Mancino, trésorier de cette église et professeur de philosophie à l'Université royale. J'avais dû au vénérable duc de Serradifalco, la connaissance de l'aimable et docte M. Mancino, avec qui j'ai noué une de ces relations que le temps et la distance n'effacent jamais.

(3) J'estime que sept siècles de réclusion au fond d'une sacristie privée d'air et de lumière, sous notre ciel froid et humide, équivalent au même laps de temps passé entre les parois d'un sarcophage élevé dans les cathédrales aérées du Midi de l'Europe.

L'origine insulaire de notre vêtement établie aussi nettement que possible, reste à chercher l'époque où il est sorti des ateliers palermitains ; si on désire l'étudier avec fruit, cette question veut être envisagée d'un peu haut, et j'ai besoin pour la traiter à fond, de remonter à l'introduction de la sériculture en Sicile. Aussi, quoique le terrain sur lequel j'ose m'aventurer soit légèrement hypothétique, je prie instamment le lecteur de m'y suivre, confiant dans son indulgence et dans ma bonne volonté pour éclaircir l'une des phases les plus obscures de l'histoire industrielle en Europe.

Camillo Gallo, dans son mémoire *Del setificio di Sicilia* (1), appuyé sur quelques passages d'Othon de Friesingen (2) et de Nicétas Choniatès (3), historiens dont la version avait été adoptée avant lui par d'autres écrivains tels que Sigonio (4), Giannone (5) et Ca-

(1) *Il setificio in Sicilia*, *saggio storico-politico* di Camillo Gallo, e Guagliardo, palermitano, p. 169. Ce mémoire est imprimé dans le premier volume de la *Nuova raccolta di opuscoli di autori Siciliani*, Palermo, nella reale stamperia. 1788.

(2) XIIe siècle. « Indè ad interiora Græciæ progressi, Corinthum, Thebas, Athenas... expugnant; ac maximâ ibidem prædâ direptâ, opifices etiam qui sericos pannos texere solent, ob ignominiam imperatoris illius, suique principis gloriam, in captivos deducunt. Quos Rogerius in Palermo, Siciliæ metropoli, collocans, artem illam texendi suos edocere præcepit, et exhinc prædicta ars illa, priùs à Græcis, tantùm inter Christianos habita, Romanis cœpit patere ingeniis. » *Otto Frising. episcopi. de Gestis Friderici I, etc.*, lib. I, cap. 33.

(3) .... Corinthiis tantùm et Thebanis ignobilioribus exceptis, et iis qui subtilem telam texebant, formosisque et locupletibus mulieribus ejusdem artificii peritis : ac hodiè quoque Thebanorum filios, et Corinthiorum in Siciliâ texendis pretiosis auratisque vestibus (τῶν ἐξαμίτων καὶ χρυσοπάστων στολῶν), incumbere videas, quemadmodùm Eretrienses olim apud Persas. » *Nicetæ Acominati Choniatæ Annales, de Manuele Comneno*, lib. II, cap. I. Cet historien mourut à Nicée, en 1210.

(4) *De regno Italiæ*, lib. XI.

(5) *Storia civile del Regno di Napoli*, lib. XI, cap. VII.

ruso (1), rapporte que les premiers ouvriers en soie de la Sicile et de la Pouille, furent des captifs enlevés à Thèbes, Athènes et Corinthe, lorsque Roger II ravagea la Grèce au milieu du XIIe siècle. Cette opinion que M. F. Michel présente sous toutes réserves (2), le savant M. Amari était loin de l'admettre en 1846 (3); bien plus, il a fait depuis de nouvelles découvertes qui, si elles n'assignent pas une date mathématique, détruisent l'assertion des auteurs précités, en prouvant de la manière la plus claire et la plus positive, qu'il y avait en Sicile un commerce de soie et des ateliers de tissage, bien longtemps avant l'arrivée des Normands. Voici comment s'exprime à ce sujet l'illustre orientaliste palermitain dans sa *Storia dei Musulmani di Sicilia* (4): « En fait d'industrie n'oublions pas l'étoffe précieuse, certainement en soie, dite de Sicile, et dont on trouva une immense quantité parmi les trésors d'Abda, fille du khalife Fathimite Moezz, morte en Egypte à la fin du Xe ou au commencement du XIe siècle (5). Mais que la soie

(1) *Mem. istori. della Sicilia*, t. I, part. 2, lib. II — V. encore Fazello, *de Rebus siculis*, decad. I, lib. I, et *Palermo nobile*, p. 245, anno 1147 et 1148.

(2) *Recherches, etc. sur le commerce, etc.*, t. I, p. 73.

(3) « Je suis persuadé que cette manufacture existait longtemps avant et que les captifs Grecs, hommes et femmes, ne firent qu'augmenter le nombre des ouvriers. » *Journal asiatique, etc.*, mars 1846, *Recherches, etc.*, t. I, p. 74.

(4) « In fatto d'opifi ci, abbiam ricordo del prezioso drappo, al certo di seta, detto di Sicilia, del quale se trovò una catasta tra i tesori d'Abda, figliuola del Califo fatemita Moezz, morta in Egitto in su la fine del decimo o principio del undecimo secolo. Che innanzi quell'età si lavorasse la seta in Sicilia lo prova d'altronde la biografia del pio Abou-Hassan-Hariri, e v'accenna il nome di Kalat-et-Tirazi, castello in oggi abbandonato presso Corleone, non che il regio *Tirâz* di Palermo, avanzo dell'industria arabica nel duodecimo secolo, di che sarà detto al suo luogo. » *Storia dei Musulmani di Sicilia scritta da Michele Amari*, t. II, p. 448. Florence, 1858.

(5) Abda mourut sous le règne d'Hakem (996-1021); elle laissa beaucoup de trésors parmi lesquels trente mille *scikker* (ou schcukkes, coupons d'étoffe) siciliens. M. Amari qui

ait été travaillée en Sicile avant cette époque, ceci est prouvé d'ailleurs, tant par la biograghie du dévot Abou-Hassan-Hariri, que par le nom de *Kalat-et-Tirazi*, château aujourd'hui abandonné près de Corléone [1]. » Or, si la fabrication des soieries en Sicile et la certitude en ce pays d'un château des ouvriers ou du directeur du *Tirdz* [2], au commencement du xe siècle, battent singulièrement en brèche le sentiment d'Othon et de Nicétas, écrivant, le premier sous une inspiration trop favorable peut-être aux maisons de Hauteville et de Souabe, le second probablement mal renseigné sur des faits antérieurs à sa naissance et pour lui d'un médiocre intérêt, quelles déductions ne tirera-t-on pas de l'existence au ixe siècle, d'un musulman sicilien faisant le négoce des soieries [3], et vendant, non pas des marchandises achetées à l'étranger, mais celles qu'il façonnait lui-même : en effet, d'après l'érudit africain Abou-Soleïman-

a puisé ces faits dans l'histoire d'Egypte par Abou-Mehasir (ms. de la Bibl. Imp. de Paris, ancien fonds, 660, fol. 103, R.) trouve que ce chiffre sent un peu les Mille et une Nuits, mais il pense en même temps que le chroniqueur n'a pu inventer une étoffe qui n'existait pas. *Storia dei Musul.*, etc., t. II, p. 448 not. 5.

(1) Aujourd'hui Calatrasi, château situé entre Corleone et la Piana dei Greci, province de Palerme, à 9 milles de Giato et 8 de Corleone.

(2) Kalat-et-Tirazi ne signifie pas autre chose. Cependant, *Tirdz* d'après Ibn-al-Khatib, écrivain arabe, veut dire littéralement, étoffe précieuse sur laquelle les noms des sultans, des princes et d'autres riches personnages étaient inscrits (*Recherches, etc.*, t. I, p. 289); mais ce mot par synecdoche, exprime aussi l'atelier du tissage, *Tirdz*, hôtel du Tirâz, c'est dans ce sens que l'emploie l'historien Ebn-Kaldoun. — De Sacy, *Chrestomathie arabe*, t. II, pages 287 et 303. — *Recherches, etc.*, t. I, p. 75. — Le *paile* de M. Compagnon est à ce compte un véritable Tirâz.

(3) Abou-Hassan-Hariri mourut en 934; ses récits sont transcrits dans le précieux recueil biographique arabe intitulé *Rhidd-en-Nofous* (les jardins de l'esprit), ms. unique et de la plus haute importance, no 752 de la Bibl. Imp. anc. fonds arabe.— *Storia dei Musul.*, etc., t. II, p. 226.

Rebi-Kattan, auquel on doit la vie d'Abou-Hassan, ce dernier ne quittait son métier à tisser que pour s'exalter aux heures de la prière (1).

Si l'on venait dire aujourd'hui à un homme connaissant tant soit peu l'Italie méridionale, qu'en pleine paix, en plein XIXe siècle, une industrie inconnue la veille dans cette contrée, y est devenue subitement florissante, la nouvelle paraîtrait au moins surprenante. Qui donc oserait affirmer qu'à une époque barbare, après des luttes aussi longues qu'acharnées, un peuple guerrier et fanatique ait à peine mis trente ans (2), pour planter les mûriers, élever les vers, filer la soie, la teindre et la tisser, quand il était environné de races qui devaient le haïr et se montrer hostiles à son égard, vu la différence des croyances religieuses ; de telles prétentions ne sont pas admissibles. Il faut, à mon avis, reculer plus loin encore, sans se préoccuper de l'histoire écrite, et faire remonter l'introduction de la sériculture dans la Trinacrie, aux temps de calme et de tranquillité relatives qui suivirent le retour des Byzantins commandés par Bélisaire. Je ne soutiendrai pas que Justinien et ses successeurs immédiats envoyèrent des *canuts* en Sicile: s'y maintenir était déjà beaucoup pour ces princes. Mais une domination continue de trois siècles (3), est longue et permet bien des améliorations : qui sait si parmi les conséquences du séjour de l'Empereur Constant II à Syracuse, où il mourut assassiné en 668, on ne doit pas comprendre l'établissement des magnaneries et des industries qui en découlent. Les historiens se taisent à cet

(1) *Rhidd-en-Nofous*, fol. 79, v. — « ... Un uom filto sempre a su *telaio;* tristo e silenzioso, se non che a volta a volta prorompeva in ringraziamenti o lodi a Dio... » *Storia dei Musulm. di Sicil.* T. II, p. 230. — *Harir*, en arabe, signifie soie ; le dérivatif par l'adjonction de l'*i* ou de l'*y* exprime l'homme qui fabrique ou vend la soie, en italien *setaiolo*.

(2) Les Sarrasins descendus pour la première fois en Sicile l'an 827 n'eurent chassé complètement les Grecs qu'en 879.

(3) 545-827.

endroit, qu'importe leur silence; la pauvreté des Annales siciliennes pendant les deux cents années qui précédèrent l'invasion sarrasine, a plus d'éloquence à mes yeux que les belles phrases des écrivains hommes de cour : cette pauvreté, à une période où la force brutale était presque tout et la force morale presque rien, me donne l'assurance d'une paix intérieure avec laquelle n'avaient rien à démêler les chroniqueurs venus à la suite de Procope, comme Nicétas et Othon de Friesingen, qui accordent à peine quelques lignes à l'industrie parmi leurs récits de batailles, d'intrigues et de négociations diplomatiques. Donc, si comme j'en suis presqu'entièrement convaincu, la textrine palermitaine progressa à la suite de la textrine grecque dès le VIIIe ou le IXe siècle, et continua à prospérer durant l'occupation arabe, il deviendra facile d'expliquer pourquoi elle imita le style byzantin, témoin les vêtements du roi Roger (1) et la chasuble de saint Rambert, en même temps qu'elle copiait les modèles orientaux qui lui inspirèrent la robe funèbre de Constance et le suaire de saint Potentien (2). D'ailleurs, le texte d'Othon de Friesingen, le plus ancien et le plus explicite de tous, celui qui sert de base au système de Gallo, est-il déjà si clair qu'on ne puisse l'interpréter dans un autre sens; j'y lis en effet, que Roger fit conduire à Palerme les

(1) Avec la ceinture de Roger, on conserve à Céfalu un reste de sa tunique; c'est un *holosericum* lancé, dont le fond bleu est couvert de cercles rouges entrelacés de manière à former des quatrefeuilles, lesquels sont cantonnés de bouquets. J'ai remarqué la même disposition géométrique sur les vêtements sacerdotaux que présentent de fort anciennes peintures au Musée de Sienne.

(2) Cette étoffe que possède le trésor de la cathédrale de Sens a été publiée dans le *Portefeuille archéol.* de M. Gaussen; elle fut donnée, le 10 octobre 1029, par le roi de France, Robert. La certitude d'une origine sicilienne bien constatée par les arabesques qui ornent les cercles de ce *pallium circumrotatum*, m'avait fait reculer devant une date aussi ancienne que 1029 (*Rapport, etc.*, 1857, p. 14), mais aujourd'hui je n'hésite plus à l'admettre. Au reste le suaire de saint Potentien offre les mêmes couleurs et le même travail que la tunique de Roger II.

ouvriers capturés à Athènes, Thèbes et Corinthe, qu'il leur ordonna d'apprendre aux siens l'art de tisser de la soie (*artem illam texendi suos edocere præcepit*), et qu'à partir de là, cet art connu des Grecs seuls parmi les Chrétiens, cessa d'être un secret pour les Latins (*Romanis*). Ceci est positif, sans doute; pourtant je demanderai jusqu'à plus ample informé, si la Sicile, antique colonie grecque, dont la langue usuelle avait jadis été le grec et devait offrir au XIIe siècle une confusion d'idiomes où l'élément Romain entrait à peine pour un tiers (1), était un pays tout à fait latin aux yeux de l'évêque allemand, et si l'expression *suos* ne désigne pas la descendance des conquérants septentrionaux (2), plutôt que la population conquise, au sang mêlé comme son langage, de Grec et d'Arabe, éléments dont les siècles, les Angevins et les Espagnols n'ont pu complètement effacer les types vivaces. En tout cas, le passage *tantùm inter christianos habita* établit une distinction suffisante entre la Sicile chrétienne et la race siculo-musulmane qui, elle aussi, travaillait aux ateliers royaux suivant le témoignage d'Ebn-Djobaïr; car cet écrivain arabe du XIIe siècle, cite un certain valet de cour nommé Yahya ou Jean employé à la manufacture où il brodait les habits du roi, comme lui ayant fourni des renseignements

(1) Deux cents ans après la conquête de la Sicile par les Romains, l'historien Diodore, qui vivait sous Auguste, écrivait encore son ouvrage en grec, et tous les noms de lieu répandus sur la surface de l'île, ont à peu d'exceptions près, une origine grecque ou arabe. D'ailleurs, l'élément hellénique à supposer qu'il se fût effacé sous les Romains et les Goths, avait dû refleurir de nouveau pendant les trois siècles de la domination byzantine, aussi lorsque Roger II fit graver une inscription dédicatoire pour l'établissement d'une horloge dans son palais à Palerme, inscription qui n'a pas changé de place et date de 1142, ce monarque voulut qu'on employât les trois langues parlées dans ses états, savoir, le latin, le grec et l'arabe.

(2) Suivant Ebe-Djobaïr, les rois de Sicile avaient dans leurs Tirâz des ouvrières franques ou françaises. M. Amari, *Journal asiatique*, *etc.*, mars 1846. — *Recherches*, *etc.*, p. 76. — V. encore, ibid. p. 92.

sur Guillaume II et son palais, renseignements indiquant que celui qui les avait donnés professait l'islamisme (1).

J'aurais pu me dispenser d'entrer aussi avant dans une question encore bien loin d'être épuisée, et me borner à l'attribution banale, *Orient* — XIIe *siècle*, — avec laquelle on tourne la difficulté quand on ne réussit pas à la trancher. Cependant, si j'ai su prouver qu'au Xe siècle il y avait en Sicile des manufactures de soieries, où les dessins empruntés à Byzance, prenaient place à côté des modèles venus de Bagdad, on admettra qu'en 1070, alors que les Normands étaient maîtres de l'île entière (2), un grand seigneur français ait acheté pour l'offrir à son église privilégiée, quelque *paile* tissé dans l'hôtel du *Tirâz*, à Palerme. Toutefois, je ne prétends pas garantir ici la probabilité d'une hypothèse personnelle à M. l'abbé Boué, hypothèse basée sur des conjectures plus ou moins rationnelles; ce que j'affirmerai, parce que je l'ai vu, c'est qu'un ange de la cathédrale de Céfalu (3) porte un *Orarium* quadrillé semblable aux raies de la chasuble de Saint-Rambert et que le manteau dont est revêtu l'amiral Georges d'Antioche sur une mosaïque (4), est identique de couleur et de dessin au détail précité de notre étoffe, laquelle conséquemment ne peut être moins ancienne

(1) F. Michel, *Recherches, etc*, t. I, p. 80.

(2) Palerme fut pris par les Normands en 1071.

(3) J'ai dessiné l'*Orarium* de cet ange placé au 3e étage, côté de l'épître; il fait partie de l'admirable décoration en mosaïque qui contourne le chœur. L'étoffe est fond d'or quadrillé de rouge, le centre de chaque carré occupé par un *besant* alternativement rouge et bleu.

(4) Georges d'Antioche, célèbre amiral de Roger II, fit bâtir l'église dite de *la Martorana* ou *dell'ammiraglio*, à Palerme, et quoique ce monument ait été bien remanié depuis le XIIe siècle, il a conservé une mosaïque contemporaine de son fondateur où celui-ci figure prosterné devant la Sainte Vierge; la planche, p. 78 du *Palermo antico* de S. Morso donne l'idée générale de la mosaïque de Georges, encastrée aujourd'hui dans le mur d'une chapelle, en face de l'entrée publique.

que la première moitié du XIIe siècle, date authentique de l'église de Céfalu et de *la chiesa dell' ammiraglio*.

Une critique sévère pourra formuler plus d'une objection à l'encontre des idées que je viens d'émettre ; j'ignore en général la nature de ces objections, car si je les connaissais à l'avance, je ne m'y exposerais certes pas de gaîté de cœur : il en est cependant que je prévois et ne veux pas laisser de côté sans y avoir répondu ; voici les principales. D'anciens inventaires de la chapelle royale et de *Santa-Maria dell' ammiraglio*, à Palerme, mentionnent à diverses reprises des vêtements sacerdotaux rayés et échiquetés, dont plusieurs figurent sur la liste des meubles de l'église d'Afrika (1), suivant toute probabilité apportés en Sicile vers 1160 ; deux de ces tissus ornés de lignes ou vergettes sont indiqués comme venant d'Espagne, d'autres sans certificats d'origine avaient l'aspect d'un damier (2) : cela n'a rien d'étonnant, la situation géographique et politique d'Afrika (*El Mahdiyah*) au XIIe siècle y permettait alors la réunion des produits de l'Espagne et de la Sicile ; d'ailleurs, en supposant, ce qui est très-possible, que les dalmatiques à carreaux sortissent des ateliers d'El-Mahdiyah, elles n'étaient pas analogues à la chasuble de saint Rambert, puisque cette dernière est notablement épaisse, tandis que les étoffes d'Afrika signalées par le géographe arabe-sicilien Édrisi, se distinguaient par leur

(1) Afrika, Ifrikiyah, El-Mahdiyah, ville de la régence de Tunis au S.-E. du cap Bon, conquise par les Normands en 1148 ; elle fut enlevée en 1160 au roi de Sicile Guillaume Ier, par le souverain Almohade Abd-el-Moumin. *Constitutionel*, n° du 20 octobre 1852, art. de M. C. Defrémery, cité dans les *Recherches, etc.*, t. II, p. 443. — *Histoire des Berbères*, par Ibn-Khaldoun, trad. de M. de Slane, t. II, pp. 27, 29, 193, et Ibn-el-Athir, ibid. *Appendice*, p.p. 590, 593.

(2) « ... Due sunt tunice samiti, una virgata est... Una est casubla auro laborata, cum listis, et ipsa est operis Yspanie... » — « Due sunt dalmatice samiti laborati ad scaccenos, due sunt tunice samiti, una... ad scaccenos laborata... Due sunt cappe samiti ad scaccenos. » *Invent. thesaur. sac. Afric. eccl.* (*Tabularium regiæ ac imperialis capellæ collegiatæ Divi Petri in regio Panormitano palatio*, Palerme, 1835, n° XV, p. 35.)

extrême finesse [1]. J'ajouterai que les mêmes inventaires (1309 et 1333), font connaître d'autres vêtements rayés et surtout historiés [2], que vu le silence gardé sur leur nationalité, il est très-licite d'attribuer aux manufactures de la ville où ils étaient conservés.

Quant aux « *pailles copertez à ovre d'Espaingne,* » que « *lo amirail* (l'émir) *de Palerme,* » offrit à Robert Guiscard dont les armes l'inquiétaient [3], ce passage ne prouve pas que le Sarrasin manquât de soieries indigènes, mais tout au plus qu'esclave d'un préjugé immémorial, il préférait les productions étrangères à celles qu'il avait sous la main. En outre, le mot *ovre* peut très-bien se prendre pour *façon, imitation :* dans ce cas un commentaire devient inutile [4].

Enfin de l'absence des étoffes siciliennes sur la longue liste des noms de tissus en soie et or, publiés par M. F. Michel [5], il ne faut

(1) *Géographie* d'Edrisi, trad. d'A. Jaubert, t. I, p. 258.

(2) ... « Item casulam unam de samallto violaceo et viridi versicoloream, cum listis de auro... » *Invent. regiæ capellæ sac. pal. Panorm.* A. 1309. « Item frontale unum de auro... cum tobalea sua laborata ad listas de seta... Item aliud pallium virgatum de seta. » *Inv. eccl. s. Mariæ de Admirato*, A. 1333. *Tabularium, etc.*, n° LXIII, p. 101 et n° LXXXIV, p. 131. — « Item pallium unum de panno aureo ad leones et aquilas... Item cappam unam de panno aureo usitatam, ad aquilas et alias aves... Item cappam unam vetustam deauratam super seta rubea ad aviculas et alias operas. Item aliam cappam de panno aureo laboratam... cum listis in pectore ad rosas et ad crucem... Item pallium unum de seta viridi et rubea, ad leones de auro, vetustum. » *Tabularium, etc.*, n° LXIII, pp. 101 et 103.

(3) *L'ystoire de li Normant*, liv. v, c. 24. — *Recherches, etc.*, t. I, p. 77.

(4) Nous nommons de même en France, *Gros de Naples* une étoffe qui pourtant se fabrique à Lyon.

(5) Multa quidem et videas ibi varii coloris ac diversi generis ornamenta, in quibus et sericis aurum intexitur, et multiformis picturæ varietas gemmis interlucentibus illustratur. Margaritæ quoque, aut integræ cistulis aureis includuntur, aut perforatæ filo tenui connectuntur, et eleganti quâdam dispositionis industriâ picturati jubentur formam operis exhibere. » *Hugonis Falcandi*, *Historia Sicil.*, præfat. (*Antiq. Ital. med. ævi.*, t. II, col. 405, C.). Falcand rédigeait vers 1180 l'histoire de la Sicile.

pas conclure que Palerme ait produit seulement des *holoserica* ou des broderies; Falcand est positif sur ce point, car dans la préface de son livre où il décrit la capitale de la Trinacrie, la distinction entre les ornements brochés en or, *texta*, et les ouvrages brodés à l'aiguille, *picta*, *illustrata*, est parfaitement établie.

APPENDICE.

Ainsi qu'il était facile de le prévoir, mon hypothèse relative à l'introduction de la sériciculture en Sicile a soulevé diverses objections; elles ne sont pas, il est vrai, tombées dans le domaine de la publicité, et par contre, leur discussion n'est point indispensable : mais, cherchant avant tout la vérité, il m'a paru opportun de placer sous les yeux du lecteur un examen sérieux des arguments qu'on m'oppose. Ces arguments sont au nombre de deux : 1° l'état général de l'île du VIe au IXe siècle; 2° l'activité des conquérants Sarrasins qui, à partir de 831 surent imprimer à la ville de Palerme une impulsion telle, que la rapidité et la puissance de ses progrès d'alors, sont comparables peut-être à ce que nous avons vu récemment s'accomplir en Algérie et dans l'Amérique septentrionale (1). Rien de plus triste, en effet, que le tableau présenté par la Trinacrie aux temps de la seconde domination Byzantine; les propriétaires que dépouille la fiscalité impériale, la misère chassant des cités les classes ouvrières qui viennent aux champs travailler comme colons (2), les produits

(1) Lettre adressée à l'auteur par M. Michel Amari, en date du 19 juillet 1859.

(2) *Storia dei Musulmani di Sicilia scritta da*, M. Amari, t. I, p. 199.

agricoles bornés aux céréales et à la vigne, l'olivier qui jadis avait enrichi les Agrigentins, détruit ou négligé, le commerce nul ou presque nul (1) : en face de cet affligeant spectacle, oserait-on même rêver l'importation d'une industrie nouvelle au sein d'un pays ainsi rongé jusqu'à la moëlle.

Il est vrai qu'à l'encontre des masses écrasées sous l'impôt et la servitude à divers degrés, subsistaient les grands possesseurs du sol, parmi lesquels se range le César de Constantinople, avec leurs colons et leurs esclaves; ces hommes puissants n'étaient-ils pas pour la plupart des officiers ou des valets de cour, élevés suivant le caprice du maître et substitués peu à peu à l'aristocratie de naissance (2) : Grecs de nation, sinon d'origine, ils devaient toujours avoir les regards fixés sur le soleil de Byzance. Peut-être dans le nombre, s'en trouva-t-il qui, plus intelligents ou moins avilis que les autres, voulurent imiter, sur une très-petite échelle, ce qui se passait dans la métropole et demandèrent à leurs vastes domaines, non pas de riches étoffes, qui les eût tissées (3) ? mais seulement une faible récolte de soie grège, destinée soit au souverain, soit à leur usage personnel (4). Cette hypothèse admise, on comprendrait facile-

(1) Principal prodotto del suolo fu sempre il grano. In secondo par che venisse la cultura della vite. Quella dell'ulivo, che ai tempi greci avea arrichito gli Agrigentini, sembra abbandonnata, etc. *Stor. dei Musulm.*, t. I, p. 203.

(2) Nè occorre ripetere come da Costantino in poi fosse sostituita all'aristocrazia di nascita la gerarchia dei servidori di corte o officiali dello stato, innalzati a piacimento del despota... *Stor. dei Musul.*, t. I, p. 198.

(3) Si la condition faite au travail sous la domination romaine était généralement misérable (v. à ce sujet, l'*Histoire des classes ouvrières en France*, par M. Levasseur, t. I, liv. I.), le *canal* byzantin paraît beaucoup moins à plaindre. Mais il y a loin des belles et riches tisseuses de Corinthe, Thèbes et Athènes, dont parle Nicétas, aux pauvres colons Siciliens.

(4) Sauf quelques faits relatifs à l'importation de l'huile en Italie, faits empruntés par

ment que la conquête musulmane, trouvant, dès ses premiers pas en Sicile, les germes d'une fabrication dont la pratique lui était familière, n'eût plus qu'à tirer parti de ce qu'elle avait sous la main.

Un semblable développement industriel, quels obstacles invincibles n'eût pas opposé un enfantement complet, ne fut pas, à mon avis du moins, aussi instantané que l'historien *dei Musulmani di Sicilia* le donne à entendre. Je lis bien dans son remarquable ouvrage, qu'à partir de 831, les Sarrasins maîtres de Palerme et du territoire environnant, profitèrent des immenses avantages offerts par la position (1); mais j'y vois également que leur domination sur cette capitale fut plus d'une fois troublée, notamment en 848 et 880 (2); que le temps écoulé de 827, époque du premier débarquement, à 895, où sonna l'heure de la soumission générale de l'île, se passa à faire des sièges et livrer, avec alternative de succès et de revers, des combats, tant contre les Byzantins que contre les chrétiens de l'intérieur (3); enfin, que la discorde semée entre les musulmans (4), jointe à la guerre civile qui précipita les Arabes sur les Berbères (5), mirent souvent les vainqueurs en danger réel. Une pareille série de faits ne m'engage certes pas à modifier mes conclusions primitives; je persiste donc à soutenir, non sans une certaine présomption en ma

M. Amari aux historiens arabes, les rares documents qu'il a pu réunir sur l'état agricole et industriel de la Sicile impériale, se rapportent tous aux possesions de l'Église romaine. *Stor. dei Musul.*, t. I, pages 205, notes, et 206. Or, les terres des papes pouvaient fort bien ne produire que du blé et du vin, tandis qu'on récoltait autre chose sur les propriétés voisines.

(1) *Storia dei Mus.*, t. I, p. 294.

(2) Sbarco dei Bizantini a Mondello, presso Palermo. — Sbarco dei Bizantini presso Palermo. *Storia dei Mus.*, t. I, pages 317 et 415.

(3) *Storia dei Mus.*, t. I, liv. II, chap. III à X.

(4) *Storia dei Mus.*, t. I, p. 339.

(5) *Storia dei Mus.*, t. I, p. 424.

faveur, que la force civilisatrice des conquérants entravée tantôt par une cause tantôt par une autre, fût plus longtemps qu'on ne suppose à s'épandre au dehors, et que l'ère de son règne définitif en Sicile, ne peut être antérieure à 895.

Autour des données purement historiques, viennent se grouper des considérations particulières. Si Abou-Hassan Hariri, mort en 954 dans un âge avancé, commença, dès sa jeunesse, à travailler la soie, ses débuts dans la profession qu'il avait embrassée, durent être très-voisins de l'année 895. D'un autre côté, si l'on compare les Arabes du IXe siècle aux Français en Algérie, parallèle que malgré tout mon respect pour la haute capacité des sectateurs de l'Islam (1), je n'accepte qu'en leur accordant un laps double du temps que nous avons employé, pour accomplir les mêmes choses, 60 ajoutés à 831 produiront 891, date bien rapprochée de 895. Or, armée d'une puissance matérielle et morale sans exemple chez les peuples d'autrefois, la France, qui depuis trente ans prodigue ses hommes et son or sur le rivage de l'Afrique septentrionale, qu'a-t-elle réussi à y faire? de l'agriculture, rien de plus. L'industrie va naître dans la colonie, on l'y devine, on ne l'y voit pas encore, hormis celle des indigènes et celle-là est immuable. De tels rapprochements prêtent beaucoup à réfléchir ; ils conduisent fatalement à ce résultat, ou que la séricicultur existait en Sicile avant 827, ou qu'elle y fut créée de toutes pièces le lendemain de la pacification : je n'insisterai pas sur les inconvénients de la seconde proposition.

L'argumentation qui précède n'a eu qu'un seul but, établir autant que possible, les probabilités de mûriers plantés et de soie récoltée en Trinacrie, avant l'arrivée des Sarrasins. Mais que l'on adopte ou rejette la thèse que je soutiens, et l'on a beau jeu, puisque les preuves pour et contre font totalement défaut, l'attribution de la chasuble de

(1) Je suis loin de nier l'immense progrès que la conquête arabe fit faire à la civilisation en Sicile aussi bien qu'en Espagne, je me bornerai à décliner l'instantanéité de ce progrès.

Saint-Rambert à l'an 1070 peut très-bien se maintenir. Que présentent de si étonnant les types grecs alliés sur son tissu à la main d'œuvre orientale? ils indiqueraient tout au plus dans le *Tirdz* de Palerme, l'intervention d'un de ces moines artistes qui, au fond de leurs solitudes, conservèrent religieusement la tradition du passé, moines que les Normands victorieux avaient sans doute attirés hors des cloîtres. Les mœurs du temps permettent toute supposition à cet égard.

Un dernier reproche m'a été adressé, que je ne veux pas laisser sous silence; j'ai omis la mention du manteau impérial de Nuremberg, parmi les pièces à l'appui d'une fabrication antérieure au débarquement de Roger II, sur les côtes de la Grèce. On sait, en effet, que ce vêtement confectionné à Palerme porte la date authentique de l'année de l'hégire 528, soit 1133 de Jésus-Christ (1), date qui lui donne une priorité notable sur l'expédition militaire précitée, laquelle n'advint qu'en 1149. Je n'aurais certainement pas dédaigné un monument d'une aussi haute importance, s'il se fut agi de broderie et non de tissage (2); mais comme l'on brode chaque jour, tant à Paris qu'ailleurs, des costumes dont l'étoffe vient du dehors, et qui n'en affichent pas moins l'estampille du lieu où ils ont été ouvrés, le même cas pouvait se présenter en Sicile. D'autre part, si quelque document constate nettement l'origine palermitaine du samit rouge employé pour le manteau impérial, c'est bien l'existence du *canut* arabe Abou-Hassan-Hariri : je crois avoir suffisamment utilisé la biographie de ce personnage.

(1) Voir plus haut la notice sur la chasuble de M. Compagnon, p. 28, note 4, M. Reinaud (*Journal asiatique*, 1846, série IV, t. VII, p. 383) a donné une excellente interprétation de l'inscription cufique tracée à l'entour de ce manteau.

(2) M. Pottier dit positivement que l'inscription, comme le reste des ornements du manteau, était brodée, *Mon. français inédits.* Peut-être M. l'abbé Bock qui vient de faire dessiner sous ses yeux les vêtements impériaux, nous apprendra-t-il autre chose.

DALMATIQUE

DU BIENHEUREUX PIERRE DE LUXEMBOURG

CONSERVÉE DANS L'ÉGLISE DE SAINT-PIERRE A AVIGNON.

Le 20 juillet 1369, naissait à Ligny-en-Barrois, ville du diocèse de Toul, un enfant prédestiné qui, marchant sur les traces de saint Louis d'Anjou, venait se joindre à lui, pour montrer plus tard aux Louis de Gonzague et aux Stanislas Kostka, comment on atteint le ciel en renonçant aux vanités de la terre.

Troisième fils de Guy, premier comte de Ligny, et de Mahaut de Châtillon, issu d'une maison qui avait déjà fourni deux empereurs à l'Allemagne et une dynastie à la Bohême, Pierre de Luxembourg (1) pouvait sans nulle présomption aspirer aux plus hautes dignités militaires; mais la divine Providence lui réservait une meilleure part.

(1) Les principaux auteurs qui ont parlé du B. Pierre de Luxembourg, sont : *Acta sanctorum*, t. I, Jul.; — *Vie du Bienheureux Pierre cardinal de Luxembourg*, par le R. P. Alby, S. J., Avignon, 1651; — *Vie du Bienheureux Pierre de Luxembourg*, composée d'après les manuscrits du R. P. Bauduit, par l'abbé Letourneur, Avignon, 1777; — *Histoire du Bienheureux Pierre de Luxembourg*, par Augustin Canron, Carpentras, 1854; — *Légende ms.*, par le diacre Abbés, bibl. coll. des Jésuites à Avignon; — *Comitum Terranensium annales historici*, auctore T. Turpin, in-8°; — *Vita del gloriosissimo beato Pietro di Lucemburgo, etc.*, par André Beaufils; — *Hist. de la maison de Luxembourg*, 1617 et *Hist. des cardinaux français*, 1660-1666, par André Duchesne; — *Poésies latines*, du R. P. Sautel, S. J., insérées dans l'*Annus sacer poëticus*, Cologne, 1741; — *Poëmata Cœlestina*, par le R. P. Nicolas Deleville, d'Arras, Louvain, 1646.

Privé de son père et de sa mère vers l'âge de quatre ans à peine (1), l'orphelin, emmené par sa tante, la comtesse de Saint-Pol, dans le château qu'elle habitait en Artois, fut confié par cette illustre dame aux soins de son aumônier (2). D'un enfant humble, pieux et obéissant, le maître n'eut pas grand peine à faire un disciple studieux et habile; aussi, Pierre venu à Paris en 1377, pour étudier les belles-lettres, se fit-il bien vite distinguer parmi les plus remarquables écoliers, en même temps que son zèle pour le maintien de la concorde entre tous, lui méritait le surnom glorieux de *pacificateur de l'Université*.

(1) Le comte de Ligny fut tué à la bataille de Baeswider, le 22 août 1371 et la comtesse mourut en 1378. La première de ces dates suffit pour écarter un *Miracle des Roses*, emprunté sans doute à la vie de sainte Elisabeth et que la sage critique des Bollandistes a repoussé des *Actes* du Bienheureux Pierre. Toutefois, cet évènement ayant été célébré en vers latins par les RR. PP. Sautel et Deleville, je crois devoir le rapporter en citant un des plus singuliers exemples de poésie que je connaisse.

Innata virtus hæc fuerat tibi.
Furtim culinæ cùm raperes puer
Cibos domesticis paratos,
Deliciasque tui parentis.

Coquus fateri furta potentia
Furari Olympum cogitur. Obviam
Factus Pater cùm postularet
Quid gremio gereres puelle.

Dicis, virentes ô genitor rosas.
Ablata perdix vertitur in rosas.

P. N. Deleville Atreb. *Poëm. Cæl.*, *Applausus Cæl.*, p. 81.

(2) M. Canron qui a cité par leurs noms tous les maîtres du bienheureux cardinal, en a omis un qui pourrait bien être l'aumônier du château de Saint-Paul-en-Ternois, c'est Pierre Pocquet.

Devotus infans sidereas vias
Petro docendus Pocquetio datur.

Poëm. Cæl., *Appl. Cæl.*, p. 82.

Le futur bienheureux commençait son cours de droit-canon, lorsqu'un nouveau malheur de famille vint l'assaillir ; son frère aîné, le comte Waleran, grièvement blessé et pris par les Anglais au retour d'un pèlerinage à Notre-Dame de Boulogne-sur-Mer (1), ne pouvait recouvrer la liberté qu'au prix d'une rançon de 120,000 livres : pour trouver cette rançon il fallait revenir en France, et pour revenir en France on exigeait un ôtage. Pierre se dévoua, il quitta ses chers livres et subit une captivité de neuf mois.

De retour à Paris, il reprit ses études avec plus d'ardeur que jamais, en les menant toutefois de pair avec les pratiques d'un ascétisme rigoureux que tempérèrent les sages conseils de Philippe de Maizières (2). Ce dernier néanmoins encouragea l'enfant à se vouer à une virginité perpétuelle en embrassant l'état ecclésiastique. Semblable détermination ne cadrait guères avec les idées de Waleran qui eût préféré la carrière des armes ; mais voyant son cadet inaccessible à toute remontrance et craignant qu'une vocation aussi marquée ne se réfugiât dans l'obscurité du cloître, il se hâta de lui obtenir un canonicat à Notre-Dame de Paris : c'était en 1379 ; Pierre avait alors dix ans.

D'autres bénéfices importants ne tardèrent pas à se joindre au premier ; les archidiaconés de Dreux et de Bruxelles, un second canonicat à la cathédrale de Cambrai furent conférés au jeune lévite en 1381 et 1382 ; il en prit possession malgré sa répugnance et en se réservant la résidence à Paris où il venait d'aborder la théologie.

(1) Ce célèbre pèlerinage a été récemment remis en honneur par les soins de Monseigneur Parisis, évêque d'Arras, et de Monseigneur Haffreingue, Protonotaire apostolique.

(2) Ce gentilhomme picard, tour à tour soldat, chanoine, pèlerin, chancelier du roi de Chypre et de Jérusalem, finit par se retirer chez les Célestins de Paris, où il mourut sans prendre l'habit. Pierre de Luxembourg puisa sans doute dans la fréquentation de Philippe de Maizières, l'amitié qu'il portait à l'ordre des Célestins.

Un titre encore plus éclatant lui échut en mars 1383 : Robert de Genève, anti-pape sous le nom de Clément VII, le promut au siége épiscopal de Metz, vacant par la mort de Thierry de Boppart. En vain Pierre essaya-t-il la résistance, son humilité justement affectée, dut fléchir sous la volonté d'un homme que la France reconnaissait pour Souverain-Pontife (1). Le samedi saint qui suivit cette nomination, il était ordonné diacre et deux mois après faisait son entrée à Metz, édifiant tous ceux qui l'approchaient par son zèle, sa charité envers les pauvres (2) et ses austérités fréquentes. Malheureusement, certaines contestations s'étant élevées entre l'Evêque et le Magistrat, Waleran crut l'honneur des Luxembourg compromis, et vint à main armée défendre les droits de son frère ; celui-ci fort insoucieux du temporel et douloureusement affecté d'une intervention qu'il ne réclamait pas, chercha à calmer les esprits ; il allait sans doute réussir, lorsque Clément l'arrachant à son troupeau, le manda à Avignon pour le créer cardinal-diacre du titre de Saint-Georges *in Velabro*. (Septembre 1383.)

Sous la pourpre romaine, comme sous la robe de l'étudiant ou l'aumusse du chanoine, Pierre de Luxembourg continua l'exercice des vertus qui caractérisent le saint. Retiré au fond d'une maison solitaire, il ne paraissait à la cour pontificale que dans les cas indispensables ; il parlait le moins possible et rarement son visage imberbe

(1) N'oublions pas que d'illustres personnages du XIVe siècle, personnages dont plusieurs furent mis au rang des saints, imitaient la moitié de l'Europe en reconnaissant le pape d'Avignon.

(2) « Il avait fait trois parts des revenus de son évêché ; la première fut consacrée *à l'entretien et à l'ornement des pauvres églises de la campagne* ; la seconde au soulagement des indigents, des veuves et des orphelins ; la troisième suffisait à son entretien et à celui des personnes de sa maison. » A. Canron, *Histoire du Bienheureux Pierre, etc.*, p. 36. — Le Bienheureux Pierre de Luxembourg n'eut-il pas l'idée première de l'*Œuvre des églises pauvres*? A ce titre l'institution devrait peut-être l'adopter pour patron.

s'illuminait d'un sourire. Atteint aux premiers temps de son séjour à Avignon, d'un ulcère à la jambe qui lui causait d'intolérables douleurs, il ne voulut pas consentir à mettre un terme aux pénitences qu'il s'imposait. Dormant à peine cinq heures, il couchait tout vêtu sur une natte et passait le reste de la nuit en prières; jeûnant trois fois la semaine outre les jours prescrits par l'Eglise, il était ordinairement d'une sobriété incroyable: quant à ses revenus, l'aumône les absorbait si bien qu'un domestique auquel il intimait l'ordre d'assister un indigent, osa lui répondre que tout prince qu'il fût, il n'avait pas de quoi dîner.

Cependant, la simple pratique n'occupait pas si bien le jeune cardinal, que son âme ardente ne s'émût des évènements qui surgissaient autour de lui; voulant essayer de ramener l'unité dans le gouvernement de l'Eglise, par la convocation d'un concile œcuménique suivi d'une croisade contre les Turcs, il s'apprêtait à voyager pour l'accomplissement de ce vaste projet, quand la mort, qui depuis longtemps menaçait un corps affaibli par des austérités de tout genre, vint le saisir à Villeneuve-lès-Avignon, le 2 juillet 1387 : sa dix-huitième année n'était pas encore accomplie.

Une fin aussi prématurée plongea dans la plus profonde tristesse le clergé et le peuple de la ville pontificale. Mis immédiatement au rang des saints par cette voix qui dicte des arrêts sans appel et que l'on nomme l'opinion, Pierre de Luxembourg avait déjà opéré divers miracles, lorsque sa canonisation fut sollicitée en 1389 par le roi de France lui-même. Plusieurs fois interrompu et repris à la suite de graves circonstances, le procès semblait abandonné, chacun l'avait oublié : tout à coup, en 1527, à l'heure où l'on s'y attendait le moins, un second Clément VII, chef légitime de la chrétienté, vint autoriser le culte public de celui que Robert de Genève avait, un siècle auparavant, commencé à porter sur l'autel.

Malgré le long intervalle écoulé entre la mise en cause et le prononcé de l'arrêt, l'élan général vers le saint ne s'était pas ralenti, car les libéralités sans nombre faites en son honneur permirent bientôt d'élever, non loin de sa tombe vénérée, une église et un monastère où furent appelés les RR. PP. Célestins, de Gentilly près Paris. Ces religieux que le cardinal avait toujours chéris durant sa vie, restèrent, jusqu'en 1791, les gardiens vigilants de sa dépouille mortelle (1).

Ainsi qu'on doit le penser, les objets à l'usage du B. Pierre avaient occasionné de pieuses convoitises et ses vêtements en particulier furent conservés avec le plus grand soin. Au couvent des Célestins de Paris échut une *cappa magna* de soie rose sèche (2); l'église de Ligny-en-Barrois obtint la moitié d'un autre manteau (3); enfin les Célestins d'Avignon se réservèrent un bonnet de nuit violet, les sandales, le chapeau cardinalice et la dalmatique (4) : cette dernière va me fournir le sujet d'une courte notice.

La dalmatique du Bienheureux cardinal de Luxembourg, aujourd'hui

(1) Ces reliques profanées en 1793, furent sauvées en partie par quelques hommes dévoués, et replacées en 1854 dans l'église Saint-Didier, par Monseigneur Debelay, archevêque d'Avignon. — *Hist. du Bienheureux Pierre, etc.*, par A. Canron, p. 145 et suiv.

(2) C'était le manteau que les cardinaux portent le troisième dimanche de l'Avent et le quatrième de Carême; on le faisait toucher aux malades, ou bien on l'étendait sur eux en récitant quelques prières. — A. Canron, *Hist.*, *etc.*, p. 187, note K.

(3) Enfermé dans un reliquaire d'argent, il disparut en 1790; on n'en put sauver qu'une faible parcelle. — A. Canron, *Hist. du Bienheureux Pierre*, *etc.*, p. 153.

(4) Le bonnet de nuit fut cédé, en 1579, au cardinal de Bourbon légat d'Avignon, et resta jusqu'à la Révolution exposé dans la chapelle du palais des Papes. Les sandales, le chapeau et la dalmatique reconnus par un ecclésiastique qui les avait vus chez les Célestins avant la fermeture des couvents, furent transportés du magasin national où on les avait déposés, à l'église de Saint-Pierre; ils y sont encore, sauf les sandales données, en 1823, au Petit Séminaire. — A. Canron, *Hist.*, *etc.*, p. 134, note 1 et 148 note 1. — C. de Linas, *Rapport*, *etc.*, 1857, p. 27 et suiv.

l'une des principales reliques de l'église paroissiale de Saint-Pierre à Avignon, affecte exactement la forme d'un T dont la hampe serait beaucoup plus épaisse que la traverse; sa hauteur totale est de 1m 05, sa largeur, au bas, de 0m 70, et à la partie supérieure, y compris les manches étalées, de 1m. 34. L'ouverture du col a 0m 32, la longueur des manches entièrement cousues, offre la même dimension, et le passage pour les bras, 0m 20 : les flancs hauts de 0m 74, sont fendus sur une distance de 0m 28 à partir du pied.

Le corps de la robe est en tissu lancé soie et or, où des perroquets, des hippogriffes et des geais entourés de guirlandes et de bouquets, se détachent sur un fond de levantine blanche; les parements sont en étoffe de même nature, mais à champ cramoisi : celui du bas, rectangle de 0m 60 sur 0m 00, est semé de biches couchées et d'oiseaux voltigeant à l'entour de rinceaux d'une grâce infinie; celui des manches, long de 0m 24 est semblable au précédent, mais raccommodé à l'aide d'une autre étoffe ornée de cygnes essorants perchés sur des plantes aquatiques (1). (*Voir la planche ci-jointe.*) Nulle trace de pectoral ni d'angusticlave; un petit galon rouge de travail sicilien garnit le tour du col, dont le devant et le derrière sont indiqués par une frette verte encadrée d'une bande violette; un ruban gros grain, de couleur pareille, mis à cheval sur les bords extérieurs, contourne l'ensemble de la tunique qui est doublée de taffetas blanc.

De prime abord, la dalmatique d'Avignon paraît intacte. Sauf une notable différence dans l'ampleur des manches beaucoup plus étroites ici, son aspect est identique à celui d'un vêtement angusticlave attribué à saint Hydulphe, archevêque de Trèves, fondateur de l'abbaye

(1) Ce raccommodage peut s'expliquer par l'excessive parcimonie du Bienheureux vis-à-vis de sa personne, s'il ne tient pas à des mutilations que je soupçonne et dont je parlerai tout à l'heure.

de Moyenmoutier (707) (1), et, si n'était la raideur du tissu, elle flotterait autour des jambes comme les tuniques du XIIe-XIIIe siècle, qui drapent à Sens et à Meaux les figures de saint Etienne (2). Mais on changera bien vite d'opinion à la suite d'un examen attentif accompagné de l'étude des monuments contemporains, parmi lesquels je mentionnerai les statues des cardinaux-diacres, Pierre Fonseca (1422) et Ardicino Della Porta (1434), couchées sur leurs tombeaux au fond des cryptes de la basilique vaticane (3). Or, si de même que la nôtre, les dalmatiques qui habillent ces membres du Sacré-Collége manquent d'angusticlaves, elles ont un pectoral, et le parement inférieur est presque carré; en outre elles descendent jusqu'à une faible distance des pieds et leurs flancs sont fendus jusqu'aux hanches. Je ne prétends pas soutenir que le vêtement du Bienheureux Pierre ait jamais été orné du pectoral, on n'en voit pas la plus légère trace; j'affirmerai toutefois que les pans me paraissent singulièrement écourtés. A l'appui de ce que j'avance, voici un portrait du cardinal de Luxembourg emprunté à sa plus ancienne biographie imprimée (4) : « Il étoit de belle taille, surpassant en hauteur presque tous ceux de son âge; il

(1) Ce vêtement sacerdotal, le plus ancien peut-être qui existe encore, ressemble aux dalmatiques peintes sur les murailles des catacombes; il a un 1m 40 de haut, 0m 92 de large à la partie inférieure, 1m 95 les manches étendues, et le passage des bras mesure 0m 67. — Voir le travail très-curieux quoiqu'incomplet, faute de livres spéciaux, intitulé : *Dissertation sur une dalmatique très-ancienne conservée dans la châsse de saint Hydulphe, etc.*, par M. l'abbé Deblaye, curé de Sainte-Hélène, 1 pl. — *Journal de la Société d'arch. Lorraine*, numéro d'août, 1854, p. 83.

(2) Au grand portail de Sens et au transept de Meaux.

(3) *Sacrarum Vaticanæ basilicæ cryptarum monumenta*, in-f°, Rome, 1775, pages 158 et 168 et pl. 59 et 60. Ces deux tombeaux se trouvent maintenant dans la partie septentrionale de la crypte.

(4) Alby S. J. *Vie du Bienheureux Pierre*, ap. Canron, *Histoire du Bienheureux Pierre, etc.*, p. 93.

avoit le front large et tendu, le visage toujours serein et d'une contenance angélique, un peu long et pâle, le nez pointu et un peu aquilain; les yeux bien fendus et comme de couleur céleste; les cheveux blonds, la bouche petite et coralline; le menton pointu et assez court; son col étoit long auquel paraissoit fort visiblement les nerfs des deux côtés, tant il étoit maigre et exténué, à raison de ses grandes austérités; ses mains longues, menues et fort belles; tous les membres du corps bien proportionnés (1). » Il résulte de ces détails assurément très-authentiques, que le Bienheureux Pierre appartenait à notre race aristocratique du nord, dont les cheveux blonds et la haute stature avaient jadis répandu l'effroi sur les Grecs de Constantinople. Une telle race toujours chassant ou guerroyant, n'avait pas dégénéré; donc, saint Louis d'Anjou mort en 1297, à l'âge de vingt-trois ans, jeune homme issu d'une souche analogue, et l'émule au physique (2) aussi bien qu'au moral de notre cardinal adolescent, peut en tout état de cause être pris comme terme de comparaison avec ce dernier. Or, la tunicelle de saint Louis d'Anjou, conservée dans l'église de Brignoles (Var), ne mesurant pas moins de 1m 20 en hauteur (3), on comprendra facilement que 15 centimètres supplémentaires permettraient de rétablir l'intégrité primitive de la dalmatique d'Avignon. Un second fait vient corroborer mon argumentation : j'ai vu dans l'église Saint-

(1) M. Guénébault, *Dict. iconographique*, col. 408, donne une liste assez restreinte des portraits du Bienheureux Pierre de Luxembourg : au tableau du musée d'Avignon et à la gravure de Van den Enden que j'ai précédemment signalés, *Rapport*, *etc.*, 1857, p. 30, j'ajouterai le frontispice sur bois du livre de M. Augustin Canron et une toile du XVIIe siècle sur laquelle le miracle des roses est représenté en deux scènes; cette toile surmonte la porte de la sacristie, dans l'église paroissiale de Saint-Didier, à Avignon.

(2) Les portraits des musées d'Aix en Provence, du Louvre et *dei quadri* du Vatican, figurent tous saint Louis d'Anjou, grand, blond et maigre.

(3) C. de Linas, *Rapport*, *etc.*, 1857, p. 42.

Pierre, à côté des vêtements énumérés ci-dessus, une prétendue étole attribuée au Bienheureux cardinal (1), longue bande faite de morceaux, où l'étoffe rouge des parements alterne avec un tissu lancé, de soie blanche à fleurs vertes, moins ancien de deux siècles. Que conclure d'une semblable rencontre, sinon que des lambeaux coupés par dévotion aux extrémités des manches et de la jupe, puis recouvrés plus tard, furent cousus à d'autres lambeaux afin d'éviter un nouvel enlèvement, tandis que le dégât avait été réparé, là en rapiéçant, là au moyen d'un alèsement total (2).

Les caractères généraux de notre dalmatique étant suffisamment indiqués, je vais chercher à déterminer l'origine des étoffes qui la composent. Dans un précédent travail je n'avais pas hésité à attribuer cette origine aux fabriques italiennes (3); mais n'appuyant mon assertion d'aucunes preuves, et n'ayant pu désigner spécialement un atelier parmi les différentes villes de la Péninsule qui s'adonnèrent pendant le moyen-âge au commerce de la soie, je laissais subsister une lacune qu'il importe de remplir aujourd'hui. Personne n'ignore que les Lucquois, furent les premiers à introduire dans leur pays l'industrie séricicole : dès l'an 1242, les *canuts* de cette ville étaient réunis en corps de métier (4). Lucques, si l'on en croit Nicolas Tegrimio (5), ayant été prise en 1314 par Uguccione della Faggiuola,

(1) *Rapport, etc.*, 1857, p. 29.

(2) La chape de saint Louis d'Anjou à Saint-Maximin (Var), a été mutilée aussi dans un but de dévotion.

(3) C. de Linas, *Rapport, etc.*, 1857, p. 28.

(4) *Storia di Lucca* di Giovanni Sercambi, ap. Betti *Dissert. istorica ecc.*, p. 228 et *Il filugello, Saggio della storia della seta, etc.*, Memoria 1, p. 17.

(5) « Si fides Nicolao Tegrimo in vitâ Castruccii (p. 1321, t. xi, *Rerum italicarum.*), sericorum pannorum textura deindè viguit apud unos Lucenses : quumque post direptionem urbis illius anno MCCCXIV ab Uguiccione Fagcolanco factam, artifices per universam

les Florentins attirèrent chez eux une partie des ouvriers tisseurs obligés à fuir, tandis que le reste se dirigeait sur Venise, Milan, Bologne, l'Allemagne, la France et l'Angleterre. En 1327, une loi de la république de Modène recommandait la propagation du mûrier (1), et un inventaire anglais de la fin du XIIIe siècle (2), mentionne les étoffes génoises. Quant à Venise, ses relations avec l'Orient et Constantinople avaient dû l'initier depuis longtemps à la fabrication des tissus, car un décret de 1248 fournit un indice certain sur l'existence des manufactures vénitiennes (3). Je ne connais guères d'anciens *pailes* nés sous l'aile du lion de saint Marc ou dans les rues tortueuses de Gênes, mais les vêtements peints sur les tableaux des Bellini, de Titien, Paul Véronèse, et aussi des vieux maitres génois, sont un guide précieux qu'il ne faut pas négliger; les œuvres de ces artistes trop bons patriotes pour chercher leurs modèles à l'étranger, permettent de donner à Venise la magnifique chasuble du pape Innocent VI (1362)

Italiam dispersi fuissent, tunc opificium istud per alias quoque civitates disseminatum fuit. *Alii*, inquit ille, *Venetias, Florentiam, alii Mediolanum, Bononiam quidam, partim in Germaniam, et ad Gallos, Britannosque dilapsi sunt. Sericorum pannorum ars, qui soli Lucenses in Italiâ et divitiis affluebant, et gloriâ florebant, ubique exerceri cœpta.* » Muratori, *De textrinâ et vestibus sæc. rudium; Ant. ital. medii ævi*, t. II, Diss. XXV, col. 406, c.

(1) Muratori, *De textrinâ, etc., Ant. ital.*, t. II.

(2) « Item capa de panno Januensi, cum circulis et avibus croceis, et leopardis. — Item unus pannus de Janue, rotellatus cum avibus bicapitibus. » ap. F. Michel, *Recherches sur le commerce, etc.*, t. I, p. 88.

(3) « 1248, indictione VII, die XIV, exeunte septembri, capta fuit pars in concilio majori, et ordinatum de illis qui preerunt ad recipiendum rectum seu dacium *illorum hominum qui faciunt pannos ad aurum, purpuras et cendatos*, quod non debeant emere vel emi facere de ipsis pannis, purpuris et cendatis, nec etiam laborare modo aliquo de ipsis. » Zanetti, *Dell'origine di alcune arti principali appresso i Viniziani, libri due*; Venise, 1758, in-4°, p. 97.

conservée à Villeneuve-lès-Avignon (1), et à Gènes une chape, en velours façonné du XVe siècle, que j'ai vue au monastère de *San Martino* près Palerme. Or, les dessins de ces étoffes tant figurées que réelles, sont tous les mêmes, grands ramages ou écussons empruntés soit aux Arabes, soit aux Byzantins. Le voisinage me conduit à des conclusions identiques sur l'industrie intermédiaire de Milan, j'ai calqué dans la sacristie du Dôme, des soieries du XVe-XVIe siècle; feuillages, bouquets et guirlandes y atteignent de vastes proportions.

Il faut donc chercher ailleurs la patrie des légers et gracieux caprices qui sillonnent la dalmatique du Bienheureux Pierre de Luxembourg, et laissant en arrière les ateliers secondaires de Bologne, de Modène ou de Pise (2), j'irai frapper directement aux portes de Florence.

Que l'industrie de la soie ait pris naissance dans cette ville aux mêmes temps qu'à Lucques, ainsi que le prétend un écrivain anonyme cité par l'auteur d'*Il flagello* (3), ou que les métiers n'aient fonctionné sur les rives de l'Arno, qu'à partir de 1314, il n'est pas moins démontré qu'à l'instar des *canuts* vénitiens (4), les *setaioli* florentins formaient au XIVe siècle une association puissante qui occupait le cinquième rang parmi les sept corporations majeures ou *Arti* de la république:

(1) Voir la dissertation que j'ai faite sur l'authenticité de ce vêtement, *Rapport, etc.*, 1857, p. 32. Je me suis toutefois trompé alors en l'attribuant aux manufactures génoises; car l'étoffe est chargée de grands ramages vénitiens, types chéris des vieux peintres flamands auxquels ils arrivaient par la voie de l'Allemagne.

(2) Pise avait perdu son commerce au milieu du XIVe siècle, on ne fabriquait guères à Bologne que des étoffes unies, et les tissus de Modène ne sont mentionnés nulle part. V. les *Recherches sur le commerce, etc.*, t. I, p. 17.

(3) Memoria I, p. 17.

(4) « Eglino ch'eran al numero di oltre trecent'operaj da'Viniziani ricolmati di privilegj, ascritti, per vie più incoraggirneli, nel novero de cittadini, e formata poscia, coll'unione de'nazionali della medesima professione, un'Università sotto il titolo di nobile Uffizio della seta, etc. » *Il flagello*, Mem. I, p. 19.

son nom était *Arte di seta* (1). Admirablement organisé dès son origine, protégé par un gouvernement qu'il enrichissait, empruntant ses cartons aux grands artistes qui l'entouraient, l'*Arte di seta* fabriqua par milliers ces merveilleux tissus que les peintres italiens reproduisirent sur leurs tableaux. Il est curieux, en parcourant les galeries des *quadri antichi* aux Académies de Sienne et de Florence, d'étudier les modifications que subirent les dessins d'étoffes. La rose, le bluet, la croix, d'abord à l'état de semis, se groupent ensuite en bouquets; des oiseaux, des animaux, des fleurs fantastiques, viennent s'y joindre peu à peu, et finissent par former des combinaisons quelquefois étranges, mais toujours empreintes d'un goût et d'une pureté de lignes qui ne se retrouvent pas ailleurs. Le R. P. A. Martin dans ses *Mélanges d'archéologie*, a donné une série de planches où la textrine florentine étale chronologiquement ses magnificences (2); l'une de ces étoffes représentant des lions accroupis, des colombes et des feuillages d'or, avec des bluets colorés, le tout sur champ rouge (3), offre la plus grande analogie avec notre dalmatique et me paraît être sa contemporaine. Néanmoins, peints ou naturels, des tissus privés de la marque de fabrique, ne pourraient, malgré la probabilité qui les environne,

(1) *Négociations diplomatiques de la France avec la Toscane*, t. I, introduction, p. XXIII. *Coll. des documents inédits*. Le savant auteur de ce recueil, M. Abel Desjardins, doyen de la faculté des lettres de Douai, fait remonter à 1266 l'institution des *sept arts majeurs*; cette opinion puisée aux sources les plus authentiques ne peut être révoquée en doute.

(2) T. III, pl. XIX, A; XXI à XXIV; XXV, A; XXVII et XXVIII. Je crois de la même fabrique, le tissu blanc et or figuré dans le *Geschichte der liturgischen gewander*, lief. I, taf. XIX; mais M. l'abbé Bock n'accompagnant ses dessins d'aucune échelle de réduction, je n'ose me prononcer entièrement. On peut consulter aussi, quoique les planches y soient presqu'en totalité copiées sur des manuscrits, les *Arts somptuaires*, pl. IX, fig. 1, XI, 2 et 5, XII, 1 et 6, XV, 13, et surtout, XVI, 6, XVII, 1, 2, 4 et 6, XIII, 3, XIX, 3, enfin XX, 4.

(3) T. III, pl. XXVI.

conduire, suivant moi, qu'à une hypothèse, si je n'avais justement rencontré à Florence certaines pièces de conviction dont l'autorité ne peut être méconnue. Dans l'église San Lorenzo, près du tombeau des Médicis et des chefs-d'œuvre de Michel-Ange, se trouvent plusieurs coussins du xve siècle, extrêmement intéressants. Je n'ai point à mentionner ici les sujets qui y sont figurés, je ne m'occuperai que du travail, lequel est identique à celui du vêtement avignonais ; même fond, même emploi de l'or, mêmes agréments en soie de couleur relevant l'ornementation. En face d'un pareil argument, l'hésitation n'est plus possible, à moins que l'on ne veuille admettre qu'en 1387, les fabriques du Comtat [1] atteignaient la perfection de celles d'Italie, et aussi que les Papes français, qui, depuis Clément V jusqu'à Robert de Genève, se succédèrent presque sans interruption sur les bords du Rhône, répudiant complétement le goût national, faisaient chercher exclusivement au-delà des monts des dessinateurs et des modèles [2].

(1) Je n'en connais pas de mention antérieure au xve siècle. Voir les *Recherches, etc.*, t. II, pp. 212 et 260. — « Un grand dais d'or et de velours à tendre, qui fût piéça fait en Avignon. » *Inventoire de la tappisserie de madame la duchesse d'Orléans*, 1408. Id. Ib. p. 481, additions et corrections. Cet article dit bien que le dais fut brodé à Avignon, mais non que le velours y fut fabriqué.

(2) Il est incontestable et incontesté que des artistes italiens mandés à la cour d'Avignon y exercèrent une grande influence, mais que cette influence de passage s'y soit étendue jusqu'aux détails d'une industrie, ceci demande à être prouvé pièces en main.

CORRECTIONS.

En considérant, page 23, la *Rose* comme un type d'ornementation appartenant plutôt à l'Occident qu'à l'Orient, j'ai émis une assertion trop fausse pour ne pas rétablir la vérité à cet égard. La *Rose* figurée sur l'étoffe de Kéi-Cobad, se trouve aussi répandue à profusion, tant sur les ruines achéménides de Persépolis, que sur les sculptures sassanides de Bi-Sutoun, Tak-i-Bostan, Ispahan, etc. Le lecteur se renseignera en parcourant les planches gravées du voyage en Perse de MM. Flandin et Coste, auquel je pourrais faire de nombreux renvois. Si donc, la *Rose* décorative n'a pas une origine purement persane, et j'ai tout lieu de croire le contraire, on l'employa dans ce pays, autant, sinon plus qu'en Grèce ou à Rome. Du reste, l'erreur de détail que j'ai commise, ne modifie en rien mes conclusions relatives à la contrée où l'on a dû fabriquer la chasuble de Clermont-Ferrand.

TABLE SOMMAIRE.

ANCIENS

VÈTEMENTS SACERDOTAUX

ET ANCIENS TISSUS.

Arras, typographie Rousseau Leroy, rue Saint-Maurice, 26.

ANCIENS
VÊTEMENTS SACERDOTAUX
ET
ANCIENS TISSUS
CONSERVÉS EN FRANCE

PAR

CHARLES DE LINAS

MEMBRE TITULAIRE NON RÉSIDANT DU COMITÉ IMPÉRIAL DE TRAVAUX HISTORIQUES
ET DES SOCIÉTÉS SAVANTES.

DEUXIÈME SÉRIE.

(Tiré à cent exemplaires)

PARIS
LIBRAIRIE ARCHÉOLOGIQUE DE DIDRON
23, RUE SAINT-DOMINIQUE-SAINT GERMAIN
MDCCCLXII

ANCIENS

VÊTEMENTS SACERDOTAUX

ET ANCIENS TISSUS CONSERVÉS EN FRANCE.

AUMONIÈRES

TIRÉES DE LA COLLECTION DE M OUDET.

A BAR-LE-DUC.

CHAPITRE PREMIER

DES POCHES CHEZ LES ANCIENS.

Les Anciens avaient-ils, inhérents ou adhérents à leurs habits, des petits sacs en étoffe, propres à renfermer divers menus objets qu'une civilisation avancée rend indispensables à certaines classes de la société ? Nulle trace n'en existe sur les monuments égyptiens [1], ni dans les livres des Juifs qui usaient d'une poche mobile : *Non habebis in eodem sacculo diversa pondera* [2]. Les Perses semblent avoir été dans le même cas ; leur *laxus amictus* ne présente aucune ouverture latérale, et l'on ne peut chercher leur bourse ailleurs que dans le long sac pyriforme à gland sphérique, suspendu à la boucle

[1] V. MONTFAUCON, *l'Antiquité expliquée.* — *Le Costume ou essai sur les habillements et les usages de plusieurs peuples de l'antiquité*, par André LENS, peintre, in-4°. Liége, 1776. — MALLIOT, *Recherches sur les costumes, les mœurs, etc., des anciens peuples*, in-4°, 1804.

[2] Dom CALMET, *Dissertations sur la Bible*, T. I.— *Deut.* c. 25, v. 13.

de ceinture chez plusieurs personnages des bas-reliefs Achéménides, sac qui affecte des dimensions considérables pour un simple ornement [1]. Quant aux Grecs, l'habitude générale de leur costume s'écartant peu du vêtement des Romains, on leur appliquera autant que possible ce qui va être dit sur ce dernier peuple.

Les Romains, nous le savons, avaient une civilisation poussée au plus haut degré, quoiqu'elle fût très différente de la nôtre ; or, puisque leurs termes lexicographiques *sinus* et *crumena*, correspondant au mot *poche*, ont un sens déterminé, assez éloigné de l'expression française [2], il faut penser que les habitants de la ville aux sept collines employaient d'autres moyens que les Modernes, pour cacher leurs tablettes, *pugillares*, *diptycha*, *tabellae*, leur bourse, et même, à la rigueur, leur mouchoir de poche [3].

[1] *Voyage en Perse* de MM. Flandin et Coste, *Perse ancienne*, pl. 135, 147, 157, etc. Il est cependant probable que ce n'était qu'un objet de luxe, les Perses donnant volontiers à leurs ornements, surtout aux glands, des dimensions exagérées. V. les harnachements Sassanides, *Voyage en Perse*, *Perse ancienne*, pl. 152, 183, etc.

[2] Le mot grec θυλάκιον, de θύλακος, sac, d'où θύλακοι, *bracca*, *braccae*, *larges pantalons*, ne répond pas davantage à l'idée que nous attachons au terme *poche*.

[3] Malliot, (t. II, p. 155), s'appuyant sur des autorités qu'il ne nomme pas, affirme que dans l'antiquité, chacun, même les personnes de distinction, usait du pan de son manteau pour s'essuyer les yeux. Le fait est possible, mais doit être fortuit, car si de tout temps et chez tous les peuples, la classe infime s'est servie de ses doigts en guise de mouchoir, il n'en est pas moins avéré que l'usage d'un linge spécial à la propreté du visage remonte à une civilisation très-éloignée de nous. Les Perses connaissaient les mouchoirs de poche ; leurs grands seigneurs le faisaient porter derrière eux par un serviteur chargé en même temps du chasse-mouche (*Voy. en Perse*, *Perse ancienne*, pl. 147). Ce *pannus* avait à peu près la forme et les dimensions de nos serviettes de table, et on le tenait serré dans la main gauche de manière à ce qu'il bouffât au-dessus du poing (*Id. ibid.* pl. 155). Le mouchoir jouait

Un savant anglais, que cette question paraît avoir assez vivement préoccupé, a tenté de la résoudre et il est parvenu

aussi chez les Achéménides le rôle de la *mappula*, aujourd'hui le manipule des vêtements sacerdotaux ; un bas-relief de Persépolis montre deux personnages, dont le premier porte un vase à eau lustrale et un goupillon, le second une fiole à parfums et un linge étroit, fixé entre le pouce et l'index de sa main gauche étendue (*Id. ibid.* pl. 135). On ne trouve la mention du mouchoir chez les Romains qu'aux époques impériales, ce qui n'argue en rien contre son usage antérieur : il se nommait alors *sudarium* et on l'attachait au cou : *Tunc sudario manus tergens quod in collo habebat. — Indecentissimum rubore faciem sudario abscondit* (PETRONII *Satyricon*, c. 67). — *Adoperto capite, et ante faciem obtenso sudario. — Ligato circa collum sudario prodierat in publicum* (SUET. *in Nerone*, c. 48). — Il était blanc : — *Quum reus, agente in eum Calvo, candido frontem sudario detergeret* (QUINTIL. lib. x, c. 3). Enfin Robert Estienne (*Thes. ling. lat.*) définit le *Sudarium* : *Linteum quo sudor faciei detergitur et nares purgantur.* Le célèbre érudit aurait pu ajouter que c'était aussi un linge à barbe :

Jam mihi nigrescunt tonsa sudaria barba.

(MARTIAL., *Epig.* lib. II)

Arnobe (lib. II) emploie le terme *muccinium*, de *mucus* ou *muccus*. *Indicet in quos habitus vestis stragula facta sit, mitra, strophium, fascia, pulvinus, muccinium, etc.* J'ai cherché en vain le mot *mucorium* avancé par Ménage (*Dict. étym.* MOUCHOIR).

La *mappula* était une autre variété de mouchoir que je suis tenté de confondre avec le *muccinium* ; on la portait à la main, tantôt horizontalement (*V.* une figure d'impératrice de la collection Farnèse, RICH, *Dict. des ant.* SUDARIUM), tantôt verticalement à la façon des Perses et de nos élégantes (V. une statue de dame romaine de la villa Médicis, LENS, fig. 108 ; le tombeau de Jucunda et un bas-relief gallo-romain où l'on rencontre une jeune fille tenant un petit mouchoir, *l'Ant. expl. suppl.* t. III, pl. XI bis et ter). Les matrones n'étaient pas seules à user de la *mappula* ; De Persyn (*Galerie du palais Giustiniani*) a gravé d'après le dessin de De Pape, un bas-relief romain sur lequel on voit une femme de la classe moyenne ou servante, en train d'acheter une oie à une marchande de comestibles : cette scène de la vie intime est frappante de vérité ; le visage et les gestes des deux commères expriment parfaitement le sujet de leur discussion. La chalande froisse dans sa main gauche une *mappula* très caractérisée ; ici l'artiste n'a pu faire de confusion, obligé qu'il était de se rendre à l'évidence.

Je crois que la *mappa* servant au magistrat Romain pour donner le signal

à la vérité, en résumant les opinions souvent contradictoires de Ferrari [1], d'Albert Rubens [2] et de l'illustre Saumaise [3].

des jeux à l'amphithéâtre, n'était qu'un mouchoir de poche ; la petite dimension de cet objet sculpté sur une course de chars en bas-relief (*Dict. des Ant.* MAPPA. — FERRARI. *De re vest. Anal.* pl. F) suffit pour appuyer mon assertion, en même temps que le geste du personnage agitant la *mappa* indique qu'il l'a prise sous sa toge (V. aussi le diptyque du Consul Magnus à la Bibl. imp. *Arts somptuaires*, pl. 2). On ne pouvait toujours avoir son mouchoir à la main ou sur le bras, il fallait bien alors le retirer quelque part, surtout quand il était tant soit peu chiffonné. Un passage de Théophylacte (*Act. apost.* c. 19) dont voici la traduction latine, va prouver que la *mappa* des jeux n'était qu'une *mappula*, cette dernière étant spéciale aux vêtements consulaires : — *Sudaria et semicinctia linea sunt utraque, sed sudaria quidem capiti imponuntur, semicinctia vero in manibus tenent, qui non possunt sudaria gestare, quales sunt qui gestant consulares stolas, ut abstergant humores faciei.*

Les *mappulæ* étaient en usage à Constantinople ; elles s'appelaient en grec ὀδονία et ὀδονάρια : — *Odonia et odonaria sunt panni longi qui et oraria dicuntur a quibusdam, hæc fere qui in palatium ibant senatores illis utebantur ad emungendum et expuendum* (*Gloss. Basilicon.*). D'après le texte de Théophylacte et une figure de la mosaïque de Capoue (CIAMPINI, *Vet. mon.* t. II, pl. 54.) je pense que les ὀδονία et ὀδονάρια se portaient soit à la main, ce qui est l'opinion du Du Cange (*Add. à la diss. sur les mon. des emp. de Constant.*), soit sur le bras comme le manipule ecclésiastique. Quant à l'*Orarium*, (de *os*) ὠράριον, c'était une longue bande de linge placée sur le cou ou l'épaule et retombant pardevant ; il ne différait pas du *sudarium* tel que le font comprendre les écrivains du haut empire. (V. l'*Ant. expl.* t. V, pl. 95, etc. BOSIO, *Roma sotterranea*, fol. 245, 285 et 431, etc., etc.)

Je n'allongerai pas encore cette formidable note, en expliquant la transformation de l'*Orarium* en étole et du *Sudarium* en manipule ; cela viendra à son lieu. Je renverrai mes lecteurs curieux d'en savoir plus long pour le moment, à l'*Explic. des cérém. de l'Église*, par D. Claude de Vert ; ils y trouveront (t. II, p. 289 et suiv.), une dissertation sur les *mappulæ*, commençant juste au point où j'abandonne le sujet.

[1] *De re Vestiaria lib. septem.*, Padoue, 1654 ; in-4°, pars I, lib. I, c. 6 ; Lettres échangées entre Gronovius, Rhodius et l'auteur, p. 2. lib. I, pp. 113, 123 et 131 ; *Analecta*, c. 41 et 42.

[2] *De re Vestiaria Veterum lib. duo*, Anvers, 1665, in-4°. lib. II, c. 12 et 13.

[3] Notes sur TERTULLIEN, *De Pallio*, Leyde, 1656, in-8°.

Voici ce que dit M. Rich, à l'article *Sinus* de son Dictionnaire [1] : « SINUS, pli demi-circulaire dans un vêtement lâche « et flottant, on le formait en saisissant un des bouts de la « draperie et en le rejetant par-dessus l'épaule du côté opposé « à celui où il pendait auparavant… Les personnes des deux « sexes avaient l'habitude de disposer de la sorte la draperie « qu'elles portaient par-dessus la tunique : le creux ainsi « formé était commode pour porter ce qu'on voulait tenir « caché, comme une lettre, une bourse, etc. » La dernière assertion est clairement prouvée par ces vers d'Ovide [2] :

Et puer est nudus amor. Sine sordibus annos,
Et nullas vestes, ut sit apertus habet.
Quid puerum Veneris pretio prostare jubetis ?
Quo pretium condat non habet ille sinum.

Le *sinus*, que les Grecs nommaient *ἀναβόλαιον* et qu'ils formaient avec le *pallium* (*ἀναβολή*), comme les Romains avec la toge, se rencontre fréquemment sur les figures antiques ; je citerai pour exemple une statue de la villa Pamfili, qui a servi de critérium aux dissertations de Ferrari, Rubens et Rich ; le célèbre Aristide de la collection Farnèse ; la Pallas de la villa Médicis ; un Sardanapale grec [3] ; enfin, une Vesta, une Cérès, un Galle ou prêtre de Cybèle, les statues de l'éphésien Métrodore, de trois Sénateurs et de trois Matrones, et le bas-relief de Bergimus, gravés dans Montfaucon [4].

[1] *Dict. des ant. rom. et grecques*, Paris, 1859, in-12. *Trad.* CHÉRUEL.

[2] *Amor.*, lib. I, eleg. 10.

[3] LENS, fig. 13.

[4] *L'Ant. expliquée*, t. I, pl. 25, fig. 1 et pl. 43, fig. 1 t. II, pl. 2 ; t. III, pl. 1, fig 2, pl. 6, pl. 19, fig. 2, pl. 20, fig. 3, pl. 23, fig. 2 et *suppl* t. I, pl. 65, fig. 2. — V. aussi divers sarcophages chrétiens publiés dans BOSIO, *Roma sotterranea*, et ARINGHI, *Roma subterranea novissima*.

Suivant Quintilien [1], le *sinus* ne s'accommodait pas avec la toge primitive, pièce d'étoffe demi-circulaire et de médiocre grandeur, ainsi qu'on le voit sur un petit bronze étrusque publié par M. Rich [2]; ce système de draperie existe pourtant sur deux figures de femme ayant la même origine que le bronze précité [3], mais produits sans doute d'un art moins reculé. Toutefois, si l'adoption du *sinus* ne se perd pas dans la nuit des temps, son emploi dans la représentation traditionnelle du Christ et des Apôtres a été de longue durée; je l'ai reconnu sur la série des mosaïques éditées par Ciampini, depuis celle de saint Jean *in fonte* à Ravenne, exécutée vers 451 sous l'Archevêque Néon, jusqu'à celle de la Cathédrale de Capoue, œuvre de l'Archevêque Ugo (fin du IXe siècle ou commencement du Xe) [4], sans compter d'autres monuments contemporains et postérieurs [5].

Les Romains ne se bornaient pas au *sinus togæ* pour remplacer les poches adaptées à notre costume moderne; ils avaient encore le *cinctus gabinus*. Selon M. Rich [6], cette façon particulière d'ajuster la toge consistait à en jeter un pan sur la tête, en passant l'autre par derrière autour des reins, de manière à former une ceinture. A l'appui de sa définition, le savant archéologue offre un type emprunté au Virgile de la Vaticane; mais ce type, vu de dos, ne fournit que l'idée incomplète d'une chose qui demande à être précisée davantage. Albert Rubens [7] affirme que le *cinctus gabinus* était un

[1] XI, 3, 137.

[2] *Dict. des ant.* TOGA.

[3] MALLIOT, t. II, pl. 58, fig. 8 et 10.

[4] *Vetera monimenta*, t. I, pl. 71 et 72; t. II, pl. 51.

[5] Entre autres, le *Paliotto*, donné par Boniface VIII à la cathédrale d'Anagni; chef-d'œuvre de broderie que je publierai prochainement.

[6] *Dict. des ant.* CINCTUS.

[7] Lib. I, c. VII et XXII.

mode ancien de draper la *trabea* consulaire, opinion corroborée par les vers de Virgile :

> Ipse Quirinali trabea, cinctuque Gabino
> Insignis, reserat stridentia limina Consul.

mode qui dura longtemps si l'on s'en rapporte à Claudien[1] :

> Agnoscunt proceres habituque Gabino
> Principis, et ducibus circumstipata togatis
> Jure paludatæ jam curia serviet aulæ.

Ferrari[2], qui définit très-bien le *cinctus gabinus*, mais en lui attribuant un usage purement militaire, faute d'avoir pu le discerner sur les monuments, en donne sans le savoir une représentation fort exacte[3]. Il s'agit d'un personnage offrant un sacrifice, lequel personnage montre de face le costume dont la peinture du Virgile n'exhibe que l'autre moitié. Cette planche prouve à la fois, et que le *cinctus gabinus* ménageait autour de la taille des plis *(sinus)* susceptibles de remplacer une poche, et que si on l'employait dans les camps, il appartenait aussi aux fonctions sacerdotales. On ne peut donc s'étonner que le Christ, prêtre et roi d'éternelle gloire, soit figuré, drapé de la sorte, sur divers monuments du Bas-Empire, ou exécutés hors de la Grèce sous l'influence byzantine[4]. En effet, le *cinctus gabinus* est visible sur la *Transfiguration* du calendrier en mosaïque du Baptistère de Florence[5], œuvre que Gori croit contemporaine de Basile II.

[1] *De sexto cons. Honorii*

[2] Pars I, lib. I, c. 14 et *Analecta* c. 43.

[3] Pars I, p. 34, pl. 8.

[4] GORI, *Thes. vet. diptychorum*, t. III, pl. 41; dipt. de Riccardi, ibid, pl sans nº. — Evangéliaire de Soissons, *les Arts somptuaires*, pl. 9 (VIIIᵉ s.) — DIDRON, *Iconographie chrétienne*, etc.

[5] *Thesaurus vet. dipt.* t. II, p. 325, Monument. Basil. Bapt. Florentini, pl. I.

tant elle est analogue au *Ménologe* de ce prince ; le pan de la toge destiné à couvrir la tête de Notre-Seigneur est rejeté sur son épaule droite. Il en est de même sur la Dalmatique impériale conservée au trésor de Saint-Pierre [1]; tandis que ces monuments et d'autres de pareilles époques, montrent toujours les Apôtres et le Christ dans les actes de son humanité, revêtus de la toge ou du pallium ajustés à la manière ordinaire. Quelles que soient les inductions à tirer de mes remarques, il faut en conclure définitivement que le *cinctus gabinus* était la marque du rang le plus élevé.

La statue d'Atalante, que Montfaucon croit romaine [2], présente une troisième espèce de *sinus*. La belle chasseresse porte par dessus sa tunique à manches courtes (ἐπωμίς), la *tunicula* (χιτώνιον), serrée autour des hanches au moyen d'une *zona*, qui maintient en outre deux peaux de panthère formant tablier, et dont les têtes rabattues en avant rappellent l'ornement du *kilt* écossais. Cette tunicelle, agrafée sur l'épaule droite par une fibule et retenue dans la ceinture, flotte en écharpe de façon à déterminer un creux large et profond, apte à recevoir des objets assez gros, creux qui pourrait bien être le *sinus tunicæ* dont parle Ferrari [3] et auquel, suivant moi, il applique mal à propos un passage de Pétrone.

Enfin, l'ustensile qui chez les Anciens tenait lieu de poches aux voyageurs comme aux paysans, était la *pera* (πήρα) ou *pasceolus* (φάσκωλος), besace, havresac de cuir porté en bandoulière au moyen d'une courroie passée par dessus l'épaule.

[1] La moitié de ce monument a été publiée dans les *Annales archéologiques*, t. I ; j'ai dessiné, pendant mon séjour à Rome, l'autre partie qui est inédite, elle représente la Transfiguration de N. S.

[2] *L'Ant. expl.* Suppl. t. I, pl. 144 bis.

[3] *Analecta*, c. 42.

M. Rich [1] a reproduit la *pera* d'après un marbre antique conservé à Ince-Blundell ; elle ressemble à une petite carnassière et pend sur le côté droit. Ses dimensions sont beaucoup plus grandes et elle se trouve à gauche sur la statue d'un pâtre, gravée dans Montfaucon [2]. Les flancs entr'ouverts de cet autre spécimen de *pera*, laissent voir une vaste cavité où l'on mettait des hardes et des provisions de bouche.

Je mentionnerai pour mémoire le *gremium*, giron, terme par lequel on désignait la cavité faite en relevant un pan du manteau ou la partie inférieure d'une tunique, ainsi que les femmes en usent avec leurs tabliers, quand elles veulent y placer quelque chose ; M. Rich [3] donne un type de *gremium* d'après une lampe en terre cuite qui représente un Gaulois barbare, aux longs cheveux, aux braies collantes, et couvert du *sagum*.

CHAPITRE II

BOURSES GRECQUES ET ROMAINES.

Les Grecs et les Romains usaient de différents meubles pour serrer l'argent qu'ils emportaient avec eux. D'abord, le *marsupium* (μαρσύπιον) ou *sacculus*, sorte de petit sac à panse arrondie fermé par un coulant ou des cordons. Le *marsupium* se cachait dans le *sinus*, comme je l'ai dit plus haut, ou se tenait en main, ainsi qu'on peut le voir sur les nombreuses figures du dieu Mercure de l'*Antiquité expliquée* [4] ; il était

[1] *Dict. des ant.* PERA

[2] *L'Ant. expl.* Suppl. t. III, pl. 6, fig. 2 et 4

[3] *Dict. des ant.* GREMIUM.

[4] T. I, pl. 68 à 72 ; t. V, pl. 166 ; suppl. t. I, pl. 37, fig. 1

parfois orné de glands [1], ou fait de la dépouille d'un animal, et dans ce dernier cas on l'appelait *melina* [2] (de *melis*, blaireau, fouine, chat sauvage). La statuette de Mercure vêtu d'une *penula*, qu'a publiée Ferrari [3], représente cette divinité tenant un *marsupium* ouvert, auquel son opercule prolongé donne beaucoup de ressemblance avec nos blagues à tabac. Un tel appendice peut faire supposer que cette sorte de bourse s'accrochait également à la ceinture; c'est l'opinion d'Hoffmann [4], qui s'exprime ainsi au mot ZONA : *Ut vestes succingerent et marsupium inde suspenderent recondendæ pecuniæ. Sic Mercurius depictus olim cum sacco marsupio e zona pendulo* [5]; mais en telle occurrence, soit que l'on prit la partie pour le tout, soit que les Anciens eussent des ceintures de voyage analogues aux nôtres, le terme *Zona* remplaçait ordinairement *marsupium*: *Simul dilabentibus cunctis, zona se aureorum plena circumdedit* [6]. — *Cum Roma profectus sum, zonas quas plenas argenti extuli, eas ex provincia inanes detuli* [7]. M. Rich [8] a publié la statue découverte à Naples, d'un homme de la classe moyenne; un *cingulum* de

[1] *Dict. des ant.* MARSUPIUM. — *L'Ant. expl.* t. I, pl. 68, fig. 6 et 7.

[2] *Dict. des ant.* MELINA. — *L'Ant. expl.* t. I, pl. 68, fig. 5, pl. 69, fig. 1 et 3.

[3] *De re vest.* Pars II, lib. II, pl. 16 et 17.

[4] *Lexicon universale.*

[5] Hoffmann, pour justifier ce dernier attribut de Mercure, s'appuie sur Cornutus et va beaucoup trop loin. Cornutus en effet, commentant le vers de Perse, sat. V, v. 112 :

Sum tibi Mercurius; veni huc ego ut ille
Pingitur,

ajoute simplement, *quia eum cum sacello pleno pecuniæ pingebant*, sans autre explication.

[6] SUETONIUS, *In Vitellio*, c. 16.

[7] AUL. GELLIUS, lib. XV, c. 12.

[8] *Dict. des ant.* CINGULUM.

cet individu flottent des cordons multiples, auxquels on peut attribuer une destination expliquée par ces vers de Juvénal [1]:

Nocte cadet fractis trabibus fluctuque premetur
Obrutus, et zonam læva morsuque tenebit.

Le *marsupium* se nommait aussi *loculus*, quand il était de petite dimension et destiné à contenir de l'or :

Hos nisi de flava loculos implere moneta
Non decet : argentum vilia ligna ferant.

ou *locellus* :

Si quid adhuc superest in nostri fæce locelli
Est munus [2].

Le second genre de bourse était la *crumena*, ou *funda* (βαλάντιον), poche de cuir en usage chez les gens riches, qui ne voulant pas se charger d'argent, la faisaient porter par un serviteur qui marchait devant eux :

I præ puere : ne quis crumenam pertundat cautio est [3].

et aussi derrière, — *Cum servus sequebatur crumenam plenam assium portitans* [4]. Elle s'attachait au cou :

Hic pone, hic istam crumenam colloca in collo plane [5].
Pecua ad hanc collo crumena ego obligata defero [6].
Homo crumenam sibi de collo detrahit,
Minas viginti mihi dat, accipio lubens.... [7]

[1] *Sat.* XIV, v. 296.
[2] MART. *Epig.* lib. XIV, 12 et 13.
[3] PLAUT. *Pseudolus*, a. I, sc. 2, v. 37.
[4] AUL. GELLIUS, lib. XX, c. 1.
[5] *Asinarius*, a. III, sc. 3, v. 37.
[6] *Truculentus*, sc. ult.
[7] *Truculentus*, a. II, sc. 1.

Samuel Pitiscus[1], qui cite ces passages de Plaute, en a conclu que la *crumena* se mettait en bandoulière comme la *pera*, et il ne s'est pas trompé; car M. Rich[2] ayant reconnu sur une lampe romaine en bronze, la figure d'un esclave avec la *crumena*, a pu déterminer la forme de ce dernier objet beaucoup plus sûrement que les textes ne l'avaient permis jusqu'ici. C'est tout simplement un sac pareil à ceux dont nous nous servons aujourd'hui en voyage, et que les Anglais croient avoir récemment inventé; aspect, dimensions, opercule, fermoir, courroie, manière de la porter, rien ne manque à la *crumena* antique, pour rendre son identité complète avec la gibecière moderne.

Quant à la *bulga*, autre petit sac de cuir que l'on suspendait au bras à la façon de nos réticules [3], et que Nonius confond avec la *crumena*: *Bulga est folliculus omnis, quem et crumenam veteres appellarunt, et est sacculus ad brachium pendens*[4]. — cette espèce de bourse était incontestablement d'origine barbare et gauloise, quoique les Romains l'eussent adoptée, témoins les vers de Lucilius [5]:

> Bulgam et quicquid habet nummorum, secum habet ipse,
> Cum bulga cœnat, dormit, lavit, omnis in una.

J'en traiterai au chapitre qui concerne nos aïeux.

[1] *Lexicon antiquitatum Romanarum*, CRUMENA.
[2] *Dict. des ant.* CRUMENA.
[3] *Dict. des ant.* BULGA.
[4] II, 76.
[5] *Sat.* VI.

CHAPITRE III

LES POCHES ET LES BOURSES DU [illegible] AU [illegible] SIÈCLE

Tant que les Grecs de Byzance conservèrent la toge et le pallium antiques, rien ne dut être changé aux usages exposés dans les précédents chapitres ; mais dès que les fils de Théodose eurent définitivement consommé le partage de l'empire, l'élément oriental déjà prépondérant sur le costume des hautes classes, domina seul à Constantinople. L'amour effréné des Byzantins pour le luxe et la parure les força d'étriquer robes et manteaux, car il eût été impossible de souffrir le poids des anciens vêtements, si comme les nouveaux on les eût surchargés de joyaux et de broderies. Or, la tunique étroite, la raide chlamyde, le pallium rétréci, peints ou sculptés sur les effigies impériales [1], n'admettant aucune espèce de *sinus*, il fallut bien, pour éviter l'embarras de tenir à la main bourse et tablettes, se servir habituellement du ἐγκόλπιον, moins toutefois la bandoulière. Un bas-relief de la colonne de Théodose présente deux conducteurs de bêtes de somme, les soldats du train de ce temps-là, ayant, passés dans leur ceinture, des sacs à opercule rabattu, identiques aux gibecières dont je parlerai plus loin ; l'un de ces sacs paraît fermé

[1] V. Du Cange, *Hist. byzantina* et *De imperat. Const. numis dissertatio*. Gori, *Thes. vet. diptychorum*, t. III, pl. I ; Didron, *Ann. archéol.* t. XVIII, 4e liv., *les Arts sompt.* t. I, pl. 39. On trouve des exemples de ce pallium modifié dans les ouvrages suivants : *Tractatio canonica de origine*, etc., *Pallii archiep.* in-4°, Helmstadt, 1754, p. 306 ; *Hist. byz.*, pp. 130 et 233 ; *Hist. de* Chalcondyle, t. II, illustrations, p. 154 ; *les Arts sompt.* t. I, pl. 31.

avec des cordons, l'autre est boutonné[1]. Dans la mosaïque de saint Vital de Ravenne (VIe siècle), un long et étroit rectangle arrondi par le haut, orné vers le centre d'un énorme gland d'or, tranche en blanc sur la chlamyde pourpre de l'empereur Justinien, à laquelle il tient par une agrafe de rubis[2]. Cet objet pendant le long de la cuisse droite, doit être un [illegible], et il ne me semble pas impossible d'en trouver la réminiscence dans un vêtement sacerdotal réservé aux seuls dignitaires de l'Église grecque. Après avoir revêtu le *στιχάριον* (aube, tunique), les *ἐπιμανίκια* (manchettes, manipule) et l'*ἐπιτραχήλιον* (étole), l'officiant, s'il était au moins protosyncelle de Sainte-Sophie[3], ne s'enveloppait pas du *φαινόλιον* (chasuble), sans avoir attaché au-dessous de sa ceinture (*κάτωθεν τῆς ζώνης*) un losange d'une palme et demie de côté, orné de la croix ou de l'image du Sauveur, avec perles et *fiocchi*[4]. Ce losange pendant aussi sur la cuisse droite, nommé *ἐπιγονάτιον* (*supergenuale*) dans l'*Ordo liturgiæ patriarchalis*[5], et *ὑπογονάτιον* (*subgenuale*) dans la *Messe de saint Jean Chrysostôme*[6], est diversement interprété par les auteurs qui ont voulu en expliquer le symbolisme. Siméon de Thessalonique, au reste

[1] Ces bas-reliefs aujourd'hui anéantis, ont été publiés dans l'*Imperium orientale* de Dom Anselme Banduri (Paris, 1712, 2 vol. in-fol. *Coll. byz.*) d'après les dessins très-exacts de Gentile Bellini. Le groupe que je signale est reproduit par Montfaucon, *l'Ant. expl.*, t. IV, pl. 126, fig. 2.

[2] *Revue archéologique*, t. VII, pl. 145, dessin de Papety.

[3] Εἰ ἔστι πρωτοσύγκελλος τῆς μεγάλης ἐκκλησίας. GOAR, ΕΥΧΟΛΟΓΙΟΝ *sive rituale Græcorum*, p. 59.

[4] V. l'ancien Calendrier Græco-Russe gravé dans les *Acta Sanct.*, Mai, t. I. *Id. ibid.* p. 61; *De imp. Const. num. diss.* pl. 9; LEBRUN, *Expl. des cér. de la Messe*, t. II, p. 397; GOAR, pp. 114 et 115; BANIER, *Hist. générale des cérém. relig. etc. de tous les peuples*, t. III, p. 108.

[5] HABERT, ΑΡΧΙΕΡΑΤΙΚΟΝ, *Liber pontificalis Eccl. Græcæ*, p. 18.

[6] GOAR, p. 59.

d'accord avec les liturgies, assimile l'ἐπιγονάτιον à un glaive (ῥομφαία)[1]; d'autre part, Théodore d'Antioche pense que l'ἐπιγονάτιον représente le linge avec lequel Notre-Seigneur essuya les pieds des Apôtres[2]. Il paraît difficile au premier abord de concilier ces deux opinions; pourtant elles deviendront moins incompatibles, en se rappelant que le couteau pouvait figurer parmi les petits meubles confiés au βαλάντιον, et que les prêtres grecs n'ayant jamais eu notre manipule, devaient indubitablement porter leur *sudarium* à la ceinture. D'ailleurs, l'épée matérielle se met toujours à gauche, et je ne vois pas pourquoi l'emblème du glaive spirituel occuperait une place différente. Serait-ce donc une hypothèse trop hardie, que de faire remonter l'origine de l'ἐπιγονάτιον à la primitive Église, quand on célébrait les saints Mystères sans quitter ses vêtements usuels, et de considérer cet ornement comme un souvenir de la besace et du mouchoir aux temps apostoliques.

Je ne m'appesantirai pas sur la θήκη ou σακκούδιον[3], sac à renfermer de l'argent, dont les types demeurèrent presqu'invariables, et je passerai à un autre genre de bourses qui mérite une étude approfondie.

Les byzantins avaient certainement une poche, soit libre, soit fixe, nommée πουγγί, πουγγα, ou πουγγίον[4], expressions

[1] Cæterum Pontifex insuper a zona dependens, *epigonatio* fert quod victoriam adversus mortem, nostræque naturæ immortalitatem, et vires Salvatoris contra maligni dæmonis tyrannidem robustissimas ostendit. Quamobrem et romphææ similis est, et lumbos alligatur, ubi hominis robur situm prædicant. *Lib. de Templo* ap. Goar, p. 219.

[2] Indumentum quod super genua injicitur, Christi linteum pedes lavantis representans. *Opusc. de Patriarcharum privil.* ap. Habert, p. 23.

[3] Cette dernière expression est de Nicetas, *Imperii Manuelis Comneni*, lib. vi, nº 5. La version latine porte *Sacculos in quibus signata pecunia erat*.

[4] Du Cange, *Gloss. ad script. mediæ et inf. græcitatis*.

que je crois dérivées de βόλγα, venu lui-même de *bulga*, ou plutot directement du celtique *bulgan*[1]; mais de quelle forme, de quelle nature était la πούγγη? A quels objets peut-on appliquer ce mot? Les documents relatifs à de telles questions sont bien rares, s'ils ne font pas complètement défaut. Néanmoins, malgré l'extrême incertitude du sujet, je hasarderai sous toutes réserves quelques timides appréciations, prévenant à l'avance que je n'affirme rien et que je m'incline humblement devant les critiques qui voudront prendre la peine de me réfuter.

Les images de l'empereur Manuel Paléologue et de Jean son fils (1391-1425), gravées dans l'*Historia byzantina*[2], présentent un détail très singulier que je n'ai pas vu ailleurs; le lai postérieur du *pallium*, au lieu de contourner la taille avant de se replier sur le bras gauche [3], passe directement sous l'épaule, laissant découvert à hauteur de ceinture, un rectangle enrichi de pierreries qui semble fixé à la robe. Ce rectangle ici nettement accusé, et que la disposition du *pallium* sur d'autres monuments plus anciens ne peut laisser apercevoir, ne serait-il pas une πούγγη, sinon un βαλλάντιον?

Néanmoins, l'exemple que je viens de citer résultant peut-être d'une erreur de dessin, il faut chercher ailleurs des preuves plus authentiques. Pendant mon séjour à Venise, en étudiant la *Pala d'Oro* avec M. le professeur Karl Haas, de

[1] Les termes homologues βολγός et πουγγός usités à Marseille suivant Dom L. Le Pelletier (*Dict. de la langue bretonne*, Bolc'h) ne sont, de l'avis de ce docte lexicographe, qu'un emprunt fait au Gaulois, et l'on comprend de reste le changement du β en π et de l'ολ en ου.

[2] P. 242

[3] Ce mode de draper le *pallium* appartient à des monuments antérieurs. V. Sainte Hélène (IXe siècle, 2e moitié), *Arts sompt.* t. I, pl. 31; Romain Diogène (1068-1070), *Annales archéol.*, t. XVIII, 4e liv.; Michel Paléologue (1259-1283), *Historia byz.*, p. 233, etc., etc.

Gratz, nous remarquâmes sur le manteau de Salomon, dernière figure du rang inférieur[1], un ornement quadrangulaire partant de la bordure, et dont je ne me rendis pas compte alors. J'ai retrouvé depuis le même ornement sur un nouveau Salomon, un Hérode (Xe siècle), sur un portrait de Nicéphore Botoniate (1078), miniatures extraites de manuscrits grecs[2], et bien mieux sur la mosaïque de Ravenne, où il existe non-seulement dans la chlamyde de Justinien, mais encore dans l'ample manteau des grands officiers qui accompagnent l'empereur et l'impératrice Théodora[3]. Le coloris m'a fait comprendre que cette plaque, tantôt unie, tantôt chargée de croix, de cercles ou d'arabesques, n'avait jamais le même ton que le vêtement qui la comporte et que, tanné *castaneum* sur fond bleu, or, pourpre, sur champ rouge ou blanc, elle constituait évidemment un objet distinct de la chlamyde. Or, quel qu'il soit, pareil objet devait avoir un usage, un but, pourquoi ne serait-il pas une poche analogue aux nôtres, mais externe au lieu d'être interne; la place qu'il occupe sur la poitrine rend mon assertion encore plus vraisemblable[4].

[1] Cette merveille d'orfèvrerie porte la figure du Doge Ordelafo Falier et la date 1105, mais certaines parties sont plus anciennes. Cicognara en a donné l'ensemble avec deux planches de détails, *Fabbriche e monumenti cospicui di Venezia*, in-fol., t. I, pl. 8 à 10. V. encore *La pala d'oro* du chanoine G. Bellomo, in-4°, Venise, 1847, et les *Recherches sur la peinture en émail*, par Jules Labarte, p. 17 et suiv.

[2] *Les Arts sompt.*, t. I, pl. 14 et 15. *Mon. franç. inéd.*, pl. 11.

[3] *Revue arch.*, t. VIII, pl. 145 et 146.

[4] Pottier a fait quelques remarques sur cet ornement sans parvenir à en déterminer le nom et l'usage; *Monum. franç. inéd.* Expl. de la pl. 11. Codin, dans sa curieuse description des costumes de la cour de Constantinople, dit en parlant du manteau de l'Empereur, τὸ ταμπάριον αὐτοῦ κόκκινον μετὰ μαργελλίων : Goar rend le dernier mot de cette phrase par *margella*, qu'il commente ainsi : *limbus sive assumentum quodcumque discolor vel auro textum panno superadditum*. Une telle explication ne satisfait pas encore,

Des monuments aux textes, la transition est naturelle. Voici donc ce qui se passait au couronnement des empereurs de Constantinople, lorsqu'ils jetaient des médailles au peuple près de la statue de saint Georges martyr : [illegible] [illegible] ἄρχων, [illegible] [illegible][1]. Je sais bien que l'expression [illegible] signifie à la rigueur un creux formé par le pan du manteau relevé sur les bras, mais est-il défendu de la comprendre autrement et d'y voir une allusion à la poche que je viens de signaler ?

J'ai possédé pendant assez longtemps une bourse fort curieuse, que j'eûs la prévoyance de dessiner avant de céder aux réclamations de l'ecclésiastique qui m'en avait fait don ; le R. P. A. Martin, à qui je la communiquai, la jugea byzantine et du XIIe siècle. C'est un sac rectangulaire de 0[m],180[m] sur 0[m],165[m], en reps de soie polychrome et argent ; les plats différemment ornementés, sont partagés chacun en quatre bandes de largeurs inégales (*pallium virgatum*) séparées par des filets, on y rencontre des croix, des fleurs-de-lis, des paons, des perroquets et un dessin mosaïque dont l'analogue figure dans un manuscrit du Xe siècle, à la Bibliothèque im-

car on ne sait trop s'il s'agit de la bordure et de la plaque isolées, ou des deux choses réunies. Le *tempuriom* ou chlamyde était commun au chef suprême (Δεσπότης), au Sebastocrator et au César. *De offic. Constant.* cap. III, p. 15, § 1 et suiv. et p. 18, note 2.

[1] [illegible], p. 621, B. *Coronatio imperat.* Le manteau des grands officiers du palais impérial à Byzance se nommait καβάδιον. Le Μέγας [illegible] seul portait un καβάδιον διβέτιον μετὰ μαργελλίων συρματένων (*duplicis coloris cum margellis fimbriatis*), les autres y compris le Πρωτοβεστιάριος avaient un manteau pourpre, *vel quale ex consertis coloris*. CODINUS, *De offic. cons.* cap. IV, p. 51, § 3, et p. 52, § 21. Si parmi ces faits aucun ne corrobore mon assertion, nul du moins ne vient la contredire.

périale [1]. Au bas pendent cinq *fiocchi* très-minces surmontés de glands sphériques, deux autres pareils servent d'oreilles à la coulisse qui remplace le fermoir. Une forte ganse adaptée aux angles supérieurs de ce sac permettait de l'accrocher à la ceinture : quand on me le présenta, il contenait des reliques ; avait-il servi à un autre usage? Je l'ignore, mais d'après la disposition du dessin sur l'étoffe faite d'un seul morceau, je reste convaincu que celle-ci a été spécialement tissée pour la confection d'une bourse.

CHAPITRE IV

POCHES ET BOURSES GAULOISES

Il est improbable que les Gaulois aient cousu des poches au vêtement national, court, étroit, ouvert par-devant, qu'ils appelaient *caracalla* [2], et dont le nom vint s'ajouter en sobriquet dérisoire aux titres d'un empereur romain, ni même à leurs *braccæ*, soit larges, soit collantes. Quant au *sagum* (saie) ou au *reno* [3], l'un et l'autre manquaient de l'ampleur nécessaire pour se draper en *sinus*. Les modes changèrent sans doute dans la haute classe dès que le vaincu eut adopté les usages du vainqueur, mais le peuple garda toujours son costume primitif; j'en rencontre la preuve sur un type de

[1] Bordure de la tunique du roi David, *Psalterium*, nº 30, *les Arts somptuaires*, t. I, pl. 40. Ces reps se fabriquent encore en Turquie, mais la chaîne est horizontale et en gros fil de coton, tandis qu'elle est verticale sur les tissus byzantins.

[2] Dimidiasque nates gallica pulla tegit.

MART. *Epig.*

[3] Ou *rheno*, manteau très-court particulier aux Germains. *Dict. des Ant.* RENO. — Parvis rhenonum tegumentis. CÆSAR, *De bel. Gal.* VI, 21.

paysanne (fin du XVIe siècle) tiré du Recueil de Gaignières[1]. Cette figure, à quelques détails près, s'identifie avec un bas-relief gallo-romain trouvé à Langres[2]; or, le tablier de la Française présentant une large poche ménagée sur l'abdomen, n'est-il pas possible d'en supposer autant chez la Gauloise. Au reste, le jupon bouffant de cette dernière permet de croire qu'il cachait de longues poches de toile, serrées autour de la taille par un cordon, poches que nos grand'mères portaient d'habitude et que la campagne a conservées. Mais pourquoi recourir aux hypothèses, lorsqu'on a des renseignements précis sur la véritable poche ou bourse des Celtes, je veux parler de la *bulga*. Festus dit positivement que c'était un mot gaulois correspondant à un petit sac de cuir ou de peau, *bulgas Galli sacculos scorteos appellant*[3], et ce qui demeure de l'idiome de nos ancêtres, justifie l'assertion du grammairien latin. En effet, du radical *bolg* (sac) sont venus *bolgan*, *bulgan* (bourse, poche en irlandais[4]) et *bouget*, *bougeden*, qui rendent la même idée en bas-breton[5]. Toutefois, si le terme *bulga* représentait seulement chez les Romains une petite bourse portée sur l'avant-bras, la probabilité veut qu'il ait

[1] Portefeuille 2. Bibl. de Rouen. *Les Arts sompt.* t. II, pl. 141, fig. 1.

[2] Ce bas-relief représente une femme en tablier et jupon court, n'ayant que sa chemise pour couvrir le haut du corps. *L'Ant. expl.*, t. III, pl. 50, fig. 1; Malliot, t. II, pl. 75, fig. 1. Les paysannes aux environs d'Arras, travaillent ainsi vêtues durant toute la belle saison.

[3] *De signif. verborum.*

[4] Bullet, *Dict. de la langue celtique*, Bolg.

[5] Dom L. Le Pelletier, *Dict. de la langue bretonne*, Bouget. Cet auteur ayant lu dans quelques livres bretons, *pouchet* et *poucheden*, altération qui à mon sens pourrait bien être germanique, ne vaudrait-il pas mieux demander à notre langage national l'étymologie du mot *poche*, que de l'emprunter au grec, au latin, ou à l'allemand seul, ainsi qu'a fait Ménage. (*Dict. étym.* Poche, Bougette.) D'ailleurs le peuple de la Bretagne française et des contrées limitrophes dit toujours *poche* en désignant un sac quelconque.

en chez les Celtes une signification plus élastique et que ces derniers l'aient appliqué à tout récipient portatif destiné à contenir des espèces, soit qu'on l'eût à la main, à la ceinture[1] ou en bandoulière. Cela est si exact, que Nonius déjà cité renferme *bulga* et *crumena* dans une seule et unique appréciation. La *bulga* gauloise doit donc être regardée comme le prototype de tous les ustensiles analogues usités durant le Moyen-Age, ustensiles dont je vais essayer d'appliquer les noms connus aux formes peintes et sculptées sur les monuments.

CHAPITRE V

POCHES ET BOURSES DU MOYEN AGE

BOUGES, BOUGETTES, TASSES, GIBECIÈRES, AUMÔNIÈRES ET ESCARCELLES

La BOUGE et la BOUGETTE doivent occuper le premier rang parmi les bourses du Moyen-Age, puisque leur étymologie *bulgan*, *bulga*, en prouve l'incontestable antiquité[2]. La bouge était une vaste sacoche arrondie, telle que la représente le vitrail des changeurs à la Cathédrale du Mans (XIIIe siècle[3]). On chargeait la bouge sur l'épaule[4], à moins qu'à l'exemple des bourgeois du XVIe siècle, on ne l'attachât au côté, ce qui devait être fort incommode, surtout lorsqu'elle était pleine d'argent[5]. Je comprendrai dans la catégorie des bougettes,

[1] La disposition de la ceinture sur deux figurines en bronze trouvées à Lyon indique que l'on pouvait suspendre différents objets à cette partie du vêtement. *Dict. des ant.* CARACALLA.

[2] *Gloss. med. et inf. lat.*, BULGA.

[3] *Le Moyen Age*, etc. Corp. des métiers, pl. 3.

[4] *Le Moyen Age*, Peint. des manuscrits, pl. 11.

[5] Vitrail de la Cath. d'Amiens, *Le Moyen Age*, Vie privée, etc. fol. 40, v.

la bourse (*bursa*, de βύρσα, cuir) et le bourset, bourselet, bourselot (*bursellula*), que l'on portait à la main ou qu'on mettait en poche[1]. La bougette était de peau : *ung petit bourselet de rouge cuir*[2] ; — d'étoffes précieuses : *item, je donne à Agnès, femme Pierre Pouchin, une bourse de velours vermeil*[3] ; — saint Éloi, au VIIe siècle, avait une bourse ornée de pierreries : *necnon et bursas eleganter gemmatas*[4] ; — on la brodait : *bourse pipelotée*[5] ; — enfin on y adaptait des grelots : *le petit pourpoint, la bourse qui y pendoit qui est garnie de sonnettes d'argent ; — ung bourselot cloqueté d'argent*[6]. Ces objets, par leur forme, différaient peu du *marsupium* ; cependant une paysanne des environs d'Aix-la-Chapelle (XVIe siècle), publiée par M. Séré, tient à la main une longue bourse fauve, qui, souple par le haut, se transforme brusquement vers le milieu en parallélipipède renforcé de clous et de pentures[7] : j'avais d'abord cru à un étui pour le livre de prières, mais un panier au bras gauche du personnage, ne laisse aucun doute sur les intentions de ce dernier, il va au marché et non à l'église. La bougette se passait aussi dans la ceinture que l'on serrait à proportion ; le Troubadour anonyme cité par Raynouard[8] dit :

[1] Trahison de Judas brodée sur le pluvial d'Anagni (XIIIe siècle), *Dessins inédits de l'auteur*. Vitraux de la Cath. de Tournay (XVe siècle). *le Moyen Age*, Corp. des métiers, pl. 2 et 7.

[2] *Litt. remis.*, 1391, *Gloss.* etc.

[3] *Testament*, 1448, *Gloss.* etc.

[4] S. AUDOENUS, Vit. S. Eligii, lib. II, c. 12. Ap. D'ACHERY, *Spicil.* t. V, p. 167.

[5] GUILLAUME DE GUILLEVILLE, *Le livre des pèlerinages du monde* (composé vers 1330).

[6] *Litt. remis.*, 1389 et *Test.*, 1448, *Gloss.* etc.

[7] *Le Moyen-Age* ; Modes et cost. pl. 23, fig. 2 ; *les Arts sompt.*, Aumônières, pl. 1, fig. 11.

[8] *Lexique Roman*, BORSA.

Bella borsa, bella centura.

Et Villon plaisantant,

> Faulte d'argent m'a si fort enchanté
> Que j'en prendrois (ce crois je) l'adventure
> Argent ne pend à gippon ne ceincture [1].

Je n'ai rencontré la bougette à la ceinture que sur des figures de bourgeois et de paysans [2].

La TASSE ou TASSETTE (*taschia*, de l'allemand *tasche*, poche, et non du grec τάσσω, je range) était un sac plus ou moins grand qui s'attachait à la ceinture avec des cordons, pour remplacer nos poches actuelles. Les tassetiers ou faiseurs de tasses à Paris étaient constitués en corps de métier au XIIIe siècle [3], mais l'objet de leur industrie remonte plus haut. L'effigie de Clovis sculptée sur sa tombe à l'abbaye de Sainte-Géneviève, XIIe siècle, portait une *tasse* consistant en un sac carré fermant à coulisses, avec anse de perles et crochet semblable, passé dans un cordon lâche fixé au côté gauche de la ceinture par un double nœud; du col galonné s'échappaient deux longs *fiocchi* [4]. Les tasses conservèrent cette forme pendant le XIIIe siècle tout entier [5], mais se mo-

[1] *Requeste à Mgr de Bourbon*, III, édit. de La Haye, 1742.

[2] *Les Arts sompt.* t. II, pl. 9 et 30.

[3] Des tassetiers et des faiseurs de tasses à Paris; *Le livre des mestiers de Paris*, fol. 56. — Les jurez ou gardes des mestiers de ganterie, boursecie, tasseterie, etc. *Ordon. des Rois de France*, p. 379, art. 245. V. *Glossar. nov.* de Dom CARPENTIER, TASCHIA.

[4] *Statist. mon. de Paris*, Abb. de Sainte-Gen., pl. 11 *bis*. — *Mon. de la mon. Franç.*, t. I, pl. 10. — *Le Moyen Age et la Renaissance*, sculpture, pl. D. — *Les Arts somptuaires*, t. II, Aumonières, pl. 1, fig. 1. — WILLEMIN, *Monum. Franç. inédits*, pl. 58.

[5] MONTFAUCON, *Monuments de la monarchie Française*, t. I, pl. 19, fig. 3 et pl. 13, fig. 3; t. II, pl. 14 et pl. 15. — WILLEMIN, pl. 69. — *Le Moyen Age*, etc. Modes et costumes, pl. 5, fig. 3

différent au XIVe qui vit surgir des sacs trapézoïdaux encadrés de perles d'or et brodés à l'entrée [1]; le XVe siècle arrondit les angles inférieurs et remplaça la coulisse par des charnières métalliques [2]: quant au XVIe, il ne modifia qu'insensiblement les types de son devancier. Le plus joli modèle de tasse que je connaisse, est peint sur tableau de Van Eyck (collection B. Verhelst à Gand), c'est un sac ovoïde de velours vert garni de filets, de plaques et de glands de perles fines serties en or [3]. Il paraît que les bourses luxueuses s'étaient introduites parmi les Religieux, car on fut obligé de leur en interdire l'usage; *Item, quod nullus monachus... tassias vel corrigias largas vel argenteas... more laycorum... portare presumat* [4]. Les tasses servaient à mettre de l'argent; — *Dictus exponens cepit in taschia socii sui quemdam florenum ad scutum. — Il prit sa sainture et sa tasse, en laquelle avait environ douze poiterines* [5]. M. l'abbé Corblet nous apprend que le Mayeur d'Abbeville, comme marque de sa dignité annuelle, portait à la ceinture une tasse violette à fermoir d'argent, où il déposait le sceau de la cité, les dépêches de la cour et les placets qu'on lui remettait lorsqu'il parcourait les rues [6].

Les Allemandes du XVIe siècle avaient aussi de charmantes tasses en peau de chamois, taillées en cœur, avec piqûres

[1] Vitraux de Moulins en Bourbonnais, *Le Moyen Age*, t. III. Vie privée, fol. 40, v.

[2] *Le Moyen Age*, tapisserie du temps de Henri VI, Modes et cost. pl. 20, fig. 1. *Les Arts sompt.* pl. 11, fig. 37. L'indication fournie par le texte, t. II, p. 298 est inexacte.

[3] *Le Moyen Age*, Modes et cost., pl. 6.

[4] Statuta capituli Bened. apud Compendium habita, 1379. Ap. CARPENTIER, TASSIA.

[5] Litt. remiss., 1357 et 1389. Ap. CARPENTIER, TASCHIA.

[6] *Glossaire étymologique et comparatif du patois Picard*, 1851, TASSE.

blanches, fleurs d'or, et divisées en plusieurs compartiments destinés à la monnaie, aux ustensiles de ménage et sans doute aux billets galants [1], ce qui n'empêchait pas ces dames d'y joindre un couteau quand elles allaient en ville [2].

J'ai eu à ma disposition et dessiné à Saint-Omer [3] il y a quelques années, quatre tasses que je crois être du XIIIe-XIVe siècle ; elles sont brodées au crochet, trois sur toile, une sur canevas : leur forme est celle de la bourse byzantine décrite plus haut, leurs dimensions sont à peu près les mêmes et elles contenaient aussi des reliques. Une coulisse en ferme l'entrée, une ganse à œillet servait à les suspendre et des glands ornent la partie inférieure. La première, haute de $0^{m}165^{m}$, large de $0^{m}148^{m}$, offre sur chacune de ses faces un échiqueté de soie verte et rouge, encadrant dans ses soixante et douze rectangles autant d'écussons en cœur dont les blasons divers ne paraissent avoir entr'eux aucun rapport généalogique [4]. La seconde a la même disposition d'ornements ; la troisième, plus élégante, travaillée sur canevas, est losangée, 1° de pourpre au lion d'argent chargé d'un lambel à cinq pendans de gueules, 2° d'or à quatre abeilles de gueules : cette bourse, qui mesure $0^{m}178^{m}$ sur $0^{m}158^{m}$, me semble avoir une origine étrangère [5]. La dernière enfin, moins grande

[1] La collection de M. Martinengo à Wurtzbourg (Bavière), en renferme deux, publiées dans le *Moyen Age*, Modes et costumes, pl 26, fig. 1, 1 et 2, 2

[2] *Le Moyen Age*, Modes et cost., pl. 22, fig. 3.

[3] Musée communal et collection de M. Albert Le Grand.

[4] Ces blasons, croix, créquiers, lions, fasces, bandes, etc., empruntés à des familles anciennes et très-connues, alternent sur chaque trait vertical, de façon qu'il y en ait trois d'une sorte et trois d'une autre, mais quoique les mêmes figures héraldiques soient répétées plusieurs fois dans l'ensemble, elles sont toujours d'émaux différents.

[5] On sait que l'émail pourpre, regardé par certains généalogistes comme une faute contre les règles du blason, n'apparait que très-rarement sur les anciennes armoiries, et encore ces armoiries sont-elles toutes étrangères à la France.

que les précédentes, n'a d'autre décoration qu'une multitude de petits carrés rouges, violets, bleus, verts et jaunes, mais son prolongement en cendal incarnat la rend tout-à-fait analogue aux sacs à ouvrage actuels. Malgré l'usage auquel on avait employé ces objets, je pense qu'ils ont appartenu à quelque gentilhomme ou gentilfemme, avant de passer dans un trésor d'église.

La GIBECIÈRE (gibacier, gibecier, gipecière, *giberia*, *gibaceria*, *gibasserius*, *gibesserius*, *gibacaria*, etc.) remonte à une très haute antiquité si l'on en croit les étymologistes qui font dériver ce mot de *κίβσα* (sacculus)[1]. Toutefois, si l'objet existait avant le XIVe siècle, on paraît ne lui avoir donné le nom de *gibecière* qu'à partir de cette dernière époque. On fabriquait des gibecières en cuir, en drap de soie et velours brodé: *Item quatuor gibacariæ de veluto, operatæ et ornatæ de brodura, quatuor gibaceriæ, gallice*, de tartaire, *operatæ et ornatæ de brodura*[2]. — *Pour six gibecières broudées et estoffées à boutons de perles*, XII L. *la pièce*[3]. — On les accrochait à la ceinture : *Pro quadam zona et uno gibesserio, III solid.*[4] — *Nec gibasserios (deferant aut bursas supra vestem*[5]. — *Jehan Bourrebas avoit à sa sainture ung petit gibarier, duquel ledit Richier coppa les pendans*[6]. — On y renfermait argent et papiers : *Icellui Genoilhac ouvrit son gibèssier et mist sur la table aucune quantité de monnoie*[7].

[1] V. MÉNAGE, *Dict. étym.*; FURETIÈRE, *Dict. univ.*, et DU CANGE, *Gloss.* etc.

[2] *Litt. offic. senon.*, 1336. Arch. imp. — La tartaire était une étoffe de soie venant de la Tartarie.

[3] *Comptes d'Étienne de La Fontaine, argentier du Roi*, 1350.

[4] *Compte* de 1402. Ap. *Gloss. novum*, GIBESSERIUS.

[5] *Capitul. gen. S. Victoris Massil.* 1306. Ap. DU CANGE, GIBASSERIUS.

[6] *Litt. remis.*, 1372. *Gloss.* etc.

[7] *Litt. remis.*, 1476. *Gloss.* etc.

Lors le gallant tire de faict
De dedans sa gibecière
Une bourse d'argent legière
Qui estoit pleine de mereaulx[1].

— *Le suppliant prist un gibecier de cuir ouquel avoit une cédule*[2]. — Je conclus de ces citations, ainsi que de la vieille locution *faire des tours de gibecière*, que la gibecière n'était autre chose que la *pera* des Romains tant soit peu changée et remise en honneur par un caprice de la mode[3]. J'appliquerai donc le nom de *gibecière* à une grande poche double munie sur l'ouverture externe d'un opercule flexible, ou libre, ou maintenu, poche qui n'apparait sur aucun monument antérieur au XIVe siècle, ni postérieur au XVe. Le Dictionnaire de Trévoux classe ensemble *gibecière* et *pannetiere*[4] (*panneteria*, *pantoneria*), sentiment très-rationel, car ces deux ustensiles particuliers d'abord aux paysans et aux voyageurs, se confondaient entre eux, et on ne les distingua bien que lorsqu'adoptés par la classe riche, ils furent embellis et surtout allégés. Les nouvelles gibecières, pliées en deux comme nos portefeuilles, n'avaient plus de bandoulière et s'engageaient dans le côté droit de la ceinture, de façon à ce qu'un des plats serrât le corps[5], tandis que l'autre était

[1] VILLON, *Repues franches*, p. 33, éd. de La Haye, 1742.

[2] *Litt. remiss.*, 1457. *Gloss.* etc.

[3] Le mot [illegible] dans le lexique d'Hésychius est rendu en latin par *Pera*, *Sacculus*, *Marsupium*. L'objet auquel j'applique le terme de *gibecière* rappelle en tous points la *pera*. V. *les Arts sompt.*, t. II, pl. 52, fig. 4. Un ménétrier porte sur le ventre une large gibecière comme nos escamoteurs. (*Id. ibid.*, pl. 51, fig. 5) un bourgeois. Ces personnages sont du XVe siècle.

[4] GIBECIÈRE. Vieux mot qui signifiait autrefois une bourse large, qu'on mettait au devant du ventre, etc.

[5] J'hésite à risquer ici une étymologie nouvelle, bonne à faire hausser les épaules. Mais il en est des étymologies comme des calembourgs, les plus

mobile : on les taillait en rond, en carré, en accolade; elles étaient ornées de *fiocchi*, et closes parfois au moyen de boucles [1]. Certaines étaient percées d'un trou pour mettre le coutelas qu'on passait aussi entre l'opercule et la courroie de fermeture [2]. Cet usage, général en Hongrie, fit donner par les Allemands le nom de *sabeltasche* (poche du sabre), à la gibecière des hussards; de là vient notre mot *sabretache*. Au reste, les exemples de gibecière pris sur les monuments des XVe et XVIe siècles, appartiennent en majorité à des paysans, des veneurs et des bourgeois; je n'en ai rencontré qu'une seule bien caractérisée au flanc d'un homme noble; elle appartient à un gentleman anglais qui paraît être en habit de chasse [3].

L'expression *gibecière* était cependant usitée au XVe siècle, pour désigner la poche des gens de qualité, car Brantôme rappelle que le Maréchal de Matignon « portait ordinairement dans sa gibecière une petite burette d'eau-de-vie [4]. »

La *pera* antique ou pannetière ne fut jamais abandonnée; M. F. Séré en a publié, sans date précise, un spécimen tiré du cartulaire de l'abbaye de Solignac, et deux pèlerins agenouillés aux pieds de saint Nicolas, sur la mitre de Jean de

mauvaises sont les meilleures. Pourquoi « risum teneatis » la gibecière ou *gipecière*, toujours appliquée contre le *gippon*, ne tirerait-elle pas son nom de *gippon-enserre* contracté.

[1] *Les Arts sompt.* t. I, pl. 149, fig. 2 (1380); t. II, pl. 34, 52, 54, et Aumonières, pl. 2, fig. 26, 31 et 34. *Le Moyen Age*; modes et cost. fol. 14, V° pl. 12, fig. 6, pl. 20, fig. 2, etc.

[2] *Les Arts sompt.* t. II, Aumonières, pl. 1, fig. 9, 17, 21, 23, 24 et pl. 2, fig. 32, XVe et XVIe siècles.

[3] Min. du Roman de la Rose (1500). *Brit. Mus.*; *Le Moyen Age*, modes et cost. pl. 20, fig. 2. Cette gibecière moitié cuir, moitié tartan, pourrait bien être d'origine écossaise.

[4] *Vies des hommes illustres et des grands capitaines*, etc.

Marigny, archevêque de Rouen (1347-1351), la portent à leur côté [1]. Un autre exemple est peint sur les Heures d'Anne de Bretagne, c'est une véritable cassette carrée avec pentures et moraillons [2]. Je connais encore une gibecière à bretelle; on la conserve au trésor de la cathédrale de Sens : cette gibecière en cuir, destinée, m'a-t-on dit, à porter des reliques en voyage, ressemble à une giberne.

Il faut nécessairement ranger dans la catégorie des gibecières mises en sautoir, la besace des pèlerins. Le moine d'Angoulême, historien de Charlemagne, mentionne une *pera peregrinalis aurea*, suspendue par-dessus les habits impériaux de ce monarque lorsqu'on le descendit dans la tombe [3]. Du Cange a extrait d'un *Ordo* manuscrit de l'église de Rouen quelques passages de l'*Officium peregrinorum*, drame liturgique très-curieux où l'on représentait l'épisode des disciples d'Emmaüs. Deux clercs à longues barbes, le chapeau sur la tête, *induti tunica et super cappis transversum, portantes baculos et peras in similitudinem peregrinorum*, y figuraient comme acteurs [4].

L'ALOIÈRE (aloyere, alloière, alloyere, *allocerium*) doit être confondue avec la gibecière; elles apparaissent aux mêmes temps, servaient aux mêmes usages, et leur synonymie est flagrante dans les anciens écrits :

> Riche ceinture et aloière
> Que chascun appellent gibbecière.

— *Trituratores ac ventrices nequaquam bladi furentur in*

[1] *Les Arts sompt.* t. II, Aumônières, pl. 2, fig. 11. — *Annales arch.* t. [illegible]

[2] Bibl. imp. sup. latin. nº 635. *Le Moyen Âge*, [illegible] pl. 28. V. aussi *les Arts sompt.* t. II, pl. 21.

[3] *Mon. franç. inédits*, expl. de la pl. 114.

[4] *Gloss. ad script.* etc. PEREGRINUS.

suis sotularibus, cirotecis, alloveriis, bursis, seu pantoneriis vel sacculis[1]. — *Ung coutel et une aloyere de cuir d'abaye.* — *Comme Casin Cordier eust prins furtivement en la gibecière ou allougère de son oncle ung fleurin.* — *Lequel Simon tira de son aloière ou gipeciere ung extrait par lequel il luy demandoit 64 solz.* — *Le suppliant tenait en sa main un bourselot ouquel y avoit plusieurs pièces tant d'or que d'argent... et faisant signe de les mettre en son alloière.* — *Le suppliant print la gibbecière ou alloyère de petit Jehan en laquele n'avoit point d'argent*[2]. Une miniature de la Danse des morts de Blois, représente un usurier tenant en main un *bourselot* qu'il vient de tirer de sa gibecière ou aloiére, pour en faire passer le contenu dans la poche du damoiseau son voisin[3].

Le terme ESCARCELLE (de l'italien *scarcella*, bourse à mettre de l'argent) est peu ancien en France, où il a dû arriver par les Alpes, car Du Cange n'a rencontré *scarcella* et *scarella* qu'au XIVe siècle, dans une Vie de la B. Marguerite de Cortone et deux Comptes du Dauphiné[4]; de plus, le patois de cette province a retenu l'expression *escarcella* pour bourse. Il y avait des escarcelles de soie avec cordons et agréments en métal; — *Pro una scarcella de seta quando ivit dominus Romam.* — *Pro uno laqueo et alia munitione argenti et sirici facta et posita in quadam scarella pro dicto quondam Dalphino III solid. obol.*[5]; mais on ne sait rien sur leur forme. Toutefois, le dicton *fouiller à l'escarcelle* ne pouvant

[1] *Roman du dit Chevalier.* — *Fleta*, lib. II, c. 82, § 2. Ap. *Gloss. ad script.*, ALLOVERIUM.

[2] *Inv. de Gui de Kaours maître des monnaies*, 1321. — *Litt. rem.* 1425, 1448, 1455 et 1456. Ap. *Gloss. novum*, ALLOVERIUM.

[3] *Les Arts sompt.* t. II, pl. 55, fig. 1 et 2.

[4] *Gloss. ad script.* SCARCELLA.

[5] Comptes de 1333 à 1336 et de 1334, *Histoire du Dauphiné*, t. II, p. 275.

s'appliquer qu'à un ustensile fixé au corps et dont l'entrée béante permet d'y introduire facilement la main, j'incline à nommer *escarcelle* une sorte de *tasse*, dont le col entouré d'un cercle métallique, la forçait à demeurer toujours ouverte. M. F. Séré en a reproduit quelques exemples du XIVe siècle à la fin du XVe[1]. Une verrière de la cathédrale de Tournay (XVe siècle) représente un marchand ayant la main plongée au fond d'une bourse de ce genre; à sa vue, le dicton précité revient naturellement à l'esprit[2]. Escarcelle aux mêmes temps, se prenait aussi pour désigner la pannetière du pèlerin; — *Postea aspergat aquam benedictam super scarcellam et baculum* [3].

CHAPITRE VI

DE L'AUMONIÈRE EN GÉNÉRAL. AUMONIÈRES DES XIIIe ET XIVe SIÈCLES

J'ai voulu réserver un article spécial à l'AUMONIÈRE, quoique d'après l'ordre chronologique elle dût venir immédiatement après la *tasse*, et parce que cette partie de l'habillement m'a fourni le sujet principal du travail auquel je me suis livré, et parce que l'on possède sur elle des documents assez étendus pour en traiter d'une manière complète. On a, du XIIe siècle au XIVe, désigné sous le nom d'*aumônière* (aumos-

[1] *Les Arts sompt.* t. II, Aumonières, pl. 1, fig. 4 et 5, pl. 2, fig. 33, 38 et 39.

[2] *Le Moyen Age*, Corp. des métiers, pl. 4.

[3] De Benedictione baculi seu scarcellæ peregrinorum. *Pontif. ms. eccl. Elnensis*, 1423, Ap. *Gloss. novum*, SCARCELLA. L'évêché d'Elne ou Eaulne suffragant de Narbonne, fut transporté à Perpignan en 1602; le Pontifical mentionné était l'œuvre de Jean de Caudrelier, prêtre Picard.

nière, *eleemosynaria, almonaria, almoneria)* [1] un sac tenant lieu de poche, dans lequel on renfermait de l'argent [2] et divers objets, tels que des bijoux ; *eleemosynariam meam lapidem beryllum intus habentem, propria manu imposuit* ; des clefs :

Lors a de s'aumosniére traite
Une petite clef bien faite [3] ;

des papiers : *protulit litteras de sua almoneria* [4] ; — voire même des instruments de pénitence [5]. L'aumônière s'attachait à la ceinture :

Cis pèlerin qui la dormoit
Une riche aumosnière avoit
Qui ert laciée a sa coroie [6] ;

elle était en soie, en cuir, en saye (étoffe de laine), et même en toile unie :

J'ai les diverses aumosniéres
Et de soie et de cordouan,
Que je vendrai encore dan
Et si en ai de plaine toile [7].

[1] Expensa pro... almonariis. *Compte* de 1208. *Gloss. ad script.* ELEEMOSYNARIA.

[2] Cela résulte du nom lui-même. MÉNAGE, *Dict. étym. de la langue Franç.* AUMOSNIÈRE, définit cet objet : « Bourse où l'on mettait l'argent pour les aumônes. »

[3] *Roman de la Rose.*

[4] GUILLAUME DE PUYLAURENS, *Chron.* c. 21 (1205).

[5] « Tous les jours après sa confession recevait la discipline par la main de son confessor, de cinq chaenne de fer..., lesqueles il portoit en une petite boursette de yvoire en une aumosnière de saye qui portoit a sa sainture. » G. DE NANGIS, *Ann. du règne de saint Louis*, p. 239, in-fol. Paris, 1761, imp. royale.

[6] *Roman du Renard.*

[7] Cité par M. LOUANDRE, *Les Arts sompt.* t. II, p. 205.

et on la suspendait avec des cordons : — *Relicte Johannis Godeluche pro almoneriis laceus serici* [1].

L'aumônière prenait aussi la dénomination de *bourse sarrazinoise*, sans doute parce que son usage datait des Croisades, et que sa forme avait été empruntée à l'Orient; mais à l'inverse des *tasses*, dont la fabrication appartenait aux hommes, elle était confectionnée par une corporation d'ouvrières ayant leurs statuts dès le XIIIe siècle [2]. Je crains donc peu de me tromper en donnant le nom d'aumônière à un sac trapézoïdal arrondi par le haut, orné de glands, de boutons et souvent de riches broderies, sac dont l'entrée était munie d'une charnière circulaire qui, moitié fixée à la poche elle-même, moitié cousue à un opercule rabattu, permettait, en relevant ce dernier, d'introduire facilement la main. Il existe encore assez d'aumônières, soit gravées, soit en original, pour qu'on se dispense à leur endroit de recourir aux monuments peints ou sculptés du Moyen Age [3].

La plus ancienne aumônière connue a été dessinée par Gaignières qui la trouva à Saint-Yved de Braine, et publiée par Montfaucon [4]. Le savant Bénédictin l'attribue à Pierre Mauclerc, duc de Bretagne (1212-1250), inhumé dans l'église de cette abbaye; la présomption n'est pas invraisemblable,

[1] *Compte* de 1260, Ap. Du Cange, Eleemosynaria.

[2] « Et ou non de toute la communauté des mestresses ouvrières de la ville de Paris et de la chastellenie, de faire aumônières ou bourses sarrazinoises. » *Les Établissements des mestiers de Paris*.

[3] Je renverrai néanmoins à une aumônière de cuir fauve [illegible]nt l'opercule est découpé en écailles (XIII[e] siècle) : *Les Arts sompt.* Fu[illegible]merie, pl. 1. C'est le plus ancien spécimen que j'aie rencontré sur les manuscrits ; un coutelus est attaché derrière.

[4] *Mon. de la mon. franç.*, t. II, pl. 31. V. aussi *l'Histoire de France*, par MM. Bordier et Charton, t. I, p. 367. L'abbaye de Saint-Yved (Evodius) de Braine, faisait partie du diocèse de Soissons.

car sur vingt-neuf blasons qui ornent le plat extérieur, quatre, dont un occupe en haut la place d'honneur, sont de Dreux-Bretagne et deux de Dreux plein, tandis que les autres, tels que Melun et Nesle-Offemont, ne s'y voient que par couples. Au reste, le champ tissu d'or, aux losanges chargées d'écussons et ayant leurs angles coupés par des fusées rouges frettées de blanc, affecte tous les caractères du XIIIe siècle[1].

Une seconde aumônière, conservée dans la Cathédrale de Troyes, et que je rapporte aux mêmes temps, vient d'être mise en lumière par M. Gaussen[2] avec le fini de détails qui caractérise ce consciencieux artiste; elle est de vaste dimension, car la planche qui indique une réduction à demi-grandeur, mesure 0m210m en hauteur sur 0m208m au pied. Le champ de cette énorme poche présente un treillis d'or à mailles hexagonales ou carrées, rouges, blanches, bleues, vertes, jaunes, noires, encadrant des croix et des animaux héraldiques : sept *fiocchi* pendent au bas et cinq à l'opercule; de grosses perles jaunes ou noires alternant deux par deux, forment la crête. Quoique je n'aie jamais vu l'original, la copie est si rigoureusement exécutée, qu'il m'est facile d'y reconnaître un tissu tricot à ornements lancés soie et or, analogue

[1] Cette ornementation très-voisine du fragment de la ceinture de Roger II que j'ai dessiné à Céfalu, me jette dans une grande perplexité. Si les écussons faisaient corps avec l'étoffe, ainsi que je l'ai vu sur d'anciens orfrois à la Cathédrale d'Anagni, l'aumônière de Pierre Mauclerc sortirait tout entière des fabriques de Sicile, si au contraire ils étaient surbrodés, la France y revendiquerait quelque chose. Quoiqu'il ait pu en être, le champ du moins demeure toujours palermitain, ce qui me permettra de le restituer complètement. A l'aumônière de Saint-Yved doivent évidemment se rapporter les « bourses anciennes des chevaliers qui avaient été aux Croisades, avec leurs armes, » bourses que D. Martène et D. Durand virent à l'abbaye d'Arrouaise, diocèse d'Arras. — *Voyage littéraire*, t. II, p. 61.

[2] *Portefeuille archéologique*, tissus et broderies, pl. 12.

à la ceinture du roi Roger; ce système de mailles et de figures étant en outre commun sur les soieries palermitaines au XIIIe siècle, il est très-naturel d'attribuer l'aumônière de Troyes aux *tiraz* siciliens et de penser qu'elle fut achetée soit à l'aller, soit au retour d'une Croisade [1].

M. Arnaud, dans son ouvrage pittoresque sur la Champagne [2], a publié une aumônière que la tradition donne au comte Henri Ier dit le Libéral (1152-1181). L'histoire de la jeune fille et de la licorne brodée sur la poche, ne met pas obstacle à une semblable antiquité, puisque cette légende, empruntée sans doute à l'Orient, était connue en Europe de temps immémorial [3]; malheureusement, un personnage assis au centre de l'opercule porte un costume qui remonte à peine aux dernières années du XIIIe siècle.

Une dernière bourse, qui appartenait aussi à la Cathédrale de Troyes, a été reproduite en couleur par Willemin, qui l'intitule « Aumônière de Thibaut IV le Chansonnier (1201-1253) [4]. Les deux scènes brodées en soie et or sur l'opercule

[1] Le chef du tissu que l'on aperçoit au bas du sac, est fond blanc avec lions et cerfs passants; il rappelle le voile de la Sainte Vierge à Chartres, ce qui prouverait entre eux une communauté de modèles. V. *Mon. franc. inédit.* pl. 16, XIIe siècle.

[2] *Voyage archéologique dans l'Aube* et *Magasin pittoresque*, 1851, p. 228.

[3] « Et cele beste ne peut estre en nule manières prise fors par une vierge ben parée. Li veneor amainent une virge meschine bel et bien parée, là ou ele converse; et le laisent là séant en une chaière, seule ou bos. Si tost comme li unicornes le voit, il vient à lui; et la mescine li oevre son giron. Et la beste flécist ses jambes devant la mescine, et met son chef en son giron tot simplement; et si s'endort ens. Lors sont li veneors près qui le gaitent et le prennent tot en dormant; et le mainent el roial palais. » *Bestiaire Français* (Bibl. de l'Arsenal, XIIe et XIIIe siècles), publié par le R. P. Cahier, *Mél. arch.*, t. II, p. 220. V. aussi *Vitraux de Bourges*, p. 130 et 131 texte et notes. Le monument gravé dans l'*Antiquité expliquée*, suppl., t. III, pl. 11, fig. 5, est véritablement antique; la légende de la licorne remonte très-haut.

[4] *Mon. franç. inédits*, pl. 114. Ce dessin n'est certainement pas l'œuvre

et le sac, se déroulent au sein d'une forêt indiquée par des chênes, et l'on pourrait en retrouver le sujet dans quelque roman de chevalerie. Au haut, un ange visite une jeune fille endormie; au bas, deux femmes assises scient un cœur placé sur un autel[1], tandis qu'un bras issant d'un nuage et armé d'une hâche semble vouloir briser l'instrument du supplice. Je ne chercherai pas ici à pénétrer le sens de cette allégorie, qui, du reste, me semble médiocrement voilée, mais je dirai qu'un monument dont les costumes et le symbolisme affectent les caractères du XIVe siècle, ne peut être classé dans la première moitié du XIIIe.

Je bornerai aux faits que je viens d'exposer, mes études sur les poches et les bourses au Moyen Age; ai-je réussi comme je me l'étais proposé, à appliquer les noms aux choses? J'en doute. *Tasse*, du XIIe au XVe siècle, *aumônière*, du XIIe au XIVe, *gibecière*, du XIVe au XVIe, *aloïere* et *escarcelle* pendant le XIVe et le XVe, mots usités pour désigner des objets analogues et distincts seulement par la forme, deviennent fréquemment synonymes sur les monuments écrits, et cette synonymie met opposition à toute certitude mathématique. Il ne faut pas croire cependant avec Dom Claude de Vert[2] et les écrivains qu'il a inspirés, que nos pères atta-

du consciencieux Willemin, et s'il l'a exécuté lui-même, il n'a pas tenu l'original entre ses mains. M. de Villeneuve-Trans, *Hist. de saint Louis*, t. III, p. 474, décrit l'aumônière dite de Thibaut IV, de manière à prouver qu'il n'avait vu ni l'objet, ni la copie, car il met un coffre là où il y a évidemment un autel.

[1] J'ai rencontré aussi un cœur entouré de branches de rosier, sur une *tasse* du XVe siècle figurée dans l'*Inventaire du trésor de la Collégiale de Maubeuge* : mais je n'ai pas cru devoir m'occuper ici d'objets classés dans le travail que je prépare sur ce précieux Recueil.

[2] *Explication des cérémonies de l'Église*, t. II, p. 290, en note. Le Trésorier de Cluny se borne à dire, *avant qu'on eût imaginé d'attacher des poches*

chaient à la ceinture, bourse, mouchoir et clefs, uniquement parce qu'ils manquaient de poches fixes. L'érudit Bénédictin est tombé dans une erreur que détruit le texte suivant édité par Dom Carpentier[1] : « *Lequel Montigne respondit au suppliant, qui avoit donné ung pourpoint et des chausses à faire, que la cousturière avoit cousu toute la journée pour* embouger *sa houppelande*. Le terme *embouger* ne peut se traduire ici que par *mettre des poches*, et prouve victorieusement qu'on cousait au moins cet utile appendice aux vêtements de dessus, tels que la houppelande et le paletocq.

Au XIIIe siècle, on donnait en Italie le nom d'aumônière (*eleemosynaria*) à des vases métalliques destinés à recevoir les aumônes, et qui alors représentaient les troncs actuels de nos églises. — *Item, unam eleemosynariam de argento deauratam, cum tribus pedibus et coperculo et manica*[2]. — Il serait aujourd'hui très scabreux d'avoir recours à ces riches tirelires, car les voleurs qui exploitent si bien nos temples enlèveraient à la fois le contenant et le contenu.

CHAPITRE VII.

AUMÔNIÈRES DE M. OUDET. — DESCRIPTION DU N° 1.

M. Théodore Oudet, architecte et conservateur du Musée à Bar-le-Duc[3], a eu récemment l'insigne obligeance de me

aux habits, mais cette phrase très-vague a été prise ailleurs dans une acception aussi fausse qu'absolue.

[1] *Gloss. novum*, BULON. Litt. remis., 1408.

[2] *Inv. thes. S. Sedis apostol.* Cet inventaire du Trésor du Saint Siége fut fait en 1295 sous Boniface VIII.

[3] M. Oudet, qui, pendant quarante années d'exercice de sa profession libé-

communiquer deux aumônières tirées de sa collection particulière. Ces bourses, qui, avant la Révolution, appartenaient au trésor de l'abbaye de Saint-Mihiel[1], m'ont paru assez curieuses comme forme, tissu et broderie, pour donner lieu à une étude approfondie ; je vais donc, en analysant avec soin les caractères qui les distinguent, tâcher de préciser, aussi nettement que possible, leur date et leur origine.

L'aumônière n° 1 (*V. la planche ci-jointe*), haute de 0m355m et large de 0m315m à la base, se compose, 1° d'un sac trapézoïdal, 2° d'un opercule arrondi au sommet et taillé carrément à la partie inférieure. Cet opercule est cousu sur le demi-cercle d'une charnière ronde en fer à anneaux rivés, dont la seconde moitié, ajustée sur le col du sac, le force à s'ouvrir dès qu'on relève la première. Le plat externe se trouve ainsi divisé en deux compartiments revêtus de velours plain incarnat ou vermeil, terrassé de velours vert tendre, et chargés, l'un d'une, l'autre de deux figures affrontées qu'encadrent des chênes plantés avec symétrie[2]. Les personnages, fortement relevés en bosse, sont brodés en or, argent et soie de couleur ; les arbres, feuillagés d'or, portent des glands, verts sur le champ rouge, rouges sur le champ vert. Deux macarons d'or garnissent les angles inférieurs de

rale, a construit ou restauré plus de trois cents édifices publics, est l'auteur d'un ouvrage en trois volumes in-folio, intitulé : *Les Églises rurales en France*. Ce recueil, dédié à N. S. Père le Pape Pie IX, comprend l'ensemble et le détail de tous les monuments antérieurs au XIIe siècle qui se rattachent au culte chrétien.

[1] Saint-Mihiel sur la Marsoupe dit le Vieux-Moutier, *alias Castellio ad Marsupiam*, était un antique monastère de Bénédictins au diocèse de Verdun. Cette maison, fondée en 667, fut reconstruite en 819. Les aumônières passées après la fermeture des couvents dans la famille d'un curé du Barrois, furent cédées en 1850 à leur possesseur actuel.

[2] Cette ornementation, dans le goût des aumônières attribuées à Thibaut IV et Henri I, est ici plus régulière.

l'aumônière [1], une ganse rouge et or posée à cheval en forme la crête, et un œillet en gros cordonnet vert et rouge servait à l'accrocher à la ceinture. L'intérieur aujourd'hui moderne était jadis doublé d'un cendal vert assez mince dont il reste quelques traces ; quant au plat interne que l'on voyait peu, étant toujours en contact avec la robe, son étoffe violacée à dessins vert clair, sera décrite plus loin.

Les broderies polychrômes sont exécutées au passé (point de bouture, *colonia*), les autres sont bâties en fils métalliques très-fins sur âme de soie, réunis perpendiculairement par couples et maintenus au moyen de fils cramoisis disposés horizontalement à intervalles égaux : ce procédé, que les anciens nommaient « couché d'or à petit point, » s'appelle encore à présent « point de couchure. »

Les trois figures représentent des êtres hybrides, humains jusqu'à la ceinture, lions à queue de cheval par l'arrière-train. La première, tracée sur l'opercule, a deux grandes ailes de chauve-souris qui surgissent du dos de l'animal prêt à s'envoler; l'homme, imberbe, couvert d'un surcot d'or à long capuchon flottant, vêtement commun au XIIIe siècle [2], frappe à coups redoublés sur deux *tabours* ou *tabourins* ronds suspendus à ses flancs [3]. La seconde figure, à senestre du sac,

[1] Il y en a neuf exactement pareils sur l'aumônière dite de Thibaut IV, savoir, cinq au sac et quatre à l'opercule.

[2] Le capuchon (*capulium*) était une coiffure qui couvrait la tête et le haut des épaules. — *Primum cappa, desuper capulium convenienter habere debet... et demissum quantum necesse est, scapulas cooperiat.* Lib. ordinis S. Victoris paris. C. 18.

[3] V. miniat. du XIIIe s. *Les Arts sompt.* t. I, pl. 3. — *Mon. franç. inéd.* pl. 106 ; Vitrail du XIIIe s. — Les musiciens de Reims, XIIIe s. et une miniature du XIVe s. — *Annales arch.* t. VIII et III. Suivant Pottier, on rencontre souvent le *tabour* sur les mss. des XIe et XIIe siècles ; on le portait à la main ou on l'attachait à la ceinture. V. une miniature du *Roman de Fauvel*, bibl. imp. *Le Moyen-Age*, min. des manuscrits, XIVe siècle.

coiffée d'un bonnet pointu, bleu rebrassé de rouge, est vêtue d'un surcot à manches pendantes qui laissent apercevoir la tunique; de la main gauche elle caresse complaisamment son menton, de la droite elle laisse échapper un objet que je crois être le canon d'un mors de bride: la bête se distingue par des ailes d'oiseau violettes, rouges et vertes. La troisième figure, placée à dextre, est aptère et consiste en un vieillard barbu, la tête enveloppée d'un petit béguin descendant sur les oreilles[1], le corps drapé dans une ample robe d'argent, la chlamyde sur les épaules; ce vieillard tient à deux mains, serré contre sa poitrine, le boisseau dont on usait au XIIIe siècle pour mesurer l'argent avant de le verser dans les sacs[2]. Le costume des personnages, admirablement dessiné, se rapportant aux dernières années du règne de saint Louis, je n'hésite pas à classer l'aumônière n° 1 parmi les monuments de cette époque[3].

Les caractères extérieurs nettement déterminés, il s'agit d'expliquer leur sens emblématique. Chacun sait que les monstres hybrides, demi-hommes, demi-bêtes, produits de l'imagination poétique des Orientaux, remontent à une très haute antiquité; mais si chez les Assyriens, les Perses et les Égyptiens, ces êtres symbolisaient parfois la puissance et le mystère[4], leur rôle, quand ils s'introduisirent dans la my-

[1] Ce béguin, très-commun sur les représentations d'artisans au XIIIe siècle, était aussi porté par les chevaliers sous le capuchon de mailles de leurs hauberts. V. *Album de Villard de Honnecourt*, publié par Lassus, pl. 27 et 45. — *Les Arts sompt.* t. I, pl. 67, 88, 91 et 92. XIIe et XIIIe siècles, etc., etc.

[2] *Le Moyen-Age*, peinture des mss., pl. 11.

[3] V. *Mon. franç. inédits*, pl. 103. *Mon. de la mon. française*, t. II, pl. 34, fig. 1 et 2. — *Le Moyen-Age*, Min. des mss. pl. 7 et Peint. des mss. pl. 11. — *Les Arts sompt.*, t. I, pl. 89, 100, 101, 113, etc., etc.

[4] Les taureaux à face humaine, colosses qui à Ninive et à Persépolis ornent l'entrée des palais, me paraissent l'image de la force et de la puissance ; en

thologie grecque, ne demeura pas aussi élevé, car ils y apparaissent généralement nuisibles ou dangereux. Le Centaure, homme et cheval, fruit d'un accouplement immonde, était féroce et ivrogne [1] ; le Satyre, homme et bouc, impudique ; la Harpie, femme et oiseau, toujours affamée, infectait les aliments qu'elle touchait [2] ; les Sirènes, également femmes et oiseaux, attiraient les voyageurs par leurs chants et les dévoraient ensuite [3] ; le Sphinx, lion au buste humain, ailé ou aptère, précipitait du haut d'un rocher ceux qui ne devinaient pas ses énigmes [4]. Ces types monstrueux, qu'une élégante plastique avait anoblis, passèrent dans l'art romain à l'état de simples motifs d'ornementation [5] ; le Christianisme

effet, le taureau, dans la théologie Perse, représente le germe de l'humanité. Le christianisme fit de cet animal le type de l'orgueil. — « TAURUS, Pharisæi superbi. — Superbiæ cervix. — Potestates sæculi hujus, cornu superbiæ humiles plebes ventilantes. » — S. MELITONIS *clavis, De Bestiis*, IX, 2, 3, 4. — « Taurorum nomine cervix superbiæ designatur. » — S. GRÉGOIRE LE GRAND. — Ap. D. J.-B. PITRA, *Spicilegium Solesmense*, t. III, p. 17. Plutarque dit aussi que les sphinx placés en avant des temples marquaient les mystères dont le culte Egyptien était rempli ; l'épervier androcéphale si commun sur les monuments de ce dernier peuple était le symbole de l'âme.

[1] SERVIUS, *Comm. du l. VI de l'Eneïde*. — PLUTARQUE. — ALDROVANDE, *Monstrorum historia*, Bologne, 1642, in-fol. La figure du Centaure gravée p. 31 de ce dernier ouvrage, n'a que deux pieds de cheval et s'éloigne du type ancien pour se rapprocher des monstres de l'aumônière n° 1.

[2] HÉSIODE, *Théog.* — VIRGILE, *Eneide*, l. 3.

Virginei volucrum vultus, fœdissima ventris
Proluvies, uncæque manus, et pallida semper
Ora fame.

V. la grav. à la page 337, *Monstrorum hist.* On représentait en Egypte la harpie avec une tête et des bras humains ajustés sur un scorpion, *ibid.*, p. 341, fig. empruntée à la table isiaque.

[3] V. MONTFAUCON, *Diarium italicum*, p. 191, et *l'Antiquité expl.*, t. I, pl. 122.

[4] V. *l'Ant. exp.*, t. II, pl. 129 et 130.

[5] V. *l'Ant. expl.*, t. V, pl. 31, 36, 37, 60, 76, 145, 146, 187, etc., etc.

revenant au but moral caché sous les fables helléniques, y vit le symbole du mauvais esprit et des vices qu'il inspire à notre faible nature. Ainsi le *Physiologus* interprêtant à sa manière un verset d'Isaïe, fait dire au prophète : « *Serenæ et dæmonia saltabunt in Babylone et herenacii et onocentauri habitabunt in domibus*, » texte que la Vulgate traduit un peu autrement [1]. Le satyre et le centaure qui avaient apparu à saint Antoine et à saint Paul ermite, furent des démons, et le Moyen-Age ne négligea rien pour propager ces idées [2]. Les sirènes conservant leur forme antique, devinrent le diable qui tue l'âme des riches voluptueux : « *Ensi est de cels qui sont es richoises de cest siècle et ès délis endormis, qui lor aversaire occient : ce sont li diable* [3]. » La *Serre*, monstre colossal, dont le XIVe siècle fit le type des sirènes modernes, femme aux bras ailés, à la queue de poisson, qui poursuivait les navires et se laissait couler au fond de la mer quand elle ne parvenait pas à les atteindre, représenta les justes qui, ayant manqué de persévérance, sont vaincus par les vices et

[1] *Physiologus de naturis animalium et best.* mss. de la Bibl. royale de Bruxelles ; *Mélanges d'arch.* t. II, p. 173. — « Et habitabunt ibi struthiones et pilosi saltabunt ibi : et respondebunt ibi ululæ in ædibus ejus, et sirenes in delubris voluptatis. » ISAIE, XIII, 21 et 22. Le *Physiologus*, dont les auteurs des *Mélanges d'archéologie* avaient soupçonné l'origine orientale, a été retrouvé en Grec et en Arménien. D. J.-B. Pitra a publié ces deux textes sous le titre de « *Veterum gnosticorum in Physiologum allegoricæ interpretationes.* » *Spicil. Solesm.* t. III, p. 338 à 394.

[2] Au XIVe siècle, Orgagna plaçait dans son enfer à *Santa Maria novella*, des centaures tourmentant les damnés. Chez les écrivains sacrés l'Onocentaure est toujours le symbole des vices ; — « ONOCENTAURI. — Lubrici et elati. » S. MELITONIS *clavis, de best.* LI. — « Onocentauri, lascivi homines et elati. » S. GRÉGOIRE LE G. — « Onocentaurus superbus et luxuriosus. » RHABAN MAUR. — « Onocentauri, vitia. » ANONYMUS CLAREVALLENSIS. — Ap. *Spicil. Solesm*, t. III, p. 68.

[3] *Bestiaire Picard* (XIIe, XIIIe siècle), bibl. de l'Arsenal, n° 283. *Mélanges d'arch.*, t. II, pl. 20, fig. z, et 24, cc.

précipités dans l'enfer [1]. Enfin la *arpie*, qui, suivant le *Physiologus*, « *a semblant à homme, et chevels; et si a cors de lion et éles de serpent et coe de ceval*, » bête cruelle qui après avoir tué le premier homme qu'elle rencontre, se regarde dans l'eau, et, voyant sa ressemblance avec celui qu'elle a mis à mort, témoigne sa douleur par des cris, « *senefie l'âme qui a mort son semblant, car Jhesu Cris fu mors por nos péchiés qui prist notre semblance* [2]. » Le type de cette *arpie* est évidemment oriental, et le P. Cahier ne se trompe pas quand il suppose au *Physiologus* une origine semblable, car le comte Caylus a publié un monument Archéménide, sur lequel un personnage couronné lutte contre un animal presqu'identique à la miniature du *Bestiaire* de l'Arsenal [3]. Le XVe siècle, il est vrai, ne comprenant plus le mysticisme des temps antérieurs, matérialisa les antiques symboles pour les transformer en caricatures grossières et inexplicables dont il couvrit les marges de ses manuscrits [4]; mais il est imposible de mé-

[1] *Mélanges d'arch.*, t. II, pl. 24, fig. nz, pp. 121 à 125. — V. aussi une min. du *Livre des Échecs amoureux*, bibl. imp. mss. 6808, *Monum. franc. inéd.*, pl. 192.

[2] *Bestiaire Picard*, *Mél. d'arch.* t. II, p. 157, pl. 20, fig. N. — VINCENT DE BEAUVAIS, *Speculum naturale*, a extrait d'un ouvrage intitulé *de Natura Rerum* et dont il ne nomme pas l'auteur, une description de la harpie participant à la fois du Physiologus et de l'Énéide : « Harpya est avis in solitudine juxta mare Ionicum, famo rabida, fere semper insatiabilis. Ungues habet aduncos... faciem tamen hominis... primum hominem quem in deserto viderit, occidere fertur, et jam inde quum fortuito aquas invenerit, faciemque suam in eis contemplata fuerit mox sui similem hominem occidisse se perspiciens, immodice tristatur. »

[3] MAILLOT, t. II, pl. 16.

[4] Le *Preces piæ*, mss. 43 de la bibl. com. de Lille est un des spécimens les plus curieux que je connaisse en ce genre ; une tête humaine s'y plante sur un corps d'oiseau à pieds de cheval et queue de chien, une vache s'enroule en escargot, un cerf prend l'arrière-train d'un lévrier, etc. etc. Toutes ces figures extravagantes sont admirablement peintes. — V. aussi les *Annales arch.* t. XVI, p. 102.

connaître la signification morale des monstres au XIIIe siècle. Je citerai comme exemple un plat émaillé figuré en couleurs dans le précieux ouvrage de Willemin [1]; trois centaures, deux ailés, un aptère, jouant de la harpe, du rebec et du tabour en face de chanteuses et de saltimbanques, pauvres créatures dont les prétentions à la vertu seraient fort contestables, expriment l'effet pernicieux de la musique profane. Un écrivain de la Renaissance, Alciat, a fait graver un être emplumé, femme en haut, lion en bas, avec la devise *submovendam ignorantiam ;* on lit au-dessous les distiques suivants :

Quod monstrum id? Sphinx est cur candida virginis ora,
    Et volucrum pennas, crura leonis habet?
Hanc faciem assumpsit rerum ignorantia : tanti
    Scilicet est triplex causa et origo mali.
Sunt quos ingenium leve, sunt quos blanda voluptas
    Sunt, et quos faciunt corda superba rudes.
At quibus est notum, quid Delphica littera possit,
    Præcipitiis monstri guttura dira secant.
Namque vir ipse bipesque tripesque et quadrupes idem est;
    Primaque prudentis laurea, nosce virum [2].

Ces vers, en langage païen, résument admirablement la formule symbolique du Moyen Age. En effet, ajoute l'auteur dans un commentaire explicatif de l'emblême, le buste féminin représente la volupté qui change l'homme en brute; le plumage d'oiseau, la légèreté et l'inconstance d'esprit; les griffes de lion, l'orgueil. Il n'y a donc pas à en douter, les personnages hybrides brodés sur l'aumônière, êtres fictifs dont l'idée primitive est empruntée aux monuments de l'an-

[1] *Monuments franç. inéd.*, pl. 110.

[2] *Emblemata*, embl. 187, p. 752; Anvers, 1581, in-8°. — *Monst. hist.* p. 301.

tiquité [1], ne sont, *arpies* ou *sphinx*, que la personnification des vices précisément opposés aux vertus et aux qualités qui devraient être l'apanage de la richesse. Le timbalier adolescent, c'est la vanité qui prend son essor pour dominer autrui et fait du tapage pour qu'on s'occupe d'elle; c'est la *arpie* égoïste qui tue son prochain en oubliant de le secourir, antipode de la charité sans laquelle, dit saint Paul, l'homme n'est qu'une cymbale retentissante [2]: l'être efféminé aux ailes d'oiseau qui laisse tomber un mors de bride, c'est la légèreté d'esprit, la prodigalité effrénée, contraire de l'économie et de l'ordre: enfin, dans le vieillard qui tient une mesure remplie d'or, peut-on méconnaître l'avarice ennemie de la générosité.

L'étoffe qui revêt le plat intérieur de l'aumônière n° 1, *holosericum* lancé violet clair, mérite aussi une part d'attention; son champ à chaine cramoisie et à trame bleue, comporte un élégant fouillis de vigne et d'acanthe où pointent çà et là des coqs et des dragons, le tout d'un vert tendre remarquable par sa vivacité [3] (*V. la planche ci-jointe*). Je ne crois pas

[1] V. dans l'*Ant. expliq.*, t. v, pl. 175, une lampe formée d'un monstre à buste de femme, ailes de chauve-souris, griffes d'aigle et queue de chien. Ce monstre, sauf une légère différence dans la queue, est reproduit deux fois sur l'initiale O dans un mss. du XIIIe siècle. *Mon. franç. inéd.*, pl. 112, coll. part. de Willemin.

[2] Si linguis hominum loquar, et angelorum, charitatem autem non habeam, factus sum velut æs sonans aut cymbalum tinniens. *Epist.* I ad Cor. XIII, 1. Suivant Mgr Devoucoux (*Annales de la société Eduenne*, 1858, p. 202), cette pensée de l'Apôtre est rendue sur un des chapiteaux de la Cathédrale d'Autun par un personnage chargé de sonnettes qu'il fait mouvoir. — « Cymbalum tinniens est qui non operatur secundum quod prædicat. » PETRUS CAPUANUS. — « Cymbalum, loquacitas. » ANONYM. CLAREVAL. — Ap. *Spicil. Solesm.*, t. III, p. 146.

[3] A l'envers, bien entendu, que j'ai pu examiner par un petit trou, car l'endroit est tellement fané que la couleur du fond a disparu et que j'ai eu grand peine à retrouver le dessin.

m'aventurer beaucoup en affirmant que ce tissu appartient à l'ustensile primitif et qu'il ne remplace aucune garniture plus ancienne. En effet, son analogie est frappante avec les dessins de la chasuble de saint Dominique à Toulouse et de deux étoffes conservées au Louvre, dessins qui rappellent certains types français du XIIIe siècle dont on aurait assoupli la forme et adouci l'énergique fierté [1]. L'une de ces étoffes, à fond pourpre semé de guirlandes, de feuilles de vigne, de bouquets et d'animaux, jaune et or, est incontestablement contemporaine de la nôtre, et malgré la différence du métier, doit sortir des mêmes fabriques. Or, dans mes visites à Saint-Sernin et au Louvre, constatant un éloignement tranché entre les types arabes ou byzantins de la Sicile et les gracieux rinceaux des tissus qui m'étaient soumis, je ne balançai pas à attribuer ces derniers aux ateliers italiens de la seconde moitié du XIIIe siècle Le R. P. A. Martin, qui a copié et publié ces merveilles industrielles du Moyen Age [2], a émis la même opinion sur leur compte, et son opinion est justifiée par une étoffe florentine prise à Londres sur un tableau de Simone Memmi [3], étoffe à date certaine, postérieure aux précédentes, et qui se distingue d'elles par une moindre sévérité d'ornementation. Si ces prémisses sont acceptées, le plat interne de l'aumônière n° 1 doit se ranger parmi les rares et précieux spécimens des fabriques lucquoises (1242-1314).

[1] V. à ce sujet quelques types gravés dans les *Monuments franç. inédits*, pl 105, 106, 112, etc.

[2] *Mélanges d'arch.*, t. II, pl. 36 et 37, p. 261, t. III, pl. 25, fig. B, p. 147 et t. IV, pl. 22, p. 260. V aussi pour la chasuble de saint Dominique conservée à Saint-Sernin de Toulouse, *Rapport sur les anciens vêtements sacerdotaux*, etc., par CHARLES DE LINAS, 1854, p. 13.

[3] *Mélanges d'arch.*, t. III, pl. 23, p. 146. Simone Memmi peignait de 1300 à 1344; il fut enterré aux Dominicains d'Avignon.

CHAPITRE VIII

AUMÔNIÈRE Nº 2. — CONJECTURES SUR LA PROVENANCE DES DEUX BOURSES

L'aumônière nº 2, identique de coupe avec le nº 1, est néanmoins un peu plus petite, car elle ne mesure en totalité que 0m333m sur 0m295m, et son opercule a seulement 0m160m sur 0m215m. Le plat externe en velours plain vert tendre, est orné de deux figures superposées qu'entourent des branches de chêne irrégulièrement agencées, avec feuilles rouges ou or [1]. Trois macarons d'or garnissent l'opercule, et cinq glands de même, à *fiocchi* rouges, pendent à la base du sac : l'ensemble est bordé d'une ganse plate également rouge, cousue à cheval. Les broderies, exécutées en soie et métal d'après les procédés décrits au chapitre précédent [2], ont un relief médiocre et n'offrent pas dans toutes leurs parties la netteté de dessin qui caractérise l'aumônière nº 1 (*V. la planche ci-jointe*). La figure supérieure représente un ange nimbé aux ailes éployées, vêtu d'une ample tunique à manches pendantes mi-partie or et rouge, le rouge strié de jumelles horizontales métalliques alternant avec des besants [3]. Ce per-

[1] Ceci est probablement la même chose que le *veluau verd ouvré à arbres d'or* dont il est question dans un inventaire des meubles du duc de Normandie (1363). DOUET D'ARCQ, *Notice sur les comptes de l'argenterie*, p. XXIX. L'inventaire du château de Vincennes (12 juin 1400) mentionne aussi une vieille « couverture de drap bleu, brodée de rosiers et ornée de seraines. » *Rev. arch.*, t. XI, p. 460.

[2] J'excepte les sommets des ailes, le corps, le bec et les serres du griffon qui sont brodés avec de la soie fortement tordue, disposée en mailles de filet.

[3] *Pallium rigatum cum rotis.*

sonnage assis sur un long banc à marche-pied, avec panneaux ondés, tient dans chaque main une flèche d'argent qu'il dirige évidemment contre un objet placé au-dessous de lui. Les ailes, violettes au sommet, ont leurs longues pennes esquissées par un simple fil d'or. Le groupe inférieur est plus compliqué; une femme en cotte hardie de même étoffe que la robe de l'ange, un manteau d'or flottant autour des épaules, les cheveux tressés en *crespine*[1], décoche une flèche à un lapin, tout en galopant assise sur le dos d'un griffon à queue démesurée, dont les ailes immenses accélèrent encore la course. La portion léonine du monstre est en or; l'aigle, cornu, couvert d'écailles violettes orlées d'or, a le bec et les serres jaune clair.

L'intérieur de la bourse est doublé en cendal violet très-fort quoique très-fin, raccommodé avec d'autres morceaux de cendal pourpre et incarnat, moins solides et par conséquent moins anciens. Une étoffe de Lyon, carmélite à grands ramages, a remplacé au XVIIe siècle la garniture du plat interne tombé de vétusté.

L'ajustement des personnages fournit déjà un indice sur l'époque vers laquelle ils furent exécutés, car la coiffure dite *crespine*, la robe rayée et accusant les formes, se rencontrent ensemble sur les monuments du XIIIe-XIVe siècle[2]; mais la similitude de nos broderies avec l'aumônière attribuée à Henri le Libéral, précisera mieux la date qu'il faut leur assigner. En effet, les végétaux qui sillonnent les champs du meuble champenois et du meuble lorrain, ont une égale prétention à la fantaisie et leurs feuilles sont identiques (je laisse

[1] Ou *crespinette*, V. l'explication de la pl. 138, *Monuments franç. inédits*.

[2] *Monuments de la mon. franç.* t. II, pl. 39, fig. 2; pl. 49, fig. 3. *Monuments franç. inédits*, pl. 131, 136 et 138, fig. 1. *Annales arch.* t. III.

à part les rapports généraux de forme et d'agréments), ce qui établit nettement le synchronisme des deux objets : or, l'opercule du premier montre un homme vêtu de même que le roi Jean (1350-1364) sur le portrait dont Montfaucon nous a conservé la copie[1]. Je sais très-bien que le costume précité remonte plus haut et qu'il était en usage à la fin du XIIIe siècle, aussi je crois pouvoir trancher la difficulté en adoptant pour limite extrême le règne de Philippe-le-Bel (1285-1314). Il ne peut d'ailleurs, malgré les notables différences de dessin et de travail qui existent entre les aumônières n°s 1 et 2, y avoir entre elles un éloignement bien grand; les tissus qui constituent leurs plats extérieurs sortent des mêmes fabriques, et les velours verts surtout semblent coupés à la même pièce.

Ces antiques velours plains très-curieux à étudier (je n'en ai pas vu d'autre échantillon), sont établis sur chaîne de *filoselle* (grosse soie ou fleuret), plus forte que la chaîne des velours modernes ; beaucoup moins ras en outre que ceux-ci, ils ont un aspect de peluche qui justifie le nom de *vellutum* (*villosus*, velu)[2] qu'ils portaient au Moyen Age. Les dates assignées aux bourses permettraient peut-être d'attribuer leurs velours aux ateliers italiens, car on sait par des comptes de 1412 et 1416, que les marchands lucquois faisaient alors le commerce de ces étoffes[3], d'où il ne ressort pas que Lucques et Florence n'en eussent pu fabriquer longtemps auparavant, mais l'emploi de la filoselle comme chaîne me conduit à une

[1] Ce portrait est tiré d'un tableau de la Sainte-Chapelle *Monuments de la mon. franç.* t. II, pl. 55, fig. 2.

[2] *Vellutum, velvetum*, velvet, veluyau, verours ; *Gloss. ad. script.* etc. VILLOSUS. Les Italiens qui employent le terme *velluto*, ont peut-être nommé le satin, *raso*, par opposition.

[3] F. MICHEL, *Recherches sur les étoffes de soie*, etc., t. II, p. 203.

origine plus probable. Un compte de 1387 mentionne du *veloux azur alexandrin sur fil oysel*, dont la demi-aune se payait quarante sous parisis[1], et un autre compte de 1391 parle de *veloux alexandrin sur soies*[2]; si ces étoffes arrivaient réellement d'Alexandrie, entrepôt commercial de l'Orient et de l'Occident, elles devaient être asiatiques et indubitablement persanes, la Perse étant la seule contrée orientale où des documents certains révèlent l'industrie du velours dès la seconde moitié du XIIIe siècle[3]. Puisque nos velours sur filoselle datent de cette dernière époque, la Perse, à mon sentiment, est aussi leur lieu de provenance.

Quant aux personnages brodés sur l'opercule et le sac, personnages dont la corrélation est évidente, on pourrait, ainsi que je l'ai dit à propos de l'aumônière de Thibaut IV, chercher dans les romans de chevalerie, le thème allégorique qu'ils illustrent; mais les emblêmes religieux n'étant pas encore détrônés par le goût profane à l'aube du XIVe siècle, je demanderai au symbolisme chrétien l'explication de l'ange et de la chasseresse montée sur un griffon.

Saint Jean, au chapitre XVII de son Apocalypse, décrit une femme vêtue de pourpre, assise sur une bête écarlate à

[1] DOUËT D'ARCQ, *Notice sur les comptes de l'argenterie*, p. XXIX. — Sur un compte de Geoffroi de Fleuri (1316), le velours vert coûte 40 sous l'aune et 11 livres 10 sous la pièce, le velours vermeil, 48 sous. *Recherches sur les étoffes*, etc., t. II, p. 212.

[2] AIMÉ CHAMPOLLION-FIGEAC, *Louis et Charles d'Orléans*, 1re partie, p. 65.

[3] Cette industrie est ainsi mentionnée dans l'histoire de Mirkhoud : « Demain l'empereur (des Mongols de la Perse, Abaka-Khan) se dirigera vers la ville (d'Hérat) afin d'examiner l'atelier du tissage du velours. » Le passage ci-dessus se rapporte à l'année 667 de l'hégire (1268-1269 de J.-C.). *Recherches sur les étoffes*, etc., t. II, p. 210. Hérat fait aujourd'hui partie du Khoraçan Afghan.

sept têtes[1]. Tous les auteurs qui ont mystiquement interprété ce passage, s'accordent pour reconnaître dans la Femme, le symbole de la fornication morale, et dans la Bête, le diable[2]. Le commentaire sur l'Écriture sainte attribué au Cardinal Hugues d'Ostie, fait même allusion à la course rapide du mauvais esprit ; « *id super diabolum sua impetuositate omnes ad mortem trahentem*[3]. » Cependant le terme *meretrix* dicté à l'Apôtre par l'Esprit-Saint, est trop énergique, et les explications que les commentateurs y ont ajoutées, sont trop caractéristiques pour n'avoir pas été traduits dans leur acception positive, par des artistes plus capables de saisir le sens littéral que le sens figuré : il est donc très-naturel que le Moyen Age ait pris la *mulier sedens super bestiam* pour en faire un type de la luxure. Aussi, j'incline à penser que la femme décochant une flèche au lapin, le plus lascif des animaux, n'est autre chose que la personnification du troisième péché capital. Comme la vision apocalyptique, la chasseresse de l'aumônière est *circumdata purpura et inaurata auro* et elle a pour monture un animal hybride aux couleurs éclatantes; toutefois, on aperçoit ici entre le texte et l'image, de notables différences que le caprice des peintres

[1] « ... Veni ostendam tibi damnationem meretricis magnæ... Et vidi mulierem sedentem super bestiam coccineam... habentem capita septem et cornua decem. — Et mulier erat circumdata purpura et coccino et inaurata auro et lapide pretioso et margaritis, habens poculum aureum in manu sua, plenum abominatione, et immunditia fornicationis ejus : » v. 3 et 4.

[2] « Bestia, diabolus — vitia. » S. Melit. *Clavis, de best.* xxvii, 1, 5, et S. Grégoire le G. — « Peccatum criminale. » — Rhaban Maur. — « Bestia, homines criminaliter viventes. » Petrus cap. — « Bestiarum nomine bestialis carnis motus figurantur. » *Distinct. monastic.* lib. i, *de Bestia.* — « Leo, diabolus. » S. Melit. *Clavis, de best.* xxxviii, 3. — Ap. *Spicil. Solesm.* t. iii, pp. 48, 49 et 51.

[3] Pars vi, fol. 370, v° ; in-fol., J. Amerbach, Bâle, 1501.

pourra seul expliquer. En effet, une miniature du VIIIe siècle à la bibliothèque publique de Valenciennes, représente la grande Babylone, les bras étendus et les mains vides[1]; une autre figure du XIe siècle, plus conforme au livre sacré, élève la coupe d'or pleine du sang des Martyrs qu'elle va porter à ses lèvres[2] et la légende *mulier super bestiam* ne laisse aucun doute sur son identité. Il est vrai, toutes les gravures plus ou moins anciennes de la *meretrix magna* que j'ai rencontrées, lui mettent également une coupe à la main, mais si cet attribut a pu être supprimé une fois au VIIIe siècle, il n'est pas invraisemblable qu'on l'ait au XIVe, métamorphosé en arc, arme de guerre qui répand le sang dont s'enivre la royale prostituée[3]; l'hypothèse est d'autant mieux fondée, qu'il a fallu moins de scrupule pour altérer l'Écriture à propos d'un meuble profane, que sur la page même du texte interprété.

Une variété plus grande encore, règne entre les diverses effigies de la Bête; l'*Appocalipsis figurata* de Valenciennes, lui donne un corps de monstre marin n'ayant qu'une tête unique, empanachée de six serpents, et le manuscrit de la Bibliothèque impériale la peint avec un corps de cheval sur des jambes de lion, une tête de hyène et un serpent au lieu

[1] *Appocalipsis* (sic) *figurata cum libro sermonum sancti Augustini*, n° 92, A. 6, 12. Ce curieux manuscrit provient de l'abbaye de Saint-Amand et renferme trente-huit miniatures. On lit à la fin, cette ligne qui indique le nom du copiste : « *Ego Otellus indignus presbyter scripsi*. » *Catalogue des mss. de la bibl. de Valenciennes*, par J. Mangeart, bibliothécaire, p. 78 Paris, 1860, et communications de M. l'abbé Dehaisnes.

[2] Bibl. imp. sup. latin, 1075. *Les Arts sompt.* t. I, pl. 63. — Et vidi mulierem ebriam de sanguine Sanctorum et de sanguine Martyrum Jesu. *Apoc.* c. XVII, v. 6.

[3] Cum qua fornicati sunt reges terræ et inebriati sunt qui inhabitant terram de vino prostitutionis ejus. *Apoc.* c. XVII, v. 2.

de queue : la Bible d'Halberstatd [1] le *Theatrum biblicum* [2] et Jauregui [3] l'ont représentée heptacéphale et ailée. Le dernier néanmoins resté fidèle aux griffes de lion, a gravé un monstre orné d'une tête plus grosse que les six autres, et cette tête seule a des cornes. D'autre part, le R. P. Luiz de Alcasar, s'appuyant sur la conformité des descriptions, affirme que la Bête du chapitre XVIIe de l'Apocalypse est la même chose que le dragon sortant de la mer, au chapitre XIIe [4], et la Bible imprimée chez Michel Sonnius [5] ne donne qu'une seule tête à ce dragon. De telles anomalies sont facilement explicables, car les versets prophétiques, « *septem capita, septem montes sunt, super quos mulier sedet et reges septem sunt. — Quinque ceciderunt, unus est et alius nondum venit* [6] » — ont laissé toute latitude aux artistes. Mais un point sur lequel tout le monde tombe d'accord, c'est que la bête apparue à saint Jean est le démon lui-même [7] ; or, un livre presque contemporain de notre aumônière, puisqu'il date de 1268, dit en parlant du griffon, — *cist oisel senefie diable* [8] ! il serait donc peu éton-

[1] Traduction en bas allemand ; *gedrucket and fulendet in der stad Halberstad*. 1522, grav. sur bois.

[2] Édité par Nicolas Pescatore, oblong. 1674. *Apocalypse*, fig. 19 et 23.

[3] Auteur des gravures du livre d'Alcasar.

[4] *Vestigatio arcani sensus in apocalypsi*, Anvers, 1614, in-fol. pp. 614, 605, 606, etc.

[5] 1586, in-fol. pp. 1277 et 1281.

[6] *Apoc*. c. XVII, v. 9 et 10. Le visionnaire Silésien Christophe Kotter, qui lui aussi a vu une bête symbolique « *cum auribus in formam episcopalis mitræ acuminatis*, » ne lui donne qu'une seule tête. *Lux in tenebris*, fig. du c. XIV, p. 61.

[7] Le cardinal HUGUES, le R. P. LUIZ DE ALCASAR, RIBERA cité par ce dernier et le R. P. BLAISE VIEGAS, *Comm. exegetici in Apoc*. Paris, 1606, in-4°, sect. II, p. 830 : « Sedet (mulier) super bestiam coccineam, id est super diabolum. »

[8] *Bestiaire* manuscrit de la bibl. de l'Arsenal. Je renvoie le lecteur désireux d'approfondir le symbolisme du griffon, au savant article publié sur ce sujet par Mme FÉLICIE D'AYZAC, *Revue de l'Art chrétien*, t. IV, p. 241.

nant qu'un brodeur du XIVe siècle voulant figurer la luxure suivant les données apocalyptiques, l'eût placée sur un griffon monocéphale rendu analogue au monstre de l'Écriture par l'addition des cornes et la queue immense qui balayait les étoiles [1].

L'identité du groupe inférieur constatée, reste à expliquer le personnage d'en haut. Il serait possible d'y reconnaître l'ange révélateur de Pathmos; pourtant, son attitude à la fois calme et menaçante, la position relative qu'il occupe, me portent à en faire la vertu opposée au vice jeté sous ses pieds, c'est-à-dire la chasteté foudroyant la luxure, et mieux encore si l'on n'accepte du lapin que son naturel timide et inoffensif, la pureté céleste protectrice de l'innocence contre les passions charnelles [2]. L'or étant moyen préservatif aussi bien qu'agent corrupteur, un tel sujet convient parfaitement à une bourse.

Il resterait maintenant à déterminer le nom du possesseur primitif des aumônières, et le motif qui les renferma dans le trésor d'une abbaye, pour la plus grande satisfaction des archéologues à venir; mais la solution de tels problèmes exigerait des documents qui me font défaut. On peut seulement affirmer que ces objets où le luxe éclate toujours malgré les injures du temps, ont appartenu à de grands Seigneurs, puis-

[1] « Et cauda ejus trahebat tertiam partem stellarum. » *Apoc.* c. XII, v. 3.

[2] Albert Durer a placé un lapin aux pieds d'une de ses vierges. — Les publications de D. J.-B. Pitra sur la symbolique ne m'ont rien fourni relativement au lapin, *cuniculus*. Voici quelques extraits de ce que j'y ai rencontré sur le lièvre. — « LEPUS, timoratus homo. » S. MELITON. *Clavis, de best.*, LVIII. — L'Anonyme Dominicain, après avoir dit que la fouine (*mustela*) joue avec le lièvre mais finit par le mordre à la gorge, le tuer et le dévorer, ajoute : « Sic mundus vel diabolus ludit cum homine, quando prosperitates transmittit; sed in fine mordendo morsu guttur ejus fortissime stringit. » Ap. *Spic. Solem.* t. III, p. 74. Ces textes ne s'éloignent pas trop de ma seconde interprétation.

qu'aux chevaliers seuls ou aux nobles dames étaient réservé le velours et les ornements dorés [1]; mais à quels Seigneurs? Les comtes de Bar Renaud II et Thibaud Ier furent inhumés à Saint-Mihiel en 1170 et 1214 [2], années qui ne concordent guères avec les dates assignées à nos monuments; je lis dans la *Gallia christiana* que l'abbé Pierre fit en 1279 un échange avec le comte Thibaut II [3], et l'attribution à ce prince serait plus admissible, puisqu'il régna de 1240 à 1297. Des données aussi vagues ne constituent pas une raison suffisante, il vaut donc mieux rester dans l'incertitude, que de mettre sur le compte d'un personnage connu, des meubles qui ont pu servir aussi bien à quelques membres de sa famille ou de son entourage.

[1] LACURNE DE SAINTE-PALAYE, *Mémoires sur l'anc. chevalerie*, t. I, notes, pp. 340, 342.

[2] ANDRÉ DUCHESNE, *Histoire de la Maison de Bar-le-Duc*, pp. 27 et 31.

[3] T. XIII, col. 1278. Il s'agit de Pierre II, 30e abbé de Saint-Mihiel.

APPENDICE.

Pages 7, *notes*. — L'emploi de la *mappa* pour donner le signal des jeux au cirque, est clairement indiqué sur plusieurs autres monuments, parmi lesquels je citerai les diptyques consulaires de Boëce (487), Aréobinde (506), Clementinus (513), Anastase (517)[1], et l'ivoire anonyme conservé dans la Cathédrale d'Halberstadt[2]. Ces personnages tiennent la *mappa*, tantôt élevée en l'air, tantôt pendante le long de la cuisse ou reposant sur les genoux. La figure de Stilicon (400 ou 405) et un second Anastase[3], portent en main une sorte de rouleau fermé aux extrémités comme un étui; Montfaucon lui donne le nom de *mappa complicata*[4]. Le diptyque byzantin du consul d'Orient Philoxène (525), ivoire, jadis à l'abbaye de Saint-Corneille de Compiègne et maintenant à la Bibliothèque impériale[5], présente deux portraits à mi-corps de ce personnage; il tient de la main gauche un *baculus consularis* et de la droite va lancer la *mappa* que D. Mabillon a prise pour une *sportula*. On se servait donc encore de la *mappa* au cirque de Constantinople pendant le VIe siècle.

[1] Gori, *Tes. vet. dipt.*, t. I, pl. 4, 5, 7, 9 et 12.

[2] Bock, *Geschichte der liturgischen gewander*, lief. 2, taf. 1.

[3] Gori, *Thes.*, etc., t. I, pl. 1 et 2.

[4] Ap. Gori, t. I, p. 124.

[5] *Trésor de numismatique et de glyptique*, Bas-reliefs et Ornements, t. II, pl. 53. — *Annales Benedict.*, t. III, p. 202, pl.

Page 8, *notes*. — La mosaïque de Saint-Vital de Ravenne, publiée dans la *Revue archéologique*[1], offre de curieux exemples d'*ὀθόνια* ; ils appartiennent aux dames placées derrière l'impératrice Théodora et consistent en deux écharpes de linge blanches et étroites. L'une très-longue semble passée dans la ceinture ; la seconde, plus petite et ornée de franges, est tenue en main à la façon du *sudarium* chez les anciens Perses.

Page 18. — Voici ce qu'écrit Lebrun-Desmarettes à propos des curés de l'Église orientale[2] :

« *D.* — Y a-t-il quelque différence entre les curés et les prêtres ?

R. — Un curé, à la différence des autres prêtres, a à son côté un sac carré à la ceinture, pour marque sans doute qu'il est chargé des aumônes des pauvres.

Ce passage ne peut évidemment s'appliquer qu'à l'*ἐπιγονάτιον*, et quoique le voyageur janséniste n'appuie d'aucune preuve, un sentiment d'ailleurs contradictoire aux idées émises par Siméon de Thessalonique et Théodore d'Antioche, j'ai voulu montrer en le citant, que je n'étais pas le premier écrivain auquel fût venue la pensée de voir une réminiscence de poche, dans le losange que les Papas grecs portent à leur côté quand ils officient.

Page 21. — Je crois nécessaire de dire ici que l'ornement quadrangulaire qui apparaît sur les manteaux byzantins, se rencontre également sur quelques monuments romains de la décadence. L'abbaye de Saint-Junien *(comodoliacum)* possédait au complet le diptyque consulaire de Flavius Félix (428),

[1] T. VII, pl. 146.

[2] *Voyages liturg. du S. de Moléon*, Questions sur la liturgie de l'Église d'Orient, c. XXII, p. 478.

objet dont il ne reste qu'une moitié à la Bibliothèque impériale. Heureusement D. Mabillon ayant fait graver en entier ce précieux ivoire [1], nous a conservé un souvenir plus ou moins exact de la feuille aujourd'hui perdue, feuille qui représentait le magistrat ayant quitté sa *trabea* pour revêtir une longue chlamyde agrafée sur l'épaule, laquelle chlamyde était garnie de l'ornement en question, mais assez grand pour couvrir le personnage de la ceinture aux genoux. Il est impossible de croire qu'une poche ait jamais pu atteindre de semblables dimensions, et je renoncerais volontiers à mon système si j'osais me fier à la planche des *Annales Benedictinæ*, voire même aux diptyques originaux toujours traités avec moins de soins que les miniatures. Or, comme j'ai formé mon opinion en étudiant les manuscrits, j'y persisterai tant que l'erreur que je pourrais avoir commise ne me sera pas plus amplement démontrée.

Page 39, *note* 3. — Les anciens écrivains Arabes cités par Bochart [2], énumèrent avec complaisance les propriétés merveilleuses que l'Orient attribuait à la licorne. Les récits de Ctésias, amplifiés par Ellien et reproduits par Pline, mentionnent cette légende, que le Moyen-Age s'appropria en modifiant quelques circonstances.

Page 47. — Un chapiteau aujourd'hui très-fruste qui décore la nef principale de l'église Saint-Germain-des-Prés (XIe siècle), offre un curieux spécimen d'animal hybride, moitié homme, moitié lion [3]. La tête remarquable par un nez proéminent est couverte de cheveux bouclés, le buste est complétement nu et les mains serrées contre la poitrine tien-

[1] *Annales Benedict.*, t. III, p. 202, pl.
[2] *Hierozoicon*, l. III, c. 16.
[3] *Statistique monum. de Paris.* Abbaye de Saint-Germain-des-Prés, pl. 25.

nent un objet que je crois être le bout d'une draperie. Le corps et les griffes du lion sont nettement déterminés, la queue seule peut laisser quelques doutes, car il est difficile de prononcer si elle appartient à la race féline ou à la race chevaline. A l'entour de cette véritable *Arpie* se groupent une chouette et un mammifère carnassier dont la tête a disparu. Toutefois, la compagnie d'êtres malfaisants tels que la chouette, et probablement le loup, doit porter à croire que l'imagier du XIe siècle a eu l'intention de figurer un Vice sur le chapiteau dont l'ornementation lui était confiée.

PONTIFICALIA

DE

SAINT LOUIS D'ANJOU, ÉVÊQUE DE TOULOUSE,

CONSERVÉS A BRIGNOLLES (VAR).

CHAPITRE PREMIER.

SAINT LOUIS D'ANJOU ET SES MONUMENTS.

Saint Louis d'Anjou, second fils de Charles II roi de Naples et conséquemment petit-neveu de notre saint Louis IX, n'avait pas du côté de sa mère, Marie de Hongrie, des ancêtres moins remarquables par leurs qualités éminentes, puisque cette princesse, fille d'Étienne V, était petite-nièce de sainte Élisabeth de Thuringe. Né à Nocera (Principauté citérieure), selon Rodulfi, à Brignolles, suivant d'autres auteurs [1], le noble jeune homme qui, le deuxième de son nom, devait mériter la couronne de béatitude éternelle, s'appliqua dès l'enfance à la pratique de toutes les vertus chrétiennes.

[1] *Historiæ Seraphicæ religionis*, l. I, fol. 120, v., in-fol., Venise, 1586. — *Vie de saint Louis de Toulouse*, par M. l'abbé HENRY, p. 7. — La date précise de la naissance du jeune prince n'est pas bien déterminée. Luc WADDING (*Annales Minorum*, t. IV, p. 418) la place soit en février 1274, soit à l'entrée de 1275. On sait que dans ce temps-là l'année commençait à Pâques.

L'occasion de déployer une force d'âme puisée dans la prière et la méditation ne lui manqua pas, car, livré en ôtage avec Robert et Raymond ses frères, pour rendre la liberté à leur père, prisonnier des Aragonais, il fut détenu pendant sept années consécutives (1288-1295) dans une forteresse de la Catalogne[1]. Durant cette longue captivité, où il continua ses études sacrées et profanes sous la direction de Ponce Carbonelli et de Richard de Medinavilla, Louis, atteint d'une grave maladie de poitrine, fit vœu, s'il guérissait, d'entrer dans l'ordre des Frères-Mineurs[2]. Sorti de prison, le prince observa rigoureusement ce vœu, malgré les instances de son père qui voulait le marier, et la perspective du trône de Naples que lui offrait la mort de son frère aîné, Charles-Martel roi de Hongrie; ordonné diacre et prêtre dans l'église de San-Lorenzo à Naples, il prit l'habit de Franciscain au couvent d'Ara-Cœli à Rome, et fut promu par Boniface VIII à l'évêché de Toulouse, le 27 décembre 1296[3].

Louis ne jouit pas longtemps d'honneurs auxquels il ne tenait guère; car après avoir édifié son diocèse, en lui donnant l'exemple de l'humilité, de la douceur et de la charité, il mourut le 19 août 1297, à peine âgé de vingt-trois ans. Cette fin prématurée eut pour théâtre le château de Brignoles, où le jeune prélat s'était arrêté tandis qu'il se rendait à Rome, allant résigner, dit-on, son évêché, afin de pratiquer plus à l'aise l'étroite observance de l'ordre séraphique[4]. Louis sur sa demande, fût inhumé chez les Frères-Mineurs de Marseille, et Jean XXII qui, avant de parvenir à la tiare, avait

[1] WADDING nomme cette forteresse *Siurana*. (*Ann. Min.*, t. V, p. 183.)

[2] RODULFI, *Hist. Ser. Rel.*, lib. I, fol. 121, r. — *Ann. Minorum*, t. V, p. 183.

[3] *Ann. Minorum*, t. V, p. 347.

[4] *Historiæ Ser. Rel.* lib. I, fol. 121, r.

eu de nombreuses relations avec lui, le canonisa à Avignon (7 avril 1317)[1].

Saint Louis d'Anjou joignait les agréments corporels à la beauté morale, et les nobles qualités de son cœur se reflétaient sur un visage angélique ; voici son portrait tel que l'a tracé Rodulfi : « Fuit autem B. Ludovicus facie pulchra et tam venusta ut omnes eum conspicientes honesta voluptate efficerentur, incessu, aspectu et gestu gravi, membris omnibus aptis et corpori bene cohærentibus, decore totius corporis eximio, voce humanissima mansuetudinisque plena, egregio oculorum nitore, quibus ita dominabatur, ut nunquam in faciem alicujus mulieris converteret ; nemo vidit eum otiosum vel turbatum, sed mente in Deum assidua contemplatione ferebatur[2]. » Les monuments figurés concordent entièrement avec les lignes qu'on vient de lire : l'un d'eux, aujourd'hui au Musée d'Aix-en-Provence, représente le Bienheureux debout, en costume épiscopal, chape bleue fleurdelysée, mitre précieuse soutenue par deux anges, crosse à volute d'une extrême simplicité ; à droite et à gauche sont agenouillés le roi Robert et Sancia d'Aragon sa seconde femme, frère et belle-sœur du Saint, reconnaissables l'un et l'autre aux noms inscrits près de leurs têtes. Millin, qui examina cette peinture chez le président Fauris de saint Vincens, l'attribue

[1] Le Pape annonça la nouvelle de cette canonisation à D. Sanche, roi de Majorque, beau-frère du Bienheureux, par une lettre en date du VI des ides d'avril, imprimée dans le *Spicilége* de D'ACHERY, t. VII, p. 239.

[2] *Hist. Ser. Rel.*, t. I, fol. 120, r. — A toutes les qualités ici énumérées, saint Louis joignait encore les talents d'un artiste ; son itinéraire de Rome à Toulouse l'ayant conduit à Sienne, il donna au couvent des Franciscains de cette dernière ville « Bibliam manu sua egregie conscriptam et minio eleganter exornatam. » *Ibid.*, fol. 121, r. Ce livre était sans doute le résultat des loisirs de sa captivité.

à Giotto, et mes impressions personnelles ne me portent pas à témoigner contre le jugement du célèbre antiquaire [1].

Un second tableau que M. Guénébault a décrit et fait graver, tout en le confondant avec celui qui précède [2], existe dans une des chapelles de San-Lorenzo, église conventuelle des Frères-Mineurs à Naples, où je l'ai vu ; deux anges posent sur la tête du Saint assis la couronne céleste, tandis que lui-même remet à Robert la couronne terrestre. Ce morceau admirable est l'œuvre de Simon dit indifféremment de Naples ou de Crémone, chargé de l'exécuter après le départ de Giotto qu'il avait aidé dans ses travaux [3]. Le même Simon, appelé à Toulouse pour peindre la vie de saint Louis sur les murs de la chapelle épiscopale, dont le Bienheureux avait ordonné la construction par testament, mourut en 1346, laissant inachevée une tâche que termina son fils Francesco [4]. Malheureusement, il ne reste aucun souvenir de ces fresques, et la seule image que la capitale du Languedoc ait gardé de l'un de ses plus remarquables Pontifes, est une statue coloriée provenant de l'église des Cordeliers [5]. Cette statue, jointe

[1] *Voyage en France*, t. II, p. 230. — C. DE LINAS, *Rapport*, etc. 1857, p. 41. Ce petit tableau devait se trouver avant la Révolution, chez les Franciscains d'Aix ou de Marseille.

[2] *Revue archéologique*, t. I, p. 691, pl. 20.

[3] « Un antica et bellissima tavola in cui si scorge il vivo e vero ritratto di detto san Ludovico, che porge la corona a Rè Roberto suo fratello, il qual sta parimente dipinto al vivo, il tutto è opera di maestro Simone Cremonese eccellentissimo pittore. » CESARE D'ENGENIO CARACCIOLO, *Napoli sacra*, p. 115, in-4°, Naples 1624. Outre sa chapelle à San-Lorenzo, saint Louis en a encore une, près de la sacristie, dans la cathédrale de Naples (ID., *ibid.*, p. 29) ; de plus, on lui a dédié une église à Nocera, lieu de sa naissance. (*Hist. Ser. Rel.*, fol. 120, v.)

[4] MICHAUD, *Biographie universelle*.

[5] *Mémoires de la Société arch. du Midi de la France*, t. I, pl. 2.

à un ex-voto en broderie où figure notre Saint [1], et aux tableaux ci-dessus mentionnés, constitue avec eux tout ce que les révolutions ont laissé survivre des monuments consacrés par le XIVe siècle, à la gloire d'un prince que ses vertus rendirent encore plus grand que ne l'avait fait sa naissance.

Je ne puis cependant omettre deux bas-reliefs en pierre, trouvés dans les constructions qui avoisinaient l'église de Saint-Sernin à Toulouse ; ils représentent, le premier, un Évêque sacré par un Pape, le second, un Religieux en prière. M. le marquis de Castellane, qui a décrit et publié ces sculptures dans les *Mémoires de la Société archéologique du Midi* [2], pense, non sans quelqu'apparence de raison, qu'elles se rapportent à saint Louis d'Anjou, dont elles sont contemporaines ; le savant antiquaire appuie son assertion de preuves que je ne rapporterai pas ici, me bornant à relater le fait sans entamer une discussion inutile.

La médiocre gravure éditée par Montfaucon donne toutefois l'idée d'une peinture qui décorait jadis la Chartreuse de Bourg-Fontaine, près Villers-Cotterets [3] ; Charles de Valois, fondateur du monastère, et son fils le roi Philippe VI, y apparaissent implorant l'intercession de saint Louis, qui porte une couronne fleurdelysée passée dans sa crosse, et montre le costume du Franciscain sous son pluvial, avec des sandales grossières pour chaussure [4]. Pérugin, dans son tableau de la Madone entourée des quatre Saints protecteurs de Pérouse, a donné place à saint Louis d'Anjou, qui y figure sur le deuxième plan

[1] *Atlas des arts en France*, pl. 30.

[2] T. I, pl. I, A et B.

[3] *Monuments de la Mon. franç.*, t. II, p. 285.

[4] Saint Louis est généralement représenté avec la robe, ou tout au moins la corde à nœuds du Franciscain, sous son pluvial.

à gauche de la sainte Vierge; le jeune évêque est revêtu d'une chape fleurdelysée sur laquelle tranche le capuchon rabattu de saint François[1] La galerie du Louvre possède un saint Louis d'Anjou, peint par *il Moretto*, en regard de saint Bernardin de Sienne[2]. Le célèbre Jean Bellin a aussi consacré l'un des derniers chefs-d'œuvre éclos sous son pinceau, à la gloire du prince napolitain; ce tableau, daté de 1515, représente, au dire des guides, saint Jérôme, saint Christophe et saint Augustin. Les deux premiers personnages ne sont pas discutables, mais le troisième, adolescent à la physionomie touchante et inspirée, coiffé d'un capuchon sous sa mitre, ne peut assurément rentrer dans les types traditionnels du grand évêque d'Hippone. En comparant la jeune et noble tête tracée par le maître Vénitien, aux *saints Louis* d'Aix et de Naples, on admettra avec moi que Bellin s'est inspiré au moins de l'un de ces tableaux pour en reproduire la figure principale, extrahumanisée sans trop sortir des données du portrait historique. Un autre peintre de l'école vénitienne, Carlo Crivelli (1476), avait déjà placé saint Louis dans la magnifique page intitulée *Maria virgine e Santi;* traits du visage, habit du Cordelier, chape fleurdelysée, tout s'accorde ici pour rendre incontestable l'identité du pontife imberbe qui occupe le premier plan à gauche de la Madone[3].

L'art du graveur n'a pas non plus fait défaut à saint Louis d'Anjou. Aux pièces assez nombreuses mentionnées par

[1] Ce tableau, qui brille au milieu des chefs-d'œuvre dans la troisième salle des *quadri antichi* au Vatican, a été publié par GRAFFONARA, (*Galerie du palais Borgia*) et ARMENGAUD (*Les galeries publiques de l'Europe*, p. 35).

[2] Alessandro Bonvicino dit *il Moretto*, vénitien, peignait déjà en 1516.

[3] Ce tableau et le précédent sont gravés au trait dans l'*Ape italiana*, v[e] année, pl 25 et 30, in-fol.

M. Guénébault[1], j'ajouterai un magnifique buste sur bois inséré dans les *Historiæ Seraphicæ Religionis*; il a pour légende: *Vera B. Ludovici Tholosani effigies*, avec ce distique au-dessous :

> Ore decens, opibusque potens, et regia proles
> Fit Ludovicus relligione Minor.

Deux autres sujets tirés du même ouvrage méritent aussi d'être signalés, parce qu'ils offrent peut-être une réminiscence des anciennes peintures murales de Toulouse. Sur le premier, orné de l'inscription, — *Palam incedit cum habitu Romæ ab Ara-Cœli ad Sanctum-Petrum.* — On voit le Bienheureux couvert du pauvre habit des Franciscains, et entrant à Saint-Pierre escorté par deux Cardinaux; derrière lui une couronne traîne sur le sol. On lit au bas :

> Ne te decipiat cultus sub tegmine vili,
> Pontificem Princeps sic Ludovicus adit.

La seconde gravure, — *Eximiæ humilitatis paradigma*, — représente saint Louis entouré de pèlerins dont il baise les

[1] *Dict. iconog. des Saints*, p. 361, éd. Migne, 1850. — Ces pièces consistent en : 1° un buste gravé par Philippe Galle dans les *Imagines sanctorum ordinis Minorum* de Sedulius ; 2° un portrait à mi-corps, par le même ; 3° le Saint distribuant des aumônes, par Bottari ; 4° saint Louis debout, tenant le titre de la croix de Notre-Seigneur, gravure sur bois par ou d'après Burgmaier, pl. 69 de la *Suite des saints de la famille de Maximilien d'Autriche*, 1517 à 1519 ; 5° le même personnage figuré diversement sur des pièces non signées, fol. 97, 99 et 100 du quatorzième volume de la *Collection des Saints* au cabinet des estampes de la bibliothèque impériale ; 6° saint Louis debout, revêtu du costume de Franciscain sous le pluvial de l'évêque; à ses pieds, les écussons de France et de Jérusalem ; gravure non signée. *Iconographia sancta*, Bibliothèque Mazarine, n° 4778 (G).

pieds après les avoir lavés ; elle est accompagnée des vers suivants :

> Regius hic juvenis, sectans pia facta Minorum,
> Hospitibus lavit, pauperibusque pedes [1].

Peu de temps après que la bulle de canonisation eut été fulminée, le corps de saint Louis, qui depuis vingt ans reposait dans le chœur de l'église des Cordeliers de Marseille, fut exhumé en présence de quatre Cardinaux envoyés par le Souverain Pontife, du roi Robert, de la reine Sancia, de plusieurs Princes et d'un grand nombre de membres du haut clergé (9 novembre 1317). Les précieuses reliques confiées à une châsse d'argent merveilleusement ciselée, furent placées au-dessus du maitre-autel ; toutefois, Robert voulut emporter à Naples la tête de son frère, renfermée dans une magnifique statue d'argent, brillante d'or et de pierreries. En 1423, Alphonse V, roi d'Aragon, ayant fait une descente à Marseille, s'empara des restes du Bienheureux et les déposa dans la Cathédrale de Valence, où ils sont encore aujourd'hui. Enfin, la ville de Malaga, reprise sur les Maures par Ferdinand et Isabelle, le 10 août 1487, choisit pour protecteur saint Louis d'Anjou, qui appartenait à la famille des rois catholiques [2]. Outre la relique insigne que je viens de citer,

[1] *Historiæ Seraph. Relig.* lib. I, fol. 120, 121 et 122, r. Le portrait a été reproduit sur cuivre par les Bollandistes (*Août*, t. III, p. 780), mais non sans avoir subi de légères altérations.

[2] WADDING, *Ann. Min.* — L'abbé HENRY, *Vie de saint Louis de Toulouse*, ch. XX, p. 158, 159, 160 et 165. — Ferdinand le Catholique, auquel Charles VIII fit offrir la restitution du Roussillon et de la Cerdagne, sous l'expresse condition que les reliques de saint Louis seraient rendues à la France, préféra, dit Wadding, s'exposer à perdre deux provinces, plutôt que d'enlever à l'Espagne le précieux trésor qu'elle détenait depuis près d'un siècle. ID., *ibid.*, p. 161.

Naples possède encore d'autres souvenirs du fils de ses anciens monarques ; on conserve à San-Lorenzo, « *il capuccio,* » et au couvent de Santa-Chiara, « *il braccio, costa, del celebro, la corda, la cammisa, un lenzuolo, l'habito di San Ludovico vescovo di Tolosa* [1]. »

Saint Louis, par testament daté du 19 août 1297, ayant légué son mobilier à divers établissements religieux [2], les Cordeliers de Toulouse eurent en partage le calice d'or, la chasuble, la tunique et la dalmatique à orfrois de perles, que D. Martène et D. Durand virent en 1709 [3]. Les Dominicains de Saint-Maximin obtinrent une merveilleuse chape brodée *à ymaiges* et des sandales [4] ; mais Brignoles fut l'objet d'un codicile spécial : « *Item lego conventui Brinoniæ indumentum*

[1] *Napoli sacra*, p. 101 et 230. Le monastère de Santa-Chiara, fondé en 1310 par Robert et Sancia, pour les religieuses Clarisses, fut achevé en 1330.

[2] « De aliis autem omnibus bonis meis, utpote vasis argenteis, equitaturis et quibuslibet aliis, ac etiam iis quæ debentur mihi.... et residium ipsorum omnium distribuant inter Conventus Religiosiorum civitatis Tolosæ et Conventus Fratrum Minorum Massiliæ et Aquarum, ac Conventus Fratrum Prædicatorum sancti Maximini et Conventus Sanctæ-Claræ Assisii, ad construendam unam capellam ad servitium domus episcopalis Tolosæ. » *Acta sanctorum*, août, t. III, p. 787.

[3] *Voyage littéraire*, t. I, part. 2, p. 49. — M. Léonce de Lavergne (*Mémoires de la Société archéologique du Midi de la France*, t. I, p. 150), avance qu'outre les objets ci-dessus désignés, la sacristie des Cordeliers renfermait le costume monacal et une partie de la main de saint Louis d'Anjou ; ajoutant que ces reliques sont aujourd'hui conservées dans une autre église de Toulouse, qu'il ne désigne pas. M. le chanoine Caujolle, secrétaire général de l'archevêché, veut bien m'écrire, en date du 31 juillet 1860, que Toulouse ne possède aucune relique de saint Louis, et qu'une demande va être adressée à Mgr l'archevêque de Valence, pour en obtenir la cession d'une notable partie des ossements du Bienheureux, vénérés dans sa cathédrale.

[4] L. Rostan, *Notice sur la chape de saint Louis*, in-fol. 1855, pl. ; *Notice sur l'église de saint Maximin*, in-8°, 1859 ; *Bulletin archéol.*, t. IV. — C. de Linas, *Rapports*, etc., 1854, p. 12, et 1857, p. 31 et suiv.

unum sacerdotale completum de meis communibus, quibus familiares mei uti sunt consueti. » Les volontés du testateur reçurent-elles une exécution complète? Le temps et les vicissitudes politiques ont-ils enlevé à Brignoles une partie de son trésor? Il m'est impossible de résoudre ces questions. La seule chose que je puisse affirmer, c'est que lorsque, sur la foi des Bollandistes, j'allai en 1850 visiter les *Pontificalia* de saint Louis d'Anjou, je ne trouvai plus à côté de sa clavicule renfermée dans un charmant reliquaire [1], qu'une mitre, des gants, une dalmatique en lambeaux et un petit fragment d'orfroi [2]. Ces derniers objets vont me fournir l'un après l'autre le sujet de notices particulières, que je ferai suivre de considérations générales sur les vêtements épiscopaux de même espèce.

CHAPITRE II.

DALMATIQUE DE SAINT LOUIS D'ANJOU

La dalmatique ou tunicelle de saint Louis (*V. la planche ci-jointe, fig. A*) consiste en une robe cruciforme de taffetas changeant, chaîne rouge et trame bleue, rétrécie au corsage et présentant exactement la figure d'une aube sans plis à manches amples et carrées. Sa hauteur totale est de 1m 20c, sa largeur à la partie inférieure, de 1m 00c, et sur la poitrine, d'environ 0m 45c; les manches, longues de 0m 35c, ont 0m 30c d'ouverture, ainsi que le passage du col. Un double galon losangé or et soie (*fig. B*) partant des épaules, détermine sur

[1] Cette œuvre du XIVe siècle fut donnée par la reine Sancia en 1317. *Rapport*, etc. 1857, p. 63, fig.

[2] *Rapport*, etc. 1857, p. 61 et suiv.

les pans de la jupe fendue jusqu'aux genoux à compter de la base, un étroit rectangle coupé en travers par deux échelons formant pectoral et parement. Un second galon, aussi losangé, tout en or (*fig. E*), borde intérieurement les grands côtés du rectangle et donne plus de valeur à l'angusticlave; le tour extérieur des manches offre la même disposition. Quant aux échelons, ils sont encadrés d'un autre galon d'or (*fig. C*), orné de quadrilatères inscrits à bâtons rompus bleus et rouges; le galon du col (*fig. D*) est analogue au précédent, mais de beaucoup moindre largeur. Enfin, une frange tiercée, en soie rouge, verte et jaune, avec torsade pareille (*fig. F*), contourne les tranches du vêtement, qui est doublé de cendal citron fort léger.

Lorsque je vins explorer la sacristie de Brignoles, cette dalmatique, car c'en est bien une,—jamais angusticlave n'apparaissant sur les anciennes tuniques,— était complètement ignorée. J'eus le bonheur de la découvrir au fond d'une pauvre châsse de bois noirci qui servait de pied à la monstrance où repose la mitre de saint Louis d'Anjou, châsse renfermant divers lambeaux d'étoffe que l'on m'assura provenir du Bienheureux. Je ne saurais exprimer la joie qui me saisit en étalant sur le pavé des chiffons jusqu'alors sans valeur, quand je m'aperçus que, dépliés, retendus et mis en place les uns à côté des autres, ils constituaient l'ensemble d'un vêtement ecclésiastique. L'étonnement du vicaire de la paroisse qui avait bien voulu être mon *cicerone*, ne tarissait pas à la vue de ces débris transformés en une dalmatique dont le digne prêtre ne soupçonnait même pas la possibilité. Toutefois, la première effusion passée, il fallut bien reconnaître que la mitre et les gants, étant les seuls objets officiellement vénérés dans l'église de Brignoles, comme ayant appartenu au saint évêque de Toulouse, il n'était pas démontré le moins du monde que ma trouvaille eut fait partie de sa garderobe, et, qu'entre la tunicelle quelconque du XIIIe siècle et la relique, s'ouvrait une immense parenthèse. Je vais pour essayer de remplir cette lacune, grouper en faisceau les raisons qui militent en faveur de l'authenticité, aussi bien que celles qui la combattent; la vérité sans doute jaillira d'un tel rapprochement, et j'espère amener le lecteur à partager des convictions assez arrêtées chez moi, pour que je n'aie pas craint de les inscrire en tête du présent chapitre.

Le premier point en litige, est de savoir si la dalmatique de Brignoles est en réalité un ornement épiscopal de la fin du XIIIe siècle et contemporain de saint Louis d'Anjou; je n'hésite pas à me prononcer pour l'affirmative. En effet, si les vêtements analogues ont, dès le XIe siècle, des manches très-amples descendant jusqu'au milieu de l'avant-bras, voire même jusqu'au poignet [1], ces manches diminuent peu à peu, tant, que deux cents années après, on ne les aperçoit plus dépasser la chasuble qui les recouvre entièrement [2]; durant le XIVe siècle au contraire, la manche se modifie dans un autre sens, elle perd en largeur ce qu'elle regagne en longueur [3]. Quant à l'orfroi vertical, bien qu'il soit assez rare en pareil cas, je l'ai rencontré sur trois monuments des VIIIe, IXe et XIe siècles [4], et je pense que de nouvelles recherches le feraient découvrir ailleurs. A défaut de tels arguments, la

[1] On peut consulter à ce sujet, les manuscrits de la Bibl. com. de Valenciennes, *les Arts somptuaires*, t. I, etc., etc.

[2] *Vitraux de Bourges*, pl. 17, 18 et 27. — Deux manuscrits contemporains aux Bibl. com. de Lille et de Bourges, offrent des dalmatiques épiscopales dont les manches dépassent à peine le coude.

[3] V. le *Glossary of eccl. ornament and costume*, de Pugin, pl. 7.

[4] La dalmatique de saint Hydulphe, le *Canon de l'église de Metz*, Bibl. impériale, no 1141, anc. fonds latin et *Vita sancti Audomari*, Bibl. communale de Saint-Omer, no 698.

dalmatique de Thibaud de Nanteuil évêque de Beauvais (1283-1300), précieux objet que je décrirai minutieusement plus loin, résoudrait à fond le problème ; il n'existe entre ce vêtement et la tunicelle de Brignoles, de différences notables qu'à la carrure et à la taille, différences résultant de la corpulence inégale des deux possesseurs primitifs [1], et les manches ont des dimensions identiques. Il est également impossible de confondre l'objet de mon étude avec une dalmatique diaconale, cette dernière, du IX° siècle au XV° inclus, ayant toujours les manches très-prolongées [2] : d'autre part, la jupe étriquée que le lecteur a sous les yeux, prouve clairement qu'il s'agit ici d'un vêtement interne et non externe, sa coupe s'éloigne trop des costumes sculptés à Chartres, Reims, Sens et Meaux, ou peints à Saint-Géréon de Cologne, pour qu'on songe à lui assigner la même appropriation.

La couleur hyacinthe intervient à l'égal de la forme pour empêcher toute confusion. Guillaume Durand (1290) n'admet en France que quatre couleurs liturgiques, savoir : le blanc, le rouge, le vert et le noir, ajoutant d'ailleurs que l'Église romaine usait en plus du jaune *(croceus)* et du violet [3]. Hugues de Saint-Victor, qui écrivait cent cinquante ans avant l'Évêque de Mende, dit en termes fort explicites que le bleu *(hyacinthinus)* était une couleur réservée à la dalmatique épiscopale, afin de rappeler les dignitaires ecclésiastiques qui

[1] Les portraits authentiques de saint Louis d'Anjou ne laissent aucun doute sur son excessive maigreur, causée par la jeunesse, et surtout par les austérités auxquelles il se livrait.

[2] V. le *Sacramentaire de saint Grégoire* à la bibl. du grand séminaire d'Autun, les pl. 12 et 43 des *Arts somptuaires*, t. I, la décoration polychrôme de l'église de Saint-Géréon à Cologne dans l'*Architecture du V° au XVII° siècle*, pl. 21, in-fol. et en général les mss. du XIII° au XV° siècle.

[3] *Rationale dir. offic.*, lib. III, cap. XXXI

s'en revêtaient, à la contemplation des choses célestes [1]. Enfin, le savant abbé Barthélemy Piazza traitant de la nuance attribuée aux Prélats de la Cour pontificale, rapporte que les expressions italiennes, *violato* et *pavonazzo* (en français, violet), s'étendaient aux divers genres du bleu clair, et que le *violato* se nommait aussi en latin *hyacinthinus*, à cause de son isochromie avec les fleurs azurées de la jacinthe [2]. Or, la dalmatique de Brignoles, avec sa trame bleue et sa chaîne rouge, affectant précisément cette nuance hyacinthe, réservée aux seuls évêques à l'aube du XIIe siècle, et non encore adoptée par la liturgie gallicane vers le déclin du XIIIe, ne peut, si, comme je crois l'avoir surabondamment prouvé, elle est contemporaine de cette dernière époque, avoir appartenu à d'autres qu'à un personnage élevé au plus haut degré de la hiérarchie sacerdotale.

La première question résolue affirmativement, il s'en présente une seconde qui n'est pas de moindre importance; notre vêtement provient-il, oui ou non, de saint Louis d'Anjou? Je pourrais dès l'abord invoquer la tradition de l'église de Brignoles, positive, quant à l'attribution des objets renfermés dans une caisse toujours conservée avec soin malgré son peu de valeur apparente; mais je préfère m'appuyer sur un rapprochement que les esprits sceptiques, aujourd'hui en majorité, admettront plus volontiers que la simple et naïve tradition. Les galons qui renforcent le pectoral et le pare-

[1] « Tunica vero tertia sicut olim erat, hyacinthina est, et color ejus similis lapidi hyacinthino, qui ætheris serenitatem imitatur, sanctos significat cogitantes, et imitantes cœlestia. » *Speculum de Mysteriis ecclesiæ*, c. 6

[2] « Se non che havendo (il violato) somiglianza col celeste, azzuro, o turchino, spesse volte vien preso per questi colori. Da i Latini vien ancor chiamato hyacinthinus, per essere somigliante al fior del giacinto. » *L'Iride sagra*, cap. 23, p. 204, Rome, 1682, in-12.

ment inférieur de la tunicelle sont tout à fait identiques aux orfrois de la mitre, si bien que les uns et les autres ont été certainement coupés à la même pièce : l'authenticité de la coiffure n'ayant jamais été révoquée en doute, on doit rigoureusement conclure de cette similitude, que mitre et dalmatique furent confectionnées au même temps et pour le même individu.

Du reste, si les modestes ornements de Brignoles, bien éloignés des somptueuses dépouilles échues à Toulouse et Saint-Maximin, sont conformes à l'une des intentions exprimées par le donateur, « *de meis communibus*, » ils montrent que les exécuteurs des dernières dispositions de saint Louis, enfreignirent quelque peu sa volonté relativement à la déclaration des legs ; l'*indumentum sacerdotale completum* s'étant changé en *indumentum episcopale*. On ne prit pas à la lettre les clauses dictées par le prince mourant, et les souvenirs qu'il laissait à ses monastères de prédilection furent dénaturés, sort qu'avaient partagé et partagèrent depuis, maints testaments faits avant l'établissement d'un code de lois régulières.

En ce qui concerne la patrie des tissus employés à la confection du vêtement, je crois pouvoir donner aux galons une origine sicilienne, et attribuer les étoffes aux ateliers de l'Italie septentrionale. M. Francisque Michel dit bien que l'on fabriquait des taffetas en Orient [1], mais le mot *taffetas* appa-

[1] *Recherches sur le commerce*, etc., t. II, p. 213. — Les étoffes changeantes remontent à une antiquité assez reculée ; Alain de Lille, auteur du XIIe siècle, en parle dans son livre *De planctu naturæ*, p 284, ult. editio ; divers écrivains du XIIIe siècle les mentionnent également. — Le taffetas changeant était aussi très à la mode pendant le XVIe siècle, témoin ce vers de la *Satyre Menippée*

« Voudra des cotillons d'un tafetas changeant. »

raissant pour la première fois l'an 1316 sur un compte de Geoffroy de Fleury, la marchandise ainsi désignée ne doit pas remonter beaucoup plus haut, et l'on sait que Lucques, Venise, Florence, Gênes et Bologne en produisaient abondamment [1]. Les métiers de Lucques, peut-être aussi de Venise, étant seuls en activité vers la fin du XIIIe siècle, il y a toute probabilité pour que les serviteurs de saint Louis, du moins quant à la fourniture des *pontificalia* ordinaires, s'adressassent à l'une de ces deux villes dont l'industrie voisine de la Provence, et conséquemment plus modérée sur les prix de vente, se trouvait mieux en harmonie avec les humbles goûts de leur vertueux maître. J'appliquerai au cendal ce qui vient d'être dit à propos du taffetas ; le cendal est à la vérité d'origine indienne ou chinoise, mais il est très-certain qu'on en tissa de bonne heure en Italie.

Après avoir épuisé les considérations générales, me sera-t-il loisible de présenter deux particularités empruntées à mes observations personnelles. D'abord, pourquoi la dalmatique de Brignoles est-elle de taffetas réuni au cendal, au lieu d'être faite en léger gros-de-Naples ou étoffe analogue sans doublure, puisque les tunicelles modernes sont ainsi établies dans le but d'alléger le poids des ornements épiscopaux, poids qui, déjà fort gênant aujourd'hui, l'était bien davantage au XIIIe siècle ? J'ai toute raison de penser que, hors le cas des *pontificalia* de grande cérémonie, richement brodés ou garnis de perles, les tunicelles épiscopales étaient jointes ensemble, et que ce que l'on prend pour une doublure, n'est rien autre chose que la tunique cousue dans l'intérieur de la dalmatique. Les détails du costume actuellement en usage parmi les Évêques, étayent mon hypothèse plutôt qu'ils ne l'infirment ;

[1] *Recherches*, etc., t. II, p. 269.

néanmoins, voulant offrir un système complet, je renverrai l'argumentation qui doit le soutenir au chapitre suivant.

La seconde observation a trait à la nuance même de notre dalmatique. L'abbé Piazza, s'appuyant sur l'autorité de divers Conciles tant œcuméniques que nationaux, réprouve au nom de l'Église la coutume qui, vers l'époque où vivait le docte écrivain, paraît avoir pris un grand développement, d'employer pour le service de l'autel des ornements de couleur changeante ou variée, « *di color cangiante o vario* [1]. » Cette règle, strictement observée dans les chapelles papales et les Basiliques de Rome, n'a jamais pu être admise en France, témoins le vêtement de Brignoles, et les chasubles polychrômes que portent journellement nos prêtres, sans aucun scrupule de conscience.

CHAPITRE III

LES TUNICELLES ÉPISCOPALES

Il n'entre pas dans mon plan de tracer ici l'histoire complète de la tunique et de la dalmatique. Chacun sait que la première remonte à la plus haute antiquité ; la seconde, particulière d'abord aux habitants de la Dalmatie dont elle emprunta le nom, fut portée à Rome par l'empereur Commode (180—192) [2], et passa bientôt dans les habitudes ordinaires, à moins, car l'on n'a aucune preuve du contraire, que l'usage n'en existât déjà parmi le peuple. Je me bornerai donc à ces

[1] *L'Iride sagra*, cap. 33, p. 406.

[2] « Dalmaticatus in publicum processit. » LAMPRIDIUS, *De Commodo imp.* — ANDRÉ DU SAUSSAY, *Panoplia episcopalis*, p. 306, fait remarquer que Lampride est le seul écrivain très-ancien qui mentionne la dalmatique.

courtes généralités, ne voulant, quant à présent, traiter la question qu'au seul point de vue du costume épiscopal.

§ I

Antiquité et usage de la tunique et de la dalmatique considérés comme vêtements épiscopaux.

I. Outre la tunique de lin commune à tous les ministres du culte judaïque, le grand-prêtre portait deux vêtements qui lui étaient personnels, savoir : la tunique hyacinthe ornée de grenades et de sonnettes d'or, et le superhuméral ou éphod aux couleurs variées [1]. A l'exemple des pontifes de l'ancienne Loi, ceux de la nouvelle s'attribuèrent la double tunique, tant en raison de la connaissance qu'ils devaient avoir de l'un et l'autre Testament, que pour montrer en leur individualité la réunion universelle des Ordres sacrés [2]. L'époque où cette coutume devint générale et obligatoire pour l'épiscopat est difficile à préciser exactement ; toutefois, une étude sérieuse des *indumenta pontificalia* pris séparément, conduira à la solution approximative du problème.

II. *La tunique.* — Doit-on accepter le *linea vestis*, que, témoin saint Jérôme, saint Jacques-le-Mineur revêtait avant de pénétrer dans le sanctuaire, comme un premier exemple

[1] *Exode*, c. XXVIII.

[2] « In veteri Testamento erant duæ tunicæ, videlicet bissina et hyacinthina, et hodie etiam quidam pontifices duabus utuntur, ad notandum quod proprium eorum est habere scientiam duorum Testamentorum ut sciant de « thesauro Domini proferre nova et vetera, sive ut se ostendant diaconos et sacerdotes. » DURAND, *Rationale divin. offic.*, lib. III, *De tunica.* — « Episcopus simul utitur dalmatica et tunicella et omnium ornamentis, ut ostendat « se perfecte omnes habere ordines tanquam qui eos aliis infert. » ID., *ibid.*, *De dalmatica.*

de la tunique épiscopale? On peut, je crois, répondre affirmativement, puisqu'en souvenir du chef apostolique de leur église, les Patriarches de Jérusalem s'habillaient autrefois de blanc, et que, lors du VIIIe Concile œcuménique, Théodore, écrivant à son collègue Ignace qui occupait le siége de Constantinople, s'exprimait ainsi : « *Poderem* et superhumerale « cum mitra, *pontificalem stolam* sancti Jacobi apostoli et « fratris Domini primi archiepiscoporum, quæ antecessores « mei Patriarchæ, circumamicti semper in Sancta Sanctorum « ingrediebantur sacro sacerdotio fungentes, ... qua et ego « indutus sum eamdem gerens, tuo desiderabili et honorando « mihi capiti, ex amore et dilectionis copia transmisi [1]. » Il me semble que les mots *pontificalis stola* désignent ici la tunique épiscopale et non une aube ordinaire. Si cette interprétation est admise, la *linea dalmatica* de l'*Ordo Romanus I* et la *lineam dalmaticam quam dicimus albam* de l'*Ordo III* [2], sont également des tunicelles. Le doute n'existe plus quant à l'ornement nommé dans les *Ordo V* et *IX* [3], *dalmatica minor*, par opposition à la véritable dalmatique, *dalmatica major*, et à partir de là, les liturgistes n'oublient jamais la tunique sur leurs listes de vêtements épiscopaux : Amalaire (812) l'appelle *tunica hyacinthina* et *subucula* [4], Brunon d'Asti (1097) [5] et Durand (1290) [6], *tunica*, Yves de Chartres (1097) [7], *tunica*

[1] Ap. *Panopl. epist.*, lib. VI, c. III, p. 372, ainsi que les détails qui précèdent.

[2] MABILLON, *Museum italicum*, t. II, p. 6, 6, et p. 54, 6.

[3] *Mus. ital.*, t. II, p. 64, 1, et p. 91, 4.

[4] *De ecclesiast. officiis*, lib. II, c. 22.

[5] *De Consecrat. ecclesiæ*, ap. *Spicil.*, t. XII, p. 95.

[6] *Ration. div. offic.*, lib. III, *De tunica*.

[7] *De rebus ecclesiasticis*, *Sermo de signific. indument. sacerdotalium*, ap. HITTORP. p. 415, col. 2, c.

interior vel hyacinthina; la Messe d'Illyricus [1], le Pontifical de saint Blaise (XIVe siècle) [2] et aussi Durand, *subtile*, le testament de Riculfe, évêque d'Elne (915), *roquus* [3], enfin Durand, le Cérémonial Romain de Grégoire X (1271-1276) et l'*Ordinarium* du Cardinal Jacques Gaëtani (1340) emploient le vocable *tunicella* qui a prévalu jusqu'aujourd'hui [4].

III. *La dalmatique.* — Dans le cas où l'opinion que je viens d'émettre, relativement à la *stola pontificalis* de saint Jacques, n'obtiendrait pas de succès, il faudrait placer la dalmatique avant la tunique; hypothèse d'une acceptation d'autant moins facile, que Brunon d'Asti et Durand s'accordent pour regarder la dalmatique comme la dernière venue parmi les vêtements sacerdotaux. Les Actes de saint Cyprien, évêque de Carthage, rapportent qu'au moment de recevoir la couronne du martyre (258), il abandonna son manteau à capuchon aux bourreaux et sa dalmatique aux diacres: « Expoliavit se birro » et tradidit carnificibus, dalmaticam vero tradidit diaco- » nis [5]. » Puis les rédacteurs de ces Actes ajoutent qu'il mourut *episcopaliter*, c'est-à-dire, comme le pense du Saussay, non seulement avec le courage, mais encore sous l'habit d'un Évêque [6]. Au reste, l'auteur des *Quæstiones novi ac veteris Testamenti* (vers 380), qu'il soit saint Augustin, le diacre Hilaire, ou tout autre, ne laisse aucun doute sur l'usage de

[1] D. Martène, *De antiquis ecclesiæ ritibus*, t. i, lib. i, p. 485. — Quoique cette liturgie ne remonte pas jusqu'au VIIIe siècle, comme l'a fort bien prouvé D. Hugues Ménard (*Nota ad lib. Sacramentorum S. Gregorii*, p. 380 et sq.), elle est néanmoins très ancienne.

[2] Gerbert, *Monumenta veteris liturgiæ alemanicæ*, t. i, p. 346.

[3] Le même que *Roccus*. V. ap. Du Cange, roccus.

[4] *Mus. ital.*, t. ii, *Ord.* xiii et xiv, p. 225 et 293.

[5] Paul Diacre, ap. *Panop. episc.*, lib. vi, c. iii, p. 374.

[6] *Panop. episc.*, p. 375.

la dalmatique épiscopale au IVe siècle : « Quasi non hodie diaconi dalmaticis utuntur sicut episcopi [1]. » Postérieurement, les *Ordo I* et *III*, que D. Mabillon, peut-être avec justice, renvoie aux temps de saint Gélase (492-496), ou au moins de saint Grégoire-le-Grand (590-604) [2], et Jean Diacre [3], rangent la dalmatique au nombre des vêtements du Pape lorsqu'il officiait solennellement à l'autel ; depuis ces écrits, les *Ordo* et les liturgistes ne cessent de la mentionner.

Nommée *dalmatica major* par les *Ordo I*, *V* et *IX*, et simplement *dalmatica* par l'*Ordo III*, Walafrid Strabon (842) [4], Rhaban Maur (847) [5], le faux Alcuin (après l'an 1000) [6], Brunon d'Asti, la Messe d'Illyricus, Durand, les *Ordo XIII* et *XIV*, le manuscrit du monastère de Saint-Blaise, la dalmatique est aussi appelée *tunica* dans les Actes de saint Cyprien [7]. Le Pontifical de saint Prudence évêque de Troyes (846-861) [8], Amalaire, la Messe de Ratold abbé de Corbie (986) [9], Rupert de Tuy (1111) [10], Yves de Chartres et Hugues de Saint-Victor (1120) [11], ne la désignent pas autrement.

IV. *Les tunicelles réunies.* — Si la lecture des *Ordo* édités par Mabillon conduit à une certitude absolue quant à l'anti-

[1] C. 44, ap. Georgi, *De liturgia Romani Pontificis*, t. I, p. 184.

[2] *Mus. ital.*, t. II, *in Ordin. Roman. commentarius*, p. 184.

[3] *Vita S. Gregorii Magni*, lib. IV, c. 84. — Macri dit même positivement qu'autrefois le Pape seul portait la dalmatique sous la chasuble. « Usus dalmaticæ sub planetam olim solius Papæ. » *Hierolexicon*, DALMATICA.

[4] *De rebus ecclesiasticis*, c. 24.

[5] *De institutione clericorum*, lib. I, c. 20.

[6] *De divinis Officiis*, C. *Quid significent vestimenta.*

[7] « Dehinc tunicam tulit et diaconibus tradidit. » Ponce Diacre, ap. *Panopl. episc.*, p. 374.

[8] *De ant. ecclesiæ ritibus*, t. I, lib. I, p. 526.

[9] *Ibid.*, t. I, p. 542.

[10] *De divinis officiis*, lib. I, c. 23.

[11] *Speculum de Mysteriis ecclesiæ*, c. 6.

quité des tunicelles réunies dans le costume du Souverain Pontife, l'origine de cette réunion sur la personne des Évêques est beaucoup moins claire. Amalaire, un peu obscur quand il dit : « Si quis voluerit uti duabus tunicis, ostendat « se esse diaconum et sacerdotem. » semble plus bas n'accorder les deux tuniques qu'au P[illegible]ul : « Ad illius normam « ut dixi, habet *Summus Pontifex noster* à capite usque ad « pedes octo vestimenta... quintum et sextum due tunice.[1] » La première liturgie qui les attribue nettement aux Évêques est la Messe d'Illyricus, mais la date un peu vague de ce document ne permet guère de s'y arrêter. Il faut descendre jusqu'à Yves de Chartres[2], Brunon d'Asti et Hugues de Saint-Victor[3], pour rencontrer une mention formelle de la double tunique episcopale; les écrivains plus anciens n'en désignent jamais qu'une seule, sauf peut-être Walafrid Strabon, qui affecte souvent d'employer *dalmatica* au pluriel. Toutefois, un liturgiste du XIIe siècle, Rupert de Tuy, s'exprimant ainsi : « Tunicam quam subter casulam habet epi-« scopus[4], » et Durand : « Et hodie etiam *quidam* Pontifices « duabus (tunicis) utuntur[5], » il devient positif que l'adjonction régulière et définitive de la seconde tunicelle au costume de l'Évêque célébrant n'est pas antérieure au XIVe siècle, et qu'avant ce temps on portait à volonté, soit deux tuniques, soit une seule, nommée alors indistinctement *dalmatica*

[1] *De eccl. off.*, lib. II, c. 22.

[2] « Novi quoque Testamenti sacerdotes, non omnibus illis utuntur indumentis, quia nec duabus utuntur tunicis, nec rationali præter solos Pontifices. » *Sermo de signif. ind. sacerdotal.*, ap. HITTORP, p. 417, col. 1, A.

[3] *Spec. de Myst. eccl.*, c. 6, ap. HITTORP, p. 718, B. « Quod autem Pontifices utuntur duabus tunicis præter poderem, etc. » et *De Sacrament.*, lib. I, c. 52.

[4] *De div. offic.*, lib. I, c. 23.

[5] *Rat. div. off.*, lib. III, *De tunica*.

ou *tunica*. A la vérité, Durand commençant ainsi sa rubrique *De dalmatica*, « Pontifex immediate super tunicam dalmaticam vestit, » pourrait faire croire à l'existence de deux tunicelles, outre la dalmatique. Quand même cet auteur ne deviendrait pas immédiatement plus explicite, les textes précités d'Yves de Chartres et d'Hugues de Saint-Victor s'opposeraient toujours à une pareille interprétation.

Walafrid Strabon va beaucoup plus loin ; il ne reconnait pas à l'épiscopat en général, le droit de revêtir la dalmatique sans autorisation supérieure, quoique la plupart des Évêques contemporains et nombre de prêtres ne s'en fissent pas faute. « Ipsos tamen Pontifices eis (dalmaticis) uti debere, ex eo « clarum est, quod Gregorius vel alii Romanorum præsules, « aliis episcopis earum usum permiserunt, aliis interdixe- « runt. Ubi intelligitur non omnibus tunc fuisse concessum, « quod *nunc pene omnes episcopi* et nonnulli presbyterorum « sibi licere existimant, id est, sub casula, dalmatica vestian- « tur [1]. » Durand parait ne pas improuver le sentiment de Strabon [2] ; André du Saussay le combat avec énergie [3], cherchant à démontrer que la concession de dalmatique sollicitée et obtenue de saint Grégoire-le-Grand par saint Arige, évêque de Gap (590-604) [4], s'applique à la robe ample de forme et précieuse de tissu, adoptée par les dignitaires de l'Église romaine, et non à la tunique ordinaire « trivialis formæ aut artis, » de tout temps usitée dans les Gaules. Georgi, en admet-

[1] *De rebus eccles.*, c. 24, *Dalmatica*.

[2] *Rat. dir. off.*, lib. III, c. 11.

[3] *Panoplia episc.*, lib. VI, c. IV et V.

[4] « Quod fraternitas vestra... proposcerit, ut sibi et archidiacono suo « utendi dalmaticis licentiam præberemus... petita concedimus, atque te et « archidiaconum tuum, dalmaticarum usu decorandos esse concessimus. » S. Gregor. Magn., lib. VII, epist. 112, ind. II.

tant l'assertion de du Saussay relative aux présents de dalmatiques émanés du Souverain Pontife, la corrobore à l'aide de nouveaux exemples [1], mais soutient que le Pape accordait et retirait à son gré la prérogative des tunicelles. En effet, Paschal II, l'an 1104, punit l'archevêque de Trèves, Brunon, en lui enlevant le privilège de porter la dalmatique à l'autel [2]. Quant à Bona, il semble accepter sans commentaires les faits avancés par l'abbé d'Angie-le-Riche [3]. Malgré mon respect pour du Saussay, je dois m'incliner devant les suffrages réunis de l'illustre Cardinal et du savant liturgiste italien.

V. *Rubriques particulières aux tunicelles.* — Suivant les Actes de saint Cyprien, la dalmatique venait primitivement après la *linea* (rochet ou aube), « et cum se dalmatica expoliasset... in linea stetit [4]. » Les *Ordo I, III* et *V* placent les tunicelles sur l'amict, avant l'*orarium*; l'*Ordo IX* qui traite des ordinations, intercale l'*orarium* entre la dalmatique majeure en contact avec la chasuble, et la dalmatique mineure; Amalaire et la Messe d'Illyricus mettent l'étole sous la tunique. Cette dernière méthode, aujourd'hui en vigueur, a sans doute prévalu depuis le IXe siècle, témoins les miniatures du Sacramentaire d'Autun [5] et du Canon de Metz [6]; toutefois une peinture du XIe siècle repré-

[1] Il cite la dalmatique *(more Romano confectam)* envoyée l'an 741 par le Pape saint Zacharie à Austrebert, archevêque de Vienne. « Dalmaticam usibus vestris misimus, ut quia Ecclesia vestra ab hac sede doctrinam fidei percepit, et morem habitus sacerdotalis, ab illa etiam percipiat decorem honoris. » Jo. a Bosco (Dubois), *Viennæ sanctæ ac senat. antiquitates*, p. 44, ap. *De lit. Rom. Pont.*, t. I, p. 180, XV.

[2] *De lit. Rom. Pont.*, t. I, lib. I, c. XXII, XI

[3] *De rebus liturgicis*, lib. I, ch. 24, XI.

[4] Cité par S. Augustin, lib. I, *Contra ep. Gaudentii*, c. 23.

[5] *Voyage littéraire*, t. I, part. I, p. 163, fig

[6] *Les Arts somptuaires*, t. I, pl. 23

sente encore saint Omer avec l'étole sur la dalmatique [1] et la statue de saint Trophime, au côté droit du portail de la Cathédrale d'Arles, se trouve dans le même cas [2]. La liturgie allemande fait aussi exception à une autre règle générale; le Pontifical de saint Blaise intervertissant un ordre établi partout ailleurs, revêt le *subtile* par-dessus la dalmatique.

L'*Ordo V*, énumérant les ornements du Pape célébrant en particulier, ne lui attribue qu'une seule tunique. « In primis « camisia et cingulum, postea *tunica alba*; dein orarium. Post « hæc planeta, etc. [3] » Au XIVe siècle, le Pontifical de Mayence interdit à l'Évêque de porter ses *pontificalia* dans les messes privées, « Item sciendum quando episcopus in privato et sine « sollemnitate missam legit, indumentis presbyteralibus con- « tentatur [4], » ordonnance qui n'a pas été modifiée depuis. Néanmoins, le Pape et les Évêques pouvaient siéger aux Conciles avec tous leurs vêtements pontificaux [5].

Un second article du Pontifical de Mayence mentionne aussi le costume que doivent porter les Évêques, lorsqu'ils officient solennellement aux vêpres ou aux matines : « Item « sciendum quod in vesperis et in matutinis, quando episco-

4

[1] *Vie de saint Omer*, ms. de la bibl. de Mgr de La Tour d'Auvergne, à Arras.

[2] Le même fait existe sur une statue d'Évêque adossée au jambage droit du grand portail de Saint-Germain-des-Prés. *Statistique monum. de Paris*, *Abbaye de Saint-Germain-des-Prés*, pl. 20. — Cette coutume de placer l'étole par-dessus la dalmatique n'était pas certainement abolie au XIIe siècle ; la Bible in-folio (*Bibl. imp.*, Lat. VIII) présente une figure de saint Martial où la disposition ci-dessus est très-visible. V. le *Rapport sur la crosse de Tiron*, par M. le comte A. DE BASTARD, *Bulletin du Comité de la langue*, etc., t. IV, p. 494.

[3] *Mus. ital.*, t. II, p. 64, n. 2.

[4] *De Ant. eccles. ritibus*, t. I, p. 567.

[5] *Panoplia episc.*, lib. VI, c. 1, p. 358 et sq. L'auteur étudie très-longuement cette dernière question.

« pasmet facit officium,... plenis pontificalibus ipsum indui « non *oportet* ; sed tantum alba, stola et manipulo et desuper « pluviali, id est cappa, pro choro in præmissis *poterit con-* « *tentari* [1]. » Plutôt ici facultative qu'obligatoire, cette prescription, également formulée dans le *Cæremoniale episcoporum* de Clément VIII [2], n'a pas toujours été suivie à Rome. « Pontifex vero jam indutus dalmatica, habens mantum ad « collum, sedeat in sede sua, » dit l'*Ordo X* [3]; l'*Ordo XII*, rapportant les circonstances relatives à la distribution du *presbyterium* faite à Saint-Jean de Latran par le Saint-Père, donne à celui-ci le pluvial par-dessus la dalmatique [4], et l'*Ordo XIV* répète la même chose à propos du couronnement [5]. Un Cérémonial romain du XVIe siècle que je possède dans ma bibliothèque, diffère peu des *Ordo* [6]; mais l'abbé Banier, qui, après avoir décrit fort au long la prise de possession du Pape, empruntée au *Tableau de la Cour de Rome* par Aymon (1707), remémore les formes antiques de réception à la Cathédrale du monde chrétien, ajoute que ces coutumes devaient être abolies, nulle trace n'en existant plus de son temps, sinon au Cérémonial romain [7]. La France et les contrées sep-

[1] *De Ant. eccles. rit.*, t. I, p. 557.

[2] In-fol., Paris, 1633, p. 6. — V. aussi [illegible], *[illegible]*, pars [illegible], c. XV, X, et *Ex secundo lib. Cæram. episc.*, c. I, IX.

[3] *Mus. ital.*, t. II, p. 98, 3.

[4] *Mus. ital.*, p. 168, ad fin. — On nommait *presbyterium* une distribution d'argent faite par le Pape dans les occasions solennelles.

[5] *Mus. ital.*, p. 277.

[6] *Sacrarum cæremoniarum S. Rom. eccles. libri tres*, Venise, 1582, lib. I, sect. 2, c. I et c. II.

[7] *Hist. gén. des Cérém. religieuses*, Paris, 1741, t. I, p. 295. — Dans le Cérémonial cité plus haut, le Pape, hors sa station à Saint-Jean de Latran, ne porte jamais la dalmatique sous le pluvial, et Clément VIII n'avait que l'étole et la chape lorsqu'il entra à Ferrare en 1598. ROCCA, *Thesaurus pontificiarum sacrarumque ant.*, t. I, p. 63, col. 1.

tentrionales de l'Europe, conservèrent pendant longues années l'usage simultané de la dalmatique et du pluvial; des sculptures, des manuscrits et des tableaux me l'ont montré en permanence depuis le XIe siècle jusqu'au XVIIe inclus [1], et du Saussay (1646) tombe d'accord avec les monuments figurés : « Episcopus enim quotiescumque in pontificali pamo« plia procedit, solet etiam dalmatica, quin et tunica, subtus « planetam vel *pluviale* exornari [2]. » Je pense qu'aujourd'hui, les prescriptions du Cérémonial de Clément VIII sont partout en vigueur.

§ II.

Forme, couleur et matière des tunicelles épiscopales.

1. *La tunique.* — On ne peut déterminer que par induction la coupe de la tunique épiscopale aux premiers âges de l'Église. Alors, ce vêtement devait avoir la forme d'une aube ou d'un rochet ; mais d'abord talaire, il s'écourta suffisamment, pour être ainsi caractérisé par Hugues de Saint-Victor à

[1] XIe siècle, *Vita et miracula S. Amandi*, ms. n° 470, T. 4, XI, à la bibl. de Valenciennes, et *Annales Benedictini*, t. I, p. 528. — XIIe siècle, vantail gauche des portes de Saint-Zénon à Vérone (1100), *L'arch. du Ve au VIIe siècle*, atlas in-fol., pl. XI. — XIVe siècle, l'Archevêque d'Yorck couronnant Henri IV (1399), DE ROUJOUX, *Hist. d'Angleterre*, 1844, t. I, p. 428. — XVe et XVIe siècles, tombe d'Adelbert, administrateur du Siége de Mayence (1484), *Thuringia sacra*, in-fol., Francfort, 1737, en regard de la p. 64 ; tableaux de la Confrérie de N.-D. du Puy (1490 et 1507), au musée d'Amiens ; châsse de sainte Ursule à Bruges ; manuscrits divers à Lille, Arras, etc., etc. — XVIIe siècle, ex-voto dans l'église de Lestrem (1636), *Bulletin de la Comm. des ant. dép. du Pas-de-Calais*, t. I, p. 301, pl.

[2] *Panop. ep.*, p. 363, ad fin.

l'entrée du XIIe siècle : « Tunica quæ strictas habet manicas, « et non usque ad talos sicut alba, sed usque ad medium crus « porrigitur [1]. » Un peu plus tard, la tunique en conservant les manches étroites, se rallongea tout-à-coup, puisqu'Innocent III (1198) la nomme *poderis* ou *talaris* [2]. Ici, les monuments ne démentent pas trop les textes, car la tunicelle descend à mi-jambes et dépasse tant soit peu la dalmatique sur les bas-reliefs du tombeau de Raoul-le-Verd, archevêque de Reims (1108-1124) [3]. Malheureusement, la faible confiance que j'ose accorder à la gravure éditée par les Bénédictins, m'oblige de recourir à des documents moins confus. La figurine de saint Servais (1102) ciselée sur sa châsse dans la Cathédrale de Maëstricht [4], la statue du Pape saint Clément au porche méridional de la cathédrale de Chartres (fin du XIIe siècle), et celle d'un Évêque son voisin adossée au jambage de la porte du même côté, ont des tunicelles presque talaires, fendues jusqu'à la hauteur des genoux [5]. La tunique du Pape est ornée en bas d'un galon et d'une courte frange; celle de l'Évêque n'a qu'un long effilé qui touche aux pieds sans laisser voir l'étole ; saint Servais manque totalement de garnitures. Quant aux manches, collantes suivant la description d'Hugues de saint Victor, et permettant à l'aube de montrer environ $0^{m}10^{c}$, circonstance notamment apparente sur l'effigie de l'Évêque de Chartres, elles sont bordées d'un riche galon.

[1] *De Sacram.*, lib. I, c. 52

[2] *De myster. Missæ*, lib. I, c. 55

[3] *Voy. litt.*, t. I, part. II, p. 81, et *Annal. Bened.*, t. VI, p. 100. — Un ancien dessin du portail de Saint-Germain-des-Prés publié dans la *Stat. mon. de Paris*, pl. 20, montre un Évêque dont la dalmatique, descendant à peine aux genoux, est débordée par une tunicelle beaucoup plus longue.

[4] *Messager des sciences hist. de Belgique*, 1849, dessin de M. A. Schaepkens.

[5] *Monog. de la Cathédrale de Chartres*, pl. 20

L'hospice de Lisieux conserve quelques vêtements sacerdotaux dont, suivant une tradition, saint Thomas de Cantorbéry se serait servi lors de son passage dans cette ville. Parmi ces ornements figurent trois robes diaconales, l'une desquelles me paraît être la véritable tunicelle du XII[e] siècle. Haute de 1[m]50[c], garnie de galons qui descendent perpendiculairement sur chaque face et contournent le col jusqu'à la naissance des bras, ayant une jupe presque rectangulaire fendue aux deux tiers des flancs, la tunique de saint Thomas, identique de forme, de dimensions, de tissu et d'agréments avec la dalmatique qui l'accompagne, s'en distingue néanmoins par la coupe des manches : au lieu d'être carrées, elles se rétrécissent vers l'extrémité libre, au moyen d'un large gousset dont la base est sous l'aisselle, et de plus, elles ont une longueur de 0[m]55[c] [1]. En avançant, le type que je viens d'esquisser ne se modifie pas sensiblement; la frange disparaît pour ne plus revenir; un étroit galon la remplace quelquefois. Telles sont deux tunicelles d'Évêques, l'une au porche septentrional de Chartres, l'autre à un trumeau de porte, au croisillon nord de la Cathédrale de Reims [2]. L'effigie tumulaire de saint Omer, dans l'ancienne Cathédrale de la ville qui porte son nom (XIIIe siècle), n'a qu'une tunique [3] sans gar-

[1] *Rapport de* M. BILLON, *Bulletin monumental*, 2e série, tome V, p. 263, pl. — Le galon seul m'empêche d'affirmer positivement qu'il s'agisse ici d'une tunicelle, textes et monuments s'accordant entre eux pour n'attribuer l'angusticlave qu'à la dalmatique ; toutefois, la forme des manches destinées à s'introduire sous un vêtement plus ample, donnerait un grand poids à mon hypothèse, quand même les nombreuses infractions aux règles établies n'autoriseraient pas une nouvelle singularité.

[2] *L'arch. du Ve au XVIIe siècle*, Chartres, détails, pl. 1, Reims, id., pl. XIII, in-4°.

[3] EM. VALLET, *Descript. de l'anc. Cathédrale de Saint-Omer*, atlas in-fol., pl. VII, fig. 1 et 2

nitures; mais là comme sur les sculptures précitées, cette dernière dépasse la dalmatique. Au contraire, la tombe de l'évêque d'Amiens, Gérard de Conchy (1258), élevée dans son église près de la petite entrée qui mène au palais épiscopal, montre une ample tunicelle, moins longue de 0m02c que la dalmatique, et dont la brièveté prouve que la prescription « usque ad medium crus porrigitur » n'était pas encore abandonnée. Les vêtements trouvés dans le cercueil de Boniface VIII (1303), vêtements qui seront décrits tout-à-l'heure, offrent, aux dimensions près, le même agencement que ceux de Gérard de Conchy [1].

A partir du XIVe siècle, la tunicelle ne change plus que dans les détails ; variable quant à l'ampleur et à l'ornementation, elle présente toujours des manches tronconiques, des ouvertures latérales s'élevant par degrés du genou à la taille, et rarement un mince galon qui contourne la base et les manches. L'examen des mausolées des Papes Martin V (1431) [2], Paul II (1471), Alexandre VI (1503), et des Cardinaux Berardo Heruli, évêque de Sabine (1478), Ardicino della Porta, évêque d'Aleria (1493), Jean de Villiers de la Groslaye, évêque de Lombez (1499) [3], Jean de La Grange, évê-

[1] L'antique prescription de l'*Ordo V* (*Dalmatica minor*, c'est-à dire plus courte), est exactement suivie pour les vêtements de Gérard et de Boniface, mais le rapport des tunicelles entre elles paraît avoir varié suivant les pays. L'effigie tumulaire de l'évêque Giffard (1301), dans la Cathédrale de Worcester, porte une dalmatique complètement bordée de galons, avec des franges au pied seul ; la tunique ornée d'une parure qui garnit sa base entière, dépasse la dalmatique de toute la hauteur de cette broderie. ROCK, *The Church of our Fathers*, t. I, p. 371, fig.

[2] CIACONIUS, *Vitæ et res gestæ Rom. Pontificum*, t. II, p. 828, pl.

[3] DIONISI, *Sacrarum Vatic. basil. cryptarum monumenta*, pl. 54, 47, 62, 68, 63. In-fol. Rome, 1773.

que d'Amiens [1], en apprendra davantage au lecteur que tout ce que je pourrais écrire à ce sujet.

Bona avance que la tunique épiscopale était primitivement rouge; « olim tunica episcopalis coccinei coloris erat, ut vel ipsæ picturæ veteres ostendunt [2]. » A cela, Georgi répond avec justesse qu'il est impossible de s'en assurer, car les anciennes peintures représentant des Papes ou des Évêques *in pontificalibus*, nous les montrent couverts d'une robe talaire qui cache les vêtements de dessous [3]. Je pense que le savant Cardinal a erré en cette occasion, et qu'il applique faussement à l'Église latine ce que le Patriarche Germain dit à propos de la *stola* du prêtre grec, laquelle était couleur de feu (πυροειδής), ou mieux encore qu'il se fonde sur la tunique écarlate (χιτῶνα κόκκινον), concédée à saint Sylvestre et ses successeurs par rescrit impérial [4]. Il n'est pas permis de s'arrêter à une pièce aussi incertaine que la *Donation de Constantin*, et je préfère en revenir à des documents plus authentiques. La tunique de saint Jacques et celles que mentionnent les *Ordo I* et *III*, étaient de lin et nécessairement blanches, vu la formule du n° III, « dalmaticam lineam quam dicimus *albam* [5]. » Le mot *alba* devant se traduire ici par

[1] Le cardinal de La Grange, mort à Avignon, y fut inhumé dans l'église de Saint-Martial; la tombe élevée derrière le maître-autel de la Cathédrale d'Amiens n'est qu'une restitution postérieure au décès de cet évêque.

[2] *Rerum liturg.*, lib. I, c. 24, XI.

[3] *De lit. Rom. Pont.*, t. I, lib. I, c. 21, III.

[4] Ap. J.-C. BULENGER, *Opusculorum systema*, t. I, *De Pont. episc. et sacerdotum vestitu*, c. 28 et 42. In-fol., Lyon, 1621.

[5] MACRI, *Hierolexicon*, DALMATICA, part d'une mosaïque de Sainte-Marie-Majeure pour affirmer que la tunique ancienne était bleue : « Tunicella vero sub dalmaticam cærulei coloris erat, ut in musivo S. Mariæ Majoris perspicitur. » Malheureusement, ces mosaïques, exécutées par ordre de Sixte III (432-440) n'offrent qu'un seul prêtre, et c'est un prêtre de l'ancienne loi; il se

blanche, puisque l'aube est désignée antérieurement sous le nom de *linea*. Au temps d'Amalaire, la tunique épiscopale était de couleur hyacinthe; « haec ipsa hyacinthina tunica, subucula nominatur [1]. » Sans compter qu'Anségise, abbé de Fontenelle (806-817), offrit à son église « tunicam sacerdotalem indici coloris cum vestimento integro unam [2]. » Yves de Chartres suit Amalaire, en ayant soin d'ajouter qu'il s'agit de la seconde tunique; « unde et secunda tunica interior appellatur vel hyacinthina [3]. » Brunon d'Asti abonde dans le même sens, admettant toutefois qu'une autre couleur puisse exister; « si autem alterius coloris tunica fuerit, sit etiam alterius significationis [4]. » Pour Durand, il ne reconnaît que le bleu; « sexto, tunicam iacinthinam in celestem conversationem [5]. » La déclaration si catégorique du grand liturgiste français n'infirme en rien l'opinion de l'évêque de Segni; un saint Nicolas peint dans la crypte de la Cathédrale de Chartres (XIIe siècle), est revêtu d'une tunicelle blanche parfaitement caractérisée [6].

On ne peut nier que les tuniques épiscopales n'ayent d'abord été tissues en lin *(byssinae, lineae)*; quand la toile se transforma-t-elle en soie? Une date précise me semble impossible à fournir. Je n'oserais imiter le langage de Georgi et dire comme lui, que la tunique fut faite en soie blanche, aussi longtemps que la dalmatique elle-même affecta cette

trouve compris dans une *Présentation au Temple* à droite de la zone supérieure du grand arc.

[1] *De eccl. off.*, lib. II, c. 22.

[2] *Chronicon Fontanellense*, c. 17, ap. *Spicil.*, t. III.

[3] *Sermo de Signif. ind. sac.*, ap. Hittorp, p. 415, col. 2, D.

[4] *De consecr. eccl.*, ap. *Spicil.*, t. XII, p. 95.

[5] *Ration. div. off.*, lib. III, c. I.

[6] *Monog. de la Cath. de Chartres*, I .

matière et cette couleur [1], trop de vague règne autour de la question ; mais je pense que l'on employa la soie pour confectionner les tunicelles, dès que le blanc eut cessé de leur être obligatoire. Néanmoins l'usage des produits du bombyx chinois appliqué aux tuniques épiscopales, n'est formellement dénoncé par les liturgistes qu'au XIIe siècle. « Secunda autem tunica serica, quæ originem habet et traducit ex vermibus, » écrit Hugues de Saint-Victor, copié à quelques variantes près par Durand [2]. Georgi à ce sujet, s'environne de nombreux documents qu'il juge propres à éclaircir la difficulté. Tels sont, la tunique brodée en or, « præterque dalmaticam, « et *subtile pene aurea* » dont parle Ekkehard, moine de Saint-Gall (997) ; les vêtements de soie enrichis de pierreries qui foisonnaient au trésor de Mayence (1142) « erat in casulis, « dalmaticis, *subtilibus* et cappis *sericeis*, et purpureis, auro « et gemmis intextis, pretiosus et copiosus thesaurus ; » les « casula et dalmatica cum *subtili de serico lasurio* (soie bleue), » offertes à l'église de Ratzenburg en 1250 et bien d'autres encore [3]. Rien de tout cela ne me paraissant intéresser directement les *pontificalia*, je produirai un seul monument du XIIe siècle à l'appui d'Hugues de Saint-Victor, savoir, la tunicelle de Lisieux, qui est en soie rouge, doublée d'une toile fine collée sur l'envers du tissu principal.

Une grave erreur serait commise, si l'on jugeait de l'orne-

[1] « Ego vero sic existimo, tunicam episcopalem *sericam* et *albi coloris* « fuisse, usquequo dalmatica episcopalis *serica* et *albi coloris* fuit, ubi vero « color dalmaticæ immutatus est, atque colori reliquorum ornamentorum mus- « [illegible] accommodatus, colorem tunicæ similiter immutatum fuisse. » *De lit. Rom. Pont.*, lib. I, c. 21, n°

[2] *Speculum eccles.*, c. 6, ap. Hittorp, p. 718, col. 1, C, et *Ration. div. offic.*, lib. III, *De tunica*.

[3] Ap. *De lit. Rom. Pont.*, lib. I, c. 21, p. 173 et sq.

mentation des tunicelles par les images sculptées ou peintes énumérées ci-dessus, les dites images étant généralement fort sobres de détails. L'emprunt suivant fait au procès-verbal de l'exhumation de Boniface VIII en 1605, prouve le luxe des tuniques pontificales à l'aube du XIVe siècle, en même temps qu'il donne une idée exacte de leur forme [1] : « Tunica « pontificalis ex saja de serico nigro cum manicis, quæ suis « modulis stringebantur prope manus, et erant strictæ instar « manicarum vestis. Tunica longa palmor. 5 et semis [2], in ex- « tremitate lata palm. 4 et semis. Fimbriæ (parures) ante « et post in latitudine palm. 1, in longitudine palmor 5, ex « broccato in campo violaceo cum leonibus auro et serico in- « textis. » A l'orfroi et aux dimensions près, je reconnais ici le type de la tunicelle moderne.

II. *La dalmatique.* — Rhaban Maur définit ainsi la dalmatique : « Hæc vestis in modum est crucis facta, et passionis « Domini indicium est. Habet quoque et purpureos tramites « ipsa tunica (dalmatica) a summo usque ad ima, ante ac « retro descendens, necnon et per utramque manicam [3]. » Honorius d'Autun est plus explicite encore : « esse inconsu- « tilem, duas lineas coccineas ante et retro, tramites purpu- « reas, fimbrias ante et retro : in utrisque lineis esse quin- « decim fimbrias altrinsecus scilicet ante et retro dispositas... « In sinistro quoque latere dalmatica fimbrias solet habere, « dextrum vero latus fimbriis caret [4]. » Hugues de Saint-Victor

[1] DIONISI a publié cette pièce d'après l'autographe même du rédacteur, Jacques Grimaldi. *Sacr. vat. Basil. crypt. mon.*, p. 128 et sq. — V. aussi, J. RUBEUS, *in Bonifacio VIII*, p. 352 ; BZOVIUS, *Annales*, an. 1303, n. 8 ; GEORGI, *de lit. Rom. Pont.*, lib. I, c. 21, IV.

[2] La palme qui vaut 0m228m, se divise en 12 onces (0m 019m) et l'once se fractionne en 5 minutes (0m 0038).

[3] *De inst. clericorum*, lib. I, c. 20.

[4] *Gemma animæ*, lib. I, c. 212

se contente d'abréger la description précédente [1], et Innocent III enseigne que la dalmatique avait des manches larges et prolongées : « Dalmaticam longas habere manicas et protensas [2]. » Durand, qui entremêle d'interprétations mystiques le texte d'Honorius, y ajoute une circonstance nouvelle : « Pontificis etiam dalmatica latiores habet manicas quam « diaconi [3]. » Enfin, Brunon d'Asti reproduit l'ensemble des particularités transmises par ses devanciers [4]. Mais nul n'a sur ce point résumé l'opinion variée des écrivains, avec plus de netteté que Sicard, évêque de Crémone (1175) : « Duas « habens lineas ante et retro coccineas, vel purpureas cum « XX fimbriis altrinsecus dependentibus in utrisque lineis, « scilicet retro et ante dispositis. Sinistra quoque manica fimbrias habet.... dextera nequaquam.... aliquæ dalmaticæ « habent XXVIII fimbrias ante et totidem retro.... Sinis- « trum quoque latus fimbrias habet.... dextrum vero latus « fimbrias non habet... Circa collum clausa est, ut pectus sit « opertum [5]. » Il résulte de mes nombreuses citations que l'ancienne dalmatique épiscopale consistait en une robe cruciforme, sans couture ou fermée à la poitrine, ayant des manches très amples coupées verticalement par deux traits rouges, lesquels se répétaient aussi devant et derrière sur les faces de la jupe, avec addition de quinze, vingt ou vingt-huit *fiocchi* pour chaque angusticlave ; de plus, un effilé ornait le flanc et la manche gauche seulement.

Les monuments figurés s'accordent çà et là avec les au-

[1] *De sacrament.*, lib. I, c. 53.

[2] *De Myst. Missæ*, c. 56.

[3] *Rat. div. off.*, lib. III, c. 11.

[4] *De consec. eccl.*, ap. *Spicil.*, t. XII, p. 96.

[5] *Mitrale*, ms. 4975 de la Bibl. du Vatican, ap. GEORGI, *De lit. Rom. Pont.*, t. I. lib. I, c. 22, p. 180, v.

teurs. Talaire et complètement ronde sur diverses mosaïques de Rome (625 à 654) [1], l'ancienne dalmatique épiscopale avait aussi des manches évasées et pendantes comme celles d'un surplis; telle nous la montre une vieille peinture représentant le pape Jean XII revêtant ses *pontificalia* (960), que l'on voyait jadis dans la sacristie de Latran [2]. Néanmoins, en France, la dalmatique ne descend plus qu'à la moitié ou aux deux tiers des jambes vers la fin du IXe siècle [3], et elle s'échancre légèrement au bas dès le XIe [4]. Peu à peu, l'échancrure elliptique devient une fente, qui, s'ouvrant graduellement, finit par gagner les aisselles. Les lignes rouges relevées de *fiocchi*, apparaissent au IXe siècle sur une miniature du Canon de l'église de Metz [5]; quant aux effilés, la dalmatique de saint Agilbert, évêque de Paris (675-691), était certainement garnie de franges d'or [6]. Cet agrément absent

[1] Sainte Agnès *extra muros* (625) : Oratoire de Saint-Venance attenant au Baptistère de Saint-Jean de-Latran (642) : Saint-Marc *in urbe* (774) : Triclinium de Léon III (797 : Sainte-Praxède (818) : Sainte-Cécile (820). Ciampini, *Vetera monimenta*, t. II, pl. 29, 30, 31, 37, 39, 40, 47, 52. — Oratoire de Saint-Nicolas *in urbe* (1154). Papebroch, *Dissert. de forma pallii*, ap. G. Pertsch, *Tractatio canon. de orig. etc. pallii archiep.* p 296. pl in-4°, Helmstadt, 1754. Bonanni, *La gerarchia eccles.*, pl. 290.

[2] Aujourd'hui chapelle de Saint-Thomas de Cantorbéry. — Une gravure publiée par les Bollandistes (*Acta sanct.*, *Propyl. maii*, part. II, p. 101), représente cette œuvre dont l'original est détruit.

[3] *Les Arts sompt.*, t. I, pl. 23.

[4] V. le ms. de Valenciennes, *Vita et mir. S. Amandi*. — *Vita S. Audomari*, ms. n° 698 à la bibl. de Saint-Omer. — *L'Évangéliaire de Cysoing*, ms. n° 15 à la bibl. de Lille. Ce dernier est du XIIe siècle.

[5] Bibl. imp. anc. fonds lat., n. 1141. — *Arts sompt.* t. I, pl. 23. — On les retrouve encore vers le XIe siècle, sur la figure de saint Dunstan tirée d'un *Pontifical* anglo-saxon. — *British-museum*, Cotton, Claudius, A. III. — *Archæologia*, t. XXV, p. 16. — *The church of our Fathers*, t. I, p. 361.

[6] « Et nostra ætate, neque, ut ita dicam, præsente, sancti Agilberti episcopi « Parisiensis corpus, in Jotrensi (Jouarre) monasterio agri Meldensis repertum

sur deux des statues de Chartres, borde l'extrémité inférieure du vêtement d'un troisième Pontife leur voisin [1], mais n'orne qu'aux flancs seuls les dalmatiques des effigies tumulaires de saint Omer, d'Evrard de Fouilloy (1222) et de Guillaume Radulphe évêque de Carcassonne (1266) [2]. Les manches toujours très-larges varient beaucoup dans l'autre sens; après avoir recouvert le poignet, elles dépassent à peine le coude aux dernières années du XIIIe siècle, et pourtant s'allongent de nouveau en se rétrécissant à partir du XIVe [3]. Au reste, la figure la plus exacte que l'on puisse avoir d'une dalmatique épiscopale au milieu du XIIIe siècle, est ciselée sur la châsse de saint Taurin à Evreux. L'Évêque représenté de face ou de profil est revêtu d'une tunicelle ouverte jusqu'au genou, complétement bordée d'effilés, sauf les manches, et garnie d'une assez haute parure de brocart qui fait le tour entier du vêtement [4].

Selon saint Isidore de Séville (570-636) et Honorius d'Autun, la dalmatique épiscopale était blanche, rayée de pourpre; « ea tunica talaris *candida* fuit et purpura clavata [5]. » Elle était hyacinthe ou bleue suivant Hugues de Saint-Victor, le plus souvent blanche et brodée. « Sæpius candida, sed opere

« est, pontificalibus adhuc suis ornamentis (quorum partem non minimam » attrectavi) insignitum, signatimque *fimbrias aureas*, quæ *oris extremis* dal- » maticæ etiamnum appendebant. » *Panopl. episc.*, lib. VI, c. 7, p. 394.

[1] *Monog. de Chartres*, pl. 21, porche du Midi.

[2] WILLEMIN, *Monum. franç. inéd.*, pl. 90. — *Mém. de la soc. arch. du Midi de la France*, t. IV, pl. 12.

[3] PUGIN. *Glossary of. eccles. ornament. and costume*, pl. 7.

[4] *Mélanges d'arch.*, t. II, pl. 1 et 2, p. II et t. V, p. 210.

[5] *Origin.*, c. 19. — *Gemma an.*, lib. I, c. 211. — Ces vers de Théodulfe, évêque d'Orléans (787-821), expriment la même pensée.

« Candida ut extensis niteat dalmatica rugis,
« Fimbria neve erret huc sine lege levis. »
Carmin., lib. V, *Paranesi ad episc.*, vers. 462.

« polymito variata et auriphrygio adornata [1], » d'après Sicard de Crémone. Les anciennes peintures ou mosaïques, tout en justifiant l'opinion émise par ces écrivains, prouvent que l'usage des autres couleurs n'était pas prohibé. En effet, les dalmatiques de Paschal I, à Sainte-Praxède, de saint Martin et de Grégoire IV, trouvées par Georgi dans un vieux manuscrit, des Papes saint Calixte I, saint Corneille, saint Jules I, Innocent II, à *Santa-Maria in Trastevere* (1130-1143), et d'autres encore [2], sont, soit entièrement blanches, soit blanches à angusticlaves rouges; mais j'ai rencontré ces mêmes vêtements, jaunes « *crocei* » (XIIIe et XVIe siècles) [3], bleus « *indici coloris* » (X[e] et XIe siècles) [4], violacés « *hyacinthini* » (XIe siècle) [5], verts (XIe, XIIIe et XIVe siècles) [6], dorés « *aurei* » (XIIe siècle) [7], rouges (XIIe et XIIIe siècles) [8], enfin en tissus façonnés « *pallia scutulata, rotata,* » avec ornements tranchant sur le fond (XIe et XIIe siècles) [9].

[1] *Spec. eccles.*, c. 6. — *De lit. Rom. Pont.*, t. I, p. 180.

[2] *De lit. Rom. Pont.* lib. I, c. 22, p. 181 et sq. — La dalmatique d'Innocent II est ornée au bas d'une frange d'or.

[3] *Verrières du chœur de l'égl. mét. de Tours*, in-fol., 1849, pl. 4 et 11. — Ms. de la bibl. de M. Van der Cruisse, à Lille.

[4] *Les Arts sompt.*, t. I, pl. 42. — Ms. de la bibliothèque de Mgr de La Tour d'Auvergne, à Arras. — Cette dernière dalmatique ou plutôt tunique, relevée à l'aide d'une ceinture, vient à l'appui des formules de l'*Ordo III* « alius « lineam dalmaticam.... alius cingulum, » et de l'*Ordo IX* « postea dalmatica « minore et cingulo, » en contradiction avec l'opinion d'Amalaire « ipsa (tu- « nica) non cingitur sed camisia » (lib. II, c. 22), opinion reproduite par Durand.

[5] *Vita S. Amandi*, ms. de Valenciennes.

[6] *Vita S. Amandi.* — *Verrières de Tours.*—*Ordo XIV* (1310), *Mus. ital.*, t. II, p. 303, XXIV.

[7] Ms. n° 15, bibl. de Lille.

[8] *Monog. de Chartres*, pl. 66. — *Vitraux de Bourges*, pl. 18.

[9] *Vita S. Audom.*, n° 698 à Saint-Omer — *Vita S. Amandi.* — Portail de saint Trophime à Arles. — Fig. de saint Euchaire sur la porte neuve à Trèves,

Les dalmatiques étaient richement brodées du pied au genou, dès le IXe siècle [1] et sans doute auparavant; ce luxe prodigieux me semble disparaître après les Karolingiens, car le monument le plus récent où je l'ai remarqué (un sceau de Maëstricht représentant saint Servais), date du XIe siècle [2]. Je ne puis également omettre l'exemple singulier d'une tunique épiscopale garnie de sonnettes d'or, en souvenir peut-être du vêtement de l'ancienne Loi; « Super hæc itaque ministretur « ei tunica gyris in tintinnabulis mirifice refecta. » Cet exemple unique nous est fourni par le manuscrit de Ratold, abbé de Corbie (986) [3]. Néanmoins, tant que la dalmatique conserve l'angusticlave, on lui voit rarement une parure horizontale. Cette parure en or, en couleur, simple galon plus ou moins étroit, bordant le bas de la jupe et le tour des manches aux XIe et XIIe siècles [4], atteint parfois, vers le XIIIe, à des hauteurs extraordinaires. Rien n'est splendide comme les dalmatiques parées des Pontifes de Chartres [5], d'Evrard de Fouilloy, évêque d'Amiens (1222) [6], de Matifas de Buci, évêque de Paris (1304) [7], ou des peintures exécutées jadis dans la cha-

Bullet monum. t. XII, p. 628. — Saint Disibode, *Dissert. de forma pallii*, p. 300, fig. — On voit encore de ces dalmatiques ouvrées ou damassées, sur la figure d'un Pape peinte au temps d'Innocent III (1198-1216), contre le mur du *Sagro Speco*, à Subiaco, et sur deux groupes d'évêques anglais (XIIe siècle) reproduits par Shaw, *The Church of our Fathers*, t. I, p. 497 fig. et t. II, p. 98, pl.

[1] *Les Arts sompt.*, t. I, pl. 20.

[2] *Messager des sciences hist. de la Belgique*, 1847.

[3] *De ant. eccl. rit.*, t. I, lib. I, p. 542.

[4] *Vita S. Amandi.* — *Evang. de Cysoing.* — *Le Moyen-Age et la Ren.*, min. pl. 15.

[5] *Mon. de Chartres*, pl. 21 et 22.

[6] Tombe en bronze à l'entrée principale de la cathédrale d'Amiens. — *Revue de l'Art chrétien*, t. I, p. 77.

[7] Statue en marbre blanc, *Statistique mon. de Paris*, Notre-Dame, pl. 41.

pelle de Saint-Marcien à Naples [1]. Ce luxe qui alourdissait considérablement la charge des vêtements épiscopaux, devient plus rare à partir du XIVe siècle ; les nombreux cénotaphes qui meublent les cryptes de la Basilique Vaticane, n'en ont offert un seul spécimen sur l'effigie d'Urbain VI (1389) [2]. Encore, ici l'ornement, simple rectangle du genre des parures d'aube, ne fait-il pas le tour de la robe ; mais les manches sont richement brodées et galonnées. Un second extrait du procès-verbal de Grimaldi (exhumation de Boniface VIII), complétera la description d'une dalmatique épiscopale au commencement du XIVe siècle. « Dalmatica ex saja de serico « nigro longa pal. 6, lata in fine palm. 5, semis; in extremi- « tate ante et retro erant fimbriæ latæ palmi unius semis, « longæ palm. 3, ex broccato aureo in campo nigro, opere Tur- « cico vel Persico, et quidem pulcherrimo propter splendidis- « simum aurum, elaboratæ certis rosis binisque canibus rectis, « cum manicis latis, in quarum summitate prope manus erant « aliæ fimbriæ ejusdem broccati in circuitu foderatæ serico « croceo [3]. » Ce passage démontre clairement que la dalmatique, dépassant la tunique d'une demi-palme (0^m114^m), s'élargissait aussi vers la base ($1^m 14^c$) de manière à figurer un trapèze, et que les parures (*fimbriæ*) suivaient en hauteur la même progression croissante.

Un monument bien antérieur à Boniface VIII, mérite une mention toute particulière malgré l'état de dégradation où il git au Musée d'Arras. Je veux parler de l'effigie tumulaire en mosaïque de l'évêque Frémant (*Frumaldus*, 1183), trouvée

[1] MAZOCHIO, *De sanct. Neap. ecclesiæ episcoporum cultu*, p. 304, pl. in-4°, Naples, 1753.

[2] DIONISI, pl. 56.

[3] Ap. *Sacr. vat. Basil. crypt. mon.*, p. 129, col. 2, et les auteurs cités plus haut.

dans les ruines de l'antique Cathédrale des Atrébates [1]. Ici, la dalmatique presque rectangulaire présente un champ échiqueté de carrés concentriques, noir, blanc, bleu, rouge, avec un point vert au milieu, et elle est contournée à l'extrémité inférieure, par un orfroi de 0m14c, où les couleurs susdites dessinent une double rangée de demi-cercles tangents, compris dans un cadre à filets, or et blanc en haut, rouge et blanc en bas.

Quel était l'élément constitutif des dalmatiques épiscopales? Le vêtement abandonné par saint Cyprien à ses diacres était certainement de laine [2], et l'*Ordo* édité par Hittorp mentionne une *dalmatica lanea* [3]; néanmoins je répondrai, la soie [4]. Les anciens inventaires ne laissent aucun doute à cet égard; mais il existe une série de monuments originaux, échelonnés du IVe siècle au XIVe, monuments dont l'examen va trancher la difficulté. Le premier en date est une dalmatique que l'on m'a montrée dans la sacristie de Saint-Ambroise à

[1] Chromolithographié dans l'*Arch. du Ier au XVIIe siècle*, atlas, in-fol. pl. 35.

[2] « La dalmatique était une longue robe faite de laine blanche de Dalmatie. » RICH, *Dict. des ant. romaines*, DALMATICATUS.

[3] P. 8, col. 2, A. — GAVANTUS, (*Thesaurus sacr. rituum*, t. I, *Comment. in Rubr. Missalis*, pars. II, tit. I, 6, X) et BISSI (*Hierurgia*, TUNICELLÆ) suivent Hittorp envers lequel D. Mabillon inspire la plus grande méfiance. Il est très certain qu'aucun des *Ordo* imprimés dans le *Museum Italicum* ne mentionne la *dalmatica lanea*.

[4] La liturgie publiée par D. Martène (*Thesaurus novus anecd.*, t. V, c. 100) sous le nom de saint Germain, évêque de Paris (555-576), attribue aux diacres des tuniques ou dalmatiques de soie « albæ de sirico, » et puisque les ministres inférieurs usaient de vêtements aussi précieux, à plus forte raison les Évêques devaient-ils en avoir. Mais je ne sais où Gavantus (*loc. cit.*), voulant prouver que la dalmatique d'abord de laine « serica deinde fuit, » a été prendre le Canon 11 du premier Concile d'Autun (vers 670), sur l'autorité duquel il s'appuie. J'ai vainement cherché ce Canon dans les différents recueils des Conciles; tous s'accordent à le regarder comme perdu

Milan, et que le témoignage authentique de l'archevêque Héribert (1026) attribue à saint Ambroise lui-même (347-397)[1]. Je n'ai pas osé déplier et mesurer ce vêtement si respectable à tous égards, vu les ravages du temps qui l'ont réduit en lambeaux; néanmoins il m'a été permis de l'étudier fort à l'aise. L'étoffe est un damas de soie, blanc, très-fin, ouvré de lions couchés, du plus beau dessin, avec un reste d'angusticlave pourpre foncé, semé de croix (*stauracin*), en épais tissu aussi de soie. Je pense que le costume de saint Grégoire de Nazianze, reproduit en couleurs dans les *Arts somptuaires* [2], peut donner une idée de la dalmatique de Milan dont la provenance est incontestablement orientale.

Une seconde dalmatique, conservée à Moyenmoutier (Vosges), et, selon moi, très-judicieusement attribuée à saint Hydulphe, archevêque de Trèves, offre encore plus d'intérêt que la précédente, puisqu'il a été possible de la décrire et de la publier [3]. Taillée dans une pièce de soie blanche damassée, sans autres coutures que celles qui closent le dessous des bras, la vénérable relique, haute de $1^m 40^c$, mesure $0^m 92^c$ dans le sens horizontal de sa jupe rectangulaire. Les manches coupées à angle droit, ont une ampleur considérable ($0^m 670^m$ d'ouverture sur $0^m 515^m$ de long). Le passage de la tête n'est qu'un simple trou elliptique, d'où partent sur chaque face, deux jumelles rouges distantes entre elles de $0^m 022^m$; ces lignes larges de $0^m 014^m$, accostées d'un double filet également

[1] A l'enveloppe du vêtement, est fixée une sangle de soie blanche sur laquelle on lit l'inscription suivante, tissée en caractères antiques, bleus et disposée en carré : « Sub hoc pallio tegitur dalmatica Sci Ambrosii sub quo eandem dalmaticam texit Dominus Heribertus archiepiscopus. »

[2] T. I, pl. 29, Byzance, IXe siècle, 2e moitié. Bibl. imp., no 510, G.

[3] *Dissertation sur une dalmatique très-ancienne conservée dans la châsse de saint Hydulphe*, par M. l'abbé *Deblaye*, curé de Sainte-Hélène. *Journal de la Soc. d'arch. lorraine*, août 1854, pl.

rouge, dessinent tout compris une raie de 0m 018m. La même ornementation se retrouve à 0m110m du bout des manches, mais avec un intervalle de 0m018m seulement pour l'écartement des jumelles. Des croix ou quatrefeuilles brodés en soie rouge, inscrits dans un cercle de 0m016m, apparaissent autour du col et entre les grandes raies de la manche, ornée aussi d'une frange provenant de l'effilage du tissu [1]. Il est difficile à l'inspection du vêtement de Moyenmoutier, d'y méconnaître la dalmatique décrite par les anciens liturgistes, et figurée, tant sur les parois des catacombes, que sur des miniatures du IXe siècle [2].

J'ai déjà parlé des tunicelles de Lisieux ; toutes trois sont en soie rouge et s'élargissent en trapèze à peine sensible. L'une des deux dalmatiques est lisse, avec galons aux manches, autour du col, au dos et à la poitrine ; l'autre, en tissu ouvré à losanges (*œil de perdrix*), ne diffère de la tunique, que par ses manches rectangulaires (0m58c sur 0m50c) et l'effilé polychrôme cousu à son flanc gauche sur une hauteur de 0m70c [3].

Mon savant collègue Monsieur le chanoine Barraud, avec la complaisance qui le caractérise et dont je veux le remercier ici, a bien voulu me confier une autre dalmatique provenant de Thibaud de Nanteuil, évêque de Beauvais (1283-1300). Ce vêtement, qui porte l'inscription *Theobaldus de*

[1] Les franges (*fimbriæ*) des tissus antiques, étant formées par l'extrémité non coupée des fils de la chaîne, il n'est pas étonnant que la dalmatique de Moyenmoutier, taillée à même d'une pièce de soie, ait des effilés aux manches. J'ignore pourquoi le dessinateur en a aussi placé sur les flancs de la jupe, lorsque M. Deblaye tait avec raison une circonstance qui, si elle existe, ne peut s'attribuer qu'à l'injure du temps.

[2] V. les ouvrages de Bosio, Aringhi, d'Agincourt, Perret, et les pl. 16, 17, 23, 24 des *Arts sompt.*, t. I.

[3] *Bull. mon.* t. XV, p. 262, pl. fig. 7

Nantolio quondam Belvacensis episcopus, tracée sur un morceau de vélin cousu à la doublure du pan antérieur de la jupe, (*voir la planche ci-jointe*, C.) mesure une longueur de 1ᵐ44ᶜ (A). Large à la taille de 0ᵐ89ᶜ, au pied, de 1ᵐ10ᶜ, ses manches carrées ont 0ᵐ 35ᶜ sur 0ᵐ 34ᶜ et ses flancs s'ouvrent jusqu'à 0ᵐ09ᶜ de l'aisselle. Le passage de la tête, échancré en rond par devant, est légèrement fendu de chaque côté [1]. Un galon d'environ 0ᵐ03ᶜ, dont les traces sont parfaitement visibles, garnissait les manches et le col, en même temps qu'il retombait en angusticlave sur les deux faces. L'élément principal de la dalmatique de Beauvais, est une étoffe de soie gommée, couleur safran, à laquelle je crois pouvoir donner le nom de *bougran* [2]; un mince cendal rouge la double et un effilé polychrôme à crête rose (B) en borde le flanc et la manche gauches (0ᵐ 40ᶜ et 0ᵐ 25ᶜ).

Je me suis abstenu de réflexions, en signalant tout à l'heure l'existence d'une frange pareille sur la dalmatique de Lisieux; n'ayant pas vu ce dernier objet, je ne pouvais dé-

[1] Ces fentes prouvent que la dalmatique de Beauvais s'agrafait autour du cou comme les tunicelles de Lisieux. Le système de fermeture consiste en deux cordons, dont l'un fait anse, et dont l'autre, terminé par un nœud, remplit l'office de bouton.

[2] M. Francisque Michel, (*Recherches sur les étoffes*, etc., t. II, p. 29 et suiv.) avance que le *bougran* n'était qu'une étoffe de coton. Ce savant eût évité une erreur, en parcourant la relation du sacre de l'évêque Guillaume Le Maire à Saint-Aubin d'Angers (1291). « In qua tunc cepimus nos ornamentis episco- « palibus *de bougran*, exceptis mitra, anulo, baculo pastorali et chirothecis « ornare et parare. » Plus loin, le Prélat est porté sur les épaules des Barons dans sa Cathédrale, « omnibus ornamentis pontificalibus etiam casula et mitra « albis videlicet *de bougran* revestitus. » (*Guillelmi majoris episc. Andeg. gesta*, c. 21 et 22, ap. *Spicil.*, t. X, p. 292 et 297). Il me paraît difficile, pour ne pas dire impossible, que le puissant Évêque d'Angers, ait, en des circonstances aussi solennelles, revêtu des *pontificalia* de coton ; la soie suffisait à peine.

cier une question délicate. Ici le cas est bien différent; après avoir constaté par un minutieux examen, que nul vestige ancien d'appendice ou de couture n'apparaissait sur les ourlets actuellement dégarnis du vêtement épiscopal de Thibaud, j'ai le droit d'en conclure que certains Prélats, à la fin du XIIIe siècle, observaient toujours une partie des formules mystiques enseignées par Brunon d'Asti et Sicard de Crémone [1].

Georgi avance que la couleur des tunicelles s'assortit dès le XIIe siècle avec la nuance liturgique de la chasuble [2]. Ceci est exact dans une mesure limitée, puisque les seuls *pontificalia* complets qui me soient connus (Lisieux et Boniface VIII), remplissent la double condition d'uniformité de ton et d'étoffe. Bien plus, l'*Ordo X* (IXe ou Xe siècle) dit « Pontifex « induit vestimenta alba », et la suite prouve que la chapelle entière était blanche; quant à l'*Ordo XIV* (1310), il s'exprime trop clairement pour avoir besoin de commentaires [3]. Mais les vieux monuments prouvent que, hors de Rome, la couleur conforme existait plutôt à l'état de fait particulier que de règle générale. Pas une des nombreuses peintures citées dans mon étude ne réunit des tunicelles et des chasubles isochrômes, sauf les deux Évêques anglais publiés par

[1] « Sinistrum quoque latus fimbrias habet, quia vita activa sollicita est, et « turbatur erga plurima; dextrum vero latus non habet, quia vita contem- « plativa optimam partem elegit. » Ap. *Lit. Rom. Pont.*, t. I, p. 180, V.

[2] *De lit. Rom. Pont.*, t. I, lib. I, c. 22, p. 183, VII.

[3] *Mus. ital.*, t. II, p. 98, 3. — « Induetur omnibus ornamentis viridibus « .... quibus Romanus Pontifex uti solet in missarum sollemnis. » *Id.*, ibid., p. 283, XXIV. — « Induetur omnibus ornamentis.... erunt autem vestimenta « coloris tempori congruentis. » *Id.*, ibid., p. 271, XLV. — L'*Ordo* XIII (Grégoire X) est un peu plus vague; mais l'*Ordo* XV (1370) est très-explicite relativement à l'uniformité des couleurs. *Id.*, ibid., p. 233, 13, 475, LV, 477, LVIII, etc.

Pugin, enluminure dont je me défie un peu [1]. Il est vrai que l'effigie coloriée de l'archevêque Pierre d'Aspelt (1320), sculptée sur sa tombe dans la Cathédrale de Mayence, présente chasuble, dalmatique, voire même les sandales, le tout de nuance rouge [2]; il est vrai que Titien a placé au centre d'une de ses admirables toiles *(saint Sébastien*, au Vatican), la figure d'un Évêque revêtu de splendides *pontificalia* en étoffes assorties [3], et la moindre recherche adjoindrait sans doute de nouveaux exemples à ceux-ci. Néanmoins, quelques cas isolés peuvent-ils avoir force de loi vis-à-vis d'arguments contraires, multipliables à l'infini? A-t-on empêché les miniaturistes du XVIe siècle de peindre une dalmatique safran ou violette à fleur de lys d'or, sous une chasuble ou un pluvial bleu clair [4]? Je veux bien compter ici pour beaucoup la fantaisie des artistes, mais si grande que fût la latitude dont ils jouissaient, cette liberté n'eût pu aller jusqu'à laisser vêtir la statue de Paul II (1471) d'une dalmatique de brocart par dessus une tunicelle monochrôme, si les usages liturgiques d'alors s'y étaient opposés formellement.

III. *Les tunicelles modernes.* — Au siècle dernier, du moins en Italie, régnaient encore de notables différences entre la tunique et la dalmatique épiscopales. Celle-ci plus longue

[1] *Glossary*, etc., pl. 7.

[2] *Revue archéologique*, t. II, pl. 35. — M. de Laborde, qui a dessiné ce monument dit qu'il a été colorié à neuf, mais que l'enlumineur moderne a suivi les tons indiqués par des traces de peinture ancienne.

[3] V. ARMENGAUD, *les Galeries publiques de l'Europe*, p. 37 et une très-belle gravure italienne sur bois, in-fol., avec cette inscription dans un cartouche ovale « Titian* Inven — AA Intagliat^{or}. — Mantoano : — A Fabio Buon* —Nobil Seneso.» Les deux A réunis en monogramme sont en capitale du XIIIe siècle, le reste est en capitale romaine.

[4] Mss. de M. Van der Cruisse et de la Bibl. de Lille.

[5] DIONISI, pl. 54.

que l'autre et garnie parfois d'effilés, avait des manches rectangulaires très-amples ne dépassant pas le coude; au contraire, les manches étroites de la tunique descendaient jusqu'au poignet [1]. Maintenant, les Évêques français portent des tunicelles assorties à la couleur du jour et faites d'un gros-de-Naples corsé, sans doublure. Elles sont réunies l'une à l'autre par quelques points de couture, de manière à être passées ensemble, tout en restant distinctes. La tunique déborde légèrement la dalmatique dans les parties ouvertes, et les manches assez larges des deux vêtements, coupées sur un même patron, affectent la forme troncouique. Quand aux effilés et aux galons, ils ont complétement disparu.

IV. *Usage d'une seule tunicelle prouvé par les anciens monuments.* — Les textes ont surabondamment démontré plus haut l'usage facultatif, indifféremment suivi, de deux tunicelles ou de la simple dalmatique. Les monuments figurés tomberaient d'accord avec les écrits, sans une objection tirée des *pontificalia* de saint Thomas et Boniface VIII, lesquels présentent une tunique, soit égale à la dalmatique, soit moins longue de $0^m 114^m$, d'où l'on peut déduire que la seconde doit recouvrir la première, dès que celle-ci est invisible sur les anciennes effigies. Divers exemples s'opposent à une conclusion aussi absolue; neuf Évêques des verrières de

[1] *La gerarchia eccl.*, pl. 256 et 278. — BISSI, *Hierurgia* (1680), TUNICELLÆ, définit ainsi les tunicelles usitées de son temps : « Igitur nunc tunicella, et « dalmatica, quas induere debet Episcopus in Missa solemni, ejusdem formæ « sint sicut tunicella subdiaconi et dalmatica diaconi, cum tamen hac diffe« rentia, quod illæ pro episcopo debent esse sericæ, materiæ levioris et tenui« oris, ut Episcopus possit commode eas induere. » SAINT CHARLES BORROMÉE (1500-1584), *Acta ecclesiæ Mediol.*, p. 152, 1643, s'accorde avec Bissi quant à la matière des tunicelles épiscopales; mais fidèle aux anciennes traditions, il veut que la tunique soit un peu plus courte que la dalmatique « paululo angustior et brevior quam dalmatica. »

Bourges (XIIIe siècle), exécutés en trop grandes dimensions pour qu'on y ait volontairement omis le plus minutieux détail, ont une dalmatique fendue et retroussée en avant, qui laisse apercevoir l'aube jusqu'à la hauteur du genou et permet de constater qu'il n'existe aucun intermédiaire entre les deux vêtements [1]. Or, les tunicelles originales précitées, quelque fût la taille de leurs possesseurs, variant de 1[m] 30[c] à 1[m]54[c], dépassaient certainement la rotule, et, prises comme terme de comparaison, rendent évident que l'artiste berrichon n'a pas mis de tunique à ses personnages, parce qu'il n'en reconnaissait pas la nécessité. Une telle abstention, du reste, peut se baser sur d'autres raisons; les dalmatiques de Bourges offrent toutes une doublure de couleur tranchante, ne se rapportant jamais au ton général de l'ornement, et cette circonstance déjà observée à Brignoles et à Beauvais, est d'autant plus curieuse, qu'au XIIIe siècle pas plus qu'aujourd'hui, les tunicelles n'étaient doublées [2]. Quelle conséquence, à mon avis, tirer des faits que je viens d'exposer, sinon que les anciens Évêques, voulant, hors des grandes solennités, alléger le poids de leurs *pontificalia* et obéir en même temps aux règles du Cérémonial, se contentaient d'une simple

[1] *Vitraux de Bourges*, pl. 17, 18 et 27. — J'ai remarqué les mêmes circonstances sur la dalle tumulaire de Henri Sanglier, archevêque de Sens, mort en 1142, mais dont la tombe est moins ancienne : la dalmatique en brocart fleuragé du prélat a les angles inférieurs relevés jusqu'au genou, et pourtant l'on ne voit aucune trace de tunique : cette dalmatique, aussi bien que l'on peut en juger sur une incrustation de mastic, est doublée d'étoffe unie. *Mon. franc. inéd.*, pl. 68.

[2] Grimaldi indique clairement que l'extrémité seule des manches de Boniface VIII était doublée en soie jaune : « In quarum summitate prope manus erant fimbriæ in circuitu foderatæ serico croceo. » La pièce citée par Dionisi est trop pleine de détails minutieux, pour qu'on ait oublié d'y mentionner une autre doublure dans le cas où celle-ci eût existé.

dalmatique renforcée de cendal mince. La réunion intime des deux tunicelles en un seul vêtement, me paraît une transition normale entre le système actuel et le mode antique de séparation complète [1].

§ III

Symbolisme des tunicelles épiscopales.— Prières que doit prononcer l'Évêque avant de s'en revêtir.

1. *Symbolisme.* — Je vais résumer en peu de mots les diverses opinions émises par les anciens liturgistes, relativement au symbolisme des tunicelles épiscopales, et j'éviterai de me répéter, en écartant avec soin les interprétations reproduites par un écrivain d'après les autorités déjà citées. La tunique, dit Amalaire, signifie les vertus intimes « quæ ad solos sublimes pertinent », et sa couleur hyacinthe, « rationem sublimium non patere omnibus, sed majoribus atque perfectis »; enfin, ce vêtement n'a pas de ceinture, « ut non impediat cursum nostrum ad ministrationem, quoniam memoratæ virtutes liberum nobis iter præbent ad contemplationem Dei [2]. » Suivant Rhaban-Maur, la dalmatique, cruciforme en mémoire de la Passion du Christ, est ornée de lignes rouges « ut admoneatur minister Domini per habitus sui speciem, cujus muneris particeps est, ut cum per mysticam oblationem passionis Dominicæ commemorationem agit, ipse in eo

[1] Macri *Hierolexicon*, Dalmatica (1712), s'élève longuement contre la coutume observée de son temps, de coudre les tunicelles ensemble ; il y voit une grave infraction au symbolisme, sans nul avantage pour le célébrant : « Nam tali abusiva consarcinatione, ut jam mos agendi inolevit, præter indecentiæ signum, agilitatis impedimenta in celebrante cumulant. »

[2] *De eccl. off.* lib. II, c. 11.

« fiat hostia Deo acceptabilis[1]. » Le faux Alcuin explique un peu autrement la forme de croix, « monens indutorem suum crucifixum esse debere in mundo. » A quoi il ajoute, que le côté gauche et ses franges sont l'image de la vie présente si pleine de soucis, tandis que le côté droit exempt d'effilés est le symbole de la vie future « in qua nullæ curæ sol- « licitant animas Sanctorum. » La dalmatique est sans couture, « quia in Ecclesia vel in corde uniuscujusque fidelis, « nulla debet esse scissura, sed indiscissa fidei integritas, » et l'ampleur de ses manches impose au ministre qui en est revêtu une générosité sans bornes « largitatem et hilaritatem « datoris significat[2]. » Ives de Chartres voit dans les tunicelles réunies, l'intelligence, nécessaire au Pontife, de la Loi ancienne et nouvelle, plus dans la couleur hyacinthe « cujus « color cœli serenitatem imitatur, » la pensée de l'Évêque qui doit davantage s'occuper du ciel que des affaires d'ici-bas[3]. En fait de mysticisme, Hugues de Saint-Victor ne le cède pas à ses prédécesseurs ; la double raie pourpre lui représente le sang du Christ, coulant à la fois pour les Juifs et les Gentils, et les *fiocchi* sont les paroles édifiantes adressées par le prédicateur chrétien à son auditoire « fimbriæ quæ quasi « quædam linguæ de dalmatica ante et retro procedunt, sunt « verba et exemplum prædicatoris, quæ nobis imitanda pro- « ponit[4]. » Pour Brunon d'Asti, la dalmatique, inventée postérieurement à tous les autres vêtements sacerdotaux, n'est qu'un luxe dénué de sens mystique[5], ce qui n'empêche

[1] *De Inst. cler.*, lib. I, c. 20.

[2] *De Div. off.*, c. 35.

[3] *Sermo de sign. ind. sacerdotalium.*

[4] *De Sacram.*, lib. I, c. 53.

[5] « Dalmatica vero magis ad ornatum quam ad significationem pertinere « videtur, quæ etiam post alia indumenta sacerdotalia inventa esse probatur. » *De cons. Eccl.*, ap. *Spicil.*, t. XII, p. 96.

pas le docte évêque de Segni de reproduire tout au long les formules de ses devanciers. Sicard de Crémone trouve que le flanc droit manque de franges, « quia vita contemplativa optimam partem elegit » et que les broderies existent, « propter mundilitiam et virtutum varietatem[1]. » D'après Innocent III, « tunicella doctrinam Christi significat[2]. » Quant à Durand, s'il revient sur ce que l'on a dit avant lui, il sait y joindre des interprétations nouvelles. La tunique représente la persévérance qui mène au salut éternel. Le Pontife revêt la dalmatique « in sanctam religionem et carnis mortificationem. » La soie produite par les vers « qui sine coïtu creantur » est un symbole de chasteté et d'humilité. L'ampleur des manches, plus larges que celles des ministres inférieurs, interdit à l'Évêque toute idée de gain honteux, l'engage à se montrer hospitalier et lui ordonne d'avoir continuellement les mains ouvertes en vue des intérêts célestes, sa charité devant s'étendre même jusqu'à ses ennemis. Les lignes rouges expriment l'amour de Dieu et du prochain, aux temps prospères comme aux jours malheureux. Les quinze *fiocchi* devant et derrière ont leur raison d'être, « quia quindecim psalmi in Veteri Testamento quasi quindecim gradus exeunt de tramite charitatis, et quindecim similiter in Novo Testamento excrescunt de opere charitatis, Verbi gratia » et, s'il y en a vingt-huit, c'est pour répéter huit fois les sept dons du Saint-Esprit, répandus sur les huit ordres qui louent Dieu, savoir : les rois, les peuples, les princes, les juges, les jeunes gens, les vierges, les vieillards et les enfants. Les flancs, ouverts en mémoire de la plaie faite au côté du Christ, persuadent de marcher sur les traces du

[1] Ap. *De lit. Rom. Pont.*, t. I, p. 180.
[2] *De myst. Missæ*, lib. I, c. 39.

divin Maître. Enfin, la dalmatique blanche signifie la vie immaculée et la dalmatique rouge est l'image des Martyrs. Quant à l'orfroi, il symbolise ce texte de l'Écriture : « Astitit regina a dextris tuis in vestitu deaurato[1]. »

II. *Prières.* — Les formules récitées par le Pontife célébrant avant de prendre les tunicelles, ont beaucoup varié quant aux paroles et même quant au sens ; je vais les grouper ici, en suivant à peu près l'ordre chronologique des ouvrages où je les ai rencontrées.

Messe d'Illyricus. — *Ad subtile.* — « Indue me, Domine, « vestimento salutis, et circumda me lorica fortitudinis. » — *Ad dalmaticam.* — « Indumento hoc typico priscorum patrum « ritu in modum crucis tramitibus purpureis contexto vesti« tus, humiliter postulo, ut ex commemoratione passionis « tuæ, fiam tibi Domine Jesu Christe, jugiter gratiosus. »

Pontifical de saint Prudence. — *Ad tunicam.* — « Rogo « te, altissime Sabaoth, Pater sancte, ut me tunica castita« tis digneris accingere. »

Messe de Ratold.

Sanctifica tunicam, qua nunc superinduor, istam,
Omnipotens æterne Deus : sine numine cujus
Nil humana valet devoti condere virtus,
Et qui me sacris voluisti vestibus uti,
Da servire tibi, judex pie, mente fidelis.

Pontifical de Cambrai. — *Ad tunicam.* — « Indue me, « Domine, vestimento salutis et tunica justitiæ, et indu« mento lætitiæ circumda me. » — *Ad dalmaticam.* — « In« due me, Domine, novum hominem, qui secundum Deum « creatus est in justitia et sanctitate veritatis[2]. »

[1] *Rat. div. off.*, lib. III, c. 1, 10 et 11.
[2] *De ant. Eccl. ritibus*, t. I, p. 485, 526, 542, 547.

Manuscrit de la bibliothèque du Cardinal Impériali. — *Ad tunicam.* « Tunica jucunditatis, et indumento lætitiæ, « induat me, Dominus. » — *Ad dalmaticam.* — « Hoc typico « indumento, et priscorum patrum ritu vestitus, humiliter « supplico, ut eorum meritis et intercessione efficiar tibi « Domine gratiosus[1]. »

Pontifical de saint Blaise. — *Ad dalmaticam.* — « Tri- « bue sancte Pater ! illum qui pro omnibus crucem subiit, me « sic imitari, ut per ipsum utriusque Testamenti mediatorem « doctrinæ sancti Evangelii percepta, sanctarum virtutum « percipiam effectum. » — *Ad subtile.* « Fac me, quæso, « Domine, cœlestibus desideriis ita esse intentum, ut animi « virtutibus adeptis, digne accedam ad tuum ministerium[2]. »

Les Préparations à la Messe pontificale, récemment éditées, reproduisent pour la tunique la formule du manuscrit Impériali ; voici la prière, aujourd'hui prononcée, avant de mettre la dalmatique : « Indue me, Domine, indumento salu- « tis et vestimento lætitiæ, et dalmatica justitiæ circumda « me semper. »

§ IV

Considérations sur le sens des termes linea dalmatica *appliqués aux* Ordo *I et III*

J'ai déclaré § I, II du présent chapitre, que les mots *linea dalmatica*, rencontrés dans les *Ordo I et III*, devaient se traduire par *tunicelle*. Divers liturgistes, au nombre desquels je mentionnerai Macri et surtout Bissi, ne partagent pas cette opinion, le dernier disant positivement que la *linea*

[1] *De lit. Rom. Pont.*, t. I, p. 170, 190.

[2] *Monum. vet. lit. Alemanicæ*, t. I, p. 346.

dalmatica était une aube[1]. Au premier abord une pareille interprétation semble rationnelle, surtout en tenant compte du complément, *quam dicimus album*, ajouté par l'*Ordo III*, et alors, la simple *linea* est bien le rochet de lin, ceint immédiatement pardessus la soutane du Pape officiant, rochet qui, d'après le procès-verbal de l'exhumation de Boniface VIII, atteignait la longueur de l'aube[2]. Toutefois, le rang assigné à chaque vêtement par les *Ordo* ayant ici une valeur dont on ne me paraît pas s'être préoccupé suffisamment, je vais reproduire les textes édités par D. Mabillon et en discuter les termes. — I. « Alius *lineam*, alius cingulum, alius anagolaium, id est amictum, alius *lineam dalmaticam*. — III. « Alius *lineam*, alius anabolagium, id est amictum, quod « dicitur humerale ; alius *lineam dalmaticam* quam dicimus « album, alius cingulum. » — V. « In primis camisia et cin- « gitur supra. Dein *linea* cum cottis, serica, et cingulum. « Post haec, mittitur anagolai, exinde dalmatica minore. » Je pourrais faire observer, avant tout, que la *linea* du n° V étant certainement une *aube*[3], il serait au moins singulier que le même mot signifiât *rochet* dans les n[os] I et III ; j'aime mieux en venir directement à la position relative de l'amict. Si la *linea* est un rochet, l'amict des *Ordo I* et *III* se trouverait placé sous l'aube, tandis qu'il recouvrirait cette dernière dans l'*Ordo V*; c'est-à-dire, que l'amict aurait quitté un mo-

[1] *Hierurgia*. ALBA, 203. DALMATICA, § 1

[2] « Rochettus longus erat palmis sex et quarta unius usque ad talos. » Ap DIONISI, p. 129, col. 1.

[3] Dans la nomenclature donnée par l'*Ordo I* des vêtements attribués au « *Presbyter Romanus* », lesquels diffèrent peu des *pontificalia* du Pape, les mots, *tunica alba et cingulum*, se trouvent substitués aux expressions, *linea cum cottis*, et, la même *tunica alba* que l'Évêque de Rome, célébrant en particulier, portait sur sa *camisia* ou rochet, était incontestablement une aube. V. *Mus. ital.*, t. II, p. 64, n. 2 et 3.

ment pour s'y réintégrer ensuite, le rang qu'il occupe encore aujourd'hui. Les liturgies Ambrosienne et Lyonnaise, dont la prétention est de remonter aux premiers siècles de l'Église, ne permettent pas une explication aussi hasardée, car toutes deux conservent l'antique usage de mettre l'amict pardessus l'aube, contrairement aux rubriques modernes[1]. L'argument le plus sérieux qui pourrait être opposé à mon système, consiste dans le *cingulum* annexé à la *linea dalmatica* de l'*Ordo III*; mais le *saint Omer* décrit plus haut prouve que la règle « *tunica non cingitur* » était enfreinte même au XIe siècle. D'ailleurs, à quelque parti que l'on veuille s'arrêter, il manquera toujours, à la nomenclature des n[os] I et III, un vêtement pontifical, rochet ou tunicelle. Pourquoi l'un plutôt que l'autre? Amalaire, qui donne au Pape deux tuniques pardessus l'étole et l'amict, en gardant un silence complet à l'égard du rochet ou du surplis, n'est-il pas une autorité aussi bonne à invoquer que la leçon ambiguë de textes difficiles à interpréter. Je persiste donc à regarder la *linea* de saint Cyprien et des *Ordo* comme étant une aube véritable et à voir dans la *dalmatica linea*, souvenir de la robe de lin que portait saint Jacques, le type primitif de la tunique épiscopale.

CHAPITRE IV.

MITRE DE SAINT LOUIS D'ANJOU.

Plantée debout au sommet de la misérable châsse qui renferme la dalmatique de saint Louis, sa mitre, exposée dans

[1] *De ant. Eccl. ritibus*, t. I, p. 34, 2, x. — Mabillon dit que cet usage existe encore chez le clergé maronite. *Mus. ital.*, t. II, p. 7, note *a*.

une double vitrine pentagone, présente une hauteur de 0m280m sur une largeur de 0m218m à l'entrée de la tête; le turban élevé de 0m155m, — presque la moitié de la longueur totale, — s'évase en formant un angle de 10 degrés avec la base, et les rampants des cornes mesurent 0m198m. (*V. la planche ci-jointe* A.) Cet objet, qu'il faut ranger dans la seconde classe des coiffures affectées à l'Évêque officiant (*mitra auriphrygiata*, mitre brodée ou galonnée), est en damas de soie blanc, fort épais, semé d'arabesques et d'aigles dont la tête, le poitrail, les serres, l'origine de la queue et des ailes, sont en or. Un galon losangé, aussi d'or (0m052m), que coupent à intervalles égaux (0m10) des carrés inscrits, rehaussés de bleu et de rouge [1], partage verticalement les faces, rebrassées jadis d'un orfroi pareil que remplace aujourd'hui une bande de brocatelle bleu-céleste et argent beaucoup moins ancienne que le reste; quant aux fanons, il n'en subsiste aucun vestige [2].

La tradition non interrompue de l'Église de Brignoles, a toujours attribué au saint Évêque de Toulouse, cette relique conservée avec autant de soin que les circonstances l'ont permis, et les termes exprès du testament « *de meis communibus* » s'accordent avec la tradition. En effet, si précieux que soient l'étoffe et les agréments qui la décorent, il est impossible qu'un prince dont les *pontificalia* solennels atteignaient une splendeur inouïe [3], n'ait pas classé parmi ses vêtements ordinaires, une mitre que nul joyau n'enrichissait.

La forme conduit au même résultat. La coiffure peinte par

[1] Ce galon est exactement semblable à celui qui encadre les parures de la dalmatique.

[2] C. de Linas, *Rapport*, etc., 1857, p. 62.

[3] La chape de Saint-Maximin, la chapelle complète à orfrois de perles et le calice d'or de Toulouse.

Simon de Crémone est sans doute plus haute de soufflet et plus basse de turban, mais la mitre du portrait d'Aix, imitée par Rodulfi, est conçue dans des proportions analogues à la nôtre; proportions que du reste, je retrouve à peu près sur l'effigie d'un Évêque italien du XIVe siècle [1] et mieux encore sur la dalle tumulaire de Henri de Villars, archevêque de Lyon, inhumé en 1301 dans l'église des Dominicains d'Anagni [2].

Je serai bref au sujet des galons; j'ai dit ailleurs qu'ils étaient siciliens, et, pour appuyer mon assertion, il faudrait offrir ici le spécimen des types que j'ai recueillis durant mes voyages; n'étant pas en mesure de livrer maintenant ces dessins à la publicité, je dois garder le silence: en revanche, l'étoffe présente un intérêt trop grand pour n'être pas étudiée dans ses plus minutieux détails.

Grâce au zèle indiscret qui pousse certaines personnes à dégrader les monuments sous prétexte de satisfaire une dévotion mal entendue, l'orfroi totalement enlevé sur l'une des faces de la mitre, m'a permis de saisir l'ensemble du damas (V. *la planche ci-jointe*). Le motif principal consiste en une série d'aigles accouplés et contournés, supportant deux à deux une élégante rosace; leurs becs pénètrent l'encadrement d'une sorte d'arbuste fantastique dont le tronc hérissé de feuilles prolonge leurs ailes et leurs queues, tandis que leurs serres couronnent le sommet du même végétal reproduit au-dessous d'eux, les figures étant doublées en sens inverse par le *retour du carton* [3] et disposées en quinconce. Ces aigles

[1] Pugin, *Glossary*, etc., pl. 7. Cette figure, d'une époque assez avancée, se rapproche déjà, quant à la coiffure, des types du XVe siècle.

[2] *Acta S. Magni*, pl. 10, Jesi, 1743, in-4°. — *Dessins inédits de l'auteur.*

[3] C'est-à-dire le renversement du *carton* qui était employé dans ce mode de tissage.

pris au repos mesurent 0m180m du haut de la tête à l'extrémité des pennes caudales; les petites plumes des ailes et de l'origine de la queue sont remplacées par des croisettes d'or; un bandeau également métallique, où court une sorte de méandre ou bâton rompu, cuirasse la poitrine. L'arbre que regardent les oiseaux s'épanouit en trois parties, — deux feuilles d'acanthe sommées d'une fleur-de-lys, — inscrites dans un caisson hexagone irrégulier, lequel présente une triple bordure, — fleurs tubulées, vrilles et guirlandes de palmettes alternantes, — amortie par un bouquet d'où s'élance la tige feuillagée de la rosace. La dite rosace est formée d'une radiée occupant le milieu de deux cercles concentriques, l'intérieur engrelé, l'extérieur orné de crosses végétales; des croissants, les pointes en dehors, rampent sur la circonférence qu'accostent des brins de fougère munis de longs filaments.

La description qu'on vient de lire est prolixe, donc elle est ennuyeuse; je le sais et j'en demande pardon aux personnes qui, les yeux fixes sur la planche, ne comprendraient pas l'opportunité d'un texte explicatif. Ce texte est pourtant indispensable, car, privé ici de renseignements authentiques, je dois, pour établir la provenance du tissu de Brignoles, reprendre l'un après l'autre ses caractères distinctifs, chercher leurs analogues sur des objets d'origine bien déterminée, enfin, voir si les conclusions obtenues à l'aide de ces rapports, pourront s'appliquer à l'individualité de saint Louis d'Anjou.

Au premier aspect, notre étoffe paraît incontestablement orientale. L'attitude calme et fière, le dessin fortement accentué des aigles, voire aussi certains détails de leur exécution, les formes bizarrement élégantes de la végétation, conduisent tout d'abord à ranger la mitre de Brignoles dans la même catégorie que le suaire de saint Exupère à Toulouse et l'un des fragments trouvés dans la châsse de Charlemagne (XIIe siècle)[1]. Mais si de l'examen superficiel on passe à l'analyse raisonnée des types, l'impression primordiale s'évanouit et un rapprochement sérieux devient impossible. En effet, la raideur des formes ornementales, très-appréciable dans le sujet de mon étude, mise en regard de la souplesse native des feuillages d'Aix-la-Chapelle, dénote une imitation qui n'est pas toujours heureuse, et les croix attribuées aux aigles, en place des imbrications qui figurent les plumes sur l'aile des paons de Toulouse, donnent à nos oiseaux de proie une physionomie chrétienne difficile à méconnaître.

Cette physionomie et ses conséquences admises en principe, quatre centres de fabrication s'offrent naturellement à la pensée : Byzance, la Sicile, l'Italie et l'Espagne. Pour écarter l'Italie, il suffira d'ouvrir les publications éminentes où le R. P. A. Martin et l'abbé Bock ont réuni les chefs-d'œuvre de la textrine au Moyen-Age ; Byzance, quand elle emprunte à l'Orient, alourdit plus ou moins les caprices de la fantaisie arabe[2] ; restent donc la Sicile et l'Espagne qui, longtemps soumises à la domination musulmane, conservèrent l'empreinte du génie de leurs maîtres alors même que ceux-ci avaient reculé ou disparu.

Le cartonniste sicilien qui procède à la fois de l'art du Bas-Empire et de l'art sarrasin, présente un autre défaut des écoles d'imitation, il n'agrandit pas, il rapetisse. Loin de rechercher la majesté comme les Grecs, il vise avant tout à la finesse et obtient pour résultat le joli, sinon le mesquin. Mettons les suaires de saint Potentien à Sens[3], de saint Gé-

[1] C. DE LINAS, *Rapport*, etc. 1854, p. 15, pl. — *Mélanges d'arch.*, t. III, pl. 16, p. 143.

[2] *Mélanges d'Arch.*, t. II, pl. 9, 10, 12 ; t. III, pl. 20, etc., etc.

[3] C. DE LINAS, *Rapport*, etc. 1857, p. 14. — GAUSSEN, *Port. arch.* : TISSUS, pl. 3.

réon à Arras, de l'impératrice Constance à Palerme, la tunique du roi Roger à Céfalù [1] (XIe et XIIe siècles) et d'autres encore que je pourrais citer, en regard de l'étoffe de Brignoles, quelle analogie découvrira-t-on entre eux ? Et, si l'on infère de la chasuble de Saint-Rambert-sur-Loire ou des vêtements impériaux de Nuremberg [2], qu'une facture plus large n'était pas étrangère aux ateliers palermitains, je prie le lecteur de comparer l'une de mes planches antérieures avec celle qu'il a sous les yeux, il saisira instantanément pourquoi le perroquet trapu de la première et le noble oiseau de la seconde, malgré la position identique de leurs serres, ne peuvent être assimilés.

L'Espagne maintenant demeure seule à explorer. La série d'études que je soumets au public ne m'ayant fourni qu'aujourd'hui l'occasion d'aborder ce pays, un exposé historique de son industrie séricicole, devient nécessaire pour l'intelligence de mon argumentation future.

Je ne suivrai pas M. le vicomte de Santarem à travers les preuves négatives, par lesquelles il démontre que l'introduction du ver à soie dans la Péninsule n'a pu précéder la conquête sarrazine. J'admets volontiers avec le savant Portugais que les Arabes qui, dès le VIIIe siècle, avaient formé des établissements commerciaux en Chine, s'y emparèrent d'une source abondante de richesses et la transmirent à leurs possessions occidentales [3] : aussi je ne m'arrête qu'à l'époque où les produits des *tiraz* ibériques sont nettement indiqués dans les anciens écrits.

[1] *Portefeuille de l'auteur.*

[2] WILLEMIN, *Monuments franç. inéd.*, pl. 21.

[3] *De l'Introduction des procédés relatifs à la fabrication des étoffes de soie dans la Péninsule Hispanique sous la domination des Arabes*, p. 35. In-8°, Paris, 1838, très-rare.

Le premier auteur qui mentionne les soieries espagnoles est Anastase le Bibliothécaire (IXe siècle). Dans sa Vie de saint Léon IV (847-855), et non auparavant, il désigne à six reprises différentes, sous le nom de *spaniscum*, un tissu évidemment très-précieux offert aux églises par ce Pape, pour confectionner des voiles et des couvertures d'autel (*vela... vestes altaris*)[1]. Mais, quels indices avons-nous sur la matière du *spaniscum*? Anastase le fait toujours marcher côte à côte avec le *fundatum*, étoffe tantôt unie, tantôt brodée ou brochée d'or[2] et le *stauracin* (semé de croix), dont les vieilles effigies des dignitaires de l'Église grecque (mosaïques et peintures) présentent de nombreux exemples. Or, les *stauracin* de Milan[3], d'Autun et du *British-Museum*[4] sont en soie, et nul autre principe constitutif ne devait entrer dans le *fundatum* ; car la laine se détruit infailliblement au contact des fils métalliques[5], et le minutieux historiographe des Pontifes Romains n'oublie pas de dire quand les objets qu'il inventorie sont en

[1] *Hist. de Vitis Rom. Pont.*, S. Leo IV, N° 498, Basilique de Saint-Pierre, « Vela septem, duo quidem de *fundato*, et alia duo de *stauracin*, et tria de *spanisco*. » N° 511, Sainte-Pétronille, « Vela duodecim, quatuor quidem de *fundato*, et tres de *spanisco* et *linea* quinque. » N° 517, Saint Marcien-*in-Domnucella quæ vocatur Balnearola*, « Vela *spanisca* duo. » N° 551, Saint-Léon, « Vestes duas, unam quidem de *fundato*, ornatam in circuitu de olovero, habentem in medio rotam de chrysoclavo et gammadias et alia de *spanisco*. »

[2] V. Anastase, *loc. cit.* N°s 490, 536, etc., etc.

[3] Dalmatique conservée à Saint-Ambroise. *Portef. de l'auteur.*

[4] *Mél. d'Arch.*, t. III, pl. 18, B, C.

[5] Certaines hautes-lisses de Flandre, notamment celles de Sens, de Saint-Omer et les *Arazzi* du Vatican, présentent bien un mélange de laine et d'or, mais dans le tissage des tapisseries, les éléments divers sont couchés l'un contre l'autre, et non mélangés ainsi que l'exigent le brochage ou l'espoulinage. Or, une lecture suivie d'Anastase prouve que le *fundatum* était tantôt un brocart, tantôt un damas monochrôme sur lequel l'aiguille traçait des figures en fils métalliques.

toile de lin. Si le *stauracin* et le *fundatum* étaient des tissus de soie, refusera-t-on la même nature au *spaniscum* qui les avoisine? Toutefois, deux hypothèses quoique fondées ne pouvant guère s'étayer mutuellement, l'admission de la soie comme élément du *fundatum* et du *stauracin*, n'empêcherait pas à la rigueur de voir dans le *spaniscum*, soit les *carbases* de l'Espagne Tarragonnaise [1], soit les *pallia scutulata* de Salacia [2], soit enfin les tapis ou couvertures (*stragula hispanica*) qu'un biographe de saint Anségise, abbé de Fontenelle (833), range à la suite de diverses étoffes et tentures [3]. Le texte d'Anastase répondra lui-même à ces objections. En effet, les douze voiles donnés à l'église de Sainte-Pétronille sont ainsi caractérisés : « Quatuor de fundato, et tres de *spanisco* et *linea* quinque [4] », d'où il ressort évidemment que le *spaniscum* n'était pas de la batiste, et, parmi les présents offerts à l'église de la Sainte-Vierge à Porto, figurent « Vestem de *spanisco* unam, ornatam in circuitu de *fundato* et in medio crucem de argento ; similiter vela de *spanisco*, ornata in circuitu de *fundato* [5]. » Est-il permis de croire que le Souverain-Pontife ait voulu rehausser un tissu relativement vil avec des matières aussi précieuses que la soie et l'argent, cela est possible, mais cela n'est pas vraisemblable.

[1] Sorte de voiles tissus en lin très-fin. PLINE, *Hist. nat.*, l. XIX.

[2] Aujourd'hui Alcacer do Sal, en Portugal. — PLINE, *Hist. nat.*, l. VIII.

[3] *Acta SS. ord. S. Bened.*, *sæc. IV*, pars I, p. 631. — Ces tapis étaient évidemment de laine, comme le prouvent les vers suivants d'un poète latin du Moyen Age :

Tunc operosa suis Hispana tapetia villis
Hinc rubeas, virides inde ferunt species.

De Conflictu ovis et lini, EDEL. DU MÉRIL, *Poésies popul. latines ant. au XII siècle*, p. 396.

[4] *Hist. de Vitis*, etc., loc. cit., N° 541.

[5] *Hist. de Vitis*, etc., loc. cit., N° 531. — Il s'agit ici de Porto (États Romains), l'un des sièges affectés aux Cardinaux-évêques.

Une excursion plus hardie dans le champ des conjectures, amènerait encore à confondre le *spaniscum* avec les étoffes mélangées que la Syrie fabriquait en employant les résidus de l'effilage des soieries d'Orient, industrie que M. de Santarem suppose avoir été importée en Lusitanie par les Phéniciens, et qui aurait produit les robes brodées dont parle Strabon [1]. Je refuse d'adopter cette nouvelle hypothèse et je préfère m'en tenir à l'idée primitivement émise, certain que de 711, époque de leur descente en Espagne, à 847, c'est-à-dire durant l'espace d'un siècle, des peuples aussi avancés en civilisation que l'étaient les Arabes, eurent tout le temps nécessaire pour acclimater la séricieulture sur la terre conquise et se mettre en mesure de porter à l'étranger les résultats de leur travail.

Cette opinion du reste se trouve confirmée par le témoignage des historiens hispano-arabes. Ils nous apprennent qu'Abd-er-Rahman III, khalife de Cordoue, construisit en 956 à Médina Azhara, près de sa capitale, un magnifique palais meublé de rideaux et de tapis tissus d'or et de soie, représentant des paysages avec animaux, et, que le même prince recevant dans ce palais des ambassadeurs de Constantin Porphyrogénète, on leur fit traverser un jardin rempli de tentes de soie brochée d'or [2]. De plus, en 950, les Walis, Ahmed-ben-Saïb-ben-Amer et Abd-el-Mélik son frère, ayant vaincu Don Ramire, roi de Léon, et ravagé la Galice, ramassèrent un butin immense qui leur permit d'offrir au Khalife un présent où figuraient trente pièces de toile d'or et de soie, quarante-huit housses traînantes, or et soie, fabriquées à

[1] *De l'Introduction*, etc., p. 16 et 17. — V. encore SAUMAISE, *in Hist. Augusta*, p. 127, 309, 310, 339, 341, 342, 395, 513.

[2] DE MARLÈS, *Hist. de la domination des Arabes et des Maures en Espagne et en Portugal*, t. I, p. 421 et 428.

Bagdad *et quatre mille livres de soie en écheveaux* [1]. Que cette soie fût grége ou filée, qu'elle fût indigène ou importée, la totalité n'en était certainement pas destinée à coudre, et son abondance prouve qu'au Xe siècle, non-seulement les Sarrasins, mais encore les chrétiens d'Espagne, possédaient des métiers à tisser la soie. Un rapprochement de dates et de mots sera ici fort utile à mon argumentation. Il n'y a guère loin de 855, année où mourut saint Léon IV, à 912, qui vit monter Abd-er-Rhaman III sur le trône, et si, d'après un passage du grenadin Ali-ibn-Saïd (1214-1286), nous savons qu'Almeria, Malaga et Murcie, tissaient seules le *waschi*, étoffe entremêlée d'or et de soie, dont l'admirable fabrication étonnait les Orientaux qui en voyaient un échantillon [2], l'homophonie des expressions *waschi* et *spaniscum* ne fera-t-elle pas attribuer à l'objet qu'elles spécifient, une patrie et une texture communes, en dépit de l'origine éloignée des deux radicaux [3]. Moins de preuves, je crois, seraient nécessaires pour démontrer que le *spaniscum* d'Anastase était une magnifique étoffe hispano-arabe, où l'or et la soie traçaient mille dessins variés.

Quoiqu'il en soit, le règne d'Abd-er-Rhaman III fut une grande époque pour les arts et l'industrie manufacturière en

[1] Don J. A. Conde, *Historia de la dominacion de los Arabes en España*, etc., t. I, c. 81, p. 442, Madrid, 1820.

[2] Cité par l'historien Ahmed-al-Mekkari. — V. *Recherches sur le Commerce*, etc., t. I, p. 288.

[3] S'il en était autrement, pourquoi Anastase, qui respecte l'orthographe d'Alexandrie, Tyr, Byzance, etc., aurait-il altéré le mot *Hispanicum* : tout porte à croire qu'au lieu de *waschi* ou *waschiscum*, termes pour lui dénués de sens, il a préféré écrire *spaniscum*, qui répondait à une double interprétation. — La même homophonie existe pour l'adjectif *saxiscus* (V. Anastase, de S. Grégoire III, 731, à Nicolas I, 858-867), mais il est toujours appliqué à des travaux d'orfèvrerie, et la confusion est impossible.

Espagne. Outre les récompenses que, prince aussi éclairé que libéral, il accordait aux artistes venus par son ordre de l'Orient et de Constantinople, il encouragea les Maures qu'attirait en foule son administration protectrice, et, ces peuples ingénieux et habiles dans la fabrication des tissus de soie, apportèrent ou propagèrent la culture du mûrier, montèrent des métiers nombreux, si bien que les soieries de Grenade devinrent l'objet d'un commerce très-lucratif avec la Syrie, l'Égypte et Constantinople [1].

Après la mention faite par Ahmed-al-Mekkari, des vêtements brochés d'or que le Khalife de Cordoue Alhakem II (961-976) envoya au roi Ordono IV [2], et les « pailles copertez à ovre d'Espaigne » adressées par l'émir de Palerme à Robert Guiscard [3] (XIe siècle), l'histoire garde sur les *tiraz*, péninsulaires, un silence rompu seulement à partir du XIIe siècle. Vers 1154, les Génois saccagèrent les villes d'Almeria et de Lisbonne, célèbres par leurs manufactures de soieries [4]; un inventaire Sicilien (1160) dénonce une chasuble rayée d'or « operis Yspanie » [5]; l'anglais Raoul de Dicet, narrant les circonstances qui entourèrent le mariage de Philippe d'Alsace avec une sœur de Don Sanche Ier, roi de Portugal (1184), n'oublie pas les draps d'or et les étoffes de soie, trésors de l'Espagne que la jeune princesse emportait en Flandre [6]; le géographe Edrisi, mort vers 1164, compte

[1] CONDE, *loc. cit.* — DE MARLÈS, t. I, p. 466, 468 et 469. — DE SANTAREM, *De l'Introduction*, etc., p. 37. — LÉON DIACRE (Nos s.), *Corpus script. Hist. Byz.*

[2] Cité par M. F. MICHEL, *Recherches*, etc., t. I, p. 161.

[3] *Ystoire de li Normant*, liv. V, c. 24

[4] OTTONIS FRISINGI, *De gestis Frederici I imp.* lib. II, c. 13.

[5] *Invent. thes. sac. Africanæ eccl.*, ap. *Tabularium capellæ coll. D. Petri in reg. Panorm. palatio*, etc., nº 15, p. 35.

[6] *Imagines historiarum*, aut. RADULPHO DE DICETO. (*Hist. Anglic. script.*, X, t. I, col. 623.)

trois milles villages qui récoltaient la soie dans le royaume de Jaën, et, dans Séville, six mille métiers pour travailler cette matière [1]; enfin, le vieux trouvère champenois Chrestien de Troyes revêt son héros d'une robe de drap de Murcie [2].

Les romans de chevalerie des XIIIe et XIVe siècles désignent aussi les draps de soie d'Almeria à côté de ceux de Murcie, et les siglatons d'Espagne, près des étoffes brochées d'or que produisaient Saragosse et la Castille [3]. D'où il ressort victorieusement, que l'industrie introduite dans la Péninsule par les Arabes, continua d'y prospérer, même après l'affranchissement successif de la domination musulmane[4]. Maûres et Chrétiens, du reste, semblent avoir rivalisé de zèle pour arriver à un résultat plus parfait, car Muhammed-Alhamar, roi de Grenade (1248), protégea tant qu'il put la séricieulture. Elle parvint, sous son règne, à un si haut degré de perfection, que sur les marchés, la soie d'Espagne était préférée à celle de Syrie[5], et, depuis longtemps déjà, les im-

[1] *Géographie* d'Edrisi, trad. d'Am. Jaubert, t. ii, p. 50. — M. de Santarem (loc. cit., p. 38) interprétant Edrisi, se contente de « plus de six cent villes ou villages dans le royaume de Jaen » ; ce nombre est déjà très-satisfaisant

[2] Sor l'autre Erec seoir fist.
Qui fu vestuz d'un drap de Mulce.
Roman d'Erec et d'Enide, *Recherches*, etc., t. ii, p. 82.

[3] F. Michel, *Recherches*, etc., t. i, p. 233, 294, 295, t. ii, p. 305. — Almeria, en particulier, était si riche par son commerce et ses manufactures de soie, que de sa rivalité avec Grenade est sorti le proverbe : *Almeria era Almeria, Granada era su alqueria*, Almeria était Almeria, Grenade était sa métairie. Don Seb. de Minano, *Diccionario geogr. estadistico de España y Portugal*, t. i, p. 161,

[4] Don Ant. de Montpalau y Capmany, *Memorias hist. sobre la Marina, comercio y artes de Barcelona*, t. ii, p. 15, 40, 45, 57 et 59, Madrid, 1779-1792, 4 vol. in-4°.

[5] Conde, t. iii, p. 37 ; De Marlès, t. iii, p. 67.

pôts établis sur la soie indigène formaient une branche considérable des revenus de la partie de l'Espagne soumise aux Ommiades[1].

Les règlements municipaux des manufactures de Séville et de Grenade prouvent l'état prospère et la sage administration de ces établissements durant le Moyen Age[2]; quant au luxe qui y prenait sa source, il suffit, pour en donner l'idée, de signaler les draps d'or et de soie aussi nombreux que variés, offerts en 1327, par Don Pèdro de Luna, archevêque de Saragosse, à l'infante Léonor de Castille, sœur d'Alphonse XI, à l'occasion du mariage de cette princesse avec Alphonse IV, roi d'Aragon[3], et, les cent vingt-cinq coffres remplis d'étoffes d'or et de soie, trouvés à Tolède lors du décès et dans la maison de Don Samuel, ministre de Don Pèdro-le-Cruel (1360)[4].

Je n'étendrai pas au delà du XIVe siècle mon aperçu historique de la séricieulture en Espagne; aller plus loin serait outrepasser le but que je me suis proposé et m'écarter un peu trop de la mitre de Brignoles[5]. Néanmoins, je n'y saurais re-

[1] De Santarem, loc. cit., p. 41.

[2] F. Michel, loc. cit., t. I, p. 286.

[3] *Cronica de Don Alfonso el onceno*, por Don Francisco Cerda y Rico, part. I, c. 81, p. 146, Madrid, 1787, in-4°. — Don Pèdro de Luna était frère utérin de Don Jayme II, père d'Alfonse IV.

[4] *Cronica del rey Don Pedro*, por Don Pedro Lopez de Ayala, c. 22.

[5] Je ne puis cependant oublier un passage de l'historien arabe Abou Abdallah ben al-Khatib, cité par M. F. Michel, loc. cit., t. I, p. 289. Il y est dit qu'Almeria fabriquait le *dibaj*, drap de soie très-solide, et le *tiraz*, sur lequel on inscrivait le nom des sultans et des grands personnages, étoffe très-précieuse dont il n'existait pas moins de 800 métiers. Le *holal* et le brocart, l'*iskalaton*, l'*al-jorjani* (géorgien) l'*isbahani* (ispahanais) et l'*atabi* occupaient chacun mille métiers. Quant aux damas de couleurs gaies et éblouissantes pour rideaux ou turbans de femmes, ils employaient autant de bras que ceux énumérés au compte des articles ci-dessus. — On trouvera encore dans les *Re-*

venir avant d'avoir rigoureusement constaté l'origine péninsulaire de quelques étoffes déjà connues, étoffes qui doivent me servir de termes de comparaison.

M. l'abbé Bock a publié un damas rose que, sans trancher la question, il attribue soit à l'Égypte, soit aux ateliers mauresques de l'Espagne (XIIIe siècle)[1]. Je ne puis nier qu'un certain air de famille n'existe entre cette étoffe et les portes, clôtures ou décorations de plusieurs monuments arabo-égyptiens, tels que les mosquées de Qous, El-Khanqeh, El-Gaouly, El-Moyed, El-Aschrafieh, qui toutes datent à peine du XVe siècle; mais l'analogie disparaît lorsque l'on s'adresse à une construction vraiment ancienne, comme la mosquée d'Ebn-Touloun au Kaire (878)[2]. Au contraire, des rapports incontestables surgissent dès que l'on met en présence la planche du savant allemand et les archivoltes, voire les arcs polylobés du *mihrab* de la mosquée, aujourd'hui cathédrale de Cordoue (Xe siècle), et l'ornementation des baies extérieures de cet édifice. De semblables rapports, moins directs, il est vrai, peuvent s'établir avec les arabesques de l'Alhambra ou le *Moristán* de Grenade (XIIIe-XIVe siècle)[3], et, tout en déduisant de telles relations, que le damas précité est bien hispano-arabe, on serait disposé à le classer dans une époque intermédiaire, si les élégants cartouches dont il est orné ne renfermaient des caractères analogues aux lettres des inscriptions de Cordoue. Je pense donc que le dessin réellement original de M. Bock touche de très-près aux décorations faites par ordre

chercheas, etc., t. II, p. 302, une série de noms d'étoffes espagnoles, empruntés à un tarif de Saragosse, daté de 1675.

[1] *Geschichte der liturgischen Gewänder*, etc., I band, I lief., s. 41, taf. VI.

[2] V. les quatre ouvrages très-importants de M. Girault de Prangey sur l'Art des Arabes, et les publications bien connues de M. Gailhabaud.

[3] GAILHABAUD, *Monum. anciens et modernes.* — *L'Architecture du Ve au XVIIe siècle.*

du kalife Alhakem II dans le sanctuaire de la mosquée des Abdérames (fin du Xe siècle).

Le R. P. Cahier voudrait donner aux fabriques byzantines imitant le style oriental, un tissu, vert, rose et or, trouvé dans la châsse de Charlemagne (XIIe siècle)[1] ; je ne me résoudrai jamais à partager ce sentiment. D'abord, créateur ou copiste, l'art byzantin est toujours lourd et mathématiquement symétrique jusque dans ses caprices, qualités ou défauts peu applicables aux arabesques, paons et griffons, qui diaprent l'étoffe d'Aix-la-Chapelle[2] ; puis, sur la poitrine de ces derniers animaux, s'étale un cartouche rectangulaire orné d'une légende pseudo-arabe, laquelle présente de très-appréciables analogies avec les inscriptions espagnoles du XIe siècle[3]. Ajoutant la circonstance de certaines fleurs-de-lys, qui, si elles ne sont pas arabes, appartiennent à l'Europe occidentale[4], à des réminiscences évidentes de Cordoue et de Grenade, l'origine péninsulaire du linceul offert par Frédéric Barberousse à son illustre prédécesseur demeure suffisamment établie. Je nommerai tout à l'heure l'atelier chrétien qui fabriqua ce magnifique suaire.

Mes conclusions adoptées à l'égard du précédent tissu, il serait difficile de refuser le même cachet espagnol au mani-

[1] *Mélanges d'Arch.*, t. II, pl. XIII et XIV, p. 103.

[2] Je renvoie pour vérifier mon assertion aux autres tissus trouvés dans la châsse de Charlemagne, *Mél. d'Arch.*, t. II, pl. IX à XII, au suaire de Saint-Victor, *Port. arch.*, TISSUS, pl. IV, etc., etc.

[3] A. DE LONGPÉRIER, *De l'Emploi des caractères arabes dans l'ornementation chez les peuples chrétiens de l'Occident. Revue archéol.*, t. II, p. 690. Ce curieux mémoire renfermant des aperçus neufs, exposés avec la netteté d'esprit qui caractérise l'auteur, servira de point de départ à toute étude consciencieuse sur les légendes pseudo-arabes.

[4] V. les pl. XIII, n° 17, XV, n° 18, et XVI, n° 23 des *Recherches sur l'Origine du blason*, par M. A. DE BEAUMONT.

pale vert et or, que j'ai vu dans la collection de M. l'abbé Gaudion, curé de Notre-Dame-la-Major, à Arles[1]. Le R. P. A. Martin, qui a calqué et raccordé les fragments de ce précieux damas, de manière à obtenir un ensemble complet du dessin, en a bien soupçonné la véritable provenance, mais avec son habituelle réserve, apanage du savoir, il s'est abstenu de rien affirmer[2]. Moins prudent ou plus téméraire, je n'hésiterai pas, et j'ai déjà manifesté mon sentiment il y a quatre ans, à restituer aux manufactures espagnoles, ces aigles à tête de lion, ces griffons à tête d'aigle et surtout ces arabesques, imitation presque servile du grand style de l'étoffe d'Aix-la-Chapelle, et, dont les détails trop entassés révèlent l'inconvénient de copier une copie[3].

Que maintenant l'on rapproche les trois monuments ci-dessus de la mitre de saint Louis, leur corrélation est palpable; donc si les premiers sont espagnols, notre coiffure l'est aussi. Par les vrilles et l'aspect général de la végétation, elle procède de l'*holosericum* de M. Bock; elle emprunte au suaire de Charlemagne ses encadrements concentriques, ses guirlandes de palmettes alternantes, ses accolades fleurdelysées, ses fougères, les parties métalliques, les cartouches[4] et jusqu'aux médaillons circulaires des ailes de ses oiseaux. Or, la

[1] *Rapport*, etc., 1857, p. 50.

[2] *Mélanges d'Arch.*, t. IV, pl. 24 et 25, p. 261.

[3] Le R. P. A. MARTIN, *Mél. d'Arch.*, t. IV, p. 261, reprend à son tour l'étoffe d'Aix et en fait une imitation italienne de l'art oriental. Noble Espagne, c'était bien la peine de produire la mosquée de Cordoue, l'Alhambra, la Cathédrale de Burgos et tant d'autres merveilles musulmanes ou chrétiennes, pour te voir contester à plaisir le droit d'avoir fourni un suaire au grand Empereur!

[4] Le bandeau à bâtons rompus qui contourne la poitrine des aigles de Brignoles, est certainement une réminiscence du cartouche pseudo-arabe des griffons d'Aix-la-Chapelle, lequel cartouche n'est lui-même qu'une imitation des colliers qui parent certains animaux appartenant à l'archéologie orientale. De caractères précédemment altérés par l'ouvrier chrétien du XIIe siècle, le *canut* du XIIIe, à son tour, n'a pu tirer qu'un ornement insignifiant.

presque totalité de cette ornementation, plus les caissons hexagones et un procédé très particulier pour exprimer les pennes caudales, étant communs à la fois aux damas d'Arles et de Brignoles, ne faudra-t-il pas admettre entre ces deux étoffes, un synchronisme que confirme encore leur parfaite similitude de métier. Je ne crois donc pas blesser la vraisemblance, en avançant que le manipule de M. l'abbé Gaudion appartenait au legs fait par l'Évêque de Toulouse aux Franciscains de Brignoles; la faible distance qui séparait d'Arles leur couvent, les troubles religieux du XVIe siècle ne démentiront pas mon assertion.

Peu de choses me restent à dire. Saint Louis d'Anjou, habitant les frontières de l'Espagne où il fit même un voyage pendant la courte durée de son épiscopat, allié par le mariage de son frère Robert à la maison d'Aragon[1], devait naturellement employer les marchandises d'un royaume auquel il tenait par le double lien de la parenté et du voisinage, marchandises que sa longue captivité en Catalogne lui avait d'ailleurs appris à connaître. Aussi c'est à Saragosse, chrétienne dès 1118, à Saragosse dont un trouvère du XIIIe siècle chante les draps d'or et de soie [2], que j'attribuerai sans

[1] Saint Louis consacra l'église des Cordeliers de Barcelone sous le vocable de Saint Nicolas P. ANSELME, *Hist. généal. de la Maison de France*, t. I, p. 408. — Robert épousa à Rome, en mars 1297, Yolande fille de Pierre III, roi d'Aragon; cette princesse étant morte à Termini (1302), Robert se remaria en 1304 avec Dona Sancia, fille de Jayme I, roi de Majorque. *Id.*, *Ibid.*

[2] Vels fu d'un drap sarragoçois
D'or et de soie trestos frois

Hector fu vestus richement
D'un drap vermel sarragoçois
Ouvrer (*sic*) d'un lioncel d'orfrois

Je n'emprunte ici que deux citations, aux quatre faites par M. F. Michel.

hésiter les étoffes de Brignoles et d'Arles. Quant au suaire de Charlemagne, ses types décoratifs, son cartouche pseudo-arabe, la protection éclairée dont les monarques espagnols entourèrent l'industrie manufacturière des provinces reconquises sur les Musulmans, permettent à mon sens de l'accepter comme un *drap saragoçois* du temps de Ramire II ou de Raymond Bérenger (1134-1162).

Je serai bref au sujet du bout de galon dessiné sur ma planche (B) au-dessous de la mitre. Il repose, garanti par un verre, dans la châsse mentionnée plus haut ; son tissu, or et soie bleue et rouge, à carrés, frettes et bâtons rompus, me porte à le croire sicilien, et, d'après sa largeur, 0,082^{m}, il a dû appartenir à la chasuble dévolue au couvent de Brignoles, celle peut-être dont le manipule de M. l'abbé Gaudion demeure l'unique épave.

CHAPITRE V.

LA MITRE.

§ 1

La Mitre chez les anciens.

Selon Joseph Scaliger, *Mitra* en syriaque, [illegible] en grec,

Recherches, etc., t. I, p. 291. — Je comptais trouver dans le *Dictionnaire géographique* du docteur Don Seb. de Miñano, quelques renseignements sur les manufactures de Saragosse encore florissantes en 1675 ; j'y vois qu'en 1828 cette ville possédait un établissement de charité, *Casa de misericordia*, où 700 individus des deux sexes, jeunes et vieux, gagnaient leur existence à filer la soie, *con el hilado de seda*, voilà tout. *Diccionario*, etc., t. X, p. 79, col. I. — Espérons que le gouvernement progressif de S. M. la reine Isabelle II a pu améliorer cette situation.

Vitta en latin, signifiaient une seule et même chose [1]. Macri fait venir Μίτρα de Μίτος, fil, « id est ligamen cum quo ligabatur mitra [2], » opinion précédemment émise par Boulanger [3]. H. Estienne, après avoir traduit Μίτρα par *cinctus*, *cingulum*, ajoute : « ne qui εἴλημα laneum (enveloppe, voile de laine), esse dicunt, ἀπὸ τῶν μίτων, a filis denominatum, μίτραν volunt [4]. »

Quelque soit son étymologie, la mitre était une coiffure asiatique, remontant à la plus haute antiquité, puisqu'il en est parlé dans les livres de Moïse. Hérodote donne aux Cissiens, peuple de la Susiane, l'épithète de μιτροφόροι (porteurs de mitres) [5] et Théocrite, déifiant Alexandre, le traite de « Dieu à la mitre bariolée [6]. »

M. Rich a reconnu un spécimen de la mitre persique, sur la grande mosaïque de Pompéi, au musée de Naples; l'un des compagnons de Darius a la tête, le cou et les épaules enveloppés d'une pièce d'étoffe, agencée à peu près comme le *haïck* des Arabes [7]. L'opinion du savant anglais est que le mot Μίτρα, dans son sens général et primitif, désignait une longue écharpe, garnie à son extrémité de cordons destinés à l'attacher lorsqu'on voulait s'en servir. On ne pourrait expliquer autrement le passage de Callixène, cité par Athénée,

[1] *Verborum etymologiæ*, p. 172, ap. M. Ter. Varronis *opera quæ extant*, in-12, 1581.

[2] *Hierolexicon*, Mitra.

[3] *Opusc. syst.*, t. I, *lib. de veste pont. et sac.*, c. 6, p. 9.

[4] *Thes. linguæ græcæ*, ΜΙΤΡΑ.

[5] *Polymn.*

[6] Πέρσαισι βαρὺς θεὸς αἰολομίτρας.

Idylle 17, *Hym. sur Ptolémée*, 10.

Personne n'ignore qu'Alexandre, après la mort de Darius, adopta le costume des Perses.

[7] *Dict. des ant.*, Mitra, fig. 2.

où il est question d'une statue colossale de Bacchus, tenant dans la main gauche un thyrse autour duquel s'enroulait une *mitra* [1]. Différents objets relatifs au culte de Bacchus, représentés sur un bas-relief du musée Pio-Clémentin, confirment cette interprétation du texte de l'écrivain grec; parmi eux se trouve un thyrse avec une longue écharpe ou *mitra*, pendante à l'extrémité de sa hampe, absolument comme les cravates de nos drapeaux [2]. Partant de là, il sera facile de comprendre, pourquoi Homère et Callimaque ont appliqué le mot Μίτρα tant au ceinturon du soldat qu'à la ceinture des femmes [3], et, pourquoi Athénée a employé les expressions μιτροχίτων (tunicam mitra cingens), ἀμιτροχίτων (cujus tunica cincta non est) [4].

Les anciens donnaient aussi le nom de *Mitra* au bonnet phrygien qui, dans les œuvres d'art, caractérise les Troyens. Ce bonnet, à pointe recourbée, s'attachait sous le menton;

> Et nunc ille Paris, cum semiviro comitatu,
> Mæonia mentum mitra, crinemque madentem
> Subnixus, rapto potitur :

avec des cordons;

> Et tunicæ manicas, et habent redimicula mitræ [5].

à quoi Servius, dans son Commentaire, ajoute le supplément d'un gland de perles : « Mitra.... incurvus pileus de quo pendebat baccatum regimen [6]. » Une médaille de Mithridate V, roi

[1] *Athen.*, V, 28.
[2] *Dict. des ant.*, loc. cit., fig. 1
[3] *Iliad.*, IV, 137. — *Hymn. in Jov.*, 21.
[4] Ap. *Thes ling græc.*, loc. cit.
[5] *Enéid.*, IV, 215, et IX, 616.
[6] *Com.* sur le vers 216 du l. IV de l'*Énéide*.

de Pont, offre une curieuse variété de cette sorte de mitre; elle consiste en un cône droit, muni d'un ample couvre-nuque, le tout garni de perles, avec des rubans flottant sur l'occiput [1]. Les prêtres Guèbres ou Parsis, lorsqu'ils prient devant le feu sacré, usent encore d'une mitre qui participe à la fois de celle de Mithridate V et du bonnet phrygien [2].

D'après le lexique d'Hesychius, la mitre était un diadème à l'usage des barbares, *διάδημα βαρβαρικόν*. Le grammairien Eustathe abonde dans le même sens, car appuyé sur deux citations d'Hérodote et d'Euripide, il entend par Μίτρα, un bandeau entourant la tête, *επι τῆς περί κεφαλὴν ταινίας* sive *φασκίας* [4]. Mais ailleurs, cet écrivain rapportant sur ouï dire, que les mitres étaient des couronnes composées de bandelettes et d'écharpes, *φάμενοι ὅτι μίτραι κυρίως οἱ ἀπό φασκίων καί ὡραρίων στέφανοι* [5], et, l'auteur d'un *Etymologicon* ancien ajoutant à une définition identique, que par abus l'on appelait mitre toute espèce de couronne, *εν καταχρήσει δὲ πᾶς στέφανος μίτρα λέγεται* [3], je pense que, confondant ensemble, et le voile, et le ruban qui l'attachait, on avait fini par appliquer le nom générique de mitre à une coiffure très-analogue au *keffieh* que portent aujourd'hui les Syriens des deux sexes [6].

[1] MALLIOT, *Recherches sur les costumes, etc. des anciens peuples*, t. II, pl. 22, fig. 7, d'après Beger.

[2] *Hist gén. des cér. rel.*, t. V, *Cérém. rel. des Parsis*, pl. 2.

[3] Ap. *Thes. ling. græc.*, ΜΙΤΡΑ.

[4] *In Iliad.* Δ.

[5] Ap. D. H. MÉNARD, *S. Greg. op. omnia*, in-fol., 1705, *Notæ in Sacr.*, t. III, col. 558.

[6] Le *keffieh* est une grande écharpe ou voile rayé d'or, recouvrant une calotte et maintenu sur le sommet de la tête au moyen de cordons tressés en couronne. V. A. DE BEAUMONT, *Rech. sur l'orig. du blason*, pl. VIII, fig. 2. ATHÉNÉE, lib. 12, doit l'entendre ainsi quand il dit qu'Alcibiade pavoisa ses galères de mitres et de bandelettes, ἐστεφάνωσε τὰς Αττικὰς τριήρεις θαλλῷ, καί μίτραις καί ταινίαις.

Dans cette dernière catégorie doivent rentrer, à mon avis, les mitres ornées de pierreries des rois ou brames indiens et celles que Lucien et Athénée [1] attribuent aux prêtres de la déesse de Syrie. Personne n'ignore la coutume des païens en général, de se voiler la tête quand ils offraient un sacrifice et peut-être ne serais-je pas loin de la vérité si je me risquais à trouver dans le vers de Virgile,

> Et capita ante aras Phrygio velamur amictu [2].

l'expression de la mitre iératique des Gentils.

L'usage de la mitre était commun aux hommes et aux femmes. Judith se parant pour aller séduire Holopherne, couvre sa tête d'une mitre. Isaïe compte la mitre parmi les ornements dont la colère céleste va dépouiller les filles d'Israël. Enfin, Baruch invitant Jérusalem à quitter ses habits de deuil, lui annonce que Dieu placera sur sa tête une mitre en signe d'honneur éternel [3]. On rencontre l'exemple de ces coiffures sur deux médailles, d'Amisus (nord du Pont) et de Beryte [4]. La dernière surtout, type de la mitre syrienne, est de forme conique, maintenue par des bandelettes, avec un voile pardessus. De l'Asie, cette mode s'étendit à la Grèce, où, suivant Pline, les femmes portaient des mitres bigarrées [5]. M. Rich en fournit la représentation, empruntée à un buste

[1] Strabon, lib. 15; Philostrate, *Vie d'Apollonius*, lib. 2, c. 11; Lucien; cit. par Catalani, *Pont. Rom.*, t. I, c 19, *Prolegom.* — Athenée, l. 14.

[2] *Enéid.*, III, 545. — Claudien dit aussi « mitra velatus », *De laud. Stilic.*, I, 150.

[3] Judith, 10, 30. — Isaïe, 3, 18 et 20. — Baruch, 5, 2.

[4] Malliot, t. II, pl. 22, 7 (Pelérin) et pl. 29, 8 (Beger).

[5] « Capita mulierum mitris versicoloribus. » *Hist. nat.*, XXXV, 9.

antique de la galerie de Dresde [1]. C'est une écharpe rayée, disposée avec beaucoup de coquetterie sur le sommet de la tête; l'une des extrémités entoure le menton et vient se réunir à l'autre bout pour former un nœud derrière l'oreille gauche. Introduite à Rome par les étrangers, la mitre y devint la coiffure des personnes âgées et des courtisanes; le vers de Juvénal

Ite quibus grata est picta lupa barbara mitra [2].

prouve qu'elle ne subit aucun changement en Italie.

Le triomphe du Christianisme fit subir à la mitre un revirement singulier, des femmes perdues elle passa aux vierges consacrées au Seigneur. Saint Optat de Milève (IVe siècle) la mentionne plusieurs fois dans sa polémique contre les Donatistes, sous les noms de *mitra* et de *mitrella*; l'Évêque la posait lui-même sur le front des Religieuses en signe de leur mariage spirituel; elle était d'or ou indifféremment de laine teinte en pourpre, sans que rien de particulier fût prescrit à cet égard [3]. Saint Isidore de Séville (VIIe siècle) définit ainsi la mitre : « Mitra est pileum phrygium caput protegens, « quale est ornamentum capitis devotarum, sed pileum vi- « rorum est, mitra autem fœminarum. Redimicula autem « sunt quibus mitræ alligantur.... mitra ex lana est. Rigula

[1] *Dict. des ant.*, loc. cit., fig. 4. On y reconnaît les στεφάνους γυναικείους d'Eustathe.

[2] *Sat.* III, 66. — V. aussi Ovide, *Fast.* IV, 517, Properce, IV, 5, 70, etc.

[3] « Ab eo comprehensam puellam, cui mitram ipse imposuerat, a quo paulo ante pater vocabatur, etc. » *Adv. Donat.*, lib. II. — Nec ulla sunt præcepta conjuncta, vel de qua lana mitrella fieret, vel de qua purpura pingeretur, non enim panno hoc potest virginitas adjuvari. » — « Res inventa est ad signum capitis non ad remedium castitatis.... spirituale nubendi hoc genus est. » — « In mitrella indicium est voluntatis, non castitatis auxilium.... signum est ergo, non sacramentum. » *Ib.*, lib. VI.

« est mitra virginalis capitis[1]. » Dans un autre ouvrage, le même écrivain s'adresse aux vierges en ces termes : « atque « mitram, quasi coronam virginalis gloriæ, in vertice præ- « ferat[2]. » Une lecture superficielle des textes que je viens de citer, rendrait leur conciliation difficile. Il est en effet impossible de comprendre des Religieuses, coiffées du bonnet phrygien brillant d'or et de pourpre, sous un climat où le soleil, sinon les mœurs, obligent tout le monde à se garantir la figure, et, de trouver dans ce bonnet la moindre analogie avec une couronne. Le correctif apparaît heureusement dans la dernière phrase de ma citation des *Origines*. La *ricula*, diminutif de *rica*, sorte de voile, ne pouvait être un bonnet phrygien, non plus que la *mitella* (μιτρίον), coiffe ou bandeau en forme de pointe porté par les Grecques autour de la tête[3], et, si la première était la *mitra* des jeunes filles, admettra-t-on le *pileum phrygium in capite devotarum*. Il y a là certainement une confusion faite par le grand évêque de Séville entre des habitudes qui peut-être n'existaient plus de son temps, et, m'autorisant d'une partie de son texte, je dirai que la *mitra* ou *mitella* des chrétiennes consacrées à Dieu, était un simple voile de laine fixé sur la tête par un bandeau d'or ou de pourpre noué avec des cordons, ou tout au moins un bonnet recouvert d'un voile. On trouverait peut-être quelques réminiscences de ces coiffures sur certaines planches d'un Recueil hagiographique, publié par Van Lochom ; diverses Saintes, Abbesses et fondatrices d'Ordres orientaux, y ont la

[1] *Orig.*, lib. 19, c. 30.

[2] *De Eccl. officiis*, l.b. 2, c. 17, *De Virginibus*.

[3] « *Rica*, pièce de drap carrée et bordée d'une frange que les femmes portaient comme un voile sur la tête, surtout quand elles faisaient des sacrifices. » RICH, *Dict des Ant.*, RICA., MITELLA. — VARRON, *De ling. lat.*, lib. 4, p. 32, éd. cit.

tête enveloppée d'un voile maintenu par une écharpe posée en diadème [1]. Du Saussay et M. Bock sont, à mon sens, dans le vrai, quand ils admettent une analogie entre l'amict paré et la *mitella* [2].

§ II

Mitre sacerdotale des Juifs.

Lorsque Moïse conféra le sacerdoce à Aaron et à ses fils, il leur prescrivit des vêtements particuliers, au nombre desquels apparaît la mitre. Pour les simples prêtres, elle était de fin lin ou de coton, attachée avec des bandelettes; « et mitras « cum coronulis suis ex bysso. » Le Grand-Prêtre y ajoutait une lame d'or, où le nom de Dieu brillait en pierres précieuses, maintenue contre sa coiffure à l'aide d'un ruban bleu ou violet; « et strinxerunt eam cum mitra vitta hyacinthina [3]. » L'historien Flavius Josèphe qui devait connaître à fond le costume des prêtres juifs, puisqu'il appartenait lui-même à la caste sacerdotale, décrit ainsi leur coiffure : « Super caput « gestat pileum non fastigiatum, ἄκωνον, neque totum caput

[1] *Fundatrices reformatrices etc. omnium ordinum Eccl. Dei*, pet. in-4°, Michel Van Lochom, exc., 1639, pl. 12, « B. Maria, abbat. monial. inst. S. Hilarionis » (325), et 22, « S. Paula, fund. inst. S. Hieronymi » (386). La pl. 24 représente « S. Perpetua, fund. mon. reg. S. Augustini, cujus fuit soror » (390), coiffée d'un bonnet conique, recouvert d'un grand voile de *stauracin* qui descend jusqu'aux pieds. — V. aussi l'*Histoire du clergé séc. et reg.*, Amsterdam, 1707, in-12, t. IV, *Religieuses d'Orient*, pl. 1 à 13.

[2] *Pan. episc.*, lib. I, c. III, p. 50. — *Geschichte der lit. Gewänder*, b. II, s. 25. — MACRI, *Hierolexicon*, MITRA, l'entendait peut-être ainsi : « In Africa « erat signum virginitatis Deo dicatæ, sicut hodie est velum in monialibus, « quæ erat lanea, purpurei coloris et dicebatur *mitrella* ac *mitella*. »

[3] *Exod.*, 29, 9. — 39, 26, 26, 29 et 30. V. aussi *Lévit.*, 8, 13, et *Ecclesiast.*, 45, 14.

« comprehendentem, sed paulo plus quam medium. Hic vo« catur *μασναεμφθής*. Est autem tali paratu ut videatur vitta « linea sæpe in orbem replicata et consuta, quam superne « alia tela integit usque ad frontem descendens et per super« ficiem verticis suturarum deformitatem occultans. » Plus loin le même auteur, parlant du Grand-Prêtre, dit : « Porro « pileo quali cæteri sacerdotes utebatur : super quem extat « alius consutilis, *συνεραμμένος*, ex hyacintho variatus. Hunc « aurea corona triplici ordine circumdabat, *περιέρχεται δὲ « στέφανος χρύσεος, ἐπὶ τριστοιχίαν κεχαλκευμένος*, in qua specta« bantur calyculi aurei, *κάλυξ*. » Après un long commentaire sur ce *calyculus*, bouton ciselé en forme de calice de fleur, Josèphe continue : « Ejusmodi corona ab occipitio cir« cum tempora utraque procedebat, nam frontem isti calyculi « non ambiebant, sed ceu lorum, *τελαμών* (bande, bandelette), « quoddam latum aureum, quod sacris characteribus Dei no« men incisum habebat [1]. » Environ trois siècles après, saint Jérôme, dans une lettre à Fabiola, reproduisait en termes presqu'identiques la description de l'historien hébreu [2], ajoutant seulement ce détail sur la lune d'or, *siszaab*, du Grand-Prêtre : « Hæc super pileolum lineum et commune omnium « sacerdotum, in Pontifice plus additur, ut in fronte vitta

[1] *Ant. Judaic.*, lib. III, c. 8, *De pont. ac sacerd. ornatu*, p. 84, F et 86, A, D in-fol., Genève, 1611.

[2] « Quartum genus est vestimenti rotundum pileolum, quale pictum in « Ulysse conspicimus, quasi sphæra media sit divisa, et pars una ponatur in « capite : hoc Græci et nostri τιάραν, nonnulli galerum vocant, *missnephet* : « non habet acumen in summo, nec totum usque ad comam caput tegit ; sed « tertiam partem a fronte inopertam relinquit : atque in occipitio vitta con« strictum est ut non facile labatur ex capite. Est autem byssinum et sic « affabre opertum linteolo, ut nulla acus vestigia forinsecus appareant. » S. Eus. Hieronymi *opera*, in-fol., Paris, 1690, t. II, *De vest. sac.*, col. 579, ad fin.

« hyacinthina stringatur, totamque Pontificis pulchritudi- « nem, Dei vocabulum coronet et protegat[1]. » De ces textes, à défaut de monuments figurés, quel parti ont tiré les auteurs de traités sur la matière? Eu égard à la mitre des simples prêtres, *migbaoth*, Braun, après avoir laissé entendre que c'était une longue bande d'étoffe roulée autour de la tête comme le turban oriental, donne une planche où ladite bande, transformée en long sac muni de cordons à l'entrée, offre dans son emploi une certaine analogie avec l'*hucette* (bonnet de nuit) de nos ancêtres[2]. Bonanni et M. Bock, à quelques variantes près, suivent les errements de Braun[3]. Autre chose pour la tiare du Grand-Prêtre; Braun la représente en triple expédition. D'abord, une coiffure du même genre que la mitre sacerdotale, mais sphéroïdale au lieu d'être conique, coupée verticalement en deux par un ruban qui soutient le *ziszaab*, diadème attaché sur le front; puis une espèce de turban colossal; enfin, une calotte ronde ornée de la couronne à trois rangs de calices, décrite par Josèphe[4]. Il ne m'appartient pas de combattre des savants dont le nom seul fait autorité; je me permettrai néanmoins de ne pas être tout-à-fait de leur

[1] *Loc. cit.*, col. 581, ad fin.

[2] *Vestitus sacerdotum Hebr.*, 2 vol. in-4°, Amsterdam, 1680, lib. II, c. 4, XII, p. 513. — *Id.*, *ibid.*, 2 pl., p. 534. — On lit cependant, *id.*, *ibid.*, X, p. 511 : « Habemus quidem et hodie pileos nocturnos, ex lino factos, sed ad « certam aliquam formam consutos ; veterum autem tiaræ byssinæ, præsertim « nostrorum pontificum tales non fuerunt. Erant enim nihil aliud, quam inte- « gra quædam fascia, aut tela aliquot ulnarum ad involvendum caput. »

[3] *La Gerarchia eccl.*, pl. 2. — *Geschichte*, etc., b. 1, lief. 3, taf. 1, fig. 4, II et IV.

[4] Braun, *loc. cit.*, pl. p. 799 et 822, 823, 817. Cette dernière est empruntée au P. Villalpand, *In Ezech. explanationes et appar. urbis ac templi Hierosol.*, *etc.*, t. II, 3 vol. in-fol., Rome, 1596-1606. — V. aussi Bonanni, *loc. cit.*, pl. 3 et 4 ; Bock, *loc. cit.*, taf. 3, etc., etc.

avis. Si j'ai bien compris Josèphe et saint Jérôme, le bonnet des prêtres juifs consistait en une calotte ronde avec une écharpe de lin roulée à l'entour[1], véritable turban recouvert d'un voile qui descendait sur le front. C'est ainsi qu'a dû l'entendre D. Calmet, en coiffant ses figures d'une sorte de *keffieh* écourté et sans plis. Je crois que si l'illustre Bénédictin eût eu sous la main un bon dessin des costumes actuels de la Syrie, il n'aurait pas hésité à le reproduire comme rendant exactement une pensée que je m'honore de partager. Dom Calmet n'a pas été aussi judicieux relativement au Grand-Prêtre, le *pileus* ovoïde et pointu qu'il lui met sur la tête ne répond à aucun des textes précités[2]. Le *misznephet* et le *migbaath* n'étant, Braun l'avoue, qu'une seule et même chose, quoique cet écrivain veuille attribuer au second plus d'élévation qu'au premier[3], il ne peut y avoir entre les deux d'autre différence que dans la couleur du voile, monochrôme pour les prêtres, rayé de blanc et d'hyacinthe (*συνεραμμένος*, cousu ensemble, par extension tissé) pour le Pontife. Quant au *siszaab* sur lequel on lisait le tétragramme sacré, et, à la couronne ciselée, Braun a, dans la gravure qu'il a éditée, tiré tout le parti possible de la description fournie par Josèphe et saint Jérôme[4].

La manière dont les Juifs revêtent encore aujourd'hui le *tallès*, *thaled* ou *taled*, pièce d'étoffe oblongue en laine blanche, garnie aux angles de cordons et de houppes bleues (*zizis*)[5], et qu'ils mettent en priant, pardessus le chapeau, se-

[1] « Circumvolvunt (*caput*) aliquoties, ligantque volucrum super volucrum. » MAIMONIDES, *Halach Hele Hammikd*, c. 8.

[2] *Dict. hist. de la Bible*, t. III, coiffure des prêtres, pl. aux p. 265 et 271, *id.* du Pontife, pl. à la p. 270.

[3] *Loc. cit.*, XIV, p. 518, XV, p. 519.

[4] *Loc. cit.*, pl. p. 817, fig. 1 et 2.

[5] Le *thaled* est un voile dont les Juifs s'enveloppent la tête et les épaules

rait peut-être une réminiscence de leur coiffure sacerdotale. Le *thaled*, il est vrai, est formellement prescrit par Moïse, mais le législateur en ordonnant aux Hébreux de coudre des *fiocchi* aux angles de leurs manteaux, s'est tu sur la manière de se couvrir de ces vêtements[1].

La sagacité du lecteur voudra bien suppléer aux nombreux développements qu'il m'eût été facile de donner aux exposés ci-dessus; j'ai dû y omettre tous les détails non rigoureusement nécessaires à l'intelligence du paragraphe suivant.

§ III

Origines et formes primitives de la mitre épiscopale.

L'antiquité de la mitre épiscopale a été l'objet d'une controverse très-vive. Onofrio Panvinio, cité par Georgi, rapporte au VIIe siècle l'usage de cette coiffure[2] et D. Hugues Ménard ne veut pas qu'elle soit antérieure à l'an 1000[3]. André du Saussay et Joseph Visconti se prononcent énergiquement pour l'opinion contraire[4]; quant au judicieux Bona, il pense que si la mitre actuelle est relativement moderne, on ne peut méconnaître, dès les temps apostoliques,

quand ils sont à la synagogue. Suivant BUXTORF, « Vestis hæc una cum fimbriis equidem deberet esse hyacinthina, sed... communiter ea faciunt alba. » (*Synag. Judaicæ*, c. IX, p. 162, Bâle, 1661). V. outre le commencement du chap. IX de l'ouvrage de BUXTORF, le *Dict. hist. de la Bible*, t. III, THALED, et l'*Hist. gén. des Cérem. rél.*, t. I, p. 104, pl. fig. A et F.

[1] *Num.*, XV, 38. — « Funiculos in fimbriis facies per quatuor angulos pallii tui quo operieris. » *Deut.*, XXII, 12.

[2] *Expl. vocum obsc. Eccl.*, ad calcem. *Vit. Rom. Pontificum.*

[3] S. GREGORII MAG. Op., in-fol., 1705, t. III; *Notæ in Sacrament.*, col. 557.

[4] *Panop. episc.*, lib. I, c. 2 et 3. — *De Appar. Missæ*, lib. III, c. 29 à 33.

l'existence d'un ornement de tête propre, sinon à tous les Évêques, du moins à quelques-uns [1].

Le silence des anciens sacramentaires, des *Ordo*, du Pontifical manuscrit de Rouen et des liturgistes antérieurs au XIe siècle, sert de base principale à l'argumentation des opposants à l'antiquité de la mitre. Ils s'appuyent aussi sur un passage du faux Alcuin, qui, décrivant la tiare des Pontifes Juifs, ajoute : « Hujuscemodi vestis non habetur in « Romana Ecclesia vel in nostris regionibus. Non enim mo- « ris est ut pileati divina mysteria celebrent [2]. » Du Saussay répond à cette objection, qu'Alcuin voulait parler de la coiffure spéciale à Aaron, et, que les Évêques ayant toujours la tête découverte lorsqu'ils prient, consacrent ou communient, on ne peut rigoureusement trouver, dans l'autorité invoquée, la négation absolue d'un insigne porté ailleurs qu'à l'autel. Le savant Évêque de Toul explique encore la nudité de tête, observée sur les anciennes images, par le désir naturel aux artistes d'obtenir une ressemblance plus rigoureuse; il combat également certaines interprétations de textes historiques [3], et, si les raisons fournies par lui ne sont pas toujours victorieuses, l'on doit s'en prendre bien plus à un défaut d'études critiques sur les monuments figurés, qu'à la sagacité du liturgiste.

Quoique le mot *Mitra*, appliqué à la coiffure épiscopale, n'apparaisse pas avant le VIIIe siècle, il n'en est pas moins

[1] « Ego autem crediderim utramque opinionem posse facillime conciliari, si « dixerimus, mitram quidem qualis est hodie, nuperum ornatum esse..... ne- « gari tamen non posse quin a temporibus Apostolorum aliquod fuerit capitis « ornamentum, quo peculiariter, si non omnes, aliqui saltem Episcopi usi « sint. » *Rerum lit.*, lib. I, c. 24, XIV.

[2] *De div. Offic.* c. *De sing. Vestibus.*

[3] *Loc. cit.*, II, p. 9 et suiv.

certain que les hommes promus au plus haut degré du sacerdoce ornaient leur tête, de temps immémorial, d'un insigne particulier; les preuves abondantes de ce fait ne laissent que l'embarras du choix. D'après saint Épiphane, le premier Évêque de Jérusalem, saint Jacques dit le frère du Sauveur, portait une lame d'or sur le front, οὗτος ὁ Ἰάκωβος καὶ πέταλον ἐπὶ τῆς κεφαλῆς ἐφόρεσε [1], et Polycrate, évêque de Corinthe, écrivain du IIe siècle, donne le même attribut à saint Jean l'Évangéliste [2]. Cette marque de dignité est nommée *corona* aux IVe, Ve et VIe siècles. Firmus, vaincu par l'empereur Théodose et voulant gagner ses bonnes grâces, lui restitue une couronne sacerdotale qu'il avait enlevée [3]; saint Jérôme, saint Augustin, Vincent de Lérins, employent le terme *corona*, que l'on retrouve encore dans la formule du salut, adressé à saint Léon-le-Grand par plusieurs Évêques des Gaules, et au pape saint Hilaire par les Évêques de la province de Tarragone [4]. La *couronne* épiscopale devient un diadème dans la *vie de saint Samson* : « Tres episcopos egregios « diadematibus aureis in capite ornatos [5]; » saint Ennodius la montre enrichie de pierreries sur la tête de saint Ambroise :

[1] IVe siècle, *Panarium, Hæres.*, 78, nº 14. — Il répète la même chose, *Hær.*, 29, sous l'autorité d'Eusèbe de Césarée et de Clément d'Alexandrie.

[2] « Joannes qui supra pectus Domini recubuit, et pontifex fuit, auream laminam in fronte portans. » Ap. S. Hieron., *De Viris illust. seu de script. eccl.*, 45, et Eusèbe, *Hist. Eccl.*, lib. III, c. 21.

[3] « Signa militaria et coronam sacerdotalem .... quæ regionem illam depo« pulando rapuerat. » Amm. Marcell., *Rerum gest.*, lib. 29.

[4] *Epist. ad August.* — *Epist.* 147 *ad Procul.* — *Commonit. adv. Hæret.* — Ap. *Panopl. episc.*, loc. cit., p. 31.

[5] *Vita S. Samsonis, ab auct. anon. subæquali*, ap. Mabillon, *Act. SS. Bened.*, t. I, p. 165, nº 43. Saint Samson, évêque anglais, vivait dans la seconde moitié du VIe siècle.

Serta redimitus gestabat lucida fronte
Distinctum gemmis ore parabat opus [1].

Enfin, Théodulfe d'Orléans (VIIIe siècle) nous apprend qu'elle était rehaussée de quatre ornements ciselés en relief :

Aurea pontificis cingebat lamina frontem
Qua bis binus apex nomen herile dabat [2].

Ces citations, qu'à dessein j'emprunte pour la plupart à des documents occidentaux, pourraient se traduire dans un sens métaphorique; les extraits suivants vont prouver qu'il faut prendre l'expression *corona* dans le sens littéral. On lit en effet dans l'*Ordo II* que durant l'Évangile, le clergé doit ôter sa couronne ; « et in ipsa hora, neque coronam, neque aliud « operimentum super capita eorum habetur [3]. » Le même fait est constaté par Amalaire : « Neque coronam, neque ali- « quit (*sic*) operimentum super caput eadem hora tenemus [4]. » Et, lorsqu'au XIIe siècle, la tombe de saint Cuthberht fut ouverte, il avait le front ceint d'une lame d'or, constellée de pierres précieuses [5]. L'un des plus savants liturgistes dont

[1] *Epig.*, 77, Op. ed. Sirmond, p. 622.

[2] *Carm.*, lib. v, iii, *Paraen. ad episc.*, v. 610, in-8°, Paris, 1646. — Je ne puis accepter le commentaire grammatical de Dom Mabillon qui, ne comprenant pas qu'il s'agit ici d'un voile et d'une couronne, veut absolument y trouver la mitre actuelle. « Ex quibus versibus quadrifidam olim fuisse mitram non « nemo forsan colligeret : at numericum adverbium *bis* non cadit in adjecti- « vum *binus*, sed in verbum *dabat*, ita ut sit sensus, *binus apex bis dabat he- « rile nomen*; nempe jus ut puto, quod vocant spirituale et temporale. » *Praef. in saecul. IV Bened.*, pars ii, p. 96.

[3] *Museum ital.*, t. ii, p. 46, *a*.

[4] Ap. Georgi, *De Lit. Rom. Pont.*, t. iii, *App. monum.*, xiii, p. 350.

[5] « In fronte sancti Pontificis auri lamina non textilis fabrica, tantummodo « forinsecus deaurata, praeminet, quae diversi generis lapidibus preciosis, mi- « nutissimis tamen, undique conspersa renitet. » Reginaldus Dunelm., *De Admir. S. Cuthberti*, p. 87. Saint Cuthberht vivait au VIIIe siècle.

se glorifie l'Angleterre catholique, M. le docteur Rock a retrouvé un précieux spécimen de couronne épiscopale dans un manuscrit anglo-saxon du Xe siècle, le *Bénédictional* de saint Aethelwold ; elle consiste en un cercle d'or ciselé, serti de cabochons, emboitant la tête comme une calotte sans fond [1].

La vieillesse, la nécessité de garantir du froid leur chef toujours dégarni de cheveux par une large tonsure, ou bien la volonté de se distinguer des autres prêtres en adoptant une coiffure spéciale, engagèrent-elles les Évêques à joindre à la couronne un voile qui leur couvrit entièrement la tête ? Nul ne le sait. Il résulte toutefois d'un passage du Vénérable Bède que cet usage pourrait bien avoir existé en Angleterre au VIIIe siècle [2], et même dès le VIIe, suivant Surius. M. Rock, qui donne au voile épiscopal le nom de *head-linen*, prétend que c'était un très-beau mouchoir de linge blanc [3] ; les Actes de saint Birin, évêque de Dorchester (vers 640), en font un ornement de soie rouge [4]. Les figures de saint Amand et de saint Vindicien, calquées sur un manuscrit de la Bibliothèque de Valenciennes (XIe siècle [5]), (*V. la planche,*

[1] Bibl. du duc de Devonshire à Chatsworth. *The Church of our Fathers,* t. II, p. 93, fig.

[2] « Sive ergo coronulæ fuerint aureæ, claritatem perpetuæ lucis significant : « sive fuerint byssinæ, ipsam nostri corporis immortalitatem quæ perennis « futura est, figurate denuntiant. » *De Tabernaculo*, lib. III, c. 8, Op. t. IV, 1263.

[3] *Loc. cit.*, p. 96.

[4] A l'exhumation du Saint, on trouva son corps entier « cum duplici stola, « et infula rubra e panno serico. » Ap. SURIUM, 3 Dec.

[5] *Vita et mirac. S. Amandi*, no 460, T. 4, XI. — Je dois remercier ici M. le Bibliothécaire, qui, avec une rare complaisance, m'a laissé calquer ces personnages, dont un seul, saint Amand, avait été gravé et fort inexactement, *Ann. Bened.*, t. I, p. 528.

fig. 3 *et* 4) présentent un exemple fort remarquable du *head linen*. La tête des deux personnages est couverte d'une écharpe, pourpre pour saint Amand, ponceau pour saint Vindicien, nouée par derrière, de façon à ce que les bouts retombent sur les épaules, et, maintenue autour du front par un cercle d'or semblable au diadème du *Bénédictional*. Le tombeau de l'archevêque Raoul Le Vert (1124), attribué peut-être avec plus de raison à Hincmar (882), tombeau que l'on voyait jadis dans l'église de Saint-Remi, à Reims, offre cinq exemples de la coiffure ci-dessus. D. Claude de Vert a reproduit en grand l'une des têtes sculptées sur le sarcophage[1], elle ne diffère en rien des types précédents. A cette variété de mitres revient peut-être le *capellum auro paratum* 1, que l'on voyait en 831 au trésor de l'abbaye de Saint-Riquier[2]. Toutefois la couronne métallique, à cause de son poids probablement, finit par être supprimée et l'on se contenta, pour serrer le mouchoir, d'une coulisse où passait une bandelette de lin, dont les extrémités garnies de franges, *fimbriatæ*, pendaient sur le cou, ainsi que le montre une image de saint Dunstan empruntée à un manuscrit anglo-saxon du Xe siècle[3] (*fig.* 1). J'ai vu, dans la sacristie de l'église de Saint-Zénon, à Vérone, une espèce de calotte en grosse toile damassée *(grand œil-de-perdrix)* avec cette légende, inscrite sur parchemin en caractères italiens du XIVe siècle : ***Birretum sancti Proculi epi. quarti Veronensis.*** Cette calotte, dont je n'ai pu exactement déterminer le contour, a-t-elle réellement appartenu à saint Procule qui vivait sous Dioclétien ? Je n'ose me prononcer, mais je la crois de la

[1] *Expl. des Cérém. de l'Église*, t. II, pl. VIII, fig. 9. — V. aussi *Voy. litt.*, t. I, part. II, p. 81, grav.

[2] *Chronic. Centull.*, lib. III, c. 3, ap. *Spicil.*, t. II, p. 310, in-fol.

[3] British Museum, *Cotton. Claudius*, A. III.

même famille que la coiffure de saint Dunstan. Des motifs inconnus firent ensuite augmenter l'ampleur du *head-linen* devenu *serre-tête ;* il se contourna en volutes à droite et à gauche, tandis que la *vitta*, élargie et maintenue par un lien vertical, se prolongeait en arrière à peu près comme les barbes du bonnet cauchois (*fig.* 2) [1]. Au XIIe siècle, les volutes, se relevant sous la pression que le lien vertical exerçait au centre de la coiffure, se dressèrent en protubérances arrondies. Telle apparait la mitre du pape Paschal II sur une miniature publiée par d'Agincourt [2]. Cette sorte de bride n'était pourtant pas indispensable : elle ne décore, ni les toques basses des Évêques anglo-normands gravés dans l'ouvrage du docteur Rock [3], ni leurs analogues, dans les illustrations du poème composé par le moine Donizon de Canossa en l'honneur de la comtesse Mathilde [4]. La mode du *head-linen* aplati durait encore au XIIIe siècle, témoin notre *fig.* 9 calquée sur un manuscrit de la bibliothèque de Troyes [5]. Les protubérances au lieu de s'y élever en hémisphères ou de s'y contourner en volutes, s'effilent en pointes horizontales. Des motifs, que le symbolisme de la mitre expliquera plus loin, engagèrent certains Évêques à consolider les plis de leur coiffure de manière à la façonner en double cône émoussé ; bientôt ces plis se régu-

[1] Cette figure représente saint Martial ; elle est empruntée à la *Bible de Limoges*, XIe siècle, Bibl. imp., lat. VIII. — V. aussi D'AGINCOURT, *Hist. de l'Art par les monum.*, t. V, pl. 66, fig. 3 : l'évêque Frédéric.

[2] *Loc. cit.*, t. V, pl. 69, fig. 13. La chronique de l'abbaye de Saint-Vincent sur le Vulturne, où est pris ce dessin, va jusqu'en 1071 ; elle est dédiée à Pascal II (1099-1118). On y trouve un grand nombre de Papes et d'Abbés, coiffés de la mitre à protubérances arrondies.

[3] *Loc. cit.*, pl. à la p. 98.

[4] D'AGINCOURT, *loc. cit.*, t. V, pl. 66, fig. 4 : l'évêque Tedaldus, oncle de Mathilde. — Ce poème date de l'an 1115

[5] N° 108. — GAUSSEN, *Port. arch.*, *Peint. diverses*, pl. 12, fig. 3, chrom.

larisèrent et l'on vit surgir des mitres présentant l'aspect de deux triangles rectangles se croisant sur une base quadrangulaire. Les *Dialogues de saint Grégoire* à la bibliothèque de Bruxelles fournissent un spécimen du premier type [1] ; j'ai pris le modèle du second (*fig.* 6) dans la publication de M. L. Perret sur les catacombes de Rome [2]. L'un et l'autre datent du XIIe siècle. Cette dernière figure, mieux qu'une longue dissertation, fera comprendre l'origine des mitres tournées de profil, si multipliées sur les anciens monuments [3], prouvant en outre que, simple forme conventionnelle, elles n'ont jamais pu être un signe de juridiction abbatiale, ainsi que l'ont supposé divers auteurs. Je ne dois pas oublier de dire que toutes les coiffures ci-dessus, à partir du XIe siècle, apparaissent munies d'un bandeau ou diadème soit en or, soit en étoffe, ornement désormais sans but, cousu autour du serre-tête, et, dont les prolongements (jadis cordons), munis de franges, retombaient sur le dos. Là est l'origine des fanons actuels.

§ IV.

Formes de la Mitre à partir du XIe siècle.

Ainsi que je crois l'avoir démontré dans le paragraphe précédent, la coiffure épiscopale, d'abord simple couronne, se changea en mitre par l'adjonction d'un voile ou écharpe. Participant à la fois du costume sacerdotal païen, du *keffieh* et

[1] N° 9916, Bibliothèque de Bourg. — *Le Moyen Age, etc.*, min. des ms., pl. C.

[2] T. I, pl. XII, *Catacombe dite Platonia.*

[3] V. entr'autres, saint Éloi, *Les Miracles de saint Éloi*, par M. PEIGNÉ-DELACOURT, p. 9 ; Saint-Germain, Bibl. Imp. 192, *Arts sompt.*, t. I ; Sceau de Rai-

conséquemment de la tiare juive, cette mitre devait être identique à la *cidaris* posée sur la tête de saint Grégoire de Nazianze, lors de son élévation à l'épiscopat [1] (IVe siècle). Elle est mentionnée dans ce vers de Théodulfe :

Illius ergo caput resplendens mitra tegebat [2].

Et l'*infula* remise par Hérard, archevêque de Tours, à Electramn, évêque de Rennes, lors du sacre de ce dernier (866) [3], n'était pas autre chose. Il est inutile d'expliquer comment, en face d'une pareille coiffure aussi difficile à mettre qu'à ôter, Alcuin a pu dire qu'on célébrait les saints Mystères *non pileatus ;* cela va de soi : mais il est bon de constater que la mitre primitive dura plus longtemps qu'on ne le pense, et qu'un souvenir en est resté parmi les Pontificalia du Pape. A la levée du corps de saint Goslin, abbé d'un monastère de

nier, évêque de Marseille, *Revue de l'Art chrét.*, t. II, pl. IV, fig. 2 ; saint Grégoire-le-Grand, *Bull. du Comité*, etc., t. IV, 1860, p. 539, XIIe et XIIIe siècles ; saint Rombaud, *Suite* gravée par J.-B. VRINTS, Anvers, 1607, in-8[o], etc., etc. — Les Souverains malais se couvrent aussi la tête d'une écharpe de mousseline formant couronne, bizarrement relevée en oreilles de chaque côté, avec de longs bouts pendant sur les épaules ; c'est une véritable mitre. — PÉRON, *Voy. de déc. aux terres australes*, Atlas, pl. 25, portrait de Naba-Leba, roi de l'île Solor.

[1] « Atque curarum simul et coronarum (στεφάνων) socium asciscis. Idcirco me pontificem ungis, ac podere cingis capitique cidarim (κίδαριν) imponis. » S. GREG. NAZ., *Orat.* V. — La coiffure liturgique des prêtres cophtes, mouchoir retenu à l'aide d'une longue écharpe nouée derrière la tête, et dont les bouts frangés descendent très-bas, peut donner, selon moi, vu ses nombreux rapports avec la *corona* de saint Amand, une idée de la *cidaris* épiscopale au IVe siècle. V. *La Gerarchia eccl.*, pl. 90 et 91.

[2] *Loc. cit.* v. 720.

[3] « Pontificali enim infula adornantes. » SIRMOND, *Append.*, t. II, *Conc. Gall.*, *Form. ant. promotionum episc.*, n° 15.

Turin (1061), son chef portait une couronne[1]. Lorsque le Pape officie pontificalement, après s'être revêtu de l'aube, il lie autour de son cou en manière de capuchon et place sur sa tête, jusqu'à ce qu'il ait passé la chasuble, un voile de soie très-fin, nommé *fanon*. Ce voile, que Paris de Grassis définit ainsi dans son *Cérémonial* manuscrit, « phanon dicitur superhumerale, est velum olim trium colorum variegatum, nunc et lineum filis aureis contextum[2] », est aussi appelé *orale*. Innocent III est le premier écrivain qui le mentionne[3]. Je n'ai point à m'occuper ici des diverses opinions émises à l'endroit du fanon; je me bornerai à dire que Ciampini croit en avoir reconnu un spécimen sur une figurine des portes de bronze de l'oratoire des SS. Jean-Baptiste et l'Évangéliste, au baptistère de Latran, portes fondues en 1195 par ordre du cardinal Cencio Savelli, depuis Honorius III. Nul besoin de rechercher si cette effigie en costume liturgique représente Célestin III ou tout autre Pape; il suffit de savoir qu'elle est coiffée d'un voile retombant sur le dos et maintenu par une couronne à double tore[4]. Pourquoi aurait-on donné à la fois le nom de fanon à l'*orale* et aux *redimicula* de la mitre, s'il ne s'était pas trouvé entr'eux une analogie aujourd'hui méconnue.

A quel genre de coiffure appartenait le *lorum* (phrygium) que saint Cyrille, délégué par saint Célestin I pour présider le Concile d'Éphèse et condamner Nestorius (431), obtint du

[1] *Invent. corp. S. Gaulini Abb.* (1472); *Act. SS. Feb.*, t. II, p. 632, n° 4. « Corpusque pallio, corona quam mitram dicimus.. more majorum decenter « contectum. »

[2] *De Lit. Rom. Pont.*, lib. I, c. 18. — *Hierolex* FANON. — *La Gerarchia eccl.*, c. 66.

[3] *De Myst. Missæ*, lib. I, c. 53. *Orale.*

[4] *Vet. monim.*, t. I, p. 239, fig. 73. — *La Ger. eccl.*, fig. 51. — ROCK, *loc. cit.*, p. 95, fig.

Pape l'autorisation de porter [1] ; *lorum* dont le privilége resta acquis aux Patriarches d'Alexandrie lorsqu'ils paraissaient à l'autel : « Cum omnes alii Pontifices capitibus apertis res sacras peragant, solus Alexandrinus Patriarcha rem divinam facit mitra caput obvolutus [2]. » D'après les citations rassemblées par Boulenger [3], λῶρον, *phrygium* et *mitra* expriment des objets identiques, il faudrait confondre le *lorum* avec l'*auriphrygium circulare* mentionné par Innocent III [4], lequel *auriphrygium*, représenté sur une figure du pape saint Calixte, agenouillé devant le Sauveur (XIIIe siècle) [5], espèce de couronne d'or, gemmée, évasée par le haut et laissant apercevoir le sommet du crâne, n'est autre que le *regnum*. Ce fait me paraît difficile à admettre, car le même Innocent établit une distinction si tranchée entre la tiare du souverain et la mitre de l'Évêque [6], que la seconde pouvait seule être trans-

[1] BALSAMON, *In nomocan. Photii*, tit. 8, c. 1, p. 89, col. 0, *in fin.* éd. de Paris. « Ut itaque constaret eum habere jus et auctoritatem Papæ, ἔχειν αὐτὸν τὸ δίκαιον τοῦ πάπα Ῥώμης Κελεστίνου, ἐκάθισε μετὰ λώρου. » Ce témoignage d'un canoniste grec du XIIe siècle, si plein d'animosité contre les Latins, ne peut être négligé. Nicéphore (XIVe siècle), *Hist. eccl.*, l. XIV, c. XXXIV, mentionne le même fait.

[2] BALSAMON, *Medit. de Patriar. privil.*, lib. VII. *Juris orient.* (*Bibl. Juris canonici de* LEUVENKLAU)

[3] *Opusc. syst.*; *Lib. de veste pont. et sac.*, c. 7, p. 10.

[4] « Constantinus.... coronam vero capitis sui voluit illi (B. Sylvestro) con-
« ferre : sed ipse pro reverentiâ clericalis coronæ vel magis humilitatis causâ
« noluit illam portare. Veruntamen pro diademate regio utitur auriphrygio
« circulari. » *Sermo I, in festo D. Sylvestri.*

[5] *Évangéliaire de Cysoing*, bibl. de Lille, n° 15.

[6] « Romanus itaque Pontifex in signum imperii utitur regno, et in signum
« Pontificii utitur mitra. Sed mitra semper utitur et ubique, regno vero nec
« ubique nec semper. Quia Pontificalis auctoritas et prior est, et dignior, et
« diffusior, quam imperialis. » *Sermo I, in festo D. Sylvestri.* — « In signum
« spiritualium contulit mihi mitram, in signum temporalium dedit mihi coro-
« nam. Mitram pro sacerdotio, coronam pro regno, etc. » *Sermo III, In consecr. Pont.*

mise à un ecclésiastique sans pouvoir séculier. Il est toutefois certain que les Papes avaient au XIe siècle, voire au Xe, une coiffure liturgique particulière; saint Pierre Damien l'énonce formellement dans sa lettre à l'antipape Honorius II (Cadaloüs) : « Habes nunc forsitan mitram, habes juxta morem Romani Pontificis rubeam cappam [1]. » Il est également probable que l'usage de cette coiffure, personnelle au Vicaire de Jésus-Christ, fut octroyé à quelques siéges épiscopaux par mesure exceptionnelle. Dom Mabillon et dom Martène citent deux priviléges de mitre, accordés à perpétuité, l'un par saint Léon IV (849) à Anschaire de Hambourg, l'autre par Calixte II à Godewald d'Utrecht (1120) [2]; j'en rencontre un troisième dans Mansi [3], il est de saint Léon IX (1048-1055) et concerne l'archevêque de Trèves, Eberhard.

Les anciens manuscrits anglo-saxons fournissent le premier exemple d'un bonnet conique en forme de pain de sucre, *pileus*, maintenu par un bandeau frontal et recouvrant un voile qui descend sur la nuque. Les Prélats anglais qui environnent le roi, dans une peinture représentant le *Wittenagemote* ou grand conseil (VIIIe siècle), sont ainsi coiffés. Une autre miniature contemporaine (consécration d'une église) offre deux groupes séparés, les laïques en bas, le clergé en haut; en avant du second groupe, l'Évêque officiant avec le *head-linen* sur la tête; derrière lui, les prêtres et les diacres assistants; au dernier rang, trois personnages distingués par

[1] *Lib. I, Ep.* 20 (1061-1062).

[2] *Præf. sæc. IV Bened.*, pars II, p. 94. — *De Ant. eccl. rit.*, lib. I, c. IV, art. 1, p. 349. — *Batavia sacra*, p. 139. — D. Mabillon a commis une grave erreur en attribuant à Alexandre III (1159) le privilége de Godewald, emprunté au *Chronicon sedis Ultrajectensis* de JEAN DE BEKA, lib. 16, c. 10, Godewald étant mort en 1128. Du Cange appuyé sur d'autres autorités rectifie les faits. *Glossar.* MITRA.

[3] *Suppl. collect. Conc. et decret.*, In-fol. Lucques, 1748-1752, t. I, p. 1284.

un bonnet pointu [1]. Si l'on reconnait là des Évêques conviés à la cérémonie, et certainement hors de toute fonction liturgique, leur coiffure prouve que le *pileus*, adopté par eux dans le costume d'apparat, disparaissait en face de l'autel.

Ughelli a gravé le portrait soi-disant original de Jean XV (985) [2], avec une tiare ou mitre ovoïde que je rencontre aussi sur les peintures murales de l'abbaye de Nonnberg à Salzburg, (XIe ou XIIe siècle). Cette tiare y décore trois personnages, deux Papes et un Évêque (*fig.* 5); elle est garnie de bandeaux, de fanons et dans un seul cas d'orfrois verticaux [3]. La même coiffure, très-allongée, couvre la tête d'un archevêque de Reims, sculpté au croisillon nord de la cathédrale [4]. Moins haut et plus obtus, le *pileus* est attribué à saint Nicolas sur un manuscrit français de la bibliothèque de Lille (XIIIe siècle); il apparait, commun à l'évêque de Myre et à divers Papes, sur la mosaïque de l'oratoire de Saint-Nicolas-*in-Urbe*, bâti par Calixte II et Anastase IV (1119-1154) [5]; enfin, il appartient uniquement au Pape, tant sur un recueil de Bulles, conservé aux archives du château Saint-Ange (1169) [6], que dans

[1] *Brit. Mus.*, Claudius, B, IV, manuscrit attribué à Aelfricus, abbé de Malmesbury. — Bibl Bodleienne à Oxford, *Paraph. de la Genèse*, par CARDMON, poète saxon. V. DE ROUJOUX, *Hist. d'Angl.*, t. I, p. 34 et p. 20, fig., Paris, 1841.

[2] *Italia sac.*, t. V, p. 1542.

[3] *Mittelalterliche Kunstdenkmale in Salzburg* von Dr GUSTAV HEIDER, Vienne, 1857, in-4°, pl. 2, chrom., et fig. 5 et 6, p. 22 et 23. Le personnage que reproduit ma fig. 5 (n° 5), est détruit verticalement aux deux tiers, mais la crosse qu'il tient en main, manquant aux autres, tout porte à croire qu'il représente un Évêque.

[4] V. *l'Archit. du Ve au XVIIe s.*, pl., *statues aux trumeaux des portes du croisillon sept.*, fig. 1.

[5] V. CONST CAJETAN, *Gelasii Papæ II vita*, in-4°, Rome, 1638. — *Propyl. ad acta SS. Maii*, p. 209. — GEORGII PRESCHETI, *Tractatio canon. de orig. etc. pallii archiep.*, Helmstadt, 1754, in-4°, pl. à la p. 296.

[6] V. D'AGINCOURT, *loc. cit.*, t. V, pl. 67, fig. 1, I. Benoit VIII et Jean XIX. *Archives du château Saint-Ange*, armoire III, boîte 5, n° 1.

la Chronique de Saint-Vincent-sur-le-Vulturne. Ces dernières miniatures, contemporaines de Paschal II (1099-1118), présentent deux coiffures pontificales très-distinctes, car les Papes s'y montrent, tantôt avec le haut bonnet en pain de sucre, tantôt avec la mitre bifide à cornes arrondies que j'ai décrite ailleurs, mitre que portent aussi les Évêques et Abbés assistants[1]. On pourrait donc admettre sans graves inconvénients que les Papes, après avoir d'abord revêtu séparément l'*auriphrygium* du souverain temporel et le *pileus*, marque de leur juridiction spirituelle[2], les réunirent vers le XIe siècle pour en composer la tiare actuelle, adoptant désormais comme coiffure liturgique la mitre usitée alors par la majorité, sinon la totalité de l'épiscopat[3]. Ce qui précède n'est pas très-clair, je le crains, je me suis cependant borné aux faits, sans trop me lancer à travers les hypothèses.

Avant de laisser la mitre ovoïde, je dois en signaler quelques formes exceptionnelles. Un enlumineur du XIe siècle l'a dessinée, basse, affaissée, se divisant au tiers du sommet en deux rudiments de cornes parallèles[4]. Un sceau de l'église de Saint-Omer (1166) la montre, ample calotte, munie d'oreilles relevées au-dessus des tempes (*fig.* 8), à peu près sem-

[1] *Hist. de l'art par les monum.*, t. v, pl. 69, n°s 13, 102, 162, 178, 203.

[2] Puisque les Évêques transformèrent graduellement le voile en bonnet à deux cornes, n'admettra-t-on pas aussi que les Papes, en signe de leur pouvoir intégral et universel comme vicaires de Jésus-Christ, aient autrefois porté, en face de l'autel, le bonnet à une seule pointe, dont ils concédèrent le privilége à certains membres de l'épiscopat.

[3] « Imponitur cidaris capiti consecrato, et aurea lamina frontis gloria præ« signitur, in qua contexitur nomen divinitatis. » B. PETRI DAMIANI, *sermo* 69, *In Dedic. Eccl.*, p. 316, in-fol. Lyon, 1623. — Il est ici question de la consécration des Évêques.

[4] S. Grégoire, XIIe s. fin, Bibl. imp. *Le Moyen Age, etc.*, miniat., pl. XV.

blable à la *cidaris* que les artistes italiens du XVe siècle ont donnée au Grand-Prêtre juif [1].

Le premier liturgiste, qui range la mitre au nombre des vêtements épiscopaux, appartenant à la fin du XIe siècle, on ne peut faire remonter, au-delà d'une époque voisine, l'usage d'un *ornamentum capitis* devenu obligatoire pour tous les Évêques en face de l'autel. Brunon de Segni le donne à entendre quand il dit : « Hoc autem ornamentum multum erat capiti necessarium [2]. » Si cette nécessité eût été reconnue et passée à l'état de loi depuis plusieurs siècles, nul besoin de la relater expressément en 1097, le fait n'ayant pu manquer d'être enregistré par des écrivains antérieurs. Or, nous savons trop qu'il n'en est rien. Quant aux liturgistes échelonnés à distances inégales sur le parcours du XIIe siècle [3], ils se sont bornés à voir dans la mitre, un ornement dévolu à l'épiscopat entier au même titre que le reste des *pontificalia* mentionnés auparavant : unanimité d'ailleurs pour la relier aux traditions mosaïques.

Je rapporterai aussi à la seconde moitié du XIe siècle, l'adoption de la coiffure bifide, composée d'un turban légère-

[1] Ce sceau, qui représente saint Omer en habits pontificaux et la crosse en main, vient d'être publié par M. L. DESCHAMPS DE PAS, *Histoire sigillaire de la ville de Saint-Omer*, pl. XVI, fig. 117, in-4°, Paris, Didron, 1861. La tête que je donne ici est copiée sur l'original, mais les dimensions en sont triplées. — Une fresque du *Sagro Speco*, à Subiaco (école gréco-italienne, XIIIe siècle), représente Grégoire IX avec une mitre échancrée en croissant comme celle que l'on attribua plus tard au Grand-Pontife des Juifs ; derrière le Pape est un porte-croix coiffé du bonnet ovoïde. D'AGINCOURT, t. V, pl. 100 — Faut-il voir là autre chose qu'un caprice d'artiste ?

[2] *De Sacram. eccl., mysteriis, etc.* — DURAND, *Ration.*, c. XIII, copie textuellement la phrase de Brunon de Segni.

[3] HUGUES DE SAINT-VICTOR, *De Sacram.*, lib. 1, c 55. — HONORIUS D'AUTUN, *Gemma animæ*, lib. 1, c. 214. — SICARD DE CRÉMONE, *Mitrale*. — INNOCENT III, *De Myst. missæ*, lib. 1, c. 44 et 60.

ment évasé, surmonté de cornes triangulaires et parallèles avec deux fanons tombant droit sur le dos ou ramenés en avant; coiffure prototype de la mitre moderne. D. Claude de Vert décrit en ces termes la mitre de saint Odilon, abbé de Cluny (mort en 1048), conservée au Prieuré de Lavoûte (Auvergne): « Elle est bordée tout autour de l'ouverture, « d'un galon de la largeur de deux doigts, et a bien encore « moins de hauteur et de profondeur qu'un bonnet de nuit [1]. » L'assertion du trésorier de Cluny recule de quelques années la date du privilége accordé à son abbaye, privilége que d'excellentes autorités ne font remonter qu'à saint Hugues, sous Urbain II [2] (1088-1099), mais doit vieillir de fort peu l'âge du monument cité. Le plus ancien exemple, que je connaisse de mitre à soufflet, est fourni par la châsse de saint Servais à Maestricht (1102) [3]; le turban y prend les deux cinquièmes environ de la hauteur totale. On conserve dans l'ex-cathédrale de Comminges une mitre attribuée non sans raison au saint évêque Bertrand de l'Ile-Jourdain, mort en 1136; elle a 0m24c d'élévation dont 0m085m pour le turban [4]. Le rapport des cornes au turban varie beaucoup, du reste, pendant le XIIe siècle; voici quelques proportions empruntées à des monuments déjà publiés: *Mitre de saint Thomas Becket, à Sens*, cornes, 0m15c, turban, 0m10c; *mitre gravée dans un ou-*

[1] *Explic. des Cérém. de l'Église*, t. II, p. 341, note *a*. Cette note renferme de plus l'indication suivante: « On trouve à Arras, dans le trésor ou dans la « sacristie (de la cathédrale, sans doute), plusieurs mitres en forme de simples « bonnets, plus carrés que ronds, qui s'enfoncent dans la tête. »

[2] *Biblioth. Cluniac.*, p. 515 et 517. Ap. CATALANI, *Pont. Rom.*, t. I, *De Bened. Abbatis*, § V, *Comment.*, p. 413.

[3] Figurine du Saint publiée par M. ARNAUD SCHAEPKENS, *Messager des Sciences historiques de Belgique*, 1849.

[4] C. DE LINAS, *Rapport, etc.*, 1857, p. 65.

vrage de M. l'abbé Bock[1], le turban est aux cornes :: 1 : 3; *statue de saint Trophime au portail de la cathédrale d'Arles*, égalité complète entre les deux parties de la coiffure. Au contraire la *mitre de Barthélémy de Vir*, figurée sur la tombe de cet évêque de Laon[2], se compose d'un soufflet en triangle isocèle, fendu dans toute sa longueur et n'ayant pour base qu'une étroite *vitta* (*fig.* 7). Ces mitres, très-courtes, puisqu'elles atteignaient à peine la longueur d'une face humaine, emboîtaient le sommet du crâne quand on les posait sur la tête, et alors, leurs cornes fortement écartées restaient perpendiculaires au front et à l'occiput (*fig.* 10)[3]. Un galon horizontal, *circulus*, ceignait presque toujours le turban; des fanons (*redimicula*, *pendulæ*, *caudæ*, *ligulæ*, réminiscence de l'écharpe aux bouts pendants sur le cou), très-longs, garnis de franges, de *fiocchi* en soie ou en or, voire de clochettes, *campanulæ*, en métal précieux, avec des chaînettes de même, étaient attachés par derrière[4]; enfin, certaines mitres pré-

[1] *Geschichte, etc.*, l. 4, t. 10, fig. 1.

[2] Cette dalle gravée qui recouvrait la tombe de Barthélémy de Vir, inhumé dans l'abbaye cistercienne de Foigny-en-Thiérache, orne aujourd'hui le monument qu'il a construit; on peut la voir à l'entrée de la cathédrale de Laon, première chapelle à droite. Le dessin que je reproduis partiellement m'a été offert, en 1853, par feu M. le comte Félix de Mérode.

[3] J'emprunte cette fig. à la châsse de saint Taurin d'Évreux, gravée dans les *Mélanges d'arch.*, t. II, p. 11. L'exemple est du XIIIe siècle, mais le XIIe en offre aussi de nombreux : V. *Statist. mon. de Paris*, Notre-Dame, pl. 7, Abb. de Saint-Germain-des-Prés, pl. 20. *Propyl. ad acta SS. Maii*, p. 200, *Gelasii Papæ II, Vita*, front., *Tractatio can. de orig., etc., pallii arch.*, ad p. 200; figure du pape Gélase II, trouvée par Const. Cajétan dans un ancien manuscrit de la Vaticane; etc., etc.

[4] Les fanons de la mitre de Sens ont au moins 0m50c de long; larges de 0m02 à l'origine, ils atteignent 0m06 à l'extrémité inférieure ornée de six *fiocchi* rouges, à glands d'or. — « Una mitra... et in altero pendulorum deficiunt « tres cathenulæ cum karolis argenteis appensis. » DUGDALE, *the Hist. of*

sentaient un orfroi vertical, *titulus*, souvenir de la bandelette qui maintient les diadèmes de saint Martial (*fig.* 2) et de Paschal II. L'Italie toutefois, aux temps dont je m'occupe, paraît avoir fait usage de coiffures épiscopales plus élevées; c'est du moins le sentiment de Georgi, qui veut en reconnaître sur les portes de bronze de la cathédrale de Bénévent, fondues en 1150-1151 [1]. Après un examen attentif de la planche de Ciampini, à laquelle renvoie le liturgiste précité, j'avoue, à ma honte, ne pas savoir trop si le dessinateur a corrigé son modèle ou s'il a réellement copié les figures qu'il avait sous les yeux [2]. Néanmoins, l'effigie tumulaire de l'évêque Frumald (1183), au musée d'Arras, présente une mitre au turban évasé, dont les rampants se coupent à angle très-aigu [3]. J'ai vu aussi, à Saint-Zénon de Vérone, une coiffure épiscopale, que je crois du XIIe-XIIIe siècle, taillée sur le même patron que celle de Frumald. La mitre nouvelle ne détrona pas immédiatement les anciens types; en dehors des exemples déjà fournis, trois miniatures du XIIe siècle éditées par le P. Papebroch représentent saint Disibode, évêque, coiffé de mitres différentes : ordinaire, de profil et arrondie [4].

S. *Paul's Cath.*, p. 315. « Una mitra... et deficit una campanula in uno pendulorum. » *Ibid.* Un inventaire du trésor pontifical (1295) mentionne aussi ces clochettes : « Mitram magnam... et in una de caudis... V. campanelle, et « in alia cauda... V. campanelle. » — In caudis sunt,... et XII campanelle » GARAMPI, *Illustrazione di un antico sigillo della Garfagnana*, p. 85.

[1] *De Lit. Rom. Pont.*, lib. I, c. 20, p. 233, IV.

[2] *Vet. monimenta*, pars II, p. 26, pl. 9. — On sait comment les archéologues antérieurs au XIXe siècle s'y prenaient pour copier les monuments du Moyen-Age dont ils ne comprenaient pas le style.

[3] *L'Architecture du Ve au XVIIe siècle*, chrom. in-fol.

[4] *Dissert. de forma pallii*, in *Propyl. ad acta SS. Maii*, et ap. *Tract. can., etc., pallii arch.*, ad p. 300. — Les peintures de la chapelle de Saint-Sylvestre, près l'église des SS. Quattro Coronati à Rome (XIIIe siècle), re-

Le XIIIe siècle modifia peu les formes de la période antérieure ; une mitre attribuée à Philippe de Dreux, évêque de Beauvais (1175-1217) a les dimensions suivantes : hauteur totale, $0^{m}23^{c}$, turban, $0^{m}09^{c}$, cornes, $0^{m}14^{c}$, entrée de la tête, $0^{m}28^{c}$. Les rampants du soufflet se coupent presqu'à angle droit [1]. On retrouve à peu près les mêmes proportions sur les statues de la cathédrale d'Amiens (1222-1258) [2], les figures des vitraux de Bourges [3] et des empreintes sigillaires. Cependant, une mitre que j'ai calquée dans la crypte de la cathédrale d'Anagni, (premier quart du XIIIe siècle) a les cornes égales au turban. Il en est ainsi pour deux Évêques, au porche méridional de Chartres [4] et la tombe du cardinal Ancher, inhumé à Sainte-Praxède de Rome [5]. En Allemagne, au contraire, la mitre demeura généralement courte ou écrasée; l'orfroi horizontal recouvre le turban tout entier de trois coiffures épiscopales peintes sur les verrières de la Collégiale de Klosterneuburg et de l'abbaye d'Heiligenkreutz [6]. J'ai re-

présentent le Pape et les Cardinaux coiffés de mitres de profil. V. d'Agincourt, t. v, pl. 101, p. 96.

[1] Mathon, *Notice sur une mitre conservée au Musée de Beauvais*, in-8°, 1857, pl. — *Annales arch.*, t. 17, p. 227, magnifique gravure. — *Revue de l'Art chrét.*, t. II, pl. 2, fig. 1

[2] Tombeaux d'Evrard du Fouilloy, de Geoffroi d'Eu et de Gérard de Conchy ; ce dernier a néanmoins une mitre plus basse de turban.

[3] *Vitraux de Bourges*, pl. 17, 18 et 27.

[4] *Mon. de la cath. de Chartres*, pl. 20 et 21. Je possède une excellente épreuve héliographique de ces mitres prises isolément ; elle m'a été donnée par M. Ch. Nègre, habile artiste chargé par le gouvernement de fixer sur métal les photographies de la cathédrale de Chartres.

[5] *Revue arch.*, t. VIII, pl. 179, p. 736. Ancher, né à Troyes et neveu d'Urbain IV, mourut en 1286.

[6] *Die altesten glasgemalde des chorherren-stiftes Klosterneuburg, etc.*, von Albert Camesina, p. 27, pl. xv, xxv et xxvi (XIIIe siècle), in-4°, Vienne, 1857. — V. encore Bock, *Geschichte, etc.*, lief. IV, taf. x, peintures murales à Cologne.

produit ici, comme type (*voir la planche ci-jointe*), une mitre conservée à Saint-Sernin de Toulouse, et que l'on attribue, bien à tort, à saint Exupère (400 ou 412)[1]. Elle est haute de 0^m25^c, le turban a 0^m10^c, l'entrée de la tête, 0^m28^c; les fanons trapézoïdes, y compris une frange de 0^m04^c, mesurent 0^m40^c, sur une largeur de 0^m028^m au sommet et de 0^m084^m à l'extrémité inférieure. Je crois pouvoir rapporter cette coiffure juste au milieu du XIIIe siècle, car la mitre de Sens et une autre du trésor d'Anagni, identique à celle de Philippe de Dreux, ont des fanons presque rectangulaires, tandis qu'une troisième plus pointue, que j'ai dessinée au même Anagni et qui est chargée d'inscriptions annonçant une date postérieure, a des *pendulæ* évasées[2].

Les peintures de la crypte de Notre-Dame de Chartres offrent deux spécimens de mitres très singulières; au lieu de s'effiler en angle plus ou moins aigu, leurs cornes arrondies ont l'aspect d'une pelle de boulanger[3].

[1] C. DE LINAS, *Rapport, etc.*, 1854, p. 10. — Ces attributions erronées sont fréquentes au Moyen-Age; témoins, la mitre d'Aaron, à la cathédrale du Puy-en-Vélay (CL. CHAMPIER, *Traité des Lieux saints des Gaules*; DU SAUSSAY, *Panopl. episc.*, p. 34); la mitre de saint Folquin, à l'abbaye de Saint-Bertin (cet évêque de Térouanne, mourut en 855; IPERIUS, *Chron.*, c. 13); les mitres de saint Augustin, à Valence, et de saint Isidore, disciple de saint Grégoire-le-Grand, dans l'église Saint-Étienne, à Bologne (BISSI, *Hierurgia*, Forma mitræ); enfin, la célèbre moitié de mitre que les Carmes de *San-Martino-nei-monti*, à Rome, attribuent gratuitement à saint Sylvestre. ROCCA, qui a gravé cette coiffure (*Thesaurus pont. sacrarumque ant.*, t. II, p. 870) s'étant bien gardé, et pour cause, de reproduire l'inscription du XIIIe siècle brodée sur le turban, a trouvé un écho chez Du Saussay, Bissi et d'autres encore. Je compte publier, dans mon *Voyage liturgique en Italie*, un dessin exact de la prétendue mitre de saint Sylvestre I.

[2] Cette seconde mitre, dont les rampants se coupent en angle fort aigu, a 0^m24 de haut et 0^m28 de base; le turban mesure 0^m07, juste le tiers des cornes: les fanons, longs de 0^m50, y compris une frange de 0^m036, ont 0^m044 au sommet, 0^m096 à l'autre extrémité.

[3] *Mon. de la cath. de Chartres*, pl. 56.

Le déclin du XIIIe siècle vit adopter une coupe de mitre qui domina généralement au XIVe. Le turban s'éleva, les cornes subirent un accroissement proportionnel et leurs rampants déterminèrent un angle aigu au lieu d'un angle droit ou obtus. Telles sont les coiffures de Henri de Villars (1301), de Matifas de Buci (1304)[1], de Jean de Marigny (1313-1351)[2], d'un Évêque anglais que j'emprunte à Pugin (*fig.* 12) et d'autres publiées par le même auteur[3]; mitres dont les turbans occupent les deux cinquièmes de la hauteur totale. La mitre funèbre de Boniface VIII (1303) était basse (0m228m)[4], mais en revanche, Simon de Crémone a placé sur la tête de saint Louis d'Anjou, un cône très-allongé (*fig.* 11), que porte aussi à Mayence la statue de l'archevêque Pierre d'Aspelt (1320)[5]. Au reste, la mitre de Brignoles (0m28c), dont le turban égale les cornes, parait avoir joui d'une certaine faveur au XIVe siècle, surtout en Italie, où elle appa-

[1] *Statist. mon. de Paris, Notre-Dame*, pl. 41.

[2] DIDRON, *Ann. archéol.*, t. XIII, p. 68 et 72, deux grav. sur métal. Cette mitre a 0m252m d'élévation; le turban prend 0m095 et les cornes 0m157; l'entrée de la tête présente une largeur de 0m270.

[3] *Glossary of eccl., etc.*, pl. 7, *Évêques anglais et italiens*; pl. 69, *Exemples de mitres précieuses*. — V. aussi un sceau de Maëstricht (1349) *Messager des sciences*, etc., 1851; une min. des *Chroniques de S. Denis*, Bibl. imp. 8395, *le Moyen Age*, etc., *Miniat.*, pl. 7; un sceau de l'abbaye de Lambach (Autriche), KARL VON SAVA, *Die mittelalterlichen Siegel*, *Iahrbuch der K. K. cent. commission*, t. III, p. 232, Vienne, 1859, in-4°, etc., etc. Cependant une Vie de saint Éloi, peinte sur vélin, à la fin du XIVe siècle, et publiée par M. Peigné-Delacourt, offre des mitres basses comme celles du XIIIe. (*Les Miracles de saint Éloi*, p. 124, pl.)

[4] « Mitra... longa palmum unum, lata palmum unum. » *Sac. Vat. Bas. monum.*, p. 130.

[5] *Revue arch.*, t. II, pl. 35. — J'ai reconnu également le même type, sur un triptyque italien du commencement du XIVe siècle, à l'autel de la chapelle Minutolo, dans la cathédrale de Naples (D'AGINCOURT, t. VI, p. 118, pl. 134) et sur un vitrail de Chartres (*Monog. de la cath.*, pl. 65).

raît notamment sur le *Jugement dernier* d'Orcagna, au Campo-Santo de Pise. La mitre du Pape Jean XXII (1334), trouvée dans son cercueil à Avignon, en 1759 et conservée au Musée chrétien du Vatican, est taillée sur le même patron.

Au XVe siècle, la mitre participant aux modifications de l'architecture, tendit comme cette dernière à se prolonger en s'amoindrissant. L'angle du sommet diminua encore et le turban évasé ne représenta plus que la moitié de la hauteur des cornes. Je citerai pour exemples, la belle mitre dessinée par Pugin[1], celles de saint Zénobius (*fig.* 13), d'après un tableau de Masaccio[2], de l'archevêque Charles de Neufchâtel (1463-1498), au trésor de la cathédrale de Besançon[3], d'une peinture du Musée d'Amiens (1496) que je reproduis ici (*fig.* 15). Toutefois, les formes usitées durant le XIVe siècle, subsistèrent en diverses contrées, mais avec des proportions notablement agrandies ; tantôt, le turban fut égal aux cornes (*fig.* 14)[4], tantôt, il prit les deux cinquièmes de l'élévation entière. Voici les dimensions d'une mitre de ce dernier genre, conservée à Saint-Gildas de Rhuys (Morbihan) : hauteur, $0^{m}38^{c}$; entrée de la tête, $0^{m}30^{c}$; turban, $0^{m}15^{c}$; cornes très-aigues, $0^{m}23^{c}$; fanons trapézoïdes dépourvus de franges, longueur, $0^{m}37^{c}$, largeur, $0^{m}055^{m}$, et $0^{m}084^{m}$[5]. La description

[1] *Loc. cit.*, pl. 69.

[2] D'Agincourt, t. vi, pl. 147.—Les Évêques d'Allemagne exagérèrent encore la forme reproduite par Masaccio, en allongeant les cornes aux dépens du turban dans la proportion de 3 contre 1. — V. le Couronnement de Maximilien, grav. de 1486, *Messager des sciences*, *etc*., 1849, p. 26 ; les pl 16 et 17 du *Gestchichte*, *etc*., 4e livraison.

[3] *Rapport*, etc., 1854, p. 8.

[4] D'après un tableau du maître vénitien Carlo Crivelli, gravé dans l'*Ape italiana*, anno v, tav. 30. Ce même type est répété plusieurs fois sur le Couronnement de la Vierge dit *Il Paradiso*, merveilleux ouvrage du *Beato Angelico* (Fra Giovanni da Fiesole) aux *Uffizi* de Florence.

[5] De Caumont, *Abécédaire d'arch.*, p. 465, 2 fig. dessinées par M. G. de

qui précède et la figure de saint Zénobius prouvent que les *pendulæ* raccourcies ne dépassaient plus le sommet de la mitre, quand on les redressait en découvrant l'Évêque suivant les règles du Cérémonial.

Le XVe siècle vit aussi naître une coiffure dont la forme se maintint pendant la durée presque entière du XVIe; je veux parler de la mitre ogivale à rampants courbés en arc. Je l'ai trouvée, en France, sur une toile peinte de Reims, un bas-relief provenant de l'abbaye de Sainte-Geneviève et un tableau du Musée d'Amiens (1567)[1]; en Allemagne, sur la pierre tombale de George Uberagker, évêque de Seckau en Styrie (1477) et un buste de saint Lambert, à Fribourg (Bade)[2]; en Italie, sur la fresque du B. Angelico, au couvent de Saint-Marc, à Florence (1430) et un Pontifical manuscrit de la Vaticane[3].

En dehors des formes léguées par la période antérieure, formes dont il élargit les proportions plutôt qu'il ne les diminua, le XVIe siècle eut en propre une mitre à rampants arrondis et sommet émoussé, dont le turban évasé tendit à égaler sinon à dépasser la hauteur des cornes. La précieuse mitre, attribuée au Cardinal Charles de Lorraine, et que, d'après une tradition de l'Eglise de Reims, ce Prélat célèbre

Soultrait. — V. aussi la fig. de saint Landry, *Statist. mon. de Paris, Saint-Julien-le-Pauvre*, pl. x, et les statues des Cardinaux, Pierre Fonseca (1422) et Ardicino della Porta (1434). *Sac. Vatic. Bas. crypt. mon.*, pl. 59 et 60.

[1] *Le Moyen Age*, etc. Toiles peintes, pl. 2. — *Stat. mon. de Paris. Abb. de S. Génev.*, pl. 19, XVIe siècle. — Tableau de la Confrérie de N.-D. du Puy.

[2] *Mittheilungen der K. K. Commission*, III Iahrgang, juillet, p. 192, fig. 1. Vienne, 1858, in 4°. Art. de M. Jos Bergmann. — *Messager des sciences*, etc., 1847, p. 354, pl.

[3] *Le Moyen Age*, etc., *Peint. murale*, chrom. — N° 501, fonds Ottoboni; d'Agincourt, t. v, pl. 76, p. 80. Cette dernière mitre, du commencement du XVe siècle, est fort élevée et se rapproche de celle de saint Zénobius, mais le sommet en paraît émoussé au lieu de s'effiler en pointe aiguë.

portait au Concile de Trente (1544), en fournit un remarquable spécimen (*fig.* 16)[1]. Les époques suivantes se contentèrent d'outrer progressivement les dimensions de la coiffure épiscopale, jusqu'à ce qu'elle fût transformée en véritable bonnet de grenadier. Déjà, vers 1708, D. Claude de Vert se plaignait de la hauteur prodigieuse que les mitres atteignaient de son temps, regrettant de voir leurs formes livrées, comme le reste des vêtements sacerdotaux, au caprice d'un chasublier[2]. Qu'eût pensé le docte Bénédictin s'il eût vécu cent années plus tard ? Les mitres reproduites ici (*fig.* 17 et 18), et qui appartiennent, l'une au commencement, l'autre à la fin du dernier siècle[3], donnent à peine l'idée, même la seconde, de la formidable machine dont le premier Empire affubla la tête des Prélats français. Cette machine, grâce à une réaction salutaire, tend heureusement à disparaître ; j'ai pourtant eu le regret de la voir figurer encore, dans une cérémonie récente, qui avait occasionné, à Arras, le concours de vingt Évêques[4].

[1] Cette mitre avait été renfermée pendant la Révolution, avec d'autres objets précieux, dans une armoire secrète du Musée de Reims ; le 5 mars 1801, on s'aperçut que le tout avait été enlevé et jamais il ne fut possible de constater d'une manière précise les circonstances qui accompagnèrent le vol. *Magasin pittoresque*, 1848, p. 300 ; grav. — Une coiffure analogue avait été précédemment sculptée par Mino da Fiesole (buste de l'archevêque Leonardo Salutato à Florence) : on peut donc croire qu'elle est originaire de l'Italie.

[2] *Expl. des Cér. de l'Église*, t. I, p. 310.

[3] Fig. 17, Mitre papale ; *La Gerarchia eccl.*, 1720, pl. 40, fig. 4. — Fig. 18, Mitre d'un Pair ecclésiastique au sacre de Louis XVI ; LENEN, *Des Cérémonies du sacre*, pl. 23.

[4] La Béatification de Benoît-Joseph Labre, 15 juillet 1860.

§ V

Matière, couleur et ornementation de la Mitre. — Mitres historiées.

1. *Matière.* — Le voile, ajouté par les Évêques aux couronnes dont ils ornaient primitivement leur tête, était en lin très-fin ou en coton, *byssus*[1] ; un passage, cité plus haut, du vénérable Bède, laisse peu de doutes à cet égard. Les écrits de Brunon d'Asti, Honorius d'Autun et Sicard de Crémone prouvent aussi que l'usage des mitres de toile était général aux XIe et XIIe siècles[2]. Dès l'âge suivant, dit le docteur Rock, les coiffures épiscopales en linge furent reléguées au second plan ; elles ne se montrèrent plus qu'aux époques marquées pour la pénitence ou aux cérémonies de deuil[3]. L'assertion du chanoine anglais est exacte jusqu'à un certain point : mais si la mitre funèbre de Boniface VIII était en toile damassée[4], la mitre de Toulouse et une autre mitre du XIIIe siècle, que j'ai vue dans la sacristie de Saint-Zénon, à Vérone, sont également en toile ; or, le système décoratif de ces deux dernières coiffures s'oppose à leur admission dans la catégorie des *mitres simples*. Durand reconnaît l'usage éventuel des mitres de linge, saint Charles Borromée les

[1] Il y eut pourtant des exceptions à cette règle ; l'*infula* de saint Birin était en soie et les voiles des SS. Amand et Vindicien (*fig.* 3 *et* 4) sont coloriés de manière à laisser douter qu'ils fussent en lin.

[2] « Mitra... linea est. » *De Sacram. Eccl., Myst. etc.* « Mitra pontificalis ex bisso conficitur. » *Gem. animæ*, lib. I, c. 214. « Mitra... ex bysso conficitur. » *Mitrale.*

[3] *The Church of our Fathers*, t. II, p. 104.

[4] « Mitra alba ex tela damaschi..a intexta ad sportas, foderata corio albo. » *Sacr. Vatic. Bas. crypt. monum.*, p. 130.

prescrit formellement [1], le *Cæremoniale Episcoporum* les mentionne encore; toutefois, les Évêques ne s'en servent plus aujourd'hui qu'à Rome et seulement dans quelques circonstances particulières [2].

Les tissus de laine furent jadis employés à la confection des coiffures épiscopales. Deux mitres du XIIIe siècle, appartenant au trésor de la cathédrale d'Anagni, sont en laine blanche; mais, peut-être ne faut-il voir là qu'une exception aux règles établies. Quant à la soie, elle était certainement adoptée au XIIe siècle comme élément constitutif des mitres de luxe, témoins les coiffures de saint Bertrand, à Comminges, et de saint Thomas Becket, à Sens. Depuis lors, l'usage de cette matière prenant une extension indéfinie, l'on vit paraître successivement des mitres en damas, samit, cendal, satin, bougran et velours. Bientôt la soie elle-même devint insuffisante; le XIIIe siècle produisit des mitres en brocart, aussi bien qu'en drap d'or ou d'argent [3]. Le XIVe siècle alla plus loin; les métaux précieux réduits en feuilles minces servirent à façonner des mitres, et, pour qu'un pareil meuble fût rendu maniable, l'orfèvre en articula les diverses parties à l'aide de ressorts et de charnières [4]. Malgré les in-

[1] Mitra etiam quia quandoque linea est et alba. - *Ration.*, lib. III, c XIII. — *Acta eccl. Mediol.*, lib. IV, p. 153, in-fol., Paris, 1643.

[2] Lib. I, c. 17, 1. — « En présence du Pape, les Cardinaux portent la mitre de soie et les Évêques celles de toile. En présence des Cardinaux, les Évêques gardent la mitre de toile, s'ils assistent parés à quelque office célébré par un Cardinal. » *Cérém. des Évêques commenté, etc., par un Évêque suffragant de Québec*, p. 127 (3). In-8°, Paris, J. Lecoffre, 1856.

[3] « Mitra aurea cum perulis infra et extra et gemmis pretiosis Henrici regis III. —Mitra aurea Johannis de Peckham Archiepiscopi cum gemmis pretiosis. — Mitra ejusdem argentea cum II crucibus super cornua. » DART, *Canterbury*, App., p. XIII.

[4] « Mitris etiam aurifrisiatis, aureas et argenteas laminas et gemmas pre-

convénients qu'offrait une coiffure aussi lourde, elle résista jusqu'au XVIe siècle à toutes les raisons qui devaient la faire proscrire[1]. Hugues de Lobes, abbé d'Anchin (1490), légua à son monastère une mitre si grande et si chargée d'or, d'argent et de pierreries, qu'elle ne put convenir à Guillaume d'Ostrel, son successeur immédiat. Charles Coguin, qui vint après (1508-1546) et avait la tête fort grosse, renonça de même à porter le legs d'Hugues de Lobes; il détruisit cette pesante machine et tira de ses débris deux mitres très riches mais encore trop incommodes au gré des dignitaires appelés plus tard à gouverner la maison d'Anchin[2]. Lorsqu'Henri VIII confisqua le trésor de *Fountain's Abbey*, il s'empara, entre autres choses, de deux mitres, l'une brodée d'or et d'argent, l'autre toute d'argent doré, ornée de pierreries et du poids de 70 onces[3]. Le vélin, rehaussé probablement de peintures et de dorures, se montra aussi comme matière des coiffures épiscopales; on conservait dans l'abbaye d'Oignies, près Na-

cinnas habentibus... usi sumus.» *Hist. Dunelmensis script. tres*, App., p. CLXV. — *The Church*, *etc.*, loc. cit., p. 105. — La mitre fig. 15, dont la charpente est évidemment métallique, porte sur son flanc des traces distinctes de ces articulations.

[1] Ces mitres d'orfèvrerie se nommaient en Angleterre, *standing mitres* (mitres établies), et les autres, mitres à l'ancienne mode, *after the old fashion*. On trouve cette distinction marquée dans un inventaire de Winchester dressé sous Henri VIII. DUGDALE, *Monast. anglic.*, t. I, p. 202, nouv. éd.

[2] ESCALLIER, *l'Abbaye d'Anchin*, p. 230.

[3] DUGDALE, *Monast. angl.*, t. V, p. 290. — On conserve à Limerick une mitre fabriquée avec des plaques d'argent, minces mais solides, et ornée d'un grand nombre de pierres précieuses. Ap. SHAW, *Dresses and decorations*. — Une statuette de saint Nicolas en argent, ciselée à Arras, au XVe siècle, et publiée par moi dans la *Statistique monumentale du Pas-de-Calais* (*Église d'Avesnes-le-Comte*), donne une idée fort exacte des mitres en orfèvrerie; les charnières latérales sont indiquées avec beaucoup de soin par l'artiste. — V. aussi *Basilica SS. Udalrici et Afræ*, pl. 15, 17, 18, etc., etc. Augsbourg, 1653, in-fol.

mur, une mitre de parchemin que l'on croyait rapportée d'Orient par le cardinal Jacques de Vitry, évêque de Ptolémaïs, mort en 1244[1].

Le parchemin jouait du reste un très-grand rôle dans l'établissement des mitres ; il en constitua la carcasse interne jusqu'à l'adoption du carton. Les mitres, à l'ancienne mode, *after the old fashion*, citées par le docteur Rock, étaient d'épais vélin recouvert de soie[2]. Trois coiffures épiscopales d'Anagni et la mitre de Philippe de Dreux, conservée au musée de Beauvais, présentent la même particularité. Toutefois, le parchemin lui-même fut précédé par la toile; les mitres de saint Grégoire (Biblioth. de Bourgogne) et de l'Évêque *fig.* 6 ne sont admissibles qu'avec un dessous indépendant auquel l'empois n'était pas étranger : sans doute, pour conserver leur fermeté et leur rectitude, on les renforçait d'un serre-tête analogue aux bonnets de saint Dunstan (*fig.* 1) et de saint Procule, serre-tête dont le *subiretum mitrale*, prescrit par saint Charles Borromée, semble avoir perpétué la tradition[3]. En dehors de cette hypothèse, il est certain que la mitre de Comminges et l'une de celles d'Anagni ont une carcasse en toile damassée très-forte. L'usage des renforts de toile subsistait toujours au XIVe siècle, car l'évêque Jean Rolland était sculpté sur sa tombe, dans la cathédrale d'Amiens, avec une mitre serrée contre la nuque au moyen de cordons très-visibles entre les fanons, cordons inutiles à une coiffure établie sur parchemin[4]. Quant à la doublure desti-

[1] *Voy. Litt.*, t. II, p. 119 — De la Borde, *Gloss. et répert.*, Mitre.

[2] *The Church*, *etc.*, t. II, p. 105, note 41.

[3] *Acta eccl. Med.*, lib. IV, p. 153. — Quoique le *subiretum* doive être en drap de laine et non en toile, son usage ne s'expliquant que par un motif de commodité, garantir la tonsure du froid, il est bien permis de rechercher pourquoi saint Charles a rangé cette calotte parmi les vêtements liturgiques.

[4] D. Claude de Vert, *Expl. des Cérém. de l'Église*, t. II, p. 341, n. *b*.

née à se trouver en contact immédiat avec la tête ou le *subiretum*, elle était généralement en soie rouge comme l'indiquent les mitres de Sens, de Beauvais et Toulouse, ou en peau blanche ainsi qu'il résulte du procès-verbal de l'exhumation de Boniface VIII.

II. *Couleur*. — Le docteur Rock pense que, sauf le cas de lames et d'étoffes métalliques, le champ des mitres anciennes était invariablement blanc[1]. A l'appui d'une affirmation aussi nette, le savant liturgiste présente de nombreux témoignages; partant du *head-linen* primitif, il cite la mitre de saint Thomas Becket et celle de William de Wykeham au nouveau collége d'Oxford, les peintures murales de Westminster et un tableau du XVe siècle[2]. Je pourrais à ce sujet fournir de nouveaux documents recueillis sur les vitraux du XIIIe siècle exi.tant en France, sur les fresques de l'Italie et de l'Allemagne, sur les manuscrits de tous les pays, enfin sur la plupart des pièces originales que j'ai eues à ma disposition; mais je parviendrais seulement à prouver un fait que personne ne conteste, à savoir que le blanc était la couleur la plus ordinaire des mitres. Il y a pourtant loin d'une généralité à la vérité absolue, et si le R. chanoine ne connaît que deux exemples de mitres cramoisies qui, à son avis comme au mien, ont une faible importance[3], il a tort d'interpréter trop exclusivement la liturgie romaine, dont le silence,

[1] « Its ground-color was invariably white. » *Loc. cit.*, p. 109.

[2] V. la description des peintures de Westminster par GAGE ROKEWODE. *Vetusta mon.*, t. IV, pl. 37. — Le tableau exécuté à l'huile par un artiste flamand appartient à M. Eastlake; il représente, dit-on, les funérailles de saint Thomas de Cantorbéry. Peintures et tableau offrent de nombreux Évêques coiffés de mitres blanches.

[3] Un vitrail de Saint-Jacques, à Liége (XVIe siècle), et une tombe coloriée dans l'église de Maidstone.

à l'endroit des mitres de couleur, n'implique en aucune manière leur interdiction. En effet, laissant de côté le tableau d'Arles représentant la condamnation de Contumeliosus[1] et d'autres peintures relativement modernes, où les artistes ont prodigué à la mitre les tons les plus accentués de leur palette[2], je remonterai jusqu'à l'aube du XIIIe siècle. La tombe en cuivre émaillé de Philippe de Dreux (1217), jadis placée à gauche du maître-autel dans le chœur de la cathédrale de Beauvais, offrait une mitre bleue, semée de fleurs-de-lys d'or[3]. On m'objectera sans doute que Philippe appartenant à la maison de France, le statuaire a jugé convenable d'armorier ainsi une partie des vêtements de ce prince; la chose est certaine : mais les coiffures de saint Birin, saint Amand, saint Vindicien, saint Germain[4], sont rouges ou pourpres, et, en ayant recours aux seuls monuments originaux, on rencontre bien d'autres exemples. La mitre du XIIIe siècle, regardée à Saint-Martin-des-Monts, à Rome, comme provenant du pape saint Sylvestre I, est en soie bleue, au dire des écrivains qui l'ont mentionnée[5] et je me suis personnellement assuré de l'exactitude de cette assertion. M. l'abbé Bock m'a montré, à Cologne, une mitre du XVe siècle, en velours également bleu. L'une des coiffures épiscopales, que

[1] Ce tableau que j'ai vu dans la cathédrale d'Arles est rempli de figures d'Évêques en mitres de couleur. — V. *Rapport, etc.*, 1857, p. 44.

[2] V. PUGIN, *Glossary, etc.*, pl. 69. Sur quatre spécimens de mitres, deux sont blancs, un rouge et le dernier bleu.

[3] Cette tombe, connue seulement aujourd'hui par le dessin de Gaignières, a été publiée dans le *Moniteur des architectes*, t. 13, pl. 503 (très-belle chromolithographie), sur un calque pris à Oxford, par M. S. Prioux. L'Évêque est vêtu d'une chasuble et d'une dalmatique pareilles, fond d'or losangé, chaque losange encadrant une fleur-de-lys rouge.

[4] V. pour saint Germain, Bibl. imp., n° 192, et *Arts sompt.*, t. I, pl.

[5] ANGELO ROCCA, TAMBURINI, DU SAUSSAY, etc.

j'ai vues au trésor de Monza, est en samit rouge; enfin, la mitre de Jean de Marigny est en damas vert-émeraude. Les couleurs liturgiques sont, il me semble, représentées ici assez complètement pour faire croire que certains Évêques, je ne dis pas tous, usaient de mitres assorties avec la chapelle du jour.

III. *Ornementation.* — Les textes déjà cités ne laissent aucun doute sur la richesse des coiffures épiscopales primitives, maintenues par des couronnes d'or rehaussées de joyaux précieux. Toutes les mitres cependant n'affectaient pas un tel luxe, et la distinction, établie par le vénérable Bède entre les *coronulæ aureæ* et les *coronulæ byssinæ*, n'a jamais cessé d'exister ainsi qu'on l'expliquera plus bas. Je ne veux m'occuper en ce moment que des vêtements somptueux où la broderie, l'or, l'argent et la joaillerie étalaient leurs magnificences. Le voile de saint Vindicien (*fig.* 4) est garni de filets de perles bleues, et l'on voit par là que le *head-linen* était susceptible d'une décoration particulière, indépendante de la couronne. La mitre de profil *fig.* 7, ornée d'une manière analogue, mérite une description spéciale qui fera comprendre l'agencement d'objets peu connus et, il faut le dire, peu étudiés. Cette coiffure, pliée en forme de bateau, dans le genre de nos serviettes de table[1], est confectionnée avec une étoffe blanche, orlée de rouge : une étroite bande d'or chargée de perles est posée en pal sur chaque aile; un large *circulus*, aussi d'or, contourne la base ; les *redimicula*, pendant à droite et à gauche, sont blancs bordés de rouge; les plis, réguliers et disposés avec art, devaient être exécutés

[1] Cette forme est tombée en désuétude, depuis que la mode est venue de chiffonner le linge de table, au lieu de le p[illegible]er proprement comme fais[illegible] nos ancêtres.

par une main habile. Il fallait de grands soins pour placer et enlever un pareil édifice sans en déranger l'économie; ces soins expliquent le cérémonial minutieux qui environne la mitre dans toutes les fonctions liturgiques et qui tient peut-être autant à une difficulté jadis vaincue, qu'au respect inhérent à la dignité épiscopale.

Lorsque les mitres dites en *soufflet* eurent détrôné les types anciens, on orna de cabochons le *circulus* et le *titulus* : la châsse de saint Servais (1102), à Maëstricht, en offre la preuve confirmée par Sicard de Crémone (1175)[1]. Bientôt une industrie qui, depuis longtemps, concourait à la décoration des habits sacerdotaux, la broderie, vint s'adjoindre à la jouillerie; les ouvrages à l'aiguille couvrirent, non seulement les orfrois, mais encore le champ et les rampants des mitres. La coiffure de saint Bertrand (1130) présente un *circulus* et un *titulus* de soie cramoisie, encadrés d'une baguette et comportant des cercles évidés, cantonnés de perles en verre, bleues ou vertes, serties de fines rosettes d'or; les ailes, en soie blanche, semée de petites losanges, ont leur centre occupé par un soleil qu'accompagnent trois anneaux; le travail est fait complètement en fil d'or et au point de couchage[2]. Le *titulus* n'était pas toujours déterminé par une simple bande verticale; il est cruciforme sur la mitre de Barthélemy de Vir (*fig.* 7). A mesure que l'on avance, le

[1] « Mitra .. auro et gemmis ornatur. » *Mitrale*

[2] « Item mitra Henrici de Sanduvyco Episcopi, breudata duobus stellis an- « terius et duobus stellis posterius, et ornata rotellis argenteis deauratis, in- « sertis lapidibus et perlis multis. » Ap. Du Cange. La mitre d'Henri de Sandwich a de tels rapports avec la décoration de la mitre de saint Bertrand, que cette dernière semble incomplète; l'évidement des soleils et des cercles ayant plutôt l'apparence d'un cadre que d'un ornement intact. Néanmoins si les broderies avaient serti quelque cabochon, il en resterait la trace, ce qui n'est pas, tandis que les rosettes, attachées par un simple fil, subsistent en partie.

dessin des broderies devient plus élégant et plus léger : rien n'est gracieux comme les rinceaux qui sillonnent le champ de la mitre de Sens ; je les préfère à l'ornementation trop symétrique d'une autre coiffure épiscopale (XIIe siècle), publiée par M. Bock[1]. Cette dernière offre un exemple de l'alliance intime, contractée entre orfèvres et brodeurs sur le terrain de la chasublerie : un bouton ciselé amortit les sommets ; la broderie des ailes est relevée par une volute trilobée en métal, fixée par huit clous à tête ronde ; seize hélices de même matière et indépendantes, courent le long des orfrois qui, pareillement à ceux de la mitre de saint Thomas, doivent leur origine aux fabriques siciliennes[2]. Le XIIIe siècle eut des mitres ornées de perles ; j'en ai copié une de ce genre sur les peintures de la crypte d'Anagni. Les mitres anciennes du trésor de Saint-Denis, dont l'une provenait de l'abbé Pierre d'Auteuil (1221) étaient « à fond de perles, enrichies de quantité de pierreries enchassées en or[3]. » L'église d'Anagni possède aussi une coiffure originale dont le *titulus* porte une guirlande à l'aiguille qui sertissait autrefois des cabochons[4] ; enfin, on décora les mitres d'émaux[5].

[1] *Geschichte, etc.* lief. IV, taf. 16, fig. 1.

[2] Ici l'origine est évidente : des légendes en capitale du XIIIe siècle, correspondant à des caractères arabes ou pseudo-arabes, couvrent les lisières du galon ; de plus, l'ornement courant, placé à la suite de l'inscription latine, encadre une inscription arabe à Palerme. — V. SALV. MORSO, *Palermo antico*, pl. 4.

[3] D. FÉLIBIEN, *Hist. de l'abb. roy. de Saint-Denis*, p. 537 et pl. 1, t. I.

[4] Le *circulus* de cette mitre du XIIIe siècle est en galon sicilien ; la trace laissée par les cabochons sur le *titulus* est incontestable.

[5] « Hubertus Archiepiscopus dedit mitram in qua sunt c et dimid. et XXV « lapides pretiosi et IV esmals. » THORPE, *Regist. Roffense*, p. 121. — « A myter ameldc (enamaled) with precious stones. *Inv. of plate belong. to the Priory of Worcester*, 1540. Ap. GREEN, *Hist. of Worcester*, t. II, app., p. V.

La modification la plus grave que subirent les coiffures épiscopales, durant la période qui s'étend de 1150 à 1300, consiste dans les variations des orfrois brodés ou galonnés : ceux-ci, au XIIe siècle, avaient conservé, relativement à la grande largeur du champ, les proportions ordinaires de [illegible], [illegible], [illegible]; elles montèrent, pendant le XIIIe, à [illegible], [illegible] et [illegible]. Les mitres sculptées de la cathédrale de Chartres présentent un spécimen remarquable de l'accroissement des orfrois aux dépens des ailes, accroissement que j'ai observé depuis sur deux mitres de la basilique de Monza. Au reste, cette mode bizarre ne dura guère, j'en connais peu d'exemples[1] ; la proportion de [illegible] à [illegible] reparait sur la mitre de saint Louis d'Anjou et la majorité des coiffures épiscopales, jusqu'à l'époque où *titulus* et *circulus* tombèrent en désuétude (XVIIIe siècle).

Si beaucoup de mitres, au XIIIe siècle, se paraient de galons, broderies, perles et pierres précieuses, toutes n'étalaient pas un luxe semblable. Une peinture à Saint-Géréon de Cologne, les manuscrits et les vitraux montrent des mitres garnies d'orfrois unis, bleu, violet ou or[2]. Les coiffures de Conrad de Babenberg (vitrail d'Heiligenkreutz) et de Philippe de Dreux (musée de Beauvais), ne sont rehaussées que par une simple guirlande ou des fleurs-de-lys, brodées sur l'orfroi. La mitre, conservée à Saint-Sernin de Toulouse, fournit un type des coiffures simples et commodes que les Évêques portaient ordinairement à l'autel. Le *circulus* qui atteint la naissance des cornes est, sauf un étroit rebras rouge provenant de la doublure, recouvert d'une étoffe de soie bleue, coupée horizon-

[1] V. Frisi, *Memorie di Monza*, Inv. du trésor en 1275, t. II, p. 132, note 30, et, même vol., capitale E de la préface.—V. aussi la tombe du Cardinal espagnol Gonzalve Rodriguez (1299) à Sainte-Marie-Majeure ; grav. ap. Marangoni, *Istoria dell' oratorio di San Lorenzo*, Rome, 1747, in-4°.

[2] *Geschichte, etc.*, lief. 4, taf. x. — *Vitraux de Bourges*, pl. 17, 18 et 27.

talement et à distances inégales par des filets vert-tendre ou carmélite ; le *titulus*, aussi bleu, est moins large que le *circulus* et encadré de baguettes carmélite; les rampants sont bordés d'une soutache d'or, maintenue par un fil bleu couché en zigzag et comprise entre deux liserés, vert et carmélite [1].

Je ne dirai plus rien des mitres en métal ; toutes ont disparu, ne laissant de traces que sur les inventaires, les tableaux et les gravures [2]; mais je ne puis passer sous silence un ornement dans lequel l'orfèvrerie finit par jouer le rôle principal. Bordés en premier lieu d'un simple filet (saint Bertrand) ou d'un large galon (Pierre d'Auteuil), les rampants de la mitre se décorèrent, au XIVe siècle, avec des baguettes de feuillage brodées sur l'étoffe du champ ; telle est la magnifique mitre que garde l'abbaye d'Admont en Styrie [3]. Cette végétation établissant un rapport entre les coiffures épiscopales et les pignons des édifices religieux, on voulut bientôt que la ressemblance fût complète ; une crête en métal ciselé, *crockets*, hérissa les rampants de la mitre, dont un bouquet, une croix ou un gland de même matière amortirent les pointes [4]. Ma *fig.* 12 présente le type d'une ornementation aussi incommode à l'usage qu'agréable à l'œil, elle appartient au XIVe siècle; la mitre originale de Charles de Neufchatel (1498), à l'archevêché de Besançon, possède une crête

[1] *Rapport, etc.*, 1851, p. 10. La majeure partie de la soie bleue a disparu, mais la différence du ton, entre les portions de toile laissées à découvert, permet de reconnaître celles qui ont toujours été nues.

[2] V. Du Cange, *Gloss.*, Brusdus et Tiraforium. — *Basil. SS. Udalrici et Afræ*, loc. cit. — *Hist. de l'abb. de Saint-Denis*, pl. III, A, p. 540, (XIIIe siècle); pl. IV, A, p. 542 (1401); pl. II, A, p. 538 (XVIe siècle); etc., etc.

[3] *Mittheilungen der K. K. cent. commission*, août 1860, pl. VI, p. 236, art. de M. l'abbé Bock.

[4] *The Church, etc.*, loc. cit., p. 106. — *Glossary, etc.*, pl. 7 et 60.

encore plus artistement ouvrée. Les *crockets* disparurent vers la fin du XVIe siècle.

Les XIVe et XVe siècles continuèrent à produire des coiffures épiscopales semées de perles et de cabochons; les monuments figurés de ces deux époques en fournissent trop d'exemples pour qu'il soit utile de les citer [1] : mais l'heure où l'art du chasublier atteignit son plus haut degré de splendeur, est celle qui ouvrit au commerce européen les routes de l'Inde et de l'Amérique. Alors, l'étoffe se cacha littéralement sous une couche de perles et de joyaux; les mitres d'un Évêque de Lincoln et d'Étienne Poncher (1505-1519) étaient ainsi [2]. Un gros cabochon richement serti et cantonné de pierres d'une moindre dimension occupait le centre des ailes. Parfois, les perles se disposaient en damier sur un treillis d'or, comme le montre notre *fig.* 15. Le tissu rose de cette coiffure, empruntée à un tableau du musée d'Amiens (1490), fait merveilleusement valoir les joyaux qui la diaprent. M. Bock a publié une mitre analogue, dont les rampants, orfrois et fanons sont bordés d'un fil de perles [3]. La mitre du Cardinal de Lorraine (*fig.* 16), estimée, en 1669, 45,000 livres (60,000 francs aujourd'hui), présentait un champ de drap d'argent à feuillages d'or, semé de diamants, saphirs, rubis, émeraudes, turquoises et perles; une figurine de Saint-Michel, or et diamants, amortissait le sommet; des émaux à personnages décoraient les orfrois; quant aux fanons, ils étaient couverts d'ornements brodés en métal et en perles [4]. Une mitre du

[1] V. mes *fig.* 11, 12, 13 et 14

[2] DUGDALE, *Monast. angl.*, t. VIII, p. 1286 — *Moyen Age, etc.*, t. III, *Modes et cost.*, fol. XV, v. — V. aussi la mitre de Charles Coguin, ESCALLIER, *l'Abb. d'Anchin*, pl. à la p. 230.

[3] *Geschichte, etc.*, lief. IV, taf. 17.

[4] *Magasin pitt.*, t. XVI, p. 360

trésor de la cathédrale de Gran (Hongrie), haute de 0m38c sur 0m285m en sa plus grande largeur, se distingue par des fleurages en perles et pierreries; un double galon denticulé court le long des rampants que somme le globe impérial[1]. La mitre, conservée à la cathédrale de Raab (Hongrie) et donnée en 1550 par Paul Bornemisza, évêque de Transylvanie, l'emporte en magnificence sur les merveilles précitées. Cette coiffure, haute et large de 0m31c environ, est totalement recouverte de perles serrées les unes contre les autres; plus de 70 pierres précieuses, montées sur vermeil, diaprent le champ déjà si riche; les orfrois sont déterminés par un double rang de grosses perles; un saphir énorme, portant un cygne de perles, occupe le milieu frontal du *circulus*. Les rampants sont chargés d'une crête en argent ciselé, d'où s'échappent des fleurs émaillées en bleu et en vert; le sommet est amorti par une croix fleuronnée où brille un saphir ovale, long de 0m016m. Les fanons, qu'attachent de fortes charnières, ont à leur base une plaque d'or, agrafée par cinq boutons d'émeraudes, avec les armoiries du donateur[2], les initiales P. B. et le millésime 1550. A chaque plaque est suspendue une frange de perles et pierreries, entremelées de clochettes qui, au moindre mouvement, rendent un son doux et agréable. D'après l'estimation faite au dernier siècle, la valeur de cet objet s'élevait alors à 30,000 florins, plus de 60,000 francs[3].

[1] *Mittheilungen, etc.*, août 1860, p. 240, fig. 2. XVIe siècle, fin.

[2] Un médaillon en émail rouge, chargé d'un cygne tenant une fleur dans son bec.

[3] *Mittheilungen., etc.*, avril 1858, p. 110, art. de M. J. Lippert. — Le P. Bernardin Surius vit en 1644, dans l'église des Chevaliers, à Malte, une mitre épiscopale, prisée 60,000 florins (*Le pieux Pèlerin ou voyage à Jérusalem*, p. 99, in-4o. Bruxelles, 1666). Supposons qu'un cicerone menteur ait

Les mitres totalement en perles devaient peut-être leur origine aux ateliers de l'Angleterre ; du moins, celles que les Bénédictins virent à l'abbaye de Cambron, près Mons, et à la cathédrale de Rieux, avaient été achetées à des Anglais[1].

L'étoffe, qui garnissait à l'intérieur les cornes des mitres, resta généralement de la même couleur que leur surface externe, sauf les cas où cette dernière était en [illegible]tal. Je n'ai eu entre les mains que trois garnitures intactes : à Sens et Anagni, elles offrent un semis de croissants, besants ou rosettes; la coiffure de Jean de Marigny porte des enroulements d'églantier ; le tout brodé en or. Autant que les anciennes peintures permettent d'en juger, après le XVIe siècle on doubla le soufflet des mitres en soie unie, rouge ou verte.

Jusqu'ici, j'ai tant soit peu négligé les fanons, il est temps de leur consacrer quelques lignes. Ces réminiscences des cordons, qui servaient à nouer le diadème derrière la tête, étaient en général munies de franges à l'extrémité inférieure. Blancs lorsque la mitre était blanche (*fig.* 1, 5 et 9), les fanons se bordaient parfois avec un galon rouge (*fig.* 6) ou se terminaient par un appendice élargi (*fig.* 2). On rencontre au XIIe siècle des fanons ornés de perles, dont la base est chargée de croix ou rosaces d'autre couleur que le fond[2]. La mitre de Toulouse (*V. la planche*) est conçue dans un système analogue. Deux bandes verticales en soie bleue ménagent un triangle de toile, garni d'une échelle en soutache d'or ; l'évasement du trapèze, également bleu, in-

trompé la bonne foi de l'excellent Récollet, en exagérant d'un tiers la valeur de l'objet, il resterait encore quelque chose comme 90,000 francs.

[1] *Voyage litt.*, t. II, p. 108 et 35.

[2] V. le saint Grégoire du ms. de la Bibl. imp. et la mosaïque de Frumald.

scrit un rhombe de soie rouge, chargé d'un santoir d'or ; les flancs sont relevés par le ressaut de la doublure rouge ; un long effilé de soie carmélite complète l'ensemble. Les fanons de la mitre de Sens, ornés d'enroulements qui rappellent le motif principal de la coiffure, portent des *fiocchi* rouges. A Anagni, les fanons d'une mitre historiée sont décorés de croissants et de fleurs-de-lys, brodés en or; à Monza, le galon d'orfroi se prolonge sur les fanons ; le même cas existe à Gran, avec cette différence qu'il s'agit là d'une broderie. M. Bock a publié divers exemples de fanons [1] ; plusieurs sont en galon sicilien ou fleurdelysé (XIIe et XIIIe siècles), d'autres (XVe siècle) étalent une série de gros cabochons espacés. Les effilés des plus anciens s'échappent d'un limbe étroit, qui grandit et devient métallique au XIVe siècle : les limbes de la mitre d'Admont sont en argent doré, avec des aigles et des feuillages artistement gravés, ils ont la forme d'un quadrilatère moins large que haut.

IV. *Mitres historiées.* — Dans les mitres décrites jusqu'à présent, les deux faces sont toujours semblables. Il appartenait au XIIIe siècle d'inaugurer de nouveaux usages et d'*historier*, le mot est consacré, les coiffures épiscopales comme le reste des vêtements sacerdotaux. L'orfroi, je pense, reçut le premier ce genre de décoration ; la plus ancienne des mitres d'Anagni a, en *circulus* et *titulus*, divers médaillons marqués au type byzantin, où apparaissent les bustes du Christ, de la Vierge, de saint Jean l'Évangéliste et des anges. Les orfrois de la mitre de Vérone sont couverts également de personnages exécutés à l'aiguille. Parfois, les sujets embrassent le champ entier de la coiffure; telles sont : la prétendue mitre de saint Thomas Becket, qui représente les circon-

[1] *Geschichte, etc.*, lief. IV, taf. 15 et 16.

stances de sa mort [1]; la mitre dite de saint Sylvestre, à Rome (la Vierge et l'enfant Jésus entourés d'anges) [2]; la mitre de Jean de Marigny (saint Pierre entre Cornélius et Dorcas, saint Éloi entre deux pèlerins); la mitre d'un tableau d'Amiens (l'Annonciation). Fréquemment, le *titulus* sépare les figures, que l'artiste ait voulu les peindre isolées ou reproduire une scène quelconque. Une mitre d'Anagni offre quatre Saints en pied; la mitre d'Admont, la Vierge et trois Évêques [3]; celle de Besançon, l'Annonciation et la Nativité brodées en couleur [4]. A Saint-Gildas de Rhuys, on voit, d'un côté, la Vierge en regard de saint Jean-Baptiste, de l'autre, deux saints abbés bénédictins; sur les fanons, saint Antoine et saint Sébastien ; le tout espouliné par crochetage et appliqué sur un fond de cendal blanc, semé d'étoiles d'or. Le pinceau concourut aussi à la décoration des coiffures épiscopales : « une mitre de taffetas ou de satin blancq, paincte a lung « des lez de la Passion et a lautre lez du Jugement [5]. »

Les plus grands artistes ne dédaignèrent pas de prêter leur concours au chasublier: Vasari raconte que, vers 1430, Ghiberti exécuta pour le pape Eugène IV une mitre brodée d'or ayant, par devant, le Christ assis et entouré d'anges, par derrière, la sainte Vierge sur un trône porté par les es-

[1] Cette mitre vient de Sens ; M. de Bastard, qui en est devenu propriétaire, a raconté fort plaisamment les circonstances de son emplette. *Bulletin du Comité, etc.*, t. IV, p. 459.

[2] Cette moitié de mitre porte en *circulus*, la légende AVE REGINA ANGELO (rum). En place du dernier mot, Du Saussay (*Panoplia ep.*, p. 34) a lu *cœli*; quant à Rocca, il n'a rien lu du tout, ou plutôt il n'a rien voulu lire.

[3] Chacun des fanons de cette mitre porte six Apôtres, brodés en buste et inscrits dans des médaillons circulaires.

[4] Les orfrois et les fanons sont rehaussés de fleurons en perles et de cabochons haut sertis.

[5] *Invent. de Charles-Quint*, 1536, DE LABORDE, *Gloss. et répert.*, MITRE.

prits célestes au milieu des quatre Évangélistes. Quelques années auparavant, le même Ghiberti avait composé une mitre analogue, mais moins riche, pour le Souverain Pontife Martin V[1].

L'usage des mitres historiées, qui reprend aujourd'hui faveur, tomba en désuétude pendant le XVIe siècle.

§ VI

Usages liturgiques et symbolisme de la Mitre.

1. *Usages.* — La première distinction connue entre les diverses catégories de mitres remonte au VIIIe siècle. Les *Coronulæ aureæ* et les *Coronulæ byssinæ*, dont parle le Vénérable Bède, prouvent qu'au temps de cet écrivain, l'Angleterre avait au moins deux sortes de coiffures liturgiques, l'une en or, l'autre en lin. Après Bède, il faut descendre jusqu'à la fin du XIIIe siècle pour rencontrer une seconde mention du même fait. Durand, alors, proclame l'existence de la mitre blanche, *simplex*, et de la mitre ornée d'un cercle d'or, avec ou sans pierreries, *aurifrisiata* [2], et il détermine exactement les époques de l'année où l'usage de chacune est prescrit. L'*Ordo XIII*, rédigé par ordre du pape Grégoire X (1271-1276), monument contemporain du séjour de Durand à Rome, attribue trois mitres au Souverain-Pontife ; la première blanche, la deuxième munie seulement de l'orfroi vertical, *titulus*, la dernière « aurifrisiata in circulo et in

[1] *Vie de Lorenzo Ghiberti.*

[2] « Circulus aureus qui posteriorem et anteriorem mitræ partem complectitur. » — « Aurum et gemmarum nitor gaudium repraesentant. » *Ration.*, lib. III, c. XIII.

titulo [1]. « Saint Charles Borromée et le *Cæremoniale Episcoporum* reconnaissent aux Évêques un privilège semblable [2]. Le *Cérémonial romain* de l'Archevêque élu de Corfou, Christophe Marcello, livre dédié à Léon X, ajoute, aux mitres papales déjà citées, une quatrième coiffure de damas de soie « multo auro contexta » pour les féries, et même une cinquième plus simple « ex damasceno cum parvo auro », servant à l'Office des morts et aux jours ordinaires de la Semaine sainte [3]. Bonanni, qui parle aussi de ces vêtements supplémentaires, prétend avec raison que les variétés de mitres pontificales rentrent toutes dans les trois classes déterminées par le Cérémonial, savoir : *pretiosa*, *auriphrygiata*, *simplex* [4].

La mitre simple a pour éléments la toile, le damas de soie, le bougran [5]; entièrement de couleur blanche, elle manque d'orfrois et ses fanons sont garnis d'effilés rouges [6]. Il est dit plus haut que la mitre funèbre de Boniface VIII était en toile ; celle de Jean XXII, au Musée chrétien du Vatican, est en damas blanc historié d'aigles et de fleurs-de-lys inscrits dans des cercles, sans orfrois, avec des franges en soie rouge à l'extrémité des fanons. Une mitre simple de Mgr d'Orléans de La Motte (1734-1774), conservée à l'évêché d'Amiens, est toute en soie blanche. Le Pape use de mitres simples en drap d'argent [7] et j'en ai vu récemment de

[1] *Mus. ital.*, t. II, p. 232, 12.

[2] *Acta eccl. Mediol.*, lib. IV, p. 153. — *Cærem. Episc.*, lib. I, c. XVIII, I.

[3] *Sacr. cæremoniarum*, etc., lib. III, c. IX, fol. 222, in-4°, Venise, 1582.

[4] « Questa variazione però si ristringe a tre sole mitre comunemente usate « dal Sommo Pontefice. » — *La Gerar. eccles.*, c. 74, p. 265. — « Ejus triplex « est species... pretiosa... auriphrygiata... simplex. » *Cærem. Episc.*, loc. cit.

[5] « Mitræ II simplices de bokram. » *Ornam. in vest. eccl. Christi Cant.* DART, *Canterbury cat.*, app. p. XIII.

[6] « In quarum (ligularum) summitatibus sunt fimbriæ rubei coloris. DURAND, *Ration.*, loc. cit.

[7] « La semplice... e di lama di argento. » *La Gerarchia*, etc., p. 265

pareilles à quelques Prélats français. Notre *fig.* **17** présente un type du degré inférieur des coiffures épiscopales.

Les caractères de la *Mitra auriphrygiata* sont moins nettement arrêtés ; l'*Ordo XIII* lui donne « aurifrisium in titulo sine circulo. « Marcello (1516) émet une opinion contraire : « secunda (mitra) etiam erat cum unionibus, auriphrygiumque tantummodo habebat in circulo [1]. » Saint Charles prescrit « mitræ pretiosæ binæ », en ne décrivant que la plus riche [2]. Le *Cæremoniale Episcoporum* et Fabio de Albertis [3] définissent ainsi la deuxième mitre : « Altera auriphrygiata sine gemmis, et sine laminis aureis vel argenteis; « sed vel aliquibus parvis margaritis composita, vel ex serico « albo auro intermisto, vel ex tela aurea simplici sine laminis et margaritis. » Bonanni a fait graver une *mitra auriphrygiata* papale, ayant *in circulo et titulo* des orfrois rehaussés de cabochons clair-semés; mais ailleurs il avance que la même coiffure était « fatta di lastra di oro » pour le Saint-Père, et, en tissu soie et or pour les Évêques [4]. Je pense qu'il faut ranger dans la catégorie des *auriphrygiatæ* la plupart des anciennes mitres, pourvues d'orfrois quelconques sans joyaux; exemples : les mitres de Comminges, Toulouse et Brignoles [5]. En France on ne reconnait guère qu'une différence purement conventionnelle entre la *pretiosa* et l'*auriphrygiata ;* cette dernière, à Rome, est ordinairement en drap d'or uni [6].

[1] *Sacr. cærem.*, loc. cit., fol. 222

[2] *Acta eccl. Med.*, loc. cit.

[3] *De sacris Utensilibus*, c. v, p. 63, n° 145, in-fol., Rome, 1783.

[4] *La Gerarchia*, pl. 49, p. 265 et 246

[5] On peut y ajouter une prétendue mitre de saint Augustin, conservée à Valence (Espagne) : elle est en soie blanche avec un orfroi bleu et or. Ap. TAMBURINI, *De Jure abbatum*, t. I p. 308, dist. XX, quæst. I.

[6] *Cérém. des Év. comm. par un Suffrag. de Québec*, p. 127, note 2.

Tous les liturgistes s'accordent pour couvrir la mitre précieuse, d'or, d'argent, de cabochons et de broderies, émaillant un fond de brocart [1]; les *fig.* 11 à 16 et 18 en présentent des spécimens, depuis le XIVe siècle jusqu'au XVIIIe inclus. Le n° 18 est simplement brodé, mais Bonanni a publié un type de *pretiosa papalis*, aussi sans orfrois, sur lequel perles et gemmes s'allient à des broderies très-saillantes [2]. Quant aux mitres historiées, leur classement est difficile, car la beauté du travail en ferait des mitres précieuses, si les prescriptions du Cérémonial ne les plaçaient au second rang. Toutefois, l'interprétation très-large, que permettent les textes de Durand et de l'*Ordo XIII*, laisse croire que les anciennes mitres historiées, ou même richement brodées, se portaient jadis comme coiffures de premier ordre [3].

Les Évêques prennent la mitre précieuse aux grandes fêtes, et généralement lorsque l'on chante le *Te Deum* à l'Office et le *Gloria in excelsis* à la Messe; cependant ils peuvent, dans les mêmes circonstances, employer aussi l'*auriphrygiata*. L'usage veut, alors, qu'au commencement et à la fin des Vêpres ou Messes, en allant à l'église et au retour, en revêtant et quittant ses *pontificalia*, au *Lavabo* et pour donner la Bénédiction, le Prélat officiant ait la mitre précieuse en tête; entre les intervalles, il a la faculté, s'il le trouve plus com-

[1] « Mitra quæ pretiosa dicitur, quia gemmis et lapidibus pretiosis vel laminis « aureis, vel argenteis contexta esse solet » — *Cær. Episc.*, c. 17, 1. « Mitra quæ pretiosior est, e serico auro intexto, gemmis et margaritis, acus « que opere ornata » *Acta eccl. Mediol.*, loc. cit. — *De sacris Utens.*, loc. cit.

[2] *Loc. cit.*, pl. 49.

[3] Comme les mitres d'Anagni, de Jean de Marigny, de Sens, etc. Une autre mitre historiée d'Anagni et celle de Charles de Neufchâtel, étant ornées de cabochons, il ne peut exister de doutes à leur égard.

mode, de prendre la *mitra auriphrygiata* [1]. Cette dernière apparait pendant tout l'Avent, excepté le Dimanche *Gaudete*, et depuis la Septuagésime jusqu'au Mercredi saint inclusivement, sauf le Dimanche *Lætare*. L'on s'en sert encore aux jours de Vigile et Jeûne, des Quatre-Temps, des Rogations, des Litanies et Processions de pénitence, des SS. Innocents si leur fête ne tombe pas un dimanche, aux Bénédictions et Consécrations privées. Aux jours susdits, la *simplex* peut remplacer l'*auriphrygiata*, hors des moments solennels indiqués plus haut. La mitre simple est de rigueur le Vendredi saint, aussi bien qu'à l'Office et aux Messes des Morts.

L'Évêque dans son diocèse doit avoir la mitre chaque fois qu'il prend la crosse, quoiqu'il ait la faculté de porter la mitre sans le baton pastoral [2]. La mitre est indispensable à l'Évêque pour administrer le Sacrement de Confirmation [3].

Les instants fixés pour prendre ou quitter la mitre, à la Messe et aux Offices, sont l'objet de règles tracées dans un livre spécial auquel je renvoie le lecteur [4]; Durand les résume

[1] Lorsqu'il officie, le Pape ne se sert ordinairement que d'une mitre ; celle dont il ne fait pas usage se dépose sur l'autel et y demeure tout le temps du service divin. *Cérém. comm. par un Suff. de Québec*, p. 127, § 2, note 1. — Le porte-mitre des Évêques, quand il n'est pas revêtu de la chape, a sur le col une longue écharpe de soie qui préserve la mitre du contact de ses mains. Il tient la coiffure de manière à ce que la face postérieure en soit tournée vers lui, les fanons pendants. Cet acolyte doit toujours se trouver à la portée du diacre assistant qui met et ôte la mitre, afin de la donner ou de la recevoir à temps. La mitre dont l'Évêque ne se sert pas momentanément est placée sur l'autel ou la crédence, dans une position verticale, les fanons pendant extérieurement. *Cærem. Episc.*, lib. I, c. XI, § 6. — A Rome, lorsque l'Évêque doit déposer sa calotte (pileolus), l'usage est de mettre la mitre par-dessus. *Cérém. comm.*, etc., p. 256, § 37, note 1.

[2] *Cérém. com.*, etc., p. 129, § 6, note 1.

[3] *Pontificale Rom.*, pars 1, *De Confirmandis.*

[4] *Cærem. Episc.*, lib. II, c. I et VIII.

ainsi avec le Pape Zacharie. « L'Évêque s'avançant à l'au-
« tel pour prier, se tenant debout devant la Table sainte, « *vel orationes ad Deum effundens*, dépose mitre et crosse, « parce que l'Apôtre défend aux hommes de prier la tête voi- « lée dans l'église, afin que le voile étant retiré de devant « leur face, ils contemplent la gloire du Seigneur. Au con- « traire, lorsque le Pontife se tourne vers le peuple pour le « prêcher, il reprend les *insignia comminationis suæ* [1]. »

Le droit de porter la mitre, inhérent d'abord au seul épiscopat, s'étendit plus tard à d'autres dignitaires ecclésiastiques. Innocent IV en concéda le privilège aux Cardinaux non Évêques (1245); nombre d'Abbés l'avaient déjà obtenu auparavant ou l'obtinrent par la suite [2] : enfin, il fut donné au Primicier de Saint-Marc à Venise, au R. P. gardien du Saint-Sépulcre à Jérusalem, aux Chanoines de Lyon, Bamberg, Vienne, Rodez, Besançon, Saint-Hilaire de Poitiers, Brioude, le Puy, Mâcon, Prague, Palerme, Naples [3], aux Auditeurs de Rote [4], etc., mais toujours à certaines conditions imposées par la Bulle d'octroi.

II. *Symbolisme*. — L'opinion générale des anciens liturgistes est que la mitre fut empruntée à l'ancienne Loi : « Mitra

[1] *Rationale*, loc. cit.

[2] Le privilège de la mitre fut accordé par Alexandre II à Egelsin, abbé de Saint-Augustin de Cantorbéry, en 1063 (*Conc. Britan.*, ap. *Pan. episc.*, p. 60). Les abbés du Mont-Cassin et de Cluny l'obtinrent en 1048 et 1088. — Pour établir une différence entre les Évêques, les Abbés exempts et les Abbés inférieurs, il fut décidé que, dans les Conciles provinciaux, les premiers auraient la mitre précieuse, les seconds, l'*auriphrygiata*, les derniers, la simple (De Albertis, *Sacræ Rotæ Rom. Dec.*, p. 125, déc. 54, n° 10, in-fol., Rome, 1783.)

[3] *La Gerar. eccl.*, p. 257. — *Voyages liturgiques*. — *Sicilia sacra*. — *Napoli sacra*, etc.

[4] Dugué de la Fauconnerie, *Le Tribunal de la Rote*, p. 22, note 1, in-8°, Paris, 1859. — Le droit de porter la mitre fut également accordé en

« pontificalis est assumpta ex usu legis [1]. » Brunon de Segni dit que le lin dont elle est faite représente la blancheur et la pureté de la chasteté ; de plus, que cet ornement était fort nécessaire à la tête, puisqu'elle est la résidence des cinq sens « quibus corruptis facile castitas violatur [2]. » Yves de Chartres et Hugues de Saint-Victor répètent la même chose en d'autres termes ; le dernier ajoute que les deux cornes de la mitre signifient les deux Testaments à l'aide desquels l'Évêque doit lutter, pour lui et son troupeau, contre les séductions du monde [3]. Innocent III regarde la mitre comme une image de la science des deux Testaments, « nam cornua duo sunt Testamenta, duae fimbriae spiritus et littera. » Le cercle d'or, qui entoure le turban, rappelle cette parole du Sauveur « quod omnis scriba doctus in regno cœlorum de « thesauro suo nova profert et vetera : » qu'un Évêque donc se garde bien de vouloir passer maître avant d'avoir appris à être disciple. Ailleurs, l'illustre Pontife voit dans la mitre, la suprême glorification du Christ, due à son humanité à cause de sa divinité [4].

Chez Durand, qui revient sur tout ce que l'on a dit avant lui, la mitre représente aussi la connaissance des deux Testaments ; la corne antérieure est le Nouveau, la postérieure,

1068 par Alexandre II à Wratislas, duc de Bohême (V. Grégoire VII, *ép.* 38, l. i, et *Panop. ep.*, p. 45). On lit aussi dans Othon de Frisingen (*De gestis Friderici I*, lib. i, c. 28, anno 1144) : « Papa (Lucius II) concessit Siculo (le roi Roger II) virgam et anulum, et dalmaticam, et *mitram* atque sandalia. » Cette mitre, simple bonnet hexagone, n'avait rien de commun que le nom et les fanons avec la coiffure épiscopale. V. Giampallari, *Discorso sulle insigne de' Re di Sicilia*, pl. fig. 3, in-4°, Naples, 1832.

[1] Honorius, Hugues, Sicard.

[2] *De Sacram. Eccl.*, *Myst.*

[3] *De Sacram.*, lib. i, c. 55. — *Speculum Eccl.*, c. 6.

[4] *Myst. Missæ*, lib. i, c. 60 et 43.

l'Ancien. L'Évêque doit les savoir par cœur et frapper avec eux, comme avec des cornes, les ennemis de la foi : « Videri « debet quidem subditis Episcopus cornutus, sicut et Moyses de « monte Synai descendens et duas tabulas testimonii tenens « apparebat cornutus Aaron et filiis Israel. » Les effilés rouges des fanons montrent que l'Évêque doit être prompt à défendre la Foi et la sainte Écriture, même jusqu'à l'effusion de son propre sang ; ils tombent sur ses épaules pour marquer que ses actions doivent concorder avec ses discours. La hauteur de la mitre ne désigne pas avec moins de justesse l'élévation de la science, car le savoir du pasteur doit surpasser celui du troupeau. Les fanons expriment un double souvenir : des divins mystères, de peur que leur mépris, lorsqu'on les célébrera, n'amène une juste punition ; des péchés, afin qu'on en éprouve la componction. La mitre est en outre l'image de la couronne d'épines ; de là vient qu'à la Messe, où l'Évêque figure le Christ durant sa Passion, la coiffure du Pontife est mise et retirée par le diacre chargé de lire l'Évangile « in quo Chri- « stus spinis legitur coronatus. » Enfin, les cornes sont les deux préceptes de la charité [1].

Durand note encore que, de son temps, certains Évêques bénissaient solennellement à la Messe (avec la mitre), mais encensaient l'autel après avoir quitté leur coiffure, tandis que d'autres le faisaient mitre en tête. Les premiers, dit le grand liturgiste, regardent la bénédiction comme une action divine où Dieu bénit par leur ministère ; au contraire, l'encensement de l'autel, signifiant la prière avec laquelle l'Évêque plaide la cause du peuple devant Dieu, doit s'opérer avec respect, la tête nue. Au point de vue des autres, la bénédiction et l'encensement n'étant pas essentiels à la consé-

[1] *Rationale*, lib. III, c. XIII.

cration du corps du Christ, mais appartenant à la solennité, ils croyaient pouvoir s'en acquitter avec la mitre, afin de se distinguer des simples prêtres. Durand approuve peu cette dernière opinion, d'après laquelle l'Évêque ne se découvrirait à la Messe qu'en prononçant les paroles sacramentelles. Le *Cérémonial* prescrit formellement au célébrant, quel qu'il soit, d'encenser « semper detecto capite [1]. »

Suivant Hugues de Saint-Victor, la mitre occupe le quatrième rang parmi les ornements spéciaux attribués à l'épiscopat [2]; elle vient entre les sandales et les gants. Innocent III qui reconnait « novem ornamenta pontificum specialia » attribue à la mitre le n° 6, en la plaçant après la dalmatique et avant les gants [3]; Durand la classe entre les gants et l'anneau. Aujourd'hui, l'Évêque officiant prend la mitre dès qu'il a été revêtu du pluvial ou de la chasuble, à moins qu'il ne soit décoré du Pallium, lequel alors lui est passé après la chasuble. Le Diacre pose toujours la mitre sur la tête de l'Évêque, le sous-Diacre ayant soin d'en relever les fanons [4].

Voici une liste des noms attribués à la coiffure épiscopale par les anciens auteurs.

APEX, S. Augustin, *De civitate Dei*, 2, 15.
AUREA LAMINA, S. Jérôme, *De viris illustribus*, 45.
CORONA SACERDOTALIS, Ammien Marcellin, *Rerum gestarum*, 20.
CORONA GLORIÆ, Eusèbe de Césarée, *Historia ecclesiastica*, 3, 21.
CIDARIS, S. Grégoire de Nazianze.
INFULA, Hugues de Saint-Victor, *De Sacramentis*, 1, 55.

[1] *Rat.*, loc. cit. — Aujourd'hui, l'Évêque continue à bénir couvert; cependant l'Archevêque doit quitter sa mitre en donnant la bénédiction, à cause de la croix portée devant lui. (*Cærem. Ep.*, lib. II, c. VIII, 70 et 81. — *Ibid.* lib. I, c. XXIII, 12.)

[2] *De Sacram.*, c. 52.

[3] *Myst. Missæ*, lib. I, c. X.

[4] *Cærem. Ep.*, lib. II, c. VIII, 15, 20 et 21.

PILEUM, GALEA, TIARA, Isidore de Séville, *Origines*, 19, 21.
PHRYGIUM, Suger, *Vita Ludovici VI*.
DIADEMA AUREUM, *Vita S. Samsonis*, Mabillon, *Acta SS.*, I, 165, 43.
SERTUM DISTINCTUM GEMMIS, Ennodius, *Epigramma* 77.
CORONULA AUREA, CORONULA BYSSINA, Bède, *De Tabernaculo*, 3, 8.
CAPELLUM AURO PARATUM, *Chronicon Centullense*.
LORUM, Balsamon.
AURIPHRYGIUM CIRCULARE, Innocent III.
MITRA, Théodulfe d'Orléans, *Carmina*, 5, 3, 610.

§ VII.

Prières relatives à la Mitre.

Les anciennes liturgies, éditées par D. Mabillon, sont muettes à l'endroit de la coiffure épiscopale ; aussi n'ai-je trouvé que deux formules de la prière que doit réciter l'Évêque en recevant la mitre :

PONTIFICAL ROMAIN DE BURCKHARD. — *Ad Mitram*. — « Mitram Domine et salutis galeam impone capiti meo, ut « contra antiqui hostis, omniumque inimicorum meorum in- « sidias inoffensus evadam [1]. »

La même formule se rencontre également dans les *Pontificaux* de saint Pie V et de Grégoire XIII [2]; elle n'a pas cessé d'être en usage, on la lit toujours dans la *Préparation à la Messe* du Missel Romain.

PONTIFICAL DE SAINT BLAISE. — *Ad Mitram*. — « Pone « Domine signum in capite meo, ut nullum præter te ama- « torem admittam [3]. »

[1] Rome, 1485. — M. l'abbé Van Drival a bien voulu me confier un magnifique exemplaire de ce *Pontifical*.

[2] Pars III, *Quæ dicenda sunt a Pontifice dum sacris se induit vestibus*. Venise, 1572 et 1582.

[3] XIVe siècle : *Monum. vet. liturg. Alemannicæ*, t. I, p. 346.

Au sacre d'un Évêque, le Prélat consécrateur bénit en ces termes la mitre du consacré. *Oremus.* « Domine Deus, Pater « omnipotens, cujus praeclara bonitas est, et virtus immensa, « a qua omne datum optimum et omne donum perfectum, « totiusque decoris ornamentum ; benedicere et sanctificare « dignare hanc mitram hujus famuli tui Antistitis capiti im- « ponendam. »

En la lui plaçant sur la tête, il dit. « Imponimus, Domine, « capiti hujus Antistitis et agonistæ tui, galeam munitionis « et salutis ; quatenus decorata facie, et armato capite, cor- « nibus utriusque Testamenti terribilis appareat adversariis « veritatis ; et, te ei largiente gratiam, impugnator eorum ro- « bustus existat : qui Moysi famuli tui faciem ex tui ser- « monis consortio decoratam lucidissimis tuæ claritatis ac « veritatis cornibus insignisti, et capiti Aaron Pontificis tui « tiaram imponi jussisti. Per Christum Dominum nostrum. « Amen [1]. »

La formule du Pontifical de Mayence (XIIIe siècle) est différente. « Pono signum in capite tuo, ut nullum præter « ipsum Deum creatorem tuum amatorem admittas in no- « mine Domini. Amen [2]. »

Lors de la dégradation d'un Évêque, le Pontife officiant lui enlève la mitre en prononçant ces paroles : « Mitra pon- « tificalis dignitatis videlicet ornatu, quia eam male præsi- « dendo fœdasti, tuum caput denudamus [3]. »

[1] *Pont. Rom.*, pars I, *De consec. electi in episc.*

[2] *De ant. eccl. rit.* lib. I, c. VIII, art. XI, *Ordo* XVI, t. II, p. 484.

[3] *Pont. Rom.* pars III, *Degrad. ab ord. episcopali.*

CHAPITRE VI

GANTS DE SAINT LOUIS D'ANJOU

Exposés à la vénération des fidèles dans une monstrance vitrée, aussi pauvre de matière et d'aspect que le custode où sa mitre est incluse, les gants de saint Louis d'Anjou (*voir la planche ci-jointe fig.* 1) sont en tricot de soie blanche quelque peu jauni par le temps. Pour obéir aux termes du testament, *de meis communibus*, ces gants, d'une extrême simplicité, n'ont aucun ornement qui les relève. La manchette seule, longue et évasée de manière à pouvoir recouvrir l'extrémité des *brachialia* de l'aube, présente une légère différence avec le reste ; au lieu du point uni, les aiguilles de l'ouvrier y ont tracé un élégant échiqueté dont les lignes se croisent en sens inverse comme un bâton rompu [1].

CHAPITRE VII

LES GANTS.

§ I.

Les Gants dans la civilisation antique

La première mention connue d'un vêtement destiné à couvrir les mains appartient à la Bible. Lorsque Rebecca prépara Jacob à recevoir la benédiction du vieil Isaac « pel- « liculas hædorum circumdedit manibus [2]. » Hors de cette

[1] C. DE LINAS, *Rapport, etc*., 1857, p. 62

[2] *Genes*. c. 27, 16.

circonstance exceptionnelle, les Livres saints ne citant aucun objet qui de près ou de loin se rapporte aux gants, il est fort probable que les Juifs en négligèrent l'usage; cependant, on trouve dans le Talmud un mot qui correspond aux termes latins « manuum indumentum[1]. » De plus, le trésor de l'abbaye de Saint-Bertin posséda longtemps une relique désignée sous le nom de Gant de la sainte Vierge, relique appelée *chirotheca*, par Iperius, Ferry de Locres et Rayssius[2], *Digitale beate Marie matris Christi* par le *Chartularium Sithiense*. D'après une pièce de ce recueil, le gant sacré, retrouvé par l'abbé Simon II (vers 1180), fut alors refermé dans un châsse très-riche[3].

Les Perses avaient certainement des gants. Xénophon rapporte qu'en hiver ces peuples garantissaient leurs mains avec une enveloppe de fourrures formant doigtier[4]. Je n'oserais interprêter dans un sens identique un autre passage du même historien, où, narrant le meurtre de deux seigneurs par Cyrus-le-Jeune, il donne à cet assassinat un prétexte assez singulier : « quod cum occurrissent ei (regi), manus « per corem (*διὰ τῆς κόρης*) non involvissent, id quod coram « rege solum Persæ deferunt. » La *κόρη* plus longue que la *χειρίς* (manica) empêchait l'homme qui en était revêtu de

[1] CASAUBON. *Animadv. in Athenæum*, lib. XII. c. 2, p. 523 in-fol., Lyon, 1600.

[2] *Chron.*, c. 44, pars IV, an 1181. — *Chron. belg.*, p. 343, an. 1182. — *Hierogaz. Belg.*, p. 101.

[3] Sur cette châsse on lisait une inscription dont voici les premiers vers :

Clauditur hoc opere, quod gemmis fulget et ere,
Ad decus ecclesie, sancte digitale Marie.

Chartul. Sithi., pars III, XLIII, p. 360.

[4] « Ἀλλὰ καὶ περὶ ἄκραις ταῖς χερσὶ χειρῖδας δασείας καὶ δακτυλήθρας ἔχουσιν. » *Cyrop.*, c. VIII, 8, 17.

faire aucun usage de ses mains[1]; Boulenger la regarde comme une sorte de gant[2], mais les monuments achéménides, où les bras des rois et de leur entourage sont représentés couverts de vastes manches plissées, font comprendre qu'un semblable costume pouvait au besoin paralyser tout acte manuel.

Les Grecs des temps homériques mettaient des gants pour se livrer aux travaux agricoles. L'Odyssée montre le vieux Laërte dans son verger, muni de jambières et de gants à l'encontre des ronces[3]. Toutefois, on ne peut voir là que de solides moufles en peau dont le pouce seul était séparé des autres doigts; quant au vêtement superflu, destiné à préserver les mains des injures de l'air ou du soleil, il faut le chercher parmi les histrions et les efféminés du Bas-Empire. Saint Jean Chrysostôme, s'élevant contre le luxe qui régnait à Byzance, apostrophe ainsi les riches de cette capitale: « Τὰς δὲ χεῖρας καθάπερ οἱ τραγῳδοί, οὕτω μετὰ ἀκριβείας ἐνδι« δύσκουσιν, ὥστε νομίζειν προσπεφυκέναι μᾶλλον αὐταῖς[4]. » Ces gants, analogues aux nôtres et dont les hautes classes avaient emprunté l'usage aux acteurs tragiques, un philosophe presque contemporain du grand Patriarche, Musonius, nous apprend qu'ils étaient en tissu de laine, de lin, je n'ose dire de soie, quoiqu'il soit permis de le sous-entendre. « Quare minime honestum est vestitu nimio operire corpus, « aut fasciis involvere, aut manus pedesve circumligatis cu-

[1] « Ἡ δὲ κόρη ἐστὶ μακρότερον ἢ χειρίς, ἐν ᾗ τὴν χεῖρα ἔχων οὐδὲν ἂν δύναιτο ποιῆσαι. » *Hist. græc.*, lib. II, c. I, 8.

[2] *De veste pont. et sac.*, c. 40.

[3] Χειρῖδάς τ' ἐπὶ χερσί, βάτων ἕνεκ'·

xxiv, 230.

[4] *Homelia VIII in I^a ad Thim.* — Je traduis ainsi : « A l'imitation des « acteurs tragiques, ils se gantent si juste que leurs mains semblent à l'état de « nature. »

« juscumque generis gannis ac linteis quibusdam molles et « languidos reddere, cum morbo non sint implicitil[1]. » Enfin, quelques lignes de l'historien Georges Pachymère donnent à entendre que les gants, chez les Grecs du XIIIe siècle, faisaient partie des insignes impériaux. Il relate que Jean, évêque d'Éphèse, était soupçonné d'aspirer au pouvoir souverain et que l'on avait produit dans une assemblée des gants écarlates garnis de perles (*χειρίδας εμμαργάρους κοκκίνας*), avec d'autres ornements trouvés au domicile d'un de ses partisans[2].

A l'exemple des Grecs, les anciens Romains ne portaient des gants que pour travailler à la campagne. Varron, traitant de la récolte des olives, avance que ce fruit est préférable cueilli à la main nue plutôt qu'avec le *digitale*[3]. Palladius recommande aux agriculteurs et aux chasseurs d'avoir des moufles en peau pour se garantir des buissons[4]. Cependant, les progrès de la civilisation ou peut-être le contact des Bar-

[1] « Ὥστε χεῖρας τε καὶ πόδας περιθέσει πίλων ἢ ὑφασμάτων.... » *De vestim.*, ap. Stobée, sermo 1, *De Virtute*, p. 17, 50, in-fol., Genève, 1609.

[2] *Andronici Palæol. Hist.* lib. II, c. 12, in-fol., Rome, 1669, ou Cousin, *Histoire de Constantinople*, Pachymère, lib. VIII, c. 12, p. 571, Paris, in-4°, 1673. — Les gants n'appartenaient pas aux *Regalia* proprement dits, car les *Ordo* relatifs au couronnement des empereurs d'Orient, Περὶ στεφανοφορίας Βασιλέως, n'en font aucune mention. V. Jean Cantacuzène, *Hist.*, lib. I, c. 41 ; Codin, *De off. et official. eccl. et aulæ* C. P., c. 17 et ap. Habert, Ἀρχιερατικόν, p. 604 ; Martène, *De ant. eccl. rit.*, t. III, p. 157, etc., etc.

[3] « Quæ manu stricta melior ea, quæ nudis digitis legitur, quam illa quæ « cum digitalibus. » *Rerum rust.* lib. 1, 55. — Cette leçon est regardée comme peu sûre par divers savants qui remplacent les *digitalia* par le *digitabulum*, dont ils font un instrument à fourchons, analogue à la main : si Varron l'eût entendu ainsi, il n'eût pas ajouté à *digitis* l'épithète *nudis* qui prévient toute équivoque.

[4] « Et ocreas manicasque de pellibus, quæ vel in silvis, vel in vepribus, « rustico operi et venatorio possint esse communes. » *De Re rust.*, 1, 43, 4.

bares modifièrent l'habitude romaine de ne pas se couvrir les mains : lorsque Cicéron, à propos d'Antoine, dit au figuré : « Solet accipere ipse manicas, nec diutius obsidionis metum « sustinere, » l'orateur fait évidemment allusion à la coutume de mettre des gants pour sortir[1]. Pline le jeune est plus clair encore dans l'épître où il rappelle l'assiduité à l'étude de son oncle le naturaliste : « Ad latus notarius cum « libro et pugillaribus, cujus manus hieme manicis muniebantur, ut ne cœli quidem asperitas ullum studiis eriperet[2]. » Néanmoins, il s'agit ici, non de gants à doigts séparés, mais de mitaines qui préservaient du froid le poignet et le métacarpe, sans entraver les mouvements du reste de la main. Devra-t-on entendre dans le même sens un passage de Plutarque relatif à Cécinna, lieutenant de Vitellius? « Γαλατι- « κῶς ἀναξυρίσι καὶ χειρίσιν ἐνεσκευασμένος, σημείοις καὶ ἄρχουσι « Ῥωμαϊκοῖς διαλεγόμενος[3]. » Le mot χειρὶς signifiant à la fois gant et manche, on pourrait, à l'exemple de Ferrari[4], adopter la seconde interprétation ; pourtant il me semble que si Plutarque eût voulu désigner spécialement la chiridote des Celtes, il eût, comme Strabon, employé les termes χιτὼν χειριδωτός[5]. D'ailleurs, Tacite abordant le sujet traité par l'historien grec, son contemporain, mentionne uniquement les braies et la saie barbares que portait Cécinna en haranguant des citoyens romains[6]. Or le *sagum* n'avait pas de manches.

[1] *Philipp. XI*, II. — J'ai sous les yeux une traduction qui rend *accipere manicas* par *plier bagage*, il eût mieux valu dire *prendre ses gants*.

[2] *Epist.* lib. III, 5 *ad Macrum*, 15.

[3] *Othon*, VI, 3.

[4] *De re vest.*, pars II, lib. III, c. IX, p. 111.

[5] « Οἱ γὰρ (Βέλγαι) ἀντὶ χιτώνων σχιστοὺς χειριδωτοὺς φέρουσι μέχρι αἰδοίων καὶ γλουτῶν. » *Geograph.* lib. IV, 4, 3.

[6] « Ornatum ipsius, municipia et coloniæ in superbiam trahebant, quod « versicolore sagulo, braccas tegmen barbarum, indutus, togatos alloqueretur. » *Hist.* lib. II, c. 20.

formé qu'il était d'une pièce d'étoffe rectangulaire pliée en deux et rattachée sur l'épaule, de manière à laisser le bras droit libre, tandis que le gauche était couvert[1]. Quoiqu'il en soit, que Cécinna eût une tunique à manches, des mitaines, ou de véritables gants, il est vraisemblable que les Romains empruntèrent les *digitalia* aux Barbares du Nord, car les seuls exemples figurés de ce vêtement, que l'antiquité nous ait transmis, appartiennent aux cavaliers Sarmates de la colonne Trajane [2].

§ II.

Les Gants chez les races germaniques.

Parmi des peuples hostiles à tout vêtement étriqué et incommode, sous un climat généralement chaud, les gants constituaient une superfluité gênante ou un luxe inutile. Dans les pays du nord, au contraire, où l'atmosphère humide était aussi souvent glacée que tiède, il était indispensable à l'homme le plus fortement trempé de s'envelopper quelquefois les mains pendant la saison rigoureuse, pour conserver la faculté d'agir. C'est donc aux Barbares septentrionaux qu'il faut attribuer la première idée du gant à doigts, *digitale*, *chirotheca*, et les textes comme les monuments figurés s'accordent pour démontrer que la civilisation moderne leur en est redevable. Déjà l'on a vu les gants compléter l'attirail guerrier du Sarmate, et, s'ils n'obtiennent que de rares mentions dans la littérature classique, on peut suivre leur trace continue chez les conquérants de l'Empire, dès que ces derniers

[1] Rich, *Dict. des ant.*, Sagum.

[2] V. Montfaucon, *L'ant. expl.*, t. iv, part. 1, pl. 62 et 80. — Ces cavaliers sont revêtus d'un habillement collant, imbriqué comme certaines armures anciennes. L'artiste a marqué sur le poignet un ressaut qui accuse la solution de continuité entre la manche et le gant.

possédent des livres écrits par eux ou pour eux. D'ailleurs, la patrie du gant serait, je crois, suffisamment déterminée par les noms tudesques latinisés, *gwantus*, *wantus* (*handschuh*), qu'il reçoit fréquemment au Moyen Age [1].

Les gants, aux VIIe, VIIIe et IXe siècles, faisaient partie de l'habillement des hautes classes. Saint Maimbode, pour ne pas contrarier un seigneur qui lui donnait l'hospitalité, ayant accepté une paire de gants, fut assassiné par des voleurs qui le crurent riche en voyant ses mains couvertes [2]. L'Anglo-Saxon Wilfrid oublie ses gants au sortir d'un bateau, et, ce qui prouve la valeur de l'objet, il s'inquiète de leur perte [3]. Un autre Saxon, saint Aldhelm, évêque de Sherburn, compte les gants ornés de soie parmi les vêtements de ses contemporains des deux sexes [4]. L'un des poètes qui célébrèrent Charlemagne (790) fait peut-être allusion aux gants richement brodés, lorsqu'il décrit ainsi la toilette de Théodrade, fille du grand empereur :

> Pulchra peregrinis conlucent colla smaragdis
> Pes, *manus*, ora, genæ, cervix radiata nitescit [5].

[1] M. Bourquelot pense que le mot *cuantus* est d'origine celtique (*Bull. de la Société des Ant. de France*, 1861, p. 40 et suiv.

[2] « Tegumenta manuum, quæ wantos appellant, pro caritate suscepit.... « Beatum virum chirothecas (donum videlicet caritatis) existimantes hunc et « aliam pecuniam possidere. » *Acta S. Maimbodi mart.*, nos 7 et 8, *Januar.*, t. II, p. 543.

[3] « Wilfridus vero ratis de prora saltu terram petens, ambas manicas suas « puppi dimisit.... cui Wilfridus respondens, duas manicas suas illic oblivi« viscendo dimisisse se aiebat. » *Vita S. Guthlaci*, c. III, no 26, *Avril*, t. II, p. 44.

[4] « Nam cultus gemini sexus hujusce modi constat, subucula byssina sive « hyacinthina, tunica coccinea, capitium et *manicæ sericis clavatæ*, gallicula « rubricatis pellibus ambiuntur. » *De laudib. virginit.*, c. 28. *Bibl. max. Pat.*, t. 13, p. 49, E. Lyon, 1677.

[5] *Carmen de Carolo M.* ; CANISIUS, *Thes. monum. eccles. et hist.*, t. II, pars I, p. 478.

Si le sens des vers précédents est douteux, celui de l'énigme suivante, due à Walafrid Strabon (840), l'est moins.

In manicas.

Ecce sumus geminae socia paritate sorores
Sic tamen una vice vitet ut alterius.
Dic cate quid faciat, quod nil perfecerat unquam ?
Vel quem dent liquido muta labella sonum [1].

La loi saxonne défendait les gants aux Juges royaux siégeant sur leur tribunal, mais elle nous apprend que les cultivateurs portaient des gants de lin [2]. Ce fait explique pour-

[1] Canisius, loc. cit., pars II, p. 243. — « Nous sommes deux sœurs pareil- « les destinées à vivre ensemble, cependant l'une ne peut remplacer l'autre. « Dis, homme habile, comment l'une fait ce que l'autre ne fait pas, ou quel son rendent à l'air des lèvres muettes. »

[2] « Chirothecas habere vetantur Judices Regii, dum pro tribunali sedent. » *Speculum saxonic.* lib. III, art. 69. — « Duae lineae chirothecae cum furcula seu « tridente, quo fimus tollitur, emenda est dedititiorum » *Id. ibid.* art. 45, § 10. Ap. Du Cange. — Les ouvriers en bâtiment portaient aussi des gants ; pendant que Malguin faisait élever à Souvigny le tombeau de saint Maïeul, un maçon nommé Constance reçut une énorme pierre sur la main ; grâce à l'intervention du Saint, Constance retira son membre intact « et sic tantum- « modo solum digitale guanti perdidit. » *Mirac. S. Majoli abb. Clun.*, lib. I, n° 3, *Mai*, t. II, p. 691. — Les tailleurs de pierre, figurés sur les vitraux de Chartres, se distinguent des manœuvres par les gants qu'ils ont aux mains. L'usage fort ancien de distribuer des gants aux artistes et ouvriers, employés aux travaux d'un édifice quelconque, explique cette particularité. L'auteur du roman de *Philomène* (XII° siècle) compte 7000 paires de gants, au nombre des fournitures commandées par Charlemagne pour la construction de l'abbaye de La Grasse (v. 778). En 1373, l'on donna des gants aux ouvriers qui bâtissaient la cathédrale de Troyes. Philippe-le-Hardi, duc de Bourgogne, fit, en l'espace d'un an et trois mois, remettre 110 douzaines de paires de gants à dix fameux maçons venus de Paris pour l'achèvement de la Chartreuse de Dijon. Pareille distribution de gants eut lieu (1550) au profit des artistes et ouvriers que dirigeait Philibert de Lorme, architecte du mausolée de François Ier. Les anciens registres aux comptes de la ville d'Amiens men-

quoi les anciens règlements monastiques attribuent des gants aux Religieux qui, eux aussi, se livraient à l'agriculture. On voit, au VIe siècle, s. Colomban déposer ses gants de travail à la porte du réfectoire[1]. Au VIIe, un voleur dérobe les gants de saint Philibert abbé de Jumièges[2]. L'article 22 du *Capitulaire* d'Aix-la-Chapelle (817) veut que chaque moine possède « manicas quas vulgo wantos vocant, in « æstate, et in hieme vero muffulas verveeinas. » Prescription renouvelée à l'article 79[3]. Les *Statuts* d'Adalard (822) donnent, par an, aux Religieux de Corbie, « wantos duos, « muffolas duas[4]. » Ces vêtements grossiers n'en excluaient pas de plus riches ; la description du trésor de Saint-Riquier (831) mentionne parmi les ornements d'église « nastolæ « (*muffolæ*) ex auro paratæ II. wanti castanei auro parati II. « linei II.[5]. » Si l'on comprend aisément la forme des moufles velues en peau de mouton et des gants *tannés* en cuir de cerf brodé d'or, il est moins facile de spécifier les *wanti* usités

tionnent des gants offerts par le Mayeur et les Échevins aux maçons, tailleurs de pierre, etc., qui travaillaient pour la municipalité, et ce, afin de les porter *à aller plus vite en besogne*. D'une semblable coutume dérive certainement la locution triviale *donner pour les gants*, synonyme de *donner un pourboire*. En diverses localités, il est présenté des gants aux invités à une noce ou à un enterrement. V. *Revue de l'Art chrét.*, t. I, p. 177, art. de M. Gilbert. *Notice sur plus. registres de l'œuvre de la cathédrale de Troyes*, etc., par M. J. Quicherat, *Mém. de la soc. des Ant. de France*, t. XIX, etc.

[1] « Tegumenta manuum, quæ Galli wantos vocant quas ad operis laborem « solitus erat habere, supra lapidem qui ante fores refectorii erat deposuit. » *Vita S. Columbani*, n° 25. *Acta SS. Ord. S. B.*, sæc. II, p. 15.

[2] *Vita S. Filiberti abb.* c. II, n° 12. *Août*, t. IV, p. 77.

[3] « Ut muffulæ verveeinæ fratribus dentur. » *Capit. monach.* — La leçon imprimée *ad. calc. Chronic. Casin.* porte : *Art.* 68. « Ut muffolæ si facultas « fuerit verbicinæ dentur. »

[4] Lib. I, c. 3, ap. *Spicil.*, t. IV, p. 3.

[5] Hariulfus. *Chronic. Centul.*, ap. *Spicil.*, t. IV, p. 191.

pour vaquer au travail agricole de l'été. Je crois en avoir rencontré le type sur une figure armée de Charlemagne, peinte à la fin du XIIIe siècle dans le Chapitre abbatial de N.-D. de la Grasse, au diocèse de Carcassonne. L'Empereur a le poignet enveloppé d'une longue mitaine en toile pouvant couvrir le haut de la main et le préserver à la chasse ou ailleurs, tout en laissant aux doigts leur liberté d'action[1]. La défense aux clercs de porter des gants brodés, insérée dans les *Statuts* de Saint-Flour[2], donne quelque valeur à mon explication. Dès que les moines abandonnent la culture pour se livrer uniquement à la prière et à l'étude, on leur interdit les gants qu'une règle sévère ne permet pas aux Religieuses[3]. Au IXe siècle, c'était manquer de respect au lieu saint que d'y pénétrer les mains gantées; un Franc ayant osé entrer ainsi dans l'église de Sainte-Walpurge à Eichstadt (893) fut miraculeusement puni par une disparition subite du sujet de la contravention[4]. Au XIVe siècle, ne pas ôter son gant, pour

[1] *Monum. de la mon. franç.*, t. I, pl. 25, fig. 2.

[2] « Cirothecis depictis ... uti nolite. » *Stat. S. Flori ms.*, ap. Carpentier, *Gloss. nov.* — Ne doit-on pas lire : « cirothecis *seu* depictis ? »

[3] « *Manicis* vel sotularibus consutitiis vel rostratis... non utantur. » *Synode de Girone* (1268), *Amplis. collect.*, t. VIII, col. 1460. — « In novas et contra « formam ordinis usurpatas consuetudines, utpote de pellibus, *cirothecis* laneis « et pelleis..., quas per negligentiam prælatorum.... facile pullulare noverat.. « minime... subrepere passus fuit. » *Hist. monast. Villariensis*, c. VI. *Thes. novus anecd.*, t. III, col. 1340. — Ce passage prouve jusqu'à quel point les gants devenaient un abus dans les monastères. — « Ut nunquam induant « gantos. » — *Regula monial. Fontis-Ebrald.*, c. 15. Ap. Du Cange.

[4] « An in enim oblivione corruptus, sive etiam improvida stoliditate de- « ceptus, cum wantis, quos habuerat in manibus, ecclesiam publice introivit. » Wolfhard, *De mirac. S. Walpurgis*, lib. III, n° 6. *Férrier*, t. II, p. 535. — Ces gants rendus miraculeusement après pénitence, sont alors nommés *chirometricalia munera*, c'est-à-dire « présents dessinant les contours de la « main. » — D'après le *Dictionnaire de Trévoux*, il était interdit d'entrer sans se déganter dans les écuries du Roi ou des Princes.

toucher la main en saluant, constituait une grave insulte[1]. Nos raffinés d'aujourd'hui s'offenseraient encore d'un procédé semblable.

Les gants comptaient-ils parmi les *Regalia* au couronnement du Souverain ? La question est ardue. Une vie de Charlemagne, écrite au XIIe siècle, a pour sommaire d'un chapitre : « *De Guanto imperiali in aere suspenso*[2]. » Une gravure des *Insignia sacræ majestatis Cæsarum principum* représente le grand Empereur en costume impérial, avec des gants à manchettes ornés de pierreries. Lorsqu'Othon III, en 1001, pénétra dans le caveau sépulcral d'Aix-la-Chapelle, il trouva Charlemagne couronné d'un diadème d'or « sceptrum « cum wantonibus indutus tenens manibus, a quibus jam ipsæ « ungulæ perforando processerant[3]. » Willemin produit une figure de Sigismond (1411-1437) vêtu des mêmes habits que le Charlemagne précité, habits conservés à Nuremberg. Les gants, aussi à manchettes courtes, sont parsemés d'émaux, de perles et de cabochons ; leur système décoratif, analogue à celui des tuniques dont la date est connue, permet de les attribuer au XIIe siècle[4]. Les effigies tumulaires, en costume royal, des monarques d'Angleterre, Henri II (1188) et Richard I (1199), jadis à l'abbaye de Fontevrauld, portaient

[1] *Litt. remis.*, an. 1398, ap. *Gloss. nov.*

[2] *Vita ms. Caroli M. scripta sub Friderico I imp.*, lib. II, c. 34. Ap. Du Cange.

[3] Francfort, 1579, in-fol. — *Le Moyen Age*, etc., t. III, *Cérémonial*, fol. IV, 7. — *Chron. Novaliciense. De exped. Caroli M. adv. Longobardos.* Ap. Du Chesne, *Hist. Franç. script.*, t. II, p. 229.

[4] *Monum. franç. inéd.*, pl. 23. — Voici ce que dit M. Pottier, p. 15, en décrivant cette figure tirée d'un ouvrage sur les ornements impériaux, publié à Nuremberg en 1790 : « Les gants en soie de couleur pourpre sont richement « brodés en perles et couverts de pierreries entremêlées de plaques émaillées « qui paraissent n'avoir pas été faites pour la place qu'elles occupent. » Et plus bas : « Il y avait encore au trésor de Nuremberg une deuxième paire de gants. »

des gants engagés sous la manche de la tunique et ornés sur le dos de plaques circulaires à dessins géométriques[1]. D'autre part, les *Ordo* publiés par D. Martène sont muets à l'endroit des gants ; Roger de Hoveden lui-même, témoin oculaire et historien minutieux du sacre de Richard-Cœur-de-Lion, n'en parle pas[2]. Même silence dans les antiques procès-verbaux des sacres de Louis VII, Louis VIII et saint Louis. *L'Ordre et cérémonies du sacre mis en écrit par ordre de Charles V* (1365) éclaircit la difficulté ; on y lit en effet : « Facta autem manuum unctione, jungat Rex ante pectus, « postea *si voluerit* Rex *chirothecas subtiles induere* sicut fa-« ciunt Episcopi dum consecrantur, ob reverentiam sanctæ « unctionis ne manibus nudis aliquid tangant : primo ab « Archiepiscopo benedicentur chirotheceæ in hæc verba se-« quentia. » Suit une formule de bénédiction analogue à celle des gants épiscopaux, puis : « Et aspergantur *chiro-« thecæ* aqua benedicta, deinde imponantur manibus Regis « per Archiepiscopum[3]. » Enfin, « vel si Rex *maluerit chi-« rothecas non habere* » ses mains sont frottées avec du coton ou de la mie de pain afin d'enlever l'huile sainte[4]. Les

[1] *Monum. de la mon. franç.*, t. II, pl. XV, fig. 1 et 4. — Montfaucon s'étonne beaucoup de la présence de ces ornements dont il n'a pas saisi la raison d'être. Ibid., p. 114.

[2] MARCELLO, *Sac. cærem.* lib. I, sect. V. — *Pontifi. Rom.* — *De ant. eccl. rit.*, t. III, p. 165 et suiv. — *Rerum Angl. scrip.*, fol. 374, r et v., Londres, 1596.

[3] L'oraison prononcée par l'Archevêque, en remettant les gants au Roi, ne diffère pas de la prière, *Circumda Domine*, que l'on récite dans la même circonstance au sacre d'un Évêque.

[4] THÉODORE GODEFROY, *Le Cérémonial français*, t. I, p. 41 et 42. — Louis XIII porta des gants à son sacre. *Id.*, *ibid.* p. 67. — Les anciennes relations du couronnement des Rois de France se trouvent en tête du volume. — ANDRÉ FAVYN (*Hist. de Navarre*, liv. XVI, p. 1018) prétend que la bénédiction et la remise des gants, au sacre de nos Rois, étaient un reste de l'ancienne coutume de prendre possession par le gant.

gants ne constituaient donc pas un insigne royal proprement dit, puisque le Souverain était libre de ne pas en prendre à son sacre, tout en restant maître de les recevoir comme *Évêque du dehors*. Cette distinction entre les *Regalia* obligés et les *Pontificalia* concédés explique le mutisme des liturgies spéciales; elle fait comprendre aussi pourquoi Léon de Lusignan, roi d'Arménie (1393), est figuré sur sa tombe, un sceptre dans la main droite, une paire de gants dans la main gauche[1].

A partir du XIIIe siècle, la représentation des gants n'est plus rare. L'usage adopté par les seigneurs d'avoir un faucon sur le poing en est cause. Les gants, alors, ont à peu près la forme dite à la Crispin ; tantôt, la manchette a une fente latérale, munie d'un bouton suspendu à une courroie, tantôt elle est crénelée à l'entour. Plus tard, elle se ferme, s'allonge et recouvre une partie de l'avant-bras[2]. Aux XIVe et XVe siècles, la manchette du gant de chasse faite en peau très-souple, s'effile en pointe aiguë et pendante, terminée par un gland[3]. On rencontre moins d'exemples de gants de toilette. Leur type le plus intéressant est fourni par un portrait en pied de Philippe-le-Bon, exécuté vers le milieu du XVe siècle ;

[1] *Stat. mon. de Paris. Eglise des Célestins*, pl. XIV. — Aucun des Rois peints dans le ms. de Du Tillet (XVIe siècle) n'a de gants. Une statue couronnée de Carloman, fils de Pépin, semble porter des gants (*Mon. de la mon. franç.*, t. I, pl. XIX, fig. 4) ; elle est du XIIIe siècle, mais je ne me fie pas assez aux gravures de Montfaucon pour garantir l'existence de ces *chirothecæ*.

[2] V. *Album de Villard de Honnecourt*, éd. LASSUS, pl. 20. — *Mon. de la mon. franç.*, t. II, pl. XVIII, XXVII, 5 et XXXIV, 1, 2 et 5.

[3] *Le Moyen Age*, t. I, *Chasse*, fol. XIV r. et XV v. — *Le livre du Roy Modus*. — BONNART, *Costumes, etc.*, pl 95 et 96, in-4°, 1828. — Ces gants étaient en cuir blanc ou fauve ; V. *Les Arts sompt.*, FRANCK, *Écuyers*. XVe s fin ; *Grands dignitaires de la cour de Charles VIII*.

ces gants, en cuir fauve, ont une manchette ouverte en fourrure brune avec des agréments brodés [1]. Les gants de Claude, duc de Guise, et d'Antoinette de Bourbon (XVIe siècle) sont ornés dans le même genre; ceux du connétable de Bourbon sont garnis d'une manchette bouffante en rubans à l'entour du poignet [2]. Les gants que portaient les dames différaient peu du modèle adopté par les hommes [3]; une sainte Catherine, de Marguerite Van Eyck (XVe siècle), a des gants blancs qui rentrent sous la manche de sa robe; ceux d'une Vierge de la même artiste s'arrêtent au poignet et laissent l'avant-bras découvert [4]. Aux XVe et XVIe siècles, on voyait aussi des gants de femme en peau blanche ou fauve, à manchette évasée munie d'un gland d'or [5]. Quelquefois des crevés permettaient d'admirer la délicatesse des mains ou le riche anneau passé au doigt [6].

Les gantiers de Paris avaient leurs statuts au XIIIe siècle; ils travaillaient les fourrures de mouton, de vair ou de gris, les cuirs de mouton et de cerf [7]. Ces industriels, *cirothecarii*, se mêlaient aussi de relier les livres [8]. Les gants en tricot,

[1] WILLEMIN, pl. 162.

[2] MONTFAUCON, loc. cit., t. IV, pl. 11, fig. 2 et 3; pl. 42, fig. 1.

[3] BONNART, loc. cit., pl. 9, 51, 63, 73, 79. — *Les Arts sompt.*, t. II, *Jeune fille noble*, XVe s.; son gant de chasse est blanc.

[4] *Le Moyen Age, etc.*, *Peinture*, pl. 4 et 5.

[5] *Les Arts sompt.*: ITALIE, no 8, XVe s., *Vénitienne*; FRANCE, XVIe s., *Saltimbanque*; même époque, deux pl. représentant des dames d'après Jost Ammon.

[6] SHAW, *Dresses and decor.*, t. I, pl. 9 (1520). — SULP. BOISSERÉE, *Die Sammlung alt-nieder und oberdeutscher Gemälde*, etc.; *Sainte Agnès* d'après Lucas de Leyde, t. II, pl. 14, 1821, in-fol.

[7] *Le livre des Métiers*, p. 240. — « Pro gantis de cervo et aliis gantis XIIII l. X s. » *Compte de* 1239, ap. DU CANGE.

[8] « Ostoni Baillet cirothecario pro coopertura libri Biblie. » *Compte ms. de Saint-Pierre de Lille*, ap. *Gloss. nov.*

de soie, fil ou laine, devaient être de la compétence des merciers[1].

§ III

Les Gants liturgiques

Deux des plus anciens liturgistes qui aient parlé des gants épiscopaux, Honorius d'Autun et Hugues de Saint-Victor, rattachent à la tradition apostolique l'origine de cet ornement [2]. Visconti partage l'opinion des écrivains précités [3]; Du Saussay et Bona la rejettent : le premier, attendu que les historiens primitifs et les Pères de l'Église se taisent à l'endroit des gants [4], le second parce qu'il n'en existe pas sur les monuments figurés et que leur usage est inconnu dans les rits orientaux [5]. L'argument du célèbre Cardinal me paraît manquer de solidité, car le clergé Grec remplace le manipule par des manchettes, *ἐπιμανίκια*, dont les Latins

[1] J'ai les beaux ganz a damoiseletes
J'ai ganz torez, doubles et sangles

Dit d'un Mercier, à la suite des *Prov. et dictons popul.*, Crapelet, 1831. — Pour les gants dits d'Espagne, de canepin, de Frangipane, de Neroli, etc., V. les *Dict.* de MÉNAGE et de *Trévoux*.

Je n'ai à traiter ici, ni des gantelets qui rentrent dans la catégorie des armures défensives, ni du rôle, qu'aux temps féodaux, les gants jouaient dans les serments, donations, investitures, défis, etc. Je renvoie le lecteur à DU CANGE et à CARPENTIER, *Cirotheca*, *Wantus*, *Wanto*, *Vantus*, *Gwantus*, *Gantus*, *Gannus* et *Manicia*; aux *Dict. de Trévoux* et d'HOFMANN ; à THÉROULDE, *la chanson de Roland*, chants, I, 247 et III, 927, éd. GÉNIN 1850, in-8° ; etc. etc.

[2] « Chirothecarum usus ab Apostolis traditus est. » *Gemma anim.*, lib. I, c. 215. — *De Sacram.*, lib. I, c. 56.

[3] *Observ. eccles. De Rit. Miss.*, t. IV, lib. 3, c. 37, in-4°, Milan, 1626.

[4] *Panop. episc.*, lib. V, p. 333.

[5] *Rerum liturgic.*, lib. I, c. 24, XII.

ont fait les parures brachiales de leur aube et qui pourraient bien être identiques aux *manicæ* de nos liturgies primordiales [1]. D'ailleurs, si le Grand-Prêtre Juif devait avoir les pieds et les mains nus lorsqu'il offrait au Seigneur le sacrifice incomplet de l'Ancienne Loi [2], certains Flamines institués par Numa Pompilius vaquaient, les mains voilées, aux pratiques de leur culte [3]. Or, les chrétiens, qui empruntèrent beaucoup aux rites hébreux, conservèrent assez d'usages païens, pour qu'un écrivain en ait fait le sujet d'un gros livre [4]. Les gants ne s'y montrent pas, il est vrai, mais pourquoi les Apôtres ou leurs successeurs immédiats, si ardents à signaler l'incommensurable abyme ouvert entre le dogme sublime de l'Eucharistie et la grossièreté des holocaustes matériels, n'auraient-ils pu, cette fois encore, repousser la forme mosaïque et appliquer aux divins Mystères les marques extérieures de respect que le polythéisme romain accordait à ses Dieux. Quoiqu'il en soit, les Évêques des Gaules avaient des gants au VIe siècle. Amené devant Thierry, roi de Bourgogne, saint Béthaire de Chartres (594-600) est dépouillé de

[1] Ces manchettes sont en étoffe riche, pareille d'ordinaire au tissu de la chasuble, mobiles, elles s'attachent au coude et représentent les cordes avec lesquelles N.-S. fut lié pendant sa Passion. Saint Athanase, dans la *Gerarchia eccles.* (pl. 65, p. 311), est figuré avec un *épimanicium*.

[2] BRAUN, *Vestit. sacerd. Hebr.* c. 3, *De Vest. summi sacerd. Hebr.*

[3] « Et soli Fidei sollenne (Numa) instituit. Ad id sacrarium Flamines bigis, « curru arcuato, vehi jussit, manuque ad digitos usque involuta rem divinam « facere. » TITE LIVE, lib. I, XXI.

[4] MARANGONI, *Delle cose gentilesche, etc., trasportate ad uso etc. delle chiese*, in-4°, Rome, 1744. — L'auteur, il est vrai, s'efforce, au chapitre 33, de prouver qu'aucun vêtement sacerdotal chrétien n'est emprunté à la liturgie païenne, mais il s'agit ici d'un rite et non d'un costume. V. à ce sujet l'ouvrage précité, c. 52, 54, 55 et 72; OZANAM, *La Civilisation au Ve siècle*, t. I, p. 76, 77 et 164 à 167, éd. 1855.

ses gants [1]. Un miracle suspend, trois heures à un rayon de soleil, les gants que saint Hildevert de Meaux (672-680) avait quittés au moment de la consécration [2]. Rieulfe d'Elne (915) lègue à l'église de Sainte-Eulalie « annulum aureum « unum cum gemmis pretiosis et vuantos paria unum [3]. » Evermode, évêque de Ratzeburg (XIIe siècle), ayant oublié ses gants pour officier pontificalement, les voit soutenus en l'air à la stupéfaction générale [4]. Des liturgies fort anciennes classent les gants au nombre des vêtements épiscopaux. La messe d'Illyricus contient une oraison *Ad induendas manus* et celle de Ratold, une prière *Ad manicas* [5]. Dans l'*Ordo* publié par Hittorp, on rencontre aussi une prière *Quando induitur manicis*, et, aux yeux de divers savants, cet *Ordo* remonte à des temps fort reculés [6]. Brunon d'Asti nous apprend que les gants épiscopaux étaient en lin [7]; Honorius, qu'ils n'étaient pas cousus « inconsutiles »; Innocent III, qu'un cercle d'or en décorait la partie supérieure « circulum aureum de- « super habet [8]. » Durand mentionne des gants liturgiques en

[1] « Interea unus e barbaris gentis ipsius nisus est abstrahere a sanctis ma- « nibus ejus chirothecas (quod vulgo wantos vocant) et suas tegere indignas. » *Vita S. Betharii, ep. Carn.*, n° 9, *Acta*, t. I, p. 71

[2] « Chirothecæ ejus, quas e manibus suis ante consecrationem extraxerat, a radio solis in aere visæ fuerunt sustentatæ. » *Mai*, t. VI, p. 713 — « Cumque de manibus gantos extraxisset, apposuit eos radio solis. » *Vita ms. S. Hildeverti*, ap. DU CANGE.

[3] *Testam. Riculfi ep. Helen.*, ap. BALUZE. *App. ad* REGINONEM, x, p. 626.

[4] Ap. GIOV. BATT. PACICHELLI, *De Chirothecis*, p. 310, Naples, 1683.

[5] *De ant. eccl. rit.*, t. I, p. 485 et 542.

[6] *Ordo Rom. de offic. div.; Qualiter Episc. in Eccl. Romana ordinetur*, p. 72, A.

[7] *De Sacram. eccl.*, *myst.* — Nous avons vu tout-à-l'heure des gants de lin au trésor de Saint-Riquier (831); en 1321, il y en avait encore à Cantorbéry : « Par unum (chirothecarum) de lino, cum tassellis argenteis et parvis lapidibus. » DART, *Canterbury cath.*, app. p. XIII.

[8] *Gemma an.*, lib. I, c. 215. — *Myst. Missæ*, lib. I, c. 57

peau de chevreau, matière incompatible avec la qualification *inconsutilis* qu'il leur donne ailleurs [1]. Saint Charles, plus logique, prescrit des gants en tissu avec une manchette relevée d'or [2].

Le plus vieux spécimen de gants épiscopaux, qui ait été signalé, appartenait à l'abbaye de Saint-Bertin; par malheur, il n'existe aucune description des gants de saint Folquin, évêque de Térouanne (816-855) [3]. Les gants exhumés du cercueil d'Ingon, abbé de Saint-Germain-des-Prés (1025 ou 1026), sont en tricot de soie, jadis blanc, figurant un losangé; la manchette cylindrique correspond aux 4/9es de la hauteur totale [4]. Les gants de Frumald (XIIe siècle), sur la mosaïque d'Arras, sont grisâtres; un double galon, blanc à l'intérieur, or à l'extérieur, borde leurs manchettes en entonnoir [5]. Ces manchettes, qui couvraient le poignet et les bouts des *brachialia* de l'aube, ont encore plus d'ornements au porche méridional de Chartres et sur un exemple fourni par M. Bock; des losanges ou des carrés, analogues à l'échiqueté (*fig.* 1), y encadrent des perles et des rosaces [6]. La fin du XIIIe siècle vit s'accroître l'ampleur des manchettes; un bas-relief de la basilique de Monza représente l'archiprêtre de cette église, revêtu des *Pontificalia* auxquels il avait droit

[1] *Ration.*, lib. III, c. 12.

[2] « Chirothecæ episcopales contextæ esse debent, et circulo aureo insigniter » in extrema parte ornatæ. » *Acta eccl. Med.*, lib. IV, p. 162.

[3] « Et adhuc sub antiquo decore conservamus (B. Folquini)... chirothecas atque sandalia. » IPERIUS, *Chron.*, c. 13. — V. aussi *Hierogaz. Belg.*, p. 102.

[4] *Stat. mon. de Paris*, Abb. de S. Germain-des-Prés, pl. XIV.

[5] *L'Archit. du Ve au XVIIe siècle*, atlas in-fol., pl. 35.

[6] *Monog. de la cath. de Chartres*, pl. 20 et 21. — *Geschichte*, etc., lief. IV, taf. VII, 3.

et portant des gants dont la manchette unie s'effile en pointe [1]. Au XIVe siècle, la forme précitée s'exagéra davantage ; les gants gagnèrent le milieu du bras et l'addition d'un gland les rendit semblables à ceux des fauconniers, mode singulière qui régna en Allemagne et en Angleterre jusqu'au déclin du XVe siècle [2]. Alors, la manchette raccourcie et moins ample, (*fig.* 5), s'enrichit itérativement de broderies [3]. Elle a disparu aujourd'hui et nos gants épiscopaux, rognés comme les gants du premier venu, ne remplissent plus le rôle de la *manica* antique.

En sus de la bordure prescrite par Innocent III, on plaçait encore un ornement sur le dos du gant. Cet ornement est nommé *lamina*, *tassellus*, *paratura*, dans les inventaires ; j'en présente ici un curieux spécimen (*fig.* 2,2) copié sur des gants du XIIIe siècle à Saint-Sernin de Toulouse [4]. Il consiste en deux plaques rondes de cuivre jadis doré et émaillé, ayant 0m,06c de diamètre et percées de quelques trous pour passer le fil qui les attachait au tissu ; la droite porte une croix grecque, la gauche un *Agnus Dei*. Les *tasselli* n'étaient pas toujours circulaires ; on en rencontre aussi d'elliptiques (*fig.* 4) et de cruciformes [5] ; ceux d'Hugues de Castillon, que j'ai dessinés dans la cathédrale de Comminges (*fig.* 6), sont carrés [6] : ceux d'un évêque de Seckau (1477) et d'un abbé de Saint-Vaast (XVIe siècle), à la cathédrale d'Arras, pré-

[1] Frisi, *Memorie di Monza*, t. I, pl. X.

[2] *Geschichte*, etc., lief. IV, taf. VII, 3 et XV. — *The Church*, etc., t. II, p. 162, note 98.

[3] V. aussi les gants de Georges Uberagker (1477). *Mittheil.*, etc., Juin 1858, p. 192, fig. 1.

[4] *Rapport*, etc., 1854, p. 16. — Ces gants sont en tricot de soie blanche.

[5] *Geschichte*, etc., lief. IV, taf. VII, 3 (XIIIe s.) et 1 (XIVe s.)

[6] *Rapport*, etc., 1857, p. 72 (XV-XVIe siècle).

sentent des rosaces [1]. Il y avait des *tasselli* en or, argent, émail, perles, pierres précieuses et broderie [2]. Les gants funéraires de Boniface VIII étaient « ex serico albo ad acum « cum phrygio pulcherrimo ad perlas, in longitudine palmi « unius et quarti (0m,285m) [3]. » Les gants du cardinal de La Grange, sur sa tombe à Avignon (1402), sont ornés d'un filet circulaire en perles, encadrant une croix à cœur d'escarboucle [4]; l'escarboucle seule apparait sur les cénotaphes du même dignitaire (XVIe siècle) et de l'évêque Gérard de Couchy (1258), tous deux dans la cathédrale d'Amiens (*fig.* 7 et 3). D'autres fois, le *tassellus* s'incorporait au tissu : tels étaient les gants trouvés en 1606 dans le cercueil d'Adrien IV (1159) [5], tels sont les gants en soie rouge de William de Wykeham, conservés à New College (Oxford) [6]. Mais le plus beau modèle que je connaisse en ce genre, je l'ai rencontré dans la cathédrale de Comminges [7] (*fig.* 5). Ces gants vierges de toute mutilation ont une longueur de 0m,285m et

[1] *Mittheil.*, loc. cit. — Chapelle de Saint-Vaast.

[2] L'archevêque Hubert donna à la cathédrale de Cantorbéry (1193) « chi- « rothecarum paria III omnia gemmis et auro parata decenter, prœterea mi- « tras et chirothecas sine auro » *Hist. Angl. script.*, t. II, p. 1680. — « Mitra bene ornata bendis aureis triplicatis, insertis lapidibus et perlis. « Item cirothecæ simul apparatus. Item duo paria cirothecarum ornata la- « minis argenteis deauratis et lapidibus insertis. » *Visit. facta in thes. S. Pauli*, 1295, ap. Dugdale, *Hist. of S. Paul's cat.*, p. 315, nouv. éd. — « Uns autres petits gans à prélat, de broderie sur champ d'or, et sont « tous plains à esmaux et y faut plusieurs perles, prisez LX solz par. » *Invent. de la chapelle de Charles VI*, 1424. De Laborde, *Gloss. et rép.*

[3] *Sacr. Vat. Bas. crypt. mon.*, p. 130.

[4] *Rapport*, etc., 1857, p. 30, *Musée Calvet*.

[5] « Agni formam cum cruce et litteris *Agnus Dei* quæ chirothecis intexta apparebant. » *Sacr. Vat. Bas.*, etc., p. 124.

[6] Ces gants ont sur le dos un large ornement tissé en fil d'or. *The Church*, etc., t. II, p. 162, note 98.

[7] *Rapport*, etc., 1857, p. 71.

remontent au XV-XVIe siècle; ils sont tricotés en soie rouge, interrompue par un fil d'or traçant des dessins variés : sur le dos, un octogone évidé, dont chaque angle saillant est alternativement sommé d'une croix tréflée ou d'une branche de lys, encadre les lettres IHS en caractères gothiques ; la manchette un peu évasée, haute de 0m,06, porte une guirlande que prolongent deux crêtes dentelées et entées. Ces crêtes, simulant bagues, se répètent plusieurs fois sur chaque doigt [1].

Durand laisse entendre qu'au XIIIe siècle tous les gants épiscopaux étaient blancs [2]. Néanmoins, un passage de l'*Ordo XIII* (1271) fait penser qu'à cette époque les gants du Pape, comme ses autres *Pontificalia*, affectaient la couleur du jour [3]. Une donation de Geoffroy de Loudon (1234-1255), à son église du Mans, peut s'interpréter dans le même sens [4]. Bissi ne reconnaît que des gants blancs ou rouges, mais S. Charles prescrit les quatre couleurs liturgiques, sauf le noir [5] ; en

[1] Les gants de S. Em. Mgr. le cardinal Giraud, conservés à Cambrai chez M. Delattre, sont ornés d'une croix brodée à part sur étoffe, ceux de Mgr. d'Arras portent deux crosses en sautoir, timbrées du *galerus*, le tout brodé sur le gant même.

[2] « Per ipsas vero cyrothecas albas » *Ration.*, lib. III, c. XII.

[3] « Et vestimenta erunt coloris tempori convenientis » *Mus. ital.*, t. II, p. 225, n° 6. Les gants sont mentionnés auparavant.

[4] « Quinque paria cerotecarum et duas paraturas argenteas deauratas ad opus earumdem cirotecarum » Ap. MABILLON, *Vet. Analecta*, p. 335, in-fol. Ces plaques s'adaptaient donc tour à tour aux cinq paires de gants, transport inutile si ces dernières avaient toutes affecté la même couleur.

[5] *Hierurgia*, CHIROTHECÆ, § II. — « Chirothecæ, quarum scilicet paria quatuor tantum erunt ; quia nigro colore non adhibentur. » *Acta eccl. Med.*, lib. IV, *De Supp. Miss.*, p. 157, éd. cit. — « E di più si usassero di quattro colori corrispondenti alli colori usati nelle vesti, secondo il Rito nella Chiesa stabilito, eccettuato però il colore nero. » *La gerarch. eccl.*, c. 57 p. 233.

effet, les Évêques ont les mains nues aux offices des Morts et du Vendredi-Saint[1].

L'Évêque ne porte ses gants qu'à la Messe et conjointement avec les sandales ; il les prend immédiatement après la dalmatique; un acolyte les lui offre sur un plat, le diacre lui passe le droit et le sous-diacre le gauche[2] ; il les retire quand il a récité l'Offertoire, au moment du *Lavabo*[3].

Suivant le *Pontificale Romanum*, l'Évêque, à son sacre, reçoit les gants après qu'on lui a placé la mitre sur la tête. Les anciennes formules de consécration épiscopale varient beaucoup à ce sujet : l'*Ordo* d'Hittorp et le Pontifical de Salzbourg (XIIe siècle) intercalent la remise des gants entre celles des sandales et de la dalmatique; le Pontifical de Mayence fait donner les gants avant la crosse et la mitre[4].

Hugues de Saint-Victor énumère ainsi les attributs de l'épiscopat : « Tunica, dalmatica, sandalia, mitra, chirothecæ, « annulus et baculus[5]. » Honorius d'Autun reconnaît sept ornements spéciaux à l'Évêque, savoir : « Sandalia, dalma- « tica, rationale, mitra, chirothecæ, annulus, baculus[6]. » Innocent III, neuf : « Caligæ, sandalia, succinctorium, tu-

[1] Magri, *Hierolexicon*. — *Cærem. Episc.*, lib. II, c. XI, 2.

[2] *Missa Ratoldi*. — Innocent III, *Myst. Mis.*, lib. I, c. X. — Durand *loc. cit.* — *Ordo XIII* et *XIV*, ap. *Mus. ital.*, t. II, p. 225, n° 6 et p. 293. — *Cærem. episc.*, lib. II, c. VIII, 10. — Dans la *Messe d'Illyricus*, l'Évêque prend les gants après le manipule ; après le *subtile*, dans le *Pontifical de Saint-Blaise*.

[3] « En autem (offertorio) finito et oblatione recepta... exuat manicas lavet- « que manus. » *Mis. Ratoldi*, ap. *De ant. eccl. rit.*, t. II, p. 544. — *Cærem. Episc.*, loc. cit. 57. — On remet alors les gants sur le plat ; à Rome il y a un plat spécial pour chaque objet, gants, sandales, pallium, etc.

[4] *Pont. Rom.*, *de Cons. electi in episc.* — *Ord. Rom.*, éd. cit., p. 71 et 72. — *De ant. eccl. rit.*, t. II, p. 404 et 484.

[5] *De Sacram.*, lib. I, c. 52, *De veste episc.*

[6] *Gemma animæ*, lib. I, c. 209.

« nica, dalmatica, mitra et chirotheeæ, annulus et baculus[1]. » Unanimes, tous trois, à donner aux gants la dernière place parmi les *Pontificalia* vêtements. Néanmoins Durand fait passer les gants avant la mitre[2].

Les gants, de très-longue date, furent remis aux Abbés en même temps que la crosse. Le *Canon* de Théodore, archevêque de Cantorbéry (668-690), chapitre *Ordinatio Abbatis*, après la formule, *Tunc* (Episcopus) *det ei regulam*, enregistre cette autre : *Tunc tradat ei chirothecas et baculum*[3]. L'on a vu plus haut des gants liturgiques à l'abbaye de Saint-Riquier (831), et ils sont expressément spécifiés dans les antiques priviléges des *Pontificalia*, concédés aux abbés du Mont-Cassin et de Cluny, aussi bien que dans les bulles analogues émanées postérieurement du Saint-Siége[4]. Les gants appartenaient jadis au clergé tout entier : « Manualia vero

[1] *Myst. Mis.*, lib. I, c. 10.

[2] *Ration.*, lib. III. — Le plus élevé en dignité marchant le dernier dans les cérémonies religieuses, Durand aura pensé que la tête, partie la plus noble de l'homme, devait jouir du même privilége.

[3] Ap. HITTORP, loc. et ed. cit., p. 103. — BONA, *Rerum lit.*, lib. I, c. 21, XII. — L'*Ordo VI*, ORDINATIO ABBATIS, publié par Dom Martène d'après un manuscrit de saint Remi de Reims (XIIe siècle) et extrait aussi du *Canon* de Théodore, porte après l'imposition des mains par l'Évêque : « Eodem ordine « ante evangelium benedicatur quo et decanus ; sed de manu Episcopi acci- « piat baltheum et *wantos* inconsutiles ad cantandam missam. » La règle, puis la crosse sont ensuite remises à l'Abbé. — *De ant. eccl. rit.*, t. II, p. 35. Les autres *Ordo*, relatifs à la même cérémonie, ne mentionnent pas les gants qui paraissent néanmoins avec la mitre au *Pontificale Romanum*, pars I, *De Benedict. Abbatis*.

[4] Richer et Oderise, du Mont-Cassin, obtinrent le privilége en 1048 et 1088 (*Chron. Cas.*, lib. II, c. 81 et lib. IV, c. 17) et Hugues, de Cluny, en 1088 (*Pas. ep.*, lib. V, p. 340). Angelo de Nuce, dans une note, relate que le privilége de la mitre « aliorumque pontificalium » avait été accordé, en 643, par le Pape Théodore I à l'abbé de Bobbio et que ce privilége remontait à Honorius I (625-640), faits inscrits au fol. 2 du *Bullarium Casinense* (*Chron. Cas.*, lib. IV, c. 17, p. 145).

« id est manicas induere sacerdotibus mos est, instar armil-
« larum, quas regum, vel sacerdotum brachia constringe-
« bantur. Ideo autem ex quolibet pretioso vellere, non me-
« talli duritia extant, vel ut omnes communiter sacerdotes,
« etiam minoris dignitatis in sæculo facilius inveniant[1]. »
Du Saussay avance que les gants du simple prêtre étaient en peau et cousus, à l'inverse de ceux des Évêques, tissus en soie et sans couture. Le même auteur croit que le clergé parisien avait, de temps immémorial, le droit de porter les gants; en effet, un vieil usage existait de conduire les prêtres à leur dernière demeure, le visage découvert, en habits sacerdotaux, sandales et gants blancs. L'évêque de Toul vit observer cette coutume aux funérailles de Jean Roger, curé de la paroisse des SS. Innocents[2]. D. Claude de Vert fit une remarque pareille aux obsèques d'un Religieux de Saint-Pierre d'Abbeville, et, en la notant, il ajoute que cela se pratiquait autrefois ainsi dans toutes les maisons de l'Ordre de Cluny[3]. Droit acquis ou usurpation, le clergé milanais abusait certainement des gants au XVIe siècle; saint Charles interdit à tout ecclésiastique, quel qu'il soit, de mettre des gants conjointement avec le surplis ou un autre vêtement sacré, et il défend au prêtre célébrant la Messe de déposer ses gants sur l'autel[4]. Plusieurs dignitaires jouissaient du pri-

[1] *Expos. brevis antiq. liturg. Gallic.*, ap. MARTENE, *Thes. anecd.*, t. V, col. 100, E.

[2] *Panop. episc.*, lib. V, p. 354 et 353.

[3] *Explic. des cérém. de l'Égl.*, t. II, p. 325.

[4] « Ne quis canonicus, dignitateve præditus, aut ecclesiæ cujusvis minister,
« clericusve quicumque... superpelliceo, aliove sacro indumento indutus, chi-
« rothecis etiam manus induat. — Præcipimus autem ut sacerdotes in missæ
« celebratione... pileum, biretum aut subbiretum, chirothecas, sudariolum...
« in altare ne ponant. » *Acta eccl. Med.*, lib. IV, p. 143, 29 et 176, 56, éd. cit.

vilége des gants sans posséder celui de la mitre : quelques Prieurs de l'Ordre de Cluny en portaient hors de l'autel lorsqu'ils officiaient; les Chantres capitulaires en avaient, et ils en ont encore, pour tenir leur bâton cantoral; enfin, à Bourges, Nevers et Angers, les gants blancs figuraient aux processions[1].

§ IV

Symbolisme des Gants épiscopaux

A la question : « Cur manus lineis chirothecis induuntur? » Brunon d'Asti répond brièvement : « Ut castæ sint et ab « omni sorditate mundæ sint et nitidæ[2]. » Hugues de Saint-Victor interprète les gants par l'exemple des Saints qu'un Évêque doit se proposer dans ses œuvres[3]. Un autre ouvrage du même auteur explique que la main signifie les actions, le gant, le soin qu'il faut prendre à les cacher. Comme les mains sont tantôt voilées par le gant et tantôt mises à nu si on le retire, « sic bona opera interdum propter arro« gantiam declinandam celantur, interdum propter ædifi« cationem proximis manifestantur. » On met les gants pour obéir au précepte évangélique : « Cavete ne justitiam « vestram faciatis coram hominibus ut videamini ab eis » ; on les retire pour se conformer à cette parole du divin Maître : « Luceat lux vestra coram hominibus ut videant

[1] D. C. de Vert, loc. cit., p. 324.

[2] *De Sacram.*, etc. *De Consac. eccl.*, ap. *Spicil.*, t. xii, p. 99.

[3] « Per chirothecas in manibus exempla sanctorum quæ in operibus habenda sunt intelliguntur : et quod opera ab omni inquinamento munienda « sunt naturæ, ne modicum fermentum totam massam corrumpat. » *Specul. Eccl.* c. 6.

« opera vestra bona et glorificent Patrem vestrum qui in « cœlis est [1]. » Honorius d'Autun, identique à Hugues de Saint-Victor par la pensée et les termes dans lesquels il la formule, dit en plus : « Chirothecæ sunt inconsutiles, quia « actiones Pontificis, debent rectæ fidei esse consortes [2]. » Innocent III regarde les gants comme le symbole des peaux de chevreau dont Rébecca enveloppa les mains de Jacob : « Pellis hædi similitudo peccati, quam Rebecca mater, id « est, Spiritus sancti gratia, manibus veri Jacob, id est, ope- « ribus Christi, circumdedit : ut similitudinem majoris, id « est prioris Adæ, Christus exprimeret. » Au sens de l'illustre Pontife, les gants représentent aussi les misères de notre humanité endurées par le Christ; l'Évêque en couvre ses mains, « ut nesciat sinistra sua quod faciat dextra sua »; ils désignent la prudence qui accomplit l'œuvre en public parce qu'elle en garde l'intention dans le secret; on les entoure d'un cercle d'or, à cause du précepte : « Que votre « lumière luise devant les hommes [3]. » Durand, à tout ce qui vient d'être exprimé, n'ajoute qu'une interprétation de la couleur des gants : « Per ipsas vero cyrothecas albas castitas et « munditia denotantur [4]. » Du Saussay avance que les gants épiscopaux étaient sans couture, « ad unitatis Ecclesiæ quæ « in Episcopo residet mysticum indicium [5]. » Le champion du réalisme liturgique, Dom Claude de Vert, trouve leur

[1] *De Sacram.*, lib. I, c. 56 — *Matth.* VI, I et V. 16.

[2] *Gemma anim.*, lib. I, c. 215.

[3] *Myst. Missæ*, lib. I, c. 41 et 57. — La comparaison des peaux de chevreau, qui enveloppèrent les mains de Jacob, aux gants épiscopaux, a fourni l'idée première de l'oraison prononcée par l'Évêque en revêtant cette partie de ses *pontificalia*.

[4] *Rationale*, loc. cit.

[5] *Panoplia episc.*, lib. V, p. 354.

raison d'être dans l'incommodité de tenir une crosse avec la main nue [1].

§ V.

Prières relatives aux Gants.

Messe d'Illyricus. *Ad induendas manus.* — « Creator « totius creaturæ, dignare me indignum famulum tuum indu- « mentis justitiæ et lætitiæ induere, ut puris mentibus ante « conspectum tuum assistere merear mundus [2]. »

Messe de Ratold. *Tum ministrentur Episcopo manicæ.*

Digna manus nostras Christi custodia servet,
Ut tractare queant nostræ monumenta salutis [3].

Pontifical de saint Blaise. *Ad chirothecas.* — « Conserva, « Domine, quæso, manus meas ab omni pollutione, ut tibi « soli Deo sacrificium laudis dignanter possim offerre [4]. »

Pontifical romain et préparation a la messe. *Ad chirothecas.* — « Circumda, Domine, manus meas munditia novi « hominis qui de cœlo descendit : ut quemadmodum Jacob « dilectus tuus, pelliculis hædorum opertis manibus, pater- « nam benedictionem, oblato patri cibo potuque gratissimo, « impetravit, sic et oblata per manus nostras salutari hostia « gratiæ tuæ benedictionem (impetrare) merear. Per Domi- « num nostrum Jesum Christum filium tuum, qui in simili-

[1] *Explic. des cérém. de l'Eglise*, t. II, *suppl.*, p. 503

[2] *De ant. Eccl. Rit.*, t. I, p. 465.

[3] *Id. ibid.*, p. 542.

[4] *Mon. vet. lit. Aleman.*, t. I, p. 346.

« tudinem carnis peccati pro nobis obtulit semetipsum[1]. »

Bénédiction des gants. — *Oremus.* « Omnipotens Creator, qui homini ad imaginem tuam condito, manus discretionis insignitas, tanquam organum intelligentiæ, ad recte operandum dedisti; quas servari mundas præcepisti, ut in eis anima digne portaretur, et tua in eis digne consecrarentur mysteria; benedicere, et sanctificare dignare manuum hæc tegumenta : ut quicumque ministrorum tuorum, sacrorumque Pontificum, his velare manus suas cum humilitate voluerit; tam cordis, quam operis ei munditiam, tua misericordia subministret[2]. »

Ordo Romanus. *Quando induitur manicis.* — « Immensam clementiam tuam rogamus omnipotens et piissime Deus, ut manus istius famuli tui N. scilicet fratris nostri, sicut exterius obducuntur manicis istis, sic interius adspergantur rore tuæ benedictionis, ut quæcumque per eas sint benedicenda vel consecranda, per te benedicentur et consecrentur[3]. »

Cette antique formule de la remise des gants au consacré, reproduite aussi dans les Pontificaux de Salzbourg et de Mayence, *Ad manicas* et *Ad chirothecas*, le Pontifical Romain l'a remplacée par une prière qui, à quelques variantes près, ne diffère aucunement de celle que l'Évêque y récite *Ad chirothecas*[4].

Quand un Évêque est dégradé, ses gants lui sont retirés

[1] Le mot *impetrare* se trouve dans le Pontifical Romain, éd. de 1485, il est supprimé dans quelques autres.

[2] *Pont. Rom.*, *De Cons. electi in episc.*

[3] Ap. Hittorp, p. 72, in fol., Rome, 1591.

[4] Au lieu de *manus meas*, il y a *hujus ministri tui*; au lieu de *manus nostras*, on dit *manus meas* : le mot *impetrare* est rétabli.

des mains par les diacres et non par le Pontife qui préside à cette triste cérémonie[1].

Les formules pour la bénédiction et la remise des gants abbatiaux, au Pontifical Romain, sont pareilles à celles que l'on emploie dans les mêmes circonstances au sacre des Évêques. Voici une prière très-ancienne, récitée jadis par l'Évêque en donnant à l'Abbé *baltheum et wantos inconsutiles*. « Baltheo veræ castitatis et gratia Sancti Spiritus præcingat « renes tuos Dominus. Mundet manus tuas, ut acceptabiles « hostias offeras Deo omnipotenti : cui est honor et gloria « in sæcula sæculorum. Amen[2]. »

BÉNÉDICTION DES GANTS AU SACRE D'UN ROI DE FRANCE. — « Omnipotens Creator, qui homini ad imaginem tuam creato « manus digitis discretionis insignitas tanquam organum in- « telligentiæ ad recte operandum dedisti, quas servari mun- « das præcepisti, ut in eis anima digna portaretur, et tua in « eis digne contractarentur mysteria, benedicere et sancti- « ficare digneris hæc manuum tegumenta, ut quicumque « Reges his cum humilitate manus suas velare voluerint, « tam cordis quam operis munditiam tua misericordia sub- « ministret[3]. »

[1] *Pont. Rom.*, pars III, *Degradatio ab ord. episc.*

[2] *Ordinatio Abb.. capit. ex canone Theodori.*, ap. *De ant. Eccl. Rit.*, t. III, p. 35, Ordo VI extrait d'un ms. de saint Remi de Reims, XII s.

[3] THEOD. GODEFROY, *Cérém. franç.*, t. I, p. 41.

APPENDICE.

P. 75. — *Addition aux monuments de saint Louis d'Anjou.*

FLORENCE. — *Académie des Beaux-Arts.* — N° 21, tableau de Lorenzo di Bicci (1430) représentant la Vierge et l'Enfant-Jésus : à droite, saint Louis d'Anjou et saint François ; à gauche, saint Antoine de Padoue et saint Nicolas. Saint Louis est revêtu d'une chape bleue fleurdelysée ; l'artiste s'est évidemment inspiré du portrait d'Aix.

PADOUE. — *Église de Saint-Antoine.* — Statue en bronze de saint Louis d'Anjou, par Tiziano Minio. C'est le type adopté par le Pérugin plutôt que celui du Giotto; néanmoins la ressemblance existe. — *Sacristie.* — Figure du Saint en marqueterie de bois sur la porte d'une armoire ; il est couvert d'une chasuble à orfrois ornés de fleurs-de-lys de Florence.

PARIS. — *Le Moyen Age et la Renaissance* (t. III, Modes et Costumes, fol. XV, V) donne la gravure d'un tableau du XVIe siècle, appartenant à M. Quédeville, tableau où figure Étienne Poncher, évêque de Paris, agenouillé devant un saint Évêque franciscain en chape fleurdelysée. Si ce personnage barbu est réellement saint Louis d'Anjou, ainsi que le dénonce une légende imprimée au-dessous, le type est nouveau et diffère de tous les portraits connus.

P. 76, *ad fin.* Le bleu était certainement au XIIIe siècle, une couleur admise pour les ornements épiscopaux. Geoffroy de Loudon, évêque du Mans (1234-1255), donna à son église

« quinque paria vestimentorum pontificalium, videlicet cap-
« sulam, dalmaticam, tunicam.... quartum par adurini co-
« loris [1]. » Du Cange croit qu'*adurinus*, *azurinus*, *cærulens*, sont identiques, tout en convenant que le premier pourrait dériver d'*aduro* et signifier *basané*, *halé*, *brûlé* (fuscus, subniger). Le doute ici n'est pas admissible, car des huit autres *pontificalia* mentionnés, quatre sont rouges, deux, verts et les derniers, blancs. La seule conclusion à tirer du texte précité, serait que dans l'application des couleurs liturgiques aux vêtements épiscopaux, le bleu prenait la place du violet.

P. 82, *ligne* 6. — Je rétablis ici le texte exact de cette lettre écrite, en 787, par Théodose et non Théodore. « Præ-
« terea sperans penes sacratissimam et solertissimam affe-
« ctionem tuam impetrare quæ cordi sunt, poderem et super-
« humerale cum mitra, pontificalem stolam sancti Jacobi
« apostoli et fratris Domini et primi archiepiscoporum, *quam*
« antecessores mei patriarchæ circumamicti semper in Sancta
« sanctorum ingrediebantur, sacerdotio fungentes, videlicet
« sanctam memoriam vitæ et sanctum calciare : *quæ* et *ipse*
« ego indutus sum, eadem gerens tuo desiderabili et hono-
« rando mihi capiti, ex amore et dilectionis copia trans-
« misi [2]. »

P. 107, *note* 2. — Geoffroy de Loudon fit présent à l'église du Mans de deux vêtements pontificaux « de candido borgueranto [3]. »

P. 116. — *Addition aux prières relatives aux tunicelles.*

ORDO ROMANUS. *Quando* (episcopus electus) *induitur dal-*

[1] MABILLON, *Vet. analecta* ; *Actus. Pont. Cenom.*, p. 335, in-fol.
[2] ANASTASE, *Interpret. Synodi VIII gener.*, *Actio I*, p. 35, éd. Migne.
[3] MABILLON, *Vet. analecta*, p. 335, in fol.

matica. — « Deus honorum omnium auctor et largitor, gu-
« berna famulum tuum hunc N. fratrem nostrum, ut sicut
« hoc typico indumento, priscorum patrum ritu, latiora ve-
« stimenta praesentialiter constringuntur : ita mentis ejus
« vanae et vagae cogitationes, ne in effectum periculosum
« proveniant, te protegente coerceantur[1]. »

Cette formule est reproduite par le Pontifical de Salzbourg.

P. 125 et suiv. — Au Xe siècle, on fabriquait en Espagne des nappes ou couvertures d'autel en soie, rehaussées de bandes ou galons métalliques : « Toalias olicias (holosericas) duas, una cum argento vel clavellos spaniscos duos[2]. »

P. 138, *ligne* 20. — Le R. P. Richard, dominicain, relate que les femmes syriennes et arabes portent sur leur tête une mitre d'argent nommée *arkié ;* elle est, dit-il, en forme de pain de sucre, bordée de perles et pierreries; un voile de soie noire l'entoure[3].

P. 140, *ligne* 20. — Isidore de Séville dit que la mitre est la coiffure des femmes, et le *pileus*, celle des hommes; voici, à ce sujet, une citation que j'emprunte au *Glossaire* de Carpentier : « Capuciis etiam omnes inceperunt uti tam ru-
« stici, Judaei, pastores. Cessavit etiam tunc usus *mitrarum*
« virilium, per quas inter laicos plures, Christianus agno-
« scebatur a Judaeo[4]. » La mitre, en Orient, distinguait donc jadis le Chrétien du Juif.

P. 148, *ligne* 21. — Serait-il interdit de supposer que

[1] *Ordo Rom. de Offic. div.* ap. HITTORP, p. 72, in fol., Rome, 1591.

[2] *Test. Riculfi ep. Hel* (915), ap. BALUZE, App. ad REGINONEM, X, p. 626.

[3] *Dict. des Sciences determined ecclés.*, MITRE, Paris, in fol. 1760.

[4] ANONYMUS LEOB., in *Chron.* ad an. 1336, Ap. PEZ, *Script. Rer. Aust.* t. I, col. 948.

la couronne sacerdotale chrétienne ait pu être empruntée aux Gentils? Il est très-certain que les ministres du culte païen portaient des couronnes : Tertullien ne laisse aucun doute à cet égard. « Ipsæ denique fores, et ipsæ hostiæ et « aræ, ipsi *ministri* et *sacerdotes* eorum coronantur. » — « An Deo placebit auriga ille tot animarum inquietator, « tot furiarum minister... velut *sacerdos* coronatus[1]. » Quelques vers de Prudence[2] et un canon du Concile d'Elvire[3] confirment le témoignage de Tertullien. Marangoni avance que l'usage des couronnes fut toujours commun aux chrétiens et aux païens. Ailleurs, le même écrivain veut reconnaître dans Constantin le premier empereur qui ait entremêlé des pierreries parmi les lauriers de sa couronne et plus tard, supprimé les feuillages en se parant d'un diadème totalement gemmé. Constantin, dit le savant Italien, agit ainsi pour reconnaître la prééminence de la religion chrétienne sur le polythéisme, et, il voulut que le diadème impérial, symbole de l'autorité divine, resplendit davantage aux yeux des infidèles, en l'honneur de la Croix, dont lui, souverain, avait orné cet insigne du pouvoir[4]. Les païens cou-

[1] *De Corona militis.* — *De Spectaculis.*

[2] Summus sacerdos, ...
Mire infulatus festa vittis tempora
Nectens, corona tum repexus aurea

Hymn. de S. Romano.

[3] « Sacerdotes qui tantum sacrificantium coronam portant, nec sacrificant, « nec de suis sumptibus aliquid idolis præstant, placuit post biennium acci- « pere communionem » *Conc. Eliber.*, *can.* 55.

[4] L'uso delle corone fu sempre mai commune a' Cristiani ed a' Gentili — « Volle, che il diadema imperiale, in cui era simboleggiata l'autorita divina, « risplendesse maggiormente agl'occhi del gentilesimo, ad onore della figura « della croce, che sopra il diadema stesso collocata avea nelle sue immagini » *Delle cose gentilesche*, etc., c. 32, p. 120 et 124

rounaient leurs morts : « Quid tam indignum Deo, quam « quod dignum idolo? Quid autem tam dignum idolo, quam « quod et mortuo? Nam ut mortuorum ita coronari, quoniam « et ipsi idola statim et habitu, et cultu consecrationis, quæ « apud nos idolatria est [1]. » Tertullien et Clément d'Alexandrie [2] réprouvent en général l'usage des couronnes, mais ils n'empêchèrent pas le Christianisme primitif d'adopter en cette occurrence le rit funéraire des Gentils. On rencontre dans les anciens cimetières de Rome, tant sur les tombes des saints Martyrs que sur les sépultures de fidèles qui ne répandirent point leur sang pour la foi, des couronnes tracées sur le marbre, la chaux, ou empreintes sur le verre [3]. Prudence attribue aux Martyrs une couronne pour récompense, à l'imitation des anciens Grecs et Romains qui en décernaient aux vainqueurs dans les jeux ou les combats [4]. A Naples, une procession, faite en l'honneur de la Translation des reliques de saint Janvier, portait le nom de *Processione de Preti inghirlandati*, parce que le clergé y paraissait couronné de fleurs. Mastelloni et César d'Engenio expliquent cet usage, chacun par des raisons différentes qui se réduisent à une marque de respect envers les Saints [5]; mais le véritable

[1] TERTULLIEN, *De Cor. mil.*

[2] *Stromat*, lib. II, c. 8.

[3] J'en ai relevé au moins vingt exemples dans BOLDETTI, *Osservazioni sopra i cimeterii*, etc.

[4] Martyribus regina Fides animarat in hostem.
Nunc fortes socios parta pro laude coronas
Floribus, ardentique jubet vestirier ostro.

Psychom. de pugn. Fidei.

[5] *Discorsi di S. Maria della Vita*, lib. III. — *Napoli sacra*, p. 9. — Le P. Mastelloni cherchant l'origine de cette cérémonie très ancienne, l'explique par l'usage d'aller à la rencontre du corps des saints Martyrs, un bouquet de fleurs à la main ; les prêtres napolitains, obligés à porter en même

motif pourrait bien être une réminiscence de la couronne des prêtres païens. En effet, une miniature du Missel de Jacques Juvénal des Ursins (XVe siècle), représente une procession de reliques, où le clergé est également couronné de fleurs, ainsi que les porteurs de dais, de torches et les musiciens ; or ici le lieu de la scène étant la place de Grève, à Paris[1], les prétextes de commodité et d'hygiène allégués pour Naples, ne sont plus acceptables. Il faut donc se résoudre à chercher ailleurs une solution du problème ; le passage de Tertullien, cité au commencement de cette note, la fournit, je crois, pleine et entière. Je conclus : Si les chrétiens n'ont pas hésité à s'approprier, en diverses circonstances, les pratiques des Gentils relativement à la couronne, pourquoi auraient ils reculé devant une autre application de ce système d'emprunts?

P. 155, *ligne* 12. — Un sceau de Rainier, évêque de Marseille (1200), le représente coiffé d'une mitre tournée de profil. D'autres monuments sigillaires, et en particulier ceux des archevêques d'Arles, figurent la mitre épiscopale de la même façon[2]. Christianupuli a publié une planche de mitres gravées, dont la plupart sont aussi tournées de profil[3].

temps un flambeau allumé, placèrent les fleurs sur leur tête afin de n être pas gênés. L'auteur rappelle une semblable procession qui se fait à Salerne et où le clergé paraît tenant des fleurs à la main, réminiscence de la coutume païenne d'en répandre sur les défunts. D'Engenio pense que les prêtres, incommodés par la chaleur, se couronnèrent de fleurs pour empêcher le soleil d'atteindre en plein leurs têtes découvertes.

[1] *Le Moyen-âge* etc , t. III, *Cérém. rel.*, pl. — Aucun membre du clergé n'y porte de flambeaux et tous sont couronnés.

[2] DARBY, *Les Sceaux de l'église de Marseille au moyen-âge*, in-8°, Paris et Marseille, 1857.

[3] P. HERMANNUS DOMINICUS CHRISTIANUPULI, *Lib. singul. de S. Exsuperantio Cingulanorum episc* App., pl. VIII.

P. 155, *ligne* 18 et *note* 3. — Les bandelettes, pendantes sur le dos, furent et sont toujours, en Orient, l'insigne des personnages revêtus d'un haut caractère politique ou religieux. Plutarque rapporte, qu'après le massacre des Mages, les sept seigneurs Perses qui avaient participé à la conspiration obtinrent, eux et leur postérité, le droit de se couvrir d'une tiare posée sur la tête en sens inverse; récompense motivée sur ce qu'ils s'étaient ainsi coiffés au moment d'accomplir le meurtre, afin de se reconnaître entre eux[1]. Polyænus, plus explicite, dit que Darius et ses compagnons entourèrent leur front avec la bandelette qui serrait la tiare par derrière[2]. Je n'ai rencontré aucune trace de *vitta* sur les monuments achéménides, mais quelques médailles syriennes en font un attribut royal[3]. Les monarques sassanides sont toujours figurés, le front ceint d'une écharpe dont les bouts, plus ou moins longs et larges, flottent sur le dos comme les ailes d'un surplis[4]. Les Ulémas (docteurs de la loi chez les Turcs), au lieu de rentrer en dedans les extrémités de la pièce d'étoffe qui forme le turban, les laissent pendre sur leurs épaules comme les fanons d'une mitre[5]. Avant l'invasion des Tartares, lorsque la Chine était gouvernée par une dynastie nationale, les *Co-lao* (ministres) et les premiers Mandarins portaient soit un bonnet ovoïde garni à la base de deux appendices en éventail, soit une toque cubique à fanons descendant sur les épaules[6]. Le Musée d'Arras pos-

[1] *Politica*, c. 17, 10.

[2] *Stratagem.*, lib. VII

[3] RICH, *Dict. des ant.*, CIDARIS, TIARA.

[4] v. le *Voyage en Perse*, de MM. FLANDIN et COSTE.

[5] v. *Le Monde illustré*, 6 juillet 1861, p. 420, Kourban-Bairam.

[6] v. Les portraits du grand Co-lao, Ly et du P. Matthieu Ricci ; KIRCHER, *la Chine illustrée*, pl. à la p. 154 ; DU HALDE, *Desc. de la Chine*, t. III. pl. à la p. 78, fig. 1 et 4.

sède un spécimen de cette dernière coiffure dont l'usage subsiste encore, car elle provient d'un envoi récent fait par les Missionnaires. Elle est en satin cuit de couleur noire, couverte de fleurs, de guirlandes et de symboles chrétiens, brodés en or de diverses teintes; les fanons, étroits et remarquablement prolongés, partent de l'angle postérieur ouvert du haut en bas et sont munis de cordons, qui permettent au bonnet d'emboiter exactement le crâne.

P. 155, *ligne* 8. — Angelo de Nuce, après avoir expliqué ce qu'il entend par le *fanon* diaconal, ajoute : « Interdum significant velum, quod sub mitra, Pontifices in capite gestabant : appellatus etiam favon (*Cærem., etc*). *Et mitram habens in capite supra favonem*, quem ritum observare est in antiquis Prælatorum picturis. In vicem favonis successit nunc biretum sericeum sub mitra[1]. » Pour les cérémonies qui accompagnent le sacre d'un Évêque, on dispose huit *mappulæ* en batiste; deux doivent avoir six palmes (1m368) de long; les autres, de dimensions arbitraires, sont égales entre elles. Or, lorsque le Pape lui-même remplit les fonctions de Consécrateur, voici ce qui se pratique avant qu'il soit procédé aux onctions de la tête. « Si in Romana curia fit consecratio, Subdiaconus apostolicus, vel unus ex capellanis Pontificis ligat caput Electi cum una ex longioribus mappulis, de octo superius dictis; et Consecrator, flexis genibus, versus ad altare incipit, cæteris prosequentibus, hymnum. *Veni Creator Spiritus*[2]. » Les belles gravures qui illustrent le *Pontifical* imprimé à Rome, en 1595, représentent l'Élu à partir de l'endroit où un chapelain va lui ceindre la tête, jusqu'à la remise du livre des Évangiles.

[1] *Chron. S. Monast. Cas.*, lib. III, c. 74, p. 421, note *a*, 1579.
[2] *Pontif. Rom.*, pars I, *De cons. Electi in Episc.*

moment où la *mappula* est enlevée[1]. Cette bande de toile, assurément, n'est aujourd'hui destinée qu'à exterger les saintes onctions, mais elle a un tel air de famille avec les coiffures des SS. Amand et Vindicien, que je ne puis m'empêcher de voir là un souvenir altéré de la mitre primitive et du *fanon* pontifical. Comment expliquer différemment une cérémonie usitée en face du Pape seul, tandis que, dans les circonstances ordinaires, l'Élu est reconduit à sa chapelle, où on l'essuie avec de la mie de pain et un linge propre ?

P. 157, *ligne* 14. — Saint Bernard, parlant de l'entrevue de saint Malachie avec Innocent II (XIIe siècle), relate que le Pape ôta sa propre mitre et la plaça sur la tête de l'Évêque : « Tollens (Innocentius) mitram de capite suo, imposuit capiti « ejus [2]. » Baronius, qui reproduit ce texte, y ajoute la réflexion suivante : « Mos namque erat, nonnisi mitratos, « Romanos Pontifices ad audientiam admittere petentes au- « diri [3]. » Dom Martène trouva dans l'abbaye de Montmajour plusieurs chartes épiscopales du XIIe siècle, dont les sceaux présentaient des Évêques revêtus de leurs *pontificalia* sauf la mitre[4]. Enfin, les Bénédictins voyageurs signalent, dans l'église de Saint-Vincent (ancienne cathédrale) à Dax, l'effigie tumulaire d'un Évêque ayant une crosse, mais pas de mitre. Dom Martène en conclut que, « autrefois les « Évêques ne portaient point la mitre, s'ils n'avaient un pri- « vilége particulier du Pape pour la porter [5]. »

P. 159, *ligne* 16. — Voici en quels termes Du Saussay

[1] *Id.*, ibid., p. 95, 103, 105 et 106.
[2] *Vie de saint Malachie, évêque de Cogner* (Irlande).
[3] *Annales*, an 1137, n. 35.
[4] *De ant. eccl. rit.*, t. 1, p. 349.
[5] *Voy. littéraire*, t. 1, part. 2, p. 11.

traite la question des mitres ovoïdes : « Certe in Latina Ec-
« clesia etiam rotundam mitram, sed in acumen assurgentem
« fuisse in usu, antiquæ Episcoporum imagines, quæ etiam
« num conspiciuntur : signatim vero in dextra frontis por-
« ticu magnæ ecclesiæ Parisiensis, monimento esse possunt.
« Frequentiorem tamen fuisse usum mitræ bicornis longe
« plures demonstrant, quæ hodieque supersunt, veteris
« Episcoporum ornatus imagines, quæ sacris plerisque in
« locis sculptæ vel depictæ visuntur. Eruditissimus Querce-
« tanus in notis ad vitam sancti Maioli, quæ extant ad finem
« Cluniacensis Bibliothecæ, ectypum repræsentat æreí nu-
« mismatis perantiqui, quo expressa cernitur effigies sancti
« ipsius Maioli (qui Salviniaci in Arvernis obiit anno salutis
« 994, 5 idus maii, postquam Cluniacensi Ordini annos tri-
« ginta octo præfuisset) in episcopali ornatu. Baculum et-
« enim in manu gestat pastoralem, et mitram in capite, non
« admodum altam, sed a circumferentia ipsius capitis, sta-
« tim se erigentem in acumen : a latere autem non sectam
« sed clausam, dependentibus a tergo duobus appendiculis,
« quæ in episcopalibus mitris esse solent[1]. » La description de la mitre de saint Maieul se rapproche assez des trois lignes que D. Claude de Vert a consacrées à la coiffure de saint Odilon, pour que je n'hésite plus à classer cette dernière parmi les mitres ovoïdes[2]. Doit aussi rentrer dans la même catégorie la mitre de Raymond V, évêque de Marseille, figurée sur le sceau d'une charte (1197)[3].

P. 174. — Le blanc, au XIIIe siècle, était la couleur générale des mitres; sur cinq coiffures épiscopales données

[1] *Panoplia episc.* lib. I, c. 3, p. 63.

[2] V. plus haut, p. 161, fig. 6.

[3] *Revue de l'Art chrétien*, t. II, pl. IV, fig. 1.

par Geoffroy de Loudon, quatre étaient blanches. « Mitras « quoque quatuor candidas et quintam ex auro et lapidibus « pretioso (sic) mirabiliter insignitam[1]. »

P. 191, *ligne* 10. — Un statut du synode de Tournai (1366) porterait à croire que la mitre, au XIVe siècle, était commune à tout le Clergé du Hainaut. « Item intrantes « vel exeuntes cancellum capita humiliter inclinent ad al- « tare, et dum divina celebrantur, *mitras* in capitibus non « habeant[2]. » Je crois que *mitra* est employé ici pour *biretum*.

P. 192, *ligne* 7. — Le cardinal Jacques Gaëtani formule dans les vers suivants le symbolisme de la mitre, tel que l'entendent Hugues de Saint-Victor, Innocent III et surtout Durand.

Cornua fronte gerit duplicem signantia legem,
Legem quippe novam Christi, veteremque figuram[3].

P. 198, *ligne* 5. — L'historien Favyn pense que la coutume, observée par le *Garter*, de jeter son gant à l'avènement d'un roi d'Angleterre, vient des Orientaux qui, dans les ventes et cessions de terres ou de dettes, donnent le gant aux acquéreurs, comme par forme de nantissement, et de prise de possession. L'auteur cite à ce propos *Ruth*, IV, 7, où la paraphrase chaldaïque et le texte syriaque, dit-il, portent le mot *gant* et non le mot *soulier* que l'on trouve dans la version commune[4]. Le Dictionnaire de Trévoux (GANT) admet l'assertion de Favyn relativement au chaldaïque, mais

[1] *Vet. analecta*, loc. cit.
[2] *Stat. eccl. Tornacensis*, p. 51, art. XIV. Ap. CARPENTIER.
[3] *De coronatione Bonifacii VIII.*
[4] *Hist. de la Navarre*, lib. II, p. 96. — GARTER, héraut d'armes de l'Ordre de la Jarretière.

la repousse à juste titre quant au syriaque, ajoutant que les Rabbins interprêtent par *gant* le terme du Psaume CVIII, 10, rendu ordinairement par *calceamentum*. Les Orientalistes, qui firent passer en latin les différents textes des Polyglottes de Paris et d'Anvers, ont traduit par *calciamentum* ou *calceamentum*, le mot hébreu בעל (*chaussure*) dont le sens n'est pas douteux, mot employé dans *Ruth* et les Psaumes LX, 10, et CVIII, ainsi que le terme correspondant en syriaque et en arabe, qui est rendu par ὑπόδημα dans la version des Septante. Toutefois, ces savants montrent une certaine réserve quant à la paraphrase chaldaïque de *Ruth*, car leurs traductions du verset 7 « excalciavit vir vaginam suam » et du verset 8 « et detraxit vaginam suam » jettent un peu d'indécision dans l'esprit. Un hébraïsant moderne, dont le nom fait autorité, M. S. Cahen, après avoir expliqué, dans une note annexée au chapitre IV de *Ruth*, que chez les Israélites, l'acte de retirer sa chaussure équivalait dans les transactions à « céder son droit pour le laisser à l'acheteur, » émet les réflexions suivantes : « Plus tard, on a substitué le manteau ou le mouchoir à la chaussure comme symbole de « transaction, au lieu de בעלך (*sa chaussure*), le chaldéen a « ברתק יד ימיניה (*le gant de sa main droite*)[1]. » On trouve, en effet, dans les Dictionnaires syro-chaldaïques de Guy Lefèvre de la Boderie et de Buxtorf : « ברתק, ברת. Chirotheca « alii Vagina, *Ruth*, 4 et in *Beresch. rab.*, c. 6. » — « Chald. « Theca, Vagina, Chirotheca, *Ruth*, 4. » Ménage attribue aux Hébreux une expression composée, *bate* (*botthé*) *iadaïm* (maisons des mains) qui correspond à *gant*[2]. De plus, le *Lexicon Talmudicum* de Buxtorf renferme un article ainsi conçu :

[1] *Traduction de la Bible*, t. XVI, p. 67, note 7.

[2] *Dict. étym.*, GANT.

« מגב, מגוב. — Quibusdam est chirotheca : aliis instru-
« mentum rusticum ad purgandum frumentum, veluti pala,
« qua ventilatur. *Kelim*, c. 15 [1]. »

P. 205, *ligne* 4. — Tandis qu'obéissant aux idées reçues, j'admettais l'origine tudesque de *cuantus*, *wantus*, M. F. Bourquelot, rapportait ce mot à l'ancien idiôme gaulois [2]. Le système nouveau, soutenu par l'érudition bien connue du savant qui l'a émis, diffère en réalité fort peu de mes sentiments, et, le plus grave défaut que je lui reconnaisse est de trop généraliser les faits. Toutefois, M. Bourquelot, dont la modestie égale le mérite, ayant avoué qu'il regardait la question comme insuffisamment débattue, je vais exposer brièvement son argumentation et tâcher de résoudre les difficultés qu'il a soulevées.

Apparait d'abord une citation de Jonas, natif de Suze, moine à Bobbio, écrivain du VIIe siècle : « Tegumenta ma-
« nuum quæ Galli *cuantos* vocant [3]. » Puis, vient l'anglo-saxon Bède (672-735) qui, traitant le même sujet que Jonas, copie textuellement sa phrase augmentée d'un mot explicatif : « Tegumenta manuum quae Galli *cuantos*, id est chiro-
« thecas, vocant [4]. » Enfin, suivent d'autres emprunts faits aux Actes de saint Béthaire de Chartres, à la Vie de saint Maimbode et au Capitulaire d'Aix-la-Chapelle (817) : « Chi-
« rothecas quod vulgo *wantos* vocant. » — « Tegumenta
« manuum, quæ *wantos* appellant. » — « Manicas quas vulgo
« *wantos* appellant. »

De ces prémisses, M. Bourquelot déduit trois conclusions.

1° Depuis le commencement du VIIe siècle, le mot *cuan-*

[1] *Lexicon Chald.*, *Talmud.*, etc col. 1167.

[2] *Bulletin de la Soc. imp. des Antiq. de France*, 1861, 1er trim., p. 46.

[3] *Vita S. Columbani*, ap. Surius, *De probat. Sanct. Hist.*, t. VI, p. 355.

[4] *S. Columbani abb. vita*, c. 14, Bède, *op.*, t. III, col. 286, Bâle, 1563.

tus, *wantus*, était employé dans la Gaule pour désigner les vêtements des mains.

2° Les étrangers attribuaient spécialement l'usage de cette expression aux habitants de la Gaule.

3° Le mot *vuantus*, usité dans l'idióme vulgaire de la Gaule franque, manquait dans les langues grecque et latine.

« Maintenant, » ajoute l'auteur, « ce mot est-il d'origine « gauloise ou germanique ? J'avoue que je penche pour la « première solution. Dans la langue bretonne actuelle, il est « vrai, les vêtements de main ont pour nom *manec*, mot venu « à ce qu'il semble du latin *manus* ou *manicæ*. De plus, la diph- « thongue qui s'exprime par un *w* n'est pas très-commune dans « les mots gaulois que nous connaissons. » Cette diphthongue existe néanmoins, et M. A. de Chevalet dit que le *gw* initial gallois et breton correspond ordinairement au *g* dans les mots français dérivés du celtique [1]. D'autre part, le nom allemand du gant (*hand-schuh*, soulier de main) est un composé tout autre que *vuantus*; le nom anglais est *glove*, le portugais, *lua*; les Russes et les Polonais usent de termes d'une formation analogue à celle du latin *manuale*. Les Italiens et les Espagnols disent *guanto* et *guante*, résultat vraisemblable d'une importation, puisque, d'après l'italien Jonas, *vuantus*, en Gaule, était un mot de la langue vulgaire. Enfin, l'expression *vuantus* manque dans le haut allemand, l'anglo-saxon et la plupart des dialectes germaniques [2]; M. Diez est obligé d'en convenir, tout en avouant sa préférence pour une étymologie tudesque [3]. « Mais, » continue M. Bourquelot, « si « *vuantus* était germanique, on ne comprendrait pas que

[1] *Origine et form. de la langue franç.* — CELTIQUE, art. *Vassal.*

[2] V. GRIMM. *Deutsche Rechtsalterthümer*, 152 ; *Deutsche Gram.*, t. III, 451.

[3] *Etymologisches Worterbuch*. Bonn, 1853.

« Jonas, vivant au milieu des Lombards; que Bède, enfant « d'un pays conquis par les Saxons et les Angles, en attri- « buent l'emploi exclusif aux habitants de la Gaule, parmi « lesquels l'infusion du germanisme n'était pas plus grande. « On ne voit pas non plus comment en Gaule, pour un genre « de vêtement existant de toute antiquité, ayant un nom « particulier en grec et en latin, un nom nouveau apporté « par les Germains, non-seulement se serait établi, mais au- « rait acquis en peu de temps assez de popularité pour domi- « ner dans la langue vulgaire à l'exclusion des mots grec et « romain. »

Je pourrais reprendre l'une après l'autre les propositions de M. Bourquelot, en écarter les termes qui nous sont communs et n'appuyer que sur ceux qui nous divisent; mais j'aurais l'air d'entamer une polémique, et toute polémique m'inspire une répulsion décidée. Il m'est plus agréable et plus commode d'agir à l'égard de mon propre système absolument comme j'ai agi vis-à-vis du système opposé : entre les deux, le lecteur jugera.

Aux citations qui précèdent, il est convenable d'en ajouter de nouvelles pour les besoins de la cause.

Le mot *ruantus*, *wantus*, est encore employé dans les textes suivants : 1° Vie de saint Philibert, écrite vers 815, par Ermentaire, moine de Jumiéges[1] ; 2° Statuts donnés par Adelhard aux Religieux de Corbie (822) ; 3° Description du trésor de l'abbaye de Saint-Riquier (831) ; 4° *Chronicon Fontanellense* (835)[2]; 5° Vie de saint Aicadre, abbé de Jumiéges

[1] *Acta SS.*, août, t. IV, p. 77.

[2] « Ad ubantos, lib. I. » Ap. D'ACHERY, *Spicil.*, t. III, p. 246. — Le changement du r en b est si commun et le r s'écrivant autrefois u, il devient facile d'expliquer pourquoi *ruantus* s'est transformé en *ubantus* sous la plume d'un copiste.

(commencement du Xe siècle)[1] ; 6° Testament de Riculfe, évêque d'Elne (915) ; 7° Charte de Bérenger, roi d'Italie, petit-fils de Louis-le-Débonnaire (Xe siècle)[2] ; 8° *De Miraculis S. Walpurgis*, par le prêtre allemand Wolphard (Xe siècle) ; 9° Vie de saint Hadelin, due à Notger, évêque de Liége (971 à 1007)[3] ; 10° enfin, une pièce de 1172, émanant de Thibaut d'Heilly, évêque d'Amiens, et où, dit Du Cange, *wantus* se rencontre plusieurs fois, « occurrit ibi pluries. »

Wanto, première transformation de *wantus*, paraît dans une donation faite au Saint-Sépulcre de Jérusalem par Hugo, seigneur italien, et sa femme Julitte (Xe siècle)[4] ; la Chronique de Novalèze en Piémont (XIe siècle); plusieurs Chartes de Mathilde, comtesse de Toscane (1060-1115)[5] ; une pièce insérée parmi les Preuves de l'Histoire de Lorraine[6]. *Gwantus* se trouve uniquement dans une Vie de Charlemagne, composée vers 1165 et restée manuscrite dans la bibliothèque impériale de Vienne[7]. *Guantus*, où le son *w* reçoit la valeur réelle que nous lui donnons, *ou*, est usité dans quelques documents venus de l'Auvergne, du Poitou et du Piémont[8]. *Gantus* et sa traduction romane *gans*, *ganz* se présentent, depuis le XIIe siècle, dans un grand nombre de pièces d'origine française.

[1] *Acta SS. Ord. S. Bened.*, saec. II.

[2] UGHELLO, *Ital. sac.*, *Episc. Veronens.*

[3] N° 13, *Acta SS.*, février, t. I, p. 376.

[4] « Hugo marchio. » *Ampl. coll.*, t. I, col. 347.

[5] Ap. DU CANGE.

[6] D. CALMET, t. I, col. 524, 1re éd.

[7] V. DU CANGE et le P. LE LONG, *Bibl. hist. de la France*, p. 329, n. 6721.

[8] *Miracula S. Maioli*, écrits par le moine de Souvigny (XIe siècle) ; *Tabul. Absiense* ; *Tabul. Cassuriense* ; *Stat. Vercell.*, lib. III, fol. 107 ; ap. DU CANGE.

D'un autre côté, à partir du VIIe siècle, les écrivains qui se piquent de beau langage, les liturgistes et même certains rédacteurs d'actes publics, en France, Angleterre, Belgique, Allemagne, Italie et Espagne, expriment *gant*, tantôt par le terme classique *manica*, tantôt par un mot latin tiré du grec, quoiqu'il n'existe pas dans cet idiôme, *chirotheca*.

On voudra bien remarquer aussi : 1° que sur les quinze exemples du substantif *wantus*, cités tant par M. Bourquelot que par moi, douze (j'y comprends Jonas et Bède) sont empruntés aux pays situés entre la mer du Nord, le Rhin, la Seine, la Haute-Saône et le lac Léman, c'est-à-dire, à peu près dans les limites de l'ancienne Gaule-Belgique au temps de César[1], un au Roussillon, un à l'Allemagne, un à l'Italie; 2° que *wanto*, forme primitive de *guanto*, est particulier à l'Italie et *gwantus* à l'Allemagne; 3° que *wantus* disparait au XIe siècle, excepté à Liége et Amiens, où il est resté jusqu'aujourd'hui, car les gants ne s'y appellent pas autrement que *wans*. De plus, *want*, en flamand actuel, signifie *mitaine*; ce terme fait partie du dialecte hollandais, et, si l'on remonte vers le nord-est, on trouvera le danois *vante*, le suédois *wantr* avec les formes antiques *wottr* et *wangi*[2].

[1] La Gaule-Belgique avait pour villes, Trèves, Cologne, Mayence et Reims ; elle s'étendait entre l'Océan, le Rhin, la Seine et la Marne ; elle comptait au nombre de ses provinces : le Brabant, la Flandre, la Hollande, la Gheldre, une partie de la Frise, la Picardie entière, le duché de Juliers, *Virtutum comitatus*, la Champagne presqu'en totalité, la forêt des Ardennes. RAYMOND DE MARLIANO, *Index locorum*, etc., ap. C. J. CÆSARIS, *Com.*, Lausanne, in-fol. 1571.

[2] « CIROTHECA, wans. » (*Vocab. latin-franç. du XIVe siècle* que l'on croit avec raison compilé par un Religieux de Marchiennes. Ap. ESCALLIER, *Remarques sur le patois*, p. 256, n. 326.) — « Il est certain que *wanti* et *wan-* « *tones* sont des mots de l'ancienne langue thioise... On dit en ancien alle-

Les premiers et les plus nombreux exemples de *wantus* provenant de la Gaule-Belgique, le mot n'ayant jamais disparu de cette contrée, il appartient évidemment à son idiôme primitif. A quelle souche se rattachait cet idiôme? L'histoire va nous l'apprendre.

Après avoir établi la division de la Gaule en trois parties habitées par les Belges, les Aquitains et les Celtes, César rapporte que ces peuples différaient entre eux de langue, d'institutions et de lois, et il précise exactement les limites de leurs territoires respectifs[1]. Au IVe siècle, Ammien Marcellin rappelle, comme une tradition admise, les faits dénoncés par le conquérant des Gaules[2]. Les Belges avaient donc eu de tout temps une langue particulière, autre que l'idiôme en usage au-delà de la Seine et de la Marne; un second extrait des Commentaires va nous aider à la retrouver. César dit, en effet, que les *Remi* lui dépêchèrent deux de

« mand ou flamand, *wante* (renvoi à Casseneuve, *Origine de la langue franç.*, « aux *Glossaires* de F. Pithou et de Lindenbrog ; à Cluvier, *Germ. ant.* « lib. I, c. 9 ; à Vossius, *De vitiis serm.*). . En Picardie on prononce encore « aujourd'hui *Ouans*. » (Ménage, *Dict. étym.*, Gant) — « Chirothecas etiam« num nostrates *wanten* vocant... Eburones in Belgio etiamnum chirothecas « *wans* vocant. » (Henschenius, note, *Acta SS.*, janvier, t. II, p. 544.) — Vieille charte d'Amiens. (Du Cange et Pagès, *Manuscrits*, t. I, p. 449, Amiens, 1856.) — « Want, s. f. Handschoen, mitaine. » (*Nieuw Nederduytsch en Fransch Woorden-Boek* door J. Des Roches, p. 630, in-8°, Anvers, 1769.) — Diez, *Etym. wort.* — Diefenbach, *Gloss. Latino-Germanicum*, d'après un glossaire latin-allemand, publié à Nuremberg en 1482.

[1] « Gallia est omnis divisa in partes tres, quarum unam incolunt Belgæ, « aliam Aquitani, tertiam qui ipsorum lingua Celtæ, nostra Galli appellantur. « Hi omnes, lingua, institutis, legibus, interse differunt. » *Comm.*, *de Bello Gall.*, lib. I.

[2] « Temporibus priscis, cum laterent hæ partes ut barbaræ, tripartitæ fuisse « creduntur, in Celtas eosdemque Gallos divisæ, et Belgas, lingua, institutis, « legibusque discrepantes. » *Rerum gest.* lib. XV, XI.

leurs principaux citoyens, Iccius et Antebrogius, pour l'assurer qu'ils ne faisaient pas cause commune avec le reste des Belges, ceux-ci, tous en armes, s'étant alliés aux Germains. Questionnés par le général romain sur l'état des belligérants, les députés répondirent que, la plupart des Belges, issus de la Germanie, avaient jadis passé le Rhin, et, à cause de la fertilité du sol, s'étaient fixés sur la rive gauche après en avoir chassé les indigènes; qu'eux seuls, *Remi*, avaient su garantir leurs frontières de l'invasion des Cimbres et des Teutons [1]. Il est impossible d'établir plus nettement l'origine germanique des Belges, origine dont les Trévires se glorifiaient encore à l'époque de Tacite [2]. Si les Belges étaient fils des Germains, ils devaient parler à peu près la même langue que leurs pères. Or, les Galates, colonie de Gaulois arrivée en Asie-Mineure 278 ans avant Jésus-Christ, se divisaient en trois peuplades : les Tectosages, issus des anciens Belges, conquérants du Languedoc; les Tolistoboies, venus du Haut-Danube et de l'Oder; les Trocmes, dont la généalogie est inconnue. Et, au dire de Strabon, la nation entière se servait d'un idiôme unique [3], qu'au IVe siècle saint Jérôme

[1] « Plerosque Belgas esse ortos a Germanis, Rhenumque antiquitus traductos, propter loci fertilitatem ibi consedisse : Gallosque qui ea loca incolerent, expulisse : solosque esse, qui patrum nostrorum memoria, omni Gallia vexata, Teutones Cimbrosque intra fines suos ingredi prohibuissent. » *De Bello Gall* lib. II. — « Drysidæ memorant revera fuisse populi partem indigenam ; sed alios quoque ab insulis extimis confluxisse et tractibus transrhenanis crebritate bellorum, et alluvione fervidi maris sedibus suis expulsos. » AMMIEN MARCELLIN, loc. cit., IX.

[2] « Treveri et Nervii circa affectationem Germanicæ originis ultro ambitiosi sunt, tanquam per hanc gloriam sanguinis, a similitudine et inertia Gallorum separentur. » *German.*, XXVIII.

[3] « Πρὸς νότον τοίνυν εἰσὶ τοῖς Παφλαγόσι Γαλάται· τούτων δ'ἐστὶν ἔθνη τρία, δύο μὲν τῶν ἡγεμόνων ἐπώνυμα, Τρόκμοι καὶ Τολιστοβώγιοι, τὸ

nous démontre à peu près identique à celui que, de son temps, l'on employait à Trèves [1]. Les Tectosages et les Trévires étant d'origine germanique, les Tolistoboies étant Germains, un dialecte germanique pouvait seul rester commun à tous si loin de la mère-patrie, après tant d'années écoulées depuis leur séparation et passées, pour quelques-uns, sous la domination romaine qui tendait partout à imposer sa langue avec ses lois. Ce dialecte germanique que les Barbares envahisseurs affermirent au lieu de le restreindre, attendu qu'il se composait des mêmes éléments que leur propre langage, M. Courtois, avocat à Saint-Omer, l'identifie, dans un savant Mémoire, avec le teuton, théotisque, thiois, flamand, bas-allemand (*lingua, teutonica, teutisca, nederduytsch*), et, j'aime mieux renvoyer à son ouvrage que d'en analyser complètement l'ingénieuse argumentation [2]. Lors de l'expédition de César, on parlait le théotisque dans toute la Gaule-Belgique, moins peut-être le *Pagus Remensis*. On le parle encore aujourd'hui sur l'immense territoire qui s'étend de la rive droite de l'Aa à Kœnigsberg, territoire comprenant les Flandres, la Hollande, le nord des anciens cercles de Westphalie, de la haute et de la basse Saxe, de la Prusse orien-

« τρίτον δ'ἀπὸ τοῦ ἐν Κελτικῇ ἔθνους Τεκτοσάγες ... Τριῶν δὲ ὄντων ἐθνῶν « ὁμογλώττων καὶ κατ'ἄλλο οὐδὲν ἐξηλλαγμένων. » *Géograph.* XII, V. — V. encore : MEMNON, c. XX, ap PHOTIUS, *Bibliotheca*, p. 209, in-fol. Augsbourg, 1606 ; AMÉDÉE THIERRY, *Hist. des Gaulois*, t. I, part I, c. IV, p. 130 et 144 ; c. V, p. 190 ; c. X, p. 350, 2e éd.

[1] « Unum est quod inferimus, et promissum in exordio reddimus : Galatas « excepto sermone Græco, quo omnis Oriens loquitur, propriam linguam ean- « dem pene habere quam Treviros. » *Comment. lib. 2, in epist. ad Galat. Proœmium*, t. IX, fol. 75, op., Paris, *Chevallon*, 1534, in-fol.

[2] *L'ancien idiôme audomarois, le Roman et le Théotisque belge*, in-8°, Saint-Omer, 1856.

tale et occidentale [1]; restent maintenant à préciser les points géographiques, où cet idiôme était répandu aux dates contemporaines de nos citations du mot *euantus*.

Lorsqu'en 639, saint Omer appela de Luxeuil à Thérouanne, Bertin, Mommelin et Ebertramn, comme lui natifs des environs de Constance, une des raisons qui influencèrent l'Évêque fut que ses trois compatriotes, étant de race teutonique, savaient bien la langue de leur pays [2]. Au VIIe siècle, la langue vulgaire en Suisse, en Bourgogne, le long du Rhin, se confondait donc avec l'idiôme usité dans le vaste diocèse de Térouanne, qui embrassait la Flandre, plus le nord de l'Artois et de la Picardie. A l'appui du témoignage ci-dessus, emprunté à Iperius, écrivain du XIVe siècle, dont le nom fait autorité en matière historique, j'invoquerai le Mémoire de M. Courtois, où une série d'exemples, puisés aux sources authentiques des noms de lieux et des historiens locaux (800 à 1400), prouve qu'au Xe siècle, le théotisque était la langue ordinaire des contrées situées entre la Somme et l'Aa; au XIIIe, du comté de Guines, du Calaisis, du nord du Boulonais; enfin, qu'au XVIe, le flamand seul apparait encore sur les actes officiels émanés des Magistrats d'Ardres et de Saint-Omer [3]. Parmi ces exemples, j'en choisirai trois qui me semblent concluants, Adelhard, abbé de Corbie (IXe siècle), est loué pour l'éloquence avec laquelle il s'exprimait en

[1] COURTOIS, ouv. cité, p. 39.

[2] « Cujus (Audomari) compatriota atque consanguineus erat Beatus Bertinus, tam amore ipsius sancti, quam quia patriæ linguam, utpote Teutonici bene sciebant. » IPERIUS, *Chron. S. Bertini*, pars V, ap. *Thes. nov.*, t. III, p. 458.

[3] *Ouv. cité*, p. 6 à 26. — Seulement en 1593, les Magistrats de Saint-Omer cessèrent de rédiger leurs sentences criminelles en flamand; en 1507 la justice à Ardres se rendait encore dans la même langue, *Ibid.*, p. 19. BOUTHORS, *Cout. loc. du Bail. d'Amiens*, t. II, 8e sér., p. 671.

théotisque [1]. Ratpert, religieux au même monastère (mort vers 915), composa en théotisque un hymne ou cantique destiné à être chanté par le peuple d'alentour [2]. Au XIIe siècle, les moines d'Andres étant lassés du joug imposé par ceux de Charroux, auxquels ils étaient soumis, « utpote qui propter linguarum dissonantiam eis videbantur alieni, » le comte de Guines, Manassès, pour étouffer d'aussi fâcheuses préventions, envoya en Poitou son petit-fils Grégoire de Balinghem, novice à Andres, afin qu'il se mit en rapport avec les membres de la maison où l'abbaye picarde devait prendre ses dignitaires. Rentré après une absence de quelques années, Grégoire aborda son aïeul sans s'être fait reconnaître de lui et le salua en langue poitevine; Manassès savait fort bien le roman, néanmoins il avait si peu l'habitude de l'entendre, qu'il crut à une plaisanterie, et « sermone « Pictavico derisorie resalutavit [3]. »

Il ressort d'un tel ensemble de faits, qu'avant d'occuper définitivement ses limites actuelles, le théotisque, parlé en premier lieu dans toute l'ancienne Gaule-Belgique et même un peu au-delà, puisque nous l'avons trouvé en Franche-Comté et en Suisse, fut refoulé insensiblement, à l'est, vers le Rhin et l'Aa, au nord, vers la mer.

L'emploi de *vuantus*, comme mot appartenant à l'idiôme local, est donc justifié dans les Actes de saint Maimbode et

[1] « Si vero idem barbara, quam Teutiscam dicunt, lingua loqueretur, præ« eminebat eloquio. » *Acta SS.*, 2 janvier.

[2] « Ratpertus monachus.... hoc fecit carmen barbaricum populo in laudem « S. Galli canendum. » EKKEHARD, *Préf. de sa trad. lat. de l'hymne.* — « Ratpertus composuit rhythmice, lingua tamen Germanica, vitam S. Galli « et publice in ecclesia decantandam populo dedit » *De viris illust. Sancti-Galli*, lib. x, c. 26. — V. le *Journal des savants*, 1844, p. 19 et suiv., art. de M. MAGNIN.

[3] *Chronic. Andrense*, ap. D'ACHÉRY, *Spicil.*, t. IX.

de saint Béthaire (Franche-Comté)[1]; le Capitulaire d'Aix-la-Chapelle (Provinces Rhénanes); les Vies de saint Aicadre et de saint Philibert, la Chronique de Fontenelle (rive droite de la Seine); les Statuts d'Adelhard, la Chronique de Saint-Riquier, la Charte de Thibaut d'Heilly (Picardie); la Vie de saint Hadelin (Liége) : sa présence dans les textes de Wolphard, de Bérenger et de Rieulfe peut s'expliquer; chez l'un, parce qu'il l'écrit à propos d'un Franc, chez les autres parce qu'ils étaient de race franque. Ceci posé, je n'ai plus qu'à spécifier les motifs qui ont engagé Jonas et Bède à produire *cuculus* escorté d'un certificat d'origine gauloise.

Le Ligurien Jonas, secrétaire de saint Attale et de saint Bertulfe, abbés de Bobbio, se rendit à Rome et peut-être même en Irlande, pour étudier la vie de saint Colomban; la réputation de saint Amand l'attira ensuite à Elnon, et, il y était allé plusieurs fois dès 643. On le voit résider successivement à Evoriac (Sainte-Fare, diocèse de Meaux) et en 659, à Réome (Moutier-Saint-Jean, diocèse de Langres), ce qui porte à croire qu'il finit ses jours en France, où il est du moins certain qu'il composa tous ses ouvrages. Jonas commença à travailler à l'histoire de saint Colomban, trois ans après avoir quitté Bobbio, « lorsqu'il était en France... et à Evoriac, aujour-« d'hui Faremoutier, plutôt qu'ailleurs. C'est ce que font « juger divers traits de l'histoire qu'il fait de ce monastère. » Les lignes qui précèdent résument en partie la biographie de Jonas, donnée par l'Histoire littéraire de la France, sauf les dernières, que j'ai textuellement copiées dans ce livre[2]. En effet, le prologue de la Vie de saint Colomban, adressé à

[1] A peu près tout ce que l'on sait de saint Mainbode touche la Franche-Comté, où sa vie a été écrite; quant à saint Béthaire, un seigneur Bourguignon lui arracha ses gants en face du roi Tierry.

[2] T. III, p. 603 à 605.

Bobolène et Waldebert, successeurs de Bertulfe, à Bobbio, et d'Eustase, à Luxeuil, contient la déclaration suivante : « Memini me ante hoc ferme triennium, fratrum conniven- « tia flagitante, vel B. Bertulfi abbatis imperio jubente, cum « apud eos Appenninis ruribus vacans in Ebobiensi cœnobio « morarer, fuisse pollicitum ut almi Patris Columbani meo « studerem stilo texere gesta. » Mais on lit un peu plus loin : « Quamquam me et per triennium Oceani per ora « vehat et scabra lintris adacta, has quoque scatens molles « sectando vias madefacit sæpe et lenta palus Elnonis plan- « tas, ob venerabilis Amandi Pontificis ferendum suffragium, « qui his constitutus in locis veteres Sicambrorum errores « evangelico mucrone coercet [1]. » Si cette période un peu obscure ne dit pas exactement que Jonas écrivit à Elnon, elle établit d'une manière positive qu'il y séjourna fréquemment tandis qu'il élaborait son œuvre. Je n'en demande pas davantage; nul doute à présent sur le sens du « quæ Galli « vuantos vocant : » il s'applique, non aux Gaulois en général, mais à une fraction de Gaulois, parmi lesquels Jonas vécut d'ordinaire, les Belges qui, fils des Germains, parlaient l'idiôme teutonique. L'intention de Bède est maintenant bien facile à comprendre; l'Anglo-saxon n'a pas voulu changer la phrase de l'Italien qu'il copiait : toutefois, ayant affaire à des lecteurs plus familiarisés avec le grec qu'avec le dialecte gallo-belge, il a cru devoir traduire *vuantos* en langue savante et ajouter *id est chirothecæ* [2].

[1] *Acta SS. Ord. S. Bened.*, sæc. II, p. 5 et 6. — Jonas séjourna aussi à Luxeuil auprès de saint Eustase, qu'il cite parmi les témoins oculaires dont il a recueilli le témoignage.

[2] Cela est d'autant plus probable que deux autres Anglo-Saxons, saint Aldhelm (630-709) et l'auteur de la Vie de saint Guthlach (VIIIe siècle) ayant à exprimer *gant*, se sont servis du mot latin *manica*, qui ressemble fort

Wantus est donc vraiment une expression gauloise, mais, comme le peuple qui s'en servait, elle a une origine tudesque et c'est au-delà du Rhin qu'il faut aller chercher son radical primitif.

Kéron, moine de Saint-Gall, qui écrivait sous Pépin-le-Bref (VIIIe siècle), mentionne les termes *henteo* manuum, *hantum* manibus, *kescuahte* (geschuehte) calciatis, évidemment formés de *hant* main et *scu* soulier[1]. Haltaus et Wachter rapportent *hant*, *scu*, *scuah*, *scuoh*, aux dialectes franc et aleman; *schoe* (schoen) au dialecte belge[2]. De ces radicaux dérivent les composés *hanscucha*, *hantschuch*, *hantschuh* (gant), qui apparaissent dans les anciens textes[3]. Quelle analogie peut-il y avoir entre les mots précités et *want*, *wantus?* Une légère excursion dans le domaine de la pratique éclaircira la difficulté.

Les Allemands n'ont pas la diphthongue *ou*, remplacée par le son *u*, nul mot chez eux ne commence par *ua* et leur *w* se prononce absolument comme notre *v*; de plus, ils articulent l'*h* avec une forte aspiration, *hha*. Les Picards, les Wallons et les Flamands, au contraire, transforment le *w* en *ou* (*Ouallons*, *ouans*, *Ouatel*, *ouant*), mais au lieu d'accentuer la diphthongue, ils en font une brève. Le *w* a dû néanmoins

au celtique *manec*, *manegon*, *maneg*, *manega*. — *De laud. virg.*, c. 28 — *Acta SS*, avril, t. II. — BULLET, *Dict. celtique*.

[1] *Interpret. vocabul. barbaric.*, *id est Aleman.*, *in Regul. Bened.*, ap. GOLDAST DE HEIMINSFELD, *Aleman. Rer. script.*, t. II, pars I.

[2] *Gloss. germ. medii ævi.* — *Gloss. germanicum.*

[3] DIEFENBACH, *Gloss. latino-germ.*, p. 632. — J. G. SCHERZ, *Gloss. Germ. med. ævi.* — On trouve encore *Handzeichen* (chirotheca, symbolum manus et consensus.) « Sol der Keyser sein recht handzeichen dessen zu urkund auf die statt dersenden. » (En foi de quoi l'Empereur doit envoyer son gant droit à la ville.) *Gloss. Juris Prov.*, lib. II, art. 26, ap. HALTAUS, loc. cit.

être prononcé long et précédé d'une aspiration dans l'ancien idiôme gallo-belge : si l'on n'accepte pas cette hypothèse, comment expliquer le sort de *want*, *wantus*, changé en *guantus*, *guantus*, *guanto*, *guante*, *gant*, par les Allemands, les Italiens, les Espagnols et les Français[1]. En Allemagne, en Toscane et en Espagne, le *g* semble arraché du gosier ; en Flandre, il se confond avec l'*h* ; faites dire *Gand*, *gauffre* à un Gantois ou à un habitant d'Hazebrouck, il articulera *Hhand*, *hhauffre*. Eh bien, si la mutation du *w* en *g* est fréquente parmi les mots théotisques entrés dans la langue française (*waigner*, *waitier*, *warder*, *waster*, *wateau*[2]), elle se montre aussi dans un terme celtique passé au théotisque, où *Gall* est devenu *Wael* (Wallon). Que l'on ajoute aux précédents détails cette résistance aux lois prosodiques, vice incarné au langage wallon qu'il signale impitoyablement à toutes les oreilles sensibles, l'on pourra en conclure sans trop de hardiesse qu'à une époque indéterminée *want* se prononçait *houant*, en aspirant légèrement la diphthongue allongée. Partant de là, et *want* ramené au radical *hant*, la transformation des composés *hantscu*, *hantschuh* en *wants*, *wans*, *wante*, *want*, se déduit naturellement de l'habitude qu'ont les peuples germaniques d'avaler en parlant la dernière syllabe des mots. Une ingénieuse remarque due à Wachter corrobore mon sentiment à cet égard. L'érudit lexicographe, après avoir mentionné l'opinion de Stiernhielm, savoir que *schuh* vient du nordique *skya*, (tegere, tueri, munire), ajoute que *skya* signifiant *obumbrare* (du grec σκιά, ombre, lieu ombragé), ne peut être le radical de *schuh* dérivé plutôt du

[1] « Galli, Itali, Hispani, *w* in *g* mutant et eadem utuntur voce (gant). HENSCHENIUS, loc. cit.

[2] *Gagner*, *guetteur*, *garder*, *gâter*, *gâteau*. Je me montre ici très sobre d'exemples, le lecteur voudra bien y suppléer.

terme σκυον (indumentum), ce qui l'induit à soupçonner que l'on disait jadis *fot-sko* (indumentum pedis) comme l'on dit aujourd'hui *hand-schuh* (indumentum manus)[1]. Je n'ai pas à vérifier l'exactitude des étymologies précitées, elles me conduiraient trop loin; mais la conséquence que Wachter en fait découler me semble parfaitement juste. Il résulte, en effet, de cette conséquence, que, si *schuh* n'est pas le reste d'un composé dont on aurait soustrait la syllabe initiale et qu'il exprime seul l'idée absolue de *vêtement du pied*, la traduction littérale de *handschuh* sera forcément *vêtement du pied pour la main*, absurdité insoutenable. La haute Allemagne ayant donc pu, de temps immémorial, écarter le mot *fot* (*fuss*) qui joint à *sko* (*schuh*) complétait l'articulation phonétique d'un *vêtement du pied*, pourquoi la Gaule Belgique, usant du même droit, n'aurait-elle pas fait *wants*, puis *wante* et enfin *want*, du composé primitif *want-sko* (*vêtement de la main*). J'admets, il est vrai, en formulant mon hypothèse, que *want* n'est qu'une altération de *hant*, mais bien d'autres l'ont reconnu avant moi. Je noterai en passant que l'abréviation belge est beaucoup plus logique que l'abréviation allemande, la première ayant gardé l'idée spéciale *main*, préférablement à l'idée générale *vêtement*, que l'Allemagne a choisie. On pourrait dire encore que *fot-sko* (*fuss-schuh*) n'étant pas euphonique, il a fallu modifier la prononciation de ce terme ; *want-sko*, que je sache, ne résonne pas moins désagréablement à l'oreille, et je crois que le *handschoen* actuel des flamands est un emprunt moderne fait au dialecte germanique. D'ailleurs, les gloses de Salomon, abbé de Saint-Gall, puis évêque de Constance (892-919), offrent un certain *wantaos* très-analogue au *want-sko* dont, appuyé sur Wachter,

[1] Loc. cit.

je me suis permis d'affirmer l'existence primordiale, et, si dans le texte précité, le théotisque *euantaos* est suivi de l'interprétation allemande *hantschuch* (*euantaos hantschuch*)[1], ce pléonasme est motivé par le désir d'exprimer *gant* dans les deux dialectes germaniques qui, au IXe siècle, se trouvaient en contact à Saint-Gall et Constance. Déjà Bède avait agi sans plus de façons en alignant dans une même phrase, *tegumenta manuum*, *euantos* et *chirothecæ*.

L'on ne peut guère, d'ailleurs, contester sérieusement une origine germanique au nom d'un objet que tout porte à croire inventé par les Barbares du nord, je veux parler du gant à doigts, dont l'antiquité n'a laissé qu'un seul exemple figuré, celui des Sarmates de la colonne Trajane. Les gants mentionnés par les auteurs classiques n'étaient que des moufles ou des mitaines; Boulenger l'a si bien compris, qu'il a traduit par *manuleas* (longues manches couvrant le bras jusqu'au poignet) le mot χειρῖδας de l'Odyssée[2]. Les χειρῖδας δακτυλήθρας δασείας n'apparaissent dans Xénophon qu'au sujet des Perses, et, *digitale*, employé par Varron à propos de la cueillette des olives, est regardé comme douteux par divers annotateurs de cet écrivain.

P. 205, *notes*, *ligne* 4. — En Picardie on donnait encore le nom de *want* ou *gant* à un droit que le seigneur percevait sur les ventes immobilières. « Chacune vente soit de maison, ou de terre, il y a un *wans*. » — « Si aliquam territorii partem « venundari contigerit, Domini venditiones habebunt; scilicet tot denarios quot venditor inde habuerit solidos. Major vero terræ illius pro *wantis* accipiet duos denarios[3]. »

[1] DIEFENBACH, loc. cit.

[2] *De veste pont. et sac.*, c. 10.

[3] PAGÈS, *Manuscrits*, t. I, p. 449 et 451. *Charte de Thib. et d'Heilly* (1172), ap. DU CANGE.

Les gants étaient parfois spécifiés en nature sur le tableau des redevances. Le fief de Langhele donnait, chaque année, à l'abbaye de Saint-Bertin, *deux paires de wans de recongnoissance*. D'autres fiefs rapportaient, au susdit monastère, depuis une paire jusqu'à neuf paires de gants [1].

ADDITIONS

BOURSES MÉROVINGIENNES

La pénurie des documents relatifs au costume de la nation franque m'avait forcé à passer sous silence l'historique de la poche où ces peuples renfermaient soit leur argent, soit les petits ustensiles d'un usage habituel ; l'analyse de quelques observations dues à mon savant collègue, M. l'abbé Cochet, va me permettre de combler une regrettable lacune [2].

Dans les fouilles pratiquées à Londinières et surtout à Envermeu, l'infatigable explorateur de la Normandie souterraine rencontra cinq fois une lame de fer, large de 0,01^c épaisse de 0,001^m, longue de 0,16^c à 0,17^c, sauf une portion recourbée formant crochet à chaque extrémité et mesurant de 0,03^c à 0,05^c. Le centre de cette tringle est muni d'un anneau qui, sur l'un des échantillons conservés, soutient encore une boucle. Des traces de cuir adhérentes à l'objet, sa présence habituelle à la ceinture des morts, avaient conduit plusieurs antiquaires anglais et allemands, possesseurs de types analogues, à le prendre pour un fermoir de bourse

[1] *Fiefs et droits féodaux de l'abbaye de Saint-Bertin*. Voir le *Bull. hist. des Ant. de la Morinie*, t. II, p. 1069

[2] *Sépultures gauloises, romaines, franques et normandes*, c. VIII, IX, XI

ou d'aumônière. Dans la tombe d'un guerrier allemand, armé d'un couteau, d'une lance et d'une épée, M. Von Durrich, de Stuttgart, découvrit à la ceinture du squelette une tige de bronze « ressemblant à la traverse d'une balance et d'où « probablement un sac pendait. » A chaque extrémité, terminée par une tête de serpent, des crochets recourbés d'environ 0,05^c. Au milieu, un anneau avec boucle en bronze servant de fermoir[1]. MM. Rolfe, à Ozingell (Kent), Akerman, à Harnham-Hill (Salisbury), G. Hillier, à Chessel-Down (Wight), partagent la même opinion relativement à leurs trouvailles récentes et l'appliquent aussi aux objets semblables précédemment exhumés par le R. Bryan Faussett à Sibertswold-Down et Kingston-Down (Kent)[2]. La découverte opérée par M. Hillier est particulièrement intéressante en ce qu'elle ne laisse aucun doute à l'esprit. « Le fermoir de l'île de Wight » écrit M. Thomas Wright à M. Cochet « présen- « tait, adhérents à lui, non-seulement les débris de la « bourse, mais encore des objets qu'elle avait dû renfermer. « On y remarquait surtout une bordure de métal, probable- « ment en argent et de forme ronde, mais parfaitement re- « connaissable[3]. »

A des autorités si recommandables, M. l'abbé Cochet vient ajouter le poids de ses observations personnelles. A Envermeu, en 1855, il a trouvé un ornement composé de verroteries rouges, rendues brillantes à l'aide d'un paillon mé-

[1] Von Durrich et W. Menzel, *Die Heidengraber am Lupfen (bei Oberflacht)*, p. 9, pl. x, fig. II.

[2] Roach Smith, *Collect. ant.*, t. III, p. 16 et *Invent. sepul.*, p. 206, pl. xv, fig. 25. — *An accont of excavations in anglo-saxon burial ground*, p. 19, pl. III, fig. 2 et *Archæologia*, t. xxxv, p. 259-78. — *Hist. and antiq. of the isle of Wight*, p. 33.

[3] *Sépultures, etc*, p. 267.

tallique, cloisonnées d'or et mastiquées sur une planchette en bois. Une boucle en bronze adhère au corps de l'objet, long de 0,12 sur une largeur de 0,015m et affectant dans son ensemble la forme de deux têtes d'oiseau, horizontalement accolées, le bec en dehors. A chaque extrémité, un trou ménagé entre l'or et le verre peut laisser passer librement un fil de lin, de soie ou de métal. « Il est vraisemblable qu'à « chaque fil était suspendu un gland de soie ou de métal que « l'oiseau semblait tenir à son bec [1]. » En comparant le fermoir précité à certains fragments analogues, extraits de la sépulture de Childéric Ier et décrits par Chifflet, qui les confondit avec le reste d'un harnachement de cheval [2], M. Cochet a prouvé d'une manière irréfragable que ces fragments appartenaient aussi à une bourse, laquelle était en cuir et renfermait cent pièces d'or [3].

Il résulte des faits ci-dessus exposés, que les Francs portaient des bourses accrochées à leur ceinture, et munies de bordures en fer, bronze, argent ou or; que ces bourses, ornées de glands, se fermaient au moyen d'une boucle et que le cuir en constituait ordinairement la matière. Nos aïeux avaient néanmoins des bourses plus riches, témoins les *bursæ eleganter gemmatæ* et la *pera auro gemmisque compta* que saint Ouen attribue à saint Éloi [4]. On conserva très-longtemps dans l'église de Noyon une aumônière, qui passait pour avoir appartenu à l'illustre orfèvre de Dagobert; Louis de Montigny l'a décrite ainsi qu'il suit : « Quant à la gib- « becière, elle est pareillement très-agréable à veoir et d'une « belle invention, le fond estant d'une panne (*velours*) de

[1] *Sepult.*, etc., p. 208.
[2] *Anastasis Childerici I*, etc., p. 226, pl. *Phaleræ regii equi.*
[3] *Loc. cit.*, p. 271.
[4] *Vita S. Eligii*, ap. *Spicil.*, t. v.

« soye cramoisie rose seiche, parsemée de perles et recamée « (*brodée*) d'or, où vous voyez un oyseleur avec plusieurs oy- « seaux relevez en broderie et tissus à l'esguille, qui ren- « dent témoignage de la grande industrie et expérience de ce « siècle[1]. »

DALMATIQUE ÉPISCOPALE DE SAINT UDALRIC, Xe SIÈCLE.

On conserve dans l'abbaye impériale de Saint-Udalric et Sainte-Afre (O. S. B.), à Augsbourg, quelques *pontificalia* de saint Udalric, évêque de ladite ville (923-973). Parmi ces vêtements qui recouvraient le corps du Pontife lorsqu'on l'exhuma en 1183, figure une dalmatique trop singulière pour n'être pas décrite ici. Elle consiste en une ample et longue robe d'étoffe à ramages (brocart sans doute), se retrécissant à la taille et formant des plis nombreux rayonnant autour d'un étroit passage pour la tête. La jupe est ouverte sur chaque flanc, depuis le bas jusqu'aux aisselles; les manches, collantes, sont également fendues en dessous suivant toute leur longueur. Un orfroi médiocrement large garnit le bord inférieur de la dalmatique, le tour des manches et du col[2]. Si ce vêtement n'avait pas été trouvé dans la sépulture d'un Évêque, en compagnie d'une chasuble, d'une étole et d'un manipule, il serait difficile de lui assigner un rang parmi les habits sacerdotaux; les manches fendues, surtout, paraissent inexplicables. Peut-être des cordons, omis sur la gravure que j'ai consultée, servaient-ils d'attaches ? Il me semble plus judicieux d'admettre que la rigidité cadavérique du corps de

[1] *Hist. de la vie, vertus, etc., de saint Éloy, év. de Noyon*, Paris, 1626.
[2] *Basilica SS. Udalrici et Afræ*, pars II, p. 102, pl. XXIV.

saint Udalric obligea les serviteurs qui l'ensevelirent, à découdre les manches de sa dalmatique, trop étroites pour livrer accès à des bras raidis par la mort.

MITRES DITES DE PROFIL, XIe SIÈCLE.

Je ne puis omettre l'indication de deux monuments fort curieux dont l'existence m'avait échappé. L'étude de ces monuments prouverait seule au besoin que la mitre, dite de profil, n'était autre chose qu'un mouchoir ou écharpe, maintenu sur la tête à l'aide de bandelettes.

La crosse en ivoire attribuée à Ives de Chartres (1091), présente une statuette d'Évêque, coiffé d'une mitre de profil aux plis nettement accusés et rappelant, mais avec l'avantage du relief, la mitre des catacombes gravée plus haut (*Mitres, fig.* 6). Le bandeau, proportionnellement très-large, paraît noué contre la nuque du personnage, car les bouts pendant sur ses épaules sont facilement appréciables [1].

Le manuscrit n° 326 de la Bibliothèque de Cambrai, *Commentaria in Lucam* (XIe siècle), n'est pas moins caractéristique. L'Évêque, qui embrasse l'initiale F, a la tête couverte d'une écharpe disposée en double cône, dont les extrémités inférieures retombent en plis très-amples sur son cou. Les cordons ou fanons étroits qui servent d'attaches au diadème orné de perles, descendent jusqu'au bas des reins [2].

[1] *Mél. d'arch.*, t. IV, p. 194, pl. 17. Coll. de M. Carrand.

[2] A. Durieux, *les Miniatures des man. de la Bibl. de Cambrai*, pl. 4, XIe s., 326, r.

TABLE SOMMAIRE

Aumônières tirées de la collection de M. Oudet.

Pontificalia de S. Louis d'Anjou, évêque de Toulouse, conservés à Brignoles.

TABLE DES PLANCHES.

ERRATA

TEXTE

	Au lieu de	*Lisez*
Pag. 22, l. 6,	νομυίσματα	νομίσματα
29, l. 20,	d'or	d'argent.
33, notes, l. 1,	III	XIII.
53, l. 16 et 17,	chaîne	trame.
107, not., l. 12,	majoris	Majoris.
115, l. 24,	fidelis	fideli.
Id., notes, l. 2,	547	347.
137, notes, l. 1,	*Athen.*	ATHEN.
143, notes, l. 5,	*misznephet*	Hæbrei *misznephet.*
Id., ibid., l. 8,	byssimum	byssinum.
169, notes, l. 6,	l'archevêque	l'évêque.
Id., ibid., l. 7,	Florence	Fiesole.
182, notes, l. 1,	1850	1860.

PLANCHES

IV	au lieu de	1/2 g.	lisez	1/3 g.
V	—	extérieur	—	postérieur.
VI	—	1/2 g.	—	1/3 g.
VII	—	franges	—	manches.

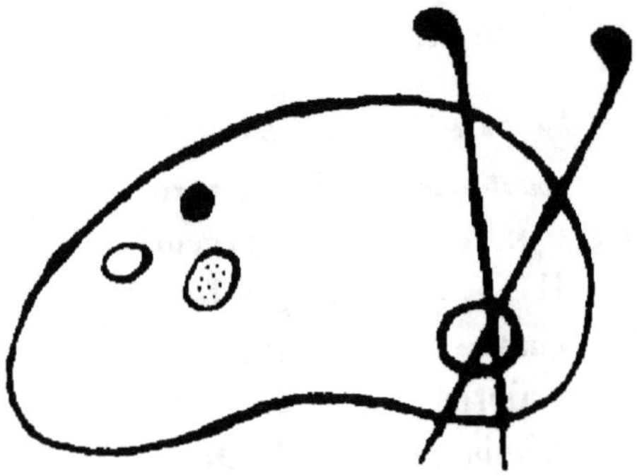

Début d'une série de documents
en couleur

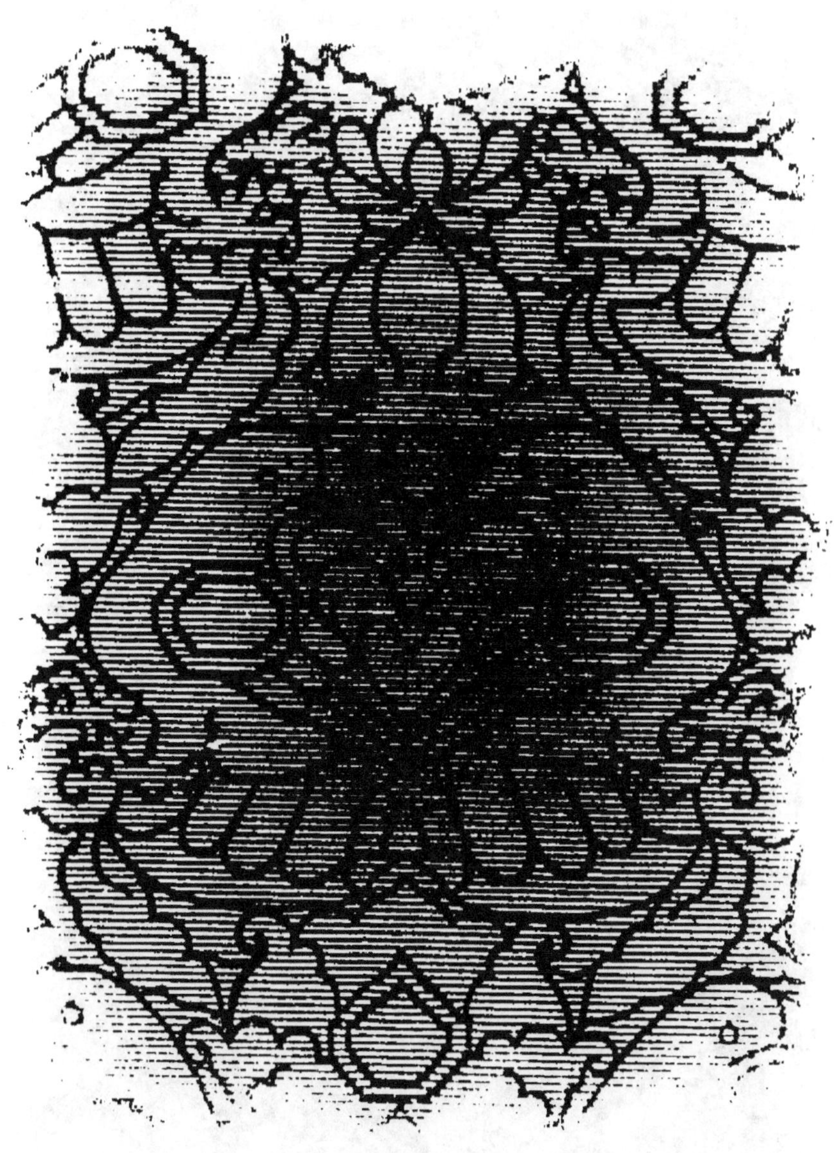

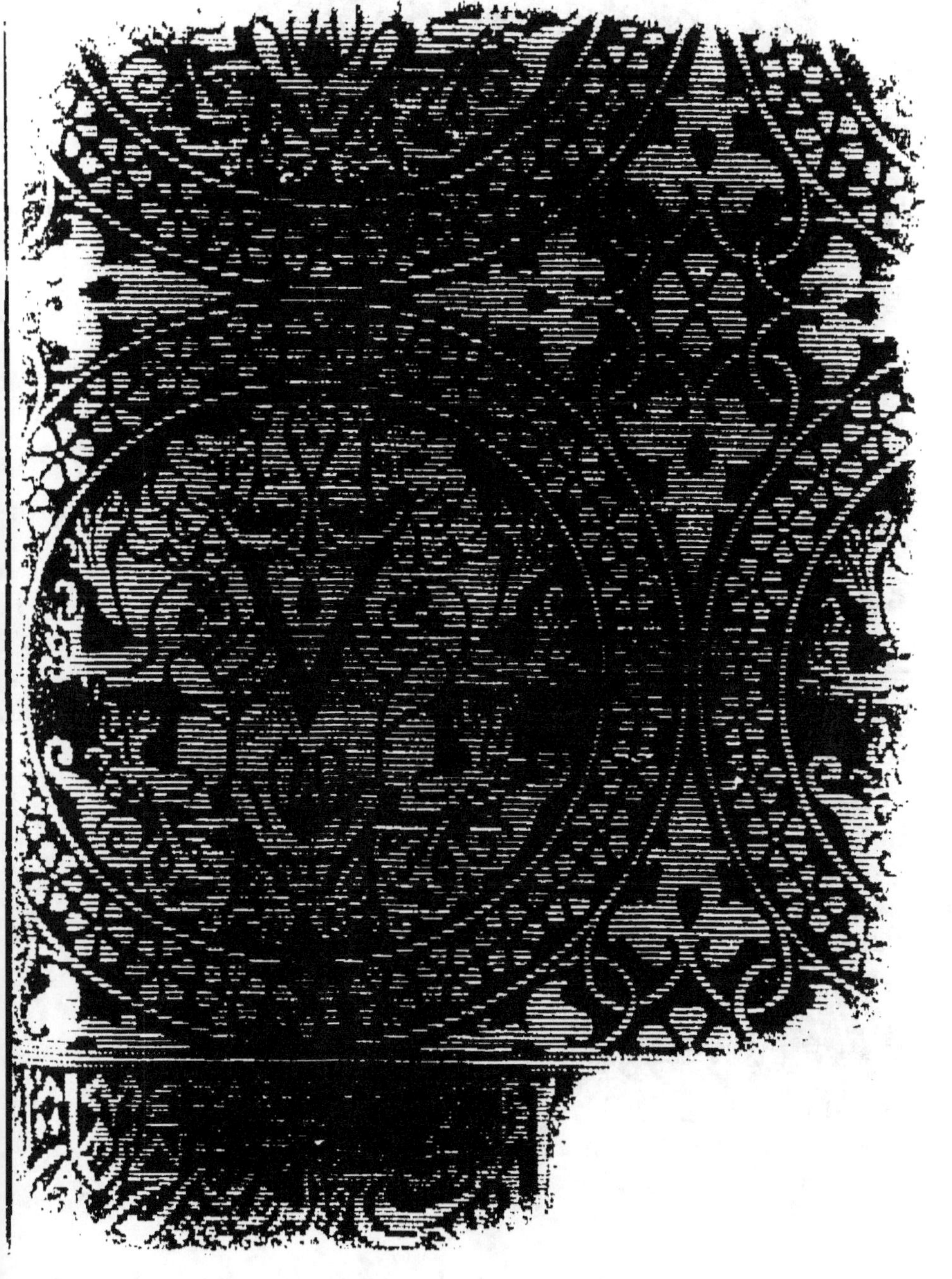

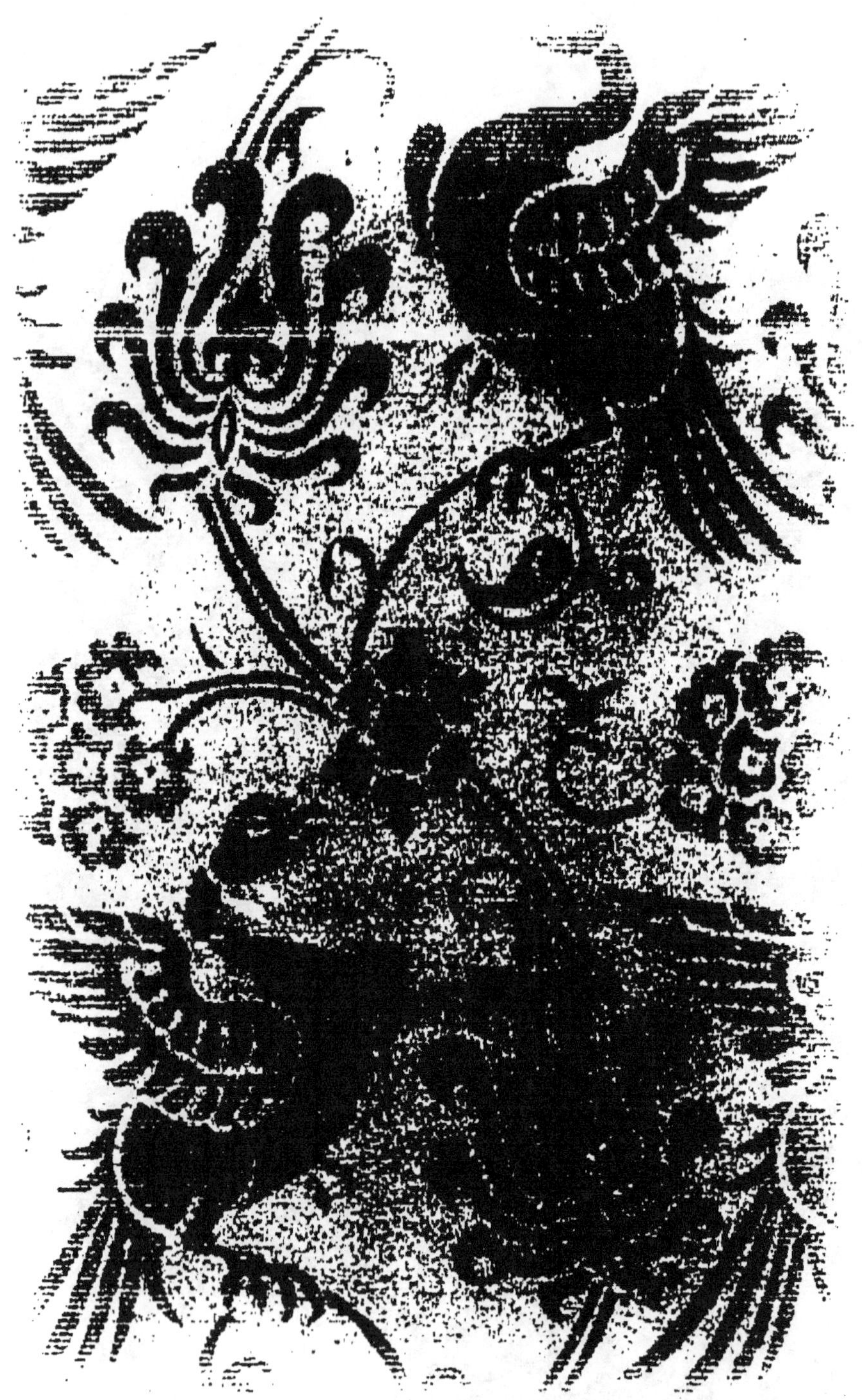

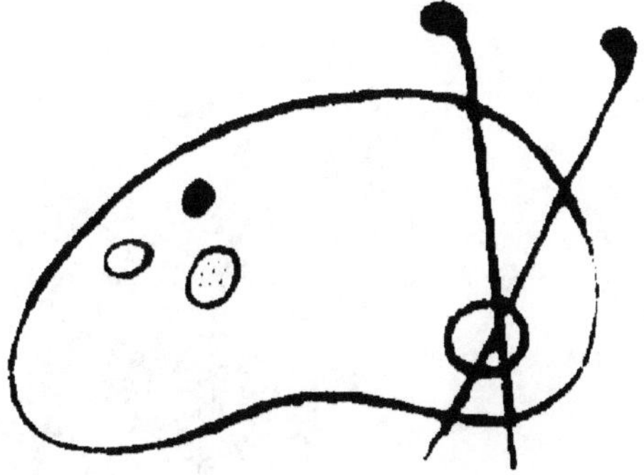

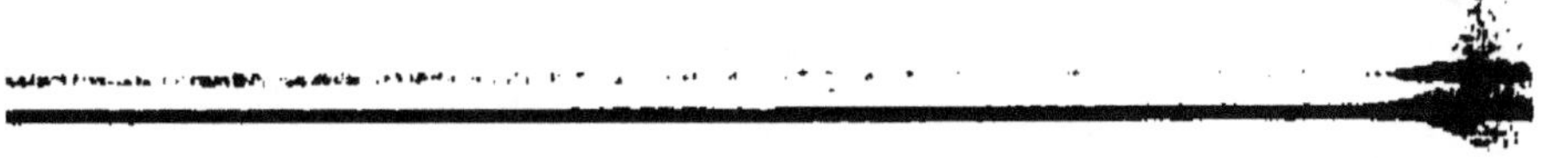

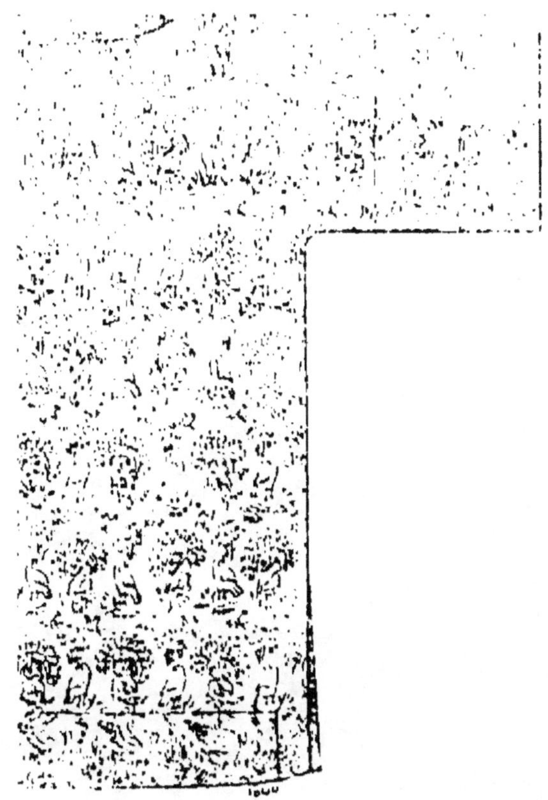

A

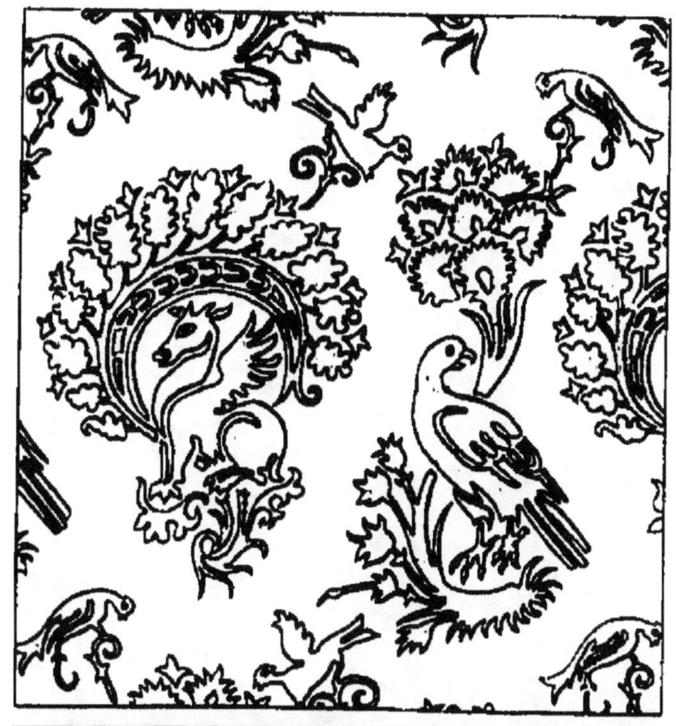

B

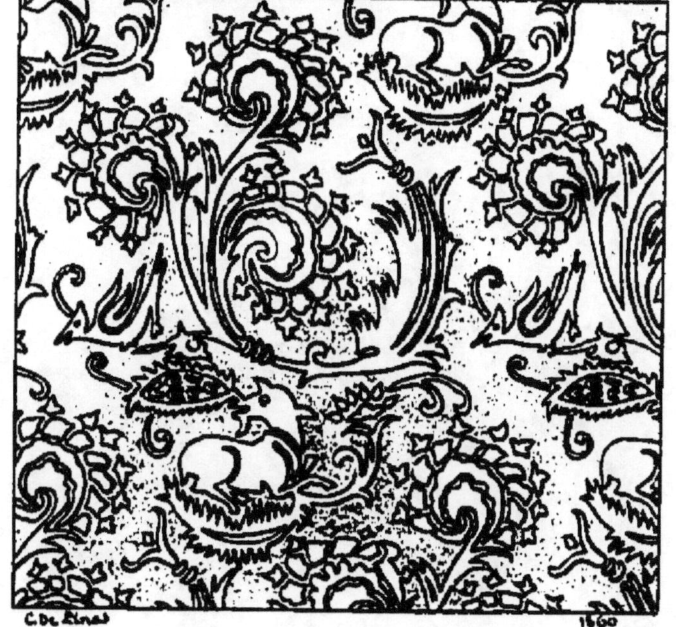

DALMATIQUE DU B. PIERRE DE LUXEMBOURG

A Etoffe de la robe. B Etoffe des parements ½ grandeur

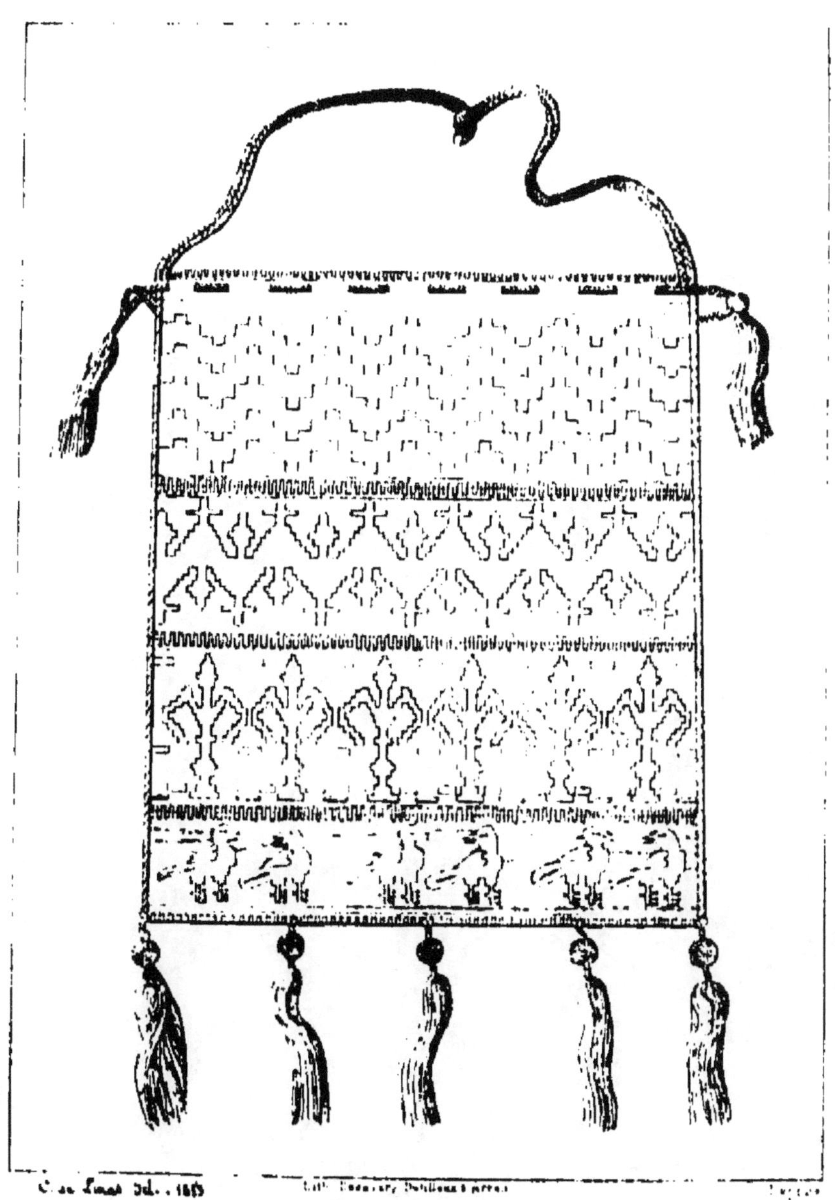

XIIe S. Tasse Byzantine en tissu, soie et argent,
Cabinet de l'auteur.
½ grandeur.

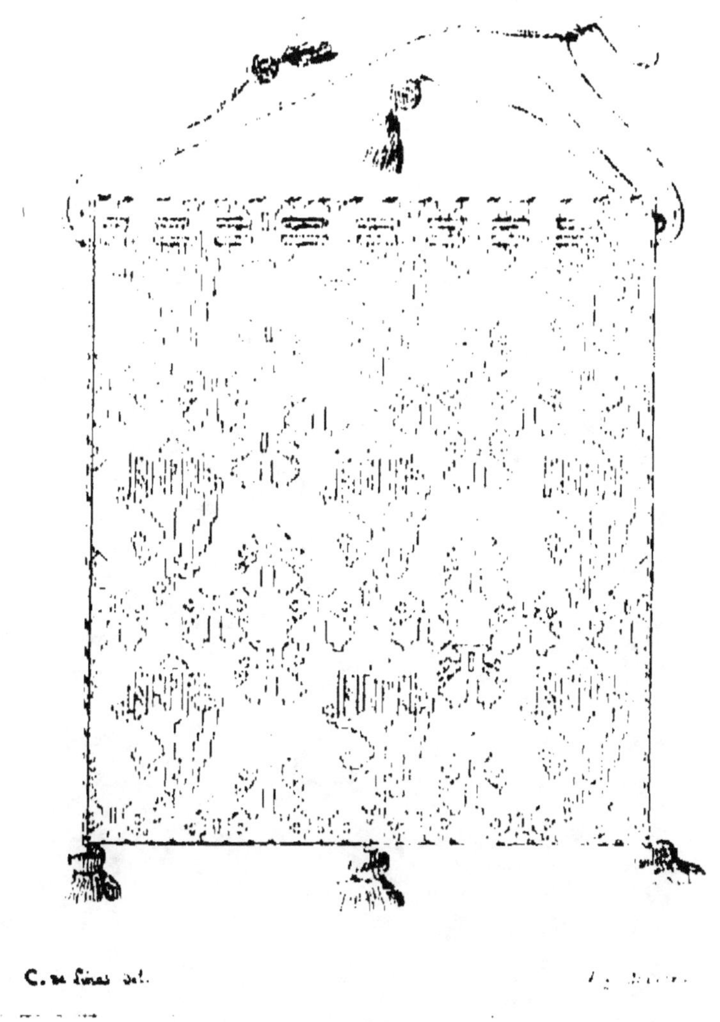
C. de Linas del.

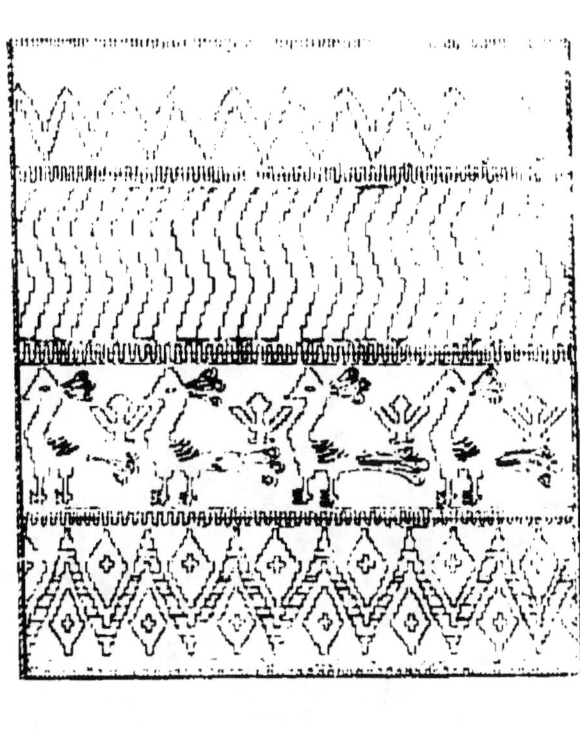

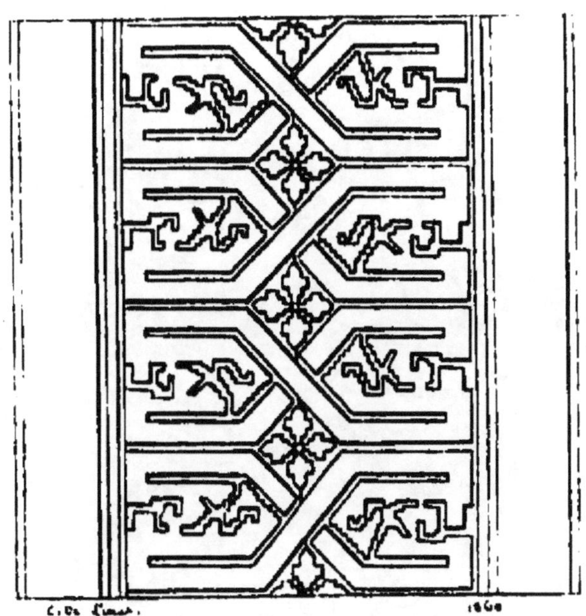
1860

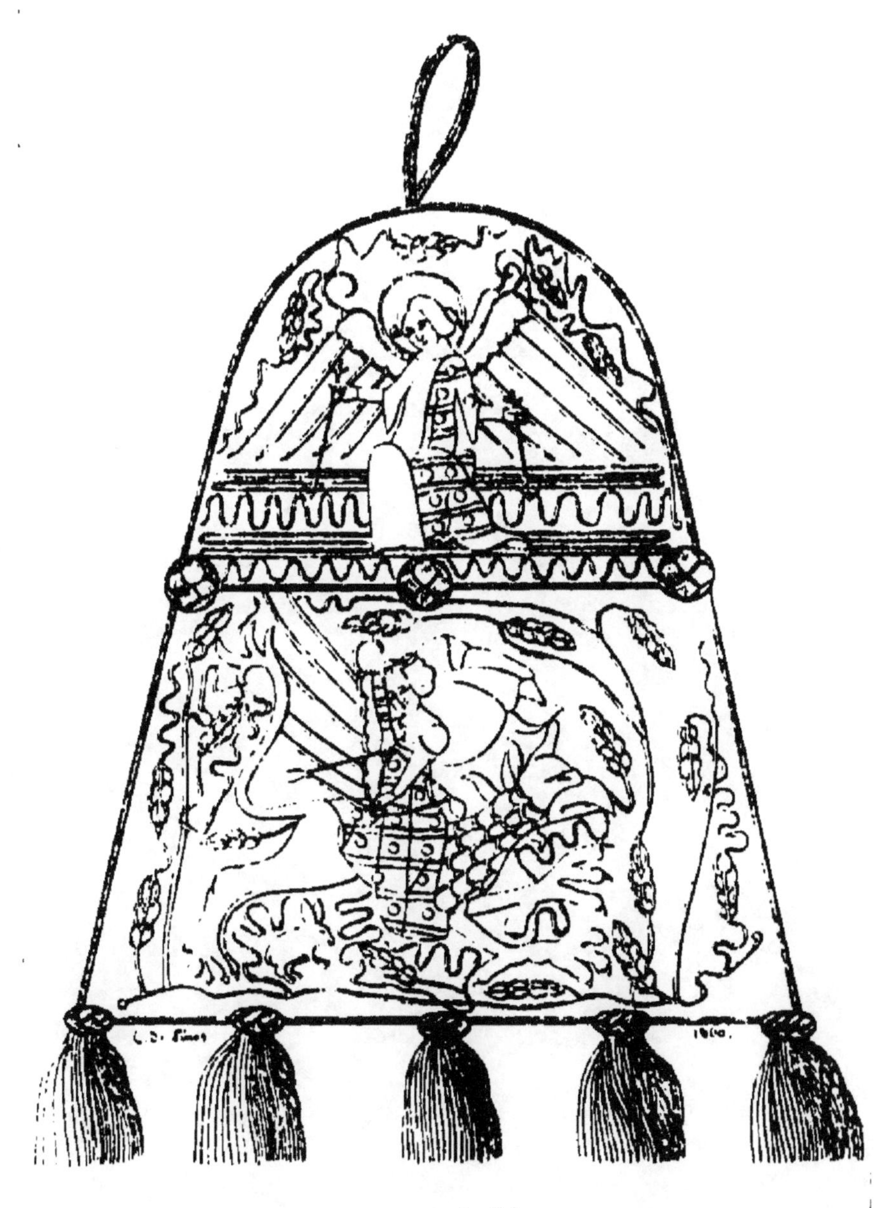

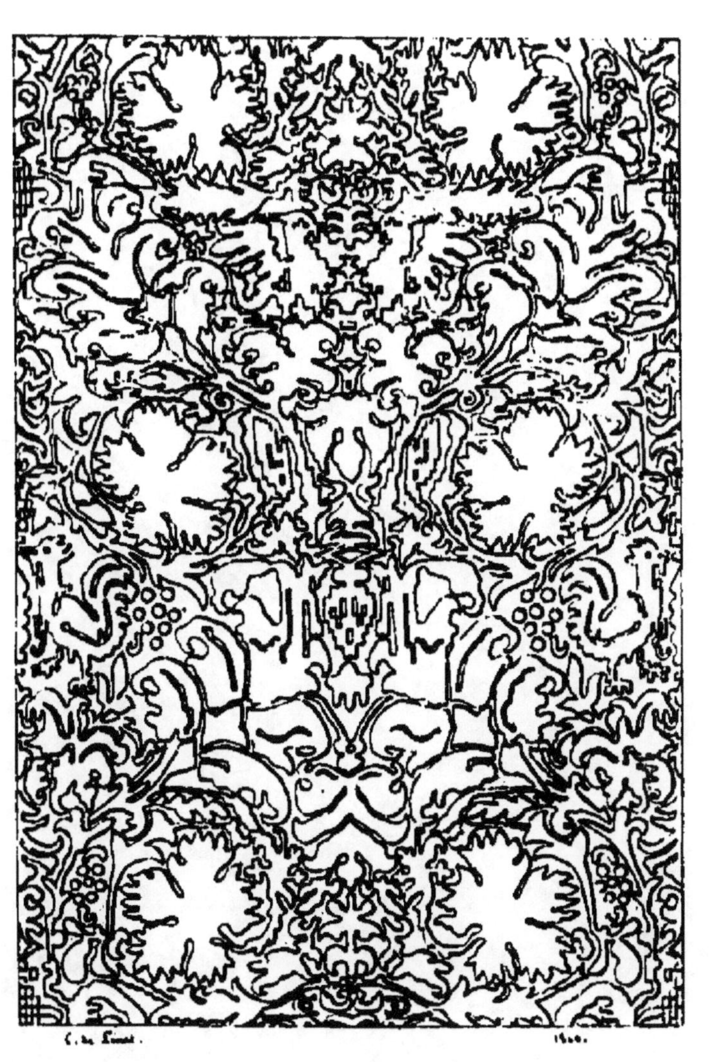

[illegible]FFE du [illegible] extérieur de l'Aumônière [illegible]

[illegible]

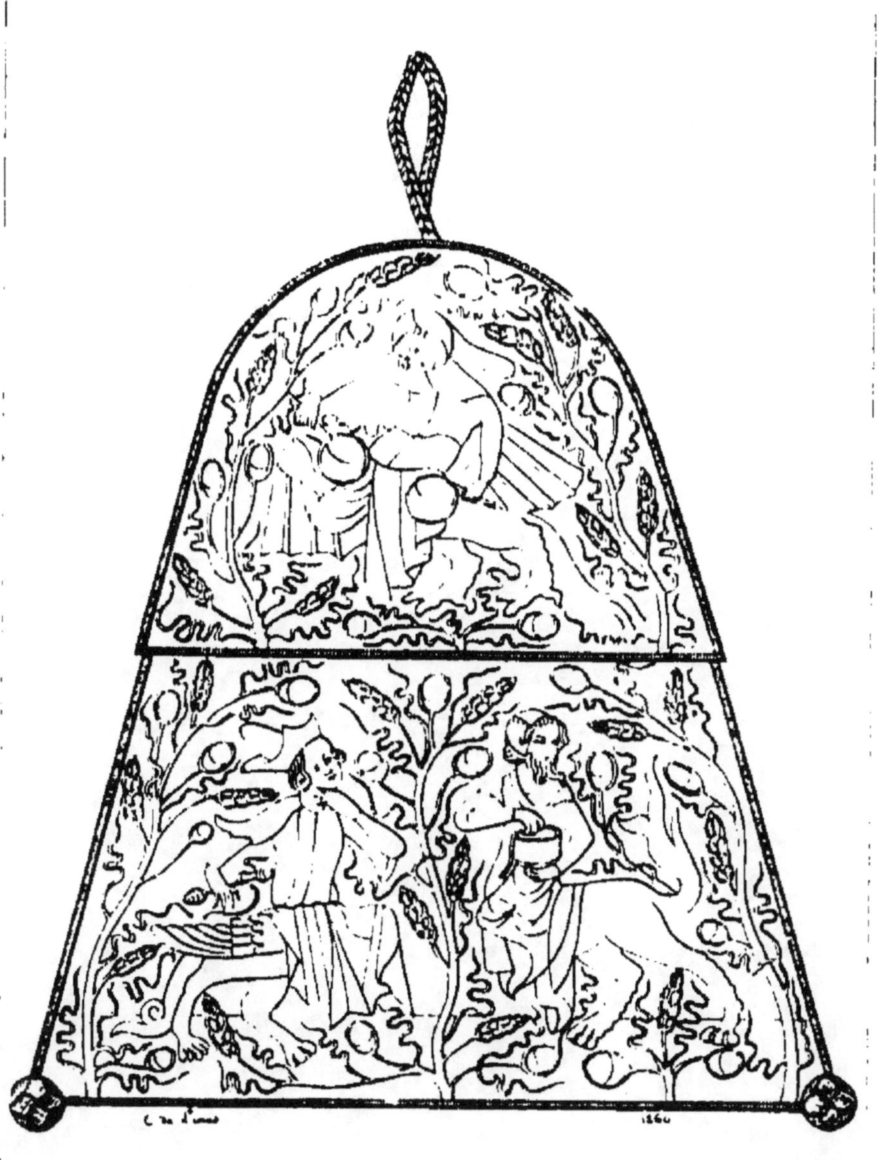

AUMONIERE, tirée de la collection de M[illegible]

[illegible]

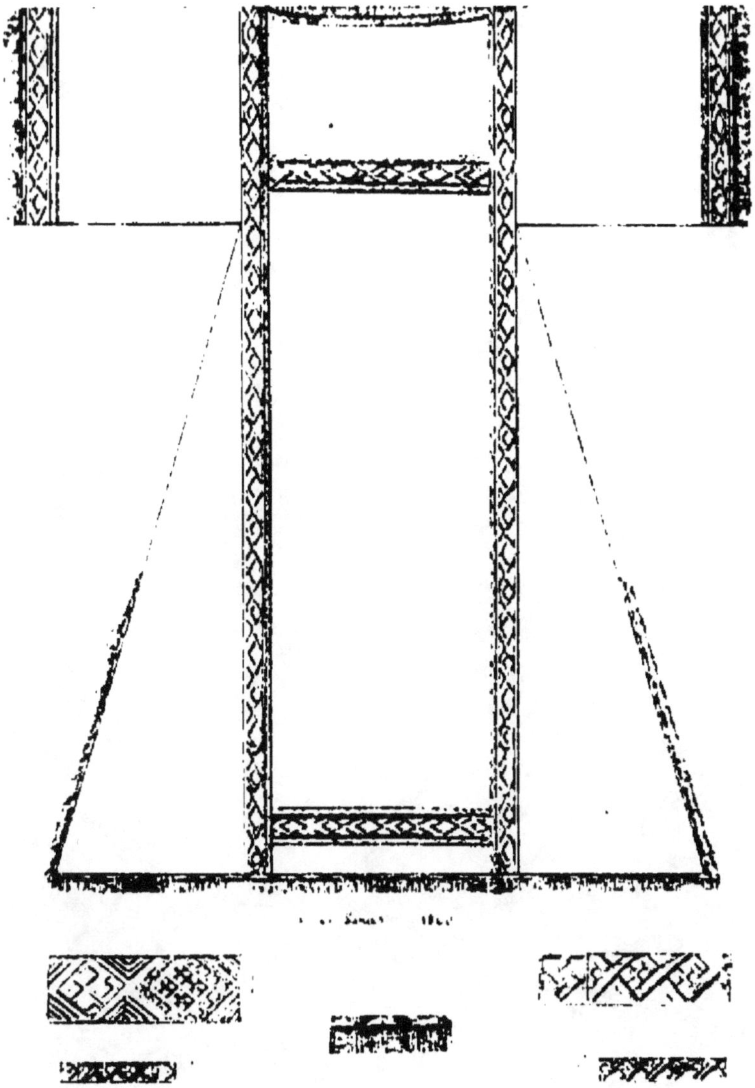

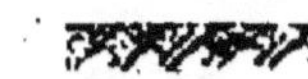

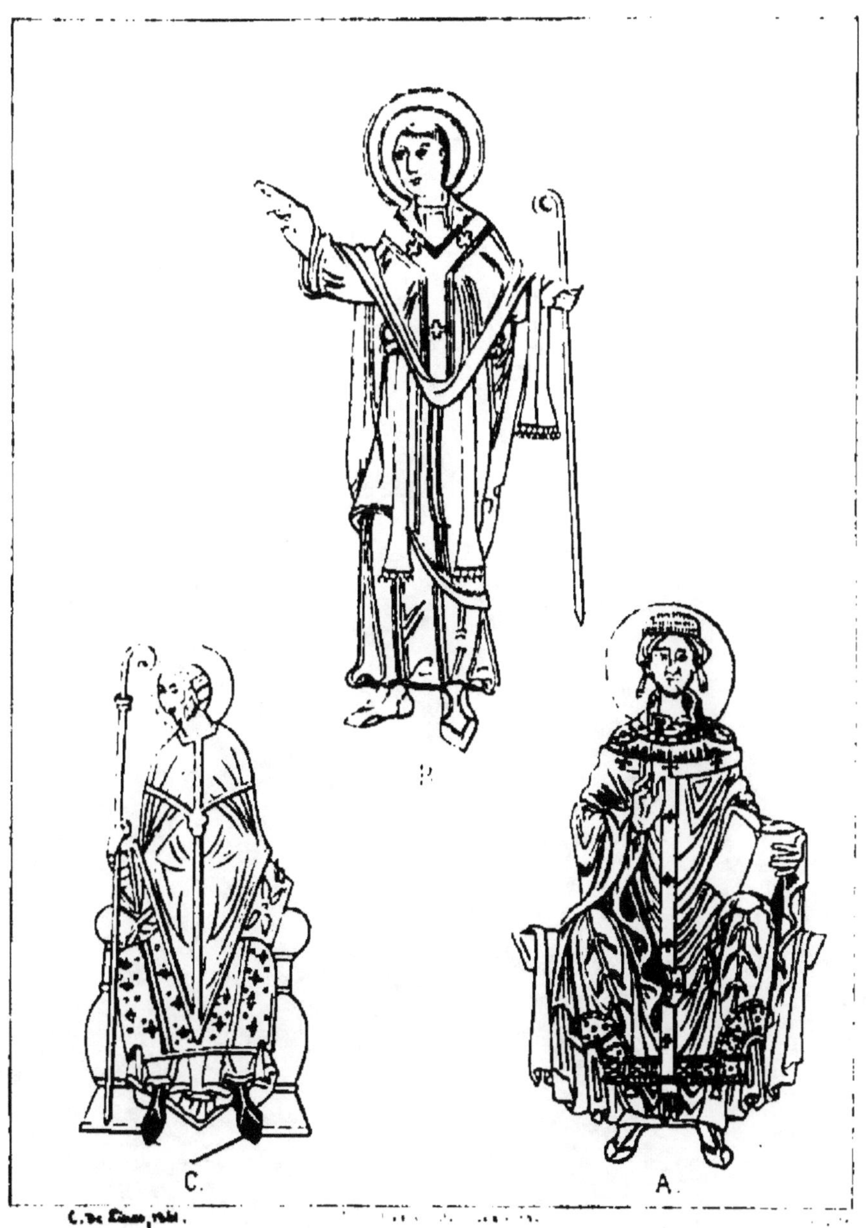

C. De Linas, del.

A. Xe Siècle. Saint [illegible]

B, C. XIe Siècle. Saint Ouen. [illegible]

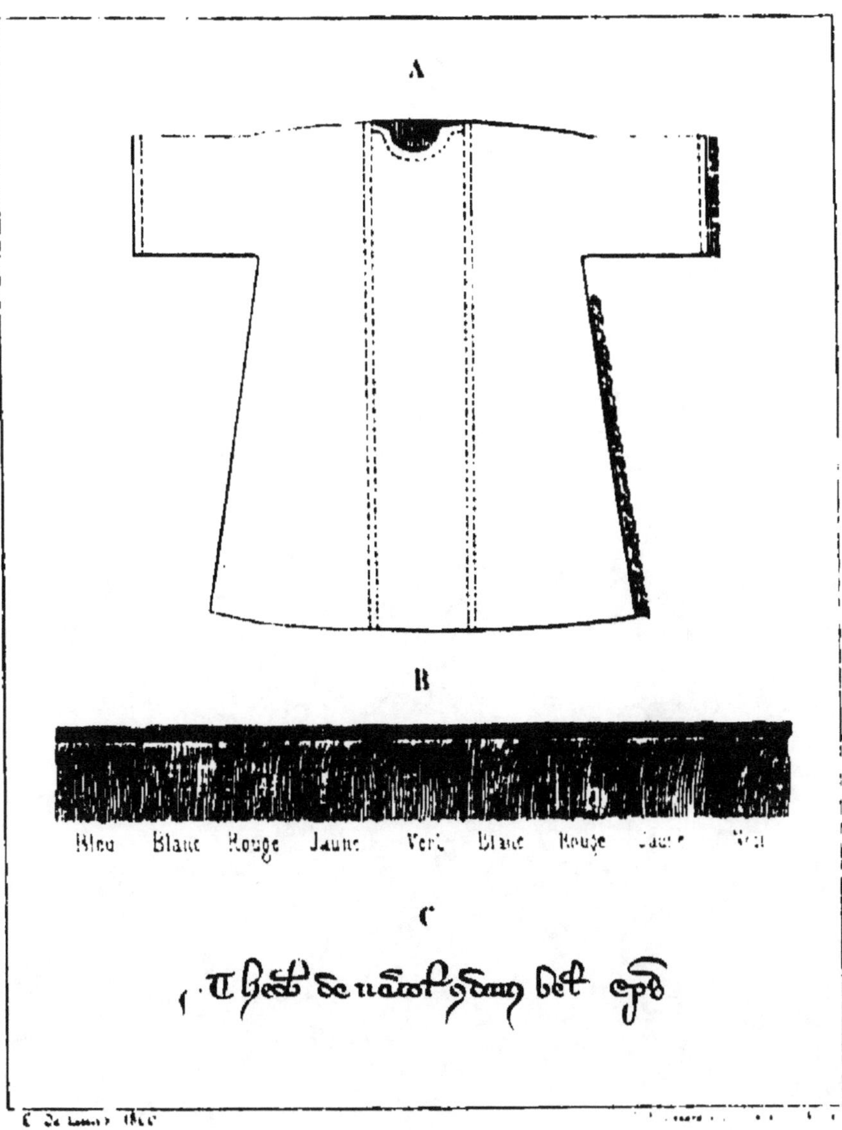

[illegible] de [illegible] de Nanteuil
[illegible] de M. l'Abbé Barraud à Beauvais

[illegible]
[illegible] de [illegible]
[illegible]

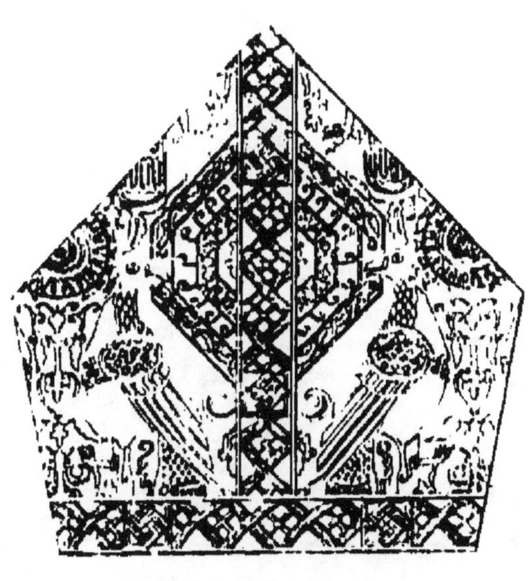

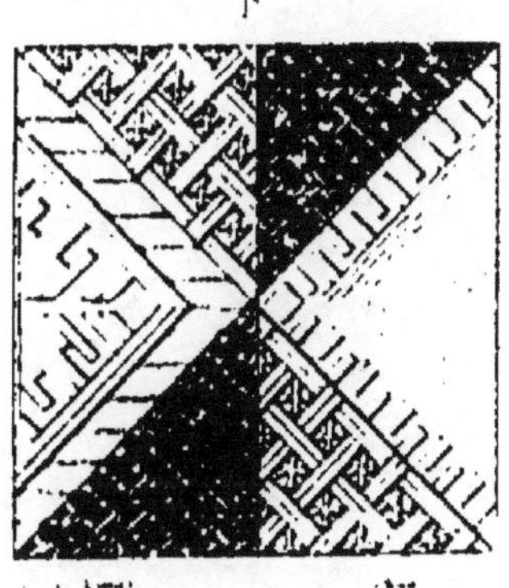

A. Mitre de Saint [illegible] à Brignoles (Var) [illegible]

B. Fragment d'une [illegible]

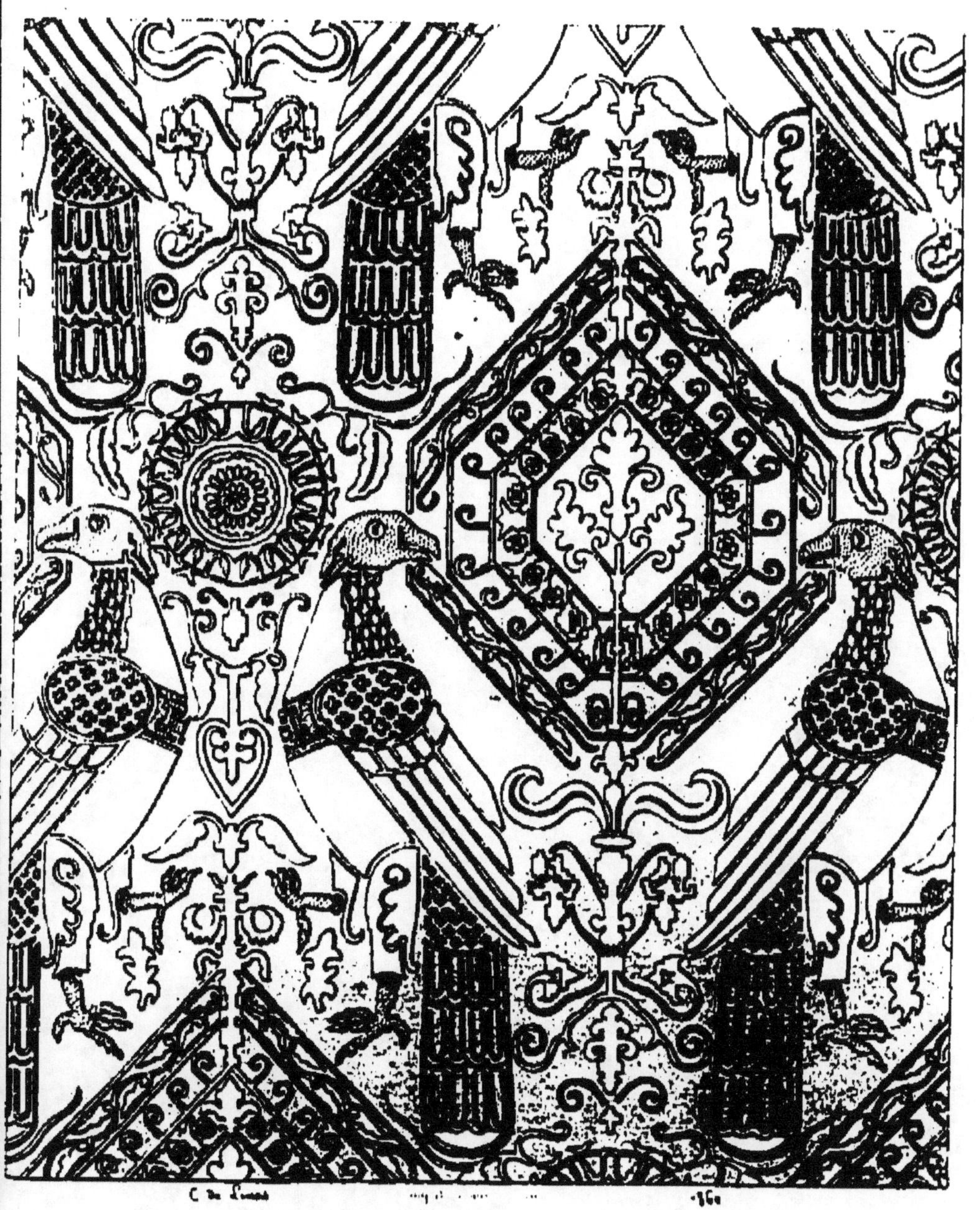

ÉTOFFE de la MÎTRE de Saint-Louis d'Anjou, ½ grandeur

[illegible]

C. de [illegible] del.

[illegible]

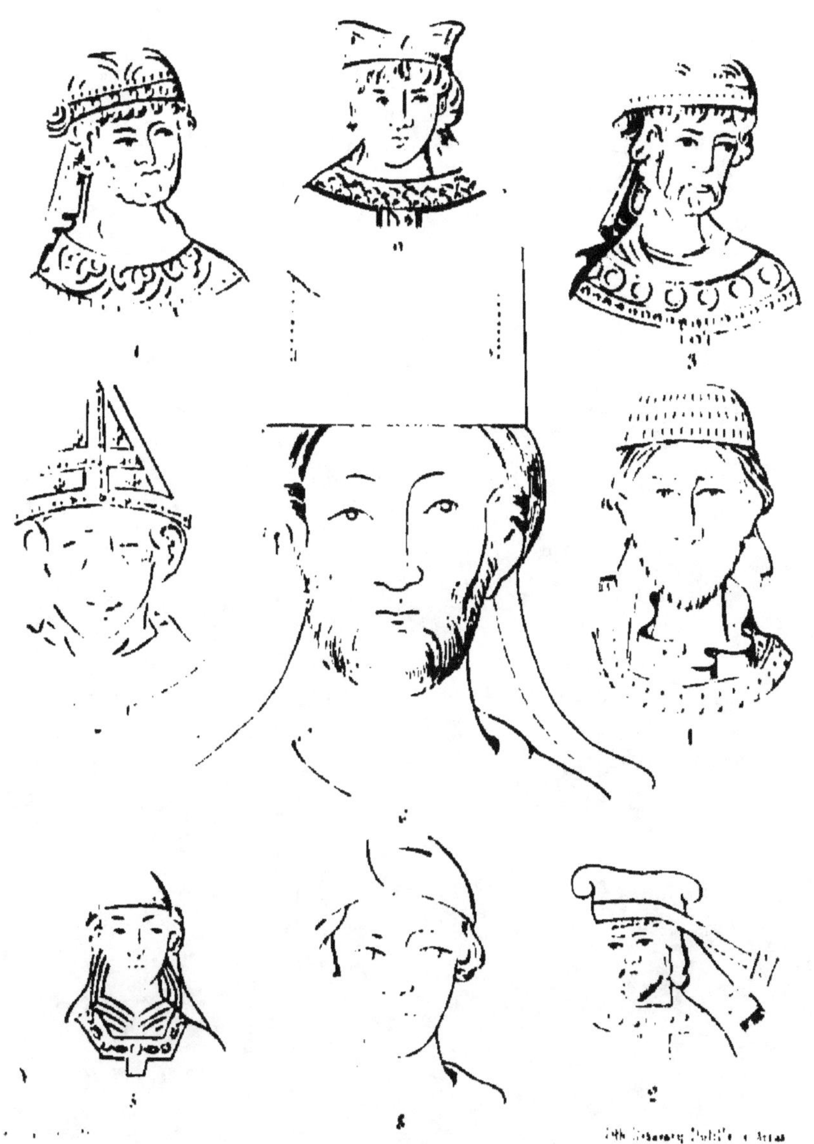

Lith. Desavary Dutilleux à Arras

Xe Siècle. 1 Ms. Anglo Saxon du British Museum *Cotton Claudius* A III. XIe Siècle 2 Bibl. imp. [illegible]
3 et 4 Bibl. de Valenciennes, 460 T 4 XI. XIIe Siècle 5 Peint. murale de l'Abbaye de Nonnberg à Salzbourg.
6 Peint. murale de la Catacombe dite *Ptolomée* à Rome. 7 Dalle tumulaire de l'Évêque Barthélemy de Vir 1150
à la Cath. de Laon. 8 Sceau de l'Église de Saint Omer (1166). XIIIe Siècle 9 Bibl. de Troyes, N° 103.

LA MITRE, PL. III, IV ET V

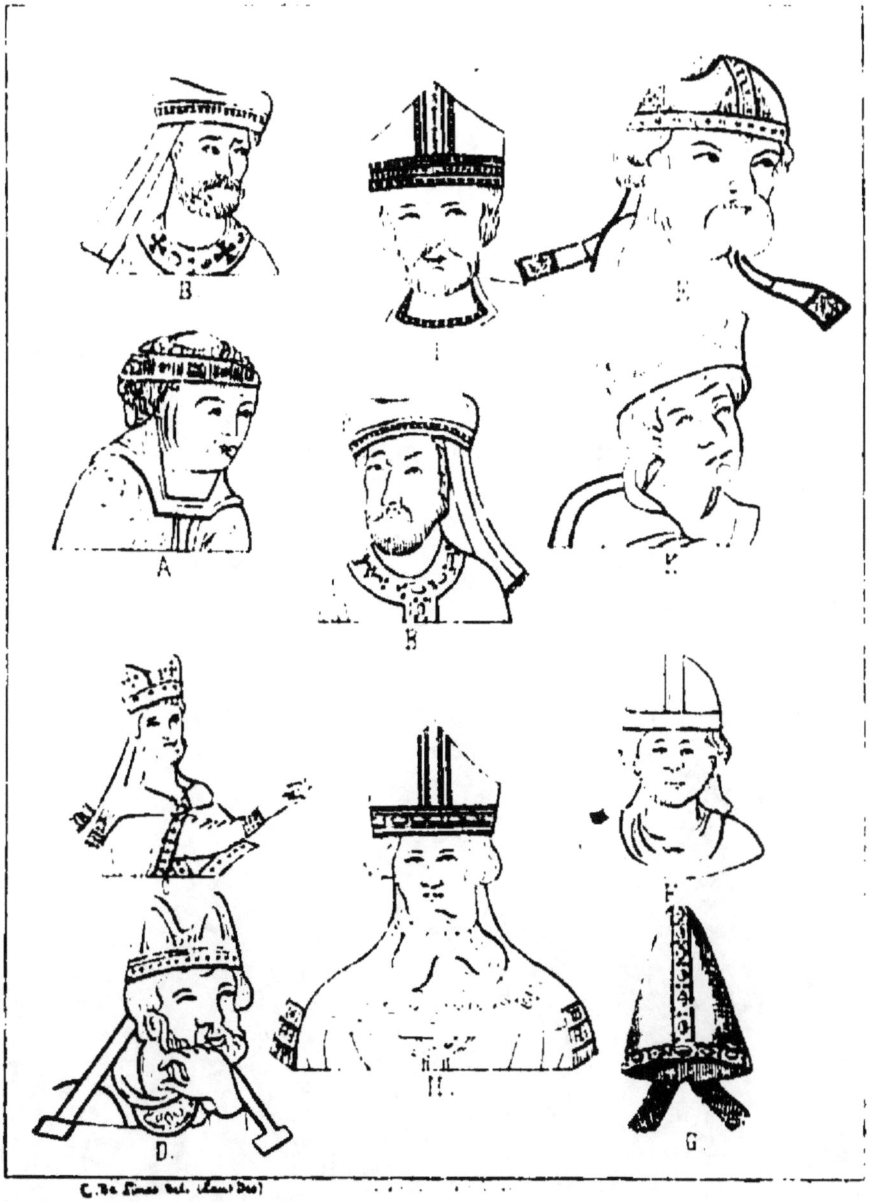

C. De Linas del.

Xe Siècle. A. Couronne épiscopale. Pontifical de St Aethelwold. — XIIe Siècle. B. B. Évêques Anglais,
d'après le Dr Rock. C. Paschal II, Chronique de Saint Vincent. D. St Grégoire, Bibl. de Bourgogne, 9916.
E. Id. Bibl. imper. — XIIIe Siècle. F. St Nicolas. Bibl. de Lille. G. Mitre conique au croisillon. N. D. de Reims.
XIIe Siècle. H. Mosaïque de Frumald. — XIIIe Siècle. I. Évêque peint dans la crypte d'Anagni. K.
Auriphrygium circulare, St Calixte. Bibl. de Lille, 15.

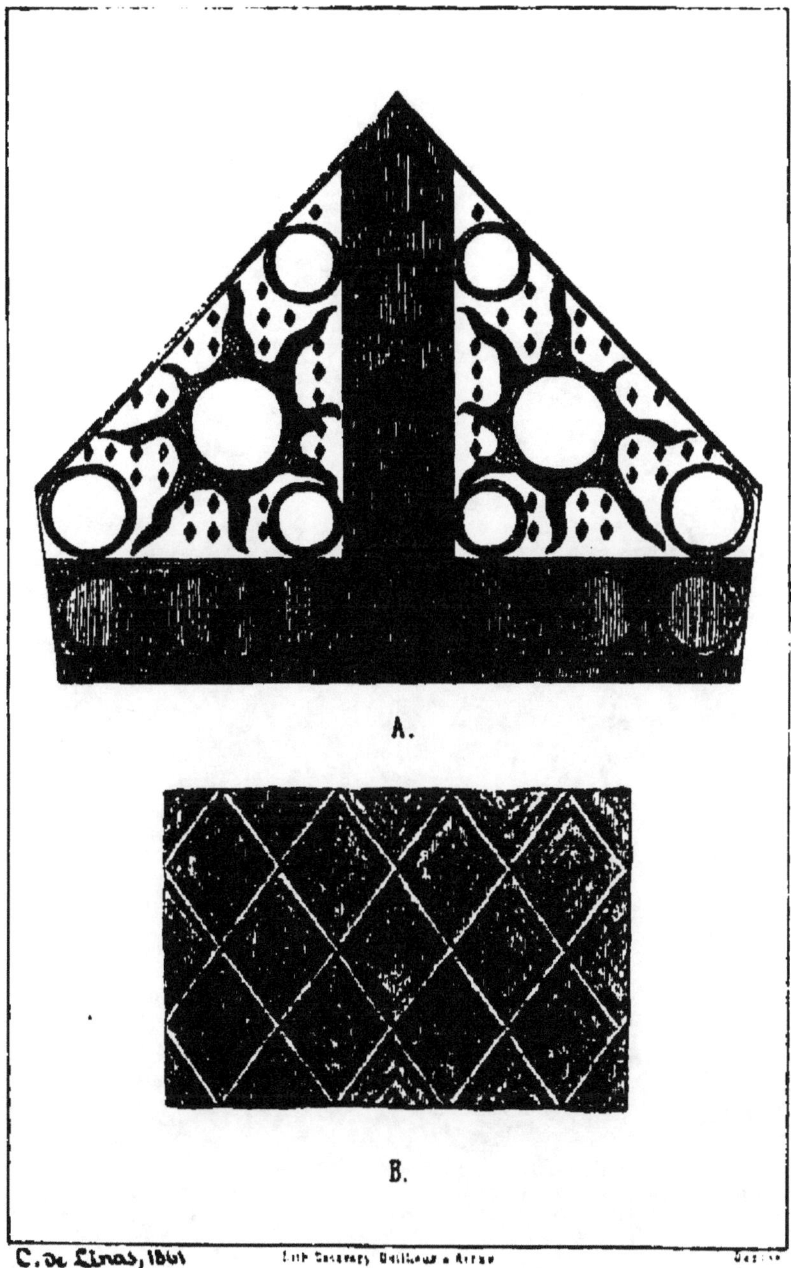

A, Mitre de Saint Bertrand, 1/3 grandeur.
B, Toile de la doublure.

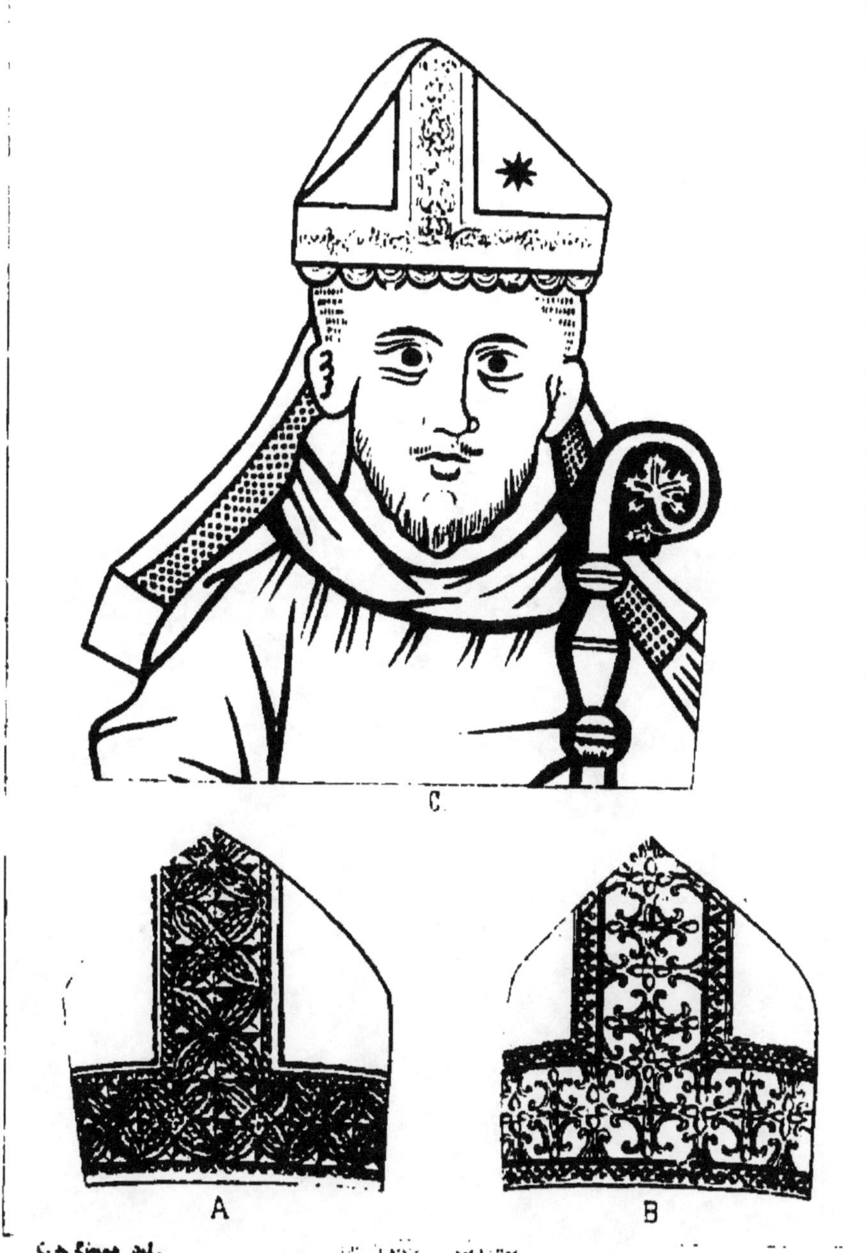

C. de Linas del.

XIIIe Siècle. A, B Mitres du porche méridional de Chartres, d'après M. Ch. Nègre. C, Conrad de Babenberg, archevêque de Salzburg † 1168. Vitrail de l'abbaye d'Heiligenkreuz.

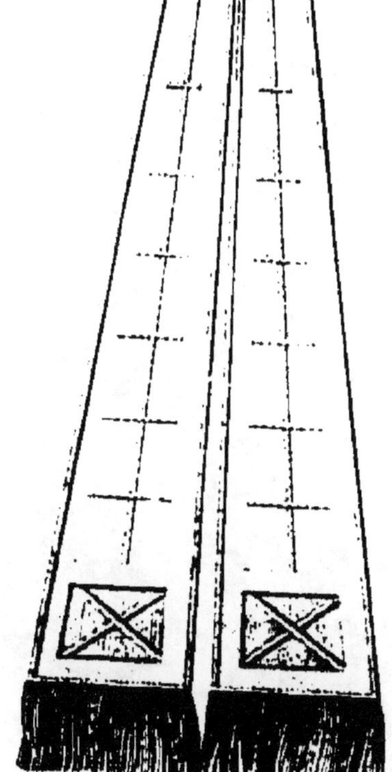

MITRE conservée à Saint-Sernin de Toulouse.

C. de Linas del. 1857.

1/4 de grandeur

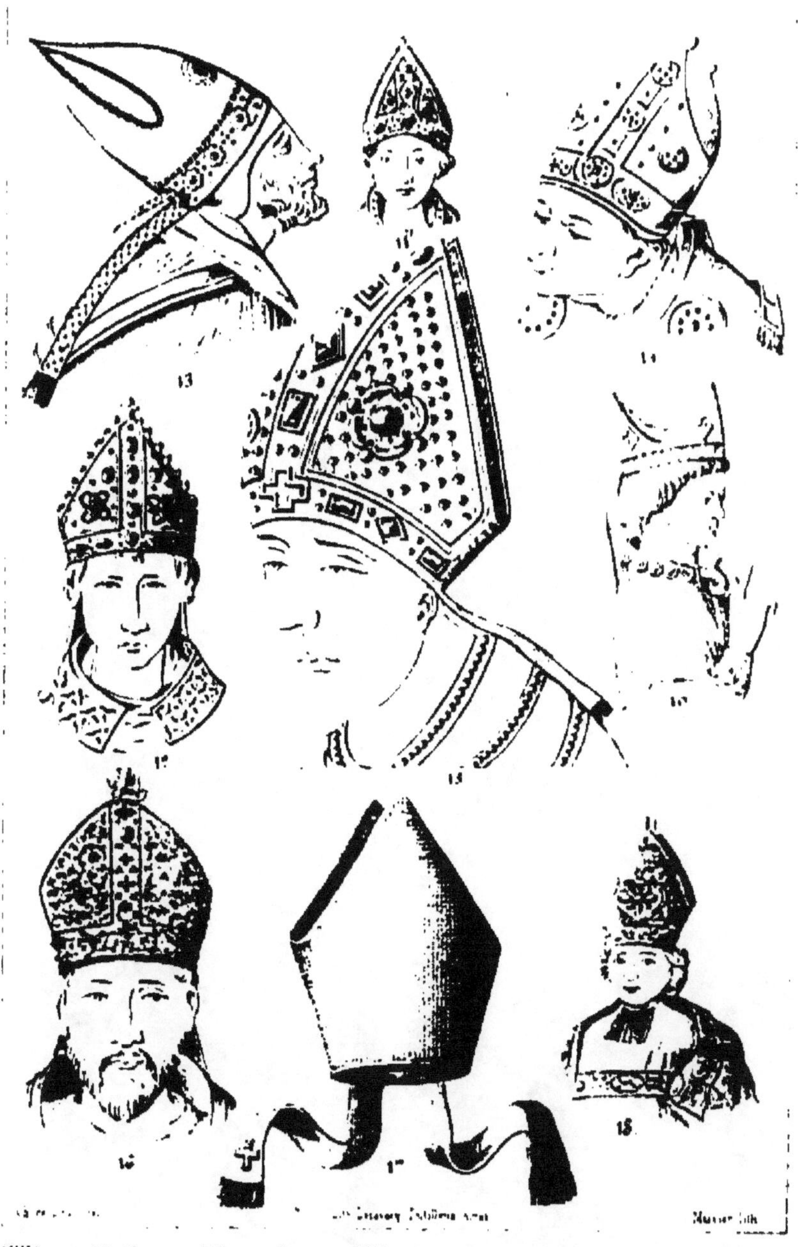

XIIIᵉ Siècle 10. Châsse de St Taurin à Évreux. — XIVᵉ Siècle 11. St Louis d'Anjou d'après Simon de Crémone. — 12. Évêque anglais d'après [illegible] — XVᵉ Siècle 13. S^t [illegible] d'après Masaccio — 14. Évêque d'après Crivelli — 15. Évêque d'après un tableau du Musée d'Amiens (14[illegible]) — XVIᵉ Siècle 16. Mitre du Cardinal Charles de Lorraine, Archevêque de Reims (1545-1574) — XVIIᵉ Siècle 17. Mitre simple d'après [illegible] — XVIIIᵉ Siècle 18. Mitre précieuse, d'après Leber.

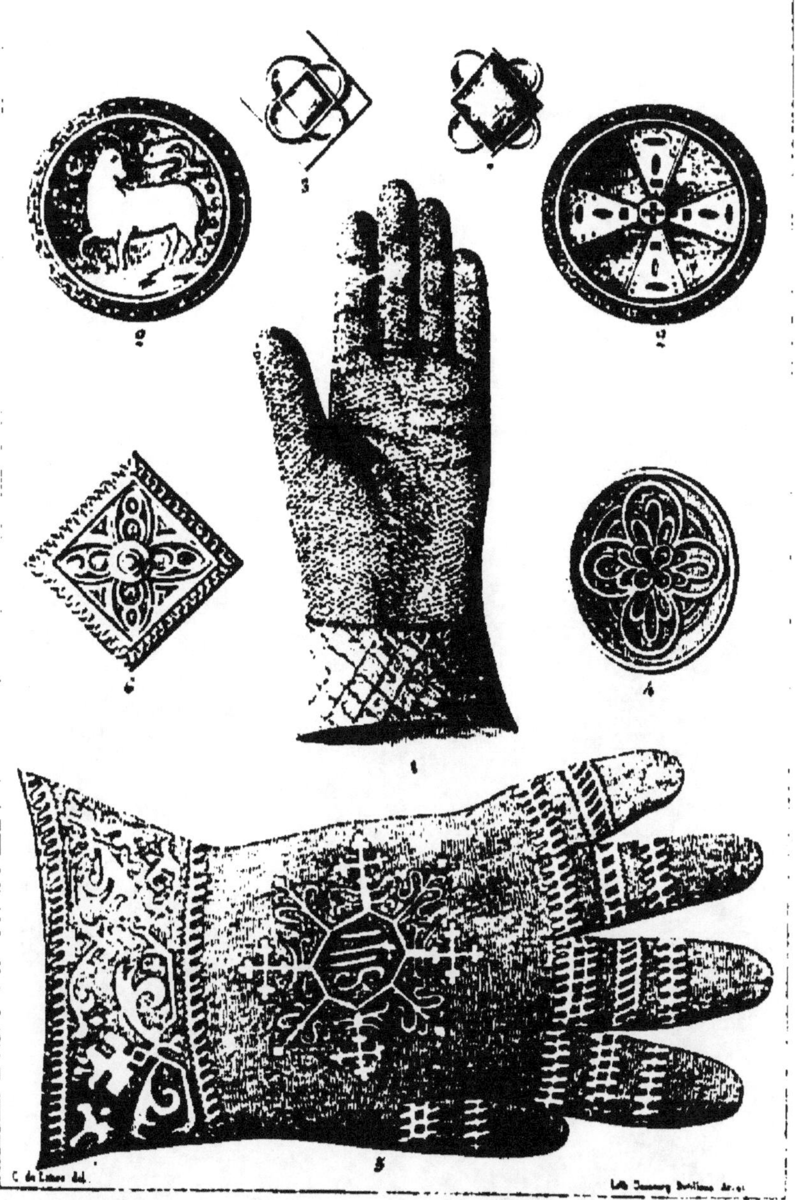

XIIIe Siècle. 1 Gant de Saint Louis d'Anjou. 2.2. Plaques en cuivre doré et emaillé appartenant à des gants conservés à Saint Sernin de Toulouse. – 3. Ornement de gant pris sur la statue de Gérard de Couchy. – 4. id empruntés aux planches de Mr Bock. – XVe Siècle. 5. Gant tricoté soie et or conservé à Saint Bertrand de Comminges. – 6. Ornement de gant. Cenotaphe d'Hugues de Castillon évêque de Comminges. – XVIe Siècle. 7. id. id. du Cardinal de La Grange évêque d'Amiens

ANCIENS

VÊTEMENTS SACERDOTAUX

ET ANCIENS TISSUS.

Arras. — Typographie Rousseau-Leroy, rue Saint-Maurice, 26.

ANCIENS

VÊTEMENTS SACERDOTAUX

ET

ANCIENS TISSUS

CONSERVÉS EN FRANCE

PAR

CHARLES DE LINAS

MEMBRE TITULAIRE NON RÉSIDANT DU COMITÉ IMPÉRIAL DES TRAVAUX HISTORIQUES
ET DES SOCIÉTÉS SAVANTES.

TROISIÈME SÉRIE

LA CHAUSSURE

(Tiré à 100 exemplaires).

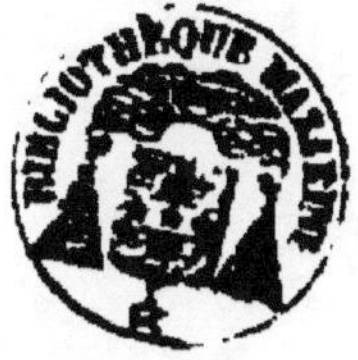

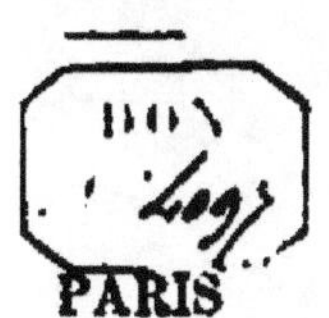

PARIS

DIDRON, LIBRAIRE, 23, RUE SAINT-DOMINIQUE-SAINT-GERMAIN.

DEMICHELIS, LIBRAIRE, 33, RUE SAINT-ANDRÉ-DES-ARCS.

MDCCCLXIII.

ANCIENS

VÊTEMENTS SACERDOTAUX

ET ANCIENS TISSUS CONSERVÉS EN FRANCE.

LES SANDALES ET LES BAS.

PRÉLIMINAIRES.

Lorsque j'entrepris, il y a quatre ans, la publication dont commence ici la troisième partie, mon projet n'était pas de donner à ce travail l'extension considérable qu'il a acquise depuis. Le plan que je voulais suivre en premier lieu consistait simplement : 1° à revenir avec plus de détails sur la description des vêtements ou étoffes que mes *Rapports* à Son Excellence M. le Ministre de l'instruction publique avaient signalés, 2° à reproduire par la lithographie un choix d'objets, soit inédits, soit imparfaitement copiés par mes devanciers. Il m'a été bientôt difficile de ne pas franchir des limites aussi restreintes. D'abord, plusieurs personnes, à la tête desquelles j'inscrirai MM. Oudet, Thibaud et Van Drival, ont mis à ma disposition des monuments nouveaux; puis l'on m'a fait observer qu'une suite de monographies, sans lien entre elles, fatiguerait à la longue, malgré l'intérêt particulier de chacune, et qu'il serait plus convenable de grouper dans un seul article les divers objets appartenant à la même catégorie, en joignant à leur étude individuelle une étude d'ensemble, propre à généraliser les faits avancés. Je n'ai pas reculé devant le surcroît de travail que m'imposait une pareille tâche; les *bourses*, les *tunicelles épiscopales*, la *mitre*, les *gants*, ont été traités sous l'impression des bienveillants avis que j'avais reçus. Néanmoins, la méthode suivie à l'occasion des précédents sujets présente assez d'inconvénients pour m'en départir quelquefois. Se borner aux appartenances d'une localité, d'un personnage, conduit à passer rapidement sur les objets analogues, ou à des redites, double écueil qu'il faut savoir éviter. J'offre donc aujourd'hui aux lecteurs indulgents, dont le concours ne m'a pas failli depuis l'heure où j'ai abordé le genre d'études auxquelles toute mon existence est vouée, une série de brèves notices sur les anciennes chaussures que j'ai pu rencontrer en France, notices accompagnées d'un aperçu de l'histoire des *calceamenta, fasciæ, tibialia*, laïques ou sacrés, de l'antiquité aux temps modernes.

Aux documents que j'ai rassemblés moi-même, à la science des liturgistes d'autrefois, je pourrai joindre la profonde érudition renfermée dans quelques ouvrages récemment édités. MM. Rich, Roach Smith, le chanoine Rock en Angleterre, les splendides publications du Comité impérial des monuments de Vienne [1], les excellents travaux de mon docte

[1] Grâce à l'extrême bienveillance de S. E. M. le baron Charles de Czoernig, président de la Commission impériale et royale des monuments historiques de Vienne, j'ai pu obtenir du gouvernement autrichien la collection presque complète de l'*Annuaire* et des *Communications* (*Mittheilungen*) publiés à ses frais. Ces recueils, pleins de savantes recherches, sont au point de vue de la gravure et de la chromolithographie des modèles difficiles à surpasser.

ami M. l'abbé Bock en Allemagne[1], le recueil inachevé du regrettable M. Gaussen en France[2], me fourniront, comme texte et gravures, matière à de nombreux emprunts.

CHAPITRE I.

ANCIENNES CHAUSSURES CONSERVÉES EN FRANCE.

Sandales de sainte Aldegonde à Maubeuge. — Lorsque la bienheureuse Aldegonde, fille de race mérovingienne, subissait les poursuites d'un prince anglais qui voulait l'épouser malgré sa résistance, la jeune vierge (elle avait alors treize ans) surprise par les émissaires de ce prétendant, s'enfuit en leur abandonnant l'un de ses souliers et traversa miraculeusement la Sambre avec l'aide de deux anges qui la soutinrent au-dessus de l'eau[3]. Une tradition veut que l'unique chaussure, emportée par la sainte sur l'autre rive, ait été

[1] Non content de m'adresser ses ouvrages parus, M. l'abbé Bock, dont le nom fait autorité en matière de vêtements liturgiques et d'anciennes étoffes, a eu l'obligeance de me communiquer les épreuves des admirables planches in-folio qui doivent illustrer les *Kleinodien des Heil-Romischen Reiches* (Joyaux de la couronne du Saint-Empire romain), édités par l'ordre de S. M. l'empereur d'Autriche.

[2] M. Gaussen, digne émule de Willemin, après avoir consacré sa vie entière à la publication du *Portefeuille archéologique de la Champagne*, est mort à la peine sans avoir vu terminer son ouvrage. Dans une préface écrite avec le cœur, M. d'Arbois de Jubainville a su peindre en peu de mots toutes les misères qui assaillirent un artiste distingué, sans le détourner un instant du but qu'il s'était proposé ; mais pourquoi le savant archiviste de l'Aube et M. le chanoine Tridon ont-ils interrompu le texte explicatif qu'ils étaient si bien en mesure de terminer !

[3] R. P. André Triquet, *Vie admirable de la très-illustre princesse sainte Aldegonde*, éd. Estienne, Maubeuge, 1837, p. 33.

conservée de temps immémorial dans le trésor de la Collégiale de Maubeuge [1]. Rayssius, qui mentionne cette relique, suit les mêmes errements : « Solea seu suppagmentum ejusdem (S. Aldegundis), quod reliquit in ulteriori Sabis ripa, cum ab Eudone consequeretur, ne eumdem Sabim siccis plantis pertransisset [2]. » Le sentiment du chanoine douaisien est, on le voit, complétement d'accord avec la tradition énoncée ci-dessus. La *Solea* de sainte Aldegonde a été peinte dans un inventaire illustré à la fin du XVe siècle, inventaire recopié au XVIIe et continué jusque vers 1650. Le premier recueil est malheureusement égaré, le second m'a été communiqué par son propriétaire actuel, M. Bottiau, procureur impérial à Valenciennes et héritier de la bibliothèque de feu M. Estienne. Le dessin que j'ai calqué laisse voir à peine l'extrémité aiguë du soulier (environ 0^m^,027^m^), simple semelle de cuir épais, piqué sur les bords ; le reste est caché sous une double custode verte et rouge, semée d'oiseaux et de fleurs très-certainement brodés en soie de couleur. On lit en marge : « Il y a presentement XXII pieces atficqees à ung fille d'or. — Lan 1642 on y at mis encore une bague avecque une agate et 4 rubis et deux peti brusselle dor ou illiat 24 piesse [3]. »

La précieuse sandale, dérobée à la convoitise des agents révolutionnaires, se trouvait, en 1807, entre les mains du prince de Ghistelles, qui la remit alors à M. Bévenot, curé-

[1] *Vie*, etc., notes de M. ESTIENNE, n° VI, p. 4.

[2] *Hierogazophylacium Belgicum*, p. 13.

[3] *Inventaire* cité, fol. 14, v. — Je sollicite une indulgence bien méritée pour l'orthographe des nobles chanoinesses qui transcrivirent ces notes, car leur travail fournit aujourd'hui, en texte et dessins, assez de documents pour rétablir à peu près le riche trésor de Maubeuge, absorbé par la Révolution.

doyen de Maubeuge. Cet ecclésiastique la plaça dans la sacristie de son église paroissiale, où, grâce à l'obligeance de M. l'archiprêtre Babeur, j'ai pu la contempler à mon aise en 1858. L'aspect de la relique n'a guère changé depuis le XVe siècle; la custode interne de velours vert est toujours visible, moins les broderies qui sont usées; mais la couverture extérieure a été remplacée ou cachée par un reps bleu-clair, lamé d'argent. Les joyaux mentionnés par l'inventaire subsistent encore pour la plupart. Les deux bracelets d'or, disposés longitudinalement, forment chaînette et sont ornés chacun de douze intailles grossières, six cornalines et six lazulites. L'*agate montée en bague avec quatre rubis* était autrefois un camée sur onyx représentant une impératrice romaine; un vandale quelconque a barbarement gratté cette tête, tout en respectant la monture qui consiste en un médaillon d'or ovale ($0^m,047^m$ sur $0^m,044^m$) cantonné de quatre fleurs de lis émaillées bleu et blanc, alternant avec quatre pierres[1]. Des vingt-deux pièces qui existaient avant 1642, douze ont disparu en laissant néanmoins des traces sur l'étoffe. Le reste se compose de deux agates blanches et un onyx antiques, un jaspe diapré vert et blanc, deux lazulites et quatre cornalines; ces pierres sont également gravées en creux.

La sandale de Maubeuge est renfermée dans une caisse en bois de peu d'apparence et garantie par une glace mobile. Autant que l'on peut juger d'un objet à peine entrevu sous d'épaisses enveloppes, celui-ci doit appartenir au genre de chaussure nommé *solea* par les anciens, c'est-à-dire une se-

[1] Ce camée intact est peint dans l'*Inventaire*, fol. 37, v. — La monture est un petit chef-d'œuvre de bijouterie, style Louis XIII, mais, si mes yeux n'ont pas failli, je soupçonne fort que les anciens rubis sont remplacés aujourd'hui par des strass.

melle attachée sur le cou-de-pied au moyen de courroies, telle que la portent les Capucins et les Carmes. On objectera peut-être que sa longueur (0m,26c) s'oppose à ce qu'on puisse l'attribuer à un enfant de treize ans, mais je ferai observer que, de cette longueur, il faut retrancher deux centimètres de pointe au minimum, et que les princesses franques étaient des femmes robustes, issues de la race teutonique qui n'a jamais eu la prétention d'entrer en lutte avec les dames chinoises pour l'exiguïté des pieds.

Quoi qu'il en soit, si notre soulier remonte à 644 (sainte Aldegonde naquit vers la fin de 630), il est incontestablement l'un des plus vieux spécimens de chaussure que nous possédions. Rien d'ailleurs ne vient combattre son authenticité, car il est assez difficile d'admettre que l'on ait gardé aussi longtemps, sans raisons très-majeures, un objet dénué de toute valeur intrinsèque.

On m'a encore montré dans la sacristie de Maubeuge une petite mule d'argent renfermant un morceau du soulier de sainte Aldegonde. Ce reliquaire, qui provenait également de l'ancien trésor capitulaire, était passé aux mains du chanoine Cambier ; égaré à la mort de cet ecclésiastique, il a été retrouvé depuis peu.

Souliers de sainte Bathilde à Chelles. — Lorsque l'on ferma les maisons religieuses, en 1792, une portion des reliques appartenant à l'abbaye de Chelles put être sauvée et se trouve aujourd'hui dans l'église paroissiale de la commune. Un savant distingué, M. Eugène Grésy, qui visitait cette église en 1855, y rencontra une petite châsse de bois noir, forme pupitre, couverte d'ornements en cuivre repoussé, roses et lis, style Louis XIII, avec le monogramme I H S, compris entre les deux lettres S. B. La châsse, close par un verre dormant, n'était plus exposée faute d'authentiques ;

son ouverture fit découvrir trois chaussures en cordouan noir; une isolée, une paire: le tout à l'intérieur maroquiné de couleur fauve, à l'empeigne brodée en soie au point refendu ou de chaînette. Je n'ai pas eu l'heureuse chance de voir ces curieux *calcei*, mais M. Grésy en a donné une description si exacte, accompagnée de gravures enluminées si consciencieuses [1], qu'aidé de l'une et des autres, je crois n'être pas trop hardi en formulant à mon tour une opinion sur la matière.

Le soulier dépareillé mesure 0m,28c de longueur; l'empeigne, élégamment taillée en fer de lance, remonte sur le cou-de-pied; deux courroies faisant corps avec le reste se croisent pour aboutir à des oreillettes (*ansæ*) correspondantes à droite et à gauche du quartier. L'ornementation consiste en deux palmiers inégaux, posés bout à bout, l'un sur l'empeigne, l'autre sur la languette, le premier, chargé de fruits; l'ensemble esquissé en blanc, rouge et vert : un léger filet blanc suit à distance le contour des solutions de continuité.

La paire a 0m,27c. Le passage du pied, bordé aussi d'une baguette blanche, dessine une sorte de cœur arrondi par la base. Une lanière mince et assez longue pour faire le tour de la cheville s'engage dans une oreillette unique. Des fleurons découpés comme à l'emporte-pièce, appliqués sur fond de cuir doré et rechampis de traits polychromes, blanc, rouge, vert, décorent l'empeigne.

D'une rare élégance, ces trois souliers ont le quartier élevé; la semelle très-étroite, sans renfort, est aussi souple que les autres pièces auxquelles elle se joint par une couture cachée sous un passe-poil. En marchant, le pied devait appuyer en grande partie sur l'empeigne et le quartier qui ce-

[1] *Revue archéol.*, 1856, xe liv., janvier, p. 603 et pl. 273.

pendant n'offrent aucune trace de frottement, en dépit de crevasses au talon, marque certaine d'un fréquent usage. C'étaient donc des chaussures de cérémonie et non destinées à la vie ordinaire.

Si l'on demande à quel sexe les *calcei* de Chelles ont appartenu, leurs dimensions (ils mesurent environ 0m,25c de circonférence à l'orteil) et leur luxe répondront que c'est à des femmes de haute taille et d'un rang élevé. Quant à la date probable de ces vêtements, quelques considérations vont la déterminer, je l'espère.

En premier lieu, les trois chaussures sont contemporaines; leur identité de matière et de travail est complète; une légère différence réside seule dans la forme et l'ornementation; ce que je dirai pour l'une, peut donc s'appliquer à toutes. Or, le soulier dépareillé est exactement semblable aux sandales funèbres du B. Éginon, évêque de Vérone, mort en 802, sandales dont je parlerai ailleurs avec plus de détails. Quant à la paire, elle est taillée sur le patron de la sandale, dite de Saint-Sylvestre, conservée à Saint-Martin des Monts. Cette dernière est, je crois, du XIIIe siècle, comme la mitre qui partage son attribution, mais le genre de *calceus* auquel elle se rattache a si peu varié depuis l'antiquité, que l'objection tirée d'une telle analogie resterait sans valeur en face des rapports déjà énoncés.

Le VIIIe siècle offre certainement un âge respectable; il faut néanmoins remonter encore plus loin. M. E. Grésy rapproche très-judicieusement la broderie des souliers de Chelles de quelques motifs peints dans les catacombes et sur un manuscrit grec du IXe siècle [1]; eh bien, ces mêmes végétaux à feuilles en accolade, ces palmettes contournées en

[1] *Revue arch.*, *loc. cit.*

volutes, un précieux débris d'origine incontestablement chrétienne et gallo-romaine me les montre réunies. Je veux parler des plaques d'argent ciselé que j'ai dessinées en 1856 dans l'église Saint-Eusèbe à Auxerre, plaques qui ne peuvent être postérieures au IVe siècle, car le coffret qu'elles ornaient fut trouvé pêle-mêle avec des fioles de martyre et des ossements [1]. Assigner à nos *calcei* une date aussi reculée manquerait de vraisemblance; celle du VIIIe siècle sera moins difficile à justifier.

Je reprends l'argumentation de M. Grésy.

Parmi les reliques conservées dans la paroisse de Saint-André, à Chelles, figurent les corps des saintes Bathilde, reine des Francs, fondatrice du monastère (+ 680), et Bertille, première abbesse (+ 692). La lettre B, inscrite sur la châsse, fournirait donc matière à confusion, si l'on ne savait qu'en 1647 un des souliers de sainte Bathilde et son voile furent donnés à l'abbaye de Corbie [2], ce qui explique le nombre impair des chaussures incluses dans la cassette et milite en faveur de leur authenticité. Après une épidémie qui sévit gravement sur sa maison, Madeleine de la Meilleraye, abbesse de Chelles, sœur du Maréchal, fit faire quantité de nouvelles châsses; le 15 juillet 1651, elle procéda à l'ouverture de la fiertre de sainte Bathilde et divers miracles s'opérèrent par l'attouchement des os vénérés [3]. La probabilité

[1] *Rapport*, etc., 1857, p. 21.

[2] « Corpus S. Bathildis thecæ argenteæ, caput vero proprio scrinio inclusum etiam nunc in monasterio Kalensi colitur, præter insignem maxillæ superioris portionem, quam Corbeienses nostri, anno 1647, ab illustri abbatissa Magdalena obtinuerunt, et in argentea effigie, una cum S. reginæ ac monachæ velo *alteroque calceo*, posuerunt. » MABILLON, *Acta SS. O. S. B.*, sæc. II, p. 784, *Monitum*. — V. encore LEBEUF, *Hist. du dioc. de Paris*, t. VI, p. 42; *Hist. abrégée du trésor de l'abb. roy. de Corbie*, p. 30, 1757, in-16.

[3] *Hist. ms. de Chelles*, 3 vol., Bibl. du grand-sémin. de Meaux.

veut qu'un tel moment d'enthousiasme ait déterminé la commande des reliquaires neufs, et qu'alors les quatre souliers découverts aient été retirés à part, dans la custode où M. Grésy put passer la main, grâce à l'absence motivée d'un d'entre eux. Malheureusement, si les lettres S. B. doivent se traduire par *sancte Bathildis*, on lit dans un *Mémorial* annexé au Cartulaire de Chelles[1] qu'en 1544 on renferma dans l'ancienne châsse de sainte Bathilde des « reliques et des vêtements de plusieurs saints qu'on avait trouvés dans une mauvaise châsse de bois. » D'où, l'erreur commise par Mme de la Meilleraye.

Les historiens scrupuleux se sont tus sur des objets non reconnus authentiques. Le *Gallia christiana* omet le voile et la sandale, quand il mentionne l'insigne portion de mâchoire envoyée à Corbie ; l'*Histoire manuscrite de Chelles*, fort prolixe à l'endroit de cette mâchoire, ne dit rien sur le reste ; l'*Histoire abrégée du trésor de Corbie*, qui, chapitre v, n° 7, parle du soulier, l'a passé sous silence au chapitre II, n° 5. La différence de taille entre les chaussures, leurs dimensions presque masculines, font reculer les moins incrédules ; mais ce qui enlève toute confiance à M. Grésy est un inventaire des saintes reliques de Chelles extrait d'un manuscrit de la maison et reproduit dans l'Histoire précitée[2]. Parmi cent cinquante articles, dont bon nombre respirent le merveilleux, figurent sept souliers révérés, et ceux de sainte Bathilde n'y sont pas compris. 1° Un soulier de la sainte Vierge, 2° un de sainte Anne, 3° un des saints Innocents, 4° deux paires de sandales dont les saints Apôtres usaient pour célébrer la messe. Ces dernières mettent un terme aux doutes de notre savant confrère ; en elles il recon-

[1] Bibliothèque de Meaux. Rédigé avec soin en 1530 avec continuation.
[2] T. I, p. 29.

nait à la fois d'anciennes chaussures liturgiques et les rares spécimens qu'il a eu le bonheur de signaler le premier[1].

A un système formulé avec autant de bonne foi que de talent, il est facile d'opposer des raisons non moins spécieuses. Grecs et Romains évitaient soigneusement la gêne dans leurs habits et leurs chaussures; les Barbares, quoiqu'ayant un costume plus étriqué, ne dédaignaient pas leurs aises; aussi les vêtements sacerdotaux, empruntés aux Anciens, conservèrent-ils longtemps une ampleur remarquable. Les sandales liturgiques, en particulier, ont toujours pu se mettre et se retirer sans effort, comme une pantoufle. Le pied d'un homme ordinaire mesurant aujourd'hui entre 0m,265m et 0m,27c, il est impossible d'accepter que les prêtres gallo-romains ou francs, dont les extrémités inférieures non comprimées dès l'enfance acquéraient un développement complet, aient voulu célébrer la messe avec une chaussure trop courte. Au contraire, les longueurs de 0m,27c et 0m,28c ne devaient pas répugner à l'anglo-saxonne Bathilde et aux nobles religieuses ses compagnes, une haute taille impliquant chez elles un pied proportionné[2]. Les monuments prouvent en outre qu'aux premiers siècles de la monarchie française la forme des souliers était identique pour les hommes et les femmes d'un rang élevé; le *calceamentum episcopale* se distinguait seulement par un *clavus* disposé en croix que l'on n'y rencontre pas toujours.

[1] *Revue arch.*, *loc. cit.*

[2] J'ai mesuré par curiosité les pieds de quelques statues antiques choisies entre les modèles les plus élégants; voici les résultats obtenus : Vénus de Médicis, type mignon, 0m,235m ; Diane chasseresse du Louvre, plus grande que nature, 0m,318m, encore les dames de la cour de François Ier, choquées de la taille des pieds de la déesse, y firent-elles retoucher; Apollon du Belvédère, mêmes proportions, 0m,323m ; Antinoüs, 0m27c ; Jason ou Cincinnatus, 0m,292m.

L'erreur reprochée à Mme de la Meilleraye est peu vraisemblable. Cette abbesse n'ignorait certainement pas la fraude commise en 1544 ; elle la connaissait si bien, qu'entre deux paires de chaussures, elle sut choisir pour Corbie la plus antique d'aspect. On n'accusera pas le XVIIe siècle d'un trop grand savoir en fait d'archéologie pratique du Moyen Age. Mme de la Meilleraye fut donc guidée par des motifs étrangers à la science. Le *Mémorial*, d'ailleurs, parle de vêtements en général et n'en spécifie aucun.

L'omission signalée dans l'Inventaire trouve son explication. Ce document ne mentionne que des reliques isolées, et, à l'époque où on le rédigea, les chaussures de sainte Bathilde, incluses dans sa châsse, purent être regardées comme partie intégrante du corps de la reine, en supposant que leur existence fût connue.

Le silence gardé par le *Gallia christiana* se comprend vis-à-vis d'un objet d'ordre secondaire, silence d'ailleurs amplement compensé par la note d'un écrivain aussi sérieux que D. Mabillon[1]. L'historien du trésor de Corbie parle une fois du soulier et s'abstient d'une répétition. Je soupçonne l'*Histoire manuscrite de Chelles* d'avoir été composée au XVIIIe siècle, lorsque le goût du jour portait à démolir toutes les traditions. La seule objection qui me paraisse irréfutable réside dans la différence de longueur entre les chaussures, ce qui défend de les attribuer à un même individu ; mais rien n'empêche le soulier dépareillé d'avoir appartenu à la fondatrice du monastère.

Je me résume. Quelle que soit la provenance des sandales de Chelles, leur forme et surtout les maigres profils de leur

[1] Ce soulier est aussi mentionné par D. Coquelin, (1676) « De S. Bathilde... Calceus et medietas veli ejus. » *Hist. reg. abb. S. Petri Corb compendium*, *Mém. de la Soc. des Antiq. de Pic.*, t. VIII, p. 302.

ornementation les reportent à des temps antérieurs au IXe siècle. La tradition relative à sainte Bathilde a été acceptée par une abbesse, l'illustre Mabillon et le chanoine Lebeuf. En face d'autorités aussi respectables, le doute peut être toléré, la négation absolue est interdite.

Sandales de Comminges. — Suivant l'historien érudit de la cathédrale de Comminges, le trésor de cette église possédait jadis trois paires de sandales en soie, blanc, rouge et violet, attribuées au saint évêque Bertrand de l'Ile-Jourdain (1083-1150). Lorsque j'explorai, en 1856, l'antique métropole des *Convenæ*, je n'y rencontrai que deux chaussures, victimes d'une restauration si habile ou plutôt si déplorable, qu'il me fut impossible de distinguer le vieux du neuf. Je me contentai alors de reproduire la silhouette de l'objet, sans m'arrêter aux détails. Heureusement, un artiste, qui m'avait précédé à Comminges, vit les sandales et s'empressa de les dessiner dans l'état de dégradation où elles se trouvaient encore au moment de sa visite. Son croquis, publié dans un ouvrage rare et dispendieux, est pris d'une façon assez peu intelligente; il m'a néanmoins été fort utile, car, placé à côté du mien, il a résolu les doutes que j'avais conçus et m'a permis de rétablir la forme primitive d'un vêtement très-curieux[1].

Les chaussures de Comminges (*V. la planche, fig. B*) sont des espèces de souliers montants ou bottines, ayant le flanc interne fendu et garni d'une double rangée d'œillets qui permettaient de les lacer sur la cheville. La semelle, de maroquin rouge, est moderne, légèrement pointue, et mesure $0^{m},28^{c}$ de long contre $0^{m},09^{c}$ de large à la naissance des orteils. La trépointe, en tissu à larges raies alternatives, vert

[1] Le baron L. D'AGOS, *Vie et miracles de S. Bertrand*, p. 269. — *Voyages pitt. dans l'anc. France, Languedoc*, t. II, fol. 81 *bis*, r., pl. 188 *bis*.

et argent, paraît ancienne. L'empeigne est faite d'une tapisserie de soie au point carré, exécutée sur canevas; l'ornementation consiste en un échiqueté ou réticulé, inscrivant des lions, des étoiles et des croix [1].

Trop courts, trop étroits et surtout trop difficiles à mettre pour être liturgiques, ces *calcei*, s'ils ont figuré dans une garde-robe masculine (je n'en suis pas certain), n'ont pu convenir qu'à un costume séculier. Les souliers montants, à empeigne munie d'une ouverture antérieure, sont communs sur les monuments à partir du XIe siècle, et, si l'on rencontre encore au XVe des bottines lacées à l'intérieur [2], les chaussures de Barthélemy de Roye (1221) et de Thibaut de Montmorency (1207) présentent la même particularité [3]. Elles diffèrent à peine des sandales de Comminges, les dernières surtout, émaillées de pois ou petites roues. En ajoutant à cela que nos *calcei* présentent une grande analogie comme dessin et main-d'œuvre avec une aumônière du XIIIe siècle, appartenant à la cathédrale de Troyes [4], on leur concédera facilement une antiquité au moins égale, sinon plus reculée. Un évêque n'est pas toujours à l'autel, il peut avoir une stature médiocre, et les usages de la vie ordinaire ne lui interdisent pas les vêtements de luxe; il y aurait donc peu d'inconvénients à laisser à saint Bertrand un objet qu'on voudrait lui attribuer, si la tradition, telle qu'il faut l'interpréter, ne mentionnait expressément des sandales liturgiques, aujourd'hui perdues. On doit s'arrêter devant un pareil obstacle, et, de ce qui précède, je tirerai pour toute conclusion que

[1] *Rapport*, etc., 1857, p. 65.

[2] WILLEMIN, *Mon. franç. inédit.*, pl. 159 et 160, Alexandre de Berneval et Witasse de Guiry.

[3] MONTFAUCON, *Mon. de la mon. franç.*, t. II, pl. 14,1 et 34,4.

[4] *Portefeuille arch. de la Champagne*, Textrine, pl. 12.

les *calcei* de Comminges ont appartenu à quelque haut personnage du XIIIe siècle [1].

Sandales funéraires de saint Edmond, à Sens. — Saint Edmond ou Edme, archevêque de Cantorbéry, persécuté par Henri III, roi d'Angleterre, se réfugia, en 1239, dans le monastère de Pontigny (ordre de Citeaux, diocèse d'Auxerre), où l'abbé Jean III le reçut avec bonheur [2]. Après sa mort (1240), Edmond fut inhumé dans l'église de la maison qui l'avait accueilli. En ouvrant la tombe du saint prélat, on trouva ses restes encore revêtus de *pontificalia*, parmi lesquels des sandales intactes. Lors de mon voyage à Sens (1850), ces chaussures étaient entre les mains de M. Chauveau, vicaire général ; j'ignore leur destinée ultérieure [3]. Elles sont en tissu de soie pourpre, altéré par le temps, et doublées de cendal jadis vert. Leur longueur ne dépasse pas 0m,30c. Elles ont la forme d'un soulier montant jusque sur la cheville (*V. la planche fig. A*) et l'aspect des chaussons vulgairement dits de Strasbourg. Une large échancrure écaillée, ouverte sur la partie antérieure, s'arrondit au centre du cou-de-pied. Des rinceaux, à la fois élégants et capricieux, couvrent l'empeigne et le quartier ; une guirlande encadrée

[1] Peut-être à l'évêque Bertrand de Gouth (1295-1300), devenu depuis le pape Clément V.

[2] « Prædictum Edmundum regis Angliæ persecutiones defugientem lætus excepit, sanum et infirmum curavit, sepelivitque mortuum. » *Gall. christ.*, t. XIII, p. 446.

[3] *Rapport*, etc., 1857, p. 19. — *Port. arch.*, Textiles, pl. 7, sans texte. — L'ouverture du tombeau de saint Edmond remonte assez loin, car D. Martène cite, comme les ayant vus au trésor de Pontigny, l'anneau pastoral et la coupe du prélat, plus le calice et la patène avec lesquels il fut inhumé. *Voy. litt.*, t. I, part. I, p. 58. — D'après une communication que m'a faite M. le chanoine Carlier, l'exhumation de Gauthier Cornut, archevêque de Sens (+1241), fit aussi découvrir une paire de sandales funèbres qui furent réintégrées dans le cercueil.

de baguettes circule autour du col de la guêtre. Toute l'ornementation, brodée en or, au plumetis, offre un remarquable spécimen d'*opus anglicum*. Ces sandales, qui devaient s'attacher au moyen de cordons cousus aux renflements de l'échancrure, étaient d'un usage commode, le pied y pénétrait avec facilité, et l'action de les mettre ou de les retirer n'entravait aucunement la gravité du cérémonial liturgique.

Sandales de saint Louis d'Anjou à Saint-Maximin (Var)[1]. — Au nombre des objets légués par le jeune évêque de Toulouse (1297) à la maison des Dominicains de Saint-Maximin figuraient deux sandales dont une seule a pu résister au zèle indiscret de quelques dévots ; encore, sous prétexte d'obtenir des reliques, ont-ils déchiqueté jusqu'au dernier lambeau l'étoffe qui la recouvrait. De cette chaussure, longue de 0m,28c et légèrement arrondie à l'extrémité, il ne reste plus que la semelle de liége, épaisse de 0m,008m, garnie à l'intérieur de chamois rouge et au dehors d'une basane blanche, le renfort en toile écrue de l'empeigne et sa doublure en cendal jaune. La trépointe, heureusement, a conservé les traces d'un riche tissu qui, au dire de témoins oculaires[2], resplendissait, il y a peu d'années, sur l'intégrité du vêtement. Une étude minutieuse m'a permis de rétablir le dessin de ce tissu dont le champ d'or côtelé (reps) présente une série de raies alternatives; 1° argent, chargé d'ellipses imbriquées en jaune, bordé d'un double filet vert; 2° or, semé de croisettes d'argent à cœur blanc, vert ou jaune, encadré d'une baguette d'argent que prolongent deux filets jaunes : réunion de caractères essentiellement byzantins. Malgré l'absence du quartier, qui a certainement existé, il est facile de déter-

[1] *Rapport*, etc., 1857, p. 58.

[2] M. L. Rostan et le sacristain de l'église.

miner la forme des sandales de saint Louis; elles ne différaient pas de nos pantoufles modernes.

Sandales de saint Pierre de Luxembourg, à Avignon. — A la mort du bienheureux Pierre de Luxembourg (1387), ses sandales échurent aux Célestins d'Avignon. Déposées au magasin national, lorsqu'on ferma les couvents, elles y furent reconnues par un ecclésiastique et transférées dans l'église paroissiale de Saint-Pierre, qui les conserva jusqu'en 1825. A cette époque, on les donna à la chapelle du petit-séminaire, où elles existent encore[1]. J'ai vu et dessiné, en 1856, les chaussures du jeune cardinal; elles sont en maroquin noir bordé de maroquin rouge, sans quartier, et appartiennent au genre *sandalium* (*V. la planche, fig. C*). L'empeigne, longue de 0m,075m, ne couvre que les doigts du pied et présente à son extrémité une ouverture découpée en cœur. La semelle, qui mesure 0m,262m, est en cuir noir, épaisse de 0m,009m et munie d'une trépointe rouge piquée en soie blanche. L'empeigne a pour tout ornement un entrelacs gaufré, entrelacs reproduit à l'intérieur de la semelle (talon), qui est contournée par une baguette prolongeant un cordon de roses aussi gauffré[2]. Ces sandales, impropres aux usages de la vie extérieure, ne conviennent pas davantage aux *pontificalia* d'un cardinal, évêque de Metz, bien que le nôtre fût simple diacre; j'y reconnais, pour mon compte, des pantoufles domestiques que le saint portait ordinairement dans sa maison, les pieds nus sans doute, vu son austérité bien connue.

[1] A. Carron, *Hist. du B. Pierre de Luxembourg*

[2] *Rapport*, etc., 1857, p. 29.

CHAPITRE II

CHAUSSURES DES ANCIENS

De tous les êtres vivants, l'homme est celui dont les organes de locomotion sont les plus délicats et les plus sensibles; il est donc vraisemblable que le roi de la création chercha, dès l'origine, à défendre ses extrémités inférieures contre l'inclémence des saisons, les épines ou les cailloux. La première chaussure fut probablement végétale et l'écorce des arbres en fit les frais[1]. Puis, la nécessité enfantant l'industrie, le roseau ou le palmier tressés fournirent des éléments moins destructibles. Mais un tel préservatif, approprié aux climats chauds, restait insuffisant dans les régions froides, et l'homme, pour courir à la recherche du gibier dont il se nourrissait, imagina de lui demander le vêtement des pieds comme il lui avait déjà emprunté celui du corps. Une peau d'animal, tournée le poil en dedans, liée autour de la cheville par des tendons séchés au soleil, constitua le soulier primitif. Quand on eut inventé les moyens de travailler le bois et de préparer le cuir, apparut la semelle attachée avec des courroies, *solea*; une empeigne et un quartier, progressivement annexés à cette semelle, produisirent le *calceus*. La civilisation croissant et la sensualité aussi, les jambes, à l'exemple des pieds, exigèrent une couverture; d'abord séparés du *pedule*, l'*ocrea* et le *tibiale* s'incorporèrent ensuite à lui pour former les *perones*, le cothurne et les bottes. Plus

[1] PHILOSTRATE, *Vita Apollonii*, lib. II, c. 9, mentionne les souliers d'écorce des habitants de l'Inde.

tard, de nouvelles enveloppes en tissu, *fasciæ pedules, crurales*, empêchèrent la peau nue de toucher immédiatement à la chaussure. Ces dernières feront le sujet d'un chapitre ultérieur; je ne veux traiter ici que des objets classés par les anciens jurisconsultes sous la dénomination de *calceamenta*.

§ 1. *Peuples orientaux*

1. *Juifs.* — L'antiquité hébraïque est trop pauvre en monuments figurés pour qu'il soit possible de rétablir exactement la forme des chaussures israélites ; je l'essayerai néanmoins à l'aide des textes sacrés mis en regard des bas-reliefs assyriens. De temps immémorial les Juifs portèrent des *calceamenta ;* à diverses reprises, Dieu ordonne à Moïse et à Josué de quitter leur chaussure [1]. Ces *calceamenta* étaient de deux espèces : la première, que mentionnent la Genèse et Isaïe, consistait en une semelle attachée à la jambe par des courroies [2] ; l'autre engageait l'intégrité du pied. Lorsque les Gabaonites voulurent en imposer à Josué, ils se présentèrent devant lui chaussés de « calceamenta perantiqua ad indicium vetustatis pittaciis consuta [3] ; » mais le verset 7 du chapitre IV de Ruth est beaucoup plus explicite. En effet, si la majorité des interprètes y rend le mot נעל par *calceamentum* ou un équivalent, la paraphrase chaldaïque dit : « Excalciavit vir vaginam suam : » or, *vagina* (étui, fourreau) ne peut répondre qu'à l'idée d'un objet creux, un soulier muni

[1] *Exode*, III, 5; JOSUÉ, V, 16.

[2] « A filo subtegminis usque ad corrigiam caligæ, » *Gen.*, XIV, 23. — « Nec rumpetur corrigia calceamenti ejus. » ISAÏE, V, 27.

[3] Cousus avec des fils enduits de poix. JOSUÉ, IX. 5

d'empeigne et de quartier. La chaussure des femmes est très-vaguement indiquée ; des ornements la relevaient, « in die isto auferet Dominus ornamentum calceamentorum ; » elle affectait la couleur bleue : « et calceavi ianthino [1] : » Un classement établi par Abarbanel me permettra de préciser davantage. Ce commentateur distingue trois genres de *calceamenta* : 1° la chaussure que le simple mouvement du pied fait tomber; 2° la chaussure qui, tenant plus fortement au pied, a besoin d'être retirée ; 3° la chaussure attachée par des cordons [2]. Je reviendrai sur la dernière au sujet des Assyriens. Le n° 2 dont parlent Ruth et le Deutéronome n'est autre que la pantoufle arrondie, sans cordons, à semelle plane (*markoub*), généralement usitée chez les Orientaux ; le n° 1 me semble personnel au beau sexe. La Vulgate, pour exprimer la chaussure de Judith, emploie le terme *sandalium*, toujours appliqué par les Grecs et les Romains à un *calceus muliebris ;* lesdites sandales étaient éclatantes, puisque, métaphore à part, elles ravirent Holopherne [3]; de plus, le Cantique des cantiques peint admirablement la démarche balancée d'une femme chaussée de pantoufles sans quartier [4]. La sandale de cuir ou d'étoffe, encore aujourd'hui portée par les dames turques, arméniennes, grecques, mauresques et juives, sandale qu'un simple mouvement engage ou dégage et dont l'empeigne, voire la semelle intérieure, sont fréquemment chargées de riches broderies en or, réunit,

[1] ISAIE, III, 18 — EZÉCHIEL, XVI, 10.

[2] *In Deut.*, XXV, 9, ap. S. CAHEN, *Trad. de la Bible*, t. XVI, p. 57, n. 7. Toute cette note qui explique le v. 7 du c. IV de Ruth présente le plus haut intérêt.

[3] « Induitque sandalia pedibus suis. » X, 3, — Sandalia ejus rapuerunt oculos ejus. » XVI, 11.

[4] « Quam pulchri sunt gressus tui in calceamentis. » VII, 1.

à mon sens, les conditions indispensables pour rappeler celle des temps bibliques. Les Israélites usaient à la guerre de bottines en fer et en airain [1]; aller pieds nus était chez eux signe de deuil [2]; enfin, quoique leur chaussure n'eût pas grande valeur, ils la considéraient comme un objet de première nécessité, même relativement aux classes indigentes [3].

II. *Assyriens et peuples de l'Asie mineure.* — Les sculptures assyriennes fournissent un nombre assez considérable de types humains pour qu'il soit permis à l'étude de reconnaître la forme des chaussures chez les peuples araméens. Le bas-relief de la chasse aux lions recueilli par M. Layard dans les ruines du palais de Nemrod offre deux soldats chaussés de *solea* munies de quartiers et attachées par des courroies croisées sur le cou-de-pied [4]. Les fouilles de M. Botta ont mis au jour une *solea* plus élémentaire encore, car elle n'a qu'une simple bride contournant les chevilles avec un sous-pied pour retenir la semelle [5]. Toutefois, la chaussure ordinaire des Chaldéens (les monuments l'attribuent aux héros, rois, seigneurs, eunuques et soldats) consistait en une *crepida* enveloppant le talon et les côtés du pied dont la partie supérieure restait découverte. Un anneau de métal uni ou ciselé, traversé par le gros orteil, assujettissait la semelle contre la plante; cinq cordons, deux internes, trois externes, partant de trous percés dans le quartier, se nouaient

[1] « Ferrum et æs calceamentum ejus. » *Deut.*, XXXIII, 25. — « Et ocreas æreas habebat (Goliath) in cruribus. » *Reg.*, I, XVII, 6.

[2] « Vade... et calceamenta tolle de pedibus tuis. » Isai., XX, 2, et aussi *Ezéchiel*, XXIV, 17 et 23.

[3] « Samuel... pecunias et usque ad calceamenta... non accepit. » *Ecclesiasti.*, XLVI, 22. — « Pro eo quod vendiderit... pauperem pro calceamentis... Ut possideamus... pauperes pro calceamentis. » Amos, II, 6, VIII, 6.

[4] A. de Longpérier, *Rev. arch.*, t. IV, p. 300 et pl. 69.

[5] *Monument de Ninive*, pl. 92, 98 et autres.

sur le cou-de-pied. Il en existe des spécimens coloriés en rouge ou en noir. Un esclave et, je crois aussi, une femme portent la même chaussure sans quartier, avec sous-pied et bride aboutissant à l'anneau [1]. Une autre variété munie de quartiers distingue les Assyriens tributaires qui saluent le grand roi au jour du Nourouz [2]; enfin, M. Botta en constate l'usage actuel parmi les peuples mésopotamiques et notamment au mont Sindjar. Peut-être serait-il trop hardi d'accorder aux œuvres d'art ninivites la prodigieuse antiquité qu'on voudrait leur assigner, néanmoins leur âge est assez respectable pour qu'une chaussure qu'elles retracent et dont la forme persiste après tant de siècles écoulés, ne diffère en rien des *calceamenta* à courroies de la Genèse et d'Isaïe. Quelques cavaliers assyriens ont par-dessus leur *anaxyris* (caleçon), collante et bigarrée, une sorte de brodequins montant jusqu'à mi-jambe, ouverts et lacés par-devant; brodequins qui garantissent aussi la peau nue des fantassins [3]. Hérodote y fait sans doute allusion quand il dit que les Babyloniens avaient une chaussure nationale analogue à celle des Béotiens [4]. Parfois ce cothurne n'a aucune solution de continuité : dans le costume des palfreniers, il dépasse souvent le genou ; alors la courroie est disposée en échelle ou en zigzag. On doit croire que la semelle en était peu résistante, car la plupart des individus qui le portent chaussent en outre un socque à quartier élevé dont l'empeigne s'effile en pointe recourbée [5].

[1] BOTTA, loc. cit., pl. 19, 20, 41, 81 (rouge), 101, 119, 155, (noir, brique émaillée). — Pl. 127 et 92.

[2] Bas-relief de Persépolis ; FLANDIN et COSTE, *Voy. en Perse*, pl. 108.

[3] BOTTA, loc. cit. pl. 61, 67, 80, 145 (cavaliers) ; 90 (fantassins).

[4] « Ὑποδήματα ἐπιχώρια παραπλήσια τῇσι Βοιωτῇσι ἐμβάσι. » I, 195.

[5] BOTTA, *loc. cit.* pl. 67, 81, 132, 150 et 36, 37, 39, 129, 133, 135, etc.

Les bas-reliefs de Yasili-Kaïa offrent un spécimen curieux des plus anciennes chaussures de l'Asie mineure : les souliers ou bottes des hommes sont démesurément longs, pointus et arqués ; ceux des femmes rappellent le type chinois. Le cachet du Céleste-Empire est également reconnaissable aux pieds d'un soldat lycaonien, sculpture coloriée que M. Texier croit contemporaine de la venue des premiers Grecs en Asie ; le soulier lacé paraît en cuir et s'emboîte dans une cnémide semblable [1].

III. *Phéniciens et Égyptiens.* — Le peu qui nous est révélé des chaussures phéniciennes a trait aux fonctions sacerdotales. Hérodien rapporte qu'Héliogabale fit participer aux sacrifices les généraux et les premiers officiers de l'empire, revêtus de l'habit phénicien, avec des *calceamenta* de lin comme les portaient en Phénicie ceux qui prédisaient l'avenir. Apulée attribue des souliers jaunâtres aux prêtres de la déesse de Syrie [2].

L'image des dieux, rois, pontifes et guerriers de l'Égypte, se montre presque toujours avec une *solea* pointue et recourbée, maintenue par une courroie longitudinale avec sous-pied agrafé sur la cheville [3]; Sétif I, roi de la XIXe dynastie, est ainsi figuré au Musée du Louvre (B,7). Hérodote nous apprend que les prêtres égyptiens mettaient des souliers de papyrus (ὑποδήματα βύβλινα). Le nom latinisé de ces souliers était *baxa* ou *baxea* ; Apulée en chausse le thauma-

[1] Ch. Texier, *Descript. de l'Asie Mineure*, Pteriom, pl. 75 et 78 ; Konieh, pl. 103.

[2] *Hist. rom.*, l. v, 13. — « Pedes luteis induti calceis » *Métam.*, l. VIII

[3] V. *Descript. de l'Égypte par la Comm. française*. Ch. Lenormant, *Musée des ant. égypt.*; Texier, *loc. cit.* pl. 132 (Sésostris, bas-relief de Nymphio) ; Montfaucon, *Ant. expl.*, t. II, pl. 118, (statuette d'Osiris), etc., etc

turge Zachlas et aussi la déesse Isis [1]. Plus d'un original en a été découvert au fond des hypogées de l'Égypte. Parfois les *baxeæ* ont le quartier et l'empeigne du soulier ; parfois un simple lien de feuilles est adapté à la semelle; parfois encore un appendice, destiné à passer entre le gros orteil et le doigt voisin, fait saillie à la partie antérieure. M. Rich a reproduit un type de ce dernier genre d'après le modèle en papyrus de la collection de Berlin [2]. Un livre où l'on peut trouver d'utiles renseignements donne sous la vague rubrique : « Sandale et babouche des femmes de l'ancienne Égypte, d'après les monuments, » la gravure de deux *baxeæ* fort curieuses [3]. La première, semelle à bride, vient d'être signalée ; l'autre, tressée en forme de *baris*, navire particulier à l'Égypte, se nommait chez les Grecs περιβαρίς, περίβαρον, πλατάγιον, ἀκάτιον : suivant Julius Pollux, elle fut d'abord à l'usage des servantes [4].

IV. *Perses.* — Les monuments achéménides offrent plusieurs espèces de chaussures complètement distinctes. Les soldats portent un *calceus* fermé, noué sur le cou-de-pied avec des cordons. Les Mages, Satrapes, officiers du palais et Doryphores ont des souliers dont l'empeigne, partagée en deux pièces jointes par une couture, se découpe vers le haut en trois paires d'oreilles (*ligulæ*) réunies au moyen de bou-

[1] Lib. II, 37. — « Pedes palmeis baxeis inductus. » *Métam*. l. II. — « Pedes ambrosios tegebant soleæ, palmæ victricis foliis intextæ. » *Ib.*, l. XI. — Le thaumaturge Apollonius de Tyane portait aussi une chaussure de papyrus PHILOSTRATE, *Apoll. vita.*

[2] *Dict. des ant.*, p. 78.

[3] *Histoire de la chaussure*, par MM. P. LACROIX, DUCHESNE et SERÉ, p. 6.

[4] *Onomasticon*, VII, 22. L'écrivain cite ce vers du *Trophonius* de CÉPHISODORE :

Νῦν δ' ὥσπερ ἡ θεράπαινα, ἔχω περιβαρίδας.

tons. Le bord antérieur de ces souliers, qui couvrent la cheville, est en outre garni d'une languette demi-circulaire remontant d'à peu près 0m06c le long de la jambe. Les rois semblent chaussés de bottes ou bottines collantes pareilles à celles que j'ai signalées chez les Assyriens [1]. Quelques tributaires présents à la solennité du Nourouz ont la même botte parfaitement caractérisée; un chamelier bactrien, vêtu comme les mougyks russes, en porte d'assez amples pour recevoir ses larges braies. Sauf le cas d'un personnage dont le cou-de-pied est chargé de nœuds [2], toutes les chaussures précitées manquent d'ornements, malgré l'or qui les relevait, suivant le poëte Denys :

Χρυσῷ δ' ἀμφὶ πόδεσσιν ἐκοσμήσαντο πέδιλα [3].

Il est assez difficile de déterminer la forme des chaussures parthes et sassanides, toutes cachées sous de vastes pantalons, maintenus autour de la cheville, soit par des rubans longs et flottants noués sur le cou-de-pied soit au moyen de courroies bouclées. Tertullien, qui rencontra des Parthes et des Mèdes venus à Rome sous le règne de Sévère, relate qu'ils portaient des bottes enrichies de perles, et, au XIIe siècle, Tzetzès parle encore des chaussures persiques couvertes de perles et de pierres précieuses. Les bas-reliefs de Chapour présentent une série de personnages en bottes et

[1] Flandin et Coste, *Voy. en Perse*, pl. 100, 101, 123, 147, 152, etc.: Persépolis. — Le soulier actuel des prêtres guèbres, pointu, recourbé, sans ouverture et dépassant la cheville, pourrait bien être une réminiscence de l'antique chaussure royale des Perses. V. Banier, *Cér. rel.*, t. v.

[2] *Voy. en Perse*, pl. 105, 106, 107 et 108 : Persépolis.

[3] *Périeg.*, 1061. — Etienne, *De urbibus*, mentionne une chaussure persique, particulière aux femmes, à laquelle il donne peu de valeur (εὐτελής).

larges pantalons descendant à mi-jambes ; le roi ou prêtre, sculpté à Tengh-i-Saoulek, est vêtu absolument de la même manière. Les chasseurs brodés sur le suaire de saint Lazare à Autun (XIIe siècle), deux héros peints sur une faïence relativement moderne à Astérabad, portent des bottes assujetties au genou par des jarretières qui, chez les derniers, sont munies de boucles très-riches. Enfin, les bottes appartiennent toujours au costume persan moderne [1]. Certains cavaliers sassanides ont aussi l'*anaxyris* collante et rayée, confondue avec le *pedule* que surmonte un nœud énorme [2]. La chaussure des femmes, profondément ensevelie sous les plis des robes ou des pantalons, est presque invisible; elle devait ressembler aux pantoufles des dames guèbres : ses rares spécimens sont dénués d'ornements; un seul étale une double rangée de perles [3].

V. *Scythes, Daces, Goths, Huns et Lombards.* — Ammien Marcellin nous apprend que les Huns cachaient leurs jambes velues sous des peaux de chevreau, et Paul Warnefrid rapporte que le soulier des Lombards, retenu par des courroies lacées, était fendu sur le cou-de-pied jusqu'à la naissance des orteils. La statue n° 7, au musée des Antiques du Louvre, offre un exemple de cette chaussure dont les cordons disposés en treillis vont se réunir autour du pantalon qu'ils maintiennent à la cheville. Sidoine Apollinaire dit que les Goths

[1] « Et in peronibus uniones emergere de luto cupiunt. » *De Hab. mul.* — *Chil.* I, 29, 3. — V. *Ant. expl.* t. I, pl. 31, 1, Parthe ; *Voy. en Perse*, pl. 33, 14, 186, 53, 225 ; HOMMAIRE DE HELL, *Turquie et Perse* ; DUBEUX, *La Perse*, pl. 65, 66, 70 et 77 ; etc., etc.

[2] *Voy. en Perse*, pl. 183 et 186. Les Mingréliens, peuples du Caucase sur les bords de la mer noire, portent encore des souliers rayés qui permettent de suppléer à l'état fruste des bas-reliefs de Nakch-i-Roustam. V. CHARDIN, *Voy. en Perse*, pl. 2, éd. Langlès.

[3] *Voy. en Perse*, pl. 9 et 186 ; CHARDIN, *loc. cit.* pl. 75

portaient des bottines en cuir de cheval attachées par un nœud au bas de la jambe, dont le haut restait découvert. Les bas-reliefs de la colonne de Théodose représentent des Scythes ou des Goths chaussés d'un *soccus* à double languette pareil à celui des histrions étrusques[1]. Sauf le cas d'une *carbatina* liée avec des lanières croisées, les souliers des Daces, figurés sur les monuments, diffèrent peu du *calceus* achéménide et dénoncent une communauté d'origine[2]. D'après les objets d'art trouvés dans les nécropoles de Koul-Oba et de Panticapée (Crimée), on voit que les Scythes avaient une chaussure à demi-voilée par leurs braies flottantes, ou bien, par-dessus l'*anaxyris* collante et bariolée, des bottes molles à entonnoir[3]. Ces bottes se nommaient certainement *tzangues*; elles étaient fabriquées avec le cuir roussâtre que le voyageur Mandeville vit préparer en Tartarie et que nous appelons *cuir de Russie* : un passage du *Chronicon paschale* lève tous les doutes que mon assertion pourrait soulever. Il y est dit que Tzathius, fils de Zamnaxis, roi des Lazes, étant venu demander à l'empereur Justin le Thrace l'investiture des états de son père, parut à la cour revêtu du

[1] *Rer. gest.*, XXXI. — « Calcei vero eis erant usque ad summum pollicem pene aperti, et alternatim laqueis corrigiarum retenti. » *De gestis Langob.*, IV, 23

Nec tangere possunt
Altatæ suram pelles, ac poplite nudo
Peronem pauper nodus suspendit equinum.

Carm. VII, 456.— BANDURI, *Imp. Orient.*, t. II, pl. I et suiv

[2] *Ant. expl.*, t. I, pl. 32, 51, 52, 54, 69 ; III, pl. 34 ; suppl., III, pl. 4. — « Persæ qui sunt originitus scythæ. » AM. MARCELLIN, *loc. cit.* — Le type de toutes les chaussures des barbares, originaires de l'Asie, se retrouve sur les monuments assyriens et perses.

[3] DUBOIS DE MONTPÉREUX, *Voyage autour du Caucase*, fig.: nécr. de Panticapée ; vase de Koul-Oba

costume byzantin, mais avec les *tzangues* roussâtres de son pays ornées de perles à la mode persique[1]. Or, les Lazes étant une tribu scythe soumise aux Perses, on doit en conclure que le nom barbare grécisé, τζαγγια, d'une chaussure commune à eux et à leurs maîtres, fut emprunté aux idiômes orientaux. Je reparlerai plus bas des *tzangues*.

§ II. *Grecs et Romains.*

Les anciens peuples du Latium eurent évidemment leurs chaussures particulières, mais un contact journalier avec les races helléniques, tant par l'Italie méridionale et la Sicile que par la conquête de la Grèce elle-même, introduisit promptement dans le costume romain des éléments dont la forme et le nom ne perdirent jamais leur cachet originel. La chaussure est de ce nombre, et Rome ne se fit pas faute de copier les *calceamenta* grecs. Quoiqu'elle n'en ait pas adopté le total, établir pour chaque nationalité une nomenclature distincte conduirait à de trop longs développements. Je préfère donc grouper dans un même paragraphe toutes les chaussures grecques et romaines classées en trois catégories : 1° chaussure laissant la partie supérieure du pied à nu, *solea* ; 2° chaussure couvrant l'intégrité du pied, *calceus* ; 3° chaussure garantissant à la fois le pied et la jambe, *cothurnus*. Mon cadre est fort élastique, je le sais, aussi les *calceamenta* douteux ou dont les noms seuls ont été conservés

[1] « Τὰ γὰρ τζαγγία αὐτοῦ ἦν ἀπὸ τῆς χώρας αὐτοῦ ῥουσαῖα, Περσικῷ σχήματι, ἔχοντα μαργαρίτας. » *Chron. pasch.*, p. 332, anno 4 Justini Thracis (520). Les chaussures parthes, que Tertullien, cité plus haut, nomme *perones*, n'étaient autre chose que des *tzangues*.

par Isidore et Julius Pollux à titre de renseignements [1] seront-ils relégués à la fin.

I. *Chaussure laissant la partie supérieure du pied à nu.* — *Solea.* — On doit entendre généralement par *solea* toute chaussure qui ne garantissait que la plante du pied : « Omnia ferme id genus, quibus plantarum calces tantum infimæ teguntur, cetera prope nuda et teretibus habenis vincta sunt, soleas dixerunt; nonnunquam voce græca crepidulas [2]. » Les Romains, ennemis de la gêne, portaient la *solea* dans leurs habitudes de vie ordinaire, hors du costume officiel; elle consistait en une simple semelle attachée par des courroies non croisées : on la mettait et la retirait facilement, aussi la prenait-on pour assister aux repas, l'usage étant de se coucher pieds nus sur les lits du triclinium [3]. Pétrone nous montre Trimalchion jouant à la paume « soleatus. » Cette chaussure était commune aux deux sexes; un magistrat manquait à la bienséance s'il en usait sur son tribunal [4]. Il y avait des *soleæ* de cuir, de bois et même de laine; leur courroie, *corrigia*, *amentum*, n'existait pas toujours, ainsi que Pline le remarque à propos de la statue de Cornélie, « soleisque sine amento insignis : » alors un tenon passant entre les orteils devait y suppléer [5].

[1] *Origines*, lib. XIX, c. 33, De calceamentis — *Onomasticon*, lib. VII, c. 22, Calceorum species. — Les citations que je pourrai faire d'Isidore et de Pollux seront empruntées à ces chapitres, désignés une fois pour toutes.

[2] AULU GELLE, XIII, 21 — ISIDORE, *loc. cit.* — FESTUS, *De verb. sign.*

[3] PLAUTE, *Trucul.*, II, 4, v. 12 et 16. — HORACE, lib. II, sat. VIII

[4] *Satyr.*, 27. — PROPERCE. — OVIDE, *Ars amandi*, II, 212 :

Et tenero soleam deme vel adde pedi.

QUINTILIEN, XI, 3 : « Stetit soleatus prætor populi Romani. »

[5] *Satyr.*, 95. — MARTIAL, XIV, 65. — « Soleæ materiales, ex materia corio intexta. » ISIDORE, *loc. cit.* — *Hist. nat.* XXXIV, 14. — *Ant. expl.*, III, pl. 35. — *Dict. des Ant.* p. 590. — CHARDIN, *loc. cit.* pl. 19.

Sculponea. — C'était une chaussure grossière propre aux esclaves employés à la campagne. Un calembourg de Plaute fait comprendre le rapport des *sculponeæ* à la *solea* ; Stalinon dit à Olympion d'acheter des provisions de bouche et entre autres des soles « soleas, » à quoi Chalinus ripost e:

Qui quæso, potius quam sculponeas
Quibus batuatur tibi os, senex nequissime [1].

M. Rich croit avoir retrouvé un type de *sculponea* sur la figurine en bronze d'un esclave occupé à des travaux rustiques; si l'érudit anglais ne se trompe pas, il a reproduit une chaussure analogue à celle du philosophe Posidonius, statue n° 80 des Antiques du Louvre.

Carbatina. — Julius Pollux dit que la καρβατίνη tire son nom des Cariens qui l'inventèrent. Chaussure éminemment rustique, elle était faite d'un morceau de peau de bœuf crue placé sous le pied, puis relevé en gouttière, de façon à garantir le talon et les orteils. Des courroies, passant par des trous percés sur les bords, s'enroulaient autour de la jambe. Quand les soldats de Xénophon eurent usé leurs vieux souliers, ils se fabriquèrent des carbatines [2] ; Catulle affecte pour elles un souverain mépris ; on les rencontre sur des vases grecs et des peintures de Pompeï ; elles sont toujours en usage chez les paysans italiens et les Kabyles [3].

[1] CATON, *R. rust.*, 59 et 135.— *Orig.*, *loc. cit.*— *Casina*, II, 8, 50.

[2] « Καρβάτιναι πεποιημέναι ἐκ τῶν νεοδάρτων βοῶν. » *Anabasis*, IV, 5, 14.

[3] Ista cum lingua, si usus veniat tibi, possis
Culos et crepidas lingere carbatinas.

98, 4.— TISCHBEIN, *Peint. de vases*, I, 14 ; *Museo borbon.*, XI, 25 ; HOPE, *The cost. of the Ancients* ; RICH, *Dict. des ant.*; *Mag. pitt.*, 1861, p. 281.

Crepida. — La κρηπίς, chaussure nationale des Hellènes, n'était portée par les Romains qu'avec le costume grec, c'est-à-dire le pallium ou la chlamyde. On voyait au Capitole la statue de Lucius Scipion, « non solum cum chlamyde, sed etiam cum crepidis; » Pleminius est repris pour s'être montré au gymnase « cum pallio crepidisque; » Tibère, pendant le séjour qu'il fit à Rhodes avant la mort d'Auguste « redegit se, deposito patrio habitu, ad pallium et crepidas[1]. » La crépide consistait en une semelle garnie sur les côtés, soit d'un cuir percé de trous, soit de simples lanières tournées en boucle (*ansæ*),

> Ansaque compressos colligit arta pedem[2].

Une courroie (*corrigia*), passant à travers les *ansæ*, attachait la crépide au pied ; les femmes avaient parfois des courroies dorées. Une agrafe de métal, que je crois être l'objet désigné par Pline sous le nom d'*obstragulum*, placée entre le gros orteil et le doigt voisin, ajuste souvent la *corrigia* à la semelle ; les dames romaines poussaient le luxe jusqu'à enrichir l'*obstragulum* de perles[3]. La crépide s'adaptait indifféremment à l'un ou l'autre pied[4] ; Pollux, qui lui donne aussi

— Hesychius définit la carbatine, μονόπελμον ou μονόδερμον, c'est à-dire d'un seul morceau de cuir. Je pense qu'il faut confondre avec cette chaussure l'αὐτοσχέδιο (improvisée) calceus rudis, sine arte confectus, dont parle Hermippus cité par Pollux.

[1] PERSE, I, 127. — CICÉRON, *Pro Rabirio*, 10 ; TITE LIVE, XXIX, 19 ; SUÉTONE, *Tibère*, 13.

[2] TIBULLE, I, 8, 14. « Apellem... feruntque a sutore reprehensum, quod in crepidis una intus pauciores fecisset ansas. » PLINE, *Hist. nat.*, XXXV, 36, 12.

[3] « Jam pedum candor, intra auri gracile vinculum positus. » PÉTRONE, 126. — « Quin et pedibus, nec crepidarum tantum obstragulis, sed totis socculis addunt (margaritas). » *Hist. nat.* IX, 56.

[4] « Et idem utrique aptum pedi, vel dextro vel sinistro. » ISIDORE, *loc. cit.*

le nom d'ἀρπισ, la traite de chaussure militaire; on la trouve sur beaucoup de statues grecques, notamment l'Apollon du Belvédère et la Diane chasseresse, n° 178 du Louvre.

La *Sycchas*, Συκχασ, dit Pollux, ressemblait fort à la crépide; elle tirait son nom de ce qu'elle embrassait le pied. On rencontrerait peut-être dans Montfaucon quelques spécimens de *sycchas* [1].

Le *Diabathrum*, Διαβαθρον, appartenait aux deux sexes; Festus le signale comme une espèce de *solea* grecque. Eustathe dit que c'était surtout une chaussure de femme, et quand Nævius, cité par Varron, l'attribue aux hommes, c'est pour désigner une mise efféminée. La figure d'un savant byzantin, chaussé de patins à quartiers et à courroies, me paraît offrir le type du *diabathrum*, dont l'usage, en Orient, persistait au XVIIe siècle [2].

La *Fulmenta*, Κάσσυμα, dérivatif de *fulcrum, fulcimen, fulcimentum* (appui, soutien), était une semelle, ou plutôt une réunion de semelles ajoutées à la chaussure pour rehausser la taille des individus :

Subjicit huic fulcrum : fulmentas quatuor addit [3].

La *fulmenta* se fixait avec des clous ; « fulmentas clavis æneis subducere. » Elle était à l'usage des soldats :

Fulmentas jubeam subpingi soccis,

[1] *Ant. expl.*, t. III, pl. 35 ; t. II, pl. 100.

[2] *Ormast. loc. cit.* — « Diabathra in pedibus habebat et erat amictus epicroco, utrumque vocabulum græcum. » VARRON, *De ling. lat.*, VI, 3; *Ant. expl.*, III, pl. 4, 5, Xe siècle ; CHALCONDYLE, *Décad. de l'emp. grec. Illustrations*, dame turque.

[3] LUCILIUS, *sat.*, IV, 9.

dit plaisamment l'esclave Stasime qui veut s'engager [1]. Les dames romaines mettaient des semelles de liége à leur chaussure d'hiver. La Pallas de Velletri, une autre statue de Minerve et une jeune femme sculptée sur un bas-relief d'Argos ont des *fulmenta* aux pieds [2].

On donnait le nom de *Scabillum*, Κρουπέζια, à une semelle de bois très-épaisse munie d'une fente horizontale profonde, où se logeait un petit instrument de métal que la pression du pied faisait résonner. Le *scabillum* battait la mesure, guidait le chœur, accompagnait le joueur de flûte et indiquait l'instant marqué pour lever et baisser le rideau [3].

Ainsi que l'indique son nom, la *Gallica* fut empruntée aux Gaulois. Elle s'introduisit à Rome vers le temps de Cicéron; on la portait avec la *lacerna*, manteau qui avait la même origine; leur usage était inconvenant et antinational [4]. Sous l'empire, dit M. Rich, les *gallicæ* devinrent à la mode, on en fit pour toutes les classes et de qualités différentes. D'après un sarcophage d'Amendola, représentant une bataille entre

[1] LUCILIUS, XXVIII, 46.—PLAUTE, *Trinummus*, III, 2, 94.

[2] PLINE, *Hist. nat.*, XVI, 13.— *Ant. du Louvre*, n° 310; RICH, *loc. cit* p. 288; CHARTON, *Voy. anc. et mod.*, t. I, p. 302.

[3] POLLUX, *loc. cit.*; cet auteur parle de Crupéziphores béotiens. — SUÉTONE, *Caligula*, 54. — « Mimi ergo est jam exitus... deinde scabilla concrepant, aulæum tollitur. » CICÉRON, *Cœl.* 27.— *Ant expl.*, III, pl. 191. RUBENS, *De Re vest.*, p. 187.

[4] « Deinde cum calceis et toga, nullis nec gallicis nec lacerna. » CICÉRON *Philip.*, II, 30.— « T. Castricius... cum discipulos quosdam suos senatores « vidisset, die feriato tunicis et lacernis indutos et gallicis calceatos « Soleatos tamen vos populi romani senatores per urbis vias ingredi nequaquam « decorum est. » Plerique autem ex iis qui audierant, requirebant, cur soleatos dixisset, qui gallicas, non soleas haberent. Sed Castricius profecto, « scite atque incorrupte locutus est... Gallicas autem verbum opinor novum, « non diu ante ætatem M. Ciceronis usurpari cœptum. » AULU GELLE, XIII, 21. (V. le reste de la cit. à l'art. *Solea*).

les Romains et les Gaulois, cet auteur prétend que les *gallicæ* étaient des souliers bas, à semelle épaisse et dont l'empeigne laissait le cou-de-pied entièrement découvert. L'explication du savant anglais ne concorde pas tout à fait avec les *calcei* fermés qu'il donne pour spécimens ; elle répond peu au texte d'Aulu Gelle où l'analogie des *soleæ* et des *gallicæ* se trouve nettement spécifiée. Je crois qu'une chaussure à jour (*fenestrata*), publiée par Montfaucon d'après Bonanni, et deux autres *nudipedes* de l'*Antiquité expliquée*, sont de véritables *gallicæ*. Bauduin avance que la semelle des *gallicæ* était en bois, ce qui est probable, car notre mot *galoche*, dérivé de *gallica*, exprime une chaussure ainsi fabriquée. Il y eut aussi des *gallicæ* en roseaux tressés :

> Caligaque remota
> Gallica sit pedibus molli redimita papyro [1].

Le type qu'en donne Bauduin est assez vraisemblable ; il a beaucoup de ressemblance avec l'*alpargata* en jonc des Espagnols.

La *Caliga* était par excellence la chaussure militaire des Romains. L'immense majorité des monuments en fait une *solea*, laissant les orteils à nu, et attachée au moyen d'un système de courroies multiples, qui couvrent le cou-de-pied et finissent par environner la jambe de cercles parallèles [2]. M. Rich en veut faire un *calceus* fermé, et présente, à l'ap-

[1] *Dict. des ant.* p. 297 et 298. — *Ant. expl.*, III, pl. 35 et pl. 8, fig. 1 (patricien) et 3 (philosophe). On conserve au Musée de Londres une chaussure analogue à celle de la pl. 35, mais plus grossière. — *De calceo ant.*, c. 14. — *Carmen ad senat. Isacum*, ap. RUBENS, *De Re vest.*, p. 155.

[2] « Caligulæ, caligæ, vel a callo pedum dictæ, vel quia ligentur. » ISIDORE, *loc. cit.* — La caligo n'appartenait qu'aux rangs inférieurs de l'armée : « C. Marius, ad consulatum a caliga perductus. » SÉNÈQUE, *De benef.* v. 16.

pui de son opinion, un bas-relief tumulaire de Milan où l'on voit un homme assis en face de deux souliers, avec l'inscription SVTOR CALIGARIVS, que l'érudit écrivain interprète par *cordonnier en caliges*. Je me permettrai un avis moins absolu, car *sutor caligarius* peut signifier également que le défunt avait la double spécialité de cordonnier ordinaire et de fabricant de caliges (le cordonnier-bottier de nos vieilles enseignes); de plus, les objets placés devant ce personnage sont-ils réellement des caliges? N'y verrait-on pas plutôt des souliers véritables (*opus sutoris*) ou simplement des formes en bois (*tentipellium*, *καλόπους*)? L'état fruste du marbre rend la question difficile à résoudre. J'essayerai de mettre M. Rich d'accord avec les errements acceptés jusqu'à lui, en disant que les Romains nommaient *caliga* leur chaussure exclusivement militaire, qu'elle fût ouverte ou fermée. Pompée portait des *fasciæ* blanches sous ses caliges [1]; les soldats purent imiter cet exemple, surtout en Germanie où le froid exigeait que le pied fût garanti. Justin relate que dans l'armée d'Antiochus « etiam gregarii milites caligas auro figerent. » Le soldat romain renforçait sa chaussure de clous serrés et pointus :

> Quum duo crura habeas, offendere tot caligas, tot
> Millia clavorum [2].

Suétone, reprochant à Caligula de ne s'habiller ni en Ro-

[1] *Dict. des ant.*, p. 96.— « Et enim mihi caligæ ejus et fasciæ cretatæ non placebant. » CICÉRON, *Ad Attic.*, II, 3.

[2] *Hist.* XXXVIII, 10.— JUVÉNAL, *sat.* XVI, 24; V. encore Id., III, 247 et PLINE, *Hist. nat.*, IX, 33. JOSÈPHE, *Bell. Jud.* VI, 7, parle ainsi du Centurion Julianus : « Τὰ γὰρ ὑποδήματα πεπαρμένα πυκνοῖς καὶ ὀξέσιν ἥλοις ἔχων, ὥσπερ τῶν ἄλλων στρατιωτῶν ἕκαστος. » — *Ant. expl.*, III, 35. — FERRARI, *De Re vest.*, *Anal.*, pl. 6, arc de Const.

main ni en citoyen, l'accuse d'avoir paru en public « modo « in crepidis vel cothurnis, modo in speculatoria caliga, « nonnunquam socco muliebri [1]. » Caïus ne tira donc pas son sobriquet d'un usage immodéré de la calige, mais bien de ce que cette chaussure, incompatible avec la dignité suprême, le faisait particulièrement remarquer.

II. *Chaussure couvrant l'intégrité du pied.* — *Calceus.* — Le *Calceus* appelé par les Grecs, κάλτιος, καλκτίκιον, ὑπόδημα κοῖλον, était, ainsi que l'indique son nom, un soulier montant qui enveloppait tout le pied. Cette chaussure généralement noire, commune aux deux sexes, avait une empeigne cousue et la forme de nos souliers couverts ou brodequins ordinaires; on pouvait l'attacher avec des cordons et elle ne s'adaptait pas indifféremment à l'un ou l'autre pied [2]. Aurélien interdit aux hommes l'usage des *calcei* rouges, jaunes et verts, qu'il toléra pour les femmes. Il y avait aussi des *calcei* blancs; les histrions en portaient. Un luxe effréné s'introduisit plus tard dans la chaussure des Romains qui finirent par préférer, même aux souliers dorés, les *calcei* de pourpre, brodés à l'aiguille, πορφυρᾶ καὶ κεντητά [3]. Le *calceus* était l'accompagnement obligé de la toge; « proprium togæ tormentum » dit Tertullien [4].

[1] *Caligula*, 52. — V. pour les figures de caliges; *Ant. expl.*; *Imp. Orient.*, MALLIOT, *Rech. sur les cost.*, t. I, etc. etc. — Le bas-relief n° 555 du Louvre représente le centurion C. Maccenius avec des caliges ouvertes, et, ceci je l'ai vérifié moi-même sur les plâtres, la plupart des caliges de la colonne trajane sont dans le même cas.

[2] DU CANGE, *Gloss. græc.* — ZONARE. — POLLUX. — ELIEN, *Var. Hist.*, VII, 4. — « Si mane sibi calceus perperam ac sinister pro dextero induceretur, ut dirum. » SUÉTONE, *Auguste*, 92. — RICH, *loc. cit.* — Canius, stat. n° 107 du Louvre.

[3] VOPISCUS, *Aurél.*, 49. — MARTIAL, VII, 32. — PHÈDRE, V, 7, 37. — SIMPLICIUS, ap. RUBENS, *loc. cit.* p. 149. — S. J. CHRYS., *Hom.* 22, *Ad pop. Antioch.*

[4] *De Pallio*, c. 5. — V. aussi PLINE, VII, *epist.* 3, etc. etc.

L'*Obstrigillum* était un *calceus* renforcé de deux plaques de cuir, cousues à la semelle et trouées pour livrer passage aux courroies [1].

Pollux mentionne des chaussures précieuses qu'il nomme *calcei fenestrati*, « Σχισταὶ πολυτελὲς ὑπόδημα, καὶ Θρυπτικόν : ταύταις δὲ καὶ λεπτοσχιδεῖς ὠνόμαζον. » Le Musée des antiquités de Londres possède quelques spécimens de ce genre de souliers exhumés du fond de la Tamise, où la vase qui les recouvrait assura leur conservation. Ces curiosités, uniques au monde, sont en peau de truie (*swine*) noire et découpée en réseaux élégamment variés. Trois d'entre elles sont d'un seul morceau recousu aux extrémités ; un renfort de cuir leur tient lieu de semelle, et des *ligulæ* livraient passages aux cordons absents. Les dimensions de deux souliers, restés intacts, (0,176^{m} sur 0,070^{m} et 0,252^{m} sur 0,088^{m}) peuvent les faire attribuer à une jeune fille et à une femme; un autre (0,225^{m} sur 0,070^{m}), à semelle quadruple, munie de gros clous rivés sans apparence de couture, à courroies et oreilles taillées dans le quartier, doit avoir chaussé une paysanne; son affinité avec la *solea* et le pays où il a été trouvé m'engagent à le regarder comme une *gallica* rustique, conforme au sentiment d'Aulu Gelle [2].

Les souliers de femme, *calceoli*, étaient minces et de formes diverses; M. Rich en offre trois modèles d'après les pein-

[1] Rich, *loc. cit.*— «Obstrigilli sunt qui per plantas consuti sunt et ex superiore parte corrigia trahitur, unde et nominantur.» Isidore.

[2] Ch. Roach Smith, *Cat. of the Mus. of London ant.*, p. 66 et pl IX. Lettre du même à l'auteur, 1er déc. 1856.—*L'Ant. expl.*, t. III, pl. 35, offre une chaussure qui participe de la crépide et du *calceus fenestratus*. Les souliers du rhéteur Euménius (statue trouvée à Clèves, IVe siècle) me paraissent également *fenestrati*, mais la gravure que j'ai sous les yeux est trop imparfaite pour y renvoyer le lecteur.

tures de Pompéi : ils montent jusqu'à la cheville, ont des semelles et des talons bas; leur empeigne est tout d'une pièce, et leurs cordons, lorsqu'il y en a, sont passés dans l'ourlet qui arrête la partie supérieure. Outre les couleurs indiquées ci-dessus, on portait des *calceoli* blancs; ceux des suivantes de Théodora (mosaïque de Ravenne, VIe siècle) et de sainte Cécile (mosaïque de son église à Rome, 822) sont entièrement rouges [1].

Les Patriciens et les sénateurs avaient une chaussure particulière que prenait tout individu admis dans leurs rangs [2]; Isidore en parle ainsi : « Patricios calceos Romulus reperit « quattuor corrigiarum assutaque luna. His soli Patricii « utebantur. Luna autem in eis non sideris formam, sed « notam centenarii numeri significabat, quod initio patricii « senatores centum fuerint. » Plus bas, le même auteur ajoute : « Mullei similes sunt cothurnorum solo alto, supe« riore autem parte cum osseis sunt vel æneis malleolis, ad « quos lora deligabantur. Dicti autem sunt a colore rubro, « qualis est mulli piscis. » *Calcei patricii* et *mullei* doivent être confondus ensemble si l'on en croit Festus : « Mulleos « genus calceorum aiunt esse, quibus reges Albanorum primi « deinde Patricii usi sunt. M. Cato originem libro septimo : « Qui magistratum curulem cepisset, calceos mulleos alluci« natos (uncinatos ?), cetori perones. Item Titinius in satira : « Jam cum muleis te ostendisti, quos tibiatis in calceos. » Les antiques statues patriciennes, dont le vêtement est assez

[1] *Dict. des ant.*, p. 94. — « Calceis femineis albis et tenuibus inductus. » Apulée, *Métam.* l. VII. — Une Junon étrusque en bronze porte des souliers lacés pardevant, avec des courroies entourant la jambe comme celles du *calceus patricius*. *Mus. Cortonense*, pl. 6, in-fol. Rome, 1750.

[2] « Apertam curiam vidit (Asinius) post Cæsaris mortem; mutavit calceos; pater conscriptus repente factus est. » Cicéron, *Philip.*, XIII, 13.

relevé pour que l'on puisse embrasser l'ensemble de leur chaussure, portent une sorte de bottine close, en matière souple, peau chamoisée sans doute, dessinant les formes. Deux rubans, souvent très-larges, partent de la semelle vers la naissance des orteils et viennent se lier sur le cou-de-pied ; une autre courroie, également double, assujettit le haut du *calceus* à la jambe qu'elle entoure jusqu'au milieu, où elle s'arrête en nœuds à bouts pendants. César, Auguste et Caligula (n° 100 et 37 du Louvre) sont ainsi figurés. La statue équestre de Marc-Aurèle, les diptyques consulaires de Stilicon (400), Boëce (487), Anastase (517), Magnus (518), offrent des *corrigiæ pedules* croisées en sautoir; celles de Boëce rappellent l'aspect des monuments sassanides. Les courroies forment un réseau sur la chaussure du consul Anicius Faustus Basilius (541) ; au contraire une seule bandelette divise longitudinalement les souliers de Marc-Aurèle en pontife et d'un sénateur. L'image du consul Flavius Felix (428) montre les quatre courroies d'Isidore nettement caractérisées ; deux partent de la pointe de la semelle, les autres sont disposées en étrier. Un jeune patricien, revêtu de la prétexte et la bulle au cou, m'a paru être dans le même cas [1].

Aucun doute ne peut exister sur la couleur et la matière du *calceus patricius*; il était rouge vif, suivant une ancienne inscription de Caïus Marius ; en peau écarlate préparée à l'alun, suivant Martial :

Coccina non læsum cingit aluta pedem [2].

[1] V. *Ant. expl.*, IV, 28 ; *suppl.*, III, 81 ; *ibid.*, 3 ; III, 8 et 5. — Gori, *Thes. vet. dipt.*, I. 1, 4, 5, 11. — *Les Arts sompt.*, t. I, pl. 2 et 1.

[2] « DE MANVBIEIS CIMBRICIS ET TEVTONICEIS AEDEM HONORI VICTOR FECIT VESTE TRIVMPHALI CALCEIS PVNICEIS. » ap. FERRARI, *De Re vest.*, *anal.*, p. 106. — II, 29.

Les *corrigiæ crurales* étaient de cuir noir :

> Nam ut quisque insanus nigris medium impediit crus
> Pellibus, et latum demisit pectore clavum.

Un vers de Juvénal prouvera tout à l'heure que les *corrigiæ pedules* n'avaient pas une autre couleur. Néanmoins, après qu'Aurélien eut réservé la chaussure rouge à la dignité impériale, les consuls adoptèrent les souliers dorés [1].

Dion Cassius rapporte que Jules César usait parfois d'une chaussure rouge et élevée, à l'instar des rois d'Albe, dont il prétendait tirer son origine [2]. Une figure étrusque, publiée par Montfaucon, réunit, à mon sens, les divers caractères du *calceus* albain de César, des *perones curules* de Caton et des *mullei* de Titinius. Cette figure présente un *calceamentum* à semelle épaisse, montant presque jusqu'au genou, avec des courroies disposées à la patricienne [3].

Plusieurs auteurs confirment l'assertion d'Isidore relativement à la *luna* :

> Lunata nusquam pellis et nusquam toga

dit Martial ; « quam enim non expediat in algore, et ar- « dore rigere nudipedem, quam in calceo uncipedem » s'é-

[1] HORACE, lib. I, sat. VI, 27. — CASSIODORE, *Varia*, lib. VI, 1. « Calceis aureis egredere » *Form. Cons.*.

> Quid si tale decus recitasses in aure Senatus,
> Stravissent plantis aurea fila tuis.
>
> FORTUNAT, lib. III, 20, 9.

[2] « Ὑψηλῇ καὶ ἐρυθροχρόῳ. » *Hist. rom.*, 43.

[3] *Ant. expl.*, III, 39.

crie l'énergique Tertullien. Stace nous apprend que l'enfance même avait droit à cet ornement :

> Sic te clara puer genitum sibi curia sensit
> Primaque patricia clausit vestigia luna [1].

Mais une difficulté reste à éclaircir ; il s'agit maintenant de déterminer la place exacte du croissant que les artistes s'abstinrent de sculpter, probablement à cause de sa nature délicate et fragile. La *gallica* de Bonanni porte un *malleolus* battant sur le cou-de-pied ; les souliers consulaires de F. Felix et de F. Taurus Clementinus (513) sont agrafés par devant, à la hauteur des chevilles, avec une fibule hémisphérique ; enfin, le vers de Martial :

> Non extrema sedet lunata ligula planta [2],

qu'on lise *extrema* ou *externa*, me semble résoudre la question, car les *ligulæ* ou oreilles, qui couvrent les chevilles se réunissent toujours sur le cou-de-pied. Une plaisante repartie d'Hérode Atticus à Braduas fait encore mieux comprendre la position qu'occupait la *luna ;* Braduas portait sur sa chaussure la marque de sa haute naissance, laquelle marque consistait en un ἐπισφύριον ἐλεφάντινον μηνοειδές (littéralement couvre-cheville d'ivoire en forme de croissant) : Tu as ta noblesse sur l'articulation du pied, lui dit le rhéteur [3].

[1] *Epigr.*, I, 50.— *De Pallio*, 5.—*Silvæ*, V, 2, 27. — ZONARE, *Ann.*, dit que les chaussures patriciennes différaient des autres, τῇ τε ἐπαλλαγῇ τῶν ἱμάντων καὶ τῷ τύπῳ τοῦ γράμματος.

[2] *Ant. expl.*, III, 35.— GORI, *loc. cit.* I, pl. 9. —*Epigr.*, II, 29.

[3] PHILOSTRATE. *Vit. Sophist.*, l. II, 1, 18.

Le croissant était donc disposé de manière à ce que ses cornes, engagées dans les *corrigiæ pedales* noires, .

Appositam nigræ lunam subtexit alutæ,

présentassent un écartement suffisant pour dissimuler les malléoles. Le croissant elliptique d'ivoire, trouvé dans les Catacombes et publié par M. Rich, a tous les caractères de la *luna* patricienne [1].

Le *Soccus*, *socculus* ou *soccellus* était une pantoufle sans cordons, couvrant le pied tout entier : « Socci cujus diminu- » tione soccelli appellati inde quod soccum habeant, in quo » pars plantæ iniciatur... nam socci non ligantur, sed tan- » tum intromittuntur. » L'expression *soccis indutus*, généralement employée par les anciens auteurs, rend très-bien l'idée d'un pied enveloppé du *soccus* [2]. Cette chaussure, portée en Grèce par les deux sexes, n'était guère admise à Rome qu'au théâtre et chez les femmes, qui l'enrichissaient d'or ou même de perles [3]. Le *soccus* était particulièrement affecté à la comédie, en opposition au cothurne des acteurs tragiques; il rentrait alors dans le genre dit *talaris* parce qu'il renfermait le talon. Montfaucon et M. Rich en donnent deux spécimens; j'en trouve un autre dans le *Museum Cortonense*. Ce dernier, qui appartient à des histrions étrusques, ressemble à une bottine munie de languettes, rabattues par devant et par

[1] JUVÉNAL, sat. VII, 192.—*Dict. des ant.*, 379.

[2] ISIDORE, *loc. cit.*— « Pallium quo amictus, soccos quibus indutus esset.» CICÉRON, *De Orat.*, III, 32.

[3] « Alius soccis obauratis... feminam mentiebatur. » APULÉE, *Métam.* XI. — « Caius... super cætera muliebria, socculos induebat e margaritis. »PLINE, *Hist. nat.*, XXXVII, 6. — La mosaïque de Ravenne représente Théodora avec des *socculi aurati*.—V. encore TERTULLIEN, *De idolatria*.

derrière [1]. Les *socci cernui* (de funambule), faits comme des chaussons, n'avaient pas de semelle ; ceux des particuliers, usités dans la vie extérieure,

Adsido, accurrunt servi, soccos detrahunt,

étaient parfois garnis de petits clous aigus [2].

Les anciens appelaient *Sandalium*, σανδάλιον, σάνδαλον, une sorte de pantoufle que les Romaines empruntèrent aux dames grecques; Isidore la désigne sous le nom de *soccus subtalaris*. Son quartier était nul ou fort bas, mais elle avait une empeigne finement tailladée (*fenestrata*) où brillaient l'or, la pourpre et les broderies

Σανδάλια τε τῶν λεπτοσχιδῶν
Ἐφ' ὅις τὰ χρυσᾶ ταῦτ' ἔπεστιν ἄνθεμα [3].

Les spécimens désignés par M. Rich et la sandale de l'impératrice Théophanie (Musée de Cluny, Dyptique, n° 387, Xe siècle) sont conformes aux textes précités et très-analogues à la babouche des dames de Constantinople, qui en diffère seulement par l'absence de découpures. Les écrivains comme

[1] Hunc socci cæpere pedem grandesque cothurni.

Horace, *Ars poet.* 80.— « Talares calcei socci sunt qui inde nominati videntur, quod ea figura sint ut contingant talum. » *Orig.*, *loc. cit.* — *Ant. expl.*, I, 181.—*Dict. des ant.*, 500.— *Mus. cort.* pl. 18 et 19.

[2] « Cernui socci sunt sine solo lingulati, quos nos foliatos vocamus.» *Orig.*, *loc. cit.* — Térence, *Heaut.* I, 1, 72. — « Clavati quasi callivati ou quod minutis clavis, id est acutis, sola calcis vinciantur. » *Orig. loc. cit.*— Clément d'Alexandrie, *Pædag.* l. II, c. XI.

[3] « Subtalares, quod sub talo sunt quasi subcalares. » *Orig.*, *loc. cit.* — Céphisodore, *Troph.*, ap. *Onomast.*, *loc. cit.*— Κατάχρυσον ὑπόδημα εἶτα πορφυροῦν εἶτα κεντητόν. Epictète, *Enchirid.*— Lucien, *Philopseudes*.

les artistes font de la sandale une chaussure particulière au beau sexe ; tantôt Omphale caresse Hercule à coups de sandale, tantôt une élégante agite cette même sandale au bout de son pied mignon [1]. Les dames grecques et romaines attachaient un si haut prix à leurs précieuses sandales qu'elles avaient des esclaves pour les porter, *sandaligerulæ*, et des boites enrichies d'or, *ἐπιχρύσους σανδαλοθήκας*, pour les renfermer [2].

C'est ici le lieu de parler du *calceolus repandus* attribué par Cicéron à la Junon de Lanuvium [3]. J'ai fait voir l'existence d'un *calceamentum* à pointe recourbée en Égypte, en Assyrie et en Asie mineure ; on peut le rencontrer sur d'antiques vases grecs ou italo-grecs ; mais, en Europe, il appartient surtout aux Étrusques, race essentiellement asiatique. Gori a publié quelques spécimens de *calceolus repandus* ; ils sont lacés sur le cou-de-pied et leur quartier relativement peu élevé les classe entre le *calceus* et la sandale [4]. Julius Pollux, à l'article Σανδάλιον, parle des *σανδάλια* Τυῤῥηνικά, qu'il nomme

[1] *Dict. des ant.* p. 553. — Lucien, *De scrib. hist.* 10 ; *Dial. des Dieux*, 13, 2.

> Utinam tibi commitigari videam sandalio caput.

Térence, *Eunuch.*, v, 8, 4.

> Demet sandalio innixa digitis prioribus.

Turpilius, ap. Nonius Marcellus.

[2] Plaute, *Trinum.*, i, 2. — Ménandre, *Misog.*, ap. *Onomast. loc. cit.* — Un calendrier romain, publié par Montfaucon, qui le fait remonter au IVe siècle, représente le mois de janvier sous la figure d'un homme richement vêtu et chaussé de sandales. *Ant. expl.*, *suppl.*, i, 5. Je cite cette gravure sous toutes réserves.

[3] « Cum pelle caprina, cum hasta, cum scutulo, cum calceolis repandis. » Cicéron, *De nat. Deor.*, i, 29.

[4] Gori, *Mus. Etrusc.* pl. 3 et 47. — Juno Lanuvina sur un denier romain, ap. Visconti, *Mus. P. Clem.*, t. ii, pl. A, vii, 12

plus loin *Τυῤῥηνουργῆ* (ouvrage étrusque), sandales dont la semelle mesurait quatre doigts en largeur et dont les courroies étaient dorées (*ἱμάντεσ ἐπίχρυσοι*) ; ajoutant que Phidias chaussa Minerve de *tyrrhéniennes* et que Sapho raite de mauvais travail lydien leurs courroies variées :

Ποικίλοσ μάσθλησ Λύδιον κακόν ἔργον.

Il serait assez difficile d'admettre que ces sandales tyrrhéniennes pussent différer beaucoup du *calceolus repandus* étrusque; néanmoins je ne me dissimule pas que la Minerve de Phidias, en souliers chinois, renverserait singulièrement les idées reçues jusqu'à ce jour.

III. *Chaussure garantissant à la fois le pied et la jambe.— Cothurnus.*— L'expression *κόθορνοσ* fut d'abord appliquée par les Grecs à toute chaussure qui montait jusqu'au mollet. Hérodote, rapportant que l'athénien Alcméon remplit ses cothurnes d'or dans le trésor de Crésus, désigne certainement par *κόθορνοι* une espèce de bottes molles et élastiques [1] ; mais à l'ordinaire, les anciens entendaient ce mot dans le sens d'un haut brodequin collant à la jambe et lacé par devant. On voit le cothurne sur les monuments assyriens et Ovide témoigne de son origine asiatique :

Lydius apta pedum vincla cothurnus erat.

Les célèbres terres cuites peintes du Musée Campana, cataloguées, sous le nom de tombeau lydien, présentent des spécimens précieux de la chaussure mentionnée par le poëte

[1] « Κοθόρνους τοὺς εὕρισκε εὐρυτάτους ἐόντας ὑποδησάμενος. » Chaussé des cothurnes les plus larges qu'il rencontra. VI, 125. Le reste du passage confirme mon interprétation.

latin. La femme, au type oriental, couchée près de son mari, porte un cothurne à pointe recourbée, dont la tige monte jusqu'au milieu de la jambe en n'en couvrant que la partie postérieure, l'antérieure se trouvant garantie par une languette arrondie au sommet. L'échancrure qui part de la naissance des orteils, en s'élargissant progressivement, se ferme au moyen d'une courroie lacée sur le cou-de-pied et venant s'arrêter dans un œillet, après avoir contourné trois ou quatre fois le bas du mollet. Cette chaussure, commune aux deux sexes, apparaît tantôt rouge, tantôt noire ; la courroie est jaune ou blanche, la languette jaune, et le galon qui borde l'échancrure, blanc [1].

Un cothurne splendide était attribué par les Grecs et les Romains à Diane, à Mercure, à la déesse Roma, et plus spécialement à Bacchus [2]. La tragédie qui prit naissance aux fêtes de ce Dieu chaussa ses acteurs du cothurne [3]. Selon

[1] La frise peinte qui décorait l'intérieur de la chambre sépulchrale, m'a permis de compléter les détails cachés sous la robe de la statue et d'attribuer la chaussure aux deux sexes.

Et Tyrrhena pedum circumdat vincula plantis.

VIRGILE, *Eneid.*, VIII, 458.

CLÉMENT D'ALEXANDRIE, *Pædag.* II, XI, mentionne aussi le cothurne tyrrhénien. La chaussure rouge de César et les *Calcei patricii* en dérivaient certainement.

[2] Antoine se montra dans Alexandrie costumé en Bacchus « thyrsum tenens cothurnisque succinctus. » V. PATERCULUS, II, 82.

[3] VIRGILE, *Ecl.*, VIII, 10. — OVIDE, *Pont.*, IV, 16, 29. — JUVÉNAL, *sat.* VII, 72. — M. Rich conclut de ce vers de Juvénal (VI, 633) :

Fingimus hæc, altum satira sumente cothurnum

et d'une figure d'acteur, chaussé de *fulmenta* (villa Albani), que les cothurnes tragiques avaient d'épaisses semelles de liége pour grandir l'individu qui les portait (*Dict. des ant.*, p. 200). Isidore laisse entendre que ces semelles étaient en saule : « Quos quidam (cothurnos tragœdorum) calones etiam appellant eo quod ex salice fiebant. »

Pollux et Isidore, le cothurne s'adaptait indifféremment aux deux pieds ; de là vient peut-être que le terme *cothurnus* est souvent employé au singulier. Les cothurnes, chargés de cinq cents livres de plomb, que l'hercule Athanatus portait sur la scène, devaient être en cuir très-fort ; il y en avait aussi de pourpre :

Puniceo stabis suras evincta cothurno.

Et même de laine :

Sume laneos cothurnos, semper relluos calceos.

Ces derniers n'étaient pas d'une grande solidité [1]. Le cothurne est figuré sur les monuments avec des revers plus ou moins riches ; il est tantôt lacé, tantôt boutonné, tantôt maintenu par des courroies diversement agencées ; il appartient aux chasseurs, aux héros, aux militaires. Les Romains, néanmoins, ne l'acceptaient pas comme leur, car Cicéron s'élève contre l'insolence de Tuditanus qui paraissait en public « cum palla et cothurnis [2]. »

Les *Perones* étaient une chaussure de peau non tannée :

Vestigia nuda sinistri
Instituere pedis ; crudus tegit altera pero.

[1] PLINE, *Hist. nat.*, VII, 19. — VIRGILE, *Bucol.*, VII, 32. — *Querolus*, com. faussement attr. à Plaute. — « Sed tale est ut in dextro et lævo conveniat pede. » *Orig.*, *loc. cit.* — Les Grecs appelaient le cothurne Théramène, à cause de l'ambiguïté politique (πολιτείαν ἀμφοθερισμόν) de ce personnage. *Onom.*, *loc. cit.*

[2] V. *Ant. expl.*, I, 151 (Bacchus) ; III, 2 (Prusias) ; IV, 2 (Télamon et Marcus Nævius ; etc. — RICH, *loc. cit.* — *Philip.*, III, 6.

Avec le poil tourné en dedans :

> Nil vetitum fecisse volet, quem non pudet alto
> Per glaciem perone tegi, qui summovet Euros
> Pellibus inversis.

Ces vers nous apprennent en outre que le *pero* couvrait les jambes [1]. Suivant Isidore, les *perones*, « rustica calciamenta » avaient une semelle garnie de clous (*clavati perones*); ils chaussaient les laboureurs, les bergers, les chasseurs et généralement tous les individus qui menaient la rude existence des champs. Les monuments figurent ce *calceamentum*, tantôt comme une botte molle, fermée, montant plus ou moins haut, tantôt comme une espèce de cothurne lacé [2].

Callimaque et avec lui Pollux appellent *ἐνδρομίδες*, pluriel d'*ἐνδρομίς*, une chaussure particulière à Diane. Un grand nombre de figures de la déesse portent une sorte de cothurne, qui couvre tout le pied en laissant les orteils à nu. Ce cothurne, très-convenable pour la course, ne peut être autre chose qu'un *endromis*. Il n'a pas de nom en latin, mais il est difficile à méconnaître dans la description minutieuse que fait Sidoine Apollinaire du *calceamentum* de la déesse Roma :

> Perpetuo stat planta solo, sed fascia primos
> Sistitur ad digitos ; retinacula bina cothurnis

[1] VIRGILE, *Eneid.*, VII, 689. — JUVÉNAL, *sat.* XIV, 185.

[2] Navem si poscat sibi peronatus arator.

PERSE v. 102. — V. *Ant expl.*, I, 187 (Diane) ; III, 177 (chasseur). *Dict. des ant.*, p. 474. — L. PERRET, *Les Catac.* t. IV, pl. 17, 5, et t. V, pl. 40, 132 (bon pasteur), etc. — Quant aux « perones effœminati » de Tertullien, ils sont une allusion de l'écrivain aux *tzangues* importées à Rome par les orientaux, chaussures qu'il désigne certainement sous le nom de *perones*, dans un autre de ses ouvrages (*De Pallio*, 5).

Mittit in adversum vincto de fornice pollex,
Quæ stringant crepidas et concurrentibus ansis
Vinclorum pandas texant per crura catenas [1].

L'*endromis*, qui chausse Diane et plusieurs autres statues antiques, apparaît fréquemment sur les bas-reliefs de la colonne de Théodose [2]. Marc Aurèle (nº 26 du Louvre) porte aussi l'*endromis*.

Plusieurs auteurs mentionnent le *Phæcasium*, φαικάσιον, mais aucun ne l'a décrit. Antoine ayant adopté en Égypte le costume grec, chaussa un *phæcasium* attique blanc, à l'usage des prêtres d'Alexandrie. Senèque donne à entendre que le *phæcasium* était particulier aux philosophes et coûtait assez cher ; Pollux cite un vers de l'*Hermès* d'Érathostènes où on le présente comme très léger ; Pétrone, qui l'attribue aux deux sexes, nous apprend qu'il n'avait rien de militaire [3]. Tout cela est bien vague, je le sais, mais un passage du *Satyricon* m'a conduit à une hypothèse que je veux présenter au lecteur. « Venit ergo (Fortunata) galbino suc-

[1] *In Delum*, 237 ; *In Dianam*, 16. — *Carm.* II, *Ad Anth.*, 400. La plante du pied pose sur une semelle droite, mais l'empeigne s'arrête à la naissance des orteils ; le pouce renvoie d'un côté à l'autre deux courroies fixées au sommet du cothurne et qui, après avoir traversé des œillets correspondants, se croisent sur la jambe en chaînes repliées.— ENDROMIS, lat. signifie *manteau grossier*.

[2] *Ant. expl.* III, 157 (Etrusque) ; IV, 1 (Pyrrhus); I, 87 (Diane); etc., etc. *Dict. des ant.*, p. 245.—*Imp. Orient.*, *loc. cit.*

[3] « Ὑπόδημα λευκὸν Ἀττικόν. » APPIEN, *de Bello civ.*, l. v. — « Pythagoricus quidam emerat a sutore phæcasia, rem magnam non præsentibus nummis. » *De Benef.*, VII, 21.

Πέλμα ποτὶ ῥάπτεσκεν ἐλαφροῦ φαικασίοιο.

Soleam olim suebat tenuis phæcasii. *Onom.*, loc. cit. — « Age ergo.... in exercitu vestro phæcasiati milites ambulant. » *Satyric.*, 82.

« cincta cingillo, ita ut infra cerasina appareret tunica, et « periscelides tortæ, phæcasiaque inaurata. » L'auteur suit évidemment ici tous les détails de la toilette de Fortunata, à partir de la ceinture vert-pâle qui retient sa robe; la tunique cerise, puis les jarretières en torsade, enfin les *phæcasia* dorés. Malgré l'impudeur des dames romaines, il n'est guère probable que l'épouse de Trimalcion fût retroussée jusqu'aux genoux; des anneaux ciselés contournant sa cheville l'eussent certainement incommodée; à quel endroit se trouvaient donc les *periscelides?* A mi-jambe, où ils maintenaient sa chaussure légère et précieuse. Un vase peint, reproduit par Hope, représente une amazone chaussée de courts brodequins retenus par des jarretières flottantes et ornées de perles; ces brodequins ne seraient-ils pas le *phæcasium*[1]?

Pollux nomme ἐμβάδες des chaussures grossières, inventées par les Thraces et ayant l'aspect de cothurnes peu élevés. La statue d'Antinoüs Aristée (n° 258 du Louvre) porte une *embas* lacée par devant. Il faut probablement ranger dans la même catégorie, les ἐμβάτα, analogues aux *socci* des comédiens, les ἔμβαθρα, et surtout l'εὐμαρίς, chaussure d'origine barbare, faite de peau de cerf et commune aux deux sexes. Athénée attribue à Bacchus des *embades* dorées, ἐμβάδας χρυσοβαφεῖς; quoiqu'un pied votif de bronze, figuré dans l'*Antiquité expliquée*, ait les orteils découverts, j'y vois

[1] *Satyric.*, 67. — Lorsque les figures nudipèdes des peintures de Pompei ont des anneaux aux jambes, ils sont toujours placés sur la cheville; quand les figures sont chaussées, au contraire, la *periscelis* contourne le mollet. Les *periscelides* étaient une parure de courtisane :

Nota refert meretricis acumina, sæpe catellam
Sæpe periscelidem raptam sibi flentis.

HORACE, *Ep.*, I, 17, 56. — *The cost. of the Ancients.*

un riche spécimen de cette *embas* du dieu des buveurs [1].

IV. *Chaussures incomplètement déterminées.* — La *Baxea* égyptienne de roseaux tressés fut adoptée par les Romains, s'il faut en croire ce vers de Plaute :

Quis iste est peniculus? Qui extergentur baxeæ.

Sa matière constitutive varia évidemment plus tard ; Tertullien montre la *baxea* enrichie d'or et de pourpre ; Isidore en fait une chaussure de théâtre, « *calceamentum comœdorum.* » La *braxea* appartenait aux femmes seules [2].

Les *Conipedes*, κονίποδες, étaient des souliers minces, convenables pour la vieillesse ; leur semelle légère garantissait à peine le pied contre la poussière, de là le nom qu'ils portaient (κόνις, poussière). Clément d'Alexandrie regarde les *conipedes* comme un genre de *soleæ* [3].

Le luxe des *calcei sycionii* (Σικυώνια), importés de Sycione en Achaïe, était proverbial à Rome :

Unguenta et pulchra in pedibus Sycionia rident.

Les hommes néanmoins s'abstenaient d'en mettre : « Calceos Sycionios attulisses, non uterer, quamvis essent habiles et apti ad pedem, quia non essent viriles. » Clément d'Alexandrie parle des crépides attiques et sycioniennes; Lucien recommande leur usage à son élève, tout en convenant que la première était une chaussure de femme très découpée

[1] *Onom.*, loc. cit — *Deipnos.*, v, 7. Lucien chausse aussi Bacchus de πορφυρίδα καὶ χρυσῆν ἐμβάδα, et Synésius (*Ep.* 52) raconte qu'il a acheté des *embades* perforées (ἀνατρήτους ἐμβάδας.) — T. III, pl. 35.

[2] *Menech.*, II, 3, 40. — « Soccus et baxea quotidie deauratur, Mercurius et Serapis non quotidie. » *De Idol.* — *De Pallio.*

[3] *Onom*, loc. cit. — *Pædag.*, II, 11, *de Calc.* — *Rhet. Præcept.*, 15.

(πολυσχιδὲς) et il fait de la seconde une *embas* en feutre blanc, πίλοις τοῖς λευκοῖς ἐπιπρέπουσα [1].

Les *Ascerae*, ἀσκέραι étaient des chaussures velues, bonnes pour l'hiver. Pollux présente l'*Arbyla*, ἀρβύλη, comme grossière ; Nonnosus en fait une sandale : elle devait s'attacher avec des lanières de peau, témoin le vers d'Eschyle cité dans l'*Onomasticon* :

Πέλυντρ' ἔχουσιν εὐθέτοις ἐν ἀρβυλαῖς [2].

Il est difficile de déterminer la nature des *Udones*, connus seulement par le titre d'un épigramme de Martial :

UDONES CILICII
Non hos lana dedit, sed olentis barba mariti ;
Cyniphio poterit planta latere sinu [3].

Ces vers donneraient à entendre que l'*Udo* cilicien, espèce de chausse en poil de chèvre, avait des analogues en laine. Je reviendrai sur les *Udones* à l'article CAMPAGUS.

Les Grecs avaient un grand nombre de chaussures dont les noms seuls sont restés ; il est donc impossible, faute de détails, de savoir si les monuments gardent quelques traces des variétés de *calceamenta* dont Pollux a enregistré la nomenclature. Toutefois, en appliquant à leurs modes nouvelles le nom d'un pays, d'un homme célèbre par son élégance ou sa popularité, les modernes n'ont rien inventé de neuf. Les an-

[1] LUCRÈCE, IV, 1121. — CICÉRON, *de Orat.*, I, 54. — *Pædag.*, loc. cit.

[2] « Εὐτελὲς τὴν ἐργασίαν. » *Onom.*, loc. cit. — PHOTIUS, *Bibl.*, III. — NONNOSUS. — POLLUX, loc. cit. — SUIDAS dit que les ἀσκέραι étaient une chaussure attique.

[3] XIV, 14.

ciens les devancèrent sur ce point comme sur tant d'autres ; nos vêtements à la Brummel, à la Bolivar, à la d'Orsay, à la Suwarow, à l'anglaise, etc., etc., trouvent leurs analogues dans les *Amyclaïdes*, chaussure de bon goût, les *Argiennes*, les *Rhodiaques*, les *Laconiennes*, de couleur rouge ou blanche [1], les *Thessaliennes*, les *Colophoniennes*, les *Mynnaciennes*, les *Iphicratides*, les *Déimiades*, les *Alcibiadiennes*, et les *Smindirydiennes*. Aux femmes en particulier étaient réservés les *Baucides*, précieuse chaussure jaune safran, la *Peribaris*, l'ἄφρακτον, soulier découvert, les *Gymnopodes*, les νυκτιπήδηκες, sandales nocturnes, les καννάβια, de chanvre, les *Persiques*, les μεσοπερσικαί, les φιτταχίδες, les νεσσίδες, les *Séleucides*, les *Ambraciennes*, les ἀμφίσφυρα, dont le quartier entourait la cheville et l'ἀκροσφύριον sorte de bottine. Les hommes portaient encore l'ὑπίσχλος, remarquable par sa richesse, le καρκίνος qui avait peut-être des *ligulæ* découpées en pattes de crabe, le ῥίνθος, vraisemblablement pointu, l'ὑπόσχισμα, soulier commun, et le πρόσχισμα, chaussure sénile ouverte pardevant. Les βλαῦτα ou βλαῦδες étaient une espèce de sandales [2]; l'ἑταιρικὸν appartenait aux courtisanes [3].

L'ouvrier en chaussures, *sutor*, ῥάπτης, tirait son nom du verbe *coudre* ou, suivant Isidore, de ce qu'il employait des soies de porc. Les cordonniers anciens, comme les nôtres, exécutaient leur travail sur une forme (*forma, tentipellium*, καλόπους, καλοπόδιον)[4]. Alexandre Sévère constitua en corpo-

[1] ATHÉNÉE, l. v, 14, dit que le prêtre d'Hercule avait des chaussures laconiennes blanches.

[2] César, le dernier jour de son triomphe, se montra, après souper sur le Forum, couronné de fleurs et chaussé de *blautæ*. DION CASSIUS, l. 43.

[3] *Onom.*, loc. cit.

[4] « Sutores nuncupati sunt, quod in settis filo porcorum setis suant, id est consuant quasi setores. Caligarius vero non a calo pedum, sed a calo, id est

ration les cordonniers de Rome; leur atelier, *calcearia officina*, *sutrina*, est traité de boutique du diable « sutrina Veneria » par Tertullien [1]. Selon la spécialité qu'il affectait, l'artisan ajoutait, ou plutôt substituait à l'idée absolue, *sutor*, la qualification déterminante, *calceator*, *calcearius*, *calceolarius*, *κρηπιδοπώλης*, *crepidarius*, *caligarius*. Ces mots, toutefois, se prennent ordinairement au substantif; *sutor crepidarius* ne se lit que dans Aulu Gelle [2], et si *sutor caligarius* apparaît sur quelques inscriptions, on peut, comme je l'ai dit ailleurs, l'interpréter dans un double sens.

L'état de cordonnier exige chez nous un certain talent, il en était de même à Rome, et Horace ne partage pas l'opinion du philosophe Hippias d'Elée qui faisait sa chaussure lui-même :

> Sapiens crepidas sibi nusquam
> Nec soleas fecit [3].

ligno vocatus, sine quo consui calceamenta non possunt, quod Græci calopodium dicunt. Fiebant autem prius ex salice tamen. Hinc et calceamenta dicta quod in calo, id est in ligno fiant, vel quod calceentur. » *Orig.*, loc. cit. — Rich, loc. cit., peinture d'Herculanum.

[1] « Corpora omnium constituit vinariorum, lupinariorum, caligariorum et omnino omnium artium. » Lampride, *Alex. Sev.*, 33. — *De Pallio*, 5. — Un quartier d'Athènes, Βλαύτη, tirait son nom d'une forme de *blauta* en pierre, consacrée par un cordonnier. (Pollux, loc. cit.; Hésychius.) A Rome on trouvait le *vicus sandalarius* où Auguste fit placer la magnifique statue d'Apollon *sandaliarius*. (Aulu Gelle, xviii, 4; Suétone, *Aug.*, 57.) — La ville d'Anthylla, en Egypte, jouissait d'une grande réputation pour ses chaussures. (Hérodote, ii; Etienne, *de Urb.*)

[2] La citation de Sempronius Asellio porte *sutor crepidarius*, mais deux lignes plus bas, *crepidarius* est employé seul. xiii, 21. — V. Gruter, *Insc.*, 649, 1.

[3] Cicéron, *de Orat.*, iii, 32. — *Sat.*, I, 3, 127.

CHAPITRE III.

CHAUSSURES IMPÉRIALES, A ROME ET A BYZANCE.

L'étude consciencieuse des monuments figurés prouve que la seule différence admissible entre les chaussures patriciennes ou même vulgaires et la chaussure du maître suprême, l'Empereur, résidait plutôt dans la couleur et l'ornementation que dans la forme générale. Toutefois, certaines désignations spéciales n'étant employées par les écrivains qu'au sujet des *calceamenta imperialia*, j'ai cru devoir consacrer à ces derniers un chapitre séparé.

Nous avons vu Caligula paraître en public avec des *socculi* de perles. Héliogabale portait sur sa chaussure des pierres précieuses et même des intailles, qu'Alexandre Sévère supprima lors de son avénement au trône[1]. Aurélien, en interdisant les souliers rouges aux hommes, semble avoir réservé cette couleur pour l'usage exclusif de la dignité souveraine. Carin, à l'exemple d'Héliogabale, « habuit gemmas in calceis ; » enfin Dioclétien rendit obligatoire la présence des joyaux sur le costume impérial[2]. Mais si l'on excepte le fils de Julia Soémias, nul, peut-être, ne poussa aussi loin que Gallien le luxe des vêtements, et c'est dans son histoire qu'il faut chercher la première mention de deux chaussures, affectées après lui aux monarques de l'Occident et de l'Orient, le *campagus* et la *zancha*.

[1] LAMPRIDE, *Heliog.*, 23 ; *Alex. Sev.*, 4.

[2] VOPISCUS, 17. — « Ornamenta gemmarum vestibus calceamentisque « (Diocletianus) indidit ; nam prius imperii insigne in chlamyde purpurea « tantum erat. » EUTROPE, IX, 16

I. *Campagus.* — Après avoir énuméré la chlamyde de pourpre, les riches fibules, la tunique rouge et or, le baudrier orné de pierreries, qui formaient la parure de Gallien, Trebellius Pollio ajoute : « Caligas gemmatas annexuit, « quum campagos reticulos appellaret. » D'autre part, Julius Capitolinus dit à propos de Maximin le jeune : « Calceamentum ejus, id est, campagum regium... posuerunt... « quum de longis atque ineptis hominibus diceretur, caliga « Maximini [1]. » De ces deux textes il résulte évidemment que le *campagus* était une sorte de calige, attachée avec des courroies disposées en réseau sur la jambe et le pied nus, au lieu d'être contournées en cercles parallèles : Hoffmann ne le comprend pas autrement [2].

Je n'ai rencontré qu'un spécimen antique bien caractérisé du *campagus;* il appartient à un chef scythe, figuré sur la colonne de Théodose, et diffère peu de la chaussure des *Highlanders* : mais on ne peut guère se fier à l'exactitude des gravures de Banduri, et le personnage que je cite prête beaucoup à la critique quant à la forme exacte des *pedules.* Il faut donc chercher ailleurs pour savoir si le *campagus* était une *solea* ou un *calceus.* Le consul Basilius porte des souliers compris sous un réseau, et l'empereur Lothaire, un cothurne enveloppé par les mailles d'un filet d'or; un Nicéphore Botoniate et aussi le monarque byzantin, tissé au centre du suaire de Bamberg, laissent soupçonner une chaussure analogue que les vers suivants de Corippus décrivent incontestablement :

[1] *Gallienus pat.*, 16. — *Vit. Maxim.*, 28.

[2] « Fuerunt autem et campagi ex genere solearum, non integra solidaque « pelle crura operientes, sed fasciis multis reticulatim implexis gerentes. » (Etym. καμπή, *flexura.*) *Lex. univ.*, CAMPAGUS.

Purpureo suræ resonant fulgente cothurno ;
Cruraque puniceis induxit regia vinclis,
Parthica Campano dederant quæ tergora fuco,
Qui solet edomitos victor calcare tyrannos,
Romanus princeps et barbara colla domare :
Sanguineis prælata rosis laudata rubore,
Lectaque pro sacris tactu mollissima plantis :
Augustis solis hoc cultu competit uti,
Sub quorum est pedibus regum cruor, omne profecto
Mysterium certa rerum ratione probatur [1].

Or, à mon sens, le poète établit ici une distinction tranchée entre les deux parties de ce *calceamentum* réservé aux seuls Augustes; en dessous, un cothurne de pourpre, en dessus, des courroies de cuir persan teint en Campanie : les courroies tiennent, à n'en pas douter, au *campagus ;* quel nom recevait le cothurne dans le langage ordinaire? *Udo.* Martial appelle ainsi une chaussure en laine ou en poil de chèvre; Ulpien range les *odones* parmi les *calceamenta ;* la *Donation* de Constantin attribue aux clercs de l'Église romaine les sandales blanches sénatoriales avec les *odones* (ὑποδήματα ἤτοι σανδάλια λευκὰ διὰ ὀδονίων) ; saint Epiphane traite les ὀδόνια de braies (βράκαι); enfin l'*Ordo V*, par deux fois, fait chausser au Pape les *odhones* avant le *campagus*, et cette place leur est nettement assignée par Théodulfe :

[1] *Imp. Orient.*, II, pl. 4. — *Ant. expl.*, III, 1. — *Les Arts sompt.* I, pl. 11. — WILLEMIN, pl. 40. — *Mél. d'arch.*, II, 32. (La miniature byzantine de la bibl. imp. et l'étoffe trouvée dans le cercueil de Gunther (XIe siècle) ne présentent malheureusement qu'un échappé de la jambe des personnages ; leur chaussure rouge est ornée de bandelettes et de perles ; au talon et à la pointe du pied apparaît une fleur polylobée. — *De Laud. Justini jun.*, II, 104.

Linea crusque pedesque tegant talaria, ut apte,
Qui super addatur, campagus ipse decens [1].

Les rapports de l'*udo* avec le *campagus* préciseront la nature du dernier; en effet, l'*udo*, désigné comme *calceamentum* par un jurisconsulte, ne pouvait être à cause de cela inclus sous une enveloppe superposée : donc le *campagus* primitif n'était qu'une semelle ou une sandale très-découverte attachée au moyen de cordons. Le lecteur me pardonnera cette excursion prématurée hors du domaine laïque; sans l'aide des textes ecclésiastiques, la question demeurerait probablement insoluble [2].

Une miniature du manuscrit 510 de la bibliothèque impériale (IXe siècle), deux peintures byzantines du XIe siècle au Louvre, représentent divers personnages dont les jambes et les pieds disparaissent sous des bandages blancs, analogues aux appareils chirurgicaux pour la réduction des fractures. Ces chaussures bizarres ne sont autre chose que des *odones* et des *campagi* ou *xyrides* [3].

[1] *Epig.*, XIV, 140. — « Alia causa est odonum quia usum calceamentorum « præstant. » *Dig.*, 34, 2, 25. La distinction est établie entre les *odones* et les bas ou les chaussons. — DU CANGE, *Gloss.*, UDO. — *Contrà Catharos.* — *Mus. Ital.* II, p. 64. — *Paræn. ad Episc.*, V, III, 458.

[2] On trouvera la preuve de ce que j'avance dans le Ménologe de Basile II, (ms. du Vatican, X[e] ou XIe siècle, publié à Urbin, in-fol., 1737.) Les figures gravées, t. I, p. 7, 47, 51, 114, 115 et 199, présentent des *campagi* dont le *pedule* est une sandale très-découverte ou plutôt une *carbatina*. Divers personnages, t. II, p. 79 et 208, sont chaussés de *campagi* complétement réticulés, où le pied n'est garanti que par une simple semelle. Partout les *udones* sont nettement indiqués ; ils s'arrêtent en bourrelet à mi-jambe.

[3] *Les Arts sompt.*, t. I, pl. 31 : Saint Léonce et saint Georges, pl. 57, 59. — La fig. de Zacharie (Bibl. imp. 64, Xe siècle) est chaussée de *campagi* et d'*odones* bruns. Les *campagi* se nommaient en grec ξυρίδες, sans doute parce que leurs courroies rappelaient la feuille étroite et allongée du glaïeul, καμπάκια et ζυγάδαδια. SUIDAS.

II. *Zancha.* — Dans une lettre conservée par Trebellius Pollio, Gallien compte au nombre des présents qu'il envoie à Claude le Gothique « Zanchas de nostris Parthicis, paria tria. » Une loi des fils de Théodose prononce l'exil contre tout individu qui se permettrait à Rome l'usage des braies et des *tzangues*[1]. L'historien Procope mentionne, parmi les insignes accordés aux satrapes héréditaires d'Arménie, une chaussure rouge, montant jusqu'au genou, que l'Empereur et le roi de Perse avaient seuls le droit de porter[2]. Enfin Codin, après avoir dit que les souliers impériaux (ὑποδήματα) étaient déposés dans le vestiaire, signale une autre espèce de chaussure nommée Τζαγγία, chargée, sur les flancs de la tige et du quartier, d'aigles brodées en or, avec des perles et des pierres précieuses. L'Empereur mettait les *tzangues* quand il assistait aux processions et aux litanies; l'ouvrier qui confectionnait ces bottes ne s'appelait pas τζαγγαριος, mais bien τζαγγάς[3]. Je ne suis pas assez versé dans les langues sémiti-

[1] *Claud.* 17. — *Arc. et Hon., Cod. Theod.*, XIV, 10, 2. « Usum tzangarum adque bracharum intra urbem venerabilem nemini liceat usurpare. »

[2] « Ὑποδήματα μέχρι ἐς γόνυ φοινικοῦ χρώματος, ἃ δὴ βασιλέα μόνον Ῥωμαίων τε καὶ Περσῶν ὑποδεῖσθαι θέμις. » *De Ædif. Justin.*, III, 1. — LUITPRAND donne à cette chaussure le nom de caliges : « Rubricatarum pellium caligis, ut isthic (C. P.) imperatorum moris est uteretur. » *Antapod.*, III, 36.)

[3] L'empereur Nicéphore était « sycioniis calceamentis calceatus » quand il donna audience aux ambassadeurs d'Othon. LUITPRAND, *Leg.* C. P., 3. *De Off.* C. P., V, 14. « Ἔχοντα ἐκ πλαγίων κατὰ τὰς κνήμας καὶ ἐπὶ τῶν ταρσῶν, « ἀετοὺς διὰ λίθων καὶ μαργάρων. — V. encore la *Chronique de* PHRANTZÈS, III, 18, où il est dit que le cadavre de l'Empereur fut reconnu à sa chaussure particulière sur laquelle étaient des aigles brodées en or et la *Chronographie* de THEOPHANES, p. 263 « Ἐκ τῶν ἀληθινῶν γὰρ τζαγγίων ἐγνωρίζετο » — Les Latins nomment les *tzangues* impériales *ocreæ* ou *caligæ* : « Ocreis, ut mos « est in illo imperio insignitus purpureis... Augustus appellatus est. » GUILLAUME DE TYR, l. 15, c. 23. « Caligis rubeis secundum morem indutus. » ALBÉRIC.

ques pour suivre Hoffmann sur le terrain des étymologies et prétendre que τζαγγία dérive de l'arabe *tzagath*, mais j'ai l'intime conviction qu'un mot, où la sifflante ζ est redoublée par l'antéposition d'un τ ou d'un δ (certains écrivent δζαγγία), ne peut être grec et qu'il a été emprunté à l'un de ces idiômes orientaux si abondants en consonnes. Aux faits que je viens d'exposer, si l'on veut bien adjoindre ma citation antérieure des *tzangues persiques* du roi des Lazes, on conclura de l'ensemble, sans hésiter, que les *tzangues*, chaussures personnelles aux souverains de Byzance, étaient de hautes bottes rouges, en maroquin ou cuir de Russie brodé avec l'art merveilleux, encore aujourd'hui déployé par les Asiatiques dans ces sortes d'ouvrages.

Une médaille de Licinius (308-323) le représente en costume impérial, chaussé de *tzangues* molles, formant entonnoir. Basile II (976-1025) est peint sur un psautier de la bibliothèque impériale avec des *tzangues* couvertes de perles et montant jusqu'aux genoux. Un autre manuscrit byzantin de la même collection (XIe siècle) montre les figures de Salomon et de plusieurs rois avec des *tzangues* pourpres ou écarlates, mais dénuées d'ornements. On aperçoit des *tzangues*, brodées aux chevilles, sous le *paludamentum* de Justinien (mosaïque de Ravenne). Enfin, ce qui prouve surabondamment l'origine orientale des *tzangues*, l'image de saint Jacques le Persan, Περσις, au musée du Louvre (XIe siècle), en porte de blanches, tout à fait semblables aux *perones* latins. Or, Tertullien nomme *perones* les chaussures luxueuses des Parthes et des Mèdes, et certaines bottes sont encore appelées *zancæ* dans quelques textes latins du moyen-âge[1].

[1] MALLIOT, *Rech. sur les costumes*, t. I, pl. 49, 4, d'après Khell. — Les *tzangues* de Licinius ne diffèrent pas des bottes scythes figurées sur le vase

Aux grands dignitaires de l'empire d'Orient incombait aussi une chaussure distinctive. Les souliers (ὑποδήματα) du Despote étaient bicolores (διβολέα), pourpre foncé (ὀξέως) et blanc, avec des aigles en perles sur les côtés et le quartier; l'empeigne présentait l'aspect d'une mosaïque. Les souliers du Sébastocrator, bleu-céleste (ἀεράνεα), portaient aux mêmes places des aigles tissées ou brodées en or sur un fond écarlate; ceux du César, du Panhypersébaste et du Protovestiaire, sans ornements, étaient bleu-céleste, jaune citron et de couleur verte[1]. Tout haut personnage, déchu de son rang ou tombé en défaveur, échangeait sa chaussure éclatante contre des brodequins noirs; j'en ai trouvé maints exemples dans Pachymère.

Je serai bref relativement aux chaussures d'impératrices, difficiles à apprécier sur les monuments à cause de l'ampleur des robes. Les souliers de Théodora (Ravenne) sont dorés,

de Koul-Oba. — D'Agincourt, *Peint.*, pl. 47, 5. — *Les Arts sompt.* t. 1, pl. 44, 45, 58. — *De Hab. mul.* — « Similiter accersivit sutores calceamentorum, « precepit illis ut magnas zanchas ex hircorum pellibus operarent. » *Vit. S. Maximiani*, ap. Muratori, t. ii, p 105. Le préfet de Rome, en diverses circonstances, chevauchait à côté du Pape « calceatus zanca una aurea, id est una caliga, altera rubea. » *Mus. Ital.*, t. ii, p. 170, *Ordo* xii. — Contelorio, *De Præf. urbis*, ap. Sallengre, t. i, p. 517, pl., p. 519.

[1] Codin, iii, 6 : « Ἔχοντα ἀετοὺς μαργαριταρείνους ἐκ πλαγίων τε καὶ ἐπὶ τῶν ταρσῶν ἤτοι ἐπάνω τῶν ὑποδήματων τῶν μουζακίων. » id., ibid. 17 : « Ἀετοὺς συρματείνους εἰς αέρα κόκκινον. » L'interprète latin rend ce passage par « Aquilas fimbriatas desinentes in umbonem coccineum. » J'ai pensé qu'il valait mieux traduire ainsi : « Aquilas auro textas in campo coccineo. » La mention, faite par Nicéphore Grégoras (iv, 1) des souliers du Sébastocrator, « ὅτι ἐν τοῖς κυανοῖς πεδίλοις καὶ χρυσοῦφαῖς αὐτῷ ἐνηρμόζοντο ἀετοί. », porte à croire que les aigles étaient brodées et non tissées. (Ἐναρμόζω, j'adapte, arrange, ajuste.) — Codin, *loc. cit.*, 23 et iv, 4 et 5. Dans leurs souliers, le Despote, le Sébastocrator et le César avaient des κάλτζαι, *caligæ* : ce vêtement sera expliqué plus loin.

avec une empeigne très-découverte et un quartier bas; ceux d'une sainte Hélène (IXe siècle), arrondis à l'extrémité et de couleur rouge, se distinguent par une bande longitudinale (*linea*) ornée de pierreries. Le *calceamentum* d'Eudoxie, enrichi de perles, ne diffère en rien de la chaussure de son mari Romain Diogène (1068) également cachée sous une tunique talaire[1].

CHAPITRE IV.

COUP D'ŒIL RAPIDE SUR LES CHAUSSURES DU MOYEN AGE.

J'ai, dans un précédent chapitre, indiqué la forme des chaussures usitées chez les peuples barbares cantonnés dans l'Europe orientale avant leur établissement définitif sur le sol romain. Certains d'entre eux ont été omis, à savoir les tribus germaniques qui, devenues maîtresses de la Gaule, enfantèrent cette reine de la civilisation, cette élégante arbitre du goût et de la mode qu'on appelle la France. L'omission a été faite à dessein, d'abord parce que l'immense majorité des vainqueurs copia la cordonnerie des vaincus, comme ceux-ci, en semblable occurrence, avaient copié l'Asie et la Grèce; ensuite, parce que les Francs, ayant fondé la plus durable de toutes les dominations nouvelles qui se substituèrent à l'Empire d'Occident, eurent sur les autres envahisseurs une influence incontestée. D'ailleurs, sans exagération d'amour-propre national, la France au Moyen-Age peut être considérée comme un centre autour duquel rayonnèrent tous les éléments de la société moderne.

[1] Mss. 510, Bibl. imp ; *Arts sompt.* I, pl. 32.—Gori, *Thes.*, *vet. dipl.*, III, 1.

Sidoine Apollinaire (Ve siècle) décrit ainsi la chaussure des compagnons du jeune prince (*regius juvenis*) burgunde, Sigismer : « Quorum pedes primi, perone setoso, talos adus-« que vinciebantur. Genua, crura, suræque sine tegmine[1]. » Le défaut de monuments figurés empêche de savoir si nos ancêtres conservèrent longtemps ces bottines velues qui outrepassaient à peine la cheville, en laissant à nu le reste de la jambe. Il est vraisemblable que l'usage en demeura parmi les classes inférieures, mais, lorsqu'en 508, Clovis eut reçu de l'empereur Anastase le titre et les insignes de Consul[2], les grands, toujours disposés à suivre l'exemple du maître, durent se laisser peu à peu entraîner vers les magnificences du costume romain. Les guerriers, semi-romains, semi-barbares, sculptés en porphyre rouge, sur la place Saint-Marc, à Venise, portent des *calceoli fenestrati* très-découverts, attachés avec des courroies croisées dans le genre des anciennes chaussures patriciennes. M. Pottier ne veut pas assigner à ces bas-reliefs une date postérieure au VIe siècle[3], et ils appartiennent, sans aucun doute, à la période comprise entre l'invasion germanique et la renaissance carolingienne. Le VIIIe-IXe siècle fournit les premiers renseignements exacts que nous possédions sur les *calceamenta* franco-gaulois. Eginhard rapporte que Charlemagne « vestitu patrio id est Francico « utebatur »; qu'il couvrait ses jambes de *tibialia* serrés avec des bandelettes, et que sa chaussure adhérait fortement aux pieds. Les mosaïques du *Triclinium* de Léon III, à Saint-Jean de Latran, prouvent la vérité de cette assertion. Bien que l'historien précité mentionne plus bas la répugnance éprouvée par l'empereur à l'égard des vêtements étran-

[1] Lib. IV, Ep. 20.

[2] GRÉGOIRE DE TOURS, *Hist. Franc.*, II, 38.

[3] *Monum. Franc. inéd.*, pl. 3 et p. 2.

gers, répugnance telle, que les pressantes instances des papes Adrien et Léon le décidèrent seules à prendre à Rome la longue tunique, la chlamyde et les « calcei Ro- « mano more formati, » il n'en n'est pas moins certain qu'une sorte de *campagus* était sa chaussure ordinaire. Or, excepté les jours de fête, Charlemagne s'habillant comme la masse de ses sujets[1], il faut en conclure qu'au IXe siècle, le modèle des chaussures franques primitives était déjà oublié. Les souliers, élégamment ajustés avec des courroies croisées sur les *tibialia*, sont bien loin du *pero setosus* et des jambes nues dont parle Sidoine Apollinaire[2].

L'usage du *campagus* persista sous les successeurs de Charlemagne. Un poète contemporain narrant les circonstances qui accompagnèrent le baptême d'Herold, roi de Danemarck, cérémonie faite devant Louis-le-Débonnaire et sa cour (826), revêt le néophyte de chaussures à courroies dorées et de gants blancs[3]. Plusieurs miniatures représentent

[1] « ...Et tibialia ; tum fasciolis crura et pedes calceamentis constringebat... Aliis autem diebus habitus ejus parum a communi et plebeio abhorrebat. » *B. Car. M., Vita*, 23. — C. Rasponi, *de Basil. et Patr. Later.*, c. xi, lit *tibiaria cum fasciolis*.—V. N. Alemanni, *de Later. pariet. rest.*, pl. 1, 4, 6. Rome, 1756, in-4°.

[2] Le Moine de Saint-Gall est là-dessus parfaitement explicite. « Erat antiquorum ornatus vel paratura Francorum, calceamenta forinsecus aurata, corrigiis tricubitalibus insignita, fasciolæ crurales vermiculatæ, et subtus eas tibialia ac coxalia linea, quamvis ex eodem colore, tamen opere pretiosissimo variata. » *De Gestis Caroli M.*, lib. I, cap. 36. Ce texte a, je le pense, induit en erreur tous les peintres archéologues qui n'avaient pas eu recours aux écrits de l'évêque de Clermont ; et voilà comment Herbé, avec tant d'autres, a pu confondre la chaussure des Francs de Clovis avec celle des Francs de Charlemagne.

[3] Perstringuntque pedes aurea plectra suos.
Aurea per dorsum resplendent tegmina latum
Ornanturque manus tegmine candidulo.

Ermoldus Nigellus, *Carm.* 382.

l'empereur Lothaire, Charles-le-Chauve, et leurs officiers avec le *campagus*, soit fermé, soit laissant les orteils à nu. On le rencontre encore aux IXe et Xe siècles sur divers monuments; au XIe, sur les peintures de Saint-Savin et sur la tapisserie de Bayeux où il sillonne les jambes des princes saxons et normands; au XIIe, sur quelques manuscrits [1]. Il disparait alors pour se confiner dans les montagnes de l'Écosse où il est resté jusqu'aujourd'hui la chaussure nationale des *highlanders* [2].

Le cothurne lacé fut aussi adopté par les Francs; la Bible de Charles-le-Chauve en fournit deux spécimens : l'un atteint le genou, l'autre, arrêté à la naissance du mollet, est orné d'un supplément de bandelettes croisées qui rappellent le *campagus* [3].

Bon nombre de peintures, exécutées du IXe siècle au XIVe, offrent des individus chaussés d'une sorte de bottine (*pero*) recouvrant plus ou moins la jambe. Tantôt retenues par des jarretières, tantôt flottant sur les chevilles, ces bottines en matière souple ont l'aspect d'un bas ou d'une chaussette; le Dictionnaire de Jean de Garlande, écrit pendant la seconde moitié du XIe siècle, nous en apprend le nom. « Tybialia dicuntur gallice *estivaus*. — Crepite (crepita ferina et monachalis), gallice *botes à creperon*. » Et ailleurs : « Equi-

[1] Bibl. imp. nº 256, anc. f. l. ; *Evang.*, Musée des Souv. ; *Bible de Charles-le-Chauve ;* WILLEMIN, pl. 6 et 17 ; *Evang. de saint Emmeran de Ratisbonne*, ap. ECKHART, *Comm. de rebus Franciæ orient.*, t. II, pl. à la p. 504, IXe s. — WILLEMIN, pl. 26. *Les Arts sompt.*, t. I, pl. 42. Bibl. de Cambrai, nº 304. Xe s. — Ibid., nº 487, XIIe s.

[2] Les chaussures attachées à la jambe avec des cordons croisés (cothurne, esclavage), étaient encore portées par les dames il y a trente ans. Ce retour de mode datait de la fin du XVIIIe siècle.

[3] P. LACROIX, *Histoire de la chaussure*, pp. 27 et 28, fig

« tibialia dicuntur *estivaux*, ab *equus, a, um*, quia adequantur « tibiæ[1]. » Il ne peut régner d'équivoque sur la signification constante des mots *estivaux* et *botes* au Moyen-Age; les statuts de l'hôpital Saint-Julien, en Angleterre, donnés par Michel, abbé de Saint-Alban (XIVe siècle), attribuent aux lépreux de larges *estivaux* ou bottes; il en est de même pour les prêtres et religieux attachés à la maison : mais, à l'article qui concerne ces derniers, la valeur du terme *æstivalia* est nettement définie. « Calceamenta pedum sunt caligæ et æsti« valia, sint sotulares erecti, cum tribus, vel quatuor nodulis « circa tibias, quibus uti consueverunt. Sotulares vero bas« sos cum uno nodulo et laquetos omnino interdicimus et « damnamus[2]. » Les peintures de Saint-Savin (XIe siècle), et les figures des mois, empruntées à un manuscrit français du XIIIe siècle, présentent une série de paysans chaussés d'*estivaux* serrés autour de la jambe, et entièrement conformes

[1] Le texte porte « crepitas fovrineas. » — « Vel dicitur hæc *crepita* a *crepo*, quia *crepat*, id est sonat in incessu. » Ap. H. Géraud, *Paris sous Philippe-le-Bel*, App., p. 587 et 591. — Quelques uns font dériver *estivaux* (Ital., *stivale* botte, *stivaletto* bottine) du latin *æstivalis*, d'autres du roman *estuyer* (renfermer); pourquoi ce mot ne viendrait-il pas aussi bien d'*equitibialia* !

[2] Ap. Matthæi Paris, *Add. ad Vitas abb. S. Albani*, p. 162, 164, 168. — « Æstivalibus etiam largis seu botis altis pro calceamentis utantur. » *Cap. gen. S. Victoris Massil.*, 1312, ap. Du Cange.

Que ferai-je s'ils me tollent mes botes
Qui sont si grands que es pies me sabotent.
A chacun pas cuit les perdre en lencloistre,
Grand peor ai que nes perdre en la boe…

dit un moine du XIIIe siècle. (*Roman de Guillaume au Court nez.*) — Cæsarius d'Heisterbach (*Hist. mem.*, lib. VII, c. 30) nomme indifféremment les souliers de moine *boti* ou *cothurni*. Ap. Ménage, *Dict. étym. de la langue franç.*, Botte.

aux prescriptions que l'on vient de lire[1]. Les *tibialia* du IXe siècle ne dépassent guère la naissance du mollet, non plus que ceux des XIe et XIIe; il s'en trouve au Xe qui montent jusqu'au genou; les XIIIe et XIVe en ont de longs et de courts. Les couleurs étaient le blanc, le noir, le vert, le rouge et le jaune[2]; leur matière le cordouan ou la basane[3]. Les *estivaux*, durant la période ci-dessus, furent communs à toutes les classes de la société; la seule différence entre le riche et le pauvre résidait dans la finesse du cuir et l'élégance du travail. Ces bottines commodes s'adaptaient aux costumes propres à chaque circonstance et à chaque saison : on en faisait de fourrées, d'autres remplaçaient nos pantoufles nocturnes[4].

La fin du XIVe siècle vit naître une nouvelle mode d'*estivaux* fendus ou à tige tailladée (*incisi*); on en porta jusqu'au XVIe siècle conjointement avec les *estivaux* fermés. Ce dernier nom, toutefois, ne semble plus leur avoir été attribué en

[1] *Peint. de Saint-Savin*, pl. 12. *Les Arts sompt.*, t. I, pl. 93 et 94.

[2] V. ECKART, *loc. cit.*; MONTFAUCON, *Mon. de la mon. franç.*, t. I, pl. 27; *Les Arts sompt.*, t. I, pl. 23, 26, 27, 43, 50, 66, 67, 71, 78, 88, 80, 100; 123 (Italie); 147, 148 (Belgique); *Le Moyen Age*, etc., *Miniat. des ms.*, pl. F. Dd, J; *Id.*, cost. des ducs de Bavière; *Id.*, Corpor. des métiers, fol. IV, V. (vitrail.)

[3] « Hic quoque (Guarinus abbas) sotulares corrigiatos, pro ocreis de cute quam vulgus bazan appellat, commutavit. » MATTHIEU PARIS, *Vitæ abb. S. Albani*. Garin vivait au XIIe siècle.

[4] Uns estivaus forrés d'ermine
Chauça li rois.
Roman de Perceval.

« Pour la façon d'avoir fourré de gris rouge une paire de bottes de cuir fauve à relever de nuit » — « Haultes bottines à relever. » *Comptes de la maison d'Orléans*, XIVe siècle, ap. *Hist. de la chauss.*, p. 33, 60, 61.

France après le règne de Charles V; dès lors, *botte, bottine*, restent seuls en usage dans la langue[1].

Quoique, notamment à partir du XIVe siècle, on eût chaussé des *estivaux* à haute tige dont l'extrémité supérieure maintenue par une jarretière, se rabattait ou se relevait à volonté de façon à couvrir les genoux[2], la véritable botte équestre, formée par la réunion intime des *tibialia* et des *cruralia* ne semble pas antérieure au XVe siècle. On l'appela longtemps *huése, heuse, houseau*, traduction romane du latin *ocreæ, cruralia*[3]; le terme *botte* ne fut exclusivement appliqué qu'assez tard aux chaussures employées pour monter à cheval. Le plus ancien modèle de bottes éperonnées, que j'aie rencontré, se trouve dans le manuscrit de *Renaud de Montauban* (règne de Charles VII); on en voit également dans le *Livre des Marques de Rome* (1466) et les *Tournois du roi René*. Ces bottes en cuir souple pouvaient au besoin envelopper la cuisse du cavalier; elles furent l'origine des bottes molles à entonnoir, chaussure favorite des *raffinés* sous Louis XIII.

[1] « Quicunque incisos sotulares, quos vulgus estivallos vocamus portaverit. » *Stat. Ord. Cartus.*, part 2, cap. 1, § 1. (1368). — *Hist. de la chauss.*, p. 61, 67, 76, 78. — *Le Moyen Age*, etc., Vie privée, fol. xi., v. — *Les Arts sompt.*, t. i, pl. 152, 154; t. ii, pl 23, 30, 34, 35, 38 (paysans), 50, 51, 52, 53 (nobles ou officiers), 113, 123, etc., etc. — Willemin, pl. 127, (1314; estivaux bouclés ou lacés par devant du haut en bas).

[2] V. *Hist. de la Chauss.*, p. 48, 57, 58; 62, 63 (Angleterre); 64, 68 (Italie).

[3] Les mots *huése, heuse, house, houzeau* (*osa*) paraissent aussi avoir été employés durant tout le Moyen Age pour désigner les *estivaux* à hautes tiges. Après avoir assassiné l'empereur Alexis, « Marcuflex (Murzuphle) chaussa les hueses (tzangues) vermoilles, par laie et le conseils des autres Grecs. » Villehardoin, *Conq. de Constantinople*, n° 116. — Il a été surabondamment démontré ailleurs que les termes latins, *ocreæ, perones, odones, caligæ, tzangæ* répondent à l'idée que nous nous faisons des *estivaux*. « Monacho uti orario in monasterio, vel tzangas habere non liceat. » *Conc. Aurel.*, 1, 20 (511), etc.

La botte à tige raide (botte forte ou de postillon), type primordial de nos bottes à l'écuyère, ne date que de Louis XIV[1].

Les paysans et les classes inférieures, au IXe siècle, usaient de hauts *tibialia*, laissant à découvert les orteils maintenus par des courroies horizontales; je n'en connais pas d'exemples après la seconde race[2].

Dans son Capitulaire de 817, Louis-le-Débonnaire prescrit aux Religieux « subtalares per noctem in æstate duas, in « hieme vero soccos. » Plusieurs textes démontrent que la chaussure monacale et certainement rustique, appellée *soccus* au IXe siècle, était une galoche en feutre à semelle de bois, peut-être même un sabot; elle tenait du *soccus* romain en ce sens qu'elle n'avait pas de cordons et emboitait complètement le pied pour le préserver du froid[3]. Les *subtalares* (sub talo) au contraire étaient en cuir, à large empeigne, vraies sandales faciles à introduire[4]. En effet, les souliers du IXe siècle,

[1] T. I, p. 73, Bibl. de l'Ars. — WILLEMIN, pl. 167. — *Les Arts sompt.*, t. II, pl. 72. — Les Allemands eurent, vers la fin du XVe siècle, des bottes à retroussis tailladés. V. *Hist. de la Chauss.*, p. 76. — V. *Ibid.*, bottes à revers (1500), p. 81 ; bottes à entonnoir, p. 83 et sqq.; bottes fortes, p. 91.

[2] Bibl. imp 6802, anc. f. lat.; *Arts sompt.*, I, pl. 25. *Hist. de la Chaus* p. 29.

[3] *Cap. Monach.*, 22. — Filtra ad soccos faciendum XII. « *Const. Ansegisi*, *sæc. IV Bened.*, pars, 1, p. 639. — « Soccos filtrinos duos. » ADALHARD, *Stat. Corb.*, lib. I, c. 3. — « In monasterio vero etiamsi prolixius egressus est ad culturam, lignea tantum sola, quæ vulgo soccos monasteria vocant Gallicana continuato potitus est usu. » *Vita S. Lupicini abb. Jurensis*, n° 2. — SAINT PIERRE DAMIEN (*Vita S. Rudolphi*, c. XII) établit au XIe siècle une différence tranchée entre le *calceus* et le *soccus* : « Quamlibet gravis bruma rigesceret, simplicibus soccis muniebat pedes, cum tamen frater ejus solis calceis contentus esset. »

[4] « Subtalares non nimis stricti sint, sed competentur ampli... desuper vero alti sufficienter. » *Lib. ord. S.-Victoris Paris.*, c. 18, ap. DU CANGE. — Il est évident que les termes *sublalares*, *solulares*, appliqués d'abord aux chaussures ouvertes par opposition aux *socci*, désignèrent plus tard toute espèce de souliers.

échancrés en pointe sur le cou-de-pied, ont des quartiers arrêtés à la cheville. Au Xe siècle et au XIe, on porta des souliers montants, soit fermés, soit ouverts et maintenus avec des lacets ou des boucles [1]. Il y eut aussi des demi-souliers, pantoufles qui ne couvraient que l'avant-pied [2]. Jean de Garlande nomme les souliers *sotulares ;* Jean de Gênes fait venir *sotular* de *solea ;* je partage plus volontiers l'opinion qui voit dans *subtalaris* la forme première du terme dont nous avons obtenu *solers*, puis enfin souliers [3]. Aux XIIe et XIIIe siècles, les *solers* ou *soulers* (je néglige le reste des orthographes anciennes de ce mot) se montrèrent, tantôt très couverts avec des cordons noués sur le cou-de-pied, tantôt fortement échancrés et maintenus par des brides; d'autres étaient munis d'une double languette comme les *socci* des histrions étrusques ; chez d'autres, l'empeigne circulairement découpée laissait voir les chausses ; d'autres enfin, latéralement fendus, se laçaient comme nos brodequins de dames [4]. Ces formes diverses, plus ou moins altérées par le caprice des cordonniers, ont persisté jusqu'à nos jours ; néanmoins, grâce à un revirement subit de la mode, les chaussures, dont la pointe s'était démesurément allongée durant les XIV[e] et XV[e] siècles, passèrent d'un extrême à l'autre ; elles se raccourcirent tout à coup pour devenir rondes ou carrées. Le type nouveau, aussi disgracieux que l'exagération qu'il remplaçait (on en vit qui atteignaient 0[m]33[c] de large),

[1] *Arts sompt*., t. I, pl. 17, 42 ; WILLEMIN, pl. 41 ; ms. 609 Bibl. de Saint-Omer. — J. DE GARLANDE, loc. cit., p. 587.

[2] « Talibus est, ut ita dicam, dimidiis utebatur subtalaribus ut superior pars pedum videretur tecta. » *Vita S. Gudulæ*, n° 2.

[3] Loc. cit., p. 587. — *Catholicon*.

[4] V. WILLEMIN, pl. 88, 92, 94, 101, etc. *Hist. de la Chauss.*, p. 45 e 46 D'AGINCOURT, *Peint.*, pl. 68 (Italie). Sandales de Comminges, fig. B., etc.

domina pendant la première moitié du XVIe siècle. Il paraît originai. d'Allemagne ainsi que les souliers à crevées qui durèrent jusqu'à Henri IV. Les souliers dits *camus*, qui donnaient à l'homme bien portant l'apparence d'un goutteux, ne survécurent guère à François II ; Charles IX revint aux chaussures effilées, dites *en bec de cane*, dont Henri III écrasa la pointe. Le XVIIe siècle adopta un moment les carrures excessives, mais en dissimula le ridicule sous une profusion de nœuds et de dentelles[1]. On se tromperait toutefois en croyant que les chaussures monstrueuses envahirent complètement les peuples de l'Europe occidentale. Du XIVe siècle au XVIIe, bon nombre de gens surent garder un juste milieu et renfermèrent leurs pieds dans des étuis proportionnés aux dimensions de ces membres.

Il convient maintenant d'appliquer aux modes ci-dessus énumérées les différents noms qu'elles reçurent au Moyen-Age. Jean de Garlande mentionne les « sotulares ad laqueos « cum liripipiis et ad pluseulas (*boucle*, *bouglettes*). » Nul besoin d'appuyer sur les souliers lacés et à boucles, nous les avons conservés ; autre chose est des souliers *cum liripipiis* ou *liripipiati*. Je pense qu'il faut entendre par ces expressions une chaussure ornée de galons, cousus sur l'empeigne et bordant aussi le tour du col. Les miniatures du IXe au XIIIe siècle inclus en offrent de fréquents exemples[2]. Les

[1] V. *Hist. de la chauss.*, p. 68, 69, 72, 73, 77, 78, 80, 81, 85. — *Ibid.* 77, 81, 85, 87. — GUILL. PARADIN, *Mém. de l'hist. de Lyon*, lib. III, c. 5 ; « L'on fit d'autres souliers qu'on nommait *becs de cane*, ayans un bec devant de quatre à cinq doigts de longueur. »

[2] *Loc. cit.*, p. 587. — « Ne calceos vel sotulares portent laquatos. » *Stat. Guidonis ep. Traj.*, (1310), *Batavia sac.*, p. 174. — « *Sotulares ad laqueos* » *Lib. nig. Cap. Paris.*, (1325). — « Sotulares laqueati » *Stat. Cist.*, (1439) ap. MARTÈNE, t. IV, col. 1600. — « Sotularibus ad bouclotas argenteas. » *Conc. Paris.*, 2, (1346). — « Sotulares non habeant laqueatos nunquam liripi-

souliers *consutitii* devaient être piqués, brodés ou soutachés ; les *escolletez* (*excolati*, *scotati*), dont l'empeigne avait une large incision en forme de collier, remontent au XIIe-XIIIe siècle ; d'abord à l'usage des grands, ils passèrent ensuite aux classes bourgeoises. Les souliers à courroies (*corrigiati*) servaient pour l'équitation ; enfin les monuments contiennent quelques exemples de *sotulares rigati* (rayés) et *scacati* (échiquetés)[1]. Au temps d'Édouard III (XIVe siècle), on porta des souliers en cuir repoussé ; le Musée des Antiquités de Londres en possède un original très-remarquable, quoique l'un des côtés de l'empeigne soit à peu près détruit : elle est couverte de personnages et d'animaux parmi lesquels on reconnait l'histoire de la Licorne, et aussi d'inscriptions nombreuses, entre autres, *Amor vincit omnia* avec la célèbre devise : *Honny soit qui mal y pense*. La même collection renferme encore un soulier analogue, orné de guirlandes et de dessins fort élégants, plus une semelle en cuir gauffré, où le fer a imprimé de capricieuses arabesques. Ces derniers objets sont contemporains du premier. Les souliers *trenchiés*, *eshichiés*, tailladés (*fenestrati*, *incisi*) et à crevées (*scissi*, *cum*

platos » *Charta Card. S. Stephani leg. apost. pro reform. Univ. Paris* (1215). — V. *Arts sompt.*, t. I, pl. 17, 19, 41, 42, 50, 63, 61, 66, 79, 80, 95. Ms 605 Bibl. de Saint-Omer ; etc., etc.

Souliers a latz, aussi houzeaulx.

Roman de la Rose.

[1] « Sotulares consutitii. » *Conc. Later.*, 16 (1215) : *Stat. Benedicti, ep. Mass.* (1230) ; *Conc. Tarrac.* (1282) ; *Conc. Sant.*, I (1298). — « Consuti laqueis. » *Syn. Rothom.* (1290). — « Sotulares excolati, . scotati. » *Stat. ms. S. Vict. Mass.* (1531), ap. Du Cange ; *Conc. Tarrac.*, (1591), ap. *Conc. Hispan.*, t. IV, p. 615. — « Sotulares corrigiati. » *Stat. Cluniac.* (1467) ; *Stat. Cisterc.*, (1437), ap. Martene, t. IV, col. 1590. — *Arts sompt.*, t. I, pl. 79, 80 (ms. 1194, Bibl. imp.). — *Le Moyen Age*, etc., Vie privée des châteaux, etc., fol. XII, r. (ms. 7206, Bibl. imp.), etc., etc.

scissuris) appartiennent à une très-haute antiquité, ainsi que je l'ai démontré ailleurs; le Musée de Londres en a trois charmants spécimens que l'on peut attribuer au XIIIe-XIVe siècle et un quatrième plus riche, incontestablement du XIVe. Celui-ci fait comprendre la plaisanterie de Chaucer (*The Milleres tale*), lorsqu'il dépeint un élégant clerc de paroisse ayant les fenêtres de Saint-Paul découpées sur ses souliers :

With Poules windowes corven on his shoos.

Toutes ces chaussures, malheureusement incomplètes et délabrées, sont en cuir artistement travaillé[1].

Les chaussures à la poulaine (*calcei rostrati, cum polanis*) exigent une étude spéciale. L'usage des souliers à pointe aigue et recourbée, importé d'Orient en Italie par les Étrusques, persévéra dans cette dernière contrée jusqu'après la chute de l'Empire[2]. Mentionnés par les auteurs byzantins sans interruption notable[3], les *rostra calceorum* ren-

[1] « Sotulares fenestrati. » *Stat. Cap. gen. Ord. Cisterc.* (1520) ap. MARTÈNE, t. IV, col. 1042. — « Sotulares incisi. » *Stat. S. Vict.*, (1531) ; *Conc. Tolet.*, (1582) — « Calcei scissi. » *Conc. Remense*, (1583). « Cum scissuris. » *Conc. Tarrac.* (1591). — ROACH SMITH., *Catal. of the Mus. London ant.* pl. XII, XIII, 1, 2, 3, 4 ; p. 126, nº 628, 127, nº 629. — *Stat. ms. de l'Ordre de la Cour. d'épines*, c. 10, ap. DU CANGE. — Une ancienne peinture du XIVe siècle, qui décorait jadis les murs de la chapelle Saint-Étienne au vieux palais de Westminster, offrait plusieurs spécimens de chaussures fenestrées très élégantes. ROCK, *The Church*, etc. t. II, p. 240, fig.

[2] « Rostratis tabulatisque calceis ut regina incedere. » *De Discip. schol.*, c. 2, attr. à BOECE (VIe siècle).

[3] L'empereur MAURICE (VIe siècle) nomme ces pointes ῥαιθώνια : « Τὰ ὑποδήματα αὐτῶν Γοτθικὰ κασσυτὰ, δίχα ῥαιθώνιων, ἁπλῶς ἐῤῥαμμένα ὑπὸ δύων ἀσθων, καὶ μὴ πλέον. » (*Strateg.*, lib. XII, p. 303.) LÉON le Philosophe (Xe s.) les appelle ὀξείας (*Inst. milit.*, c. VI, § 26.) et ANNE COMNÈNE (XIIe siècle) πεδίλων προάλματα. (*Alexiad.*, lib. IV, p. 140.)

trèrent par la voie des Arabes d'Espagne dans l'Europe occidentale; Guibert de Nogent, irrité contre les toilettes dissolues des jeunes filles de son époque, le fait entendre assez clairement. Quant à la date de ce retour, elle est fixée par Adalbéron de Laon au commencement du XIe siècle[1]. Orderic Vital attribue à Foulques-le-Rechin, comte d'Anjou, la résurrection des chaussures pointues; le passage est trop curieux pour n'être pas transcrit littéralement ici : « Ipse (Fulco) nimirum, quia pedes habebat deformes, instituit sibi fieri longos et in summitate acutissimos subtolares; ita ut operiret pedes, et eorum celaret tubera, quæ vulgo vocantur uniones. Insolitus inde mos in occiduum orbem processit, levibusque et novitatum amatoribus vehementer placuit. Unde sutores in calceamentis quasi caudas scorpionum, quas vulgo pigacias appellant, faciunt. Idque calceamenti genus pene cuncti divites et egeni nimium expetunt. Nam antea omni tempore rotundi subtolares ad formam pedum agebantur, eisque summi et mediocres, clerici et laici competenter utebantur. At modo seculares perversis moribus competens scema superbe cupiunt : et quod olim honorabiles viri turpissimum indicaverunt, et omnino quasi stercus refutaverunt, hoc moderni quasi mel dulce æstimant, et veluti speciale decus amplectantes gestant[2]. » Beaucoup moins affir-

[1] « Vestium qualitates in tantum sunt ab illa veteri frugalitate dissimiles ut dilatatio manicarum, tunicarum angustia, calceorum de Corduba rostra tortuosa » *De Vita sua*, lib. I, c. 11 (XIe siècle).

Cœpit summa pedum cum tortis tendere rostris

Carm. ad Robertum reg., 106

S. PIERRE DAMIEN (XIe siècle) décrit ainsi la chaussure d'un Clerc débauché qu'il avait connu dans sa jeunesse : « Calceus postrema ad aquilini rostri speciem non falleret. » (*Opusc.* XLII, c. 7.)

[2] *Hist. eccl.*, lib. VIII (1089).

matif que Guillaume de Malmesbury, qui place au XIe siècle l'invention des *calcei acuminati*[1], l'historien normand se contente de les présenter comme une mode ancienne, justement méprisée et re[illegible] en vigueur par le caprice intéressé du prince angevin. Les pointes en queue de scorpion ou *pigaches* continuèrent pendant le XIIe siècle à prolonger les chaussures ; le poète Jean de Hauteville en affuble les pieds d'une compagne de Vénus : voici sa description qui ne manque pas d'intérêt.

Soleæ substringitur arcu
Calceus obliquo, pedis instar factus, ut ipsos
Exprimet articulos, cujus deductior ante
Pinnula procedit, pauloque reflexior exit,
Et fugit in longum, tractumque inclinat acumen[2].

Au XIIIe siècle les Papes et les Conciles durent interdire au clergé l'usage des *sotulares rostrati*[3] que le XIVe exagéra jusqu'au plus complet ridicule. « Davantage » dit Guillaume Paradin « portoient les hommes des souliers ayans une longue « pointe devant, de demi pied de longueur : les plus riches « et apparens en portoient d'un pied, et les princes de deux « pieds, qui estoit chose la plus absurde et ridicule que l'on « eut sceu voir. » Pour soutenir des machines aussi extravagantes on fut obligé de les rembourrer de foin, d'employer la baleine ou de les attacher aux chausses avec des chaînettes

[1] « Tunc usus calceorum cum acuminatis aculeis inventus. » *De Gest. Angl.*, lib. IV, c. 1 (Guillaume le Roux).

[2] *Architrenius*, lib. II, c. 3.

[3] « Prohibemus sotulares rostratos ne habeant. » GALLON, Légat d'Innocent III (v. 1209) — « Nec portent sotulares rostratos. » *Conc. Tarrac.* (1282)

de métal ; de plus on les orna de broderies et d'émaux [1]. Malgré les défenses renouvelées par l'autorité ecclésiastique et les sages ordonnances de nos rois, les souliers à la *poulaine*, — ce nom date du XIVe siècle, — n'en persistèrent pas moins durant le cours du XVe [2]. On en voyait encore du temps de Rabelais ; le tit. 24 du Concile provincial de Sens (1528) formule l'interdiction suivante : « Ne clerici lunatis seu cornutis ne

[1] *Mém. de l'Hist. de Lyon*, lib. III, c. 6. — « Prohibemus etiam ut clerici præsertim beneficiati caligis cathenatis... publice utantur. » *Stat. Eccl. Cadurc.*, etc. (add. du XIVe siècle) ap. Martène, t. IV, col. 728. — V. *Arts sompt.*, t. I, pl. 121, 147, 148, 149 ; *Le Moyen Age*, etc., *Miniat.*, pl. 7, 17 *bis* ; *Hist. de la Chauss.*, p. 47, 48, 49, 50, 53, 55. — « Pour faire et forgier une paire de coutes et poulains tous poinconnez de feuillaiges verrez et esmaillez de ses armes (du Dauphin). » *Comptes royaux*, 1352. — « Pour lxxj paires de chausses semelées, brodées, desquelles sont lxviij paires à longues poulaines de balaine pour le Roy N. S. » Ap. de Laborde, *Notice des émaux du Louvre*, p. 404.

[2] « Sotulares habebant, in quibus rostra longissima in parte anteriori ad modum unius cornu in longum ; alii in obliquum, ut griffones habent retro et naturaliter pro unguibus, gerunt ; ipsi communiter deportabant, quæ quidem rostra pouleanas gallice nominabant, et quia res erat valde turpis... , ideo Dominus rex Franciæ Carolus fecit per præcones Parisiis proclamari publice, ne aliquis quicumque esset qui auderet talia deportare et etiam quod neque artifices sub magna pœna de cætero tales calceos, sed et neque ocreas sic punctatas, facere præsumerent, nec vendere quicumque : nam simili modo dominus papa Urbanus quintus in Romana Curia inhibuerat valde stricte. » *Contin. de Nangis*, an. 1365. — « Ne clerici utantur sotularibus de polena » *Conc. Andeg.*, c. 13 (1365). — « Nullus familiaris episcopi sotulares deferat cum polanis. » *Conc. Vabr.*, 48 (1368). — « Neque gerant sotulares aut ocreas ad poulentiam. » *Stat. Eccl. Nannet* (1389), ap. Martène, t. IV, col. 984. — « Nec poterit aliquis ipsorum.... poulenam in sotularibus deferre. » *Ordin. Caroli V* (1365). — « Idem quod nullus vir vel mulier audeat portare in suis estivalibus, sotularibus vel botinis punctas dictas de Polayna. » *Litt. Caroli V, pro Montispessulanis* (1367). Ces ordonnances furent renouvelées sous Charles VI. — Ménage pense que *poulaine* vient de *Polanus, Polonus* (Polonais) ; en effet, les peuples Slaves ont encore les chaussures pointues dans leur costume national. (*Dict. étym.*, Poulaine.)

nimis fenestratis calceis utantur. » Martial d'Auvergne (fin du XVe siècle) disserte agréablement sur les poulaines de son époque : « Il y ha six ou huict varlets cordonniers qui se « sont plainctz en la cour de ceanz : de ce quil faut main- « tenant mettre, aux poinctes des soulliers qu'on faict, trop « de bourre. Disans quilz sont trop grevés, et qu'ilz ne « pourroyent fournir des compaignons, ni continuer ceste « charge, silz nen avoient plus grand gaige quilz navoyent « accoustumé, attendu que le cuyr est cher et que les dictes « poullaines sont plus fortes à faire quilz ne souloyent. Si « ha la cour faict faire information.... Et tout vu et consi- « déré... que les dicts compaignons feront les dictes pollaines « grosses et menues à l'appétit des compaignons[1]. » La mode des poulaines avait gagné l'Italie, l'Allemagne et l'Angleterre ; entre les spécimens de chaussures conservés au Musée de Londres, on distingue une pointe de soulier contemporaine de Richard II. Elle est en cuir gauffré, très-aigue, fortement recourbée et mesure neuf pouces anglais de long ; l'intérieur est encore garni de la mousse qui le rembourrait[2].

Le catalogue des archives du baron de Joursanvault mentionne aux Comptes du duc d'Orléans des patins et des *penthofles*. Rabelais nous apprend que les semelles des pantoufles

[1] *Arrets d'Amours*, n° 42, p. 350. Lyon, 1546. — Une ordonnance d'Edouard IV (1462), défend à tout gentilhomme anglais de porter des bottes dont la pointe excéderait deux pouces. — MONSTRELET dit que les princes portaient à leurs souliers des poulaines d'un quart d'aune de long et même plus. — V. *Hist. de la Chaus.*, p. 52, 53, 66, 67, 69 ; *Les Arts sompt.*, t. II, pl. 1, 3, 24, 25, 31, (Allemagne) ; 32 (id.) ; 45, 46, (Flandre) ; 58, (Suisse) ; 108, (Allemagne, XVIe siècle). — V. encore, *Conc. Avenion.*, (1457) ; *Conc. Senon.*, (1460) ; *Conc. Liman.*, (1582) ; ap. DU CANGE.

[2] *Cat. of the Mus.*, etc., p. 128, n°, 632. V. encore, *Ibid.*, pl. XIII, fig. 2 et pl. XIV, fig. 1.

étaient en liége et il chausse ses religieuses de Thélème de « soliers, escarpins et pantouphles de velours cramoisy « rouge, ou violet, deschiquetées à barbe d'escrevisse. » Les escarpins, du bas latin *scapinus* semelle), ou de l'italien *scarpa* (soulier), se nommaient également *escaffins*, *escafignons*, *eschapin*.

Tote dolente, hors de la chambre esi,
Desafublée, chauciée en eschapins.

M. Lacroix avance que l'escarpin était dans l'origine une sorte de chaussure de cuir : on ne peut douter que ce ne fut une chaussure d'intérieur :

Isent des lis, les eschapins chaucent.

Il ne faudrait pas confondre les patins avec les galoches ; dans un compte de la duchesse d'Orléans figurent ensemble « une paire de patins et les boucles de trois paires de galoiches. » Les galoches étaient un soulier à semelle de bois ; les patins, en bois et en fer, exhaussés sur des appendices, sans empeigne et maintenus par une simple bride, garantissaient de la boue une autre chaussure plus délicate [1]. Les hauts talons doivent vraisemblablement leur origine aux patins qui, sous diverses formes, persistent encore aujourd'hui dans les contrées humides de l'Europe.

L'ampleur des robes permet rarement de reconnaître la coupe exacte des chaussures de femme. Au IXe siècle, les

[1] *Hist. de la Chaus.*, p. 64, 66 et 74. — *Gargantua*, c. 56. — WILLEMIN, pl. 162. — *Le Moyen Age*, etc., Miniat., ms. de Boccace, Bibl. de l'Arsenal. — « Nec etiam in ecclesia vel claustro portabunt (canonici) patinos sive soccos ferratos strepitum magnum facientes. » *Stat. ms. Eccl. Aquens.* 1295. — « Pierre Boivin acheta du bois convenable à faire patins et galoches. » *Lett. de rémis.*, 1417, ap. DU CANGE.

dames aussi bien que les hommes portaient des *calcei tripipiati*; une figure de sainte Radegonde (XIe siècle) a des sandales bleues, ouvertes jusqu'aux orteils, avec bride sur le cou-de-pied; au contraire, la chaussure écarlate d'une reine, peinte à la même époque, est entièrement close. Les XIIe, XIIIe et XIVe siècles montrent une parfaite analogie entre les chaussures des deux sexes; cette analogie s'étendait alors jusqu'aux *estivaux*. Les distinctions bien tranchées remontent à peine au XVe siècle[1].

Les artisans qui confectionnaient les chaussures neuves se nommaient au Moyen-Age *alutarii*, *cordubanarii*, *cordonarii*, *cordoaniers*, *cordouaniers*; ils travaillaient le *cordouan* ou *cordouan* (*cordebisus*, *aluta*), peau de chèvre préparée à l'alun. Ces peaux, que fournissait l'Espagne, principalement Cordoue, étaient de diverses couleurs, mais le plus fréquemment blanches ou rouges[2]. Les cordonniers parisiens for-

[1] *Arts sompt.*, t. I, pl. 17, 51, 52, 66, 79, 80, 89, 111, 147 (*estivaux*, XIVe siècle); t. II, pl. 31, 32, 52, 53, 56, 68, 74, etc., etc. — WILLEMIN, pl. 25, 60, 62, 64, 69, etc. — *Peint. de S. Savin.*, pl. 10. Etc., etc.

[2] « Alutarii sunt qui faciunt calciamenta de alluta. .. qui conservant sibi formipedias (*formes*), equitibialia (*estivaux*) et spatulas (*esclices*). » J. DE GARLANDE, loc. cit., p. 590, 591. — V. CORDEBISUS, ap. DU CANGE.

Iste tuo dictas de nomine Corduba pelles,
Hic niveas, alter protrahit inde rubras.

THÉODULFE, *Carm.*, lib. I, p. 138.

« Melega civitas, ubi sit copia de cordewan vermeil. » ROGER DE HOVEDEN, *In Ricardo* I, p. 715. — Ces peaux constituaient une marchandise très-chère « Quia ab urbe deportari ad cæteros solent pretiosi corii species. » Ap. DU CANGE, loc. cit. — Les cordonniers s'appelaient aussi *cordones* et *sucor*, sueur, de *sutor*. — M. P. LACROIX (loc. cit., p. 39) avance que jusqu'à Philippe-le-Bel, on ne se servit guère en France que de cuir et de bois pour confectionner les chaussures, mais qu'après ce prince les riches étoffes furent employées pour les classes élevées. Lorsque Geoffroy Plantagenet reçut à Rouen l'ordre de Chevalerie, avant son mariage avec la fille du roi d'Angleterre

maient une corporation et avaient leurs statuts au XIIIe siècle ; on y lit qu'ils pouvaient faire des souliers de basane (matière de qualité inférieure) en certaines conditions, sans toutefois mélanger celle-ci dans leurs ouvrages avec le cordouan, si ce n'est pour les contreforts. Il leur était aussi interdit d'employer le cordouan tanné et de coudre le vieux cuir avec le neuf ; enfin, ils fabriquaient spécialement les *solers* (calcei) et les *hueses* (tibialia). Des statuts et règlements furent peu à peu accordés par les rois de France aux cordonniers des autres villes et toutes ces corporations eurent leur bannière et leurs armoiries. Au XVIIe siècle, les statuts et règlements de la communauté des maîtres cordonniers-sueurs de Paris, ayant été revus et augmentés, furent confirmés par Louis XIII (1614). En 1645, Henri-Michel Buch, dit le bon Henri, institua la communauté des Frères-Cordonniers des SS. Crépin et Crépinien, qui acquit toute l'importance d'un Ordre religieux, reconnu et autorisé. Son premier protecteur fut Gaston J. B. de Renty, issu d'une des plus nobles familles de l'Artois ; ses statuts reçurent l'approbation successive des archevêques de Paris, Hardouin de Péréfixe (1664) et François de Gondi (1695)[1].

(1127), il portait incontestablement une chaussure en tissu d'or : « Caligis holosericis calceatur, pedes ejus sotularibus in superficie leunculos aureos habentibus muniuntur. » (Jean de Marmoutiers, lib. I.) Les souliers peints de Philippe et Jean, frères et fils de saint Louis (Willemin, pl. 92) sont de même matière, et les monuments peuvent en fournir bien d'autres exemples antérieurs au XIVe siècle.

[1] *Le Livre des métiers*, tit. 84, p. 227 et suiv. — On fabriquait aussi des cordouans en Provence et en Flandre ; ces derniers furent momentanément prohibés parce qu'ils « estoient partie courroyez en tan. » *Hist. de la Chauss.* p. 36. — En 1345 on corroyait le cordouan à Paris : V. l'art. xx de l'ordonnance de Philippe de Valois, relative aux tanneurs, etc. — V. *Hist. des Cordonniers*, à la suite de l'*Hist. de la Chauss.*; nomb. grav. et pièces justif.

On trouve, dans le *Livre des Metiers*, les statuts de la corporation des *savetonniers* ou *charetonniers de petits solers*. Ces artisans, qu'il faut se garder de confondre avec les savetiers, payaient, pour droit de métier, la même somme que les cordonniers (16 sols parisis) dont ils pouvaient exercer l'état « se ilz avoient de quoi. » Leur spécialité était de faire « de petits solers de bazane. » Comme les cordonniers, ils avaient défense de mettre de la basane à un soulier de cordouan, mais il leur était permis de mettre du cordouan à un ouvrage en basane. Les droits annuels qu'ils payaient au Souverain étaient aussi de beaucoup inférieurs à la somme imposée aux véritables cordonniers [1].

La corporation des savetiers (*pictaciarii*, *corvesarii*, *courroisiers*, *savatiers*, *sueurs de viel*) existait à Paris au XIIIe siècle; on voit alors, dans leur fort bref règlement, qu'ils cousaient et raccommodaient les chaussures. Les statuts de 1659 sont beaucoup plus explicites et rappellent les ordonnances rendues en faveur du métier depuis Charles VII. Les savetiers peuvent faire des souliers neufs pour leur famille (1516); ils ont le droit exclusif de travailler le vieux cuir (1598 et 1618); nul autre qu'eux ne doit s'intituler *bobelineur* et confectionneur des souliers dits *bobelins*; enfin l'article 45 oblige les maitres cordonniers à employer le cuir mis en suif pour leurs semelles, avec défense d'user « de cuir « maigre en doublure ni autres ouvrages s'ils n'en sont re- « quis et avoués et non autrement. » Le cuir maigre était donc exclusivement réservé aux savetiers, dont les corporations, établies dans les différentes villes du royaume, possédaient aussi bannières et armoiries [2].

[1] Tit. 65, p. 231 et suiv.

[2] « Pictaciarii viles sunt qui consuunt veteres sotulares, renovando pictacia semelle intérieure) et intercutia (cuir placé entre les deux semelles, et solers

CHAPITRE V

CHAUSSURES LITURGIQUES DANS L'ANTIQUITÉ ET CHEZ LES PREMIERS CHRÉTIENS

Les prêtres juifs avaient toujours les pieds nus lorsqu'ils paraissaient dans le temple. Le Talmud se sert des paroles que Dieu adressa à Moïse sur le mont Horeb, pour expliquer cette circonstance ; d'autres, au contraire, prétendent que la Loi n'interdit pas les souliers, mais que, le chapitre 28 de l'Exode restant muet à leur égard, les ministres de la religion devaient s'en abstenir pendant l'exercice des fonctions sacerdotales [1].

Le paganisme ne suivit aucune règle fixe à l'endroit des chaussures liturgiques. Les pieds du pontife officiant se montraient nus ou couverts, selon la divinité vénérée et le lieu où était bâti son sanctuaire. Une formule de Pythagore prescrit de sacrifier et d'adorer pieds nus; Didon s'approche de l'autel :

> Unum exuta pedem vinclis in veste recincta.

Les Vestales et certains prêtres d'Hercule étaient déchaussés; nul ne pouvait aborder le temple de Diane, en Crète, sans quitter ses souliers; Prudence assure que les sénateurs en faisaient autant devant le char de Cybèle :

(semelle), et impedias (empeigne). . Pictaciarii dicuntur *savetiers*. » J. DE GARLANDE, loc. cit., p. 590. — *Le Livre des mét.*, tit. 86, p. 233. — *Hist. des Cordon.*, Pièces justif. et Armor. — Les *bobelins* étaient sans doute des souliers en vieux cuir.

[1] BRAUN, *De Vest. sac. Hebr.*, lib. I, p. 46. « Quia sacerdotes semper discalceati incedunt super pavimentum. » — ID., *ibid.*, p. 151. — *Gemara Babyl.*, c. IX. — Les Rabbins, à la synagogue, sont toujours chaussés

> Nudate plantæ ante carpentum eo
> Proceres togati, Matris Idææ sacra.

Enfin, les monuments présentent divers exemples de sacrificateurs *nudipedes*[1].

La chaussure sacerdotale se montre aussi fréquemment que la nudité des pieds. Les prêtres de l'Égypte et de la Phénicie portaient des *calceamenta* en matières végétales, telles que le papyrus et le lin; il était interdit aux Flamines romains d'en avoir qui eussent été confectionnés avec la peau d'un animal mort naturellement; Athénée mentionne les souliers laconiens blancs d'un pontife d'Hercule, et Appien attribue le *phæcasium* aux prêtres d'Alexandrie. Quant aux médailles et aux marbres antiques, les sacrificateurs chaussés y apparaissent à chaque instant[2].

[1] JAMBLIQUE, *De Vit. Pyth.*, *Symb.* III. — *Æneid.*, IV, 518.

> Forte revertebar festis Vestalibus, illac
> Qua nova Romano nunc via juncta foro est:
> Huc pede matronam vidi descendere nudo.

OVIDE, *Fast.*, VI, 395. — « Virgines simul ex sacerdote Vestæ, nudo pede fugientia sacra comitantur. » FLORUS, I, 13.

> Pes nudus, tonsæque comæ, castumque cubile.

SILIUS ITALICUS, *De Bello Pun.*, III, 28. — SOLIN, c. 47. — *Peristeph.*, In Roman., 154. — DU CHOUL, *De la Relig. des anc. Romains*, p. 152, 164, 235, 237, etc.

[2] HÉRODOTE, II. — HÉRODIEN, V, 13. — APULÉE, *Méta.*, VIII, ne dit pas en quoi étaient faits les souliers jaunes des prêtres de la déesse de Syrie. — « Sane flaminicæ non licebat, neque calceos, neque soleas morticinas habere. Morticinæ autem dicuntur, quæ de pecudibus sua sponte mortuis fiebant. » SERVIUS, *In Æneid.*, IV, 518. — « Et ne Philologia ipsius Phronesis careret ornatibus, ejus pectori, quo virens concretur apponit, calceos præterea ex papyro textili subligavit, ne quid ejus membra pollueret morticinum. » MARTIANUS CAPELLA, *De Nupt. Philol.*, lib. II. — *Deipnos.*, V, 11. — *De Bello civ.*, V. — DU CHOUL, loc. cit., p. 77, 217, 278, 279. — FLORUS, I, 10. — V. encore ATHÉNÉE, lib. XII.

Les disciples de la Loi nouvelle, inclinés devant la parole de Dieu écrite dans la Loi ancienne, ne virent jamais qu'un symbole dans le cérémonial liturgique de cette dernière ; s'ils lui empruntèrent le nom de quelques habits sacrés, ce fut à la condition expresse d'en modifier ostensiblement la forme. Vis-à-vis des Gentils, dont ils repoussaient à la fois les doctrines perverses et le culte extérieur, les chrétiens apportèrent encore plus de réserve ; ils proscrivirent avec énergie tout vêtement qui pouvait rappeler ceux des pontifes païens[1]. Placé entre deux liturgies également antipathiques, quel parti le christianisme naissant prit-il à l'égard de la chaussure? La question a été vivement controversée, des autorités respectables ont soutenu le pour et le contre; néanmoins, à l'aide des textes et des monuments figurés, la difficulté n'est pas impossible à résoudre.

Saint Matthieu et aussi saint Luc font dire à Jésus-Christ confiant aux Apôtres la mission d'enseigner les peuples : « Vous n'aurez pas de chaussures. » Saint Marc, à l'inverse, met ces paroles dans la bouche du divin Maître : « Vous serez chaussés de sandales. » La contradiction est en apparence flagrante; elle l'est moins après une étude attentive. En effet, saint Matthieu écrit : « Vous ne posséderez (μὴ κτήσησθε) ni besace, ni deux tuniques, ni chaussures »; et saint Luc, dont le grec est relativement plus pur : « Vous ne porterez ni bourse, ni besace, ni chaussures (μὴ βαστάζετε βαλλάντιον, μὴτε πήραν μὴτε ὑποδήματα). Or, à mon sens, les termes κτήσησθε, βαστάζετε s'appliquent ici, non à un vêtement inhérent à la personne, mais à un fardeau dont elle serait chargée. Cela est si vrai que saint Matthieu emploie le verbe Βαστάζω (je porte *un fardeau*, j'emporte), pour exprimer l'acte d'humilité

[1] V. MARANGONI, *Delle cose gentil.*, c. XXXIII.

de saint Jean-Baptiste à l'égard du Sauveur : « Cujus non sum dignus calceamenta portare (ὑποδήματα βαστάσαι). » Si donc saint Matthieu et saint Luc n'ont formulé qu'une défense, relative aux chaussures comprises dans un bagage quelconque, ils ne désavouent en rien saint Marc qui a prescrit les sandales aux pieds. D'ailleurs, les quatre Évangélistes s'accordant pour donner des chaussures à Jésus-Christ, il serait invraisemblable que l'Humble par excellence eût interdit à ses disciples un objet dont il faisait lui même usage ; de plus saint Luc, rédacteur des *Actes des Apôtres*, met des sandales aux pieds de saint Pierre, prisonnier d'Hérode. Supposer, qu'à trois années de distance, le compagnon de saint Paul se soit contredit ainsi, serait une énormité. Une objection grave pourrait sortir d'un autre passage de saint Luc. Après la Cène, le Sauveur dit aux Apôtres : « Quando misi vos sine sacculo et pera et calceamentis. » Mais comme il ajoute : « Numquid aliquid defuit vobis ? » on a le droit de croire que la chaussure était comprise parmi les choses nécessaires qui ne manquèrent jamais aux envoyés du Fils de Dieu [1].

Saint Augustin penche vers la chaussure apostolique; André Du Saussay a écrit longuement en sa faveur. Saint Bonaventure, répondant à un docteur inconnu qui attribuait un *calceamentum* au Christ et aux Apôtres, s'appuye sur saint Jean Chrysostôme, et notamment sur saint Jérôme, pour nier l'exactitude du fait. Mais, comme dans son opuscule, la discussion roule toute entière sur le sens réel des termes *calceus* (chaussure enveloppant l'intégrité du pied) et *solea*,

[1] Saint Matthieu, III, 11 ; X, 9 et 10. — Saint Marc, I, 7 ; VI, 8 et 9. — Saint Luc, III, 16 ; X, 4. — Saint Jean, I, 27. — *Act. Apost.*, XII, 8. — D'après les idées généralement admises saint Luc écrivit son Évangile de 53 à 56 et rédigea les *Actes des Apôtres* vers 59.

sandalium (chaussure laissant la partie supérieure du pied découverte), le docteur Séraphique finit par admettre les sandales apostoliques dont, au reste, les anciennes peintures et sculptures lui confirment amplement l'existence[1]. J'ai sans doute eu tort, et je le confesse humblement ici, d'avoir voulu résoudre grammaticalement une question qui préoccupa tant d'illustres écrivains ; peut-être aurais-je mieux fait de dire simplement que saint Matthieu et saint Luc ont rendu la pensée symbolique du Maître, relative au détachement des biens terrestres, tandis que saint Marc a reproduit littéralement la parole divine. Cette dernière solution n'a pas échappé à saint Bonaventure, car, après avoir cité les trois textes évangéliques, il ajoute : « Quid autem Domini hæc verba mandata non tantum spiritualiter, sed etiam ad litteram fuerint observata, patet ex autoritatibus prædictis[2]. »

Les chaussures apostoliques étant reconnues en principe, reste à établir leur genre. Interrogeons sur ce point les premiers âges du christianisme, alors que chacun s'efforçait d'imiter les apôtres à l'extérieur comme à l'intérieur.

Parmi les chrétiens de la primitive Église, les uns suivirent à la lettre les évangiles de saint Matthieu et de saint Luc ; les autres s'en rapportèrent à saint Marc et aux *Actes*. Au IIe siècle, Lucien, le Voltaire de son temps, bafoue le chrétien Chleuocharme, couvert d'un manteau usé, la tête et les

[1] *De Consensu Evangelist.* — *Panoplia episc.*, l. VII, c. 2 et 3. — *De Sandaliis apostol.*, *Opusc.* — SAINT JÉRÔME, *Epist.* 18, *ad Eustoch.*, « Et Moyses et Jesus in Nave nudis in sanctam terram pedibus jubentur incedere. Et discipuli sine calceamentorum onere, et vinculis pellium ad prædicationem novi evangelii destinantur. Et milites vestimentis Jesu forte divisis, caligas non habebant quas tollerent. Nec enim poterat habere Dominus quod prohibuerat servis. » ID., *Epist.* 91, *ad Ageruc.* « Apostoli toto orbe peregrini non caligas habuere in pedibus. »

[2] *Opusc. cit.*

pieds nus (ἀνυπόδετος); au IIIe, Tertullien se prononce contre le *calceus* et recommande la nudité des pieds. Clément d'Alexandrie, postérieur à Tertullien de quelques années, est encore plus explicite. Après avoir concédé aux femmes les souliers blancs, et en voyage, les souliers graissés, l'auteur du *Pédagogue* pousse les hommes en général à l'abstention de toute chaussure (ἀνυποδησία), à moins qu'ils ne soient à l'armée; selon lui, avoir les pieds nus (γυμνοῖς χρῆσθαι τοῖς ποσίν) est favorable à la santé, quand la nécessité n'ordonne pas le contraire; si l'on n'est pas en route et qu'il y ait impossibilité d'agir autrement, il recommande l'usage de chaussures ouvertes ou légères (βλαύταις ἢ φαικασίοις), du genre de celles que les Athéniens nommaient κονίποδας (pieds poudreux), rappelant à ce propos les paroles de saint Jean-Baptiste qui se déclare indigne de délier les cordons de la chaussure du Messie [1]. Au IVe siècle, saint Jérôme cite Platon pour conclure à la nudité absolue des pieds [2], et ailleurs, interprétant mystiquement le verset 15 du chapitre VI de l'épître aux Ephésiens, il ajoute : « Si quis non est Jesus Nave, nec apostolus, calciet pedes suos in præparatione Evangelii pacis. Si quis autem apostolus est, et inter duodecim numerari potest, nequaquam tollat in via calceamentum suum, nec ad scorpiones et colubros declinandum calcaneum tegat [3]. » Juvencus suit la leçon de saint Marc :

Non geminas vestes sed plantis tegmina bina.

[1] *Philopatris*, 21. — *De Pallio*, c. 5 : « Si quis calceatus inducitur, mundissimum opus est, aut pedes nudi magis, certe viriles magis quam in calceis. » — *Pædag.*, lib. II, c. 11.

[2] Et Plato præcepit duas corporis summitates non esse velandas ; nec assuefieri debere mollitiei capitis et pedum. Cum hæc enim habuerint firmitatem, cætera robustiora sunt. » *Comm. in Matth.*, x, 10.

[3] « Καὶ ὑποδησάμενοι τοὺς πόδας ἐν ἑτοιμασίᾳ τοῦ εὐαγγελίου τῆς εἰ-

Saint Augustin, qui lui-même portait une chaussure modeste, concilie ainsi les textes évangéliques : « Sic et calceamenta cum dicit Matthæus in via non portanda, curam prohibet, quia ideo cogitantur ne desint. Proinde Marcus dicendo eos sandaliis vel soleis, aliquid hoc calceamentum mysticæ significationis habere admonet, ut pes neque tectus sit neque nudus ad terram, id est nec occultetur evangelium, nec terrenis innitatur[1]. » Au VIe siècle, saint Fulgence, évêque de Ruspe, marchait souvent pieds nus, mais parfois aussi, conformément à la pensée de S. Augustin, il se servait de chaussures ouvertes[2]. Saint Bonaventure cite les exemples de deux prédicateurs de la Foi dans les Gaules ; l'un, saint Martial, voyageait nu-pieds à l'imitation du Christ et de saint Pierre, l'autre, saint Front, usait de sandales[3].

Une simple lecture de ce qui précède, démontre clairement que, sauf peut-être le sentiment absolu de saint Jérôme, aucun texte ancien ne conteste formellement au Christ, aux Apôtres et aux chrétiens primordiaux l'usage d'une chaus-

pérme. Et calceati pedes in præparatione evangelii pacis. » *Comment.*, l. III, *In Ephes.* — Les artistes chrétiens se sont appuyés sur cette explication mystique du verset de saint Paul pour représenter le Christ et les Apôtres sans aucune espèce de chaussure.

[1] *De Hist. evang.*, lib. II, *In Matth.*, x, etc., v. 14. — « Vestis ejus et calceamenta ex moderato et competenti habitu erant, nec nitida nimium, nec abjecta plurimum. » Possidius, *S. August. Vita*, c. XXII, 25. — *De Cons. evangelist.*, lib. II, c. XXX, 75.

[2] « Ut nec ipsa calceamenta suscipiens clericorum, frequenter nudis pedibus ambulabat. — Sic studio humilitatis ambitionem vestium fugiebat, ut nec ipsa calceamenta suscipiens clericorum, aut caligis in tempore hyemis, aut caligulis in tempore æstatis simpliciter uteretur. » *S. Fulg. Vita*, c. 18, n°s 19 et 38.

[3] *De Sandal. Apost.* « Sanctus Domini Martialis pergens ad prædicandum .... nec calceamenta propriis induebat pedibus.... nudis incedens pedibus, imitator Christi et B. Petri apostolorum principis, consanguinei sui. » « Beatus Fronto castra et urbes, in vicina loca calceatus tantum sandaliis peragrans, gentium catervis divini Verbi semina erogabat. »

sure qui, laissant la partie supérieure du pied à découvert, en garantissait néanmoins la plante. Cette chaussure, nettement énoncée d'ailleurs, et dont saint Jean-Baptiste se déclare indigne de délier les cordons, était le *calceamentum* grossier des pauvres et des artisans, la *solea* ou une sorte de *carbatina* en cuir travaillé à laquelle, par analogie, saint Marc et saint Luc donnent le nom de *σανδάλιον*, mot traduit une fois en latin par *sandalium*, et une autre par l'expression caractéristique *caliga* (chaussure à courroies [1].)

Les plus vieux monuments chrétiens offrent de fréquentes images du Christ, des Apôtres et de leurs disciples chaussés de la *solea*. Je mentionnerai comme exemples, les mosaïques de Sainte-Agathe-Majeure, à Ravenne (400 environ), de Saint-Cosme et Saint-Damien, à Rome (530) et de Saint-Vital, aussi à Ravenne (547 environ) : le Christ, triomphant dans les cieux, y est représenté avec la *solea* aux pieds [2]. La tradition des *soleæ* apostoliques ne se perdit jamais au Moyen-Age; six grandes figures d'apôtres, brodées sur le magnifique *antipendium* (XIIIe siècle) que j'ai dessiné dans la cathédrale d'Anagni, portent la *solea*. Les mêmes personnages, compris parmi les sujets placés au-dessous, ont indifféremment les pieds nus ou munis d'une semelle à courroies.

« [1] Ὑποδεδεμένους σανδάλια. Calceatos sandaliis. » S. Marc, vi, 9. — « Περίζωσαι καὶ ὑπόδησαι τὰ σανδάλιά σου. Præcingere et calcea caligas tuas. » *Act. Apost.*, xii, 8. — « Sandalia autem sunt calceamenta desuper corium non habentia. » Papias, *Vocab.*, (XIe siècle).

[2] Ciampini, *Vet. monim.*, t. i, pl. 46 ; t. ii, pl. 16 et 19 ; *ibid.*, pl. 28. Mos. de Saint-Laurent, à Rome, (576). — V. encore : Perret, *Les Catacombes*, t. iii, pl. 46, (IIIe siècle) ; *ibid.*, pl. 38 (VIe siècle) : Rostan, *Mon icon. de l'église de Saint-Maximin*, (Var), in-fol., Châlons-sur-Saône, 1862. Sarcophages, fig. 4 à 13 (IVe siècle) : Aringhi, *Roma subt. nov.*, t. i, p. 277 à 331, 427, 623 ; t. ii, p. 137, 161, 163, 255, 273, 329, (IIIe au Ve siècle). Buonarotti, *Osserv. sopra alc. framm. di vetro*, pl. vii, 1 ; xvi, 2, xvii, 1, (premiers siècles) : *Arts sompt.*, pl. 6, 8 et 9 (VIIIe siècle) : etc., etc.

Aux ministres d'un culte, établi par le Christ et ses disciples, incomba nécessairement pour chaussure liturgique, celle que les Maîtres avaient affectionnée. Le diacre saint Laurent, peint vers le IVe siècle, au fond d'une chambre sépulcrale du cimetière de Saint-Jules (Rome), a des *soleæ*. Je donne ici un spécimen de *solea* crucifère (*v. la pl. fig.* 1) qui remonte à une très haute antiquité; ce fragment de marbre, trouvé dans la Sabine, faisait partie, au XVIIe siècle, de la collection du cardinal Brancaccio [1]. La véritable sandale, pantoufle fortement échancrée, retenue sur le cou-de-pied au moyen d'une bride, chausse, au IVe siècle, saint Maximin recevant du Christ la mission évangélique. Au VIe siècle, la sandale, attachée avec des courroies multiples, prend la physionomie des *carbatinæ* rustiques, justifiant ainsi le nom de *campagus* qu'on lui donnait alors. L'évêque Maximianus et son clergé, figurés sur la mosaïque de Saint-Vital, à Ravenne, portent la *carbatina* du pauvre qui, légèrement modifiée, resta, longtemps encore, la chaussure ordinaire des Papes. Le *campagus* d'Honorius I (*v. la pl. fig.* 2), restitué par Rocca d'après la mosaïque de Sainte-Agnès (VIIe siècle), fait suffisamment apprécier la forme et l'usage de ce *calceamentum*. Divers monuments, contemporains ou postérieurs, offrent des images de Souverains-Pontifes chaussés de la même façon [2].

[1] ARINGHI, loc. cit., t. II, p. 355. Cette peinture était déjà fort détériorée il y a deux cents ans. — MAGRI, *Hierol.*, p. 50, fig.

[2] ROSTAN, loc. cit., fig. 7 — « Cum ergo incidisset psachnion beati viri excubitor, et corrigiam campagiorum ejus, statim tradidit eum sacellarius præfecto urbis. » *Hist. de exil. S. Mart. PP.* (650). *Rev. arch.*, t. VII, pl. 145. — *Thes. pont. sacrarumque antiq*, t. II, p. 379, fig. — CIAMPINI, loc. cit., t. II, pl. 29, (Honorius I et Symmaque, VIIe siècle); pl. 31, (Jean IV et Théodore I, VIIe siècle); pl. 37, (Grégoire IV et S. Marc, pape,

La cathédrale de Tréguier possédait autrefois un morceau des sandales de Notre-Seigneur J.-C. L'abbaye de N.-D. de Soissons montrait avec orgueil un soulier de cuir qui avait appartenu à la Sainte Vierge; Anselme de Gemblours le mentionne ainsi dans son Appendice à la Chronique de Sigebert (1120) : « Locus ille antiquissimus et nobilissimus, subtalare sanctæ Virginis matris apud se continet. » L'église cathédrale de Clermont et le monastère de Saint-Gérard de Broignes (Namur) conservaient encore, la première, les sandales, le second, une portion des chaussures de la Mère de Dieu; enfin l'on vénérait chez les Minimes d'Anderlecht (Bruxelles) « portiunculam calcei sanctæ Annæ genitricis Deiparæ Virginis Mariæ [1]. »

CHAPITRE VI.

CHAUSSURES LITURGIQUES ET CLÉRICALES.

§ I.

Sandales épiscopales.

I. *Forme, matière et couleur.* — Suivant toute probabilité, l'origine d'une chaussure, exclusivement affectée aux cérémonies du culte, remonte au pape saint Étienne I (253-257),

VIIIe siècle); pl. 47 et 52, (Paschal I, IXe siècle). — BONANNI, *La Gerar. eccl.*, 3 pl. à la p. 191. — ALEMANNI, *De Later. pariet.*, pl. 1 et 6 (S. Pierre et Léon III, IXe siècle).

[1] *Pan. episc.*, lib. VII, c. 2. — RAYSSIUS, *Hierog. Belg.*, p. 127 et 356. — FERRY DE LOCRES (*Maria Aug.*, lib. V, c. 30) désigne le soulier de Soissons par le mot *soccus*, d'autres en font un *calceus*. — On conservait aussi à Rome des sandales de N. S. Jésus-Christ et on les portait à la procession le jour de l'Exaltation de la sainte Croix. (*Ordo XI*, n° 74, *Mus. Ital.*, t. II, p. 132.)

qui interdit au clergé l'usage des vêtements sacerdotaux hors de l'enceinte sacrée [1]. La première chaussure épiscopale fut incontestablement la *solea* (*fig.* 1), semelle attachée au moyen de deux courroies latérales, croisées sur le cou-de-pied, lesquelles, après avoir contourné le bas de la jambe, venaient se réunir à un appendice en métal ou en cuir (*obstragulum*), placé entre le gros orteil et le doigt voisin. Le pape Pélage II est ainsi représenté sur le grand arc de Saint-Laurent *extra-muros* (578), et les restes d'une statue de saint Hippolyte, évêque et martyr (IIIe siècle), font comprendre qu'elle portait la même chaussure [2].

De la *solea*, qui laissait les orteils complètement dénudés, à la *carbatina*, la transition ne fut pas difficile. Cette dernière, agreste et populaire, qui ne garantissait que la plante et les bords extérieurs du pied, rentrait, comme la *solea*, dans l'esprit apostolique. On ignore le moment précis où les *carbatinæ* s'introduisirent dans le costume épiscopal; mais le nom de *campagus* qu'elles reçurent d'abord, appartenant déjà à un *calceamentum* impérial de forme analogue, il serait invraisemblable de leur assigner une date antérieure au IVe siècle, lorsque, sortie des catacombes, l'Église prit place aux côtés du souverain temporel. D'ailleurs, le terme *campagus*, spécifiant un vêtement ecclésiastique, ne paraît pas avant le VIe siècle et, seulement au VIIe, on le rencontre appliqué à la chaussure pontificale, bien que tout porte à reculer cette application jusqu'à une époque plus éloignée [3].

[1] « Hic constituit sacerdotes et levitas ut vestes sacratas in usu quotidiano non uti, nisi in ecclesia tantum. » ANASTASE, *S. Stephanus*, 24.

[2] CIAMPINI, *Vet. mon.*, t. II, pl. 28. — ANASTASE, éd. Migne, t. I, p. 1295. Cette statue, provenant des fouilles opérées à Saint-Laurent *extra-muros* en 1551, a été déposée au Vatican.

[3] S. GRÉGOIRE, lib. VIII, ép. 27. — *De Exilio S. Martini PP.*, v. au chap. préc.

L'assertion d'un écrivain du VIIe siècle et un passage d'Anastase tendraient à faire du *campagus* un objet exclusivement réservé au Pape. Les vers de Théodulfe, cités au chapitre III, et surtout les monuments, dont je m'occuperai tout à l'heure, prouvant que les Evêques portaient le *campagus* aussi bien que le Souverain-Pontife, les termes absolus de l'*Hypomnesticon* ne peuvent toucher qu'à un minime détail d'ornement ou de couleur[1]. Après le VIIIe siècle, *campagus*, synonyme de *sandalium*, disparaît du vocabulaire liturgique; Amalaire (812). Anastase (869) et Durand, qui l'emploient comme une locution vieillie, en altèrent l'orthographe véritable, et, si plus tard, le mot conserve son sens primitif dans quelques Bulles émanées du Saint-Siége, l'exception confirme la règle[2].

Sauf le *calceamentum* de Maximianus, à St-Vital de Ravenne (VIe siècle), *calceamentum* très-analogue à la chaussure actuelle du montagnard des Abruzzes, tous les *campagi*, figurés sur les mosaïques se ressemblent entre eux, qu'ils appartiennent à des Papes ou à des Évêques. Ils consistent en une semelle

[1] « Particula sancti orarii, id est fascialis (S. Martini I) quæ sibi ab eo dimissa, et unus ex campagis ejus, id est caligis, quos nullus alius inter homines portat, nisi sanctus Papa Romanus. » *Hypomn.*, *de Anast. apocris.*, ap. *Coll. Anast. Bibl.*, éd. SIRMOND, 1620, p. 259. — « Accedens enim Maurianus subdiaconus, orarium de ejus collo abstulit, et ante pedes ejus projecit et *compages* ipsius abscidit. » ANASTASE, *Steph.* III, 272. (Dégrad. de Constantin.)

[2] « Congruum est ut nosmetipsos absolvamus de sandaliis, sive ut alio nomine *campobis*, qui supersunt in pedibus. » *De Eccl. off.*, lib. II, c. 18. — Parmi les *Ordo* que Mabillon ne considère pas comme postérieurs au VIIIe s., le n° I, se tait quant aux chaussures ; le n° V dit « odhones et campagos » et le n° VIII, (*Quomodo episcopus ordinetur*) « et induit eum dalmatica, planeta et *campobus* » *Mus. Ital.*, t. II, p. 6, 7, 64, 88. — « Dalmaticæ, campagorum, etc.... usum tibi concedimus. » *Privil. d'Urbain II à Hugues, abbé de Cluny* (1088), ap. DU CANGE. — DURAND écrit *compagus*.

munie d'un quartier, de flancs bas et d'une courte empeigne, soit taillée carrément, soit découpée en cœur ; des courroies croisées ou une bride transversale les attachent au pied (*fig.* 2). La sandale antique gardée à Saint-Martin des Monts (Rome), qu'elle provienne ou non du pape saint Martin (649-654), constitue un *campagus* remontant à une époque très-reculée (*fig.* 4). Je pense avec Rocca que cette chaussure avait autrefois des cordons et un quartier que le temps, si ce n'est la main des hommes, a fait disparaître [1].

Les Annales de l'Eglise Gallicane mentionnent de bonne heure une chaussure épiscopale appelée *subtalaris*. On lit dans les Actes des Évêques du Mans que saint Innocent (543), saint Hadoin (655), saint Béraire (670), Gauziolène (770) laissèrent par testament et en usufruit *(precaria)* à divers abbés « ad opus episcopi cambutta I et subtalares II. » Le legs du dernier était même fort riche : « cambuttam I opti- » mam et subtalares II bene ornatos. » Toutefois, le premier liturgiste, qui applique la dénomination *sandalium* à la chaussure ecclésiastique, est Bède (VIIIe siècle). Cet auteur entend par sandale ou *solea*, un vêtement laissant la partie supérieure du pied découverte, et il l'attribue aux prêtres en général [2]. Amalaire spécifie la sandale épiscopale et la montre assez conforme aux *campagi* de notre planche *(fig. 2 et 4)*.

[1] *Revue arch.*, t. VII, pl. 145. — V. CIAMPINI, loc. cit., pl. 29, Honorius I et Symmaque (S.-Agnès, 620) ; pl. 31, Jean IV, Théodore I, saint Venance et saint Domnio, évêques (Orat. de S.-Venance, 641); pl. 37, Grégoire IV et saint Marc pape (S.-Marc, 774). — *Thes. pont. antiq.*, t. II, p. 379, pl.

[2] MABILLON, *Analecta*, p. 246, 269, 273, 266. — « Induunt quoque sacerdotes pedes sandaliis. » *De Sept. ord.* — Proinde Marcus dicendo calceari eos sandaliis vel soleis, aliquid hoc calceamentum mysticæ significationis habere admonet, ut pes nec tectus sit neque nudus ad terram, id est nec occultetur evangelium, nec terrenis commodis innitatur » *In Marcum*, c. VI, lib. II ; *Op.* V, p. 58

On y voit, en sus de la semelle, une empeigne et un quartier non adhérents l'un à l'autre ; une languette prolonge l'empeigne sur le cou-de-pied ; la chaussure entière est doublée de peau blanche, fortement cousue à la partie externe autour de l'entrée du pied ; des courroies servent à l'attacher [1]. Walafrid Strabon (842) se borne à ranger au nombre des *pontificalia* les sandales, que Rhaban Maur (847), à l'exemple de Bède, nomme *soleæ sacerdotis* en rapportant leur origine au texte de saint Marc. La Messe de Ratold (980) les mentionne, tandis que le Sacramentaire de saint Grégoire, la Messe d'Illyricus et le Pontifical de saint Prudence (840) sont muets à leur égard [2]. Le faux Alcuin (après 1000) développe les idées de Rhaban Maur : « Sandaliæ dicuntur soleæ. Est autem genus calceamenti quo induuntur ministri ecclesiæ, subterius quidem solea muniens pedes a terra, superius vero nil operimenti habens : patet, quo jussi sint Apostoli a Domino indui. » Ives de Chartres (1097) et Hugues de Saint-Victor (1120), moins absolus, accordent une empeigne tailladée à la sandale, dont Rupert de Tuit (1111) fait un ornement réservé aux évêques, « sandalia pontificis [3]. » Honorius d'Autun (1130), au livre I, chapitre 210

[1] « Lingua de albo corio quæ subtus calcaneum est.... Lingua quæ inde surgit et est separata a corio sandaliorum.... Lingua superior... At intrinsecus de albo corio circumdata sunt sandalia.... Superior pars sandaliorum per quam pes intrat, multis filis consuta est, ut ne dissolvantur duo coria.... Lingua quæ super pedem est.... Corrigias supererogatas sandaliis. » *De Eccl. off.*, lib. II, c. 25.

[2] *De Reb. eccl.*, c. 24. — « Induunt quoque sacerdotes pedes sandaliis sive soleis, quod genus calceamenti evangelica auctoritate eis concessum est ut Marci evangelium testatur. » *De Instit. cleric.*, lib. I, c. 22. — S. GRÉGOIRE, *Op. compl.*, t. III. — « Deinde minister det sandalia (episcopo). » *De Ant. eccl. rit.*, t. I, p. 541 et *Ibid.*, *Ord.* IV et VI.

[3] *De Div. off.*, c. *Quid sign. vest.* — « Habent autem ad terram soleam

du *Gemma animæ*, reproduit sensiblement le texte d'Amalaire ; mais, chapitre 209, après avoir dit que *sandalium* dérivait de *sandyx* (plante à fleurs écarlates) ou de *sandaraca* (rouge orangé), couleur avec laquelle on teignait cette chaussure, l'auteur mentionne aussi la tradition apostolique et les ouvertures pratiquées dans l'empeigne [1]. Sicard de Crémone (1195) ajoute aux données précédentes que la sandale pouvait avoir quatre languettes, ou tout au moins deux, servant de *ligulæ* aux courroies d'attache : Innocent III (1198) définit l'empeigne « corium fenestratum [2]. » Durand (1290) ne modifie en rien les idées de ses devanciers quant à la forme des sandales. Saint Charles Borromée rapporte que l'empeigne était jadis fenestrée, preuve qu'au XVIe siècle cet usage n'existait plus depuis longtemps [3].

Jean Diacre (870) qui décrit une figure de saint Grégoire-le-Grand, peinte au temps de ce Pape (590-604) dans la chapelle de Saint-André près l'église Saint-Grégoire, à Rome, en néglige la chaussure : Rocca s'étonne d'un tel silence et le traite d'oubli [4]. L'omission me parait peu regrettable, car, selon toute probabilité, si l'écrivain avait parlé des

integram, ne pes tangat ad terram : supra vero constat ex corio quibusdam locis pertuso. » *Sermo de sign. indum. sacerd.*, ap. HITTORP, p. 417, C. — « Sandalia... integra sunt inferius... et desuper sunt forata. » *Spec. eccl.*, c. 6 et *De Sacram.*, c. 54. — *De Div. off.*, lib. I, c. 24.

[1] « Sandalia a sandica herba vel a sandaraco dicuntur quo depingi feruntur... Est autem genus calceamenti incisi, quo partim pes tegitur, partim nudus cernitur. »

[2] « Habens linguas quatuor, vel ad minus duas ligandas, unam supra pedem, alteram a calcaneo surgentem. » *Mitrale*, Cod. Vatic. 4975, p. 20. — *Myst. Mis.*, lib. I, c. 48.

[3] *Rat. div. off.*, lib. III, c. 8. — « Quæ fenestrata etiam superne olim fuisse non sine mysterii ratione. » *Acta Eccl. Mediol.*, *De Supp. Mis.*, n° 3.

[4] *S. Gregorii Vita*, lib. IV, c. 84. — *Thes. pont. ant.*, t. II, p. 374.

chaussures de son personnage, il se serait borné à une simple mention comme il l'a fait au sujet des *caligæ* de Gordien, père de saint Grégoire et nous n'en saurions pas beaucoup davantage.

Amalaire enseigne que les sandales liturgiques étaient en cuir noir, qu'une bande étroite, travail du cordonnier, partait de la languette supérieure pour aboutir à la pointe du pied et, que de chaque côté de cette bande s'échappaient des galons transversaux. Honorius d'Autun écrit que l'empeigne des sandales, faite avec la peau d'un animal mort, était noire, après avoir plus haut donné à entendre qu'elle était rouge orangé. Sicard de Crémone admet des sandales en cuir, soit noir, soit rouge, doublées de peau blanche, piquées, galonnées et ornées de pierreries [1]. Durand ne parle également que du cuir comme matière des sandales; mais outre le rouge et le noir, l'évêque de Mende reconnait qu'elles étaient aussi parfois d'autres couleurs. Saint Charles garde le silence sur ces questions de détail. Bonanni avoue que les sandales du Souverain Pontife et des Évêques sont depuis longtemps closes à l'instar de nos souliers, qu'elles ne sont plus en peau, mais en soie teinte d'une couleur correspondante à celle de la fête du jour et que la seule différence, établie entre les chaussures papales et épiscopales, réside dans une croix d'or brodée sur les premières [2]. Cette croix, à tort ou à raison,

[1] « Extrinsecus vero nigrum apparet.... Linea opere sutoris facta, procedens a lingua sandalii usque ad finem ejus... Lineæ procedentes ex utraque parte. » *De Eccl. off.*, loc. cit. — « Fiunt autem sandalia ex pellibus animalium mortuorum. » *Gemma an.*, lib. I, c. 210 et 209. — « Intus album, foris nigrum vel rubeum, multis filis et lineis contextum, gemmis ornatum. » *Mitrale*, loc. cit.

[2] « Quandoque diversis coloribus variatum. » *Ration.*, loc. cit. — *La Gerar. eccl.*, c. 71, p. 296. — DU SAUSSAY (*Pan. episc.*, lib. VIII, c. 10, III.)

l'épiscopat français tout entier l'arbore aujourd'hui. Le même auteur, traitant des mules que porte le Saint Père en habit ordinaire, dit qu'elles sont en étoffe rouge, sans oser franchir le XVIe siècle pour trouver l'origine de l'adoption de cette couleur. Des titres bien plus anciens existent cependant : Georges Metochita rapporte que Michel Cérulaire, patriarche de Constantinople (XIe siècle), usurpa les chaussures rouges (*ἐρυθροβαφεῖς*) qui appartenaient uniquement au Souverain Pontife, assertion confirmée par Balsamon (XIIe siècle). Margunio (XVIe siècle) y voit même le motif qui sépara Michel de l'église romaine [1].

Quoique l'examen des monuments prouve mainte fois que les prescriptions liturgiques, relatives à la confection des sandales, n'ont pas toujours été observées à la rigueur, il démontre aussi, qu'en cédant aux exigences du climat ou à des considérations particulières, les Évêques ont veillé à ce que leur chaussure ne s'écartât jamais en certains points de la tradition apostolique. Les sandales *(campagi)* de Maximianus, à Ravenne, sont entièrement noires et sans ornements; celles d'Honorius I et de Symmaque (Sainte-Agnès) sont noires avec une croix blanche : Jean IV, Théodore I,

attribue cette clôture de l'empeigne aux caprices des cordonniers plutôt qu'à la volonté des évêques ; on verra tout à l'heure que le caprice, si caprice il y a, remonte assez loin.

[1] « Et infra rochettum utitur (Papa) semper toga et alba, et caligis rubris cum sandaliis aurea cruce ornatis. » — *Sacr. Cærem.*, lib. III, c. 4 ; 1582 (1573). — *Orat. hist*, I. — « Οὔτε γὰρ τῷ τῆς βασιλείας λώρῳ κατὰ τὸ τοῦ ἁγίου Κωνσταντίνου νομιζόμενον θέσπισμα καταστέφεται, οὐδὲ κοκκοβαφέσι πεδίλοις κατὰ τὸ τυπωθὲν θεατρίζεται. » *Medit. de Patr. priv.*, p. 451, *De Patriarch.* C. P. — « Διὰ τὸ ἱμείρεσθαι αὐτὸν ἐκβαλεῖν τὰ κοκκοβαφῆ πέδιλα, καὶ κωλυόμενον ὑπὸ τοῦ Πάπα τῆς Ῥώμης, ὡς αὐτοῦ μόνου ἔχοντος ἐξουσίαν ἐγκαλλωπίζεσθαι τούτοις, καὶ μὴ τοῖς ἄλλοις τῶν Πατριαρχῶν ἐξεῖναι τοῦτο ποιεῖν. » *De Process. S. Spir. Dial.*

saint Venance et saint Domnio, évêques (Oratoire de Saint-Venance), Honorius I ou saint Grégoire (Sainte-Martine du Forum, 678), Jean VII (Saint-Pierre du Vatican, 706) portent des chaussures à croix noire. Ces sandales sont blanches à croix rouge sur la copie du portrait de Léon III, peinte dans un manuscrit du Vatican d'après la mosaïque disparue de Sainte-Suzanne (797). Il n'y a pas à tenir compte des *calcei* crucifères de Félix III ou IV (Saint-Cosme et Saint-Damien), la figure ayant été restaurée du temps de Grégoire XIII (XVIe siècle), mais les quartiers des *campagi* de saint Domnio sont relevés par un fleuron et la languette des sandales de Paschal I (Sainte-Cécile, 820) offre une découpure semblable, dont le dessin reparait sur l'empeigne [1]. Le *campagus*, attribué au pape saint Martin (*fig.* 4) est en peau bleue, couvert d'applications soie et or, disposées de manière à figurer un X. Quelques-uns y reconnaissent une croix, pourquoi ne pas y voir l'initiale de Χριστός, ou mieux une fantaisie d'artisan.

Reginald de Durham parle ainsi des sandales que saint Cuthberht (687) avait aux pieds lorsqu'on exhuma cet évêque en 1104 : « In pedibus calciamenta pontificalia gerit

[1] ROCCA, loc. cit., p. 375 et 376. — CIAMPINI, loc. cit., pl. 42, 16, 31 et 52. — Les minutieuses recherches de Rocca (loc. cit.) lui ont permis de constater la présence fréquente de la croix sur les anciennes chaussures papales ; il en conclut que cet usage remonte fort loin et que son oubli tient à la négligence des mosaïstes. A Sainte-Marie du Transtévère (1143), où saint Pierre, saint Calixte, saint Jules, saint Corneille et Innocent II sont représentés, l'avant dernier seul porte des sandales crucifères. Les statues d'Urbain VI (1389), Martin V (1431), Eugène IV (1447), Nicolas V, Calixte III, Pie II, Paul II, Sixte IV, Innocent VIII (XVe siècle), Pie III, Léon X, Paul III et IV, Pie V, Grégoire XIII et Sixte V (XVIe siècle) ont des croix sur leur chaussure. Les effigies de Sixte III (Saint-Laurent), Paschal I (Sainte-Cécile et Sainte-Praxède), Grégoire IV (Saint-Marc), Honorius III et IV (Sainte-Bibiane, 1250, Ara-Cœli, 1287), Boniface IX (Saint-Paul hors des murs, 1440) manquent de cet ornement.

quæ vulgus vocare sandalia consuevit. Quæ, ex regione superiori multis foraminibus minimis patere videntur quorum operamina artificiosa ex industria taliter comprobantur [1]. » Les sandales du B. Eginon, évêque de Vérone (802), étudiées par Gerbert dans l'abbaye de Reichnaw (*fig.* 5 et 6), ont l'aspect de chaussons sans semelle caractérisée ; elles sont faites d'une seule pièce de cuir souple, rouge vif ; leur quartier est relativement élevé ; une languette (*lingua superior*), taillée en fer-de-lance et issant d'une base rectangulaire, avance sur le cou-de-pied ; deux courroies (*ligaturæ*), ménagées dans les flancs à une faible distance de la languette, venaient se croiser de manière à passer à travers deux oreilles (*ansæ, ligulæ*) correspondantes, ouvertes sur le bord supérieur du quartier. Une élégante piqûre contourne le passage du pied (*superior pars sandaliorum per quam pes intrat, multis filis consuta est*). L'empeigne, suivant les formules liturgiques, est ornée d'un galon vertical d'où s'échappent, vers le haut, deux branches courbées en S ; vers le bas, deux prolongements latéraux étalés en croix sur la pointe du pied [2]. On serait tenté de croire à première vue que cette disposition cruciforme, usitée jusqu'au XIVe siècle inclus [3], avait pour but réel de représenter l'instrument du salut ; les Evêques modernes ont sûrement pensé ainsi en

[1] *De Admir. S. Cuthberti*, p. 88. — Ces sandales ne purent être chaussées au saint qu'en 698, lorsqu'on éleva son corps. « Omnia autem vestimenta et calceamenta.... attrita non erant...., et ficones novi, quibus calceatus est, in basilica nostra inter reliquias pro testimoniis usque hodie habentur. » *Vita S. Cuthberti*, ANONYME, ap. BEDE, *Op. hist. min.*

[2] *Iter Aleman.*, p. 275, pl. IX. *Vetus lit. Alem.*, tom. I, p. 262 et pl. IX.

[3] On la rencontre encore au XVe siècle sur les tombeaux de quelques Papes.

brodant la croix sur leurs sandales, à moins qu'ils n'aient voulu s'arroger une prérogative papale. Mais, outre que les liturgistes, décrivant l'ornementation des chaussures épiscopales, disent tous « lineæ procedentes ex utraque parte », sans compléter leur phrase par les mots « in formam crucis », employés textuellement ou sous entendus dans une interprétation symbolique, les *calceamenta* striés de bandelettes se rencontrent également aux pieds de quelques images royales. Or, lorsque, sous le règne de Constantin, l'épiscopat fut devenu une véritable magistrature, les dignitaires ecclésiastiques durent incontestablement adopter, au moins en partie, les insignes de leur rang civil. Chez les Romains, nobles et plébéïens se reconnaissant particulièrement aux chaussures, je ne puis voir dans les galons cruciformes des anciennes sandales liturgiques autre chose qu'un souvenir des quatre courroies, marques distinctives du *calceus patricius* [1].

Deux saints évêques, peints sur un manuscrit du IXe siècle portent des chaussures noires. Au Xe, je rencontre une figure de saint Germain ayant des sandales bleues, ornées d'une *linea* blanche, et aussi, un évêque chaussé de *calcei* violets. Une miniature du même temps offre un très-curieux spécimen de sandales épiscopales : l'empeigne, de couleur pourpre, semble entièrement close ; un filet de perles la contourne ; au-dessus, un système de courroies disposées en losange rappelle les *reticuli* du *campagus*. Les sandales d'un

[1] Peut-être ces galons rappelaient-ils les courroies de la *solea* primitive ou du *campagus* impérial. Un liturgiste moderne de l'Allemagne semble approuver la dernière opinion : « Erat autem campagus genus calceamenti, quod regibus et Imperatoribus Treb. Pollio in Gallienis et Capitolinus in Maximo juniore adscribunt. Ejusmodi autem calceos primum solos usurpasse episcopos... verisimile est. » KRAZER, *De Apost. necnon ant. Eccl. occid. lit.*, p. 322, § 185. Augsbourg, 1786, in-8°.

saint Dunstan, également du Xe siècle, présentent les *lineæ* cruciformes indiquées par Amalaire [1]. Au XIe siècle, quelques effigies de saint Omer en habits pontificaux sont chaussées de bottines noires et pointues, dépassant la cheville ; un galon d'or borde l'entrée du pied et se prolonge jusqu'au centre de l'empeigne où il détermine un Y. Tantôt (*fig.* 8) un filet blanc, accosté de deux perles, sort de l'angle formé par cet Y et va jusqu'à l'extrémité du soulier ; sur d'autres, toute l'ornementation est blanche. Les sandales de saint Réol (*fig.* 9) sont fauves, couvertes de perles et d'enroulements blancs ; elles ont une légère fente à la partie antérieure de la tige : celles de saint Vindicien (*fig.* 10) sont noires et décorées de la même façon. Les chaussures de saint Amand et de saint Momelin sont dorées et relevées de broderies blanches dans le goût des précédentes. L'or, appliqué sur les chaussures épiscopales, n'étonnera pas si l'on veut bien se rappeler que depuis Aurélien les *calcei patricii* furent dorés. Deux figures, également copiées sur le manuscrit de Valenciennes auquel j'emprunte mes quatre dernières citations, ont des bottines noires : saint Aldebert, comme saint Réol, porte des *lineæ* cruciformes en perles ; Saint Jean, évêque ou abbé, les a en galon rouge. Au reste, les *lineæ opere sutoris factæ* sont nettement caractérisées sur toutes les sandales ci-dessus, mais la *lingua* y manque. Une autre image de saint Omer (*fig.* 7) est chaussée de *carbatinæ* dorées, analogues à celles de Maximianus, sauf les courroies que l'on ne peut voir [2].

[1] *Arts sompt.*, t. I, pl. 23, 33, 43. — WILLEMIN, pl. 27 (980). — Ms. du British-Mus., ap. ROCK, loc. cit.

[2] *Vita S. Audom.*, ms. 698 à Saint-Omer. — *Vita S. Amandi*, ms. 460 à Valenciennes. — *S. Audom. Vita*, ms. app. à Mgr de La Tour d'Auvergne, archevêque de Bourges. Ce volume est l'ancien *Codex argenteus* de la cathédrale de Saint-Omer.

Les miniatures du XIIe siècle montrent encore quelques sandales noires; un saint Grégoire en a de blanches à *lineæ* cruciformes. L'évêque Frémaut (1183) est représenté sur la mosaïque du Musée d'Arras, chaussé de sandales rouges à *lineæ* cruciformes blanches. Lors de l'exhumation du pape Adrien IV, mort en 1159, on trouva ses pieds revêtus « sandaliis corii Turcici (maroquin rouge) ad flores margaritis ornatis, sine cruce[1]. » Par malheur, si les documents que je viens d'exposer renseignent sur la matière et l'ornementation des sandales, ils en taisent à peu près la forme rigoureuse que les vêtements talaires ne permettent jamais aux peintres d'indiquer complètement. Une découverte assez récente va combler la lacune. Les sandales funèbres de l'archevêque Arnould I (1183), extraites de sa tombe à la cathédrale de Trèves (*fig.* 11), sont en fine peau rouge doublée de blanc; l'extérieur est couvert d'élégants rinceaux brodés à l'aiguille; le quartier, coupé droit, est encadré par une ligne de petites roses, comprise entre deux filets, ligne qui en outre tend à l'isoler de l'empeigne. Quelques cabochons clairsemés apparaissent çà et là au milieu des enroulements; l'unique *linea* qui partage longitudinalement l'empeigne en comporte quatre. Cette empeigne est profondement entaillée de façon à déterminer quatre *ligulæ*, plus une *lingua superior*, en tout cinq appendices formant oreilles pour passer les cordons (*corium fenestratum*). Les parties pleines sont forées en écumoire

[1] V. la fig. de S. Germain, chaussé de sandales noires à un seul filet longitudinal rouge, accosté de perles semblables; ms. 192, bibl. imp., *Arts sompt.*, t. I, pl. 65. — *Le Moyen Age*, Miniat., pl. c. — *Id.*, ibid., pl. xv, fig. de S. Grégoire en sandales noires unies. — DIONIGI, *Sacr. Vat. bas. crypt. mon.*, p. 124. — V. encore D'AGINCOURT, t. V, pl. 60, Pascal II chaussé de hauts brodequins galonnés en croix; pl. 66, saint Apollonius, évêque de Brescia, avec des sandales échiquetées.

d'une multitude de petits trous qui traversent aussi la doublure; la semelle, très mince, est en cuir blanc [1].

Si l'usage des sandales de peau brodée est fort ancien, le premier exemple de chaussures liturgiques en soie ne remonte qu'au XIIIe siècle ; c'est l'Angleterre qui le fournit. On lit dans un inventaire de la cathédrale de Salisbury (1222) : « Duo paria sandaliorum, unum de serico indico (soie bleue), quod sunt episcopi Gosselini, et aliud de viridi cendell brusdato (cendal vert brodé) quod fuit episcopi Herberti [2]. » Un tel luxe alla toujours en croissant durant la période qui nous occupe. L'effigie tumulaire en émail de Philippe de Dreux, évêque de Beauvais (1217), était chaussée de sandales rouges richement brodées en or, avec une *linea* en argent (*fig.* 12); Geoffroy de Loudon légua à son église du Mans (1255) « sandalia et sotulares rubri serici, auri preciosorumque lapidum varietate distincta. » L'inventaire de Saint-Paul de Londres (1295) mentionne « sandalia cum caligis de rubeo sameto diasperato, breudata cum imaginibus regum in rotellis simplicibus. — Item, sandalia Henrici de Wengham episcopi cum flosculis de perlis indici coloris et leopardis de perlis albis [3]. » La sandale (*fig.* 3), conservée

[1] V. Bock, *Geschichte*, etc., lief. IV, p. 14, pl. 1. Ces sandales offrent une très grande analogie de coupe avec les chaussures impériales du XIIe s. conservées à Vienne et dont il sera parlé dans le chapitre suivant. On remarquera en outre les *foramina minima*, signalés plus haut à l'occasion des sandales de saint Cuthberht. Ces trous étaient-ils destinés à empêcher le pied de s'échauffer ! Répondaient-ils à la prescription « ut pes nec tectus sit neque nudus ad terram » ! Peut-être remplissaient-ils ce double but.

[2] Rock, *The Church*, etc., t. II, p. 238.

[3] *Le Monit. des arch.*, t. 43, pl. 505, d'après Gaignières. — Mabillon, *Analec*, p. 335. — Dugdale, *Hist. of S. Paul's*, p. 315. On lit à la même page : « Sandalia de rubeo sameto cum caligis breudatis.... sotulares sunt breudatæ ad modum crucis. » Voilà donc la croix installée sur les sandales des évêques anglais au XIIIe siècle.

à Saint-Martin-des-Monts (Rome), est en soie bleue tournant au vert : un entrelacs courant, encadré de deux baguettes, forme la *linea* ; d'autres entrelacs quadrilobés relèvent l'empeigne et le quartier [1]. Le modèle pantoufle de cette chaussure l'emporta définitivement au XIIIe siècle sur les types anciens, et il a persévéré jusqu'à nos jours. La sandale de saint Louis d'Anjou montre une coupe identique ; une sandale grise, galonnée d'or et semée de perles, que je rencontre dans le Psautier de saint Louis, n'en diffère pas essentiellement, quoique moins éloignée des patrons du XIe siècle. La sandale de saint Edme (*fig. B*), décrite au chapitre I, offre un curieux exemple des sandales brodequins, encore usitées deux cents ans plus tard en Angleterre. Les *lineæ* cruciformes se voient sur quelques chaussures épiscopales du XIIIe siècle, mais les sandales unies sont bien moins rares ; les verrières de Bourges et de Tours fourmillent d'évêques en *calcei* monochrômes, blancs, rouges, bleus, violets, noirs et fréquemment jaunes (or) [2].

J'ai à ma disposition peu de renseignements sur les chaus-

[1] V. Rocca, loc. cit., p. 379, pl. Cette sandale accompagne une mitre, pareille d'étoffe, couleur et travail ; toutes deux sont attribuées au pape saint Silvestre I. J'ai trop soigneusement étudié la mitre pour n'être pas convaincu qu'elle date du XIIIe siècle, et la sandale tomberait de droit dans mon appréciation, à supposer que l'entrelacs quadrilobé ne parlât pas suffisamment à l'œil des archéologues.

[2] Bibl. de l'Ars.; *Moyen Age*, etc., Miniat., pl. 12. — Tombe en bronze d'Evrard du Fouilloy (1223) à la cathédrale d'Amiens ; Willemin, pl. 90. — Evêque peint à S. Géréon de Cologne ; Bock, loc. cit., pl. x. Ces sandales sont blanches, galonnées d'or. — On voit au croisillon sud de la cathédrale de Reims une statue d'archevêque chaussée de sandales à *lineæ* cruciformes, couvertes de joyaux ; Gailhabaud, *l'Arch. du Ve au XVIIe siècle*, pl. 14. — Martin et Cahier, *Vitraux de Bourges*, pl. 12, 13, 17 et 18. — Marchand et Bourassé, *Verrières de Tours*.

sures épiscopales du XIVᵉ siècle, mais tout m'induit à penser qu'elles ne différèrent pas de celles du XIIIᵉ. L'effigie tumulaire coloriée de l'évêque Giffard (1301) à Worcester, porte des sandales rouges, ornées d'une croix en pierreries. Les sandales funèbres de Boniface VIII (1303) étaient « nigri coloris, acuta et cuspidata more Gothico, sine cruce et serico nigro ad flores parvos auro intextos, longitudinis palmi unius et quarti unius. » Le même Pape est sculpté sur sa tombe, avec des *campagi* antiques, fleuronnés au bout. Enfin, les chaussures de Burghard, archevêque de Magdebourg (1325), ont des galons cruciformes, et celles d'Urbain VI (1389), une *linea* resplendissante de broderies et de joyaux [1].

L'épiscopat aux XVᵉ et XVIᵉ siècles, semble avoir adopté des sandales en tissus plus ou moins riches et s'être abstenu d'y placer aucun signe caractérisque. La bottine de William Patten de Waneflete, évêque de Winchester (1447-1486), conservée au collége de Sainte-Marie-Magdeleine à Oxford, est en velours cramoisi, frisé d'or, doublé de chevreau blanc très mince; une broderie de fleurs en or et de feuilles mi-parties jaune et vert décore l'ensemble du vêtement (*fig.* 13). Toutefois les statues tombales d'Innocent VII (1448), Nicolas V (1455), Paul II (1471) et Alexandre VI (1503) ont des *lineæ* cruciformes sur leurs sandales; les *lineæ* de Paul II sont même chargées en cœur d'une croisette de pierreries [2].

[1] ROCK, loc. cit., p. 242. — DIONIGI, loc. cit., p. 129 et pl. 49. — BOCK, loc. cit., p. 16. — Le tombeau d'Urbain VI est gravé ap. DIONIGI, pl. 56.

[2] ROCK, loc. cit., p. 250. fig. — DIONIGI, loc. cit., pl. 57, 53, 54, 47. — L'opinion formulée ici relativement à l'ornementation des chaussures épiscopales aux XVᵉ et XVIᵉ siècles, ne doit pas être acceptée d'une manière trop absolue. J'ai dû l'adopter moi-même, faute de monuments originaux, en face de monuments sculptés ou peints sur lesquels on ne distingue aucune trace de croix ou de *lineæ*. — V. la Danse des morts de Bâle; *Arts sompt.*, t. II, pl. 58: la châsse de sainte Ursule à Bruges et un bon nombre de tableaux du temps.

L'usage d'assortir les sandales au reste des *pontificalia* me semble dater du XIIIe s.; l'ornement complet, or à fleurs-de-lys rouges, bordé d'argent, qui revêtait la figure précitée de Philippe de Dreux, correspond exactement avec sa chaussure.

En résumant les faits que je viens d'exposer, on trouve : 1° qu'au VIIIe siècle déjà les sandales n'étaient plus entièrement conformes aux règles prescrites par les liturgistes ; 2° que ces règles, observées en partie jusqu'à la fin du XIIe s., étaient totalement tombées en désuétude au XIVe, ne laissant d'autre trace que les *lineæ*, apparentes jusqu'au XVIe.

Maintenant les évêques portent des sandales en soie unie, satin ou gros de Naples, blanc, rouge, vert, violet, selon la couleur affectée à l'office du jour. Ces sandales en forme d'escarpins, sont munies de deux pattes (*ligulæ*), réunies sur le cou-de-pied à l'aide de cordons ou de boucles ; une croisette brodée d'or en décore généralement l'empeigne.

II. *Usage*. — L'*Ordo V* assigne la dernière place aux chaussures liturgiques. Amalaire ne détermine pas exactement le rang qu'elles doivent occuper parmi les *pontificalia*, car au chapitre précité de son ouvrage, cet auteur les relègue à la fin, tandis qu'au chapitre suivant, il les classe au n° 3 et les entremêle aux autres vêtements, de manière à faire pressentir qu'il n'établit aucune règle fixe. Walafrid Strabon avec Rupert de Tuit, donne aux sandales le n° 6, Rhaban Maur, le n° 8, et Hugues de Saint-Victor, le n° 3, soit avant, soit après la chasuble. La Messe de Ratold, le faux Alcuin, Honorius d'Autun, Innocent III, Durand et le Pontifical de Saint-Blaise (XIVe s.) attribuent à la chaussure épiscopale le premier rang qui, rationellement, lui a été maintenu jusqu'aujourd'hui [1].

[1] *De Sacr.*, lib. I, c. 82. — *Myst. Mis.*, lib. I, c. 10. — *Mon. vet. lit.*

Si la messe se chante à la consécration d'un évêque, il prend l'amict, l'aube, la ceinture, le manipule, l'étole croisée et le pluvial. Si l'office est simplement récité, l'élu peut ajouter aux vêtements ci-dessus, les sandales déposées sur la crédence ; s'il s'abstient de les chausser, ou si la messe est solennelle, les acolytes les lui mettent après le Graduel [1]. D'après l'*Ordo VIII*, dont le Pontifical de Salzbourg (XIIe s.) reproduit exactement le sens, il semblerait que l'archidiacre dût chausser les sandales au prélat consacré ; suivant le Pontifical de Besançon (XIIe s.), les évêques assistants remplissaient cet office. L'*Ordo* d'Hittorp, les Pontificaux de Rome et de Lyon (XIVe s.) sont conformes aux rubriques actuelles [2].

Aux offices solennels, quand le *scutifer* (écuyer, valet de chambre) de l'évêque a retiré les souliers ordinaires de son maître, ce dernier, assis sur son trône, est chaussé par le sous-diacre à genoux ; le pied droit d'abord, ensuite le gauche. On va chercher les sandales à la crédence et on les présente sur un plat. Six ou huit acolytes, aussi à genoux, relèvent les pans de la chape épiscopale de manière à cacher

Alem., t. I. p. 345. — Alcuin et Honorius ne parlent que des sandales ; les autres liturgistes mentionnant aussi les bas, *caligæ*, *campagi*, font naturellement passer ceux-ci en première ligne.

[1] *Pontif. rom.*, *De Cons. electi in episc.* — *Ordo rom.*, ap. Hittorp, p. 71, col. 2. — V. encore *Ordo* XIII (Grégoire X, 1271-1276), n° 6 ; *Ordo* XIV (Card. Gaëtani), n° 45 (Cons. du Pape) : *Mus. Ital.*, t. II, p. 225 et 271.

[2] « Et dum psallitur gradale egrediatur archidiaconus cum acolythis et subdiaconibus et induit ipsum electum... campobus, etc. » *Mus. Ital.*, t. II, p. 88. — « Tunc egreditur archidiaconus cum acolythis et subdiaconibus, et induit ipsum electum cambagos, sandalia, etc. » — « Comprovinciales autem episcopi induant electum hoc modo. In primis sandalia, etc. » *De Ant. eccl. rit.*, t. II, p. 404, 415, 499, 513. — V. encore Hittorp, *loc. cit.*, p. 71.

l'acte qui s'accomplit. L'office terminé, les sandales sont ôtées avec le même cérémonial [1].

Suivant la règle formulée par Guillaume Durand, l'évêque chausse les sandales « quandocumque in pontificalibus et solemniter celebrat. » Il s'en abstient toutefois à l'office des morts (au Vendredi-Saint également), « quia tunc omnis solemnitas cessare debet. » Ailleurs, Durand admet que le Métropolitain puisse se rendre aux fêtes principales de sa province, revêtu du pallium et des sandales [2].

Dans certaines contrées de la France et de l'Allemagne, l'évêque récemment élu ou consacré, entrait nu-pieds dans sa ville épiscopale. Il exista longtemps à Rouen une réminiscence de cet antique usage, aujourd'hui tombé en désuétude ; le nouvel archevêque partait nu-pieds de l'église la plus voisine de la cité et arrivait ainsi à sa cathédrale en marchant sur de la paille jonchée [3].

[1] *Cærem. episc.*, lib. II, c. 8, n° 7, 80. — L'office de mettre les sandales, imposé au sous-diacre, remonte assez loin dans l'Église romaine. Le rédacteur des *Actes du Concile général de Lyon* (Innocent IV, 1245) dit au début de son œuvre : « Quibus finitis (tertia et sexta) subdiaconus venit cum sandalibus et calciavit eum (Papam). » Ap. *Panopl. episc.*, lib. VIII, c. 6. — L'on a déjà vu le sous-diacre Maurianus, chargé en 707 d'enlever les sandales à l'anti-pape Constantin.

[2] *Pont. ms.*, ap. *De Ant. eccl. rit.*, t. I, p. 580. — *Rat. div. off.*, lib. III, c. 17, n° 13. — *Cærem. episc.*, lib. II, c. 25, n° 6. — Au jour du Vendredi saint, le Pape chausse « non sandalia, sed quotidiana calceamenta. » *Ordo* XII (Cenci Savelli), n° 29; *Mus. Ital.*, t. II, p. 182.

[3] Saint Adalbert, évêque de Prague, ayant été consacré à Mayence, entra nu-pieds dans sa ville épiscopale ; saint Héribert, archevêque de Cologne (1000), en fit autant malgré le froid ; de même, saint Othon, évêque de Bamberg (XIe s.). Saint Antonin, archevêque de Florence (XVe s.), après son sacre, entra déchaussé dans l'église de Saint-Pierre-Majeur et se rendit ensuite à la cathédrale sans avoir repris ses sandales. *De Ant. eccl. rit.*, t. II, p. 334.

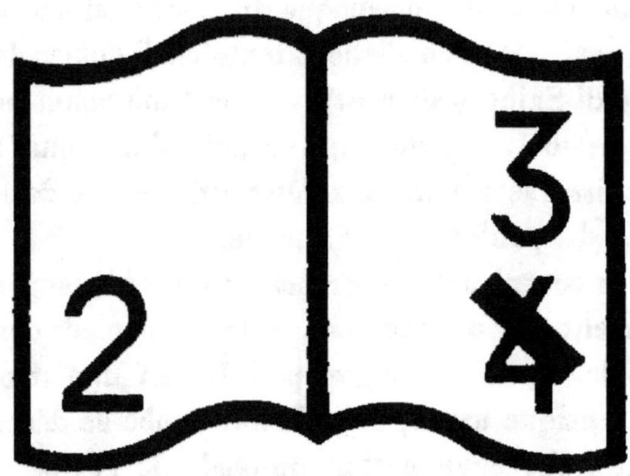

Pagination incorrecte — date incorrecte

NF Z 43-120-12

lire PAGE

au lieu de PAGE

§ II

Chaussures du Clergé.

I. *Chaussures liturgiques.* — Aux premiers temps de l'Église, dit Walafrid Strabon, le clergé disait la messe avec ses habits ordinaires, ainsi que certains le font encore en Orient. Nous avons vu Bède reconnaître l'existence d'une chaussure sacerdotale ; au VIIIe siècle, quelques ecclésiastiques, appuyés sur le texte de saint Matthieu et l'exemple des Juifs, ayant voulu célébrer pieds-nus, saint Boniface s'y opposa : Charlemagne renouvela cette défense dans un Capitulaire. Hérard, archevêque de Tours (858), prescrit formellement les sandales aux prêtres [1]. Du Saussay pense que le privilége des chaussures liturgiques, d'abord étendu à tous ceux qui avaient le droit de dire la messe, se restreignit ensuite au seul épiscopat, lorsque l'Ordre des prêtres fut devenu trop nombreux. A cette raison spécieuse, j'en préfère une autre plus naturelle, fournie ailleurs par le même écrivain ; à savoir qu'il était inconvenant de célébrer les saints mystères avec des souliers crottés [2]. En effet, avant que la civilisation eût pavé les voies de communication et que par les temps d'hiver ou de pluie, le prêtre arrivait à l'église soit en bottes, soit en sabots maculés de boue, la décence exigeait qu'il changeât de chaussure avant de monter à l'autel [3].

[1] *De Reb. eccl.*, c. 24. — « Ut unusquisque presbyter missam cum sandaliis celebret. » — « Unusquisque presbyter missam ordine Romano cum sandaliis celebret. » *C. M. Capit.; Benedicti diac. Coll.*, lib. I, 371. — « Ut presbyteri missas cum sandaliis celebrent. » BALUZE, *Capit.* CV, t. I, p. 1293.

[2] *Loc. cit.*, lib. VII, c. 9 et 5.

[3] Cette nécessité ayant été suffisamment reconnue, les prescriptions devin-

Amalaire donne sur les sandales liturgiques du clergé, quelques détails curieux : « Varietas sandaliorum, varietatem ministrorum pingit. Episcopi et sacerdotis pene unum est officium. At quia nomine et honore discernuntur, discernuntur etiam varietate sandaliorum. » L'évêque qui parcourt son diocèse pour régir ses ouailles porte des sandales à courroies, de crainte qu'elles ne tombent en route ; le prêtre, à demeure dans une paroisse, « securius incedit » et n'a pas besoin de ligatures. Le diacre, dont les fonctions sont distinctes de celles de l'évêque, mais qui l'accompagne dans ses courses, doit avoir des chaussures à courroies ; quant au sous-diacre, qui aide le diacre et remplit à peu près le même office, il a des sandales différentes [1].

Les prescriptions relatives aux chaussures du clergé secondaire, ne semblent pas avoir été plus régulièrement observées que les règles qui déterminaient la forme des sandales épiscopales. La mosaïque de Ravenne montre un diacre et un sous-diacre, exactement chaussés comme leur évêque Maximianus [2]; à Saint-Laurent-hors-des-murs, à l'Oratoire de Saint-Venance, SS. Laurent, Étienne et Septime, diacres, SS. As-

rent inutiles. Toutefois, il paraît qu'au XIVe siècle encore, certains ministres inférieurs se dispensaient de mettre des chaussures en servant la messe : « Nullus sacerdos sine clerico celebrare præsumat. Qui clericus desuper habeat lineam tunicam.., et calciatus incedat. » *Stat. synod. Eccl. Camerac.* (1311), ap. *Ampl. coll.*, t. VII, col. 1298. — Les chanoines de la cathédrale d'Aguani ont, dans l'armoire qui renferme leur habit de chœur, une paire de souliers de rechange, et j'ai constaté bien souvent que ce n'était pas du luxe. Cet usage doit avoir persisté dans les autres petites villes des États Romains et vraisemblablement ailleurs.

[1] *De Eccles. off.*, lib. II, c. 25.

[2] *Revue arch.*, *loc. cit.* Ces chaussures sont de vraies *carbatinæ* que je retrouve sans changements notables sur un ivoire byzantin, publié par Du Cange (*Constantinop. christ.*, p. 137). Elles sont aux pieds d'un saint Étienne, diacre.

térius et Maurus, prêtres, portent la *solea ;* à Saint-Marc, à Sainte-Praxède, SS. Felicissimus et Agapet, diacres, S. Zénon, prêtre, ont le *campagus*. A la cathédrale de Capoue (IXe s.), les *calcei* de S. Étienne, diacre, sont brodés sur l'empeigne [1]. Il y eut pourtant des exceptions dans les contrées septentrionales. Saint Cuthberht, avant de parvenir à l'épiscopat, « semel calceatus tibracis, quas pelliceas habere solebat, sic menses perduraret integros. » Le Saint, forcément, célébrait donc la messe en guêtres ou bottes fourrées, à moins qu'il ne mît des sandales par-dessus [2].

La Donation de Constantin attribue au clergé romain σανδάλια λευκὰ διὰ ὀθονίων ; je n'attache pas à cette pièce plus d'importance qu'elle n'en mérite, mais l'*Ordo V* accorde au prêtre romain, outre les « subtalares quos mittit presbyter et diaconus, » la même chaussure qu'au Pape : « Calciamenta sicut Pontifex. » De plus, il donne aux acolytes « calciamenta, odhones et subtulares sicut et subdiaconi. » Enfin il ajoute : « Calciamenta vero, tam Pontifex, quam etiam et omnes reliqui, sive festis diebus, sive quotidianis uno modo induuntur. Item diaconi [3]. Les monuments ont déjà prouvé que ces *subtalares* étaient des *campagi ;* une lettre de saint Grégoire ne le donne pas moins à entendre. Elle renferme l'ordre adressé à Jean, évêque de Syracuse, d'interdire aux diacres de Catane l'usage du *campagus*, usage concédé aux seuls diacres de Messine « quibus olim a prædecessoribus nostris non dubitatur esse concessum [4]. » Si, de temps immémorial,

[1] CIAMPINI, *loc. cit.*, pl. 28, 30, 37, 47, 54.

[2] *Vita S. Cuthb.*, ap. BEDE, *loc. cit.*

[3] *Mus. Ital.*, t. II, p. 64 et 65.

[4] Lib. VIII, ep. 27. — Les chanoines de la cathédrale de Messine prennent encore les sandales lorsqu'ils remplissent les fonctions de diacre. MACRI, *Hierol.*, p. 165.

un tel privilége avait été accordé par les Souverains-Pontifes à quelques membres du clergé sicilien, à plus forte raison devait-il appartenir aux Cardinaux? En effet, lors du Concile de Pont-Yon (876), tenu par les légats de Jean VIII en présence de Charles-le-Chauve, les clercs romains conservèrent la supériorité du costume et se présentèrent vêtus « more romano [1]. » Au XIe siècle, Ives de Chartres attribue les sandales aux Cardinaux, mais seulement dans l'ordre des prêtres. Papias parle du *campagus* diaconal comme étant d'un usage périmé : « Campagi, calciamenti genus quo utebantur diaconi Romani, vel quibus a Pontifice licentiæ darentur [2]. » Au XIIIe siècle, Durand interdit aux diacres le port des sandales, à moins d'une autorisation émanée du Saint-Siége, ajoutant toutefois qu'ils eurent jadis le droit d'en mettre et que les prêtres mêmes n'en usaient plus. Déjà le IVe Concile de Tolède (633) avait repoussé les prétentions des diacres relativement au *campagus* [3]. L'effigie tumulaire d'Ancher, neveu d'Urbain IV et cardinal-prêtre du titre de Sainte-Praxède (1286), porte des sandales richement brodées ; cette chaussure reste encore aujourd'hui l'une des marques distinctives de l'ordre des *Presbyteri Cardinales* [4].

[1] Ap. *Panop. episc.*, lib. VII, c. 9.

[2] *Sermo de sign. ind. sac.* « Utuntur episcopi et cardinales presbyteri sandaliis quæ calceamenta sunt prædicatorum. » Ap. HITTORP, p. 417, c. — *Vocabul.*

[3] « Diaconi non debent uti compagis id est sandaliis neque manipulis id est calciamentis episcopalibus absque indulgentia sedis apostolicæ speciali. Olim enim utebantur quia eorum erat discurrere per comitatum. Hodie ergo nec ipsi sacerdotes utuntur, sed episcopi solum..... Clerici autem Romanæ ecclesiæ ex concessione Constantini imperatoris uti possent calciamentis cum utonibus, id est candido linteamine. » *Rat. div. off.*, lib. III, c. 8, 11. — « Campagis vero calceari absque apostolica licentia non permittitur diaconis. »

[4] Cette tombe existe encore à Sainte-Praxède, dans une chapelle aban-

Du Saussay pense avec raison que les réformes, effectuées après l'an 1000, enlevèrent aux Cardinaux-Diacres le privilége des sandales, car si ce privilége eût encore subsisté au XIe siècle, Ives de Chartres n'eût pas oublié de le mentionner [1].

Un saint Jérôme, peint en 800, a des sandales closes, violettes, décorées de feuillages d'or ; quelques figures sacerdotales (IXe et Xe siècles) portent des *calcei* noirs ; ceux d'un diacre (Xe siècle) sont également noirs, mais avec une large échancrure à la partie supérieure de l'empeigne [2]. Au XIe siècle, le diacre Baudemond, représenté aux côtés de saint Amand, a des bottines noires, ornées de *lineæ* et de cercles blancs. Un autre diacre, calqué sur l'*Exultet* de la bibliothèque Barberini, à Rome, montre des mules, à quartier imperceptible et empeigne coupée droit à la naissance du cou-de-pied. Au XIIe siècle, les sandales d'un diacre, placé en face de saint Grégoire, sont noires avec une *linea superior* blanche ; celles d'un saint Vincent sont blanches, ornées d'une *linea* verte à disques noirs [3]. Au XIIIe siècle, on ren-

donnée, en contrebas de la rue. *Rev. arch.*, t. VIII, p. 730, pl. 179. — « Hodie vero (1745) nonnisi summus Pontifex, episcopi et presbyteri Cardinales sandaliis uti solent. » ROCCA, loc. cit., t. II, p. 374.

[1] « Hinc solis episcopis et præcipuis cardinalibus (quibus jam olim fuerat præhabitus honor) summa auctoritate vindicati sunt ac asserti pontificiorum insignium ornatus, demptæ presbyteris dalmaticæ, diaconis et subdiaconis sandaliæ..., tantusque rigor in his coercitionibus adhibitus est, ut resectionem privilegiorum antiquorum ordo spectatissimus s. R. E. diaconorum aliquam pateretur. » *Pan. episc.*, lib. VII, c. 9. — Il est probable que la suppression des sandales liturgiques pour le clergé de second ordre date aussi du XIe s.

[2] Ms. de la bibl. de Hesse-Darmstad. — *Arts sompt.*, t. I, pl. 20, 42 et 43.

[3] *Vita S. Amandi*, ms. de Valenc. — D'AGINCOURT, t. V, pl. 54. — *Le Moyen-Age*, miniat., pl. C, 9916, bibl. de Bourg. — *Arts sompt.*, t. I, pl. 65.

contre quelques diacres pieds-nus et le plus souvent en *calcei* verts, violets, blancs ou jaunes [1]. Cette variété de couleurs me paraît avoir été imposée aux artistes, bien plus par une nécessité d'harmonie que par les habitudes liturgiques du temps. Du Saussay croit retrouver une trace de l'antique chaussure, spéciale aux diacres, dans les paroles que l'Evêque leur adresse au moment de l'ordination [2].

Les sandales (*pedules*) firent de bonne heure partie des insignes abbatiaux. Un ancien canon de Théodore, archevêque de Cantorbéry (668-690), s'exprime ainsi : « In abbatis ordinatione, episcopus debet missam agere et eum benedicere inclinato capite cum duobus testibus, vel tribus de fratris suis et dat baculum et pedules. » Il résulte toutefois de documents authentiques que les sandales étaient concédées aux Abbés par privilége du Souverain-Pontife. Jean XIII les accorda en 970 à Adelmund, abbé de Saint-Vincent de Metz ; Jean XVI, à Pierre, abbé de *Cælum-Aureum* à Pavie (986) ; Léon IX et Urbain II (XIe siècle), aux abbés du Mont-Cassin, de Saint-Arnoul de Metz et de Cluny [3]. Il serait trop long d'énumérer ici les priviléges et confirmations de sandales, octroyés aux Abbés ; je me bornerai à dire que le Concile de Poitiers (1100) interdit aux chefs de monastères le port des sandales à moins qu'ils n'y soient autorisés par le Saint-Siége, et, que cet ornement fût

[1] *Vitraux de Bourges*, pl. 12, 14, 16, 17, 24, 28.

[2] *Pan. episc.*, lib. VII, c. 8. — « Curate ut quibus evangelium ore annunciatis vivis operibus exponatis, ut vobis dicatur, Beati pedes evangelizantium pacem, evangelizantium bona : habete pedes vestros calciatos sanctorum exemplis in præparatione Evangelii pacis. » *Pont. Rom.*, pars I, 15.

[3] *Spicil.*, t. IX, p. 52, 111. *Id.*, t. V, p. 142. *Gall. Christ.*, t. XIII, 917 et 918. *Ann. o. s. b.*, t. III, p. 594. *Id.*, t. IV, p. 35, 501, 506. LÉON D'OSTIE, *Chron. Cass.*, lib. II, c. 62 ; lib. IV, c. 17.

attribué par la suite à quelques dignitaires ecclésiastiques d'un rang inférieur [1].

Cassien (Ve siècle) établit que les moines, tout en s'abstenant des *calceamenta* interdits par le précepte évangélique, portaient des *caligæ*, à cause de la faiblesse du corps, des froides matinées de l'hiver et de la chaleur du midi. Ces chaussures, néanmoins, n'étaient pas étroitement fixées aux pieds du Religieux, car il devait les ôter pour célébrer la Messe ou participer aux saints Mystères [2]. Les réflexions de Cassien font voir que les *caligæ* monacales n'avaient rien de commun avec le *calceamentum* romain leur homonyme ; la chaussure des moines au Ve siècle ne différait pas du *subtalaris* et du *soccus* que Louis-le-Débonnaire leur prescrivit en 817. Les *subtalares*, chaussures d'été, devaient primitivement avoir une semelle de bois, un quartier bas et une courte empeigne de cuir. Saint Bertin, abbé, saint Momelin et saint Ebertramn, ses compagnons, sont peints sur un manuscrit du XIe siècle avec des *carbatinæ*, identiques de forme à celles du saint Omer *fig.* 7, mais brunes au lieu d'être dorées [3]. Saint François d'Assise ne conserva du *subtalaris* que la semelle, retenue par une courroie transversale ;

[1] Jean, abbé de Saint-Ambroise à Milan, obtint en 1103 la confirmation du privilége des sandales. *Ann.* O. S. B., t. v, p. 403. — « Ut nullus abbatum utatur chirothecis, sandaliis etc » c. VI. *Id.*, ibid., p. 428. — Le Doyen de Saint-Martin de Tours ; le Trésorier de la Sainte-Chapelle de Paris (Clément VII, 1524). Ap *Pan. episc.*, lib. VII, c. 9.

[2] « Quibus tamen caligis quanquam licito utantur, utpote Domini mandato concessis, nequaquam tamen pedibus eas inhærere permittunt, cum accedunt ad celebranda, seu percipienda sacrosancta mysteria, illud æstimantes secundum litteram custodiri debere, quod dicitur ad Moysen, vel ad Jesum Nave : solve corrigiam calceamenti tui. » *De Habitu monarch.*, lib. I, c. 10. — V. encore *Reg. S. Bened.*, c. 62 et S. Grégoire, *Dial.*, lib. I, c. 2 et 4.

[3] *Capit. Monach.*, 22. — *Codex argent.*, ms. de Mgr de Bourges.

d'autres Ordres religieux en firent un soulier que la règle de Saint-Victor de Paris décrit suffisamment [1]. Le *soccus*, chaussure d'hiver en feutre, disparut sans doute quand on adopta les souliers montants [2]. Les religieux de Cîteaux portaient des *socculi ;* les Frères de l'hôpital Saint-Julien (Angleterre) avaient des souliers à haute tige, attachés autour de la jambe « cum tribus vel quatuor nodulis. » Les « sotulares bassi cum uno nodulo et laqueati (lacés) » leur étaient formellement interdits : Garin, abbé de Saint-Alban, changea en guêtres ou bottines de peau (*ocreæ*) les souliers à courroies dont ils usaient précédemment : « Ut ad divinum officium expeditius properarent, nec unus alium in processionibus illaquearet, tum propter munditiam manus, priore autem rotunditate et per totum amplitudine ad indicium pristinæ humilitatis remanente [3]. » Les chaussures monacales devaient être lavées avec le plus grand soin ; saint Guillaume, abbé d'Hirsauge, rappelle dans ses Constitutions cette propreté prescrite à toute la famille bénédictine [4].

[1] « Subtalares non nimis stricti sint sed competenter ampli et ante grossi sint : desuper vero alti sufficienter ut plane caligas contineant et apprehendant. » *Lib. Ord. S. Vict. Paris.*, c. 18 (XIIe s.), ap. Du Cange. — Saint Bertin, abbé, figuré sur le ms. de Valenciennes (XIe s.) porte une chaussure pourpre, identique de forme à la sandale fig. 9, mais avec la seule *linea superior*.

[2] « Soccos filtrinos duos. » *Stat. Corb.*, lib. I, c. 3. (822). Ap. *Spicil.*, t. IV, p. 3. « Filtra ad soccos faciendum. » *Const. Ansegisi*, *Sæc.* IV *Bened.*, pars I, p. 639.

[3] « Quam cum Fratres audiunt socculos suos in dormitorio. » *Cærem. Cist.*, ap. Magri, *Hier.* — Matthieu Paris, *Addit.*, p. 168. — Id., *Vit. abb. S.-Albani.* Guarinus vivait au XIIe s.

[4] « Socci sunt ibi abluendi et super gramen claustri ad siccandum ponendi. » *Const. Hirs.*, lib. II, c. 37. — « Cum vidisset prædictum fratrem nostrum, nostra consuetudine suos abluere subtalares. » *Vita S. Odonis Clun.*, lib. II, ap. Du Cange.

II. *Chaussures séculières.* — Nous avons vu le Pape Etienne établir une distinction entre la chaussure liturgique et la chaussure portée hors de l'enceinte sacrée. La dernière devait être en rapport avec les habitudes locales et ne différer des chaussures laïques que par sa simplicité. Telle l'indique le canon 45 du IVe Concile de Carthage (398) : « Clericus .... nec vestibus, nec calceamentis decorem quærat. » Cette injonction est renouvelée dans une règle monastique, antérieure au VIIIe siècle [1]. Saint Grégoire mentionne le prêtre Etienne, homme très recommandable « qui caligas corrigiis ligatas gerere solebat. » Les prêtres, attachés au service de l'hôpital Saint-Julien, étaient à volonté chaussés « botis seu æstivalibus, aut caligis nigri coloris vel bruni, cum sotularibus bassis. » Des patins furent aussi attribués au clergé pour qu'il ne traînât pas ses souliers dans la boue [2].

La chaussure séculière des ecclésiastiques ne devait pas sortir des couleurs noire ou brune et, surtout, ne pas suivre les caprices de la mode. Par malheur, il n'en fut jamais ainsi au Moyen-Age ; les Papes et les Conciles eurent souvent à fulminer contre la tendance des vêtements cléricaux à outrepasser les bornes de la décence et de la modestie. J'ai, chapitre IV, signalé déjà quelques interdictions relatives aux *calceamenta* ecclésiastiques ; en voici un choix non moins curieux. Les Synodes du Mans (1247), de Girone (1268), d'Exeter (1287) prohibent les souliers brodés (*consutitii*), à pointe recourbée (*rostrati*), en maroquin (*cordati*) et de couleur rouge. Le Concile de Londres (1342), formulant les mêmes

[1] *Spicil.*, t. xi, p. 163. — *Amplis. Coll.*, t. ix, 17.

[2] *Dial.*, lib. iii, c. 20. — Matthieu Paris, *Addit.*, p. 164. — « For two pairs of pattens for the priest. » *Comptes des sacrist. de Sainte-Marie-Hill.* à Londres (1491), ap. Rock, loc. cit., t. ii, p. 241.

défenses, traite les clercs d'efféminés « militari potius quam clericali habitu induti. »[1]. Le Synode de Rouen (1361) interdit aux chanoines, chapelains et clercs de la cathédrale « sotulares nimis acutos.... quia talis status est histrionum et joculatorum. » Et de plus, il prohibe les souliers « quæ nimia strictura vel brevitate fuerint notanda. » A Sens (1485), l'archevêque Tristan de Salazar renouvelle de la Clémentine, *Ne in agro*, une défense particulière aux « botis et sotularibus corrigiatis. » Condamnant aussi « brodequinos seu pantouflas » hors le cas de maladie[2]. Déjà, à l'entrée du XVe siècle, Gerson proférait contre les chanoines des plaintes analogues à celles du Concile de Londres; le Concile de Trente, non moins énergique, a, par ses mesures formelles, rendu impossible au clergé l'usage habituel des vêtements laïques[3].

[1] *Amplis. Coll.*, t. VII, 1393; t. VIII, 1400 et 1470. — WILKINS, *Conc. Brit.*, t. II, p. 141 et 703.

[2] *Amplis. Coll.*, t. VIII, 1535. — *Spicil.*, t. V, p. 615 et 626.

[3] « Quid est quod quarumdam ecclesiarum canonici calceis rostrati, vestibus accurati, abjecto clericali habitu, militarem assumant. » — « Vestes etiam deferant publice laicales, pedes in diversis ponentes, unum in divinis, alterum in carnalibus. » *Sess.* XIV, pars 2, c. 6. (1551). — Ap. *Pan. episc.*, lib. VII, c. 6. — Ajoutez : « Vestimenta vel calceamenta etiam eis (clericis) nisi quæ religionem deceant, uti, vel habere, non liceat. » (*Conc. d'Agde*, 506, Dist. 23). « Ut nullus clericus.... calceamenta sæcularia, nisi quæ religionem deceant, induere præsumat. » (1er *Conc. de Mâcon*, 581, c. 5). « Vestimentis etiam et calceamentis, nisi quæ honestatem et religionem deceant, eos (clericos) uti non liceat. » (*Conc. de Londres*, 1175). « Sotularibus consutitiis seu rostratis.. (clerici) non utantur. » (Ve *Conc. de Latran*, 1215, c. 16). « nec... induere.... sotulares albos vel rubeos, nisi cum nigris desuper sotularibus dumtaxat calciare de cætero præsumant. » (*Conc. de Tolède*, 1473). « Calceis quoque non incisis (clerici) utantur. » (*Conc. d'Aix*, 1585). — Des peines sévères, telles que la suspension ou la perte du bénéfice, menacent en général les contrevenants. — Saint Charles (*De episc. supell.*) recommande de ne pas trop échancrer la chaussure; « calcei inaniter non incidantur. » *Familiares*, 3.

CHAPITRE VII.

CHAUSSURES IMPÉRIALES ET ROYALES DU MOYEN-AGE.

L'usage d'un costume spécial, affecté à la souveraine puissance, remonte très-loin dans l'histoire. Les effigies royales de l'Assyrie, de la Perse et de l'Asie orientale sont trop connues pour qu'il soit nécessaire d'en parler. Les Césars romains, à leur avènement au trône, prenaient le diadème et la chlamyde de pourpre ; Aurélien se réserva exclusivement les chaussures rouges ; Dioclétien orna de pierres précieuses les vêtements impériaux. Au grand Théodose vint la première pensée de faire sanctionner par la religion, la dignité suprême qui lui était échue ; mais la cérémonie se borna à un songe où cet empereur vit Mélèce, patriarche d'Antioche, lui mettre le diadème au front et le manteau sur les épaules. Théodose II, Marcien, Léon I, Zénon, Anastase et Justin I furent couronnés en réalité ; le dernier même reçut une double consécration des mains du Patriarche et du pape Jean I. Après Justin, le sacre des empereurs d'Orient paraît être devenu une règle absolue, et le cérémonial en prit place dans la liturgie grecque [1]. Je n'ai pas l'intention de re-

[1] THÉODORET, *Hist. eccl.*, lib. v, c. 6. — THÉODORE-LE-LECTEUR, *Hist. eccl.*, lib. II. — NICÉPHORE, *Hist.*, lib. XIV, c. 58 ; lib XV, 15. — « Cum magna voce Deum omnium principem glorificaverunt, quoniam talem verticem (Justini) meis manibus tali corona decoravit. » JOHANNES patr., *Epist. ad Hormisdam*, ap. *De Ant. Eccl. rit.*, lib. II, c. 9. — « Justinus imperator tamen gaudio repletus est, quia meruit de temporibus suis vicarium beati Petri apostoli videre regno suo, de cujus manibus cum gloria coronatus est Justinus Augustus. » ANASTASE, *S. Joannes*, 88. — CORIPPUS, *De Laud. Just. jun.*, II. — JEAN CANTACUZÈNE, *Hist.*, lib. I, c. 41. — HABERT, *Lib. pont. Eccl. Græcæ*, p. 604 et sqq. — CODIN, *De Off.* C P., c. 17.

venir sur les chaussures personnelles aux monarques de Byzance, puisque j'en ai déjà fait l'objet d'une étude particulière; ce qui précède a eu pour unique but de préciser l'époque où, à l'exemple de l'ancienne Loi, le Christianisme intervint par ses ministres dans l'intronisation du Souverain. Il ne doit être traité ici que du *calceamentum* d'apparat chez les princes occidentaux.

Les insignes du consulat, envoyés à Clovis par l'empereur Anastase (508), sont le plus ancien titre qui permette d'attribuer aux rois barbares, établis sur le sol romain, un costume propre à les faire distinguer de leurs sujets. A ce costume, reproduit par les dyptiques consulaires du VIe siècle, devait être annexée la chaussure que portent les figures, ailleurs signalées, d'Anastase, Magnus et Basilius. Soixante ans plus tard, les princes visigoths de l'Espagne imitèrent Clovis. Leuvigilde (568-586) « primus inter suos regali veste opertus solio resedit. Nam ante eum et habitus et concessus communis ut genti, ita et regibus erat. » Toutefois, Wamba (672-680) est le premier monarque espagnol qui se soit fait sacrer; Ervige (680-587), son successeur, suivit cet exemple [1].

Lorsque l'empire d'Occident ressuscita avec Charlemagne, le héros Franc, malgré son mépris pour le faste, céda aux instantes prières de Léon III qui le couronnait; il prit à Rome la pourpre impériale et les « calcei romano more formati. » Quelles étaient ces chaussures à la romaine? Un passage des *Annales Fuldenses* reproche à Charles-le-Chauve

[1] S. ISIDORE, *Chron. Goth.* — « At ubi ventum est quo sanctæ unctionis susciperet signum in prætoriensi ecclesia SS. Petri et Pauli, regio jam cultu conspicuus, ante altare divinum consistens, ex more fidem populis reddidit. » JULIEN DE TOLÈDE, *Chron. Hist. Wambæ.* — *Conc. Tolet.* XII, c. 1 (681).

d'oublier la simplicité germaine pour le luxe byzantin [1]; un poëte du Xe siècle montre, étincelantes d'or, les jambes de l'empereur Bérenger (904-924) [2]. D'autre part, des monuments représentent les empereurs Lothaire (840-855) et Charles-le-Chauve en chausses écarlates, maintenues sous un treillis de courroies dorées ; sur le frontispice de la Bible de Saint-Calixte (Rome), le même Charles porte des souliers dorés, très-couverts, que des ligatures blanches rattachent à ses chausses pourpres; mais le plus curieux spécimen de *calcei imperiales* carlovingiens est fourni par l'Évangéliaire de Saint-Emmeran, à Ratisbonne. Charles-le-Chauve y est point avec des souliers dorés, à courroies formant réseau autour de la jambe ; l'empeigne est ornée d'une *linea* de perles ; un large galon borde l'entrée du pied et se bifurque au centre en *lineæ ex utraque parte procedentes*, disposition qui rappelle la sandale liturgique d'Amalaire [3]. Guidé par des renseignements aussi clairs, peut-on méconnaître le *campagus* des anciens Césars, dévolu à leurs héritiers barbares.

Les sandales sont mentionnées parmi les ornements impériaux dans quelques rituels du couronnement ; un *Ordo* publié

[1] EGINHARD, *Vita C. M.*, 23. — « Carolus rex de Italia in Galliam rediens, novos et insolitos habitus assumpisse perhibetur. Nam talari dalmatica indutus, et baltheo desuper accinctus, pendente usque ad pedes, necnon capite involuto serico velamine, ac diademate desuper imposito, dominicis et festis diebus ad ecclesiam procedere solebat. Omnem enim consuetudinem regum Francorum contemnens, Græcas glorias optimas arbitrabatur. » *Ann. Fuld.*, an. 876.

[2]
Cum Princeps nitidus Tyrio procedit in ostro,
Tegmina vestitus crurum rutilante metallo,
Quale decus terræ soliti gestare magistri.
Paneg. Bereng. imp.

[3] Bibl. imp., n° 256 ; bible du mus. des souv. : *Arts sompt.*, t. I, pl. 11 et 15. — WILLEMIN, pl. 6. — ECKHART, *Comm. de rebus Franciæ orient.* t. II, pl. à la page 564.

par Dom Martène contient ce texte remarquable : « Finita oratione vadit electus (imperator) ad chorum S. Gregorii cum prædicto cardinalium archipresbytero et archidiacono, quibus quasi magistris uti debet in toto officio unctionis, et induunt eum amictu et alba cum cingulo et sic deducunt ad domnum Papam in secretarium, ibique clericum facit eum, et concedit ei tunicam et dalmaticam, pluviale et mitram, caligas et sandalia, quibus utatur in coronatione sua. » Après la messe papale, le comte palatin ôtait à l'empereur sa chaussure cléricale et la remplaçait par des bottes (*ocreæ*, *tzangæ*) où brillaient les éperons de saint Maurice [1]. Un autre *Ordo* (XIVe siècle), qui règle le couronnement à Aix-la-Chapelle, établit qu'à la suite des onctions « ducatur rex ad armarium et induatur ibi sandaliis, alba, stola, etc. » Le Cérémonial de Marcello et le Pontifical Romain disent que l'Empereur, quand il est sacré à Saint-Pierre, revêt les insignes de sa dignité, à commencer par les sandales, dans la chapelle de

[1] *De Ant. Eccl. rit.*, éd. in-folio, lib. II, c. 23, t. II, col. 816 ; *Addenda ad* lib. II, c. 9, col. 594 Ms. trouvé par D. Mabillon dans la bibl. Chigi. — « Finita missa, accedit ad imperatorem comes palatii et discalceat eum sandaliis et caligis et calceat eum ocreas imperiales et calcaria S. Mauricii, et acceptis coronis sequuntur domnum Papam, etc. » *Id.*, *ibid.*, col. 852. — *L'Ordo XIV* (XIIIe s.), inséré dans le *Museum Italicum*, offre un souvenir de l'ordination cléricale, jadis conférée aux empereurs. « Cumque lecta fuerit epistola et graduale cantatum, imperator procedit processionaliter ad altare, ubi Summus Pontifex imponit ei mitram clericalem in capite, ac super mitram imperatorium diadema. » Plus loin, à l'article *De Cor. reginæ*, la forme de cette mitre est nettement indiquée : « Deinde Summus Pontifex ei mitram imponat, ita quod cornua mitræ sint a dextris et a sinistris et super mitram coronam imponat. » T. II, p. 401 et 405. On reconnaît là le *sericum velamen* et le *diadema desuper impositum* de Charles-le-Chauve. — Les anciennes figures d'empereurs d'Allemagne portent toujours sous la couronne une mitre rouge, tarée de profil ; les armoiries actuelles d'Autriche et de Russie l'ont conservée, mais avec les pointes amorties.

Saint-Grégoire, immédiatement après avoir été reçu chanoine de la Basilique Vaticane [1].

Un manuscrit de l'an 980 (Bibl. imp. de Paris) présente une figure d'empereur, chaussée de *calceamenta* écarlates semés de roues en or avec une *linea* de même ; l'empeigne, haut montante, se découpe autour du bas de la jambe en manchette trilobée. Le trésor de Vienne (Autriche) possède d'admirables sandales impériales du XIIe siècle. Elles sont en soie rouge cramoisi et identiques de forme à la chaussure précitée de l'archevêque Arnoul. La *linea* se compose d'un riche galon sicilien, tissu d'or et de soie, sur lequel des griffons alternent avec des cabochons sertis d'un double filet de perles ; ce galon apparaît encore derrière le quartier et, réminiscence des *lineæ* cruciformes, il garnit une portion des flancs de la chaussure toute couverte d'élégants rinceaux en perles et en pierreries. Un lacet rouge à *fiocchi* d'or traverse les cinq *ligulæ* qu'il réunit sur le cou-de-pied ; la semelle, blanche, est d'une épaisseur moyenne. Les faibles dimensions de ces sandales (0 m. 25 de long), portent à croire qu'elles ont pu servir accidentellement au sacre d'un prince très jeune et qu'elles n'étaient pas les véritables chaussures du couronnement [2].

Lorsque les Français, sous les ordres de Jourdan, s'emparèrent en 1796 des insignes impériaux conservés dans le trésor de l'église du Saint-Esprit à Nuremberg, divers objets, enregistrés sur les Inventaires des XIVe et XVe siècles, furent soustraits, on ne sait comment, et les recherches multipliées, entreprises pour retrouver leurs traces, n'ont abouti qu'à

[1] *De Ant. Eccl. rit.*, t. III, p. 170, *Ordo* IV, éd. in-4. — *Sacr. Cærem.*, lib. I, sect. V. — *Pont. Rom.*, pars I.

[2] *Les Arts sompt.*, t. I, pl. 42. — Bock, *Kleinodien*, pl. IV. Id., ap. *Mittheil.* t. II, p. 86, 1857.

des résultats négatifs. Heureusement, les planches en couleur, données par Delsenbach dans l'ouvrage intitulé *Beschreibung der Reichsinsignien und Heiligthümer* et publié à Nuremberg en 1790, permettent de suppléer, imparfaitement il est vrai, aux regrettables lacunes dont l'invasion étrangère fut la cause. Au nombre des monuments aujourd'hui perdus, figuraient deux paires de sandales fort curieuses. La première, désignée sur l'Inventaire de Sigismond comme venant de Charlemagne, « sant Karles inder Schuh, » par opposition aux sandales de Vienne qu'un Inventaire de 1350 appelle *calcei*, devait être une chaussure d'intérieur uniquement affectée aux cérémonies du sacre. Ces *calceamenta* ont l'aspect de pantoufles très-couvertes, munies d'une paire de *ligulæ*. Ils semblent en épais tissu croisé de soie rouge cramoisi; une *linea* d'enroulements fleuronnés, brodés en or et perles avec rehauts de cabochons, qu'encadrent deux filets de même travail, partage longitudinalement l'empeigne et le quartier. Chaque flanc de l'empeigne comporte un aigle au repos, perché sur des rinceaux; une guirlande de feuillages suit les contours extérieurs de l'objet. Toute cette ornementation paraît exécutée à l'aiguille, en fil d'or et en relief. M. Bock traite la guirlande d'ouvrage roman « romanisirendem Laubwerk » ; j'y vois aussi bien, pour ma part, une expression caractérisée de l'art siculo-arabe. Les semelles sont faites d'une mince basane; l'intérieur est garni de soie jaune qui remplaça vraisemblablement une doublure plus ancienne.

La seconde paire, identique de coupe, de tissu et de couleur aux sandales de Vienne, ne diffère de celles-ci que par l'absence des *lineæ*, absence qui lui enlève en partie son caractère liturgique. L'ensemble est semé d'entrelacs et de rosaces, brodés d'or et de perles avec une telle profusion, que le champ presque entier disparaît sous les ornements. Cette paire, dont la semelle est très-forte, peut, ainsi que les chaussures dites de Charlemagne, être regardée comme l'œuvre des habiles brodeurs siciliens aux gages des rois normands et des Hohenstaufen, brodeurs qui, du XIIe siècle au XIIIe, exécutèrent la plupart des vêtements impériaux [1].

On rencontre parmi les insignes de la couronne de Hongrie des sandales en épais tissu de soie rouge, sans aucune espèce de broderie ; leur forme doit les faire attribuer au temps de Mathias II (1608) [2].

Quelques lignes de la vie de saint Columba, abbé d'Incolmkill (†597), prouvent qu'il couronna Aidan, roi d'Écosse.

[1] Bock, *Kleinodien*, App., p. 4, fig. — Willemin, pl. 22. — La planche VIII des *Kleinodien* reproduit en grandeur originale d'admirables gants du XIIe siècle, conservés au trésor de Vienne. Ces gants, employés jadis au couronnement des empereurs, sont en étoffe de soie rouge ; des rinceaux brodés en or, des émaux cloisonnés, des cabochons, des filets et un semis de perles, décorent le dos et la manchette ; le plat intérieur n'offre que des enroulements, des losanges, des trèfles et des quatrefeuilles au milieu desquels plane une aigle impériale nimbée, le tout brodé en or. (V. *Kleinod.*, p. 30 à 38.) D'autres gants, égarés comme les deux paires de sandales ci-dessus, étaient faits en peau de chien cousue avec de la soie rouge ; sur la manchette en *holosericum* uni, de couleur violette, courait un entrelacs de feuillages, travaillé en or et perles fausses. M. Bock pense que ces derniers gants, plus petits que les précédents, sont du XIIIe siècle ou du XIVe, et qu'ils ont pu figurer au sacre d'un très jeune empereur. Peut-être aussi viennent-ils, soit de l'héritage du fastueux Charles IV (1346-1378), soit de Sigismond (1411-1437), et furent-ils compris par erreur au nombre des anciens ornements impériaux. De Murr rapporte que Sigismond donna en nantissement à la ville de Nuremberg, les gants susdits avec deux autres joyaux de la couronne. Déjà, en 1424, entre autres priviléges, les insignes du couronnement avaient été confiés à la garde perpétuelle de la cité impériale de Nuremberg. *Kleinod.*, App., p. 3, fig.

[2] Bock, ap. *Mittheil.*, t. II, p. 172, 1857.

Dom Martène fait remarquer à ce sujet que le cérémonial du sacre était antérieurement réglé chez les Calédoniens, car l'ange qui vint ordonner à Columba de bénir Aldan « in manu vitreum ordinationis regum habebat librum [1]. »

Le Pontifical d'Egbert, archevêque d'Yorck (IXe siècle), contient un Ordo particulier du sacre des rois d'Angleterre; les chaussures n'y sont pas mentionnées parmi les *regalia*, mais la relation du sacre de Richard Cœur-de-Lion, nous montre ce prince solennellement chaussé de sandales tissues d'or : « Deinde calceaverunt eum sandaliis auro contextis. » Les effigies tumulaires coloriées de Henri II (1188) et du même Richard (1199), jadis en l'abbaye de Fontevrault, portent des sandales brodées que rehaussent des *lineæ* cruciformes. Il est à regretter que Montfaucon, en signalant les teintes appliquées sur certaines parties de ces statues royales, ait oublié la chaussure, coupée, autant qu'une mauvaise gravure permet d'en juger, d'après un modèle analogue aux sandales impériales, dites de Charlemagne [2].

Les monarques latins de Jérusalem avaient adopté pour chaussure distinctive, la *tzanga* des empereurs d'Orient. Albert d'Aix rapporte que, lors du siége de Jaffa par les Sarrazins, ceux-ci montrèrent aux Chrétiens, renfermés dans la place, les jambes vêtues de pourpre du chevalier Gerbodon

[1] CUMENEUS ALBUS, *Vita S. Columbæ*, sæc. I, *Bened.*, n° 5. — *De Ant. Eccl. rit.*, lib. II, c. 10.

[2] *De Ant. Eccl. rit.*, lib. II, *Ordo I*, p. 185. — Saint Thomas de Cantorbéry, dans une lettre adressée à Henri II, rappelle à ce prince, et les trois onctions, et le serment prêté à l'heure du sacre. « Memores sitis professionis quam fecistis, et posuistis scriptam super altare, de servanda Ecclesiæ Dei libertate, quando in regem consecrati fuistis. » Ap. MATTHIEU PARIS, an. 1166. — OZANAM, *Mélanges*, t. I, p. 480, éd. 1859. — ROGER DE HOVEDEN. *Ann. rer. Angl.*, pars II. — *De Ant. Eccl. rit.*, lib. II, *Ordo II*, p. 189. — *Monum. de la monar. franç.*, t. II, pl. XV, fig. 1 et 4.

de Wintine, assurant les avoir tranchées sur le cadavre même du roi Baudouin I[1].

Lorsque Roger II, après s'être déclaré roi de Sicile, conclut la paix avec Lucius II (1144), le Pape accorda au Normand le privilége du sceptre, de l'anneau, de la dalmatique, de la mitre et des sandales, privilége, mentionné dans une lettre adressée par les Romains à l'empereur Conrad III, et dont Othon de Freisingen reproduit la teneur. La curieuse mosaïque de l'église *della Martorana*, à Palerme, représente Roger chaussé de sandales rougeâtres, dénuées d'ornements[2].

Giampallari, dans un opuscule sur les insignes des rois de Sicile, a publié une sandale qu'il attribue à Henri VI, mort à Messine (1197) et inhumé dans la cathédrale de Palerme. Quoique le savant italien ne décrive pas cette chaussure, tout en avançant qu'Henri fût enseveli avec son costume impérial, il n'est pas interdit de suppléer à un silence fâcheux et de relever en même temps une grave erreur. Les tombes royales de Palerme, ouvertes en 1491 par ordre du vice-roi Don Fernand d'Acugna, rendirent intact le corps d'Henri, lequel avait pour coiffure une mitre de soie blanche galonnée d'or, avec deux fanons pendant sur les épaules. Puisque ce bonnet (*birritta*, *mitra*) était blanc, on ne peut le regarder

[1] « Caput vero Gerbodonis et ejus crura pretioso ostro calceata et induta amputantes, defensoribus urbis ostenderunt asserentes regis esse Baldewini. » *Hist. exped. Hierosolym*, lib. IX, c. 8.

[2] « Concordiam autem, inter Siculum et Papam hujusmodi esse accepimus : Papa concedit Siculo virgam et annulum, dalmaticam et mitram atque sandalia » *De Gestis Frid. I*, lib. I, c. 28. Ap. MURATORI, *Rer. Ital. Script.* t. VI, p. 633. — MORSO, *Palermo ant.*, pl. à la page 95. « Va egli calzato di sandali color rossastro. » ID., *ibid.*, p. 96, note 2. — En dépit de l'obscurité relative qui règne dans la chapelle où se trouve la figure de Roger, je suis certain que le mosaïste a eu l'intention de chausser ce roi de sandales rouges.

comme une mitre impériale, celle-ci affectant la couleur rouge, d'où résulte pour conséquence forcée, qu'un amour-propre national, facile à comprendre, revêtit le défunt époux de Constance, non des *imperialia* reçus à Rome, mais des *regalia* particuliers à la couronne de Sicile. Mon appréciation une fois admise, la sandale précitée ne pouvant appartenir qu'aux dépouilles funèbres, recueillies en 1491 ou dans une reconnaissance postérieure des tombes, il s'ensuit que la planche de Giampallari doit reproduire exactement le modèle des *sandalia* concédées à Roger. Ce dessin, soigneusement exécuté, montre que la chaussure d'Henri s'éloignait beaucoup des types impériaux qui nous restent. Elle constitue un véritable *calceus*, à tige dépassant la cheville et fendue jusqu'au cou-de-pied. Sa matière est un tissu, vraisemblablement en soie rouge, semé d'étoiles d'or à six rayons dans le goût des mosaïques. Une sorte de fleur-de-lys ou plutôt de *créquier* oriental, rouge en champ d'or, or en champ rouge, remplit les figures géométriques, déterminées sur l'étoffe par l'intersection des lignes. Un galon métallique contourne l'entrée du pied et divise en deux parties l'empeigne et le quartier [1].

[1] *Discorso sulle sagre insegne de'Re di Sicilia*, Naples, 1832, in-4, pl., fig. 5 — « Ed i corpi di Errico, e Federigo, non ostante che fossero ricoperti di imperiali abbigliamenti. » ID., *ibid.*, p. 3. — « Fu apertu unu de li supraditti monumenti di porfidu, lu quali è a manu sinistra di la porta di ferru, in lu quali fu truvatu, un corpu mortu, gran merce! Tutto integru, salvi di li ginocchia in jusu, in testa di lu quali era una birritta di xindadu biancu frixiata d'oru cu dui pizzi *ad modum mitri*, cu dui pinnaculi d'oru, cussi comu sunno l'imperaturi in la ecclesia di Morreale. » *Atto senat. rogato presso il Senato di Palermo* (1491). Ap. ID., *ibid.*, p. 22, note 1. — « Ma è ora di rivolgerci alla mitra di Arrigo VI. E primieramente la sua forma è molto diversa dalla vescovile de'nostri tempi. Non è assai aperta nè dai lati, nè dinanzi, ma pare una berretta con due punte, per le quali dall'una all'altra orecchia passando in gallone d'oro vien divisa in due parti. Ed è somi-

Puricelli rapporte qu'à l'exhumation, au XVIIe siècle, des corps de Bernard roi d'Italie († v. 818) et du trop célèbre archevêque Anselme, ensevelis côte à côte dans la basilique de Saint-Ambroise à Milan, on trouva le prince chaussé de souliers en cuir rouge avec des semelles de bois et des éperons de cuivre. Le fait est curieux à noter, car il prouve qu'au IXe siècle l'usage des semelles de cuir épais n'était pas généralement répandu [1].

Le premier roi de France, dont la religion consacra l'avènement au trône (je passe sous silence le baptême de Clovis), est Pépin, couronné d'abord à Soissons par Boniface, archevêque de Mayence, ensuite à Saint-Denis par le pape Étienne III (752 et 754). L'histoire ne fournit aucun détail sur le costume royal de Pépin, mais il est probable que sa chaussure ne différait pas de celle de Charlemagne qui, aux jours de fête, « calciamentis gemmatis... ornatus incedebat. » Un portrait de Charles-le-Chauve, vêtu en roi de Lorraine (860), attribue à ce prince des chaussures violettes, bordées de disques d'or, avec une *linea* pareille. Le roi David, peint sur un manuscrit du Xe siècle, porte des *calcei* écarlates, à *lineæ* cruciformes d'or. Du Tillet donne des bottines semblables à sa figure de Louis VII ; il en a mis d'entièrement blanches aux pieds de son Philippe-Auguste [2]. Il est néan-

gliantissima colla mitra di Pasquale II. » GREGORIO, *Disc.* 39, *int. la storia.*

[1] *Ambros. Mediol. Bas. mon*, n°s 39 et 40. « Vi erano dunque due cadaveri, l'uno alla destra vestito di gran manto di dammasco bianco con ornamenti di seta e d'oro, avea le scarpe di cuojo rosso colle suola di legno e gli speroni di rame, e presso alla man dritta uno scettro di legno dipinto e indorato : l'altro era vestito con paramenti pontificali e con mitra ; avea un bastone pastorale di legno alla destra, ed un anello in dito d'argento indorato, in cui era chiusa una gemma. » GIULIO FERRARIO, *Monum. sac. e prof. dell' I. e R. Bas. di S.-Ambrogio*, p. 184, Milan, 1824, in-fol.

[2] EGINHARD, *Vita* C. M. 23. — *Ms. de Listhard*, Mus. des Souv. — *Arts*

moins hors de doute, qu'au XIIe siècle, la chaussure du sacre des rois de France était bleue ou violette, semée de fleurs de lys d'or. On lit dans les *Ordo* du couronnement de Louis VII et de Louis VIII, que le grand chambellan prenait sur l'autel, où étaient déposés les insignes royaux « les chausses (*caligæ*) appelées sandales ou bottines de soye de couleur bleu azuré, semées partout de fleurs-de-lys d'or » et qu'il les mettait au souverain. L'*Ordo* de saint Louis (1226), mentionne « les chausses de soye de couleur violette, brodées ou tissues de fleurs-de-lys d'or. » L'*Ordo* de Charles V (1365) emploie, relativement aux chaussures, les mêmes termes que l'*Ordo* de Louis VIII. Les *chausses, bottines* ou *sandales*, sont encore désignées dans la relation des sacres de Charles VIII (1484) et Louis XIII (1610). De même que les autres *regalia* elles furent, à partir de saint Louis, conservées chez les religieux de Saint-Denis, d'où on les transportait à Reims; aucune bénédiction spéciale ne leur est attachée dans le Rituel [1]. Le magnifique portrait de François I, inséré dans le Recueil de Du Tillet, porte des chaussures bleues fleurdelysées; malheureusement, la tunique et le manteau cachent leur partie supérieure. Les *caligæ* du sacre de Louis XIV (1654), gravées par les soins de Dom Félibien, sont de hautes bottes, montant jusqu'aux genoux et de forme exactement pareille à la *tzanga* impériale d'Orient. Ces bottes, semées de fleurs-de-lys d'or, étaient en velours bleu au sacre de Louis XVI, en velours violet au sacre de Charles X. Le Cérémonial du cou-

sompt., t. I, pl. 19. — *Psalt.*, n° 30, Bibl. imp.; Id., *ibid.*, pl. 41. — *Recueil des rois de France*, ms. 8410, Bibl. imp.; Willemin, pl. 80 et 120.

[1] « Item caligis sericis et iacinthinis, intextis per totum liliis aureis. » *Ordo de Louis VIII* (1223). — Godefroy, *Cérém. franc.*, t. I, p. 3, 27, 33, 3 41, 197, etc. — Leber, *Des Cérém. du sacre*, p. 292

ronnement de Louis XVI faisant observer que « les bottines ou sandales se renouvellent presque à tous les sacres, en imitant néanmoins, autant que l'on peut, les anciennes, » on doit conclure de la remarque, que les *caligæ* de Louis XIV, copiées sur un modèle antérieur, peuvent être admises comme reproduisant le type primitif des chaussures affectées au couronnement de Louis VII et de ses successeurs. Au reste, l'effigie royale de Charles X, publiée dans l'ouvrage de M. Leber, porte les mêmes bottines que le François I de Du Tillet [1].

CHAPITRE VIII.

VÊTEMENTS PARTICULIERS DES JAMBES.

Après avoir trouvé le moyen de défendre ses pieds contre les cailloux, l'homme, obligé de poursuivre les bêtes fauves à travers les ronces et les halliers, dut songer à garantir ses jambes. Il semblerait tout d'abord que les jambières furent inventées au sein des forêts septentrionales, où de légères blessures s'enveniment rapidement par l'action du froid; le fait est plus que vraisemblable. Mais les peuples autochthones du Nord, que la civilisation gagna si tardivement,

[1] *Le Moyen Age.* Miniat., pl. 29. — *Hist. de l'Abb. de Saint-Denis*, p. 244 et pl. v. — *Cérémon. du sacre de Louis XVI*, ap. Leber, *loc. cit.*, p. 484 et 492, pl. xv. — Miel, *Hist. du Sacre de Charles X*, p. 229. — Le manteau royal de ce dernier prince était aussi en velours violet, sans doute à cause du deuil de Louis XVIII. — En quittant ses appartements pour se rendre à l'église métropolitaine, le Roi portait un costume blanc et des mules de même couleur pardessus lesquelles on lui chaussait les *caligæ iacinthinæ*. (Miel, p. 203; Leber, pl. xiv.) Ces *caligæ* devaient être retirées après l'intronisation, car tous les portraits connus de Louis XIV, Louis XV, Louis XVI, Louis XVIII et Charles X, en costume royal, sont chaussés de bas et de souliers blancs.

n'ayant laissé ni monuments figurés, ni annales écrites, c'est, parmi les chasseurs d'hommes, les guerriers de la Syrie, qu'il faut chercher la première mention d'un vêtement pour la jambe. L'Écriture sainte nous apprend que le Philistin Goliath portait des jambières d'airain, מצחת. Ces jambières métalliques, nommées en grec *κνημίς*, en latin *ocrea*, appartinrent, de temps immémorial, à l'armure défensive des habitants du midi de l'Europe ; les vases grecs ou étrusques, les monuments antiques en offrent de nombreux spécimens. Elles couvraient le tibia, de la cheville au genou ; des courroies et des boucles les attachaient sur le derrière de la jambe qui n'était pas protégé ; des ornements en relief ou en creux les rehaussaient fréquemment. Leur matière était, soit le bronze, soit l'étain, modelés sur le membre qu'elles devaient garantir ; néanmoins les jambières peintes d'une figure de soldat lycaonien, publiée par M. Charles Texier, simulent le cuir [1].

Les Grecs et les Étrusques faisaient usage d'une paire de cnémides ; les Samnites et les gladiateurs ne portaient qu'une seule *ocrea* placée sur la jambe gauche. La lourde infanterie romaine, au contraire, ne couvrait que la jambe droite, ce membre étant toujours exposé en avant dans les charges décisives [2].

L'emploi des jambières, appropriées aux travaux agricoles,

[1] *Reg.*, I, XVII, 6. — Κνήμη, jambe. — « Ocrea quod opponebatur ob crus. » VARRO, *De Ling. Lat.*, IV, 24. « Ocreæ tibialia calciamenta sunt dicta quod crura tegant. » ISIDORE, loc. cit. — RICH, *Dict. des ant.*, OCREA, fig. — *Descript. de l'Asie mineure*, pl. 103.

[2] V. les ouvrages qui traitent des vases peints. — TITE-LIVE, IX, 40 :

Balteus et manicæ, et cristæ, crurisque sinistri
Dimidium tegmen.

JUVÉNAL, VI, 256. On lit néanmoins dans Apulée : « Porro alium ocreis,

remonte à une très haute antiquité. Homère nous montre le vieux Laërte dans son verger, muni de jambières en peau de bœuf pour se garantir des piqûres ; chez Virgile, le laboureur Simulus, qui va conduire sa charrue,

Ambit crura ocreis paribus [1].

Un autre vêtement des jambes, dont le théologien Corneille de La Pierre n'a pu rencontrer la trace dans les livres de Moïse, est le *tibiale* (Περικνημίς). Suivant un historien latin, Auguste, l'hiver, « thorace laneo et feminalibus (caleçons) et tibialibus muniebatur. » Cette espèce de guêtres, que chaussait l'empereur à cause de son tempérament délicat, devint, vraisemblablement à la suite des expéditions en Germanie, une pièce essentielle de l'équipement des armées romaines ; le jurisconsulte Paul inflige la peine des verges à tout soldat coupable d'avoir aliéné ses *tibialia*. Les bas-reliefs de la colonne trajane offrent plusieurs exemples de *tibiale* militaire ; j'en indiquerai deux, tout-à-fait analogues aux jambières actuelles de nos fantassins [2].

scuto, galea, ferroque insignem, e ludo putares gladiatorio procedere. » (*Metam.*, XI, p. 375, éd. Garnier.) Ce passage, échappé à l'érudition de M. Rich, prouve à la fois, et que les gladiateurs portaient aussi deux jambières, et que le mot *ocrea*, pris au pluriel, ne signifie pas toujours absolument *guêtres de chasse*. — VEGECE, *Milit.*, I, 20.

[1]
Περὶ δὲ κνήμῃσι βοείας
Κνημῖδας ῥαπτὰς δέδετο.

Odyssée, XXIV, 228. — *Moretum*, 121.

[2] « Nulla hic caligarum vel tibialium fit mentio; unde videtur quod sacerdotes iis caruerint, nudisque pedibus ministraverint tabernaculo. » *Comm. in c.* 28 *Exodi*, n° 42. — SUÉTONE, *Aug.*, 82. — HOFFMANN, *Lex. univ.*, FASCIA. — « Nam si tibiale (genus armorum ad tibias) vel humerale alienavit, castigari verberibus debet. » *Digest.*, lib. 49, tit. 16, l. 14, *De Pœnis militum*. — MONTFAUCON, *Ant. expl.*, t. IV, pl. 4, fig. 3 (Trajan) et pl. 27, fig. 3 (Trajan à cheval en habit d'hiver).

On trouve, figurés sur les monuments antiques, deux genres de *tibialia* fort distincts quoiqu'affectés l'un et l'autre aux usages champêtres. Le premier, fourreau en étoffe descendant jusqu'à la cheville et lié au-dessous du genou avec une courroie (*Voir la pl. ci-jointe*, *fig.* 4.), est tiré d'un bas-relief romain représentant des chasseurs ; le second, qu'Ulpien désigne évidemment sous le nom de *fasciæ crurales*, consistait en une bande, roulée autour de la jambe, soit en spirale, soit en cercles parallèles, et serrée de manière à cacher complètement la peau. Ce dernier *tibiale* chausse fréquemment les images du Bon-Pasteur dans les catacombes : l'un des types que j'ai relevés, démontre qu'en certains cas la bandelette, partant en double du bas de la jambe, s'arrêtait au-dessus du mollet où elle formait un nœud à bouts flottants; le plus souvent, une simple jarretière ronde maintenait le système [1].

Le *tibiale* était parfaitement connu des Grecs. Un poète comique, cité par Casaubon, met en scène le philosophe platonicien Byrson « dans son élégante chaussure, plissant fréquemment en spirales symétriques les vêtements de sa jambe [2]. »

Dans les habitudes ordinaires de la vie antique, l'usage

[1] RICH, loc. cit., p. 647, fig. — *Digest.*, 34, 2, 26. — PERRET, *Les Catac.*, t. II, pl. 25 et 51 (Cimet. de Sainte-Agnès, IIe ou IIIe siècle) ; t. IV, pl. 17, fig. 7 (médaillon en cuivre doré) ; t. V, pl. 40, no 132 (*fasciæ crurales* engagées sous la tige des *perones*, sarcophage du IIIe siècle au moins), pl. 68 (cloître de Saint-Laurent, IIIe siècle).

[2] Εὖ δ' ἐν πεδίλῳ , πολλὰ τιθεὶς (ὑπὸ ξυρὸν)
Κνήμης ἱματίου ἰσομέτροις ἑλίγμασιν.

EPHIPPUS, *Naufrag.*, ap. *Animad. in Athen.*, lib. XI, c. 15. L'illustre critique ne met pas en doute qu'il ne s'agisse ici de *fasciæ tibiales*.

des *tibialia* n'était toléré que chez les personnes d'une faible santé ; Quintilien le dit positivement : « Palliolum sicut fascias, quibus crura vestiuntur et focalia..... sola excusare potest valetudo. » Cicéron ne dissimule pas son antipathie pour les *fasciæ cretatæ* du grand Pompée, et, Marcus Favonius, raillant à leur sujet l'ambitieux général, osa lui dire que peu importait l'endroit du corps où l'on plaçait le diadème. Les *fasciæ crurales* faisaient aussi partie du costume des joueurs de flûte [1].

Paul Warnefrid écrit au sujet des Lombards : « Postea cœperunt hosis uti, super quas equitantes tubrugos birreos mittebant : sed hoc de Romanorum consuetudine traxerunt. » C'est en effet aux monuments romains qu'il faut demander un exemple de la haute guêtre ou bas sans pied, en laine grossière, que les textes du Moyen Age nomment aussi *tubrucus*, *tybrugus*, *tibraca*, *tribuces*, *tribucus*, et que les paysans italiens n'ont jamais cessé de mettre pardessus leur chaussure durant la saison d'hiver. La statue en marbre du Bon Pasteur, au musée chrétien du Vatican, porte des *tubrugi* roulés autour du genou, auquel ils sont retenus par une jarretière nouée ; ces *tubrugi* forment au bas de la jambe un bourrelet qui clot hermétiquement l'entrée du soulier. Les *tubrugi* des Daces à pied et à cheval de la colonne trajane sont beaucoup plus lâches que les précédents; leur partie antérieure dépasse le genou, mais ils flottent sur le mollet qu'ils

[1] *Instit. orat.*, lib. XI, c. 3. — *Ad Attic.*, II, 3. — « Cui (Pompeio) candida fascia crus alligatum habenti Favonius : *Non refert*, inquit, *qua in parte corporis sit diadema*. Exigui panni cavillatione regias ei vires exprobrans. » VALÈRE MAXIME, l. VI, c. 2. —

> Princeps (*tibicen*) ligato crure nivea fascia,
> Niveisque tunicis, niveis etiam calceis.

PHÈDRE, lib. V, fab. 7, v. 36.

laissent à moitié découvert [1]. Isidore donne ainsi l'étymologie du mot *tubrugus* qu'il orthographie, non sans raison, *tubrucus* et *tubracus* : « Tubrucos vocatos dicunt quod tibias braccasque tegant. Tubraci quod a bracis ad tibias usque perveniant. » Du Cange pense que le *tubrugus* ancien et l'objet nommé vulgairement en France *gamache*, sont une seule et même chose. Les *tubrugi* se confectionnaient avec les épais tissus de laine, la peau souple, la fourrure grossière et peut-être la toile [2].

On rencontre sur les peintures du Moyen-Age, notamment les miniatures du XVe siècle, divers exemples de *gamaches*; ce sont de longues guêtres plus ou moins larges, en laine ou en toile, sans boutons, fixées par des liens aux deux extrémités de la jambe, s'étalant sur le cou-de-pied et pouvant au besoin recouvrir la moitié de la cuisse [3].

Les *hosæ (osæ, huèses, heuses, housiaux, houseaux)*, du terme germanique *hosen*, ne différaient des *tubrugi* que par leur matière qui était le cuir et leurs procédés d'attache, nécessairement plus complexes. Les *hosæ* lombardes consistaient en d'étroits étuis de peau tannée, qui garantissaient la jambe

[1] *De Gest. Langob.*, IV, 23. — « Calceatus tibracis, quas pelliceas habere solebat. » BÈDE, *Vita S. Cuthberti*, n° 31. — « Duo paria femoralium et duo paria tribucum et duo paria calsonum et totidem caligarum. » *Stat. Cænob. Gellonensis* (1160). — « Duo quoque paria staminearum et femoralium, tribucorum et sotularium. » *Visit. Monast. Castrensis* (1261), ap. DU CANGE. — PERRET, *Les Catac.*, t. IV, pl. 4. Cette statue, trouvée, dit-on, dans les catacombes, ne peut être alors postérieure au IVe siècle. — *Antiq. expl.*, t. IV, pl. 32 et 64.

[2] *Orig.*, lib. XIX, c, 22. — « Ocrea lanea, ocreis aut calceis coriaceis superimponi solita quam vulgo *gamache* appellamus. » *Gloss.*, TUBRUCUS.

[3] WILLEMIN, pl. 172 (bateleur). *Les Arts sompt.*, t. II, pl. 30 (Paysans flamands); pl. 66 (Paysans français) ; pl. 67 (Gentilhomme, d'après la Danse des Morts de Bâle). Ces dernières *heuses* sont blanches et bouclées sur le côté intérieur de la jambe.

entière et dont la base s'emboitait dans le soulier. Elles servaient principalement aux cavaliers ; les *tibialia* militaires de Trajan, déjà cités, en donnent une idée fort exacte [1].

Comme les *hosæ* antiques, les *heuses* du Moyen-Age n'étaient ordinairement employées que par les gens de guerre et les voyageurs à cheval. Matthieu Paris le dit en termes précis à l'occasion de deux moines quêteurs qui exploitaient les châteaux de l'Angleterre : « Preciosissimis vestibus adornati, calceamentisque militaribus quæ vulgariter *heuses* dicuntur, sæculariter, imo prodigaliter calceati et calcarati. » L'auteur d'un Glossaire, imprimé à la suite des œuvres de l'historien britannique, traduit *heuse* par *ocreæ*, *tibialia* [2] ; et c'est justice, car les textes établissent une distinction tranchée entre les *housiaux* et les *estivaux* ou autres chaussures formées par la soudure des *pedules* aux *cruralia*. On lit dans le *Roman de la Rose* :

> Heusiax fronchiés et larges botes,
> Qui resemblent borse à cailler.

Et dans le *Fabliau du Pays de Cocagne*, à propos des cordonniers :

> Quilz départent sollers à laz
> Housiaux et estiviaux bien fais.

[1] « Osas puto ab oso primum factas, et quamvis nunc ex alio genere, tamen nomen pristinum retinent. » *Orig.*, XIX, 33. Isidore, évidemment range ici les *hosæ* dans la même catégorie que les *tubrugi* et peut-être les chausses proprement dites. — « Osa ab os, ossis. Genus calciamenti quia primo de coriis bouum osse factæ sunt. » JEAN DE GÊNES, *Cathol.* — HOSEN, braccæ, tibialia, feminalia, caligæ. *Cambr.* hosan ; *Angl. Sax.*, *Franc.*, *Longob.*, hosa ; *Belga*, kousson. De *Lat. Barb.* osa et hosa ; *Français*, chausse. WACHTER, *Gloss. Germ.* — HOSE, hosen, ocreæ, caligæ. SCHERZ, *Gloss. Germ.* — HOUSEAU, hosellum, hose, caliga, ocrea, hosa. MÉNAGE, *Orig. de la langue franç.*

[2] *Hist. Angl.*, p. 484, an. 1247. — « Ocreæ erant credo : licet nunc dierum tibialia inferiora quibus a genubus ad pedes induimur, *hole* dicimus. Chaucero autem vox *houseliaus* pro tibialibus sive femoralibus usurpata. » *Ibid.*, ad fin., HEUSES.

La matière des *housiaux* était ordinairement le cuir; leur but était de garantir les jambes de la boue et du froid; leurs courroies d'attache s'appelaient *hosobindæ* [1].

Primitivement importé de la Germanie chez les Romains, l'usage des *hosæ* ne fut jamais abandonné par les barbares établis sur le sol de l'Empire. Charlemagne et les Francs chaussaient les *hosæ* à la guerre comme à la chasse; nous-mêmes, à la campagne, nous préservons encore nos pantalons ou nos bas de la boue et de la poussière, avec des étuis en cuir, en drap, en toile, fendus sur toute la longueur, bouclés, lacés, boutonnés, étuis dont les noms modernes, *houseaux*, *triquouses*, ne diffèrent des noms anciens que par une légère modification orthographique [2].

Quoique les *heuses*, *housiaux*, *etc.*, soient fréquemment mentionnés dans les textes du Moyen-Age, on les distingue avec peine sur les monuments figurés, où ils se confondent parmi les *tubrugi* et les bottes équestres. Une miniature du *Roman de Girart de Nevers*, représentant des voyageurs, me semble néanmoins offrir un type des houseaux au XVe siècle;

[1] « Cavet autem omnimodo ne quis aliquando intret, vel calcaria portans, vel osis de corio factis indutus. » UDALRIC, lib. III, *Consuet. Cluniac.*, c. 22. — « Et le cuir de nos jambes devenaient tanelés de noir et de terre aussi comme une vielz heuse. » JOINVILLE, *Hist. de S. Louis*, p. 63, éd. de 1761. — « Heuses sont faites pour soy garder de la boe et de froidure, quand lon chemine par pays, et pour soy garder de leaue. » *Off. herald.*, ms. angl. du temps de Henri VI, ap. DU CANGE. — Teut. *Hose-banden*; Angl. *Hose-gartiers*; bandes de houseaux, jarretieres. « Inde..... calcaria atque ligaturas hosarum, quas hosobindas dicunt, fieri jussit. » *Epist. synod. Conc. Duziacensis I*, ap. DU CANGE.

[2] « Cumque ad obsequium Domini (C. M.) cuncti hosas suas vellent extrahere, ille prohibuit. » NOTKER, *De Gest. C. M.*, lib. II, ap. CANISIUS, t. II, — V. ROQUEFORT, *Gloss. de la langue rom.*, HEUSE; *Hist. de la chaus.* p. 34. Rabelais qualifie plaisamment ces chaussures, longues à mettre, de « bottes de patience. »

on y voit deux personnages portant de hautes et larges jambières en cuir souple, de couleur fauve, emboitées dans un soulier noir [1].

Les princes avaient jadis des officiers spéciaux, préposés à la fourniture et à l'entretien de leurs *heuses*. Ces officiers, aux ordres desquels obéissait un certain nombre d'ouvriers, se nommaient *hosarii (hosarius, hosier)*. Chaque cordonnier de Paris devait payer au Roi, tous les ans à la Semaine sainte, la somme de XXXII sols parisis « pour une huèses. » La corporation des selliers participait à cet impôt qui, selon M. Depping, était censé perçu en nature et que, peut-être autrefois, l'on avait réellement fourni ainsi [2].

Il a déjà été prouvé au chapitre IV que les mots *huèse, heuse, housiaux*, se prenaient fréquemment au Moyen-Age pour *estivaux à haute tige, bottes d'équitation;* les mêmes termes signifient aussi quelquefois *bas* ou *chausse*. L'auteur du *Roman de la Rose* dit que la statue de Pygmalion

N'est pas de housiaux estrinée
Car ele n'est pas de Paris née [3].

[1] Bibl. imp., n° 92, Lavall. *Arts sompt.*, t. II, pl. 47, 1.

[2] « Hosarii in domo comedent, et hominibus suis unusquisque tres denarios. » *Livre noir de l'Échiquier*, p. 360, ap. Du Cange. — « Touz les cordouanniers de Paris doivent au Roy touz les anz XXXII s. de par. pour une huèses. Lesquieux XXXII s. il doivent poier au Roy ou à son commandement touz les anz en la semaine penneuse de Pâques. » — « Sélier qui garnissent de cordouan ou dautre cuir, quelqu'il soit, et cil vendent des séles garnies de quelque cuirien que ce soit, doivent aidier aus cordouaniers à paier les hueses du Roy. » *Le Livre des Métiers*, tit. 84, p. 229 et note ; tit. 78, p. 214.

[3] V. 21169. — Les Écossais portaient des housaux très-larges, à moins qu'ils n'en portassent pas du tout.

J'ay la conscience aussy large
Que les housiaux d'un Écossois.

Menus propos de Pierre Gringoire.

CHAPITRE IX.

VÊTEMENTS PORTÉS SOUS LA CHAUSSURE EXTÉRIEURE DANS L'ANTIQUITÉ.

Les *calceamenta* découverts, dont la crépide est le type, ne pouvaient offrir qu'un insuffisant abri contre les froides matinées du printemps et de l'automne. Pour se préserver des maladies engendrées par l'action de la température sur les extrémités inférieures, l'homme, agriculteur ou pasteur, imagina de renfermer ses pieds sous une enveloppe chaude et continue, supplément nécessaire à une chaussure sans empeigne. Soit lambeau d'étoffe lié autour de la cheville, soit longue bande serrant le pied à la façon d'un appareil chirurgical, cette enveloppe intermédiaire s'appelait chez les Romains *fasciæ calceamenti*, *fasciæ pedules*, afin de la distinguer des *fasciæ crurales*. Le mot *fasciæ*, employé seul et non suivi d'un qualificatif, désignait vraisemblablement un système de bandelettes partant des orteils et remontant sur la jambe jusqu'à une certaine hauteur, système où l'origine de nos chaussettes et de nos bas apparaît d'une manière incontestable [1].

Emprunté par le beau sexe à la vie champêtre, l'usage des *fasciæ* s'introduisit chez les hommes riches et débauchés vers le temps où la République agonisait au sein des guerres civiles. Cicéron, reprochant à Claudius d'avoir violé, sous un déguisement de femme, les mystères de la Bonne Déesse, l'interpelle ainsi : « Tunc cum vincirentur pedes fasceis. » Pline rapporte que des rats, en rongeant les *fasciæ* de Carbon,

[1] « Toga sine fasceis calciamenti. » VARRON, ap. NONNIUS, c. 2.— *Digest.*, 34, 2, 25.

firent présager la perte de ce général. Horace n'admet les *fasciæ* qu'en cas de maladie. Sous l'Empire, le relâchement des mœurs permit à chacun de se vêtir à sa guise, aussi un historien a-t-il pu, sans nulle intention de blâme, écrire d'Alexandre Sévère : « Boni lineaminis appetitor fuit.... fasciis semper usus est. Braccas albas habuit, non coccineas ut prius solebant. » Le texte précité conduit en outre à établir par induction : 1° que l'on portait à l'ordinaire des *fasciæ* de lin ; 2° qu'antérieurement elles étaient faites en tissu écarlate. Cette dernière hypothèse acquiert d'autant plus de valeur que le mot de Cicéron sur Pompée, « mihi caligæ ejus et fasciæ cretatæ non placebant », s'adresse mieux à la couleur qu'à l'objet lui-même.

A défaut d'exemples plus anciens, quelques peintures byzantines de la bibliothèque impériale et du Musée du Louvre (X[e] et XIe siècles) pourront initier le lecteur à l'agencement des *fasciæ* [1].

Udones Cilicii est le titre de l'épigramme suivante de Martial.

> Non hos lana dedit, sed olentis barba mariti ;
> Cyniphio poterit planta latere sinu.

Malgré leur sens assez vague, ces vers prouvent néanmoins que l'*udo* (*udus*, humide perméable à l'humidité) était un vêtement des pieds, en laine ou en poil de chèvre. Un

[1] *Fragm.*, *In Clodium*, ap. Nonnius, c. xiv. — « Mures.... Carboni imperatori apud Clusium fasciis, quibus in calceatu utebatur..., arrosis. » *Hist. nat.*, lib. viii, c. 82, alias 57.

> Ponas insignia morbi
> Fasciolas, cubital, focalia.

Lib ii, *sat.* iii, 251. — Lampride, *Alex serv.*, 40. — *Ad. Attic.* ii, 3. — *Les Arts sompt.*, t. i, pl. 40 (Zacharie), 57 et 60 (saint Léonce et saint Georges).

autre vers extrait du *Querolus*, comédie faussement attribuée à Plaute,

Sume laneos cothurnos, semper refluos calceos,

rend l'idée exacte d'un bas de laine mal tiré. Enfin, la décision d'Ulpien, « Fasciæ crurales, pedulesque et impilia vestis loco sunt quia partem corporis vestiunt. Alia causa est udonum quia usum calciamentorum præstant », tout en rangeant les *fasciæ* à part des *udones*, confond ces deux objets dans un même article, et par là, admet implicitement l'existence de rapports intimes entre leurs usages respectifs [1].

J'ai surabondamment prouvé, chapitre III, article CAMPAGUS, que les *udones* des *calceamenta* impériaux étaient de véritables chausses; il s'agit maintenant de retrouver l'*udo* dans les habitudes ordinaires de la vie romaine et d'y expliquer son double rôle de bas et de bottes. Montfaucon a publié deux statuettes de joueurs de flûte, conservées dans la galerie Giustiniani, statuettes dont je reproduis ici les parties inférieures. (*V. la pl. fig.* 1 *et* 2). La chaussure n° 1, qualifiée sur la légende du nom générique de *perones*, consiste en un bas de peau souple ou tissu élastique, sans semelle et rabattu à mi-jambe de façon à cacher la jarretière qui l'attache. Le même bas, maintenu dans un état complet de tension par des jarretières visibles, appartient au costume d'une danseuse de Pompeï. (*V. la fig.* 7). Etait-il possible, ailleurs que sur les planches d'un théâtre ou la mosaïque d'un *triclinium*, d'employer une pareille chaussure sans la garantir à l'aide d'un renfort plus solide? Evidemment non. Car, dans l'hypothèse improbable où le simple bon

[1] XIV, 140. — *Digest.*, 34, 2, 25.

sens ne répondrait pas à la question, ma figure n° 2 la résoudrait victorieusement : elle représente en effet d'amples bas en étoffe, engagés sous un *calceus* et analogues aux bas de toile que les paysans italiens portent aujourd'hui [1].

Sous le règne des Césars, l'*udo* se substitua vraisemblablement aux anciennes *fasciæ*. Saint Epiphane reproche aux hérétiques de mettre des bagues à leurs pieds et de couvrir leurs mains avec des gants qu'il traite d'*odones* ou de braies; l'impératrice Théodora et Valérien ont des *udones* écarlates et des sandales sur les mosaïques de Ravenne et de sainte Cécile à Rome [2].

A Byzance, durant le Moyen Age, les chausses se nommèrent Καλτζαι (du latin *caligæ*). Comme celle des souliers, leur couleur variait chez les grands dignitaires de l'Empire qu'elle servait aussi à faire reconnaître; écarlate pour le Despote, bleu-céleste pour le Sébastocrator et le César [3].

L'origine orientale des *udones* est prouvée par l'épithète *Cicilii* que donne Martial à une variété du genre. L'*anaxyris* (pantalon asiatique), coupée en deux, engendra les *feminalia* (caleçons) et les *udones ;* pareil changement s'accomplit en Europe au XVIe siècle, lorsque les chausses du Moyen Age,

[1] *Ant. expl.*, t. I, part. I, pl. à la fin du vol. — RICH, *Dict. des antiq.*, FASCIA, fig.

[2] Τὰ δὲ ἄλλα πόδια, ὡς εἰπεῖν, τὰ ἐξ ἱματίων γεγενημένα, ἃ παρά τισιν ὀδόνια κέκληται, ἢ βράκαι χερσὶ περιτιθέασι, δακτυλίους δὲ τοῖς ποσίν. *Panar.*, *Cont. Catharos.* — *Rev. arch.*, t. VII, pl. 140. — PERRET, *les Catac.*, t. I (front. du cim. de Saint-Sixte). Quoique cette mosaïque date seulement de 822, les costumes qu'elle présente remontent à une bien plus haute antiquité. — On ne doit pas s'étonner que les mots ὀδώνια, ὀδονάρια, ὀθόνια aient été interprétés à l'occasion par *linges, bandelettes ;* ils ne sont autre chose que la forme grecque d'*udones*, terme dont le sens précis s'était confondu avec une des significations de *fasciæ*.

[3] CODIN, *De Off. C. P.* c. III, n°s 16, 17 et 18.

horizontalement scindées, se métamorphosèrent en culottes et en bas [1].

La statue d'un berger, gravée dans Montfaucon, a les pieds couverts d'une sorte de crépides sous lesquelles on distingue parfaitement des chaussettes dépassant quelque peu la cheville et garnies à leur partie supérieure d'une bordure, *limbus*. Ces chaussettes (*πόδειον*, *pedulis*, *pedule*, *pedulum*), bordées ou brodées, figurent au Ve siècle parmi les vêtements de la jeunesse élégante qui fréquentait les écoles d'Athènes [2].

Je crois reconnaître également, dans la chaussure du berger ci-dessus, l'objet nommé par les Grecs *ἐπισθοκρηπὶς* (littéralement, derrière, qui vient après, sous la crépide). En effet, Julius Pollux, appuyé sur l'autorité de Critias, assimile l'*ἐπισθοκρηπὶς* aux *πόδεια*, mot qu'il interprète par *chaussons de feutre, enveloppes des pieds*. Le même Pollux, à l'occasion d'un vers malheureusement isolé d'Eschyle,

Πέλυντρ' ἔχουσιν εὐθέτοις ἐν ἀρβύλαις,

entre dans certains détails curieux que je veux reproduire à côté de mes conjectures personnelles. J'ai pensé au premier abord, d'après le sens généralement accepté des mots *ἀρβύλη*

[1] On trouvera de nombreux exemples d'*anaxyris* sur les anciens monuments de l'Assyrie, de la Perse et de la Chersonèse Taurique. V. aussi ; *Ant. expl.*, t. I, pl. 216 et 217 (Mithras) ; t. III, pl. 33 (*anaxyris* à pieds, chaussure de femme : haut-de-chausses) ; *Suppl.*, t. I, pl. 3 (vêtement complet, lacé et boutonné, dont toutes les parties tiennent ensemble) ; t. II, pl. 128 (*udo* retenu par un système de bandelettes nouées, fig. d'Anubis, bas relief égyptien contemporain des Ptolémées) ; t. IV, pl. 1, fig. 3 (*udo* dépassant le genou, statue de Ptolémée Evergète à Axum, d'après Cosmas Indicopleustes). PERRET, *Les Catac.*, t. IV, pl. 22 fig. 14 (Dédale).

[2] *Ant. expl. Suppl.*, t. III, pl. 6, fig. 2 et 4. — « Cum quodam tempore me Athenis causa discendi recepissem, Ganymedem Pyrrhi dictatoris filium omnibus prædictis laborantem inspexi, qui, quandoque pedulis limbatis, quandoque caligis maculatis, per horam cedrinis tibiis elatus, nudisque pedibus processit, Ariopagumque ut stomachatus impedilit. » *De Disc. schol.*, c. 2 (Attr. à BOECE).

(sandale, chaussure grossière) et *πέλυντρα* (*πελλαστή*, lanière de peau), que le poète avait eu l'intention de désigner un *calceamentum* attaché par un système de courroies disposées sur la jambe; le grammairien émet une opinion différente. Selon lui, la *πέλυντρα* n'est autre qu'une chaussure voisine des *αὐταπόδια*, vêtement identique à l'*ἀναξυρίς* (*σκελέαι*, caleçon, haut-de-chausses), ajoutant que Cratès, dans ses *Fêtes* (*ἐν Ἑορταῖς*), regarde le mot *πέλυντρα* comme signifiant *chausses tricolores*, *πόδεια τριμίτινα*. Il semble d'abord assez singulier de voir l'usage des chausses bigarrées introduit en Grèce 500 ans avant Jésus-Christ; toutefois, si l'on tient compte du titre de la tragédie perdue, *Φοίνισσαι*, *Les Phéniciennes*, lequel implique une mise en scène et des personnages d'appartenance orientale, les assertions de Pollux acquièrent une valeur incontestable[1].

Le texte de la loi romaine, transcrit plus haut, contient la mention d'un objet particulier, *impilia*, qu'Ulpien range avec les *fasciæ* dans la catégorie des vêtements. Puisque l'*udo* servait à la fois de bas et de chaussure, les *impilia* classés entre lui et les *fasciæ pedules*, dont ils partagent l'attribution exclusive, devaient naturellement se rapprocher davantage de ces dernières et n'en différer que par un simple détail de forme. On peut donc voir en eux qu'une espèce de chaussons ou chaussettes en laine feutrée, destinés à être inclus sous un *calceamentum* plus résistant; Martial les désigne vraisemblablement par les mots *soleæ lanatæ*, titre d'une de ses épigrammes. Les lexicographes traduisent *impilia* par *πόδια*; Hesychius fait dériver *ἐμπίλια* d'*ἐμπιλέω* (fouler, presser) et Buxtorf de *πῖλος* (feutre). Pline, d'après Théophraste, rapporte que l'herbe lanigère, produite par une

[1] Εἴτε πίλους αὐτὰ οἰητέον, εἴτε περιειλήματα ποδῶν. *Onomast.*, VII, 22. — Τριμίτινος, τρίμιτος, ternis liciis textus, trilix; trilices vestes dicuntur quæ tribus liciis versicoloribus constant. ESTIENNE, *Thes.*, ΜΙΤΟΣ.

plante bulbeuse qui croissait aux bords des fleuves (le coton peut-être) s'employait à la confection des *impilia* (*πόδεια*) [1].

La langue chaldéenne s'appropria le terme *impilia*, אנפיליא, pluriel אנפילירת. Maimonide, dans ses Commentaires sur la discalcéation solennelle prescrite par le Deutéronome, ne permet aucune équivoque sur le sens de cette expression : « Res rite peragatur calceamento non impilio. Rite enim sandalio cui solea esset. Neutiquam, si deesset solea etiamsi partes genu inferioris tegeret, rite peragabatur res. » Les talmudistes regardent אנפיליא comme correspondant à l'idée d'une chaussure mince (*calceolus*, *soccus*) en laine, lin ou poil de chèvre, chaussure qui, soit qu'elle renfermât l'intégrité du pied, soit qu'elle n'en couvrît qu'une portion, manquait absolument de semelle, même d'un simple renfort au talon, en liége, bois ou cuir épais. Saumaise, dans ses observations critiques sur la Mischna, dit : « Verbum illud impilia denotat laneum vel lineum seu pannosum calceolum. Alii autem Magistrorum (Rabbins) de corio pariter loquuntur. » Buxtorf interprète ainsi אנפיליא : « Socci, calcei, ex corio tenui, quibus tanquam soccis alii crassiores superinduuntur. » Enfin la majorité des traducteurs rend le mot hébreu קלצובש (chaussons) par *impilia*.

Une chaussure habituelle chez les femmes de Constantinople, fera comprendre l'usage et la forme des *impilia* orientaux. Pour traverser les rues malpropres de Stamboul, le beau sexe porte dans ses sandales de courtes bottines en maroquin, sans semelles ni ouvertures latérales et offrant l'aspect d'une chaussette, bottines sous lesquelles on introduit préalablement d'autres chaussettes en laine tricotée.

[1] *Digest.*, 34, 2, 25. — Lib. XIV, *epig.* 65. — *Lexic.* — *Lexic. chald.*, אנפיליא. — Ὑφαίνεται δὲ ἐξ αὐτοῦ καὶ πόδεια καὶ ἄλλα ἱμάτια. THÉOPHRASTE, ap. HOFFMANN, *Lexic.*, *univers.*, IMPILIA. « Esse laneam naturam ex qua impilia vestesque quædam conficiant. » *Hist. nat.*, XIX, 10.

Comme tous les objets qui appartiennent à l'Orient, ces vêtements remontent à une très-haute antiquité et le nom d'*impilia* peut leur être attribué sans trop de hardiesse. L'emploi simultané de la double paire en cuir et en tissu explique le nombre de matières diverses que les érudits attribuent aux *impilia* [1].

CHAPITRE X.

LES CHAUSSES ET LES BAS AU MOYEN-AGE.

Les *udones* et le *campagus*, importés d'Orient chez les Romains, s'introduisirent vraisemblablement de fort bonne heure dans le costume des chefs barbares ; quel qu'il soit, le vainqueur aime toujours à copier un peu le vaincu. Il est donc très-permis de supposer que les guerriers de la place Saint-Marc, à Venise (VIe siècle), n'ont pas les extrémités inférieures nues et que l'artiste qui les modela eut l'intention de les revêtir de chausses. Cependant, avant le VIIIe siècle, je n'ai pu constater parmi les conquérants l'existence certaine d'une pièce d'habillement laïque, analogue à nos bas. Eginhard dit que Charlemagne « feminalibus (femoralibus) lineis induebatur, deinde tunicam... et tibialia; tum fasciolis crura et pedes calceamentis constringebat. » Il est impossible de désigner plus clairement les caleçons (culottes), les bas et les souliers, et de mieux établir en même temps l'identité des deux derniers objets avec les *udones* et le *campagus* romains.

[1] *Halach lebom vechalitsa*, c. 4. *Deuter.*, XXV, 9. — HOFFMANN, *Lexic. univ.*, verbo cit. — *Lexic. Chald.*, verbo cit. — Ces bottines de maroquin ou en basane sont jaunes pour les femmes musulmanes ; les juives et les chrétiennes en portent de nuances variées, depuis le noir et le violet jusqu'au rose : les sandales, unies ou brodées, affectent toujours la même couleur que les bottines.

Le moine de Saint-Gall corrobore les assertions d'Eginhard et nous apprend de plus que les *tibialia* des Francs étaient en toile : « Tibialia ac coxalia linea[1]. » La figure de Charlemagne, peinte sur un manuscrit du Vatican d'après la mosaïque, aujourd'hui détruite, de Sainte-Suzanne (707), montre l'empereur en caleçons jaunes, souliers bruns, bas d'un blanc verdâtre, « venetus subalbidus. » Un personnage grossièrement exécuté sur l'initiale des *Homélies de saint Augustin*, manuscrit irlandais de la bibliothèque royale de Munich (VIIIe siècle), porte des *coxalia* moitié jaunes, moitié verts, des *tibialia* rouges et des souliers. Je ne rappellerai ici que pour mémoire la chaussure de deux portraits de Charles-le-Chauve (IXe siècle); le premier, emprunté à la Bible de Saint-Calixte, à Rome, est vêtu de *tibialia* pourpres *(V. la pl. fig. 5)*; le second, pris dans l'évangéliaire de Saint-Emméran de Ratisbonne, les a rouges ; l'un et l'autre ont aux pieds des sandales dorées. Je veux appuyer davantage sur le *campagus* d'une image de l'empereur Lothaire, placée en tête de l'évangéliaire de ce prince à la bibliothèque impériale (IXe siècle) ; l'absence de tout *calceamentum* externe y prouve que les *tibialia* carolingiens étaient de véritables bas, composés d'une tige et d'un chausson. Néanmoins, au IXe siècle, certaines classes de la société faisaient usage d'une sorte de *tubrugus* ou bas sans *pedule*, destiné à cacher l'intervalle ouvert entre les *femoralia* et le soulier [2].

[1] WILLEMIN, pl. 3. — *C. M. Vita*, 23. — *De Gestis C. M.*, I, 36.

[2] CIAMPINI, *Vet. monim.*, t. I, pl. 42. — *Le Moyen-Age*, Manuscrits, n° 47. — WILLEMIN, pl. 6. — ECKHART, *Comm. de reb. Franciæ orient.*, t. II, pl. à la p. 504. — N° 266, anc. fonds lat.; *Arts sompt.*, t. I, pl. 11. — ID., ibid., pl. 27, bibl. roy. de Bruxelles, Guerrier. Les *femoralia* de ce personnage, véritables anaxyrides, sont verts et descendent au moins jusqu'à mi-jambes ; les *tubrugi*, blancs-jaunâtres, sont doublés en rouge et attachés avec une jarretière de cette couleur.

Pendant les Xe, XIe et XIIe siècles, on ne cessa pas de porter des bas séparés du haut-de-chausses. Jean de Garlande l'établit par sa distinction affectée des *tibialia* (estivaux), des *cruralia* (heuses) et des *braccæ* (*femoralia*, hauts-de-chausses). Entre les diverses acceptions du terme *estivaux* au Moyen Age, ont peut ici choisir celle de *bas*, avec d'autant plus de raison qu'une capitale historiée du XIIe siècle représente un homme noble en hauts-de-chausses verts, bas blancs et bottines écarlates. Le portrait de Boniface III, père de la comtesse Mathilde, peint sur le manuscrit de Donizon, au Vatican, offre également des bas rouges, munis de cercles d'or placés un peu au-dessous du genou. Du reste, un monument original, contemporain des deux miniatures précitées, confirme l'exactitude de ce que j'avance : il s'agit des anciens bas employés au couronnement des empereurs d'Allemagne, bas que garde précieusement le trésor impérial de Vienne. Ces *tibialia*, comme les appelle très justement M. Bock, dépassent légèrement la hauteur du genou (*V. la pl. fig.* 6); ils sont en épais cendal (étoffe de soie) rouge ponceau, sur lequel l'aiguille a exécuté en broderie d'or un treillis régulier de quadrilobes entrelacés, treillis dont les mailles inscrivent de petits quatrefeuilles. Le talon et le *pedule*, cousus à la jambière, sont dénués d'ornements, circonstance qu'explique leur réclusion habituelle dans les sandales. L'entrée est bordée d'une bande de soie verte, chargée de légendes arabes en caractères neskis mêlés à des enroulements végétaux, le tout d'or. Un étroit ruban rouge, passé dans une coulisse tenait lieu de jarretière et se nouait sur la partie supérieure du mollet. Grâce à un savant orientaliste, M. le docteur Behrnauer, les légendes, différentes pour chacun des *tibialia*, mais formant par leur réunion un sens complet, ont été déchiffrées et peuvent se traduire ainsi qu'il suit :

N° I. *Désigné pour le très-honoré, sacré roi*

N° II. *Guillaume, qu'il soit par Dieu très-honoré, qu'il soit assisté par sa toute puissance.*

Cette lecture prouve incontestablement que les bas de Vienne ont été confectionnés en Sicile sous le règne d'un Guillaume ; suivant toute vraisemblance, sous celui de Guillaume II, dit le Bon (1166-1186). Une singularité remarquable doit fixer encore l'attention sur les *tibialia* précités. Le léger treillis, jeté sur le champ rouge, est un rappel manifeste du *reticulum* jadis formé sur l'*udo* par les courroies dorées du *campagus* impérial. J'ai observé un fait identique sur une miniature du XIIe siècle, où l'on voit un roi chaussé de bas en tissu fond bleu à losanges blanches, dessinées par l'aiguille sinon par la navette [1].

Dès le IXe siècle, les textes latins donnent aux bas séparés du caleçon le nom de *caliga*, sans doute à cause des rapports de la calige romaine avec l'*udo* et le *campagus* réunis. Les antiques statuts de l'abbaye de Saint-Pierre de Corbie (822)

[1] H. Géraud, *Paris sous Philippe-le-Bel*, p. 587, n° VII ; 603, n° LVII. — Bibl. roy. de Bruxelles ; *Arts sompt.*, pl. 71. — N° 4,922 ; Bonnard, *Cost. eccl., civils et milit.*, t. I, n° 92. — *Mittheil.*, t. II, 1857. p. 86 ; *Kleinod.*, p. 57 et 58, pl. XII. Voici les dimensions de ces *tibialia* : hauteur totale, 0m 604m ; largeur, 0m 15c ; longueur du *pedule* à partir de la cheville, 0m 19c ; hauteur de la jambière, 0m 538m, id. de la bordure verte, 0m 066m. M. Behrnauer restitue ainsi l'intégrité de la légende : « *Et par sa force remporte la victoire.* » Bien entendu que cette troisième ligne n'existe pas sur le monument original. — On trouve parmi les insignes de la couronne de Hongrie des *tibialia* de forme antique, en épais taffetas uni, violet pourpre, sans broderies ni ornements d'aucune sorte. M. Bock pense que ces *tibialia*, faits pour être mis par-dessus les bas ordinaires, datent du commencement du XVIIIe siècle et qu'ils remplacèrent d'autres bas plus riches, perdus lors de l'invasion des Turcs et sans doute tombés entre les mains de Soliman. *Mittheil.*, loc. cit., p. 172, IV. — Bibl. imp., Psautier, n° 1,194 ; *Arts sompt.*, t. I, pl. 79.

attribuent à chaque religieux « caligas quatuor; femoralia duo; soccos filtrinos duos; calcearios quatuor cum soleis novis. » Riculfe, évêque d'Elne († 915) lègue à l'église de Sainte-Eulalie « caligas et sandalias paria duo. » Quand Geoffroy Plantagenet vient épouser à Rouen Mathilde d'Angleterre (1128), il chausse des bas de soie, « caligis holosericis calceatur », pardessus lesquels il met des souliers (*sotulares*), enrichis de lionceaux d'or. Le terme *caliga* continua à signifier bas ou chausse durant tout le Moyen Age [1].

Suivant toute probabilité, la fin du Xe siècle vit, non pas inventer, puisque l'Orient de temps immémorial en connaissait l'usage, mais réintroduire en Europe la mode du pantalon collant à pieds qui reçut plus tard la dénomination de

[1] *Spicil.*, t. IV, p. 3. — BALUZE. *App. ad Reginonem*, p. 626. — JEAN DE MARMOUTIERS, lib. 1. — « Duo paria femoralium...., et totidem caligarum. » *Stat. Cœnob. Gellonensis* (1150), ap. DU CANGE. — Les *caligæ* que les moines du Ve siècle devaient retirer lorsqu'ils approchaient de l'autel (CASSIEN, *De Hab. monach.*, lib. 1, c. 10), n'étaient point des bas; je ne puis en reconnaître davantage dans l'extrait suivant de la *Vie de saint Germain, évêque de Paris*, par Fortunat (VIe s.) : « Quidam clericus de juxta monasterium B. Silvestri in Ternodorensi, cum die dominica, ut loquimur, ex consuetudine caligas circinasset etc., » (c. III, 23) : non plus que dans cette phrase de Grégoire de Tours (VIe s) : « Attamen lassatis sociorum equis, solus pertendit episcopus tanto timore perterritus, ut unam caligam de pede elapsam colligere non curaret, » (*Hist. Franc.*, lib. VI, 31). Dans les trois cas précités, *caliga* me semble l'équivalent d'*hosa*, *æstivale* (botte, bottine), chaussures extérieures attachées avec ou sans courroies. Un passage de la *Règle de saint Ferréol* (VIe s.) corrobore mon sentiment : « Et hoc curandum est, ne pes ita sit ligamentis temperatius vinculatus, ut non jactantiæ signum multos adstrictus habeat; sed sanctius vinculo laxiori follescat. » (C. 32, ap. DU CANGE). Au reste, dans le chapitre LV de la *Règle de saint Benoît*, on lit deux fois *pedules et caligæ*, et la disposition respective de ces mots, établit que le premier y est pris pour chausse, le second pour soulier, quoique plus tard on l'ait entendu différemment.

chausses [1]. Il est difficile de constater mathématiquement, à l'aide des monuments figurés, l'état exact de ces anaxyrides et de savoir si elles couvraient la ceinture, ou s'arrêtaient à mi-cuisses, les pans du juste-au-corps s'y opposant en général; cependant, je puis signaler divers costumes qui favorisent la première opinion. Un roi Mage, dessiné au trait sur un manuscrit du XIe siècle, à la bibliothèque impériale, porte incontestablement le pantalon à pieds; le XIIe et le XIIIe siècles en offrent aussi quelques exemples. Aux XIVe et XVe siècles, la brièveté des vêtements détruit toute incertitude; alors les *longues chausses* apparaissent sans voile et l'on peut en suivre la trace jusqu'au milieu du XVIe siècle. Les *longues chausses* se laçaient par derrière au moyen d'aiguillettes en peau, à bouts armés de ferrets métalliques; une fente verticale, un pont (*brayette*, *martingale*), également munis d'aiguillettes, étaient pratiqués sur le ventre; quant au *pedule* (chausson) cousu à la jambière, j'en ai reconnu l'existence dès le XIe siècle [2].

[1] Ménage fait venir *chausses* du latin *caligæ;* l'étymologie allemande *hosen*, sinon la flamande *koussen*, est pour le moins aussi admissible dès que l'on applique le terme *chausses* non seulement au *tibiale* joint au *pedule*, mais encore à l'*anaxyris* toute entière. *V. Dict. étym.*, CHAUSSE.

[2] Xe s., *Com. d'Haymon d'Halberstadt sur Ezéch.*, bibl. imp., 303 f. l. S. G.; *Arts sompt.*, t. 1, pl. 34 et 35. — XIe s., bibl. imp., 434, S. G.; *A. s.*, t. 1, pl. 49. MÉRIMÉE, *Not. sur les peint. de l'église de Saint-Savin*, pl. 3, 8, 9, 14, 35, etc.; *Ibid.*, pl. 19, 20, 22, 29 (*pedule* apparent). — XIIe s., bibl. imp., Sorb., 267; Psautier 1194; *A. s*, t. 1, pl. 67 et 80. — XIIIe s., dessin à la plume tracé sur un ms. des *statuts de métiers* (1292), au bas de la page qui concerne les chauciers. Il résulte de ce dessin qui paraît être de la main même de l'auteur du manuscrit que les chausses de nos pères étaient exactement semblables à un pantalon à pieds. *Paris sous Philippe-le-Bel*, p. 495. WILLEMIN, pl. 94 (S. Louis, *pedule* apparent), etc. — XIVe s., bibl. imp., 6,964; WILLEMIN, pl. 135 et 136; *A. s.*, t. 1, pl. 149; *Ibid.*, pl. 157 (Italie), Arsenal, T. L., 42, B. — XVe s., *Moyen-Age*, Modes (Domestique anglais, 1475, Brit. Mus.); pl. XII (charpentier allemand). Corpor. de Mé-

Jusque vers la seconde moitié du XIVe siècle, l'intégralité des chausses affecta un ton unique, noir, bleu, jaune, vert, rouge, violet; à cette époque on imagina de teindre chaque jambe d'une couleur différente. Le raffinement fut poussé encore plus loin et l'on fit des chausses dont une seule jambe était soit partie, soit coupée, soit écartelée de deux couleurs, ou même rayée. J'ai aussi rencontré sur les peintures des manuscrits des chausses entièrement rayées et d'autres ornées en bas ou en haut de coins et de broderies d'or. Ces modes bizarres persistèrent jusqu'au XVIe siècle [1].

L'usage de porter des souliers avec les chausses semble trop généralement répandu pour donner lieu de croire que l'on ait jamais pu agir autrement; néanmoins, vers la fin du XIVe siècle, les grands personnages renforcèrent la plante de leurs *pedules* avec une semelle de peau qui leur permettait de circuler dans les appartements sans chaussure préservatrice. Lorsqu'on allait par les rues, on employait des patins ou des *soleæ* analogues aux sandales des capucins. Les nouveaux vêtements, qui prirent le nom de *chausses semelées*, se con-

tiers (Vitraux de Tournai), 2 pl. Grav. (Hérodiade d'Israël Van Mecken). *Arts sompt.*, t. II, pl. 10, 36, 46, etc. — XVIe s., *Moyen-Age*, Modes (cost. des ducs de Bavière. L'un d'eux porte des chausses lacées extérieurement de la cheville au genou). — « Une douzaine de longues et larges aguillettes de fin dain d'Angleterre dont les boux sont ferrés d'argent... pour attachier par derrière les chausses du Roy. » *Comptes roy.*, (1392) ap. De Laborde, *Not. des émaux, etc.*, *Gloss. et répert.*, p. 123. — Furetière, *Dict. univ.*, Bravette. — « Les chausses d'hommes à braies, à loquet, à sangles, à courroies. » *Lettres du Roy, relat. aux chaussetiers de Chinon* (1477), ap. Monteil, *Hist. des Franç.*, t. III, p. 290.

[1] Willemin, pl. 139 (1380); pl. 187 (Louis XII); pl. 192 et 202 (XVe s.). *Arts sompt.*, t. II, pl. 88 (Italie, XVIe s.). Bonnard, *loc. cit.*, pl. 75 (Italie, XVe s.). — On rencontre aussi, mais rarement, aux XIe et XIIe s., des chausses en étoffes façonnées à dessins. *V. Arts sompt.*, pl. 63; bibl. imp. S. L., 1075; pl. 79; ibid., Psautier, 1194.

fectionnaient avec ou sans poulaine ; leur peu de solidité devait en restreindre le port aux hautes classes de la société. Cependant, Villon (1456) parle de ses *chausses semelées :*

> Bonnets courtz, chausses semellées
> Taillées chés mon cordouennier
> Pour porter durant ces gellées.

Mais le tour plaisant de ces vers laisse soupçonner que les chausses du poète étaient en basane, à supposer qu'il n'ait pas voulu désigner tout simplement des *estivaux* ou brodequins [1].

Il ne faudrait pas croire d'après les détails précédents que les pantalons à pieds, dits *longues chausses*, aient régné sans partage du Xe siècle au XVIe ; les bas (*tibialia, caligæ*), abandonnés au XIIIe siècle par les riches, ne cessèrent jamais d'être à l'usage du clergé et des classes inférieures. Je rencontre sur un Psautier de la bibliothèque royale de Bruxelles

[1] *Petit Testament,* XV. On lit dans la *Ballade et oraison* du même auteur, XIV :

> Et unes bottes de basanne
> Autant empeigne que semelle.

WILLEMIN, pl. 35 ; *Arts sompt.*, t. I, pl. 149 ; (chausses semelées avec poulaines) ; t. II, pl. 88. *Moyen-Age ;* ms. des *Femmes renommées* de Boccace, bibl. de l'Ars., XVe s.; Cost. des ducs de Bavière (chausses semelées sans poulaines avec patins). — « A Jehan de Saumur, cordouannier pour avoir semelé IX XIIes et III paires de chausses au pris de VI s. la paire. » *Comptes royaux* (1389). « Chaulses noir de soy ove semeles de cuyr. » *Ordre d'admis. des Chevaliers du Bain* (1450). Dans la traduction anglaise on lit : « Sollers of black lether called chassembles. » Ap. DE LABORDE, *loc. cit.*, p. 210, 211. — Les grands seigneurs du XIVe s. continuèrent néanmoins à porter des chausses non semelées avec des souliers. « Idem, pour V quarts d'escarlate vermeille de Brucelles preste pour faire II paires de chausses sans poulaine à chausser soubz soullers de broderie d'or pour le Roy N. S., VII s. la paire. » *Comptes roy.* (1390). Ap. ID., ibid., p. 210.

deux paysans chaussés de souliers et de courts *tibialia*, atteignant à peine la naissance du mollet : l'un a le reste des jambes nues, l'autre est couvert de longs *femoralia*. On ne peut méconnaître dans ces vêtements inférieurs, qui appartiennent aussi au costume d'un gentlemen anglais (1500), les *tibialia* (estivaux) de Jean de Garlande, et mieux encore, l'objet que les latinistes du Moyen Age nomment *caligula*, *fasciola*, *pedulis*, (chausson, chaussette), objet dont le but vraisemblable était de compléter l'insuffisance des chausses sans pieds, dites *à étrier*. En 1292, un seul fabricant spécial de *chauçons* exerçait sa profession à Paris ; il s'appelait Girart et habitait la paroisse Saint-Sauveur [1].

[1] Les règlements de l'abbaye de Saint-Victor, de Paris, spécifient ainsi la chaussure des religieux : « Calceamenta quoque, id est caligæ, socci et subtalares. Plus bas on exige que les souliers aient une hauteur suffisante « ut plene caligas contineant deorsum et apprehendant. » *Lib. Ord. S.-Victoris Paris.*, c. 18. — Une ordonnance capitulaire (1325) interdit au clergé parisien « caligas alterius coloris quam nigri. » *Lib. niger Capit. Par.* Ap. Du Cange. — Les statuts de l'hôpital Saint-Julien (Angleterre, XIVe s.), prescrivent aux prêtres et religieux, attachés à la maison, d'user « caligis nigri coloris vel bruni. » Matthieu Paris, *Add.*, p. 164 et 168. Nombre de conciles recommandent aux clercs les « caligæ integræ. » V. Du Cange ; *Spicil.*, etc. Cependant le concile de Cloveshо (747) défend les chausses au clergé : « Nec imitentur seculares in vestitu crurum per fasciolas. » c. 28, ap. Wilkins, *Conc. Brit.*, t. I, p. 99. Saint Bernard (*Ep.* 41) s'écrie aussi : « Jumenta gradiuntur onusta gemmis et nostra non curatis crura nuda caligulis. » Henri IV de Castille ayant créé comte de Pernia don Gutierre de la Cueva, évêque de Palencia, ce prélat entra dans la ville épiscopale avec des chausses l'une rouge, l'autre noire, « una calça colorada, otra negra ; » exemple imité par ses successeurs. Mendez Silva, *Poblacion general de España*, fol. 22, r. Madrid, 1645. — *Arts sompt.*, t. I, pl. 148. *Moyen-Age*, Modes, pl. 20 ; ces *tibialia* anglais, de couleur tannée, semblent être en peau chamoisée.

Chausses courtes, robbe rognée.

Villon, *Pet. Test.* xxiii. — « Omnia reddidit per caligulam suam, quæ vulgo use dicitur, quam implevit de ipsa terra. » *Chron. Besuense*, p. 558.

Le sceau de la corporation des chaussetiers de Bruges, suspendu à une charte de 1356, offre pour signe caractéristique un bas entier dépassant le genou. Il serait possible que ce symbole ne représentât qu'une chausse de femme, mais on voit sur les miniatures d'un manuscrit de Froissart, à la bibliothèque impériale (XVe siècle), des paysans vêtus de chausses liées au genou. Un autre paysan, figuré sur le même ouvrage, est particulièrement remarquable : l'aspect de ses chausses retombantes et laissant voir la cuisse nue prouve qu'elles avaient la forme d'un pantalon à pieds, tranché verticalement, dont les deux moitiés pouvaient à volonté se réunir à la ceinture ; la solution de continuité n'étant close que par la juxtaposition des bords de l'étoffe. Des spécimens de *bas à étrier* existent sur un manuscrit de la bibliothèque de Rouen (XVe siècle) et sur les armoiries de la corporation des chaussetiers de Bruxelles (XVIe siècle) [1].

Les chausses tranchées, peu favorables aux frileux, sinon les longues chausses, disgracieuses pour les individus maigres, amenèrent, vers la fin du XVe siècle, la mode d'une sorte de *femoralia*, analogues à nos caleçons de bain et qui prirent les noms variés de trousses, hauts-de-chausses, canons. Tantôt unis, tantôt bariolés de rubans et de broderies, ces *femoralia* ne couvraient que la moitié de la cuisse, ou bien ils descendaient jusqu'au genou ; leur couleur ne s'accordait pas invariablement avec celle des chausses, mais elle y cor-

BERNARDUS monachus (c. IV) et UDALRICUS (*Consuet. Cluniacenses.* lib. III, c. 11) attribuent aux moines « fasciolas propter tibias infirmantes. » On lit dans la *Regula Magistri* (c. 81), que les moines porteront durant l'hiver « braccas laneas et fasciolas aut pedules. » Ap. DU CANGE. — *Dict. de Trévoux*, BAS. — *Paris sous Philippe-le-Bel*, p. 496.

[1] WILLEMIN, pl. 170 et 172. — F. DE VIGNE, *Recherches hist. sur les cost., etc. des gildes*, pl. 25 et 30, n° 24, in-8°, Gand, 1847.

respondait fréquemment. Environ à la même époque, apparurent les hauts-de-chausses bouffants et tailladés, originaires de Suisse ou d'Allemagne; introduits en France sous François Ier, ils y persistèrent jusqu'à Henri IV, sans autre lacune que le règne de Henri III, où les vêtements étriqués reprirent momentanément faveur [1].

Dès que la séparation horizontale des longues chausses en deux moitiés fut définitivement acceptée, la partie inférieure reçut le nom caractéristique de *bas-de-chausses*, par opposition au *haut-de-chausses*. Plus tard on élimina le second terme pour ne réserver que l'adjectif *bas*, qui, passé dans la langue française à l'état de substantif, y correspond aujourd'hui à l'enveloppe immédiate des jambes et des pieds. Les bas, jusqu'au XVIIe siècle, demeurèrent assez longs pour couvrir à volonté la cuisse entière. Quand on ne les remontait pas sous le haut-de-chausses, on les faisait passer pardessus en les arrêtant au genou; alors on les accommodait en entonnoir, on les disposait en bourrelet, ou bien on les laissait retomber négligemment sur la jambe. Dans le second cas, les

[1] « Un quartier et demy escarlate de Paris, couleur de flourance et quartier et demy de fin drap tanné... pour faire deux haulx de chausse my-partiz desdites couleurs, dont l'un servira au bas de chausses ci-dessus nommé... et l'autre à chausser avec brodequins » *Compte* (1490). Ap. De Laborde. *loc. cit.*, p. 211. On voit par le dernier article, qu'au XVe siècle, le nom de haut-de chausses appartenait déjà aux caleçons collants, descendant très-bas et pardessus lesquels on chaussait des bottines. *V. Arts sompt.*, t. II, pl. 23, 50, 51, etc. — Willemin, pl. 187. *Moyen-Age*, Modes, pl. 20. *Arts sompt.*, pl. 56, hauts-de-chausses collants. (1490). — Bonnard, *loc. cit.*, pl. 20 et 21 (officiers de Frédéric III, d'après les peintures de Pinturicchio dans la bibliothèque de la cath. de Sienne, 1502-1509). Willemin, pl. 242 (Charles IX) et 245 (Henri IV). *Arts sompt.*, t. II, pl. 57 (Suisse), 97 (Allemagne), 107 (Henri II). Hauts-de-chausses bouffants. Les bateleurs au XVIe siècle portaient des chausses dont chacune était de couleur différente. *Hist. de Francion*, l. x, c. *Des Bottes*; ap. Monteil, t. v, p. 275.

bas étaient retenus par une ample jarretière à bouts pendants, nouée sur le côté ; parfois on agrafait ou bouclait la jarretière et une énorme rosette de rubans, sortie des mains de la bonne faiseuse, remplaçait le nœud ordinaire. Dans le premier cas, les bas n'offraient le plus souvent aucune trace de ligature externe ; joints au haut-de-chausses par des moyens invisibles qui les maintenaient en état de tension continuelle, ils paraissaient faire corps avec lui. Sur la fin du XVIe siècle, l'ensemble des bas et des trousses, devenues excessivement amples et courtes, se dénommait *chausses à la gigotte* [1].

Les bas rabattus sur le mollet, dont il faut demander l'origine aux gens de mauvaise tenue, conduisirent à l'invention des *canons*, mode qui resta en vigueur durant la majeure partie du XVIIe siècle. On appela ainsi une manchette de toile, fort large, souvent ornée de dentelles et de rubans ; cousue à la partie supérieure du bas qu'elle rejoignait à la genouillère du haut-de-chausses, elle descendait jusqu'à mi-jambes. Les canons, simples garnitures durant la minorité de Louis XIV, atteignirent ensuite des dimensions tellement exagérées que Molière les a flagellés ainsi :

> De ces larges canons, où comme en des entraves
> On met tous les matins ses deux jambes esclaves [2].

A l'exemple des dames romaines et byzantines, le beau

[1] *Arts sompt.*, t. II, pl. 60, manchette en entonnoir (Allemagne, XVIe s.); 97, jarretière rouée par-dessus le haut-de-chausses. WILLEMIN, pl. 250, bas roulés ou rabattus (Charles IX et Henri III) ; 249 et 251, jarretières à nœuds et à rosettes (Louis XIII); 248, chausses à la gigotte (1587). « Pour avoir remonté des chausses à la gigotte de drap de bure garnies de passement d'argent. » *Comptes roy.* (1591), ap. MONTEIL, t. V, p. 304.

[2] FURETIÈRE, *Dict. univ.* — *Dict. de Trévoux.* — V. aussi l'œuvre d'Abraham Bosse et autres graveurs du XVIIe siècle.

sexe, au Moyen Age, fit usage de chausses. Une figure de sainte Radegonde (XIe siècle) porte des chausses vert-clair dont les *pedules* sont visiblement marqués. Les Religieuses de Notre-Dame de Soissons avaient des chausses en toile fine, et les jupons écourtés de deux Suissesses (XVe et XVIe s.) montrent à découvert des chausses blanches, en touts points semblables à nos bas. Quelques documents écrits prouvent, qu'au XIVe siècle et sans nul doute antérieurement, les chausses des femmes ne montaient pas très-haut et étaient séparées du caleçon, car on les liait avec des jarretières qui, pour les grandes dames, étaient en satin, en tissu de soie, voire même en or émaillé. Ces jarretières, parfois enrichies d'ornements en métaux précieux, s'attachaient à l'aide de boucles ou de fermoirs d'or et d'argent. Rabelais, dans sa description de l'abbaye des Thélémites, nous renseigne sur les bas des dames au XVIe siècle. « Elles portoient chausses d'escarlate ou de migraine, et passoient les dictes chausses le genoil au-dessus par trois doigts, justement. Et ceste lisière estoit de quelques belles broderies et descoupures. Les jarretières estoient de la couleur de leurs bracelets et comprenoient le genoil au dessus et dessoubs. » L'exercice du cheval et l'ensemble un peu brusque des habitudes du corps, qui découvraient souvent la jambe sans que l'on y trouvât à redire, expliquent pourquoi nos aïeules déployaient autant de luxe sur certains menus objets de toilette, présentement dérobés aux regards profanes avec un soin tout particulier [1].

[1] *Arts sompt.*, t. I, pl. 52. — Les comptes de Jean de Poncieux (1333 à 1336, Dauphiné), mentionnent de « petites chausses de femme du prix de quatre sous. » « Item pour blanchés à faire chausses pour les dames de l'Église, XXIII francs et demy qui valent XIX L. XII s. » *Off. du revest. de N.-D. de Soissons*, ap. MONTEIL, t. 1, p. 199 et 399. — *Moyen Age*, Modes, pl. 23. — « A Simonnet Le Bec, orfèvre, pour IV onces dorés, fin vermeil,

Quoique le port des longues chausses chez les hommes semblât devoir exclure celui des jarretières, les grands seigneurs du XIVe siècle faisaient usage de ces dernières, mais comme simple ornement, car ils n'en mettaient qu'une seule à la jambe gauche, à l'instar des chevaliers de la Jarretière. Un haut personnage est figuré avec cette parure sur le manuscrit n° 6064 de la bibliothèque impériale : son unique jarretière, d'or enrichi de pierreries, n'est pas le résultat d'un caprice d'artiste et encore moins un symbole officiel, attendu qu'on la trouve mentionnée et décrite sur l Inventai.'e de deux princes français qui ne furent jamais associés à l'Ordre institué par Edouard III. Les XIVe et XVe siècles fournissent encore dans les mêmes conditions quelques exemples de jarretières placées aux genoux d'individus d'un rang secondaire; alors, la paire existe toujours [1].

par luy mis et emploié ès blouques et mordans en plusieurs clos d'argent doré pour la ferreure de II jarretières de satin azur pour lier les chausses de Madame la Royne, lesquels clous, blouques et mordans sont esmaillés. » *Comptes roy.* (1387). « Pour un quartier de satin azur.. pour faire jarretières à lier les chausses de la Royne... x s. p. » *Id.* (1397). « A Jehan Le Conte, orfèvre..... pour quatre tissus de fine soye azurée pour faire deux paires de jarretières pour ma dicte Dame (la duchesse d'Orléans) XXVI s. p. et pour avoir garny d'argent doré, c'est assavoir IIII blouques, IIII mordans et pour XVI petits besans à faire fermeures d'argent doré. » *Ducs de Bourg.*, n° 5,924 (1400). « Pour avoir fait deux jartières d'or pour madame la Duchesse (d'Orléans) esmailliées à larmes et à pensées. » *Id.*, n° 6,722 (1455). Ap. De Laborde, *loc. cit.*, p. 348. — « On dit que quand les Dames de la Cour commencèrent à porter des hauts-de-chausses, elles firent une convocation générale, pour sçavoir comment elles les nommeroient, à la différence de celles des hommes. » Tabourot, *Les Bigarrures*, c. VIII, Des Antistrophes. — *Gargantua*, c. 56.

Sous le souple jarret la peinte banderolle
D'un jartier ondoyant.

Ant. de Baïf (1560).

[1] *Arts sompt.*, t. I, pl. 149. « Jartière esmaillée n° 780. » *Invent. du duc*

Les anciennes chausses se confectionnaient avec des étoffes de soie, de laine, de lin ou de chanvre ; drap, velours, serge, toile. Les bas tricotés à l'aiguille ne sont guère antérieurs au XVIe siècle. Suivant Gabriel Naudé, Henri II, le premier, porta des bas de soie en France aux noces de sa sœur Marguerite et d'Emmanuel de Savoie (1559). Henri VIII d'Angleterre eut beaucoup de peine à se procurer cet article de luxe en Espagne, et, la première paire, fabriquée chez les Anglais par William Rider, fut présentée en 1553 à Edouard VI. L'industrie du tricot, qui passe pour être originaire de l'Écosse, débuta par fournir à la consommation des bas d'estame (fil de laine très-tors) et des bas drapés ou foulés. Les bas en toile jaune ou grise étaient la spécialité des lingères et des merciers ; les peaussiers vendaient des bas de chamois teints en diverses couleurs. On nommait *bas à étrier*, des bas coupés, sans pied, que l'on mettait sous un bas entier pour avoir plus chaud ; *bas d'attache* ceux que l'on fixait au haut-de-chausses à l'aide de rubans et d'aiguillettes : l'usage de rouler les bas avec la culotte fit abandonner le *bas d'attache* [1].

d'*Anjou* (1360). « Une jartière sur un tissu de soye inde (bleu), garny d'or, de perles, de diamans et de balaiz. » « Une jartière à VI balaiz, III saphirs et XI diamans. » *Inv. du duc de Normandie* (1363). Ap. DE LABORDE, *loc. cit.*, p. 348. Les ducs d'Anjou et de Normandie ne se trouvent sur aucune liste des chevaliers de la Jarretière. — BONNARD, *loc. cit.* pl. 32 (Cimabue, d'après la fresque de Simone Memmi, à Santa-Maria Novella, 1335) ; pl. 20 (officier allemand, Sienne, Pinturicchio, 1502-1509). WILLEMIN, pl. 176 (varlet des cartes de Jacquemin Gringonneur). La jambe droite des deux figures précédentes est seule visible, mais Cimabue porte deux jarretières ; il en est de même pour un Messager judiciaire (XVe s.). V. le *Moyen-Age. Modes*, pl. 24.

[1] *Le Livre des Métiers*, tit. LV, p. 139. — Nus frepier ne puet.... fère chauces de galebrun ne disenbrun (draps grossiers). *Ibid.*, tit. LXXVI, p. 196. Les chaussetiers de Poitiers devaient tirer d'une aune de drap portant cinq quarts de lé deux paires de longues chausses d'homme avec talon et avant-pied, ou

Les industriels, fabricants de chausses, s'intitulaient *chauciers* ou chaussetiers. Les *chauciers* de Paris avaient leurs statuts au XIIIe siècle ; ils devaient faire « chauces de soie et de toile sans chaux et chauçons. » On leur permet de « fournir et estoffer leurs chauces de deus soies, mès qu'elles soient neuves et souffisans et que la soie ne soit arse, » sinon la marchandise sera brûlée et une amende de cinq sous encourue. Défense à tout *chaucier* de faire colporter ou de colporter lui-même des chausses neuves dans Paris, les marchands ambulants, vendeurs de « chausses faites de bourre ou d'autres mauvèses estoffes, » pouvant échapper à l'acheteur déçu, tandis qu'il avait toujours recours contre les étaliers. Chaque maître, à son entrée dans le métier, devait payer XX sols parisis, dont XV pour le Roi, V à la Confrérie. Chaque apprenti était taxé à XII sols, les deux tiers au Roi, le reste à la Confrérie ; les fils de maître demeuraient exempts de toute redevance. En 1291, on comptait à Paris 61 *chauciers*, et, sur le plan de 1702, la partie de la rue de la Ferronnerie comprise entre les rues Tirechape et des Déchar-

bien quatre paires de chausses de femme. *Lettre du Roy*, 1172. « It. une paire de chausses de velours rouge. » *Inv. de la dame de Billy, veuve du président Nicolaï*, 1597. Ap. MONTEIL, t. III, p. 290 et V, p. 158. — « Chausses, pour les bas, d'estamet ou sarge drapée, d'escarlate, de migraine blanc ou noir ; les haults de velours d'icelles couleurs, ou bien approchantes, brodées et deschiquetées selon leur invention .... Les aiguillettes de soie des mêmes couleurs, les fers d'or bien esmaillés. » *Gargantua*, c. LVI. — *Mascurat*. — BACHELET, *Dict. gén. des lettres, beaux-arts, etc.*, BAS. — *Dict. de Trévoux*, BAS. — « On veut que les Bonnetiers aient pris saint Fiacre pour patron parce qu'il était fils d'un roi d'Écosse, et que c'est de ce pays là que sont venus à Paris les premiers ouvrages faits au tricot ou à l'aiguille. » SAVARY, *Dict. du Commerce*, BONNETERIE. — Les bas d'estame étaient ras, n'ayant point été tirés avec le chardon ; au contraire, les bas drapés, faits en laine lachement filée ou fil de trame, passaient par la foule et leur poil tiré avec le chardon les rendait superficiellement pareils au drap de laine. V. ID., *ibid.*, BAS.

geurs (présentement l'extrémité méridionale de la rue Saint-Honoré) est encore dénommée la Chaussoterie. A une date insuffisamment connue, les chaussetiers parisiens, qui voulaient former une corporation particulière et avaient choisi un patron spécial, furent néanmoins absorbés par les drapiers (n° 1 des six corps de marchands) ; ils obtinrent seulement d'imposer à cette réunion le nom de *Drapiers-Chaussetiers*. Henri VI d'Angleterre confirma en 1424 les statuts des chaussetiers de Bernay (Normandie). On y prescrivait entre autres choses : « Chauces faites pour vendre dont le drap ne sera mouillé et tordu seront forfaictes. Toutes chauces taillées et cousues seront de bon biais. Toutes chauces seront du même drap, au moins d'une même couleur. On ne mettra drap vieil avec le neuf, ni vieille toile sur drap neuf, ni drap fait de bourre ou pesnes. » Le Mayeur de la Confrérie des chaussetiers de Rouen portait aux pauvres de l'Hôtel-Dieu du pain et du vin, au premier jour de l'an et à la fête de saint Jacques; un homme du Métier, un gentilhomme ou une femme en couches recevaient double ration. Le chef-d'œuvre du chaussetier, passant maître, consistait à tailler dans trois quartiers et demi de drap deux paires de chausses d'hommes, ayant trois quartiers de long par-devant, trois quartiers et demi par derrière. Une solide couture était rigoureusement exigée [1].

[1] *Le Livre des Métiers*, tit. LV., p. 138 et 139. En 1298, les *chauciers* soutinrent un procès contre les fripiers qui faisaient des chausses avec de vieilles robes et les apprêtaient si bien que beaucoup de gens les croyaient neuves. Guillaume Thibout, prévôt de Paris, interdit aux fripiers de mettre ces chausses en forme et leur ordonna de ne les exposer en vente qu'accrochées à une perche. ID., p. 412. — *Paris sous Philippe-le-Bel*, p. 196 et 495. — SAUVAL, *Hist. et Rech. des ant. de Paris*, t. II. — Au XVe siècle, les chaussetiers marchaient comme les tailleurs sous la bannière de sainte Luce. MONTEIL, t. III, p. 289. — OUIN-LACROIX, *Hist. des corpor. d'arts et*

La corporation des Bonnetiers-Aulmuciers-Mitonniers (mitainiers), cinquième des six corps de marchands de Paris, s'était fait adjuger la vente au détail des bas tricotés en soie, laine, fil de chanvre ou de lin, poil, coton et autres matières textiles. Libre en principe, la production de ces ouvrages, qui occupa longtemps les femmes de Vitré et les bergers de la Haute-Auvergne, réunit autour de la Capitale une multitude industrielle dont on forma une communauté sous la dénomination de *Maîtres bonnetiers au tricot*, avec statuts datés du 16 août 1527. Les bonnetiers au tricot, particulièrement établis au faubourg Saint-Marcel dont certains bas fort estimés retinrent le nom, furent par arrêt du Conseil (1718) réunis définitivement aux bonnetiers de la ville. La corporation des bonnetiers de Paris avait pour armoiries, d'azur à la toison d'argent accompagnée de cinq navires de même, trois en chef, deux en pointe; leur Confrérie dont le patron était saint Fiacre se rassemblait à l'église Saint-Jacques-de-la-Boucherie [1].

métiers de Rouen, p. 737, 159, 156. — Sur l'emplacement du couvent des Jacobins, à Rouen, existait un hôpital de pèlerins administré par les chaussetiers. En faveur de cette maison, saint Louis octroya aux derniers une rente de XXXI l. XII s., plus un droit de XX s. sur chaque mesureur de sel reçu à la maîtrise. FARIN, *Hist. de Rouen*, t. VI, p. 123, éd. de 1738. — Une tradition populaire, rapportée par Courtalon Delaistre (*Topogr. hist. de la ville et du diocèse de Troyes*, l. IV, Abb. de Saint-Loup), attribuait aux savetiers de Troyes l'honneur d'avoir raccommodé les vieilles chausses de Charles-le-Chauve. La double interprétation du mot *caliga* aura très probablement donné lieu à cette anecdote.

[1] SAVARY, *Dict. du Com.*, BAS, BONNETERIE, BONNETIER. — On les nommait aussi Maîtres ouvriers en bas, Maîtres bonnetiers appréteurs, foulonniers, appareilleurs, à cause des détails de leur industrie. ID., *ibid.* — MONTEIL, t. VII, p. 416. — L'article 19 des derniers statuts du corps de la Bonneterie (juillet 1608) défend de faire des bas au tricot à moins de trois fils. — Un édit de décembre 1678 avait prescrit la réunion des communautés ouvrières de la ville et des faubourgs; les Bonnetiers ne s'étant pas conformés à

Savary avance qu'un Français, inventeur du métier à bas, passa en Angleterre faute de pouvoir obtenir un privilége exclusif, et qu'un autre Français, revenant de Londres, réussit par un prodigieux effort de mémoire à construire à Paris le modèle qui servit de type à toutes les machines de France et même de Hollande. Diderot ajoute aux assertions de Savary, que l'on ignore en Angleterre aussi bien qu'en France le nom véritable de l'inventeur du métier à bas. Suivant une opinion plus récemment mise au iour, l'honneur de la première machine incomberait à un Anglais, William Lee, qui l'apporta en France sous le règne de Henri IV. En 1650, un serrurier inconnu des environs de Caen trouva un nouveau mécanisme; rebuté par les tracasseries des bonnetiers au tricot qui croyaient leurs intérêts lésés, il émigra en Angleterre. Cavallié, de Nimes, restitua à la France l'œuvre de l'artisan normand. A partir de 1656 toute incertitude cesse; on voit alors, sous la direction de Jean Hindret, s'établir au château de Madrid, près Paris, notre première manufacture de bas au métier. En 1666, le même Jean Hindret, dont l'établissement prospérait, forma une compagnie sous la protection royale et fournit au commerce des produits si parfaits, qu'en 1672 on institua une communauté de *Maîtres ouvriers en bas au métier*. Cette corporation, qui reçut alors des statuts, avait pour patron saint Louis, et, pour siége de sa Confrérie, l'église Saint-Denis-du-Pas ; le chef-d'œuvre de maîtrise consistait en une paire de bas de soie, façonnés aux coins et par derrière. Fournier, négociant à Lyon, dota cette ville

l'ordonnance, et, un arrêt du Conseil (17 mai 1701) n'ayant pas réussi à étouffer les contestations journalières élevées entre les Bonnetiers-aulmuciers, les Maîtres bonnetiers au tricot et les Faiseurs de bas au métier, un nouvel arrêt (23 février 1716) prononça la fusion définitive des trois corps en un seul, avec prorogation jusqu'au commencement de l'année 1718. SAVARY, *loc. cit.*

en 1663 d'une manufacture de bas de soie au métier. Dès 1692, la même industrie forma à Rouen une corporation sous le nom de *Badestamiers*; le Roi lui donna des statuts en 1693. Jusqu'en 1684, les faiseurs de bas à la mécanique ne purent travailler que la soie; un arrêt du 12 janvier de ladite année autorisa l'emploi des autres matières textiles, à la charge que la moitié au moins des métiers ouvrerait la soie. Pareille concession ayant amené dans les fabriques un tel relâchement qu'elles livrèrent aux consommateurs des produits grossiers, un règlement-arrêt du 30 mars 1700, ordonna, entre autres nouvelles prescriptions, que les machines en exercice à Paris, Dourdan, Rouen, Caen, Nantes, Oléron, Aix, Toulouse, Nîmes, Uzès, Romans, Lyon, Metz, Bourges, Poitiers, Orléans, Amiens et Reims auraient dorénavant à se conformer aux statuts de 1672. Le 28 mai 1708, Louis XIV créa des charges d'inspecteurs-contrôleurs des bas et autres ouvrages de bonneterie au métier, ce qui occasionna de graves conflits entre les jurés et les ouvriers, les uns exigeant l'acquittement des droits, les autres se targuant de leurs priviléges pour ne rien payer. Une déclaration de Louis XV (18 février 1720), enregistrée au Parlement le 9 mars suivant, constitua définitivement la police et la discipline de la bonneterie au métier. Les règlements de 1700, 1708 et 1720 interdisaient, sous peine de confiscation des machines et de 1,000 livres d'amende, l'établissement, sans privilége spécial de Sa Majesté, de métiers à bas ailleurs que dans les villes ci-dessus désignées. Il existait à Caen une communauté très considérable de badestamiers, érigée en Jurande dès 1691, et qui produisait des bas d'estame à deux fils malgré l'ordonnance de 1700 qui en prescrivait trois. Après avoir obtenu en 1717 une prorogation de trois années avant de rentrer dans la règle générale, les fabricants remontrèrent que la prohibition absolue des bas à deux fils entraînait l'abandon de 500 métiers et le renvoi de 5,000 ouvriers. On ne tint aucun compte de ces justes réclamations, et, deux arrêts consécutifs (3 juillet et 10 décembre 1721) maintinrent l'ordonnance de 1700. Toutefois, par dérogation à l'article 10 de cette dernière, l'article 2 d'un règlement de 1720 avait autorisé le travail des bas à deux fils pour l'exportation en Espagne, en Italie et autres pays méridionaux avec défense expresse d'en vendre dans le royaume. De nombreux abus firent révoquer en 1721 une faveur exceptionnelle : alors le commerce des bas destinés à l'étranger fut réglé très-sévèrement et limité aux diocèses de Toulouse, Carcassonne, Castres, Béziers, Agde, Montpellier, Nîmes, Uzès et Alais, ainsi qu'aux villes de Rouen et Bordeaux [1].

Les chausses de Bruges avaient une grande renommée au XIIIe siècle, témoin ce vers de Guillaume-le-Breton :

Brugia quæ caligis obnubat crura potentum.

Le sceau de la corporation des chaussetiers brugeois (1356) représente une chausse à *chaux*, dépassant le genou et chargée d'un trèfle sur la manchette; légende : ..... *pp*... *rs*

[1] *Dict. du Com.*, BAS. *Encyclop.*, BAS. — *Denier royal ou Traité curieux de l'or et de l'argent, par le sieur de Saint-Germain*, Paris, 1620. Machine à fabriquer les bas. MONTEIL, t. VII, p. 416. BACHELET, *loc. cit.* — Les statuts des badestamiers de Rouen prescrivent sous peine de confiscation et d'amendes de 150, 100 et 50 livres : *Art.* V. Les bas de soie pour homme pèseront 3 onces et demi au minimum ; *art.* VI, Les bas de soie et laine pour homme auront au moins deux brins de soie et un brin de laine ; *art.* VII, Les bas de laine pour homme auront au moins deux fils, sans coupure ni travail imparfait. *Hist. des corp. de Rouen*, p. 563. On trouve à la p. 157 du précédent ouvrage un curieux exposé des contestations survenues entre les bonnetiers au tricot et les badestamiers, contestations auxquelles le sieur de Richebourg, intendant de Rouen, vint à bout de mettre un terme.

(cousseppors) *van Brugge*. Pas de contrescel. D'après une gravure sur bois de 1524, le blason des chaussetiers de Gand consistait en un bas d'or, lié de même, sur champ de gueules; leur confrérie avait pour patrons la Transfiguration et saint Michel; un mereau en plomb (XVIe siècle), à son usage, porte sur la face deux chaussettes en pal accompagnées en pointe d'un nœud cruciforme, au revers, saint Michel terrassant le diable. Les chaussetiers de Bruxelles, joints aux marchands drapiers, appartenaient à la nation de Saint-Géry (n° 4 des neuf grands corps de métiers); ils avaient deux doyens; un manuscrit du XVIe siècle leur attribue pour armoiries, de gueules, à trois chausses sans *chaux*, azur, sable et sinople, mises en pal. La patronne des chaussetiers d'Anvers était sainte Catherine; la face d'un de leurs jetons de présence (cuivre) montre un gril à quatre pieds sommé d'une couronne et du millésime 1563; au revers, on voit sainte Catherine accostée des lettres S. K. A Tournai, avant 1795, les corps de métiers étaient organisés en trente-six bannières; les chaussetiers en composaient une à eux seuls [1].

L'Ordre de la Jarretière et sa devise sont trop connus pour qu'il soit à propos de les mentionner ici, mais on ne peut passer sous silence une association moins illustre, quoique jadis très-estimée à Venise, l'Ordre de la *Calza* ou de la Chausse. Je ne m'arrêterai pas à la tradition apocryphe qui prête à cet institut chevaleresque une antiquité datant de 737; tout porte à croire, conformément aux écrits de Fioranti et de Menneus, que, fondé en 1368, il se renouvela au XVIe siècle. La société, d'abord composée de douze jeunes nobles, en compta ensuite jusqu'à vingt; ses membres, oc-

[1] *Philippide*, II, 103; — DE VIGNE, *loc. cit.*, p. 72, pl. 30, 24: p. 52, pl. 11, 41; p. 76, pl. 17; p. 60, pl. 25, 16; pl. 35, 4; p. 63.

cupés d'exercices du corps, ne s'engageaient par vœux à autre chose qu'à maintenir la paix et procurer le bien public; leurs marques distinctives étaient de longues chausses versicolores, brodées en or ou en argent de griffes d'aigles, avec des bandes d'arabesques (galons) posées tantôt en fasce, tantôt en pal. L'abbé Giustiniani a publié, d'après un dessin pris dans la bibliothèque de Messer Girolamo Duodo, le costume d'un chevalier de la *Calza* en 1529; la portion interne de la jambe droite est écarlate, l'externe est mi-partie violet et gris, la jambe gauche entière est verte. Toutefois, aux statuts promulgués le 15 juin 1541, sous le doge Pier Lando, statuts qui fixent au maximum de vingt le nombre des membres de l'Ordre, est annexé un document qui prouve que, loin de rendre obligatoire l'uniformité des chausses, on assignait au contraire des couleurs différentes à chaque chevalier [1].

CHAPITRE XI.

LES BAS LITURGIQUES.

Visconti cherche à reculer jusqu'aux premiers âges du Christianisme l'origine des bas portés par les évêques durant la célébration des Saints Mystères; mais l'opinion du célèbre

[1] *Hist. des Ordres milit.*, t. 1. p. 198 et seq., in-12, Amsterdam, 1721. *Istorie cronol. dell' orig. degl' Ordini milit.*, in fol., Venise, 1692. — La couleur des chausses est ainsi réglée : le Prieur et les deux Conseillers, jambe droite écarlate, jambe gauche mi-partie, incarnat au dehors, gris au-dedans; les Membres : n° 1, droite blanche, gauche écarlate et argent; n° 2, droite écarlate, gauche incarnate au dehors, bleue au-dedans; n° 3, droite grise, gauche violette; n° 4, droite rouge, gauche incarnate et violette; n° 5, gauche incarnate, droite incarnate au dehors, grise au-dedans; n° 6, gauche bleue céleste, droite rouge au dehors, grise au-dedans.

liturgiste n'étant fondée que sur la lettre de saint Grégoire, relative au *Campagus* diaconal, et sur l'*Ordo* romain d'Hittorp, recueil d'un mérite fort contesté, une critique sérieuse ne peut l'adopter aveuglément [1]. Toutefois, comme les idées trop absolues sont dangereuses à émettre en face de matières pleines d'obscurités, je me bornerai pour mon compte à exposer dans un ordre chronologique les faits notoirement avérés ; je chercherai ensuite à déduire de leur ensemble les conséquences les plus claires qu'il me sera possible.

Les *Ordo I*, *II*, *III*, *IV*, publiés par Dom Mabillon, se taisent à l'endroit des bas liturgiques que le *n° V* mentionne en ces termes : « I. Item calciamenta, in pri odhones, dein campagos. — II. Calciamenta, odhones et campagos. » La nature de l'*udo* et du *campagus*, leur position respective dans l'économie du costume antique, ont je été, le crois, assez nettement définies aux chapitres III et IX pour qu'il soit inutile de reproduire ici mes arguments primitifs ; je persisterai donc toujours, malgré l'avis contraire d'illustres autorités, à traduire *odhones* par bas et *campagi* par sandales ; certain qu'aucun texte n'infirmera l'exactitude de mon interprétation [2].

[1] *Observ. eccl.*, t. III, *De Mis. appar.*, c. II, p. 116. — V. au sujet d'Hittorp, *Mus. Ital*, t. II, *In Ord. Rom. Com.*, p. IX.

[2] *Mus. Ital*, t. II, p. 64. Voici la note que Dom Mabillon fait correspondre à l'abréviation *in pri* : « Forte *insuper odhones*. Eadem vox iterum infra, qua forsan sandalia significantur. Nam Ordo Romanus in ordinatione episcopi sandalia distinguit à campagis qui tibiam tegebant. » Il était, je crois, superflu d'invoquer le témoignage d'Hittorp après avoir reproduit ailleurs la sortie virulente du cardinal Tommasi contre la compilation de ce chanoine allemand : « Ceterum Ordo ille Romanus, editus ab Hittorpio, farrago potius est diversorum rituum secundum varias consuetudines : ita ut antiquiores germanioresque ritus in tanta varietate discernere sine eorum libellorum ope pæne sit impossibile. » (*Respons. et Antiph. Rom. Eccl.*, Scholiæ ; Rome,

Théodulfe d'Orléans (787-821) applique aux bas épiscopaux la dénomination vague de *talaria* et nous apprend qu'ils étaient en tissu de lin :

> Linea crusque pedesque tegant talaria, ut apte,
> Qui superaddatur campagus ipse decens.

Une phrase d'Amalaire (827) renferme aussi une allusion évidente aux chausses liturgiques en toile : « Sicut per linum quo pedes vestiuntur castigatio pedum significatur, ita per sandalia profectus ad prædicandum. » Néanmoins il faut descendre jusqu'à la fin du Xe siècle pour voir préciser la forme du vêtement des jambes exclusivement consacré aux fonctions religieuses; il est alors désigné sous le nom de *caligæ* qui lui est resté jusqu'aujourdhui. La Messe de Ratold (986) attribue à l'évêque officiant des chausses montant à la hauteur du genou : « Primo quidem Minister deferat caligas usque ad genu tendentes. » Ives de Chartres (1097) prescrit des *caligæ* en *byssus* ou en lin, attachées avec des liens solides : « Antequam induantur sandaliis, vestiuntur caligis byssinis vel lineis, usque ad genua protensis et ibi bene constrictis. » Hugues de Saint-Victor (1120) traite des *caligæ* pontificales au seul point de vue symbolique ; mais Sicard de Crémone (1195) établit qu'elles sont en soie « holosericæ caligæ » et munies de jarretières rouges « centones rubei. » Innocent III

1686. *Mus. Ital*, loc. cit., p. IX.) Il eut été beaucoup plus naturel de remarquer que, *in primis*, déjà employé au même ℟ avant *dein*, devait se reconnaître dans l'abréviation *in pri* préférablement à *insuper* nullement justifié ; partant de là, comme les bas se mettent en général avant les souliers, le sens des termes *odhones* et *campagi* se fût déterminé tout seul. Georgi (*De Liturg. Rom. Pont.*, t. I, c. 13), n'hésite pas à admettre l'erreur de ses devanciers : « Quintus (*Ordo*) vero de his meminit, ac sandalia *odhones*, caligas vero, *campagos* appellat. »

(1198) donne aux *caligæ* le nº 1 parmi les neuf ornements spéciaux à l'épiscopat; il explique qu'elles servent d'intermédiaires entre le pied et la sandale : « Mediantibus vero caligis pedes sandaliis conjunguntur. » Enfin, dans un autre chapitre de son ouvrage, il revient sur les prescriptions d'Ives de Chartres. Durand (1200) ne se montre guère plus explicite que ses devanciers au sujet des *caligæ* dont, suivant lui, une opinion hazardée voudrait reconnaître le type dans les *femoralia* de l'Ancienne Loi : « Nisi forte quis dixerit quod caligæ et sandalia in locum femoralium succedunt. » Après quoi l'évêque de Mende se borne à reproduire les formules de Sicard et d'Innocent III, auxquelles il ajoute un nouveau détail concernant la couleur : « Caligæ quoque iacynthini ;id est aerei seu cœlestis coloris. » Le Pontifical de Lyon (XIVᵉ siècle) fait une mention spéciale des *caligæ* qu'il distingue des *sandalia ;* cette distinction est maintenue par saint Charles Borromée, Bissi, Gavantus, Kruzer et le *Cæremoniale episcoporum*. Magri, citant l'autorité du Cérémonial de Deventer (1325), avance que les *caligæ* du Pape étaient, comme ses sandales, en étoffe rouge « ex panno purpureo, » et ornées d'une petite croix ou des trois clous de la Passion [1].

L'*Ordo* romain, compilé par Hittorp, altère le mot *cam-*

[1] *Carm.* v, *Paræn. ad episc.*, III, 458. — *De Eccl. off.*, lib. II, c. 18. — *De Antiq. eccl. rit.* t. I, p. 541. MÉNARD, *Sacram. S. Greg.*, App., col. 241. — *Sermo de signif. indum. sacerd.* — *Spec. eccl.*, c. 6. — *Mitrale.* — *Myst. Mis.*, lib. I, c. 10, 34, 48. « Mittimus tibi per Cardinalem prædictum pontificalia ornamenta, caligas et sandalia, etc. » INNOCENT III, *Epist. decret. ad Patriarch. C. P.* — *Ration.*, loc. cit. — *De Ant. eccl. rit.*, t. II, p. 513. — — *Acta Eccl. Mediol.*, De Supel. Missæ. — *Hierurgia.* — *Thes. sacr. rit.*, Comm. in rubr. Mis. Rom., pars II, t. I, 6. — *De Apost. necnon ant. Eccl. occid. litury.*, Sect. III, Disq. II, c. I, § 186. — Lib. II, c. VIII, 7. — *Hierolexicon*, CALIGÆ.

pagus et le présente comme synonyme de *caligæ* : « Et induant ipsum cambagos, sandalia. — Quando induitur cambagis et sandaliis dicatur ab episcopis. » La même signification erronée se remarque encore dans le Pontifical de Salzbourg (XIIe siècle), « cambagos, sandalia, » et dans le Pontifical de Saint-Blaise (XIVe siècle), « cambagi, sandalia. » Il est au moins singulier qu'une confusion de termes, acceptée depuis sans examen par Dom Mabillon et par Georgi, ne se rencontre que sur des textes liturgiques allemands et sur l'*Ordo* édité par un chanoine de Cologne, travail uniquement élaboré à l'aide de manuscrits allemands. Il ne faut pas moins noter que l'altération *cambagus*, invariable sur les trois documents cités, semble avoir pour cause naturelle le vice de prononciation qui porte la majorité des Allemands à articuler en parlant le son *b* pour le son *p* et réciproquement. L'erreur est donc à coup sûr originaire d'outre-Rhin et il me paraît opportun de rechercher les motifs qui ont pu lui donner naissance. Bède *(De Tabernaculo)*, énumérant les habits de lin qui doivent envelopper le corps du prêtre, dit au sujet des *fasciæ crurales et pedules* : « Genua ne ab orationis instantia torpeant : tibias et pedes ne ad malum currant. » Le Franc Amalaire commente ainsi ce passage de Bède : « Quia usque ad pedes Beda pervenit disserendo de lineis vestibus, congruum est ut nosmetipsos absolvamus de sandaliis, sive ut alio nomine campobis, qui supersunt in pedibus : sandalia subtus cooperiunt pedem, desuper nudum reliquunt. » Et, quelques lignes plus bas, il ajoute : « Sicutper linum, quo pedes vestiuntur, castigatio pedum significatur, ita per sandalia profectus ad prædicandum. » En laissant de côté le barbarisme *campobus*, dont, au reste, le chorévêque de Trêves n'est pas l'inventeur (il l'apprit à Rome), on ne peut se refuser à voir dans le texte ci-dessus une distinction nettement établie entre les *tibialia* de toile « linum quo pedes vestiuntur » et les *campobi*, sandales couvrant la partie supérieure du pied « quæ supersunt in pedibus, » chaussure que plusieurs monuments figurés montrent, dès le Xe siècle, adoptée par l'épiscopat du Nord. Si donc Amalaire ne s'accordait pas avec les anciens quant à l'orthographe du mot *campagus*, il connaissait son acception véritable, *sandale, soulier;* Durand, au XIIIe siècle, ne l'interprête pas différemment : « Diaconi non debent uti compagis id est sandaliis. » D'autre part, l'*Ordo VIII*, édité par Dom Mabillon, s'exprime ainsi : « Et induit eum dalmatica, planeta et campobus (compagis); » nous lisons dans un Pontifical romain du XIVe siècle : « Et induunt ipsum electum tunicam, et dalmaticam, planetam et caligas; » enfin, les Pontificaux modernes disent : « Item paramenta omnia pontificalia.... sandalia: amictus: alba: etc. » D'où vient que ces livres liturgiques, émanés directement du Saint-Siége, n'emploient qu'une seule expression, variée il est vrai, *campobus, caligæ, sandalia*, pour indiquer les deux objets qui composent la chaussure épiscopale? Un usage, assurément fort antique et dont une personne digne de foi m'a signalé l'existence, va répondre à la question. A Rome, lorsqu'un évêque officie pontificalement, les bas et les sandales qui lui sont présentés au trône sont cousus ensemble et se passent comme une botte pardessus la chaussure ordinaire. Or, n'est-il pas admissible que les clercs allemands, auteurs primitifs des copies dont Hittorp se servit pour son travail, aussi bien que les rédacteurs des Pontificaux de Salzbourg et de Saint-Blaise, ne trouvant dans les manuscrits italiens qu'ils consultèrent, voiremême dans la majorité des anciens liturgistes, qu'un mot unique pour rendre l'idée de deux vêtements distincts, aient pu interpoler, en l'appliquant aux bas, le terme *campagus* emprunté à l'*Ordo VIII* ou à tout autre recueil analogue. Interpolation et fausse application étaient alors d'autant plus rationnelles, que copistes comme rédacteurs, ignorant le sens réel d'un mot tombé en désuétude, *campagus* ne devait à leurs yeux exprimer que la chaussure interne, l'externe leur apparaissant évidente sous les formes *sandalium* ou *caliga*. Un second motif tiré de la nature même du *campagus* ne me semble pas moins digne d'attention; ses courroies enroulées autour de la jambe n'ont-elles pas amené à le confondre avec l'*udo* qu'elles maintenaient? Dom Claude de Vert se prononce pour l'affirmative [1].

Le silence, gardé à l'égard des bas liturgiques par Walafrid Strabon, Rhaban Maur, le faux Alcuin, Rupert de Tuit, Honorius d'Autun, le Pontifical de Besançon (XIIe siècle), etc., etc., qui tous mentionnent les sandales, pourrait trouver sa cause dans l'usage romain dont je viens de parler,

[1] Éd. Ferrari, Rome, 1591, p. 71 et 72. — *De Ant. Eccl. rit.*, t. II, p. 401. — *Monum. vet. lit. Alem.*, t. I, p. 346. — Il ressort d'un passage de l'épître dédicatoire, adressée par Hittorp à l'Électeur de Cologne (24 août 1568, ex nostro museo), que le doyen de Saint-Cunibert ne consulta d'autres manuscrits que ceux qu'il avait sous la main : « Etenim quasdam Ordinis Romani partes, etc., etc., quibus in his edendis præter cætera usi sumus, illa tuæ Ecclesiæ bibliotheca, quæ ab Hildebaldo (794-818) ut apparet cœpta, ab Heriberto (1000-1021), Evergero (985-999) aliisque sanctissimis episcopis (quorum et Hildeboldi maxime nomen multi adhuc libri præferunt) aucta, nobis suppeditavit, et si omnes eos haberet libros, quos sub annum Domini 833 in ea fuisse index quidam antiquus prodit, utilissimos multos hac ætate auctores suppeditare posset. » V. éd. cit., fol. 3, v., ad fin. — *De Eccl. off.*, lib. II, c. 18. — *Ration.*, lib. III, 8, 11. — *Mus. Ital.*, t. II, p. 88, *Quomodo episcopus ordinatur*. — *De Ant. eccl. rit.*, t. II, p. 499. — *De Consec. electi in episc.* — « Ces caliges ont été aussi quelquefois appelées *campagi*, quoiqu'originairement ce mot ne signifiât que des bandelettes ou courroyes d'une certaine largeur, qui, en faisant plusieurs tours sur la jambe, se croisoient en beaucoup d'endroits. » *Expl. des cérém. de l'Église*. t. I, p. 336.

si on n'aimait mieux l'expliquer par les difficultés que soulevèrent jadis les textes évangéliques au sujet de la chaussure, difficultés énumérées au chapitre V. En effet, l'évêque Maximianus (mosaïque de Ravenne) a les pieds nus sous ses *carbatinæ*; les sculptures de Saint-Marc (Venise), de Torcello, de Saint-Ambroise (Milan) et du musée de Ravenne ont prouvé à M. l'abbé Bock qu'antérieurement au Xe siècle les évêques, en général, célébraient les saints mystères sans autre *calceamentum* que des *soleæ* plus ou moins ornées, laissant à nu la partie supérieure du pied. Néanmoins, le savant Allemand a constaté sur quelques-uns de ces monuments les traces de bandages enroulés autour du pied et du bas de la jambe. Mes études personnelles ayant abouti aux mêmes résultats, des faits précédemment exposés je crois pouvoir déduire sans inconvénients : 1° que les *odhones* ou *caligæ* liturgiques furent d'abord réservés au seul clergé romain ; 2° qu'adoptés vers le VIIIe siècle par certains membres de l'épiscopat, ils ne devinrent obligatoires pour la généralité qu'au XIe siècle, et plus sûrement au XIIe [1].

L'empeigne élevée des sandales et la longueur des vêtements talaires permettent rarement de constater la couleur des *caligæ* épiscopales sur les anciennes miniatures. La curieuse *Vie de saint Amand* (Valenciennes) ne m'a fourni aucun renseignement précis à cet égard, mais le manuscrit de Mgr l'Archevêque de Bourges (XIe siècle) renferme un saint Omer chaussé de *caligæ* bleu-céleste, couleur spécifiée par Durand. J'ai reconnu aussi des *caligæ* blanches sur deux figures du même personnage, peintes dans le manuscrit 698 de la bibliothèque de Saint-Omer. Les *caligæ*, au Xe siècle,

[1] *De Ant. Eccl. rit.*, t. II, p. 415. — *Geschichte der lit. Gew.*, lief. IV, p 4

avaient déjà rompu avec l'antique simplicité des *linea talaria* de Théodulfe, puisque Rieulfe d'Elne jugea ces vêtements intimes dignes d'être consignés sur son testament (915) à côté d'objets précieux. Guillaume de Passavant, évêque du Mans († 1186) légua également à son église « sandalia paria tria cum caligis. » Les deux citations que je viens de produire n'interdisent pas de croire que les anciennes *caligæ* liturgiques s'assortissaient à la couleur des sandales ; les chaussures épiscopales bleues ou rouges, signalées au chapitre VI, sont loin d'infirmer une hypothèse qui, au XIIIe siècle, se change en vérité absolue. Alors les bas pareils aux sandales atteignirent une splendeur inouïe dont l'Inventaire de Saint-Paul de Londres (1295) a enregistré les merveilles. Bas de samit rouge brodé : « Sandalia de rubeo sameto cum caligis breudatis. » Bas de samit diapré, ornés de figures de rois inscrites dans un cercle : « Sandalia cum caligis de rubeo sameto diasperato, breudata cum ymaginibus regum in rotellis simplicibus. » Bas armoriés : « Item, sandalia Henrici de Wengham episcopi... cum caligis breudatis et frectatis de armis palatis et undatis [1]. »

Les plus riches étoffes furent aussi employées durant les XIVe et XVe siècles à la confection des *caligæ* liturgiques.

[1] *Codex argenteus* de l'anc. cath. de Saint-Omer. — *S. Audom. Vita.* — Baluze, *loc. cit.* — Mabillon, *Vet. Anal.* p. 331. — Dugdale, *Hist. of St. Pauls*, p. 315, 316. — *Le Dyaspre* ou *diaspre* (diasprus, diasperatus), que mentionnent fréquemment les écrivains du Moyen Age, devait être une étoffe à reflets changeants produits par l'emploi dans la chaîne et la trame de deux nuances de la même couleur, sinon un tissu damassé. « Item capa domini Edmundi comitis Cornubiæ de quodam diaspero Anthioch : coloris, tegulata cum arboribus et avibus diasperatis, quarum capita, pectora et pedes, et flores in medio arborum sunt de aurifilo contextæ. » Ap. id., *ibid.*, n° xxviii, p. 318, col. 2. — Les *diaspres* affectant communément la couleur blanche, il résulterait de la citation précédente que la mitre de saint Louis d'Anjou doit appartenir à ce genre de tissus.

Le corps de Pierre de Courpalay, abbé de Saint-Germain-des-Prés († 1334), exhumé en prairial an VII (mai 1799), se trouva chaussé de bas dépassant le genou, sous lequel une jarretière les attachait. Ces bas étaient faits d'un tissu oriental de soie, brun-violacé, chargé de caissons hexagones encadrant des oiseaux d'or; l'ornementation secondaire, lièvres, fleurons, filets et légendes arabes (invocation à Dieu), est damassée couleur sur couleur; les fleurs-de-lys placées aux deux pointes extrêmes des caissons sont en or. Les bas de William Patten de Waneflete, évêque de Winchester (1447-1486), aujourd'hui propriété du collége de Sainte-Marie-Magdeleine (Oxford), offrent le plus admirable monument original qui nous soit resté en ce genre (*V. la pl., fig.* 7). Leur coupe est conforme aux prescriptions liturgiques; leur matière est un drap d'argent rehaussé de broderies en or et soie de couleur, oiseaux, plantes et rayons de soleil; les derniers peut-être en réminiscence de la devise d'Édouard IV. Néanmoins les bas épiscopaux n'étalaient pas toujours une aussi grande magnificence; lorsque M. Bock découvrit, en 1856, le précieux dépôt d'objets à l'usage du culte catholique, dépôt enfoui depuis Luther dans un coin obscur de la cathédrale d'Halberstaldt, mon docte ami put y reconnaître quelques *caligæ* des XIVe et XVe siècles. Taillés dans un mince taffetas de soie (cendal), ces vêtements sont striés de bandes tant larges qu'étroites, brodées en diverses couleurs. Jaunâtres sur un champ brun ou violet, les lignes courent parallèlement au *pedule* sans dessiner aucun ornement. A mon sens elles représentent un souvenir des courroies du *campagus* [1].

[1] *Stat. monum. de Paris. Abb. de St-Germain-des-Prés*, pl. XIV. Il existe dans les collections du Louvre, de Cluny et autres, des morceaux de ce tissu

On admettra facilement que des bas en drap d'argent étaient trop incommodes, et des bas en taffetas trop peu résistants, pour qu'une autre enveloppe, disposée entre eux et le membre qu'ils devaient couvrir, ne fût pas indispensable. Le procès-verbal de l'exhumation de Boniface VIII prouve que la coutume de mettre les bas liturgiques pardessus les chausses ordinaires existait au XIIIe siècle. En effet, ce document mentionne d'abord les « femoralia tibialibus conjuncta coxas stringentia, quibus antiqui utebantur, ex inverso rubro (étoffe rouge à double face) cum zona serico rubro super corio cooperta, in cujus summitate erant punctales argentei seu fibbulæ. » Et plus loin il décrit les « caligæ pontificales ex serico nigro quod ormisinum (armoisin) dicitur, cum suis ligulis quibus necterentur. » Remarquons en passant que, par la couleur, les bas sont assortis aux sandales [1].

Aujourd'hui, et vraisemblement à dater de l'emploi vulgaire du tricot, les bas liturgiques sont en soie unie, ouvrée à l'aiguille ou au métier; ils affectent, suivant la fête célébrée, une des quatre couleurs consacrées, blanc, rouge, vert, violet; une petite croix d'or est brodée sur le cou-de-pied;

que l'on avait pris longtemps pour une dépouille de l'abbé Ingon († 1026). M. Albert Lenoir a fait justice d'une erreur assez accréditée pour que je l'aie reproduite moi-même dans mon travail sur les gants. — Les anciens bas épiscopaux en tissu épais ressemblaient si bien à une botte que les Bénédictins (*Voy. littér.*, t. II, p. 184) donnent le nom de bottines aux *caligæ* de saint Hubert, à eux montrées, en même temps que ses sandales, dans la cathédrale de Liége. J'avoue que la date reculée qu'il faudrait attribuer à ces chaussures (saint Hubert occupa le siége épiscopal de Liége de 697 à 727), m'inspire une grande défiance relativement à leur authenticité. — ROCK, *The Church of our Fathers*, t. II, p. 249. — *Geschichte, etc.*, loc. cit. p. 9. Si ces raies ont été réellement brodées pour simuler la courroie du *campagus*, elles corroborent singulièrement le second des motifs auxquels j'ai attribué l'erreur commise par les liturgistes d'outre-Rhin.

[1] DIONISI, *Sac. Vat. Basil. crypt. monum.*, p. 129.

des rubans cousus autour de leur partie supérieure servent de jarretières; l'évêque les chausse pardessus ses bas habituels durant l'office de Tierce, avant les sandales et avec le même cérémonial [1].

Il faut encore ranger au nombre des bas liturgiques les *udones* que le clergé romain portait jadis dans ses *campagi* blancs, *udones* auxquels Durand accorde une brève mention : « Clerici autem Romanæ Ecclesiæ ex concessione Constantini imperatoris uti possent calciamentis cum utonibus, id est candido linteamine. » Dom Claude de Vert donne le nom de *caligæ* à une sorte de brodequins particuliers aux chanoines de Besançon qui les mettaient pour officier. Les bas des Empereurs d'Allemagne, les caliges fleurdelysées du sacre des rois de France, doivent aussi se comprendre dans la catégorie des bas liturgiques puisqu'ils appartenaient à un ordre de vêtements bénis par l'Église. Il est indubitable que les *caligæ* constituèrent autrefois une pièce notable du costume d'apparat de presque tous les Souverains qui recevaient l'onction sainte. Les sépultures royales de Palerme, ouvertes en 1781, ont prouvé que, non-seulement les membres de la famille impériale de Hohenstaufen, Henri VI, Frédéric II et son épouse Constance II, mais encore les princes normands de la race de Robert Guiscard, avaient été inhumés, revêtus de leurs insignes et chaussés de *caligæ* en fort tissu de soie pourpre [2].

[1] *Cærem episcop.*, lib. II, c. 8, n° 7. — « Celebraturi igitur Pontifices pedes interea dum dicuntur quinque psalmi... caligis et sandaliis calcientur. » DURAND, *loc. cit.*

[2] *Ration.*, loc. cit. — *Explic.*, *etc.*, t. I, p. 335. « Pour les caliges, c'étoit anciennement des brodequins (ainsi nommez encore à Besançon où les chanoines prennent cette sorte de chaussure lorsqu'ils officient). » — DANIELE, I *regali sepol. del duomo di Palermo*, p. 69-84 ; Naples, 1781. BOCK, *Geschichte*, *etc.*, loc. cit., p. 7. — Dans certains monastères existait l'usage fort

CHAPITRE XII.

SYMBOLISME DE LA CHAUSSURE.

1. *Peuples de l'antiquité.* — On lit dans le Deutéronome : « Quando habitaverint fratres simul ; et unus ex eis absque liberis mortuus fuerit, uxor defuncti non nubet alteri : sed accipiet eam frater ejus et suscitabit semen fratris sui..... Sin autem noluerit accipere uxorem fratris sui, quæ ei lege debetur, perget mulier ad portam civitatis et interpellabit majores natu dicetque : Non vult frater viri mei suscitare nomen fratris sui in Israël : nec me conjugem sumere. Statimque accersiri eum facient et interrogabunt. Si responderit : Nolo eam uxorem accipere : accedet mulier ad eum coram senioribus, et tollet calceamentum de pede ejus, spuetque in faciem illius, et dicet : Sic fiet homini, qui non ædificat domum fratris sui. Et vocabitur nomen illius in Israël, Domus discalceati. » Il ressort clairement du texte précité et surtout du dernier verset que, chez les Juifs, retirer en pareille circonstance la chaussure d'un homme, équivalait à une injure, à un signe de mépris qui le déshonorait aux yeux de tous. Le docte Benoît Bauduin le proclame sans hésiter. Cependant le Livre de Ruth fournit une explication plus complète. En effet, lorsque Booz, assis à la porte de Bethléem, somme le

ancien d'ensevelir les religieux défunts, chaussés de bas particuliers nommés *caligæ nocturnales*. « Corpore lavato, vestitur staminea,... et cuculla, caligis nocturnalibus et sudario, quod est de eodem panno, de quo staminea et caligæ, quæ in extremitate non sunt patulæ, sed consutæ. » *Spicil. Fontanellense*, ms., ap. Du Cange.

plus proche parent d'Elimélech devant les anciens d'Israël, et d'acheter le champ de Noëmi, et d'épouser Ruth afin de se conformer à la loi, celui-ci, qui après avoir accepté la première proposition ne veut pas se soumettre à la seconde, répond : « Cedo juri propinquitatis : neque enim posteritatem familiæ meæ delere debeo. Tu meo utere privilegio, quo me libenter carere profiteor. » Immédiatement après ces paroles de refus viennent les détails suivants : « Hic autem erat mos antiquitus in Israël inter propinquos, ut si quando alter alteri suo juri cedebat, ut esset firma concessio, solvebat homo calceamentum suum, et dabat proximo suo. Hoc erat testimonium cessionis in Israël. » Booz, en conséquence, invite le cousin récalcitrant à se déchausser et, la formalité étant accomplie, il dit aux Anciens et au peuple rassemblé : « Testes vos estis hodie, quod possiderim omnia quæ fuerunt Elimelech, et Chelion, et Mahalon, tradente Noëmi : et Ruth Moabitidem, uxorem Mahalon, in conjugium sumpserim, ut suscitem nomen defuncti in hereditate sua..... Vos inquam, hujus rei testes estis. » A quoi tous répondent : « Nos testes sumus [1]. » La discalcéation solennelle était donc regardée par les Juifs comme une cérémonie qui rendait authentiques les transactions, la cession, la renonciation à un droit quelconque, cérémonie qui ne pouvait se changer en insulte que dans le cas exceptionnel mentionné au Deutéronome [2].

[1] C. xxv, v. 5, 7, 8, 9 et 10. — *Calceus antiq*., c. xxiv, p. 161. — C. iv, v. 6, 7, 9, 10 et 11.

[2] « Et in hac consuetudine in tempore quod ab antiquis consuetum est in Israël, in tempore quo ponderantes, aut ferentes, aut redimentes aut permutantes unus cum socio suo, excalciavit vir vaginam suam, et porrexit in ea possessionem socio suo. » *Ruth*, iv, 7. Paraph. chald. de la polygl. de Paris. « La chaussure jouait un grand rôle dans les transactions commerciales des premiers âges. Comme on ne connaissait point encore l'usage des contrats écrits, ou que du moins on ne s'en servait que dans les marchés d'une grande

La chaussure, chez les Orientaux, représentait aussi la conquête, l'entrée en possession. David s'écrie par deux fois : « In Idumæam extendam calceamentum meum ; mihi alienigenæ subditi sunt. » Castell rapporte qu'un souverain d'Abyssinie avait coutume de jeter son soulier sur tout ce qu'il voulait déclarer sa propriété [1].

Les Juifs quittaient leur chaussure en signe de deuil et d'affliction, témoin ce passage d'Ezéchiel : « Ingemisce tacens, mortuorum luctum non facies, corona tua circumligata sit tibi, et calceamenta tua erunt in pedibus tuis, nec amictu ora velabis, nec cibos lugentium comedes [2]. »

Pour les Arabes, ôter sa chaussure et la jeter sur quelqu'un, symbolisait la fidélité à la foi jurée. Juste Lipse cite à ce sujet l'exemple d'un chef marocain qu'il nomme Rahus Benxamutius (Rais Ben-Ahmed). Vaincu par Ataïde, général du roi don Manoël (1510), Ben-Ahmed allait fuir devant les Portugais en leur abandonnant sa femme Hota ; déjà il tournait bride lorsque la malheureuse captive l'appelle à grands cris et répand de la poussière en l'air pour lui montrer la vanité de ses serments. « Sed Rahus statim, ut in more gentis est, calceum sibi detractum in illam jecit : quod signum et pignus sanctum erat servatæ servandæque fidei. » Puis il se retourne vers ses cavaliers, les exhorte à combattre, et parvient à délivrer Hota [3].

importance, l'échange réciproque des chaussures attestait la légitimité de la vente et garantissait les droits respectifs du vendeur et de l'acheteur. De là l'expression métaphorique de *livrer sa chaussure*, pour dire, aliéner son droit de propriété, prendre possession d'une chose. » *Dict. de Philologie sacrée*, éd. Migne, t. IV, *Dict. de la langue sainte*, col. 853.

[1] *Ps.* 60 (59), v. 10 ; 108 (107), v. 10. — *Lexicon heptagl.*, col. 2342.

[2] C. XXIV, v. 17.

[3] *Monita et exempla polit.*, c. 17, XX, p. 199.

Les Romains barbouillaient avec de la craie les pieds des esclaves qu'ils exposaient en vente. « Est et vilissima (creta), qua circum prœducere ad victoriæ notam, pedesque venalium trans maria advectorum denotare instituerunt majores » dit Pline ; et plus bas il ajoute : « Hoc est insigne venalitiis gregibus, opprobriumque insolentis fortunæ : quod et nos adeo potiri rerum vidimus, ut prætoria quoque ornamenta decerni a senatu, jubente Agrippina Claudii Cæsaris, viderimus libertis : tantumque non cum laureatis fascibus remitti illo, unde cretatis pedibus advenissent. » Le fait est confirmé par Properce :

Aut quorum titulus per barbara colla pependit,
Cretati medio cum saluere foro.

Par Tibulle :

Nota loquor ; regnum ipse tenet, quem sæpe coegit
Barbara gypsatos ferre catasta pedes.

Et aussi par Juvénal :

Vincant divitiæ ; sacro nec cedat honori,
Nuper in hanc urbem pedibus qui venerat albis.

En vain Ovide cherche à atténuer l'infâmie inhérente au *pes gypsatus* :

Nec tu, si quis erit capitis mercede redemtus,
Despice : gypsati crimen inane pedis.

Le peuple roi considérait le manque absolu de chaussures

comme une marque de servitude et de dépendance humiliante :

> Faciant equites Asiani,
> Quanquam et Cappadoces faciant equitesque Bithyni,
> Altera quos nudo traducit Gallia talo [1].

II. *Peuples du Moyen Age.* — Chez les Francs, le fiancé présentait des chaussures à sa promise en signe de l'obéissance qu'elle allait lui devoir : « Qui dum esset juvenili ætate florens, a parentibus sponsali vinculo obligatur, cumque, ut ætati huic convenit, amori se puellari præstaret affabilem, et cum poculis frequentibus etiam calciamenta deferret. » L'offrande avait lieu aussi le jour des fiançailles et complétait le cérémonial de l'anneau et du baiser. « Denique dato sponsæ annulo porrigit osculum, præbet calciamentum, celebrat sponsalium diem festum. » Il est impossible de voir là un témoignage d'amour ou de respect rendu par l'homme à la femme, les mœurs du temps s'y opposeraient d'abord, mais en outre les rois du Nord considéraient l'envoi du soulier comme un symbole de vassalité et de soumission réclamées. Olaf-le-Grand, roi de Norvége, « Murecardo regi Hiberniæ misit calciamenta sua, præcipiens ei, ut ea super humeros suos in die Natalis Domini per medium domus suæ portaret, in conspectu nuntiorum ejus, ut inde intelligeret, se subjectum esse Magno Regi. » La *heuse* ou botte se prenait également pour une marque d'hommage, sinon de transaction conclue. « Omnia reddidit per caligulam suam, quæ vulgo ose dicitur, quam implevit de ipsa terra. » Avoir ses chaussures arrachées était le dernier affront subi par un chevalier

[1] *Hist. nat.*, lib. XXXV, c. 58. — Lib. IV, *Carm.* 5, 51. — *Eleg.*, lib. II, 3, 61. — *Sat.* I, 110. — *Amor.*, lib. I, Eleg. 8, 63. — JUVENAL, *Sat.* VII, 14.

dégradé. « Andreas Hercle, transfuga Anglus, antequam suspenderetur degradatus est, securi amputatis ei ad talos calcaribus, mox discinctus balteo militari, et ablatis calceis et chirothecis, mox tractus et suspensus et in quatuor partes divisus. » Enfin, les *heuses* jouaient parfois le même rôle que les gants; l'on en distribuait aux personnes qui avaient assisté ou participé, soit à l'accomplissement d'un acte légal, soit à un marché. « Hujus autem terræ donatione factus est Hugo Pantouf, Frater Abbatiæ S. Wandregisili, et de caritate ejusdem Ecclesiæ habuit VII lib. Andegav. et præfatus Ernaldus quasdam hosas. » Certains droits seigneuriaux, impôts ou redevances portaient aussi le nom de *calceus* et de *calciaticum*. « Ego Philippus Marchio Namurcensis..... Ecclesiæ S. Albani Namurcensis, in eleëmosynam perpetuam, affectu benigno contuli omnes calceos, qui mihi debebantur omni anno, duobus terminis de stallagio Namurcensi; salvis tamen illis calceis, qui de jure debentur Scabinis Namurcensibus, et tribus horoscopis, duobus portariis castri et duobus præconibus villæ; salvis quoque aliis calceis, si qui judicio Scabinorum Namurcensium alias de jure debeantur. De his quidem calceis institui, ut omni anno in perpetuum, in die anniversarii parentum meorum piæ memoriæ, Canonicis S. Albani, qui præsentes erunt anniversario, distribuantur quindecim solidi Valencenensis monetæ. » « Ut illas capas, et illos camsiles, et illa calceamenta de illos telloneos superius nominatos, quod exinde superat, et de illo calciatico, quod ille Episcopus annis singulis ad illum Clerum reddere consuevit, et de eorum eleemosyna, quod ad ipsum Clerum specialiter Deus dederit, sint comparata [1]. »

[1] GRÉGOIRE DE TOURS, *De Vitis Patr.*, c. 15 et 20. — *Chron. Reg. Mannist.* — *Chron. Besuense*, p. 558. — WALSINGHAM, *In Eduard. II.* — *Cartul.*

III. *Chrétiens.* — Les pères de l'Église et les théologiens du Moyen Age regardaient la chaussure comme un symbole de l'Incarnation du Verbe. Saint Basile écrit : « Divinitatis calceamentum est caro Deum ferens, per quam ad homines descendit. » Rupert : « Quid est calceamenta Christi portare, nisi incarnationis ejus mysterium palam mundo annuntiare. Fecerunt hoc Apostoli, in omnem terram exivit sonus eorum, et in fines orbis terræ verba eorum..... Hoc facientes Apostoli calceamenta Christi in Idumæam et in omnes alienigenas extensa portaverunt. » Alain de Lille : « Calceamentum de animalis mortui pelle fieri solet, nec tota pellis cedit in calceamentum hominis. Humana autem natura per pœnas et culpam erat mortificata. Hanc itaque pellem humanæ pœnæ assumpsit Dei Filius, quantum ad humanæ naturæ circunstantiam, sed non totam : propterea quod ita pœnam assumpsit ut non culpam. Atque adeo quasi calceamentum applicuit, quando naturam humanam assumpsit. » Selon d'autres, les courroies seules de la *solea* offraient le même sens mystique que la chaussure toute entière. Saint Grégoire de Nazianze : « Quid corrigia calceamenti significat ? An forte peregrinationis et carnis Christi rationem. » Saint Grégoire-le-Grand : « Incarnatus Dominus quasi calceatus apparuit corrigia calceamenti, id est ligatura mysterii... D. Joannes solvere corrigiam calceamenti Domini non valet ; quia nec ipse investigare sufficit incarnationis mysterium, qui hoc per Prophetiæ spiritum agnovit. » Nicétas : « Corrigia lorum est calcei. Humanitatis autem a Christo assumptæ consilium ac Verbi cum carne conjunctionem significat, cujus ne extrema

S *Wandregisili*, t. II, p. 1841 (1164). — AUBERT LE MIRE, *Diplom. Belg.*, t. I, p. 300 (1221). — S. CHRODEGANG, *Reg. Canon. Metensium*, c. 29, ap. LABBE, *Concil.*, t. VII. — V. DU CANGE.

quidem et brevissima mysteria solvi atque explicari possunt. » La prédication évangélique, les exemples des SS. Pères, les méditations sur la mort, la souillure du péché, le corps périssable, l'espérance de la rémission des fautes, l'attente de la béatitude éternelle, la constance, la confiance, l'intrépidité de l'âme, se cachaient aussi sous le voile allégorique de la chaussure. Les plus marquantes de ces interprêtations devant reparaître à l'article du symbolisme liturgique, il me semble inutile de les développer ici [1].

IV. *Liturgie.* — Bède est le premier écrivain qui attribue à la chaussure liturgique une signification mystique. Il enseigne que, conformément au précepte de saint Marc, le prêtre doit porter des sandales ou des *soleæ* faites de manière à ce que le pied reste découvert tout en étant garanti du côté de la terre, en d'autres termes que l'Évangile ne soit pas tenu secret et qu'il ne s'appuie pas sur les biens du monde. « Aliquid hoc calceamentum mysticæ significationis habere admonet, ut pes nec tectus sit neque nudus ad terram, id est nec occultetur Evangelium, nec terrenis commodis innitatur. » Un tissu de lin « linea » doit couvrir les genoux pour qu'ils ne s'engourdissent pas dans l'ardeur de la prière, « ne ab orationis instantia torpeant » ; les jambes et les pieds pour les empêcher de courir au mal, « ne ad malum currant [2]. »

Amalaire voit d'abord dans les bas le correctif des pieds, et, dans les sandales, la marche de la prédication : « Sicut per

[1] Ὑπόδημα δὲ τῆς θεότητος ἡ θεοφόρος σάρξ, δι' ἧς ἐπέβη τοῖς ἀνθρώποις. *In Psal.* 59. — *In S. Joan.*, c. 1. — *In Cant. Cantic.*, c. 7. — *Orat. in sancto lum.* — *Homil.* 7, *in Evang.* — *Comm. in Greg. Naz.*, ap. BAUDOIN, *op. cit.*, p. 189. — V. encore, *Calceus mysticus*, c. 28 à 35 : *Panoplia episc* lib. VII, c. 4.

[2] *In Marcum*, lib. II, c. 6. Op. V, 58. — *De Tabernac.*

linum quo pedes vestiuntur, castigatio pedum significatur, ita per sandalia profectus ad predicandum [1]. » Mais, au chapitre où il traite spécialement de la chaussure ecclésiastique, le liturgiste de Trèves insiste beaucoup plus sur les détails. « La diversité des sandales montre la différence des ministères. Les fonctions de l'évêque et du prêtre sont presque les mêmes, néanmoins comme ils se distinguent l'un de l'autre par le nom et les honneurs, ils se reconnaissent aussi à l'aspect des sandales, afin que l'erreur qui pourrait résulter de la similitude des fonctions ne subsiste pas à nos regards. L'évêque porte à sa chaussure des liens qui manquent à celle du prêtre. Le devoir du premier est de parcourir son diocèse pour guider les peuples, et il a des sandales attachées afin qu'elles ne s'échappent pas de ses pieds. Par là on peut apprécier combien il importe à celui qui fréquente les masses d'affermir les allures de son esprit; « ei firmare gressus mentis, qui in turbis populorum versatur. » Le prêtre, qui célèbre le saint sacrifice à poste fixe « domi », marche avec plus de sécurité. Le diacre, dont le ministère est autre que celui de l'évêque, n'est pas obligé d'avoir des sandales différentes et il porte des chaussures à courroies parce qu'il doit accompagner son chef. Le sous-diacre chargé de venir en aide au diacre, et qui remplit à peu près le même office, a de toute nécessité des sandales distinctes pour n'être pas confondu avec ce dernier. Si, mystiquement, les sandales désignent la carrière du prédicateur, la semelle qui est au-dessous d'elles l'avertit de ne pas s'embarrasser des choses terrestres. La languette de cuir blanc, placée sous le talon, montre que cette séparation (avec le monde) doit être innocente et sans arrière pensée, afin que l'on puisse dire de lui

[1] *De Eccles. off.*, lib. II, c. 18.

(le prédicateur): Voici le vrai Israélite dont le cœur est sans artifice « in quo dolus non est. » Qu'il ne soit pas tel que les faux apôtres qui prêchaient mus par des idées d'envie et de dispute « contentionem. » La languette, qui s'élève de là (le talon) et qui est séparée du cuir des sandales, désigne la langue de ceux qui doivent rendre un bon témoignage du prédicateur, de ceux dont saint Paul dit : Il faut qu'il obtienne un bon témoignage de ceux qui sont dehors. Ceux-là occupent les places inférieures et sont en quelque sorte privés de la fréquentation des choses spirituelles. La languette qui couvre le pied « superior » est la langue des choses spirituelles qui introduisent le prédicateur dans l'œuvre de prédication. De même que les sandales sont intérieurement garnies de cuir blanc, ainsi faut-il que le prédicateur ait devant Dieu l'intention sincère « candidam » tirée d'une conscience pure : mais le noir apparaît à l'extérieur parce que la vie du prédicateur est en butte aux mépris du siècle à cause de la multitude des afflictions d'ici-bas. La partie supérieure des sandales, par où pénètre le pied, est cousue avec un grand nombre de fils afin que les deux cuirs ne se disjoignent pas. Car, à son début, le prédicateur doit s'appliquer à toutes les vertus et aux maximes des saintes Écritures, pour que ses œuvres intérieures brillant devant Dieu conjointement avec ses œuvres extérieures, elles ne soient pas séparées. La languette des sandales qui repose sur le pied peut figurer la langue du prédicateur. La ligne, ouvrage du cordonnier « linea opere sutoris facta » qui court d'un bout à l'autre de la languette des sandales signifie la perfection évangélique : les lignes qui s'en échappent à droite et à gauche « ex utraque parte procedentes » sont la loi et les prophéties récapitulées dans l'Évanvile. En effet, ces dernières lignes se résument dans la médiane qui aboutit aux deux extrémités de la chaussure « usque ad finem currit. » La ligature est le mystère de l'Incarnation du Christ, mystère humainement révélé à nos sens par la crèche, les langes, etc. La prédication s'applique à quelques sandales dénuées de courroies. Et autrement, le Seigneur dit dans l'Évangile : Tout ce que tu donneras en surplus, je te le rendrai à mon retour. Le Seigneur ordonne à ceux qui prêchent l'Évangile de vivre de l'Évangile : Paul accorda quelque chose en plus ; comme il exposait l'Évangile sans frais, il préparait de ses propres mains les aliments qui lui étaient nécessaires. Par le travail supplémentaire de Paul, nous pouvons expliquer les courroies ajoutées aux sandales, courroies que la main adapte et lie. Il marche d'un pas ferme le prédicateur qui n'est à charge à personne. » Dans le chapitre suivant *Recapitulatio vestimentorum*, Amalaire résume ainsi le symbolisme des chaussures. » Les bas de lin sont les entraves qui interdisent aux pieds de courir vers le mal. L'ornement des sandales est la voie du prédicateur, car il ne doit pas cacher les choses célestes ni s'attacher aux terrestres [1]. »

Rhaban Maur, moins prolixe qu'Amalaire, est d'accord avec lui quant au sens mystique de la forme des sandales, mais après avoir cité les paroles de l'Apôtre « et calceati pedes in præparatione Evangelii pacis. » L'archevêque de Mayence ajoute : « Sicut ergo sandalia partem pedis tegunt, partem inopertam relinquunt : ita et Evangelii doctores

[1] *De Eccl. off.*, lib. II. c. 25. « Calceamenti linea, prohibitio pedum ad malum festinando. Sandalia ornatus, iter prædicatoris, quia cœlestia non debet abscondere neque terrenis inhiare. » Je ne me suis malheureusement pas arrêté, p. 172, à la première phrase que le symbolisme de Bède peut seul rendre intelligible. La *linea*, dit-il, en parlant de l'aube ou mieux du tissu de lin qui enveloppe complètement le prêtre, couvre les jambes et les pieds « ne ad malum currant. » Ici donc, *calceamenti linea* signifie toile de chaussure et ne doit pas se confondre avec *linea opere sutoris facta*.

partim Evangelium operire, partimque aperire debent : ita videlicet, ut fidelis et devotus sufficientem habeat doctrinam, et infidelis et contemptor non inveniat blasphemandi materiam. Admonet etiam et nos hoc genus calceamenti, ut carni nostræ et corpori in necessitatibus consulamus, non in libidinis lascivium defluamus, de quibus utrisque nos divina lex instruit. Scriptum est enim, Carnem tuam ne despexeris. Et item : Carnis curam ne feceritis in concupiscentiis. » Alcuin est plus concis encore. Ives de Chartres, à l'interprétation « quia Evangelium non debet terrenis commodis inniti, nec omnia ecclesiastica sacramenta omnibus revelari, nec omnibus abscondi, » fait succéder les réflexions suivantes. « Unde et Dominus discipulis ita dicebat : Vobis datum est nosse mysterium regni Dei : cœteris autem in parabolis, ut videntes non videant, et audientes non intelligant. Hanc sandaliorum significationem Propheta intelligebat, quando dicebat : Quam speciosi pedes annunciantium pacem, evangelizantium bona. » Au sujet des bas, Ives reproduit à peu près les idées d'Amalaire. « Per quas (caligas) significatur, quia debent rectos gressus facere pedibus suis : et genua debilia, id est, negligentiis resoluta roborare, et sic ad prædicandum Evangelium festinare. » Hugues de Saint-Victor et Hildebert de Lavardin (1097-1135) ne sortent pas des données précédemment exposées [1].

[1] *De Instit. cler.*, lib. I, c. 22. — « Significat autem (solea subterius muniens pedes a terra, superius vero nil operimenti habens) ministrum verbi Dei non debere terrenis incumbere, sed potius cœlestibus inhiare, et prædicationem suam nulli occultare. » *De Div. off.*, c. *Quid signif. vestim.* — *Sermo de sign. ind. sac.*, ap. HITTORP, p. 417, C. — *Spec. Eccl.*, c. 6 et *De Sacram.*, lib. I, c. 54. — « Optima enim ministis sandalia, in quibus et ostensa est amicitia, et oblata doctrina. Ea namque torporem nostrum secretis excitant stimulis, et quasi quadam manu pulsant ut evigilemus et assumamus nobis

Rupert de Tuit regarde les sandales de l'Évêque comme le symbole de l'incarnation du Christ. « Sandalia pontificis illud significant Dominicæ incarnationis calceamentum, de quo ipse in psalmo : In Idumæam, inquit, extendam calceamentum meum, id est, gentibus notam faciam incarnationem meam. Ut enim sacerdotio fungeretur pro nobis Filius Dei, nostra carne quasi calceatus in hunc mundum venit. Sandalia ergo pontificis, incarnationem (ut dictum est) significant Filii Dei. Et pulchre quod in amictu capitis idem in calceamento pedum signatur, nam et in carne divinitas latuit, et per carnem ejus notitia universum mundum percurrit. Per lingulas, quibus ipsa pedibus sandalia constringuntur, id ipsum accipimus, quod Joannes Baptista per corrigiam calceamenti signasse probatur, cum de sponso Christo loquens, cujus, inquit, non sum dignus corrigiam calceamenti ejus solvere. Copulam ergo illam ineffabilem, charitatem inæstimabilem, vincula sancti Spiritus insolubilia, quibus divinitas Verbi nostræ carni se conjunxit, per sandaliorum corrigias designari accipimus. Præterea dum tam sacrum, tamque mysticum pontifex pedis sui spectat ornatum, meminisse debet et scire, se quoque pedem esse speciosum, juxta illud : Quam pulchri supra montem pedes annuntiantis et prædicantis pacem [1]. »

Étienne d'Autun (1113) partage le sentiment de Rupert. « In sandaliis signatur, quia venit ad nos calceata divinitas. » Honorius d'Autun ne diffère pas essentiellement d'Amalaire. « Fiunt autem sandalia ex pellibus mortuorum animalium,

pedes evangelizantium bona.... Nimirum consuetudinis est et rationis pertinax desuper esse sandalia, ut nec totus appareat pes nec totus sit coopertus. Prædicator enim nec abscondere omnibus, nec omnibus debet aperire sacramenta. » Lib. III, *Epist.* 31. Op. p. 92, in-fol., 1708.

[1] *De Div. off.*, lib. I, c. 24.

quia apostoli et doctores prædicationem suam munierunt scriptis prophetarum, videlicet Dei animalium. Pes subtus ad terram solea hujus calceamenti est tectus, desuper nudus, quia Evangelii prædicatio debet carnalibus per litteram tegi, spiritualibus autem per allegoriam denudari. Lingua sub calcaneo surgit de albo corio, quia prædicator debet se separare a terreno negotio, et esse innocens et sine dolo lingua; inde surgens separata a corio est illorum lingua, quia bonum testimonium fertur episcopo. Lingua superior est spiritualium lingua qui eum eligunt in prædicationis opera. Albo corio intrinsecus sunt circumdata sandalia, quia prædicatoris conscientia coram Deo debet esse puritate candida. Extrinsecus vero nigrum apparet, quia vita ipsius coram hominibus humilitate dejecta esse debet. Superior pars, per quam pes intrat, multis filis est consuta, quia multis sententiis debet prædicationem mentibus infundere supernam. Lingua super pedem est, lingua prædicatoris in plebem. Linea quæ a lingua usque ad finem descendit, est evangelica perfectio, quæ in Deum tendit. Lineæ, quæ ex utraque parte procedunt, sunt lex et prophetia, quæ Evangelio testimonium ferunt. Ligatura est mysterium Christi incarnationis, quæ solvitur manu prædicationis. Tapetia pedibus ejus substrata calcat, ut terrena despicere, et cœlestia amare discat; Legis sacerdotes habebant femoralia, quibus turpitudinem tegebant; Ecclesiæ sacerdotes sandalia portant, quia etiam aliis munditiam prædicant [1]. »

Sicard de Crémone n'émet aucune idée nouvelle relativement au symbolisme des sandales, mais, pour ce liturgiste,

[1] *De Sacram. altaris*, c. II. — *Gemma animæ*, lib. I, c. 210. Au chapitre XXVIII de son *Sacramentaire*, l'Ecolâtre d'Autun reproduit, à peu de choses près, le texte d'Amalaire dont j'ai donné plus haut une traduction littérale.

les bas de soie expriment la netteté des pieds telle que le Sauveur l'a entendue ; les jarretières rouges signifient le martyre. « Igitur holosericæ caligæ, illam pedum significant munditiam, de qua Dominus ait : Qui lotus est non indiget, nisi ut pedes lavet. Verum quia non sufficit munditia cordis, quum expedit absque patientia prosecutionis, ideo sequuntur centones rubei, martyrii significativi : qui autem in corde munditiam et in voluntate, si opus fuit, habuit patientiam, securus accedit ad prædicationem, quam sandalia significant apostolica [1]. »

Aux explications données avant lui, Innocent III mêle les siennes propres en revêtant le tout des magnificences de son style. « Pontifex ergo in altaris officio capitis sui Christi, cujus membrum est, representans personam, dum pedibus assumit sandalia, illud incarnationis dominicæ insinuat calceamentum, de quo Dominus inquit in psalmo : In Idumæam extendam calceamentum meum, id est, in gentibus notam faciam incarnationem meam. Venit ergo ad nos calceata divinitas, ut pro nobis Dei Filius sacerdotio fungeretur... Mediantibus vero caligis pedes sandaliis conjunguntur : quoniam anima mediante carni Divinitas est unita. Sicut enim pes corpus sustentat, ita Divinitas mundum gubernat. Unde ait psalmus : Adorate scabellum pedum ejus quoniam sanctum est. » Ailleurs : « Inter hæc, pedes Pontificis, in pede Evangelii pacis caligis et sandaliis calceantur, quorum pulchritudinem admirabatur Propheta cum diceret : Quam speciosi sunt pedes evangelizantium pacem, evangelizantium bona. Sandalia vero de subtus integram habent soleam, desuper autem corium fenestratum : quia gressus prædicatoris debent subtus esse muniti, ne polluantur terrenis, secundum illud,

[1] *Mitrale*, Cod. Vat. 4975, p. 20.

Excutite pulverem de pedibus vestris, et sursum aperti, quatenus ad cognoscenda cœlestia revelentur, secundum illud propheticum, Revela oculos meos et considerabo mirabilia de lege tua. Quod autem sandalia, pluribus locis aperta, quibusdam clausa sunt,[1] designat quod evangelica prædicatio nec omnibus revelari, nec omnibus debet abscondi, sicut scriptum est : Vobis datum est nosse mysterium regni Dei, cæcis autem in parabolis. Nolite sanctum dare canibus nec margaritas spargatis ante porcos. Prius autem caligis induitur usque ad genu protensis ibique constrictis, quia prædicator pedibus suis rectos facere gressus et genua debilia roborare debet. Nam quod fecerit et docuerit, hic magnus vocabitur in regno cœlorum [1]. »

Durand, qui suit naturellement ses devanciers, émet aussi des idées nouvelles. Aux paroles du prophète : *Quam speciosi pedes, etc.*, il ajoute : « Unde Apostolus ad Ephesiós. Calciati pedes calciamentis virtutum. Et in Evangelio legitur Dominum misisse discipulos suos sandaliis calciatos utique in præparatione Evangelii pacis, si enim calciati non essent, quomodo super serpentes et scorpiones calcare potuissent. » Puis l'évêque de Mende continue en ces termes : « Que les Évêques pensent donc pour quelle raison ils sont ainsi chaussés; qu'ils imitent les exemples de ceux dont ils copient la chaussure. Car les pieds sont à juste titre l'image des passions, « Si quidem per pedes convenienter affectus intelliguntur. » Ils doivent donc (les Évêques) avoir leurs affections et leurs désirs chaussés afin de n'être pas souillés par la poussière des biens terrestres ou temporels. Cette sorte de chaussure exprime aussi convenablement les entraves qui défendent aux pieds de se hâter vers les choses illicites. Les

[1] *Myst. Mis.*, lib. I, c. 34 et 48.

affections sont plus facilement corrompues et souillées aux temps de prospérité, qu'indique le pied droit, qu'aux temps d'adversité, désignés par le gauche ; voilà pourquoi comme il faut promptement faire face au plus grand danger, le Pontife chausse d'abord le pied droit..... Les chausses couleur d'hyacinthe ou bleu-céleste marquent qu'il (le prédicateur) doit avoir les pieds, c'est-à-dire les affections, dirigés vers le ciel « quod cœlestes debet habere pedes » et fermes afin de ne pas boiter et de pouvoir dire: Pusillanimes, ayez bon courage, « confortamini pusillanimes. » Les sandales sont closes en dessous, parce que « mentem in terrenis obtusam habere debemus, nec debemus quærere benedictionem Esaü quæ in terris est, sed Jacob qui est in cœlis. » Elles sont parfois rouges « ad votum martyrii designandum. » Elles affectent aussi une variété de couleurs « in quo virtutum varietas quibus ornatus (Pontifex) esse debet significatur. » La partie supérieure des sandales, par où on introduit le pied, est cousue de divers fils « ad notandum quod prædicator seipsum variis debet alligare virtutibus atque Scripturæ sententiis, ne ipsius intrinseca ab his quæ exterius lucent coram Altissimo disjungantur. » On dirige çà et là les courroies avec la main pour fermer les sandales et les attacher « quod prædicator firmo gressu incedere debet, ut nulli onerosus existat et ne in via ministrando deficiat. » Enfin, quelques sandales manquent de liens « quia Christi incarnatio aliquando humanis sensibus aperta est, ut est pannis involvi et in præsepio poni [1]. »

[1] *Ration.*, lib. III, c. 8.

PRIÈRES RELATIVES AUX CHAUSSURES LITURGIQUES.

MESSE DE RATOLD. — *Ad caligas.* « Totius honestatis auctor omnipotens Deus, ad reprimendas antiqui hostis versutias, per nostræ servitutis mysterium jube sanctificari has caligas, ut in gressu resplendeat Evangelii veritas, et mente fidei exerceatur integritas. Per omnia. »

Ad sandalia. « Indue me Domine, calceamentis justitiæ, quem Joannes vidit vestitum podere, ut possim tibi omni tempore cum timore servire. Per omnia. »

PONTIFICAL DE SALZBURG. — *Ad sandalia.* « Calcia, Domine, pedes meos in præparatione Evangelii pacis, et protege in velamento alarum tuarum. »

PONTIFICAL DE CAMBRAI. — *Ad sandalia.* « Calcea, Domine, pedes meos in præparationem Evangelii pacis, et protege me in velamento alarum tuarum. Per Christum. »

PONTIFICAL DE SAINT-BLAISE. — *Ad caligas.* « Totius honestatis auctor omnipotens Deus ! Ad reprimendas antiqui hostis insidias per nostræ servitutis ministerium, jube nos sanctificari caligis istis : ut in ingressu earum resplendeat Evangelii veritas, et in mente fidei exerceatur integritas. Per Christum. »

Ad sandalia. « Præsta Domine ! Ut calceentur pedes mei in præparationem Evangelii pacis. Per Christum. »

PONTIFICAL ROMAIN. — *Ad caligas.* « Calcia me Domine caligas jucunditatis, et corrobora genua meæ debilitatis, ut indefessus valeam per semitam mandatorum tuorum ad te pervenire. »

Ad sandalia. « Calcia Domine pedes meos in præparationem Evangelii pacis, et protege me in velamento alarum tuarum. »

L'Ordo Romanus, publié par Hittorp, renferme la prière suivante à l'article du sacre des Évêques. *Quando induitur* (electus) *cambagis et sandaliis dicatur ab Episcopis*. « Omnipotens sempiterne Deus, qui es initium et finis, fac istum famulum tuum N. fratrem scilicet nostrum, tua benedictione calceari pedulibus istis in præparationem Evangelii pacis. » Le Pontifical Romain ne contient pas de prière spéciale à la remise des chaussures dans cette même circonstance ; il se borne à dire que les acolytes passent à l'Élu ses sandales tandis qu'il récite les oraisons accoutumées [1].

[1] *De Ant. Eccl. rit*, t. I, p. 541. MENARD, *Sacram. S. Greg.*, App., col. 241. — *De Ant. Eccl. rit.*, t. I, p. 554. — *Id.*, ibid., p. 340. — *Monum. vet. lit. Alem.*, t. I, p. 345. — *De Mis. Pont.*, fol. 215 v., in-fol., Venise, 1572. *De cons. electi in episc.*, fol. 25, v. — Ed. de Rome, 1591, p. 72, col. 1.

ADDITIONS ET CORRECTIONS

P. 6. *Souliers de sainte Bathilde à Chelles.* — Je me suis prononcé d'une façon trop absolue à l'encontre de l'hypothèse de M. E. Grésy, hypothèse qui tend à ranger les sandales de Chelles dans la catégorie des chaussures ecclésiastiques affectées à la célébration des Saints Mystères. Un examen plus approfondi de la question, auquel m'ont conduit de longues études liturgiques, a modifié singulièrement mes idées primitives ; aussi dois-je consigner ici le résultat de mes nouvelles observations et restituer à mon savant confrère la part légitime qui lui revient dans ce changement d'avis.

La sandale dépareillée (B) présente la majorité des caractères attribués par Amalaire à la chaussure épiscopale. Couleur noire à l'extérieur ; *lingua super pedem ; superior pars, per quam pes intrat, multis filis consuta ; corrigiæ supererogatæ*. Il est vrai que les palmettes piquées ou brodées sur l'empeigne ne rendent pas exactement la *linea opere sutoris facta* et les *lineæ procedentes ex utraque parte ;* mais à la rigueur ces palmettes ont un aspect cruciforme. En outre, la sandale de saint Jérôme, prêtre, reproduite sur l'une de mes planches d'après une miniature du IXe siècle, offre une ornementation de feuilles-d'eau, dont malgré l'absence de détails, causée par l'exiguité du sujet peint, l'analogie avec le monument qui m'occupe ici n'est pas contestable. Toutefois, la présence des courroies d'attache défend d'attribuer ce dernier à un simple membre du sacerdoce, et son luxe décoratif l'empêche, à mon sens, d'avoir appartenu à un diacre. Je considère donc, sauf meilleur avis, le soulier dépareillé comme provenant de quelque saint évêque, contemporain ou à peu près de sainte Bathilde. L'introduction de ce soulier dans la châsse date vraisemblablement de 1544.

Il n'en est pas tout à fait de même pour la paire (C) ; d'abord, elle a des dimensions plus féminines que la sandale précédente, puisqu'elle mesure un centimètre de moins en longueur (0m27 au lieu de 0m28) ; ensuite, elle manque de *lingua superior*, ses palmettes sont loin de déterminer une croix, elle n'a qu'une courroie d'attache et une seule *ligula*. Or, aucune des chaussures liturgiques originales connues jusqu'à présent, n'a moins de deux *ligulæ*, tandis que le plus ancien modèle de soulier de femme au Moyen Age, auquel j'ose accorder confiance (sainte Radegonde, XIe siècle. V. *les pl. de chaussures du Moyen Age*) est maintenu par une bride unique, passant sur le cou-de-pied. Cette mode persista fort longtemps chez le beau sexe, car je l'ai retrouvée au XVe siècle dans le costume d'une servante française [1].

Si donc on ne peut attribuer à sainte Bathilde qu'une partie des chaussures découvertes par M. E. Grésy (et il faut au moins concéder cela à D. Mabillon et à Lebeuf), la balance doit pencher en faveur de la paire. Quand Mme de la Meilleraye fit présent à l'abbaye de Corbie de la sandale aujourd'hui disparue, de deux choses l'une : ou l'abbesse se trompa de bonne foi en choisissant l'objet que son instinct de femme lui désignait comme le plus élégant, ou bien, trouvant qu'il suffisait de se dessaisir du voile de l'illustre fondatrice de sa

[1] V. *Le Moyen-Age, etc.*, Modes et cost., pl. XIV.

maison, se contenta-t-elle d'adresser aux Bénédictins picards un soulier dont l'origine était tant soit peu douteuse. L'une et l'autre hypothèse sont également admissibles; d'ailleurs l'esprit du temps absoudrait Mme de la Meilleraye de la petite fraude dénoncée, au cas où elle s'en serait réellement rendue coupable.

P. 37. — J'ai vu récemment au Musée de Mayence des chaussures antiques, analogues à celles de Londres et comme ces dernières exhumées de la vase. Entièrement pareilles les unes aux autres, les chaussures de Mayence se composent invariablement d'une semelle épaisse, garnie de clous, et de minces lanières disposées perpendiculairement et parallèlement à la semelle; le tout en cuir noir. Les lanières forment ainsi la carcasse à jour d'un *calceamentum* de même nature que la crépide du berger, signalée p. 145, *calceamentum* qui, à l'exemple de celle-ci, devait contenir un *udo* ou un *pedule*.

P. 56, *ligne* 23. — J'ai commis une grave erreur en rangeant parmi les *campagi* les chaussures de Nicéphore Botoniate et du suaire de Bamberg. Une publication de M. le comte de Bastard, faite en dehors du commerce, a donné le fac-simile de diverses grandes miniatures prises dans les *Œuvres choisies de saint Jean-Chrysostôme* (Bibl. imp., n° 79, fonds Coislin). Deux de ces peintures, dont une de mes planches reproduit les parties intéressantes, prouvent que Nicéphore y est chaussé de tzangues et non de *campagi*.

P. 58, *ligne* 12. — Les chaussures byzantines, désignées en cet endroit sous les noms *odones* et *campagi*, ne sont autre chose que des *fasciæ*.

P. 64. — Une figure de l'empereur Lothaire, peinte en tête du psautier donné par ce prince au monastère de Saint-Hubert (diocèse de Liége), expliquerait très-bien le *constrin-*

gabat d'Eginhard si l'on pouvait se fier à la gravure publiée par les Bénédictins au tome II, page 136 du *Voyage littéraire*. Lothaire, court vêtu, porte des *femoralia* apparents ; ses jambes semblent enveloppées de bandelettes (*fasciæ*) serrées et disposées en cercles parallèles qui s'arrêtent au-dessous du genou ; ces sandales (*campagi*), en forme de *calceus* et armées d'éperons, ont leur empeigne rehaussée par une *linea* des pierreries ; des courroies déterminant des mailles très-larges sur les *tibialia* maintiennent l'ensemble de la chaussure. Il est regrettable qu'à l'exemple d'Eckhart les couleurs n'aient pas été indiquées sur la planche, mais tout porte à croire qu'elles sont les mêmes.

P. 65. — Les Écossais, qui ont gardé le costume national, portent en général des bas quadrillés, assortis à leur tartan. C'est plutôt dans la chaussure des paysans de l'Espagne et de l'Italie méridionale qu'il faut chercher une réminiscence du *campagus* antique.

P. 77, *ligne* 13. — Les *calcei rostrati* passaient à Milan pour une nouveauté en 1340, du moins en ce qui concernait les femmes. Frère Galvano de la Fiamma, dominicain, dans sa grande Chronique manuscrite (Bibl. Ambros., lib. 18, c. 6) s'exprime ainsi au sujet des dames milanaises : « Mulieres similiter in pejus suas consuetudines immutaverunt... Calceis rostratis progrediuntur. » Vers la même année, Alvarez Pelage, évêque de Silves, en Portugal, écrivait à propos du luxe de ses compatriotes : « Sotulares deauratos cum rostris longis et recurvis habentes. » (Lib. 2, c. 76.) [1]

P. 99. — Magri (*Hierolexicon*, SANDALIA) avance que le Pape Gélase II fit placer sur ses sandales les trois clous de la Passion au lieu d'une croix. En effet, la figure de Gélase,

[1] Ap. MURATORI, *Antiq. ital. Medii ævi*, t. II, Dissert. 25, col. 417 et 427.

donnée par l'auteur précité d'après Constantin Cajétan (*Gelasii Papæ II vita*) qui lui-même la copia d'après une ancienne peinture, porte sur ses chaussures quelque chose d'analogue à des clous. J'ai reconnu le même symbole sur de nombreuses reproductions de ce portrait de Gélase.

P. 102. — Lors du dernier séjour que j'ai fait à Aix-la-Chapelle, mon savant ami, M. le chanoine Bock, m'a remis un petit dessin au crayon, d'une exécution très-sèche et ayant l'aspect d'une copie de gravure. Ce dessin, que j'ai reproduit en fac-simile (V. *aux pl. de chaussures ecclésiastiques*), porte pour unique légende les mots « Caligæ pontificales S. Godehardi, abbatis inferioris Altahæ : » il représente une sandale dont l'empeigne est percée sur les flancs de deux ouvertures en forme de cœur ; la *lingua superior*, dont l'extrémité apparait roulée sous le quartier, est rectangulaire, très-longue et devait remonter assez haut sur la jambe ; le quartier, de mêmes dimensions, couvrait également le bas du mollet. La singularité caractéristique de cette chaussure est qu'elle n'a pas de semelle accusée ; elle semble être faite de deux morceaux de cuir pareils, cousus longitudinalement et sans aucune cambrure au talon. L'ornementation consiste en un double filet déterminant une croix dont la traverse repose sur le cou-de-pied ; un filet simple contourne les ouvertures latérales, le quartier et la *lingua ;* cette dernière divisée en deux compartiments dont chacun est occupé par des enroulements qu'indique un simple trait. Vers la pointe du pied se trouvent deux oiseaux affrontés. M. Bock n'ayant accompagné son dessin d'aucune explication, j'ignore, et si l'original existe encore, et le nom précis du lieu où on le conservait. Je ne puis donc offrir ici au lecteur que de courts renseignements, puisés dans les imprimés, et mes conjectures personnelles.

Saint Godehard ou Gothard, successivement et simultanément abbé d'Altach et de Tegernsée, en Bavière, d'Hersfeld en Hesse, de Cremminster dans la haute Autriche, fut élevé en 1022 au siége épiscopal d'Hildesheim (Saxe). Il mourut en 1038, et on l'inhuma dans sa cathédrale. Saint Gothard fut canonisé en 1128 par Innocent II. En 1132 un monastère de Bénédictins, placé sous le vocable de l'évêque d'Hildesheim, s'établit en Hongrie, sur les bords du Raab. Brower rapporte que l'on gardait précieusement en ce lieu la chasuble, *casulam incorruptam*, avec laquelle le Saint fut enseveli, et d'autres reliques dont il ne mentionne expressément qu'une coupe de bois doublée d'argent. Tout me porte à croire que notre sandale vient de l'abbaye de Saint-Gothard, mais je ne suis pas en mesure de l'affirmer positivement [1].

Les chaussures connues ou décrites du B. Eginon, du pape Adrien IV et de l'archevêque Arnoult étant en cuir rouge, Honorius d'Autun (c. 209) attribuant aussi le rouge aux sandales des évêques, il est probable, sinon certain, que la curieuse relique de saint Godehard affecte cette couleur. Quant aux ornements, ils devaient être brodés à l'aiguille, soit en or, soit en autre matière.

Je tiens également de l'obligeance de M. Bock le développement, grandeur d'exécution, du quartier de la sandale d'Arnoult. J'ai publié ce dessin inédit sur la même planche que la chaussure de saint Godehard.

P. 115, *ligne* 20. — Bernon, abbé d'Augie-la-Riche, ayant adressé à Rome les priviléges de son monastère, reçut en 1033, du pape Jean XIX, la confirmation des dits priviléges, avec le droit de porter à l'autel les sandales et les ornements épiscopaux. Offusqué d'une telle nouveauté, Warmann,

[1] *Ann. O. S. B.*, t. IV. *Acta, SS. O. S. B.*, sæc. VI, pars I, p. 395. *Acta SS. Maii*, die IV, t. I, col. 502, c.

évêque de Constance, accusa, devant l'empereur Conrad, Hernon d'empiéter sur ses droits et honneurs. L'abbé fut tracassé par les deux personnages ci-dessus, jusqu'à ce qu'il eût remis publiquement priviléges et sandales à l'évêque siégeant en synode [1].

P. 116. — On lit dans une vie de Wala, abbé de Corbie (IXe s.), vie écrite par Dom Grenier (*Picardie*, t. XXX, liv. III, n° XI), d'après Paschase Ratbert, le passage suivant : « Ce principe (l'humilité) le détermina à vouloir qu'on lui fît une espèce de chaussure dont se servaient les Saxons, et qu'ils appelaient *rylithrqun* (je n'ai pu déchiffrer autre chose sur les caractères saxons qui m'ont été envoyés). Ces sortes de chaussures devaient être bien grossières et bien peu décentes par rapport aux mœurs des François, puisque S. Adhelard, cet homme si humble, et qui poussait jusqu'à une espèce d'excès l'amour de la pauvreté dans ce qui le regardait, comme le remarque Paschase Ratbert, crut qu'il y aurait de l'indiscrétion à permettre à son frère qu'il se servît d'une chaussure si peu convenable. »

P. 126, *ligne* 7. — L'une des peintures exécutées par le Pinturicchio, dans la bibliothèque de la cathédrale de Sienne, montre Frédéric III en costume impérial. La chaussure de ce prince m'a paru assez curieuse pour être reproduite sur l'une de mes planches. Les chausses sont rouges ; les sandales, de même couleur, sont enrichies d'agréments en or. Le patin est blanc dans la partie où repose le pied, le reste est doré. Ce patin montre le moyen employé jadis pour protéger les chausses semelées, lorsqu'on en faisait usage hors des appartements.

P. 129, *ligne* 10. — Les dimensions trop exiguës de la

[1] HERMANN CONTRACT, *Chron.*, ap. GERBERT, *Vetus lit. Alem.*, pars I, Disq. III, p. 254.

figure des sandales de Henri VI, publiée par Giampallari, m'ont induit en erreur, et ma description fourmille d'inexactitudes. Ayant pu me procurer la planche de Daniele, je l'ai reproduite à côté de mes chaussures impériales, et elle va me servir ici à rétablir la vérité.

Les sandales de Henri VI sont en soie rouge ; un double filet de perles sur fond d'or y dessine des étoiles à six rayons et des hexagones aplatis, le tout encadrant des créquiers brodés en or, dont la forme varie selon les contours des polygones qui les inscrivent. La semelle, en cuir blanc, est striée sur les bords extérieurs. Un bouton ferme l'ouverture pratiquée au haut de l'empeigne. L'analogie du travail entre ces chaussures et les sandales de Nuremberg est frappante. La semelle ne diffère pas de celles de Vienne.

P. 130, *ligne* 1. — Voici le texte littéral de Puricelli [1] : « Superstites adhuc e corio rubro calcei utrumque pedem contegebant : iidemque ligneam quisque soleam, hinc inde coriaceis insutam, habebant. Tam vero apte presseque ad suum quisque pedem juxta ordinem digitorum congruebant, in acutum versus primorem digitum desinentes, ut calceus dexter nonnisi dextro pedi, quamdiu integer ille erat, sinisterque sinistro adaptari potuisset. Ceterum quisque calceus duabus tantum corii partibus invicem consutis, pedem ita contegebat, ut anterior corii pars in suprema versus crura extremitate aliquantulum scissa in longum esset, illicque pedi ligamine adstringeretur, ad eum prorsus modum, quo rusticana hodie calceamenta factitari solent. »

Les souliers de Bernard, on le voit, avaient à peu près la même forme que ceux de Henri VI.

P. 165, *ad finem.* — Dans son *Histoire du pèlerinage de*

[1] *Ambr. Mediol. Bas. monum.*, p. 70.

Compostelle, M. l'abbé Pardiac mentionne quelques confréries de chaussetiers, érigées sous le patronage de saint Jacques, savoir :

Pontoise; statuts confirmés par Charles VI, en 1404.

Bernay; Charles VII, 1424.

Chinon; Charles VII, 1447 [1].

[1] *Revue de l'Art chrétien*, t. VII, mai 1863, p. 260. J'ai cité, p. 164, un passage du livre de M. Ouin-Lacroix, où il est dit formellement que les statuts des chaussetiers de Bernay furent confirmés en 1424 par Henri VI d'Angleterre.

TABLE SOMMAIRE

LES SANDALES ET LES BAS

TABLE DES PLANCHES

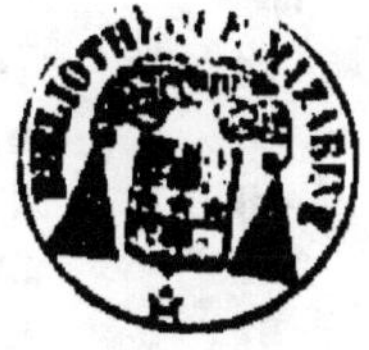

ERRATA

Page	Ligne	Au lieu de	Lisez
48	25	187	87
68	8	*cruralia*	*pedules.*
93	10	(812)	(812).
141	21	Claudius	Clodius.
149	27	t. i	t. ii.

Arras. — Typographie Rousseau-Leroy.

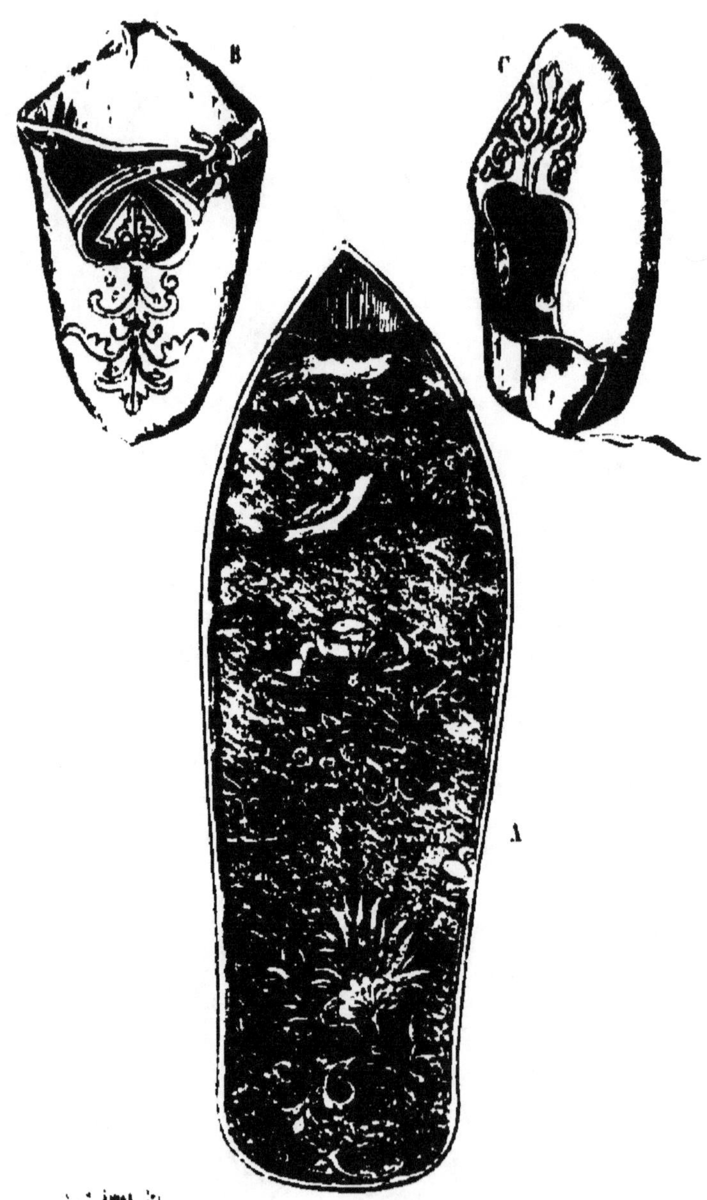

A. Sandale de Sainte Aldegonde, d'après un ancien dessin
B.C. Sandales de Chelles

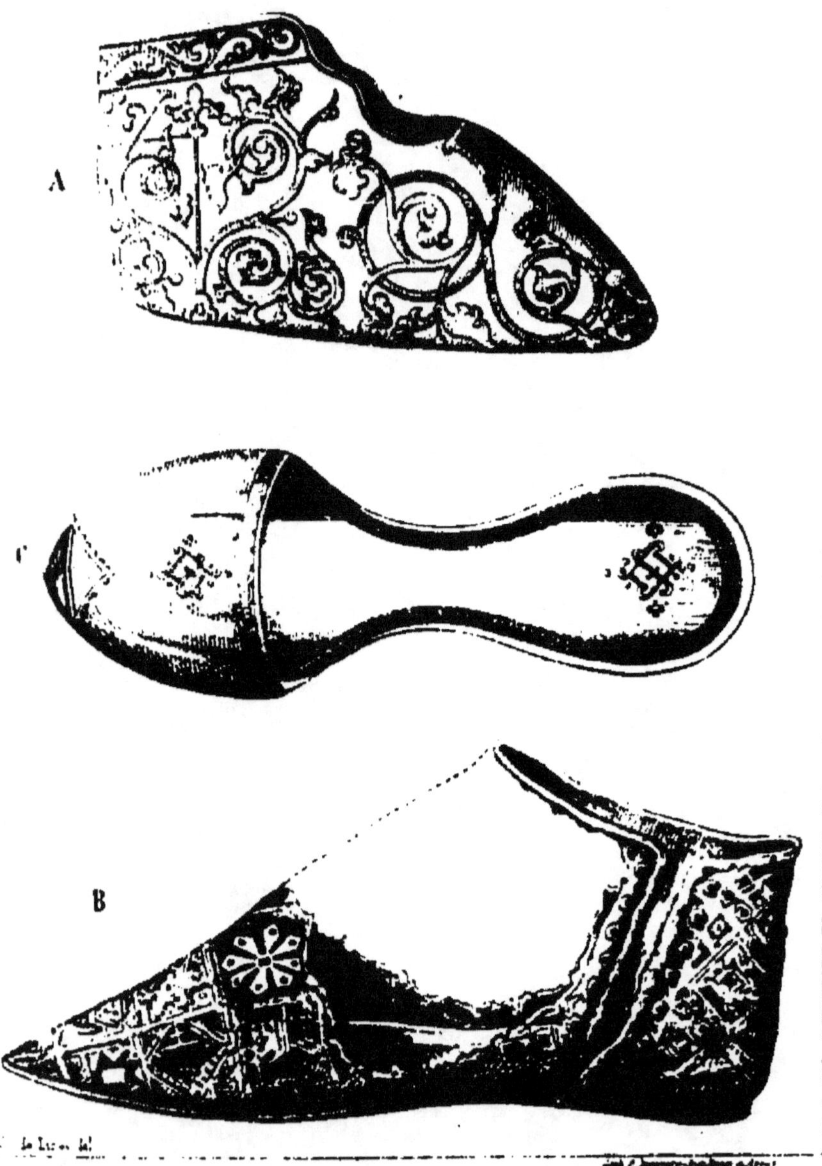

A Sandale de Saint Edme

B Sandale de Comminges.

C Chaussure de Saint Pierre de Luxembourg

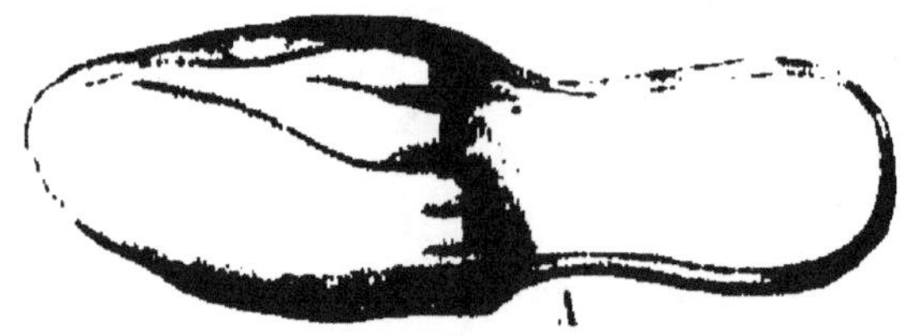

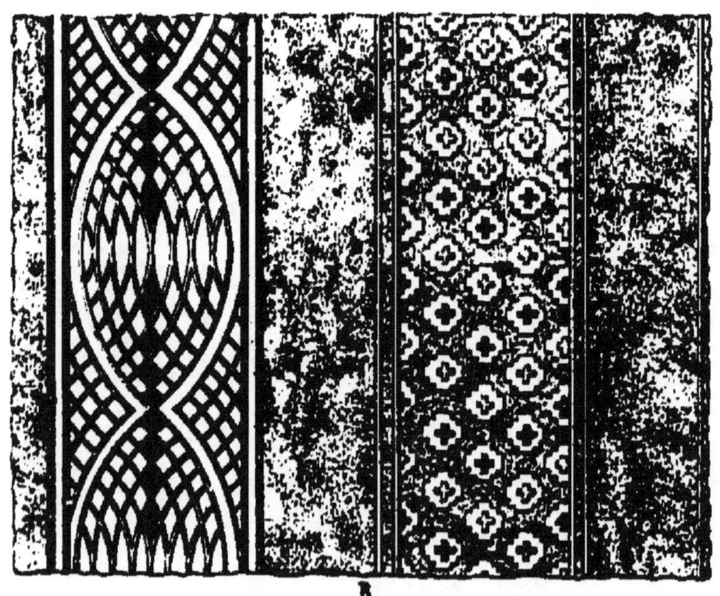

Ch. de Linas del.

A. Sandale de Saint Louis d'Anjou (état actuel)

B. Étoffe de la dite Sandale

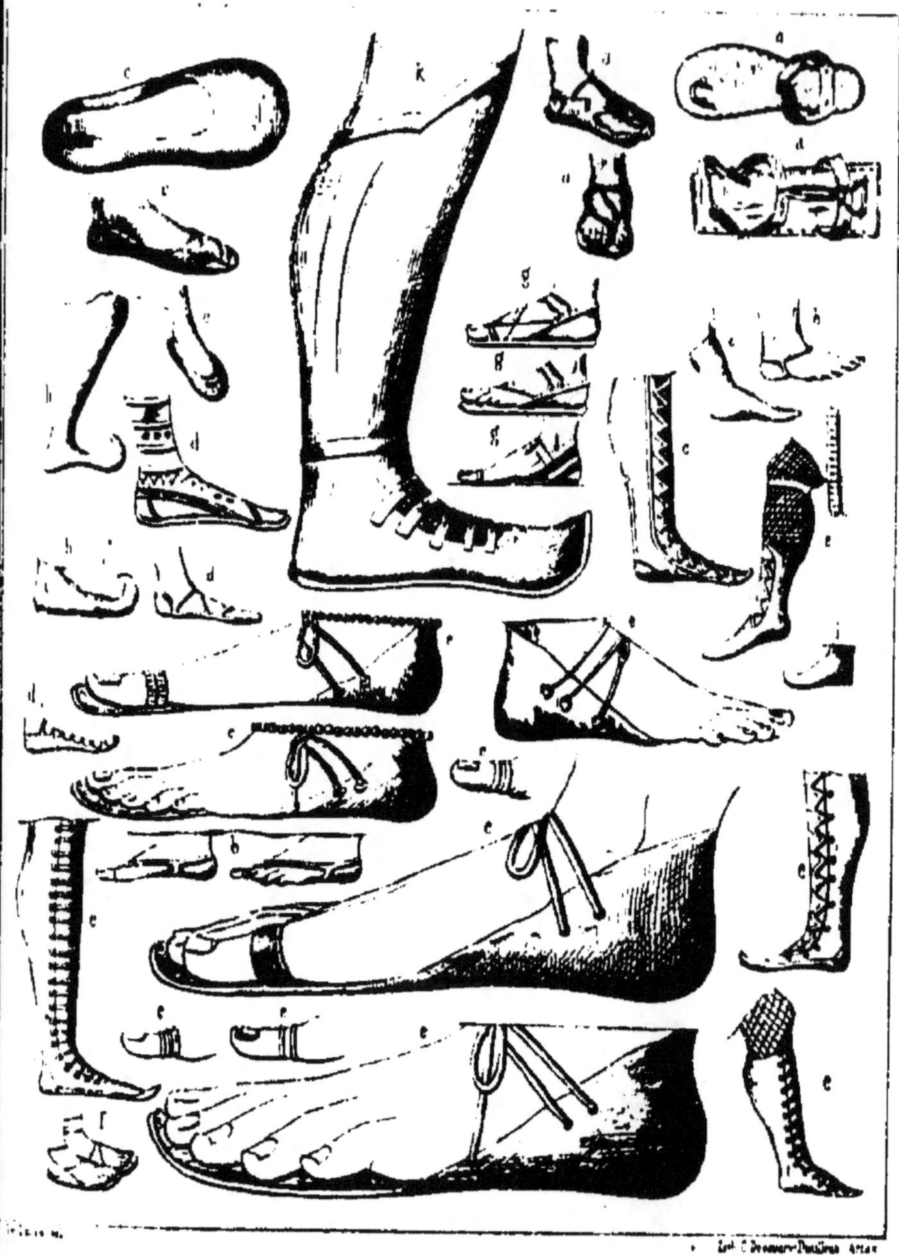

Arabes, Juifs et Phéniciens. a.a.a.a. (Hermann Weiss) b.b. (Botta) c.c.c, Markoub. — Peuples de l'Asie occidentale. d.d.d. (H. Weiss). — Assyriens et Babyloniens. e.e.e.e.e.e.e.e.e e.e.e.e. e (Botta). f (Layard) g.g.g (H. Weiss). — Pterium h.h. hommes, i, femme (Ch. Texier). — Lycaonie k. Soldat (Ch. Texier)

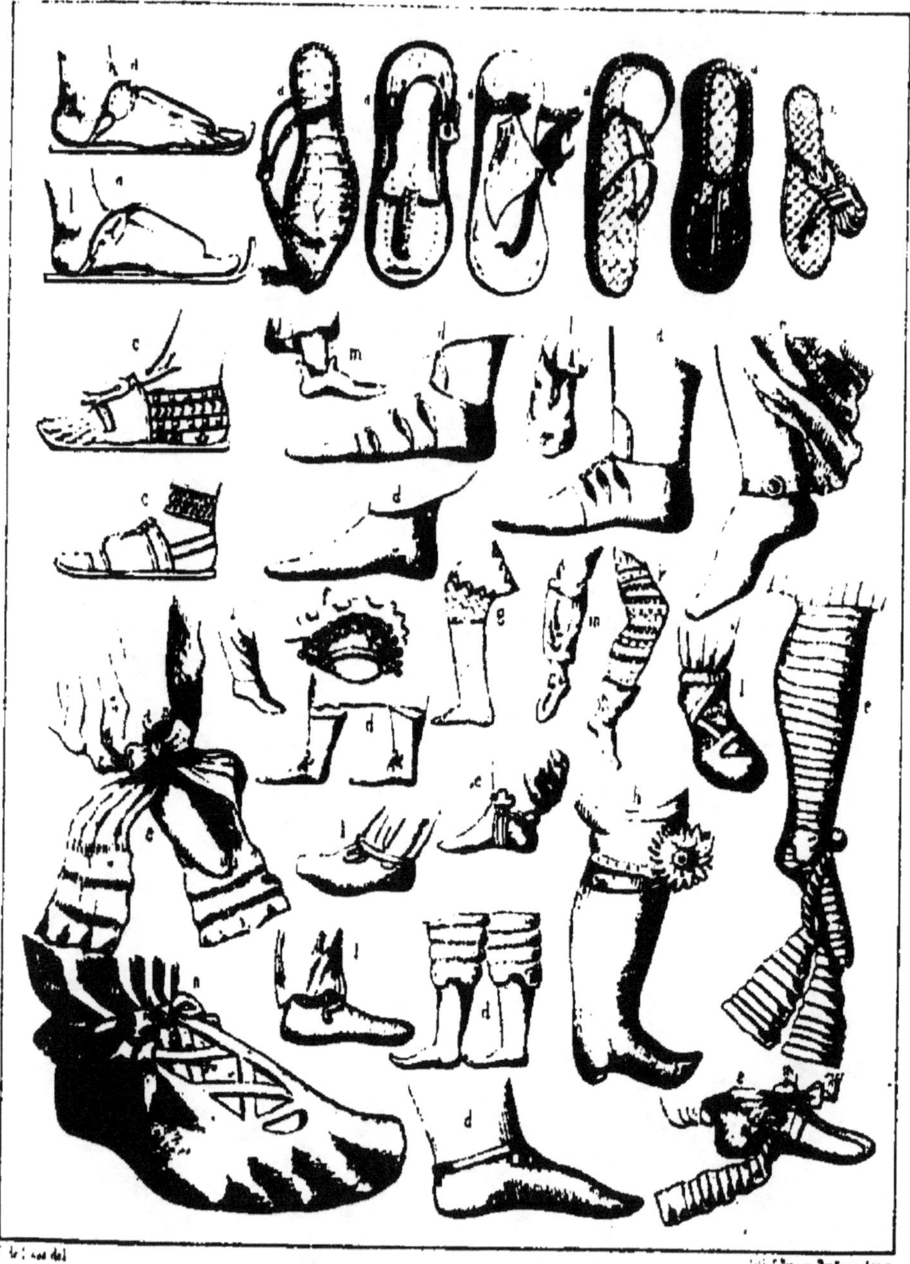

Egypte. a. a. a. a. a. a. a. (H Weiss). b (Rich). Ethiopie. c. c (H Weiss) _ Perse, d. d. d. d. d. d. Anciens Perses: e. e. e. e. e. Sassanides, f. id femme (Flandin): Perse Musulmane. g. (Suaire d'Autun). h. (H de Hell). Parthes. i (Montfaucon). _ Scythes. K. (Dubois de Montpéreux). _ Daces. l. l. l. (Montfaucon). _ Goths, m. m. (Banduri). Lombards, n. (Louvre).

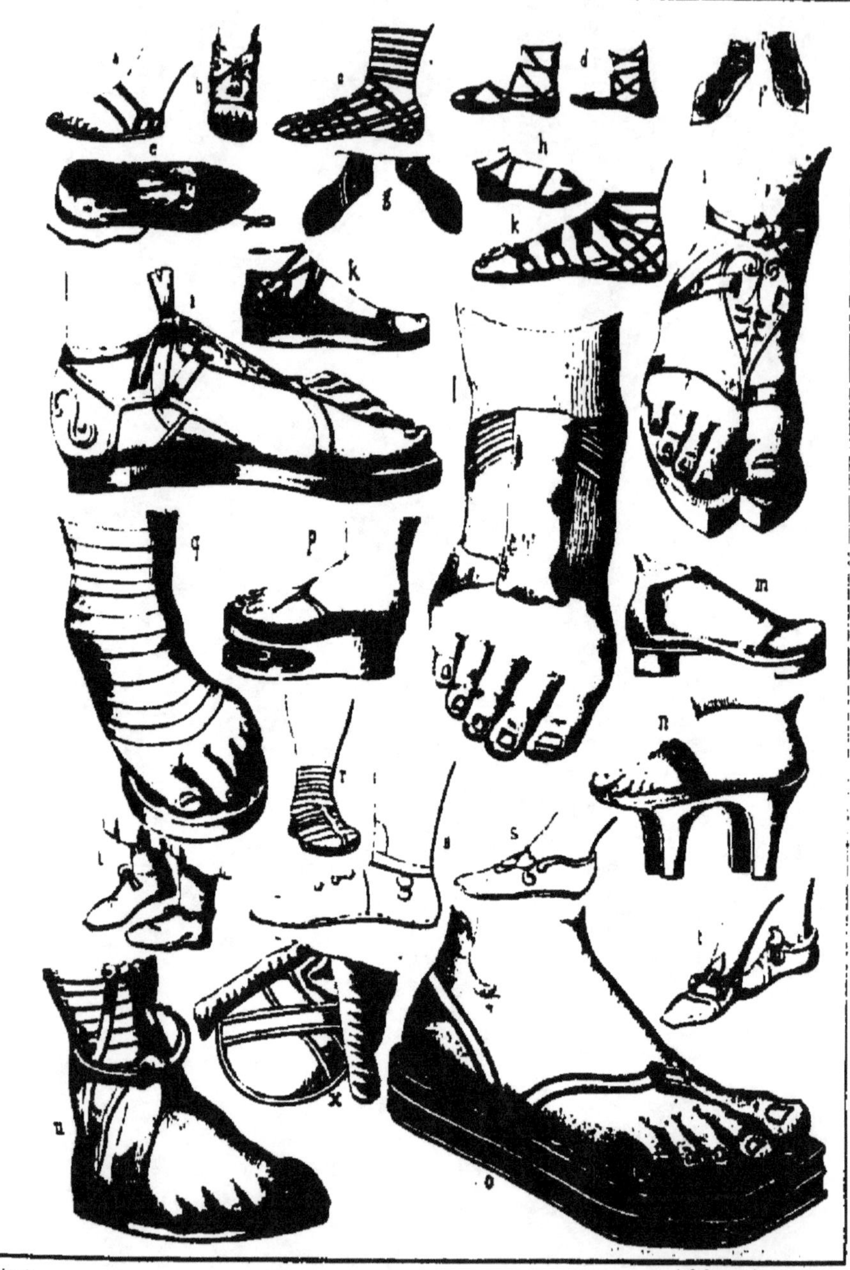

Lith. Decaux Dutilleux, Arras

Grecs et Romains a. Solea (Schatz) b. Sculponea (Rich) _ Carbatina: c (Weiss). d. Paysans italiens (Rich) e. Cafres (Weiss). f. Saint Étienne (Du Cange). g. Valérien (Sainte Cécile à Rome, 822. Perret). h. l'évêque Maximianus et son clergé (Ravenne). _ Crépida, i.i. Diane chasseresse (Louvre). k.k. (Rich). l. Sycchas (Montfaucon). Diabathrum, m. (Montfaucon) n. femme turque o. Fulmenta (Louvre). p. Scabillum (Montfaucon) Caliga, q. (Louvre) r. (Rich). Calceus, s.s. Grecs (Weiss) t.t. Romains, femmes (Weiss). Calceus patricius _ u. César (Louvre) Luna restitute. x. Boëce (Gori).

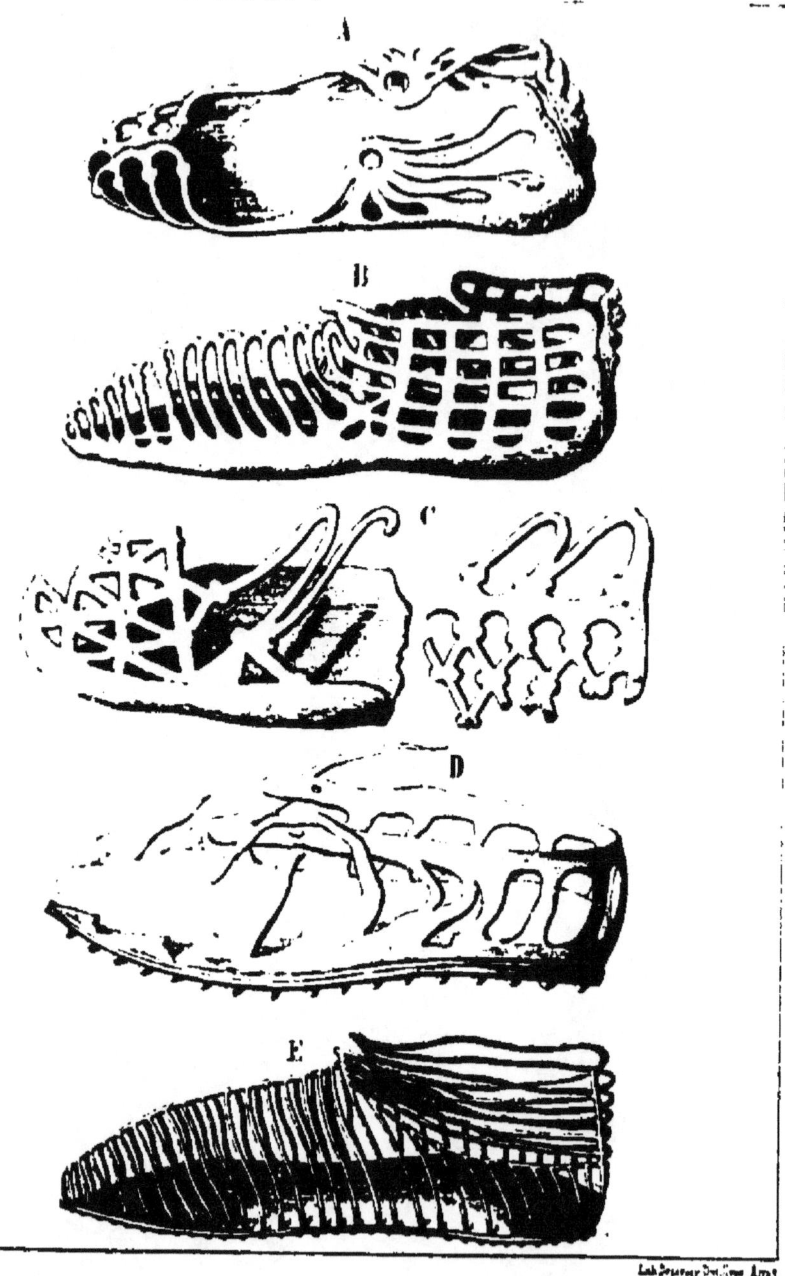

A.B.C. Calcei fenestrati (Musée de Londres) D. Gallica (Ibid.) E. Chaussure antique (Musée de Mayence).

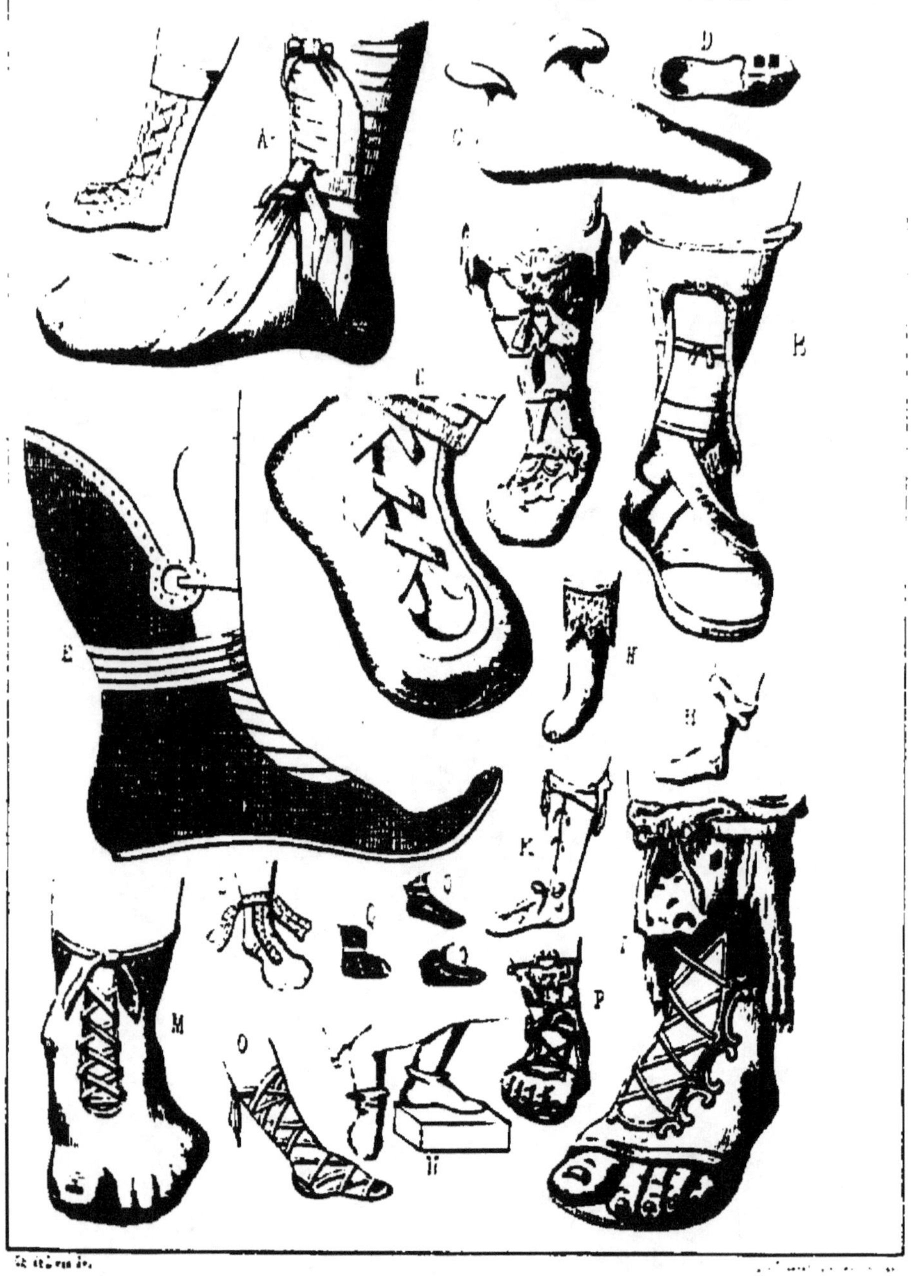

A. Chaussure de Caligula (Louvre) B. Mulleus étrusque (Montfaucon) C. Soccus (Encyclop. Antiq. Suppl. 6) D. Sandalium (Rich) E.E. Chaussures étrusques (tombeau indien) . Cothurnus F (Weiss) . G (Montfaucon) H.H. Pero (Montf.) I. Endromides (Louvre) . Phoecasium K (Weiss) L (Hope) M. Embades (Louvre) N. Socci ou Udones? Weiss O Campagus et Udo (Weiss) P. Chaussure militaire d'apparat romaine (Weiss) Q.Q.Q. Chaussures de dames byzantines (Email du Musée de Pesth, Klemodien)

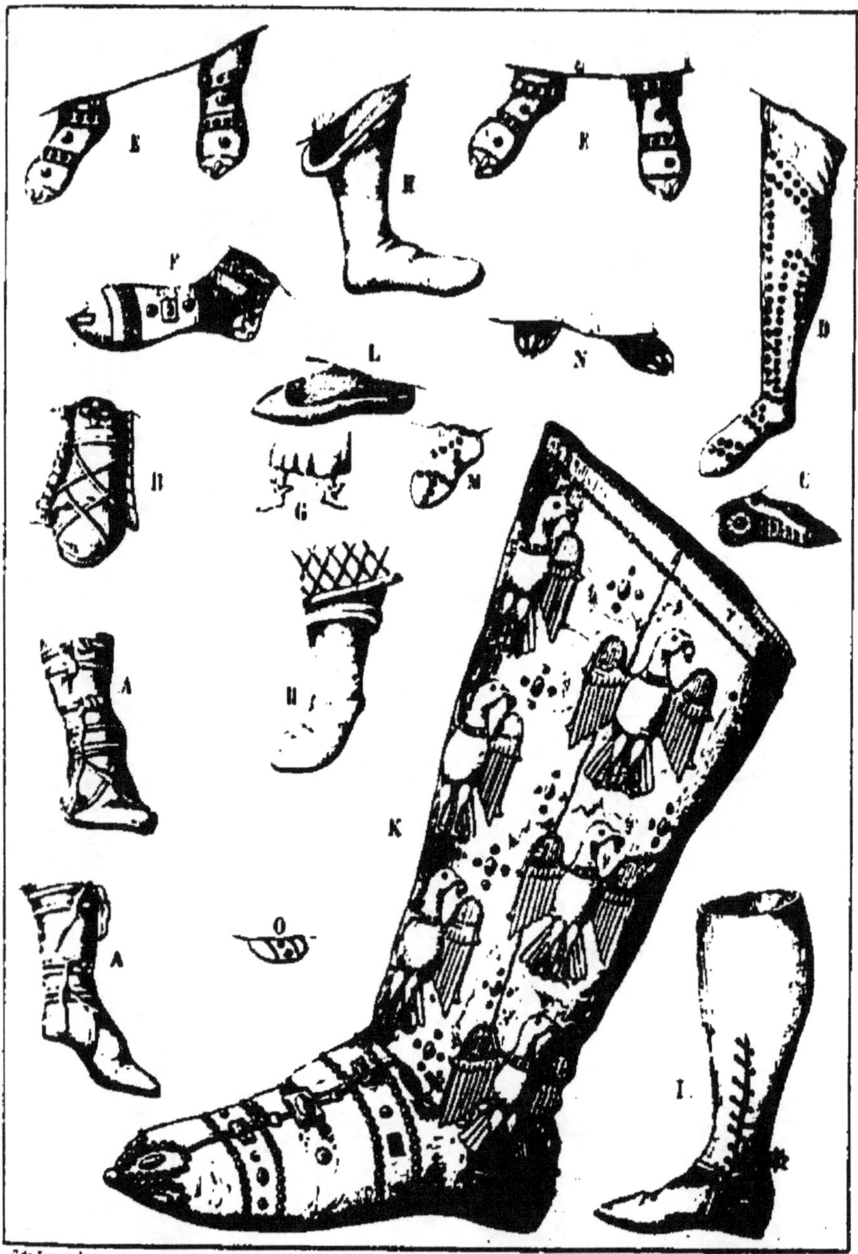

Ch. de Linas del. Lith. Desavary-Dutilleux, Arras

A.A. Statue équestre de Marc-Aurèle (Capitole). B. Consul Basilius (Montfaucon). C. Justinien (Ravenne). D, Tzanga de Basile II. (d'Agincourt). E, E. Tzangæ de Nicéphore Botaniate (de Bastard). F. Tzanga du Suaire de Bamberg (A. Martin). G. Tzangæ de Licinius (Mallet). H.H. Tzangæ (Louvre). I. Zanca du Préfet de Rome (Contelorio). K. Tzanga impériale restituée d'après les documents écrits et figurés. L. Théodora (Ravenne). M. Eudoxie (Gori). N. Marie femme de Nicéphore (de Bastard). O. Sainte Hélène (Bibl. imp).

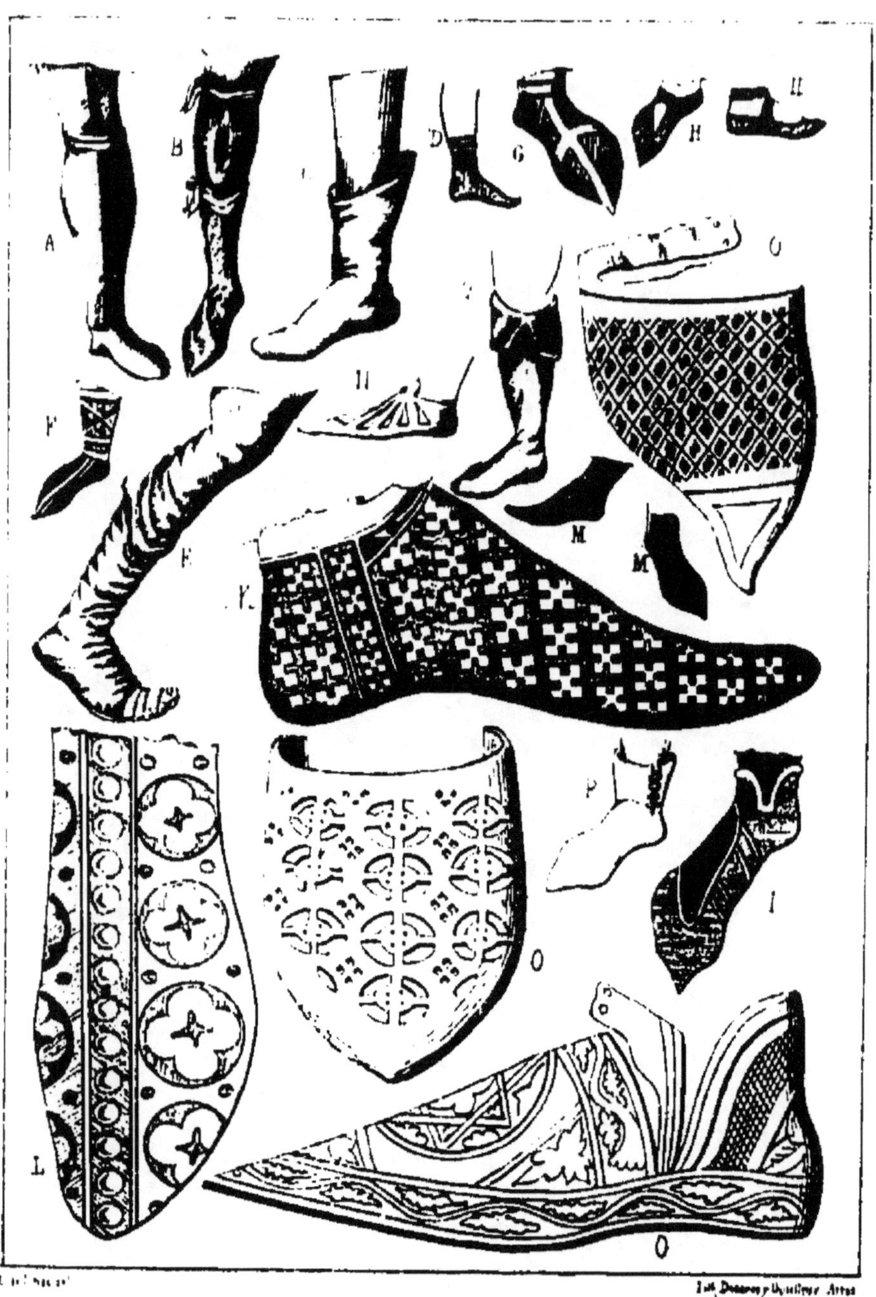

A. Charlemagne (Ciampini) _Bottaux. B, IXe S. (Bibl. imp.), C. XIe S. (Saint-Savin), D, XIIIe S. (Bibl. imp.) E, Paysan IXe S. (Bibl. imp.) _F, noble. 989 (B. i.) _G, Roi Xe S. (B. i.) _H, H, Ste Radegonde, XIe S. (Willemin) _I, Salomon, XIIIe S. (Willemin) _K, Philippe frère de Saint Louis (id.) _L, Jean fils de Saint Louis (id.) _M, M, Bourgeois, XIIIe S. (id.) _N, Giotto, XIVe S. (Bonnard) _O, O, O, (Musée de Londres) _P, XVe S. (Willemin) _Q, XVe S. (Arts Sompt.).

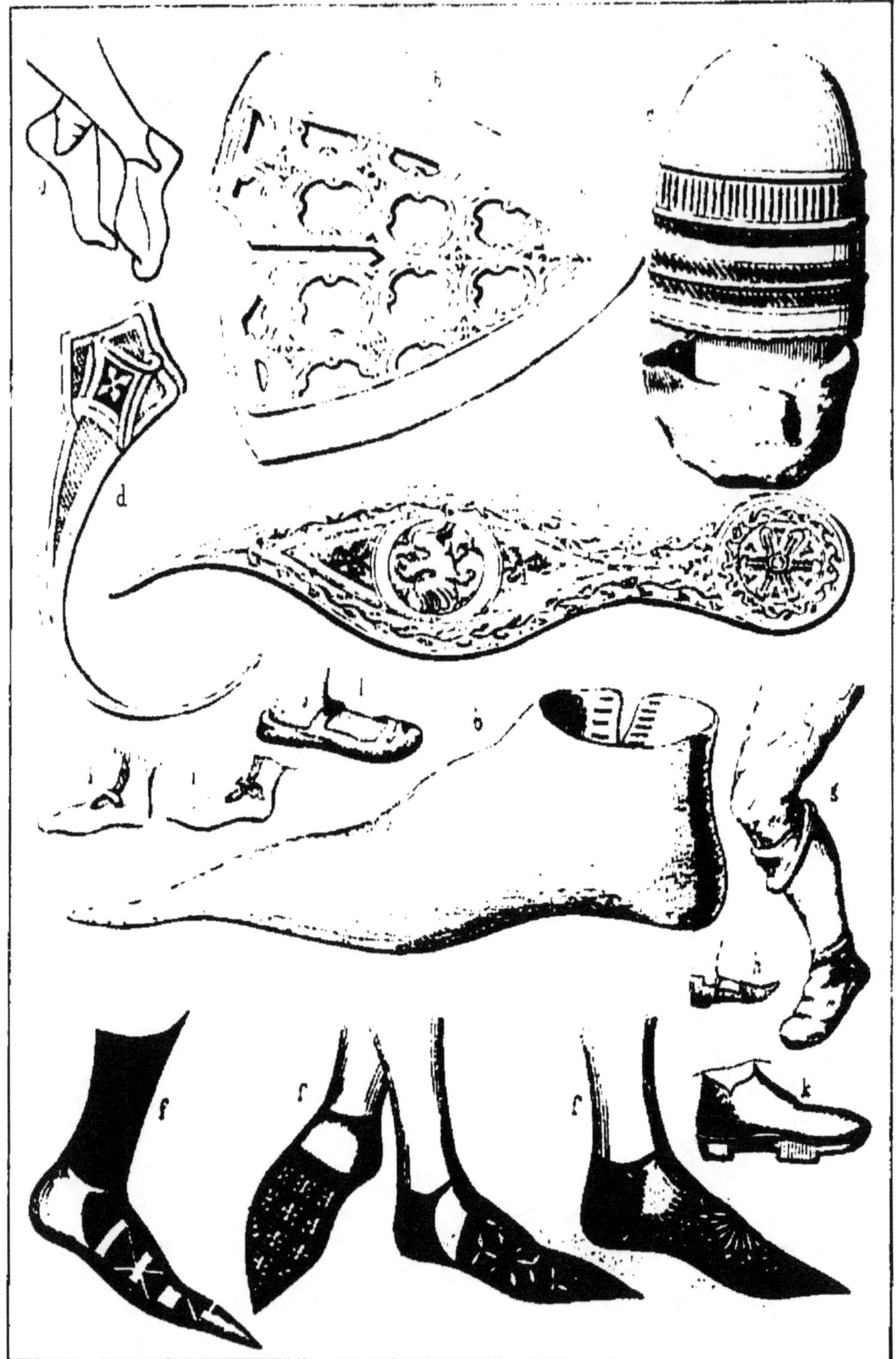

a. XIIIe S. (Willard de Honnecourt). b,b. (Musée de Londres). c. XVIe S. (id.). d. Pointe de poulaine (id.). e. Semelle en cuir imprimé (id.). f,f,f. XIVe S. Peintures de la chapelle Saint-Etienne à Westminster (Rock). g. XVe S. Artisan (Arts somptu.). h. 1380 (Willemin). i,i. Souliers à boucles, 1440 (id.). k. Galoche de Philippe-le-bon (id.). l. Louis XII, 1503 (id.).

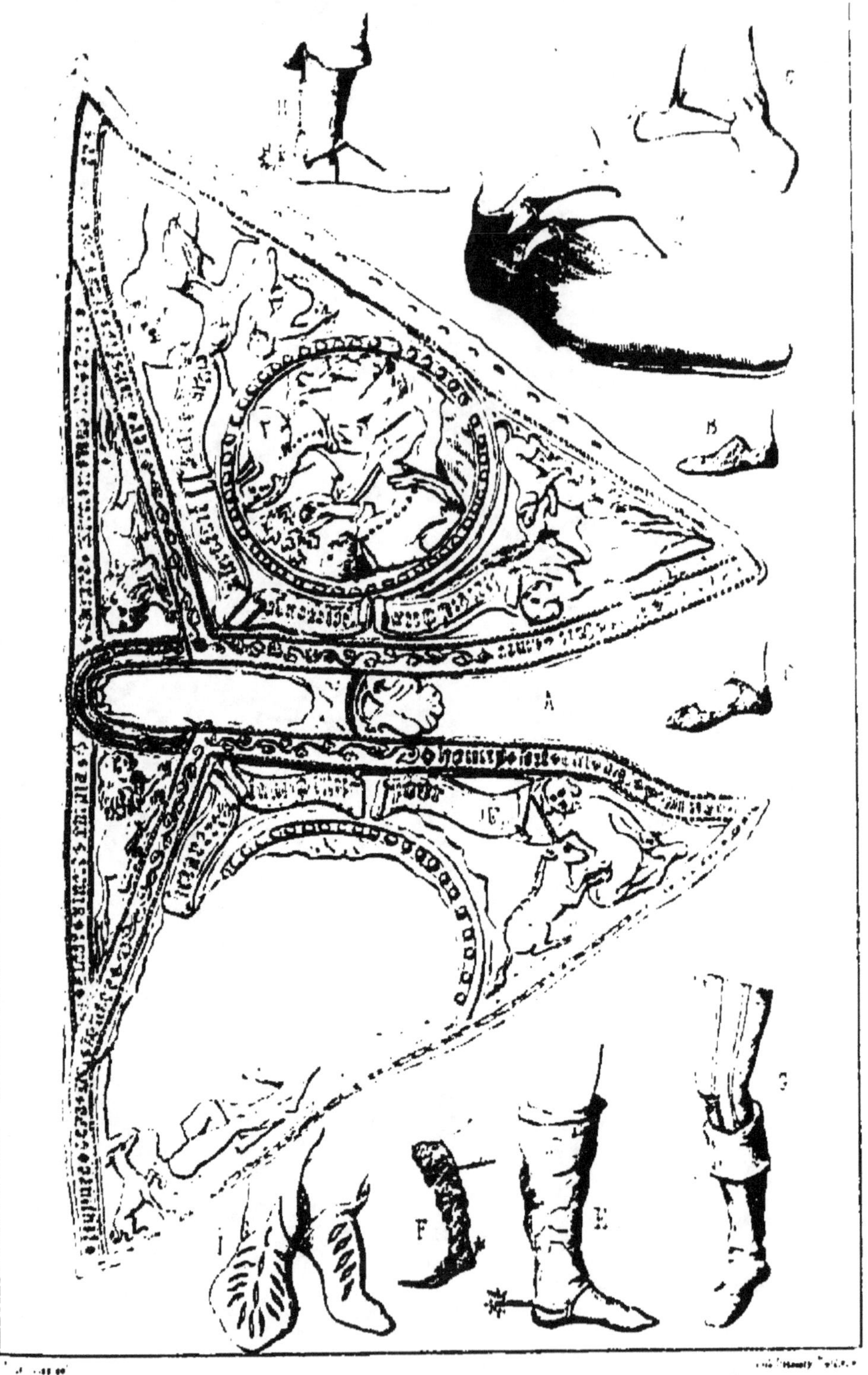

Empeigne en cuir repoussé (Musée de Londres) **Legendes**. Toujours sans mal penser — Amor vincit omnia — Henny soit [illegible] y pense — Converes - sa vous nus - pour **morir** — Amours merci je vous en prie — Par mon foy vous vos aymer — [illegible]amer. Mie vous — peres en gré - il sera fait - gaies chiens — B Italie XIVe S. Marchand (Bonnard) C. Id. XVe S. (Pinturicchio) [illegible] E Id. Moyen âge etc. F France XVe S. (Id.) G Id. (Arts Somp.) H Allemand XVe S. (Pinturicchio) I Souliers à [illegible] XVIe S. (Willemin)

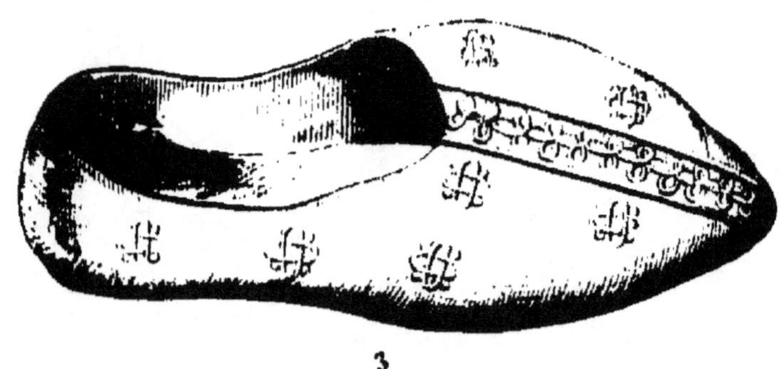

3

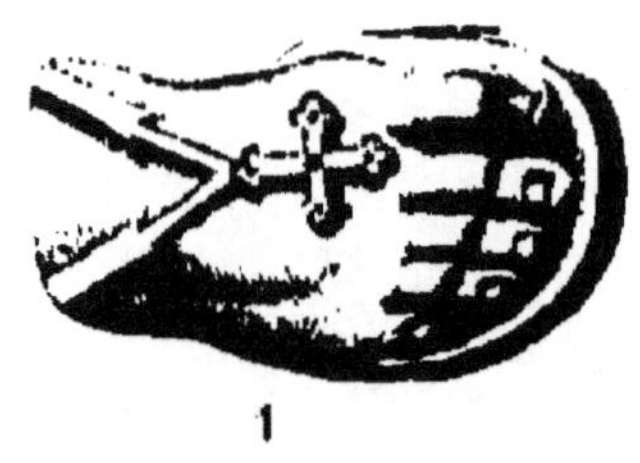

1

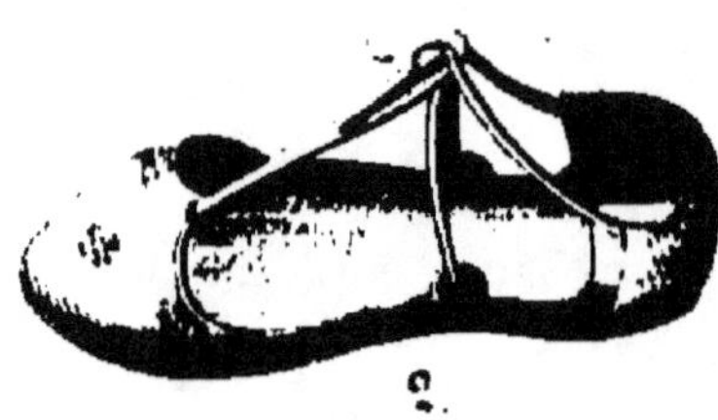

2.

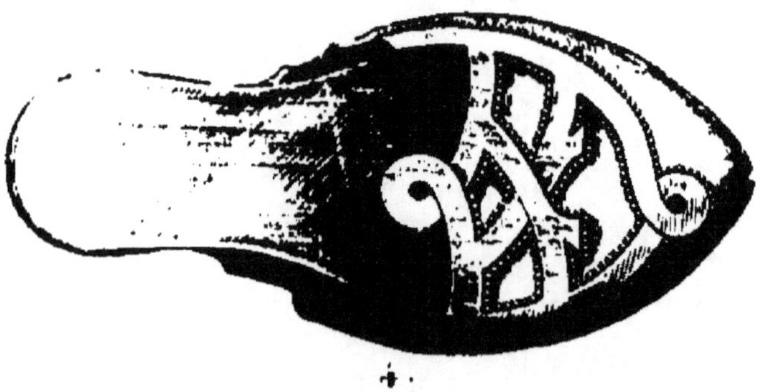

4.

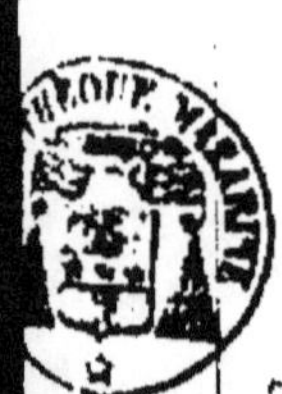

C. de Linas del.

Lith. C. Boutry · Denilhon · Arras

1. **Solea** crucifère d'après un marbre antique.

2. **Carbatina** du pape Honorius I. d'après la mosaïque de Ste Agnès in via nomentana (626-638)

3 et 4. Sandales conservées dans l'Eglise de Saint-Martin-des-Monts.

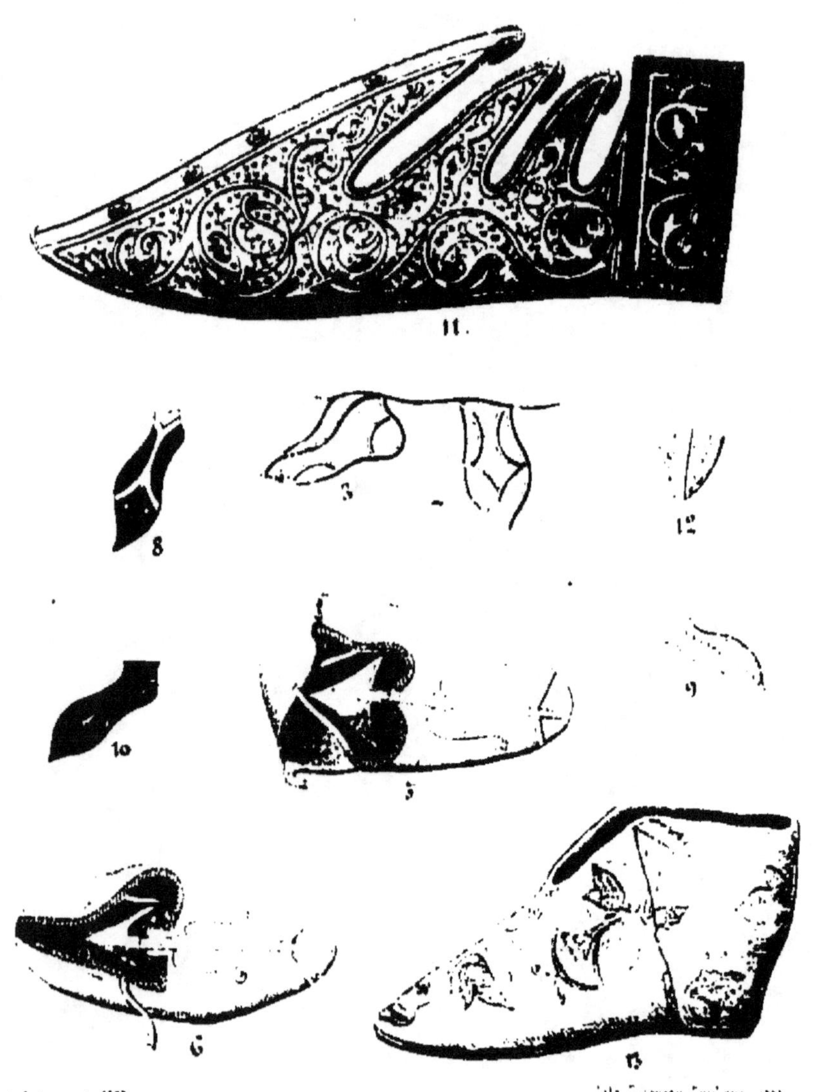

5, 6. Sandales attribuées au S. Equinon, évêque de Vérone † 462

7, 8, 9, 10. Sandales ecclésiastiques prises sur trois manuscrits du XII siècle

11. Sandale d'Arnoult 1er Archevêque de Trèves † 1183

12 Sandale de Philippe de Dreux, évêque de Beauvais † 1217 (d'après son tombeau)

13 Sandale de William de Waneflete, évêque de Winchester 1447–1486.

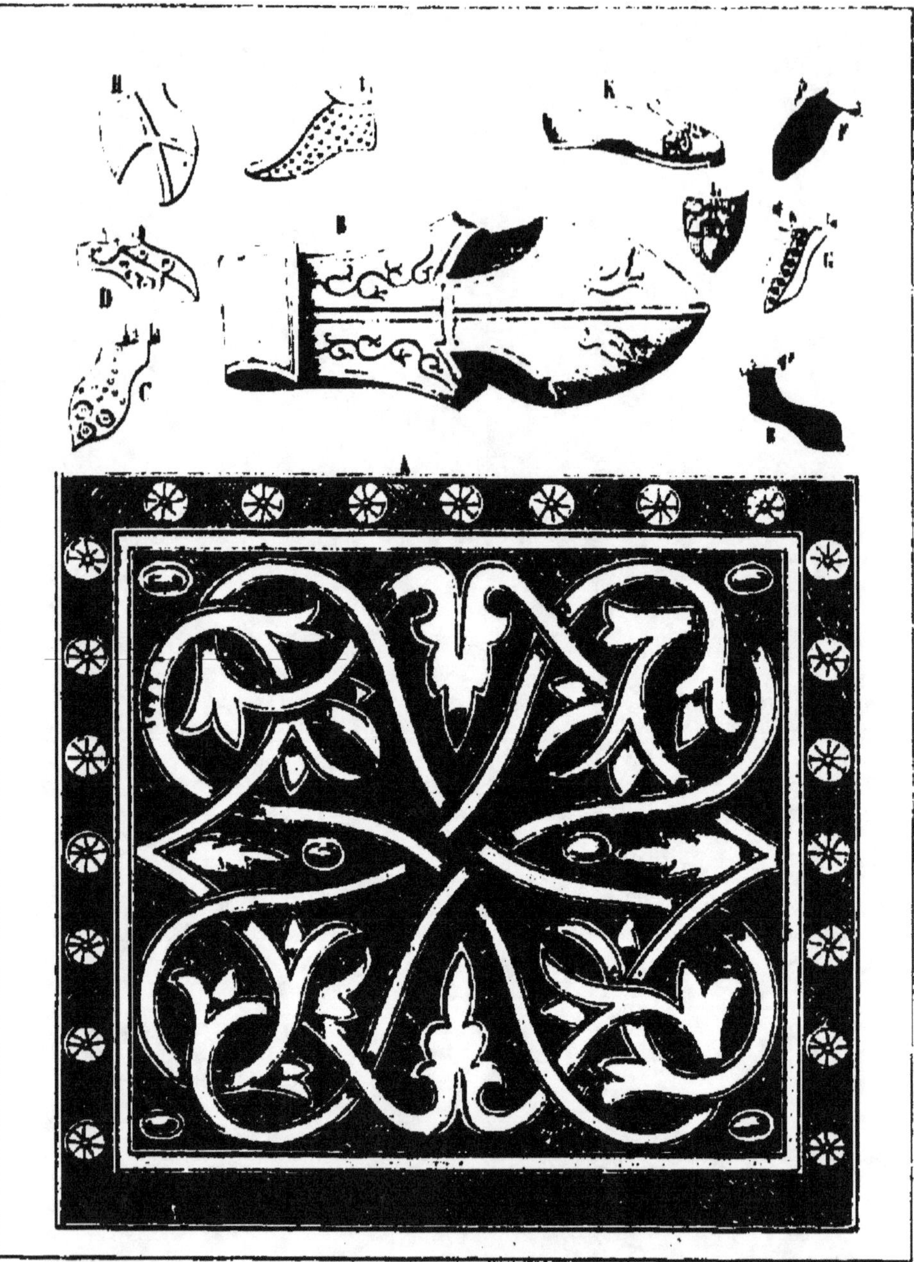

Ch. de Linas del.

A. Quartier de la Sandale de l'archevêque Arnoult (développement par leur d'exécution). — B. Sandale de Saint Godehard, évêque d'Hildesheim, † 1038. — C.D.E. Sandales ecclésiastiques, d'après un Ms du XIe Siècle. — F.G. Sandales ecclésiastiques, d'après un Ms du XIIe Siècle. — H. Sandale de Frémaut, évêque d'Arras. — I. Sandale épiscopale d'après le Psautier de Saint Louis. — K. Sandale du Cardinal Ancher (Sainte Praxède). — L. Sandale de Saint Jérome, prêtre, d'après un Ms du IXe Siècle.

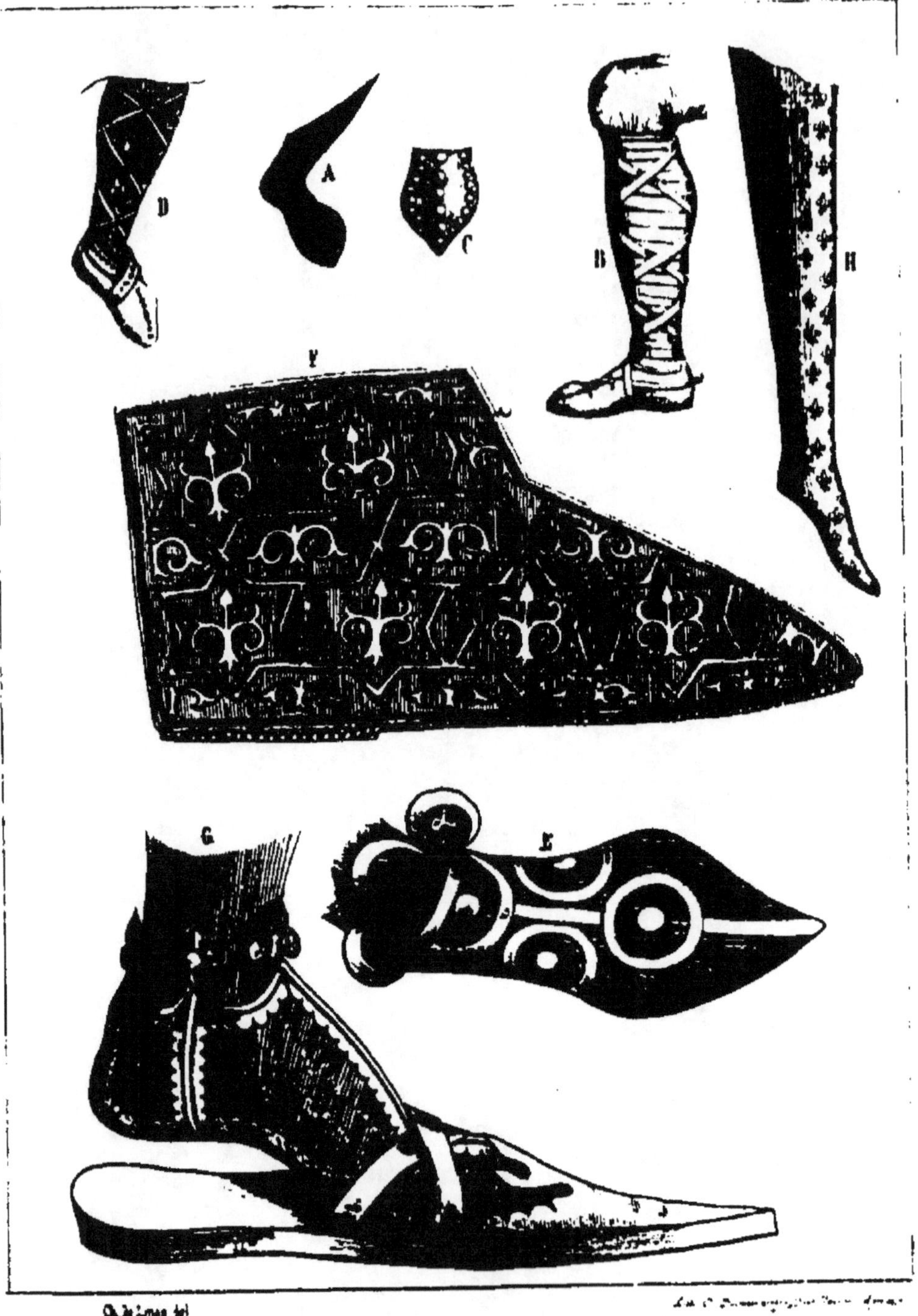

Ch. de Linas del.

CHAUSSURES IMPÉRIALES et ROYALES. A. Lothaire (Bibl. imp.) **B.** Id. (Saint Hubert de Liége) **C. Charles-le-Chauve** (860). **D.** Id. (Saint Emmeran de Ratisbonne). **E. Roi** Xe Siècle. (Bibl. imp.). **F. Henri VI**, + 1197, Sandales de Palerme, d'après Daniele. **G. Frédéric III**, empereur. (Pinturicchio Sienne) XVe Siècle. **H**, Bottines du Sacre de Louis XIV.

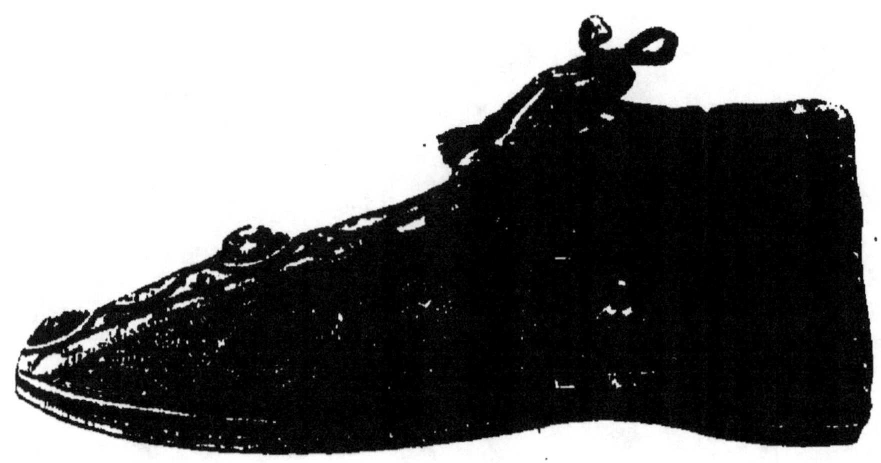

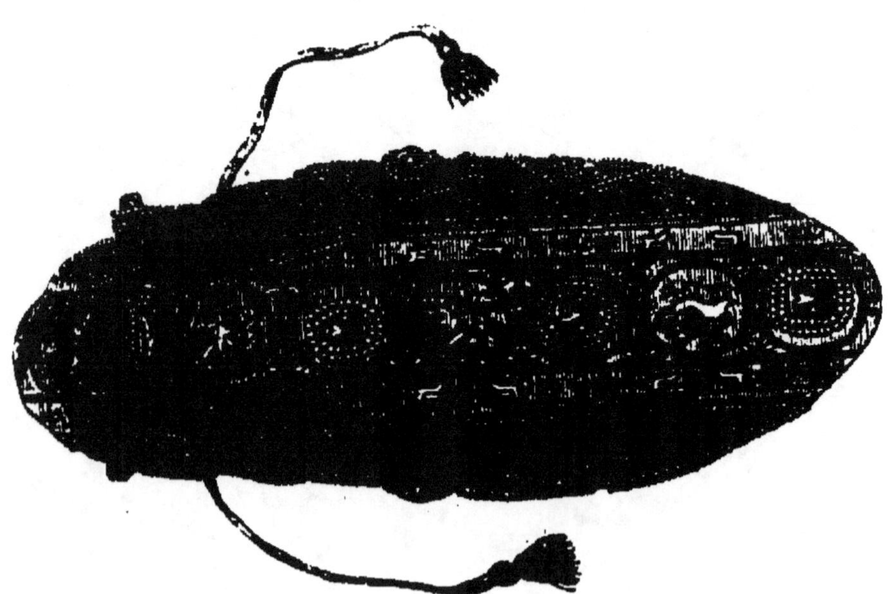

Ch. de Linas del. d'après Kleinodien.

Sandales Impériales à Vienne.

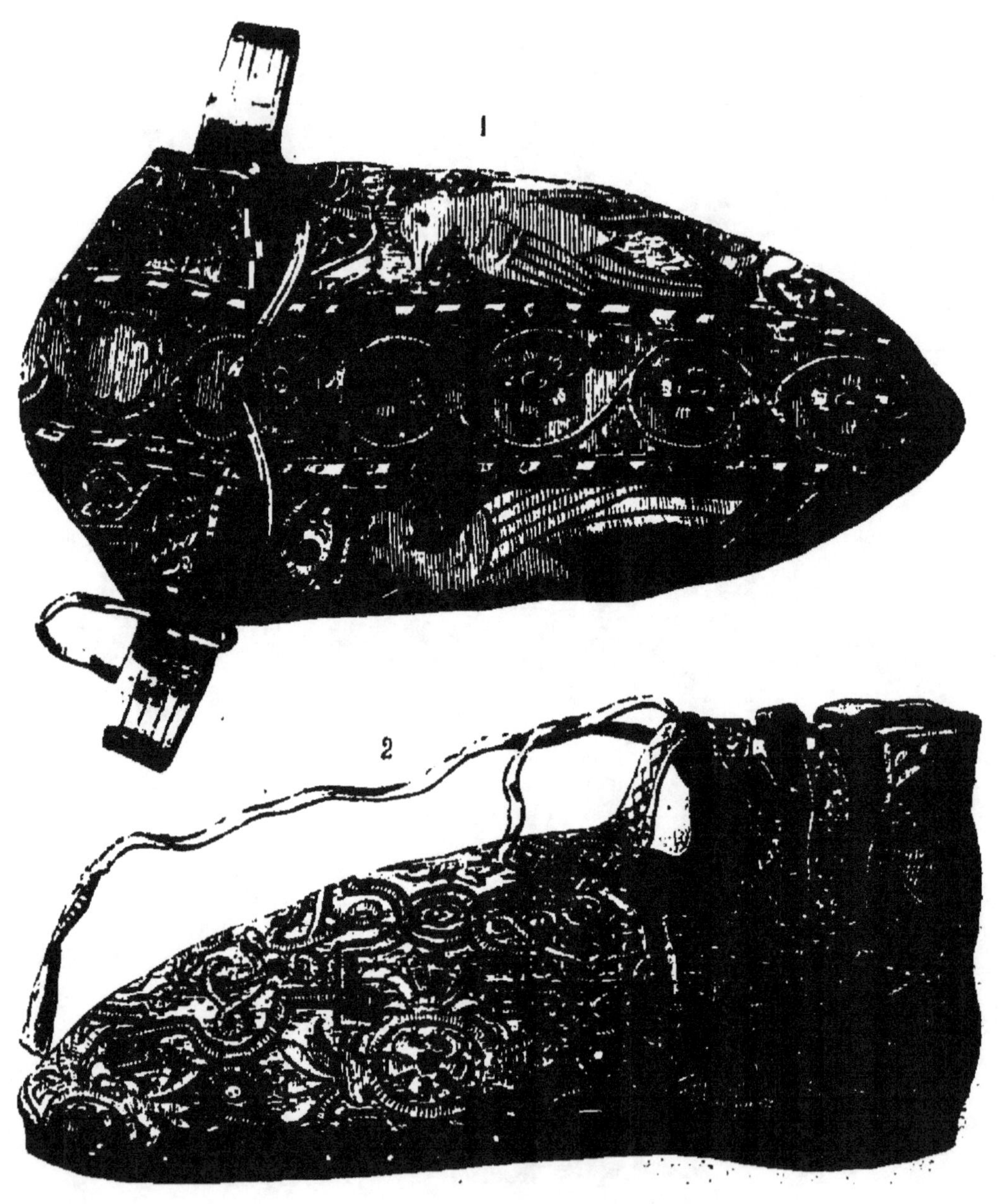

Ch. de Linas, del. d'après les Siemoders

1. **Sant Karles** ander Schuh } NUREMBERG
2. Sandale impériale

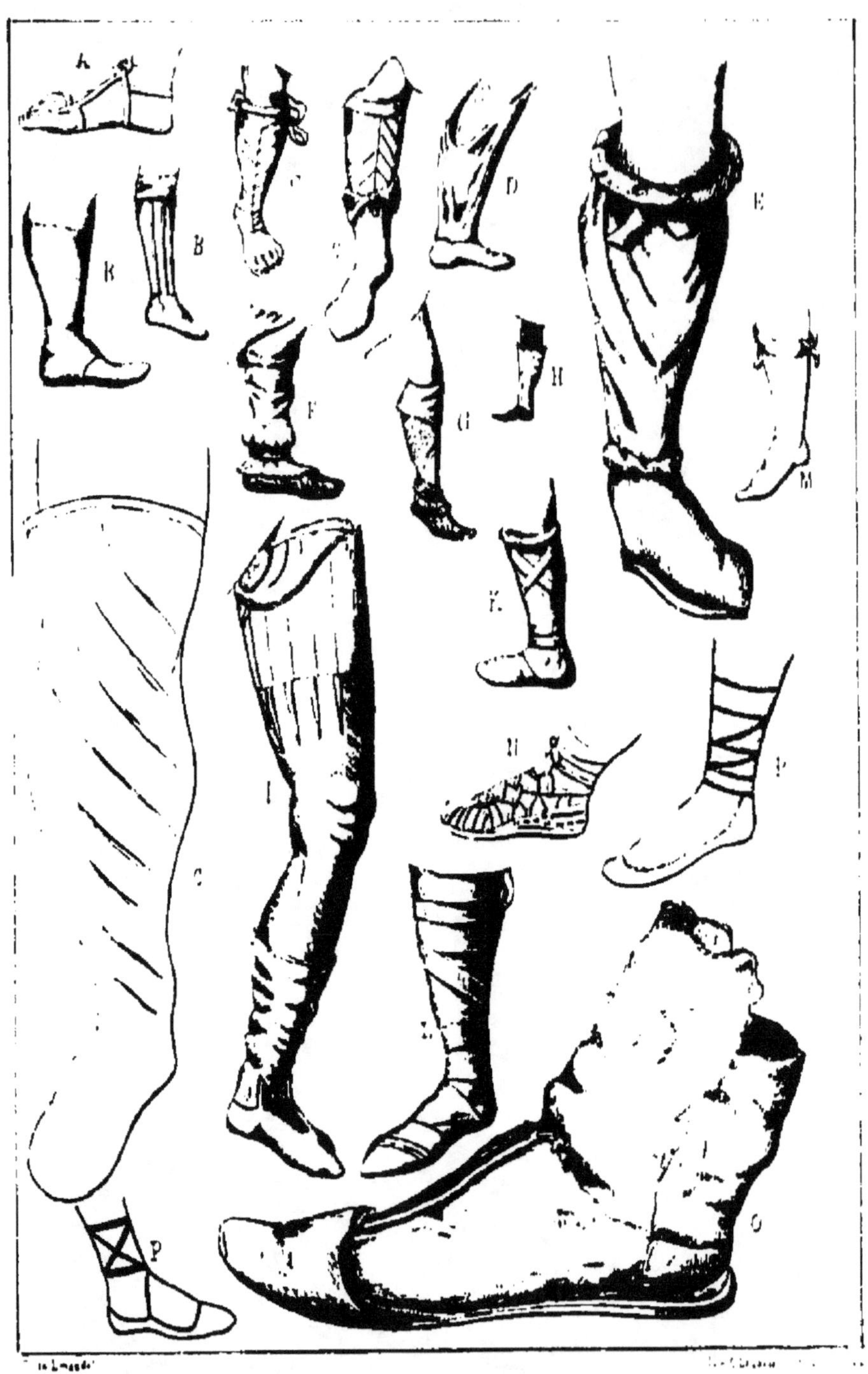

A, Chaussure chrétienne IIIe S. (Perret). – Tibiale, B.B. (Col trajane). C.C.C (Perret). – Tubrugus D, Dace (col. traj.). E (Perret). – Gamache, XVe S. F (Arts Sompt.). G (Willemin). – Houseaux, XVe S. H (Arts Sompt.). I, Chaussure d'un gentlemen anglais, 1500 (Moyen âge). – Fasciæ, Byzance, IXe S. K (A. S...). L, XIe S. (Louvre). M, Fasciæ (Udo?) (Weiss). – N, Pedulis (Montfaucon). O, chaussure de Constantinople. – P.P. XIe S. [illegible] (Saint Savin).

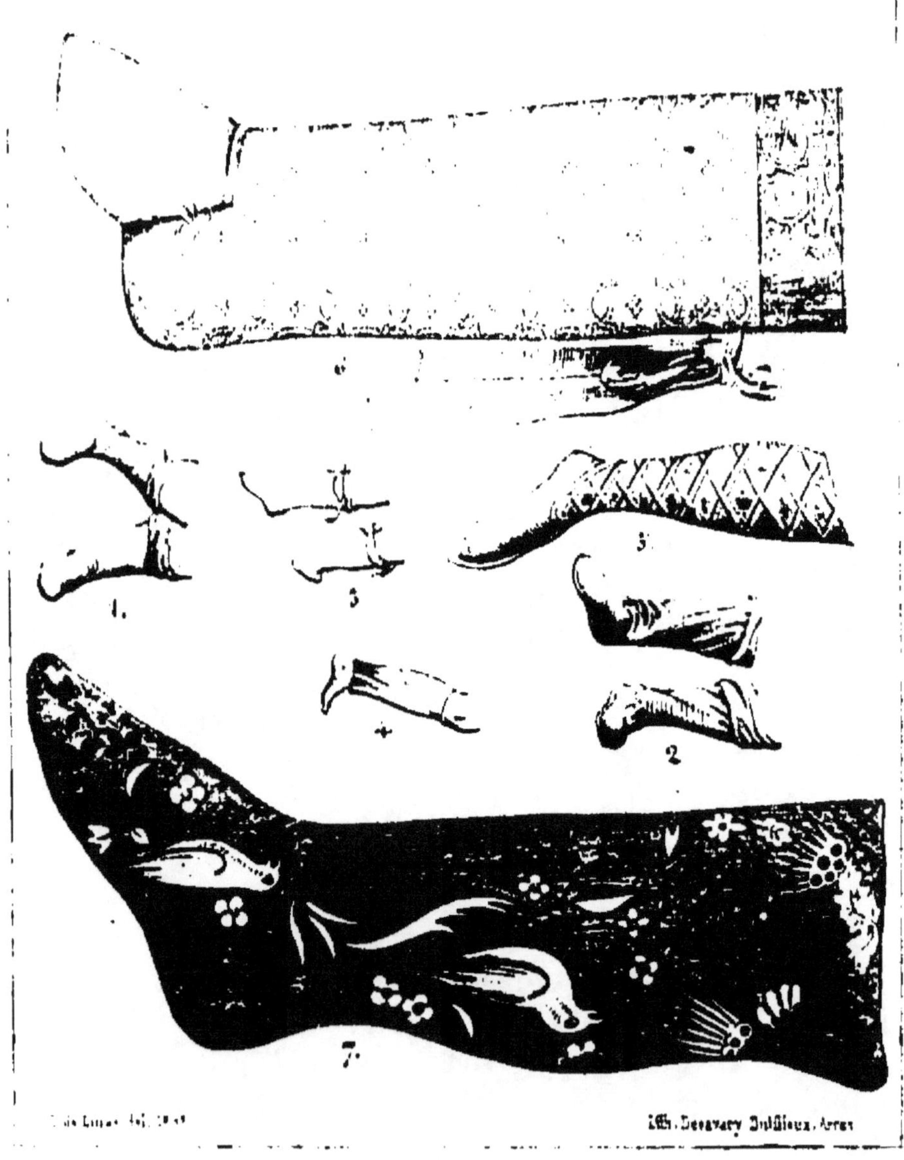

1. Per[illegible]. 2. 3. Fascia[illegible]. 4. Tibiale. 5. Campagus. 6. Bas impérial. XIIe S^e. 7. Bas épiscopal XVe S^e.

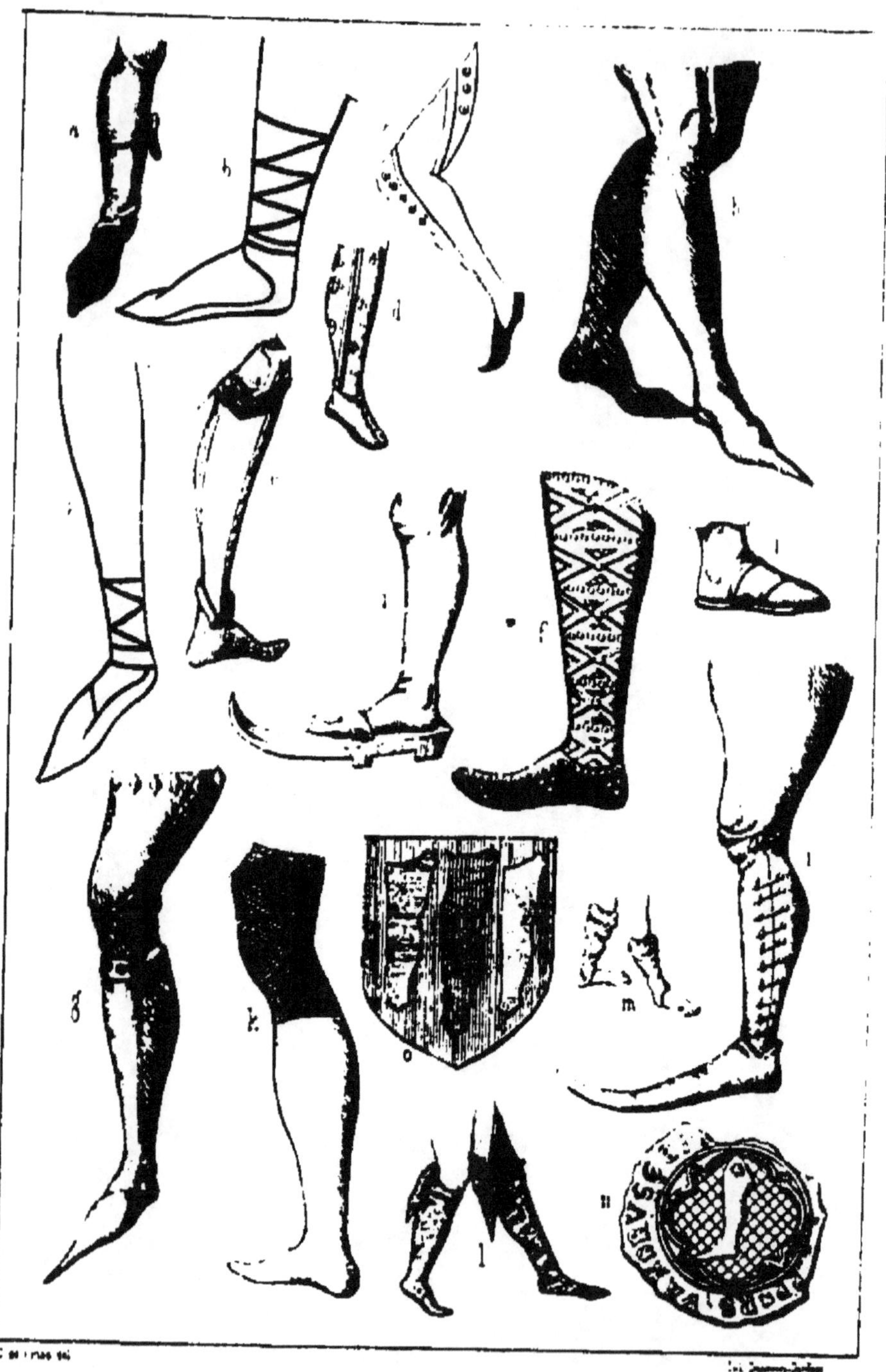

a, IXᵉ S (A S) – b,b, XIᵉ S (Saint-Savin) c,d, XIᵉ S (A S) – XIIᵉ S (A S) – e, Noble f, Roi – XIVᵉ S (A S) g, chausses semelées avec jarretière unique, h, chausses mi-parties bicolores – m, Ducs de Bavière (Moyen âge) k, chausses coupées XVᵉ S (Bonnard) l, chausses tranchées, XVᵉ S (Willemin) m, chausses sans chaux, id (id) n, Sceau des chaussetiers de Bruges (De Vigne) o, Armoiries des chaussetiers de Bruxelles (id

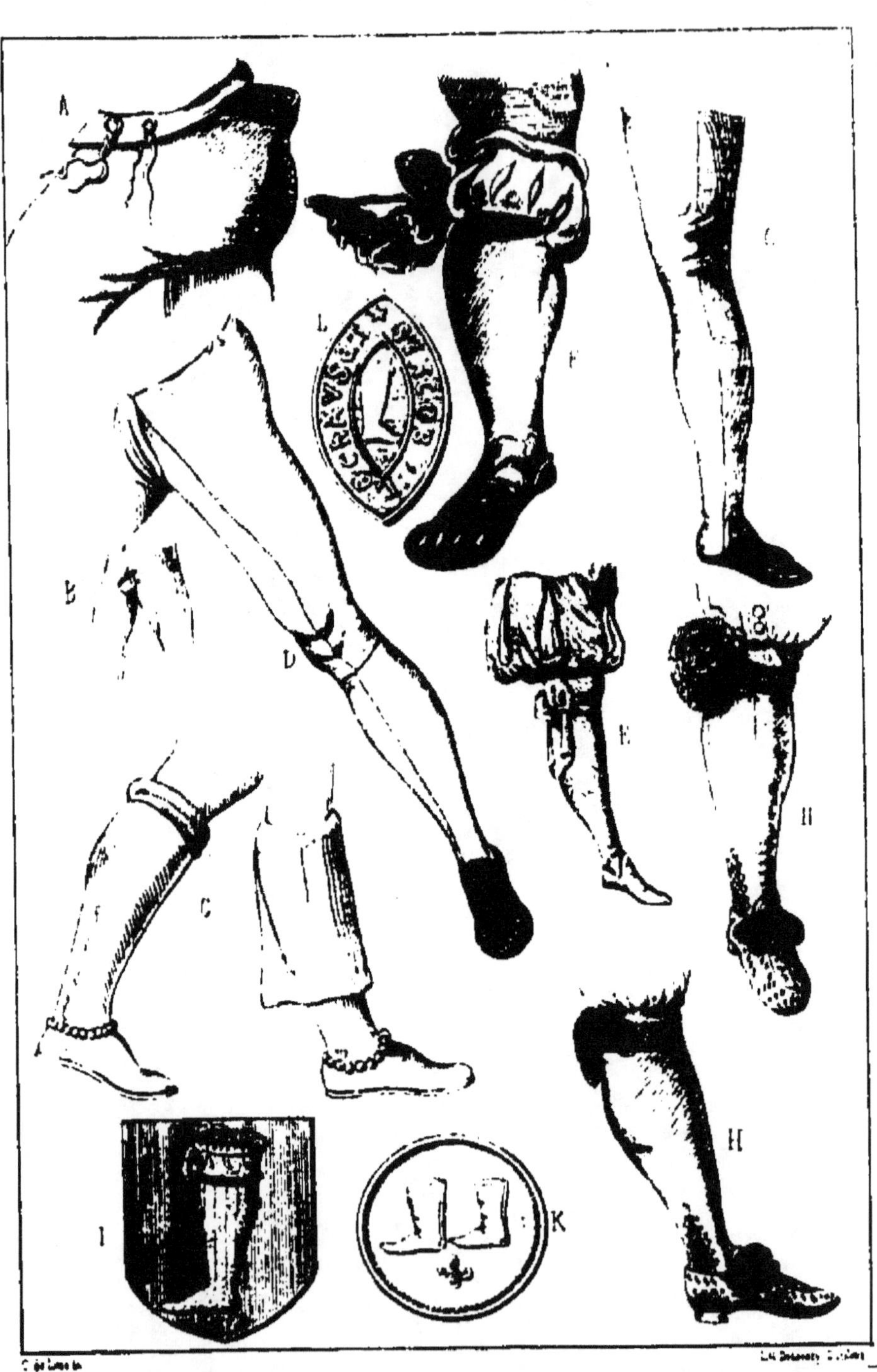

A, Aiguillettes, XVe S. (Moyen âge). B, Braguette, id. (id.). C, chausses parties, XVIe S. (A. S.). D, chausses écartelées, id. (Bonnard). E, Bas, XVe S. (Danse des morts de Bâle). F, Id. XVIe S. (Hans Baldung). G, Id. id. (Willemin). H, H, Louis XIII (Id.). I, Armoiries des chaussetiers de Gand (De Vigne). K, Plombed, Id. L, Sceau de Jacob le Chaussetier (Id.).